Eduard von Hartmann

Philosophie des Unbewussten

Eduard von Hartmann

Philosophie des Unbewussten

ISBN/EAN: 9783742813152

Hergestellt in Europa, USA, Kanada, Australien, Japan

Cover: Foto ©Klaus-Uwe Gerhardt /pixelio.de

Manufactured and distributed by brebook publishing software (www.brebook.com)

Eduard von Hartmann

Philosophie des Unbewussten

Philosophie des Unbewussten.

Von

Eduard von Hartmann.

Speculative Resultate nach inductiv-naturwissenschaftlicher Methode.

Zehnte erweiterte Auflage in drei Theilen.

Erster Theil:

Phänomenologie des Unbewussten.

Leipzig.
Verlag von Wilhelm Friedrich,
K. R. Hofbuchhändler.

Alle Rechte vorbehalten.

Vorwort zur zehnten Auflage.

1. Mein Verhältniss zu früheren Philosophen.

Ueber den allgemeinen Standpunkt eines philosophischen Systems wird man am leichtesten, schnellsten und sichersten orientirt, wenn derselbe mit den Stahdpunkten anderer Systeme verglichen wird und seine Aehnlichkeiten und Unterschiede aufgezeigt werden. Es sei deshalb gestattet, ein solches Verfahren auch zur Kennzeichnung meines eigenen Standpunktes einzuschlagen, wobei ich mich schon aus räumlichen Rücksichten auf die neuere Philosophe beschränken will.

Mit Spinoza verbindet mich der streng monistische Charakter meines Systems, insofern Spinoza zum ersten Mal den metaphysischen Monismus in streng philosophischer Form durchführt. Aber ich unterscheide mich von ihm dadurch, dass ich im Gegensatz zu seinem abstrakten Monismus einen concreten anstrebe, welcher einem relativen Individualismus und real-phänomenalen Pluralismus Raum gönnt. Indem Leibniz diesem pluralistischen Individualismus zu seinem Rechte verhelfen wollte, überspannte er denselben in seiner Monadenlehre aus einem relativen, phänomenalen in einen absoluten, ontologischen, substantiellen Pluralismus und zerstörte damit den Monismus, zu dem er vergeblich den Rückweg suchte. Gegenüber der antiteleologischen Nothwendigkeitslehre Spinoza's setzte Leibniz die Teleologie wieder in ihre Rechte ein und suchte das zweite Attribut der Substanz neben dem Denken oder Vorstellen nicht in der todten Ausdehnung, sondern in der lebendigen Kraft, beziehungsweise im Willen. Die Aufgabe, den Monismus Spinoza's mit dem teleologischen Individualismus des Leibniz zur Einheit zu verschmelzen, wurde zwar von Lessing und Herder erfasst, aber nicht in systematischer Form gelöst, und erst in diesem Jahrhundert von Denkern wie Krause und Lotze verspätet wieder aufgenommen, nachdem dieselbe bereits eine neue Gestalt angenommen und sich mit neuen Problemen bereichert und vertieft hatte. Sowohl das vorige Jahrhundert als auch die anachronistischen Nachklänge desselben in diesem Jahrhundert hatten die Synthese von Spinoza und Leibniz auf dem Boden des jüdisch-christlichen Theismus, nicht auf demjenigen eines unbewussten und unpersönlichen absoluten

*

Geistes, angestrebt und waren eben damit hinter die philosophischen Errungenschaften der speculativen Epoche des neunzehnten Jahrhunderts zurückgesunken. Kant steht noch auf der Grenzscheide beider Jahrhunderte. Einerseits bleibt er mit seinem Herzen in der Ideentrias der Aufklärungszeit, Gott, Freiheit und Unsterblichkeit, stecken; andererseits schaut er mit seinem klaren Kopfe voraus in das gelobte Land einer von religiösen Ueberlieferungen unabhängigen Metaphysik, das er selbst noch nicht zu betreten wagt. Seine Bedeutung liegt deshalb nicht sowohl auf dem Gebiete der Metaphysik, als auf den bis dahin wenig angebauten der Erkenntnisstheorie, Naturphilosophie und Aesthetik, auf denen er gleichmässig bahnbrechend und grundlegend, wenn auch nirgends abschliessend, gewirkt hat. Ueberall streut er fruchtbare Körner aus, oft ohne sie zu beachten; aber überall verbirgt er sie unter scholastischem Gestrüpp, dem er seine Pflege mit Vorliebe zuwendet. Meistens sucht er den verschiedenen Seiten der Probleme gerecht zu werden, aber ohne die speculative Kraft, die scheinbaren Widersprüche in richtigen Synthesen zu überwinden, und so sind es grossentheils künstliche und werthlose Scheinlösungen, denen er selbst den grössten Werth beimisst.

In der Erkenntnisstheorie verschärft sich der schon bei Leibniz hervortretende Widerstreit einer realistischen und einer idealistischen Strömung bei Kant zu einem Gewebe von Widersprüchen, aus denen er vergeblich den Ausweg in idealistischer Richtung sucht, während er in seiner Naturphilosophie, Metaphysik und praktischen Philosophie unvermerkt die realistische Auffassung zu Grunde legt, die er in seinen erkenntnisstheoretischen Grundsätzen perhorrescirt. Dieses Schwanken zwischen erkenntnisstheoretischem Idealismus und Realismus dauert auch bei seinen Nachfolgern fort, in dem Sinne, dass der erkenntnisstheoretische Idealismus als durch Kant erwiesen vorausgesetzt wird, in der Ausführung der Systeme aber thatsächlich verleugnet wird. In der Literatur des Neukantianismus sind die in Kant's Erkenntnisstheorie liegenden Widersprüche offenbar geworden, insofern das Entgegengesetzteste als die echte Lehre Kant's dargeboten und vertheidigt wird. Aber schon im Anfang dieser neukantischen Literaturbewegung hatte ich die Aufgabe erfasst, die entgegengesetzten Strömungen in Kant's Erkenntnisstheorie bloss zu legen und jede derselben auf das Maass ihrer Bedeutung und ihrer Berechtigung als Hypothese zu prüfen; dies führte zu dem Ergebniss, dass die realistischen Instincte Kant's und der nachfolgenden Systematiker richtig, die idealistische Formulirung der erkenntnisstheoretischen Grundsätze aber einseitig und unhaltbar und nur als geschichtliche Uebergangsstufe zwischen naivem und transcendentalem Realismus berechtigt sei.

In der Ethik Kant's erkenne ich die Voranstellung der Vernunftmoral bereitwillig an, nicht aber die formalistische Fassung seiner Vernunftmoral, welche erst durch Hegel ihre inhaltliche Erfüllung erhielt, und nicht die gänzliche Missachtung der Gefühls- und Geschmacksmoral, welche durch Schopenhauer und Herbart in ebenso einseitiger Weise restituirt wurden. Von besonderer Wichtigkeit erscheint mir, dass Kant die Ethik grundsätzlich aller egoistischen Pseudomoral entgegensetzte und damit den Pessimismus, welchen er auch aus empirischen Gründen in weitem Umfang vertrat, als ein Postulat des sittlichen Bewusstseins hinstellte. Nicht in der besonderen Formulirung seines Moralprincips, sondern in der Bekämpfung alles Eudämonismus zu Gunsten der pflichtmässigen Sittlichkeit sehe ich den entscheidenden Punkt in der Kant'schen Reform der Moral und gerade in diesem bisher zu wenig beachteten Punkte habe ich unmittelbar an Kant angeknüpft.*)

Was mich mit Schelling's erstem System verbindet, ist wesentlich der hier am deutlichsten zu Tage tretende Begriff des Unbewussten, der den Angelpunkt sowohl seiner „Naturphilosophie" als auch seines „transcendentalen Idealismus" bildet, und zugleich das unvermerkte Band abgiebt, durch welches beide erst fähig werden, zur „Identitätsphilosophie" verschmolzen zu werden. In der Naturphilosophie ist es wesentlich die an Leibniz erinnernde Construction der Materie aus stofflosen Kraftpunkten, die ich von ihm übernommen und nach Anleitung der modernen mathematischen Mechanik näher durchgeführt habe; dagegen habe ich zu dem übrigen Inhalt seiner völlig veralteten Naturphilosophie gar keine Beziehung. In der Aesthetik habe ich die Bedeutung des Unbewussten, welche Jean Paul, Vischer und Carriere von Schelling übernommen und in die ästhetische Literatur eingeführt hatten, näher ausgebildet; im Uebrigen aber stehe ich der abstractidealistischen Aesthetik, welche von Schelling begründet worden ist, als concreter Idealist gegenüber. Dass das Princip des all-einen Unbewussten einer inductiven Begründung fähig sei, hatte Schelling zwar anerkannt, aber selbst diese Begründung nicht unternommen; im Gegensatz zu der deductiven und dialectisch-constructiven Methode Schelling's habe ich mich deshalb in methodologischer Hinsicht an die Induction der modernen Natur- und Geschichtswissenschaften so eng angeschlossen, als der Inhalt der philosophischen Wissenschaften dies gestattet.

In seinem letzten System sucht Schelling die einseitigen Principien einer vernünftigen Idee und eines blinden Willens zu einer höheren Einheit zu verbinden und dadurch sowohl den aus der Identitätsphilosophie entwickelten Standpunkt Hegel's, als auch den aus seiner

---

*) Vgl. „Ges. Stud. u. Aufsätze", 3. Aufl. D. I 2: „Kant und seine Nachfolger" S. 553—559; „Philos. Fragen der Gegenwart" Nr. XI: „Kant und die heutige Erkenntnisstheorie; „Kritische Grundlegung des transcendentalen Realismus". 3. Aufl. (1. Aufl. 1871); „Das sittliche Bewusstsein", 2. Aufl., siehe Namenregister; „Zur Geschichte und Begründung des Pessimismus" Nr. 1: „Kant als Vater des Pessimismus"; „Philos. Fragen der Gegenwart" Nr. V, 4: „In welchem Sinne war Kant ein Pessimist?" S. 112—120; „Die deutsche Aesthetik seit Kant", siehe Namenregister; „Ges. Stud. u. Aufs." C. VII, S. 526—529.

Freiheitslehre hervorgegangenen Standpunkt Schopenhauer's principiell zu überwinden und zu aufgehobenen Momenten herabzusetzen. Indem ich ihm hierin nachfolge, schliesst die letzte Spitze meiner Metaphysik sich enger als an irgend ein anderes System an Schelling's positive Philosophie an. Aber ich lehne die theogonischen und mythologischen Künsteleien und Spielereien seines Alters ebenso entschieden ab, wie die naturphilosophischen Phantasien seiner Jugend und verharre auch seiner letzten Phase gegenüber in methodologischer Gegnerschaft. Der Geist, welcher in Schelling's positiver Philosophie weht, steht mir unendlich viel ferner als der Geist der Hegel'schen Philosophie und die Uebereinstimmung erstreckt sich nicht über jene metaphysische Spitze hinaus.*)

Im Anschluss an Schelling seien hier gleich noch meine Beziehungen zu drei Denkern erwähnt, die man wohl im weiteren Sinne zur Schelling'schen Schule rechnen kann, Oersted, Burdach und Carus. Der dänische Physiker Oersted, dessen metaphysische und ästhetische Ansichten ich anderwärts im Zusammenhange dargestellt habe,**) ist ein philosophischer Autodidact, der mehr noch an Leibniz als an Schelling erinnert, aber von der speculativen Philosophie im Anfang dieses Jahrhunderts doch zweifellos beeinflusst ist. Sein Werk „Der Geist in der Natur" regte mich in meinem 17ten Lebensjahre sehr an, und es ist wohl möglich, dass einzelne Reminiscenzen aus dieser Lectüre auf meine Entwickelung von einem Einfluss geworden sind, der sich allerdings der Controle meines Bewusstseins entzog. Der Physiolog Burdach steht der Schelling'schen Naturphilosophie schon etwas näher; seine „Blicke in's Leben", die heute noch eine empfehlenswerthe Lectüre sind, und seine „Physiologie" haben mir für die naturphilosophischen Abschnitte der Philosophie des Unbewussten einen grossen Theil der Beispiele geliefert. Der dritte der Genannten, der Dresdener Arzt Carus, steht Schelling von den Dreien entschieden am nächsten und seine „Psyche" wird mit Recht als ein Vorläufer der Philosophie des Unbewussten betrachtet.***) Zufällig habe ich jedoch diesen Autor erst kennen gelernt, als der Abschnitt A der Philosophie des Unbewussten vollendet und die Disposition des ganzen Buches in der Hauptsache schon fest stand, so dass ich mehr Bestätigung als Anregung und Förderung aus seinen Schriften Schöpfen konnte.

Mein Verhältniss zu Schopenhauer ist im Beginn meiner literarischen Laufbahn als ein engeres aufgefasst worden, als es thatsächlich ist. Der Anlass dazu war der Umstand, dass das Urtheil über die Philosophie des Unbewussten mehr als durch ihren philosophischen Ge-

---
*) Vgl. „Ges. Stud. u. Aufsätze", 3. Aufl. D I, 7: „Schelling", II: „Schelling's Identitätsphilosophie", IV: „Schelling's positive Philosophie" und VI: „Schlusswort"; „Die deutsche Aesthetik seit Kant", siehe Namenregister.
**) „Die deutsche Aesthetik seit Kant" S. 198—211.
***) Vgl. Volkelt: „Das Unbewusste und der Pessimismus" S. 78—86; Kapp: „Philosophie der Technik" S. 155—159; „Phil. d. Unb." I, S. 32—33, III, 496—497.

Vorwort zur zehnten Auflage. IX

halt durch die beiden am meisten und nur zu oft ausschliesslich gelesenen Capitel über Pessimismus und Geschlechtsliebe bestimmt wurde, und dass diese Ansicht durch meine Polemik gegen die dialectische Methode Hegels bestärkt wurde. Dass diese Auffassung irrig war, und dass dieser Irrthum nicht von mir verschuldet war, ist heute wohl von allen Urtheilsfähigen eingesehen, was natürlich nicht hindert, dass die unphilosophische öffentliche Meinung, die wesentlich von den ersten Eindrücken abhängt, mich nach wie vor als Schopenhauerianer behandelt, und dass dieser Irrthum noch jetzt häufig genug in philosophische und theologische Schriften Eingang findet. Nun bin ich aber ein Gegner des von Schopenhauer vertretenen subjectiven Idealismus in der Erkenntnistheorie, seines abstracten Monismus in der Metaphysik, seines abstracten Idealismus in der Aesthetik, seiner ungeschichtlichen Weltanschauung, seiner schwankenden und widerspruchsvollen Stellungnahme zur Teleologie, seiner Lehren vom intelligiblen Charakter, von der transcendentalen Freiheit und von der Unveränderlichkeit des Charakters, seiner exoterischen Mitleidsmoral und seiner esoterischen Moral der individuellen Willensverneinung durch Quietismus und Askese, seiner einseitigen und ausschliesslichen Bestimmung des Weltwesens als Wille, und seiner Bevorzugung des quietistisch-asketischen Inderthums und Urchristenthums vor dem weltthätigen Protestantismus. Mein Pessimismus endlich, welcher zu der Vermengung so entgegengesetzter Standpunkte Anlass gegeben hat, ist dem Kant'schen Pessimismus viel näher verwandt als dem Schopenhauer'schen, weil er durch die Verschmelzung mit dem teleologischen Evolutionismus und durch eine Ethik der werkthätigen Hingabe an die objectiven Zwecke des Weltprocesses eine ganz entgegengesetzte Physiognomie bekommt wie der Schopenhauer'sche Pessimismus mit seinem weltflüchtigen Quietismus, seiner schmollenden Misanthropie und seinem in geistigen Genüssen schwelgenden Epikureismus.*) Am meisten Einfluss von allen Schopenhauer'schen Werken hat auf den naturphilosophischen Theil der Philosophie des Unbewussten die Schrift „Ueber den Willen in der Natur" gehabt, in welcher Schopenhauer sein eigenes System realistischer als in anderen Werken interpretirt, und der Leibniz'schen Naturphilosophie näher tritt.

Umgekehrt wie mit Schopenhauer ist es mir mit Hegel ergangen. Meine Trennung zwischen Form und Inhalt im Hegel'schen System war den meisten Hegelianern unverständlich, und meine Bekämpfung der dialectischen Form der Hegel'schen Philosophie genügte ihnen, um mich von vornherein als Gegner Hegel's schlechtweg zu kennzeichnen. Nach meiner Ueberzeugung hatte aber der Geist der Hegel'schen Philo-

---

*) Vgl. „Krit. Wanderungen durch die Phil. d. Geg." No. II: „Zu Schopenhauer's hundertjährigem Geburtstag"; „Phil. Fragen der Gegenwart" Nr. II: „Mein Verhältniss zu Schopenhauer"; „Ges. Stud. u. Aufsätze" D IV: „Schopenhauer's Pantheismus"; „Das sittliche Bewusstsein", 2. Aufl., siehe Register; „Die deutsche Aesthetik seit Kant" desgl.: „Kritische Grundlegung des transcendentalen Realismus", 3. Aufl. S 35—36, 49—52, 84—90; „Phil. Fragen der Gegenwart" Nr. III; „Neukantianismus" etc. Abschn. B. „Schopenhauerianismus".

sophie nur deshalb seine Wirksamkeit eingebüsst, weil er in eine unhaltbare und nachgerade allgemein als unhaltbar verworfene Form eingezwängt und mit ihr verquickt war. Es bedurfte nur der Befreiung von dieser Form und der Wiedergeburt dieses Geistes in einer ihm sachlich angemessenen und zeitgemässen Form, um ihn von Neuem lebendig zu machen. Den bleibenden Werth der Hegel'schen Leistung sah ich in seiner Geistesphilosophie, d. h. in seiner Ethik, Religionsphilosophie, Aesthetik und Geschichtsphilosophie, die von den Fehlern der Methode nicht allzusehr entstellt sind, während die Logik als die abstracteste Disciplin dies im höchsten Maasse ist, und die Naturphilosophie nur einen werthlosen Lückenbüsser des Hegel'schen Systems darstellt. Die historische Weltanschauung Hegel's, die grossartige Anwendung, die er überall von dem Princip der Entwickelung im Sinne des teleologischen Evolutionismus macht, die unbewusste Immanenz der Weltvernunft als treibender Factor der Entwickelung und bestimmende Macht in Natur und Geschichte, die Anerkennung eines relativen Rechts in allen Parteistandpunkten und einer relativen Wahrheit in allen wissenschaftlichen Formulirungen der Wahrheit, die Forderung speculativer Synthesen zur Gewinnung der höheren umfassenderen Wahrheit aus den relativen einseitigen Wahrheiten, das alles waren ebensoviel Anziehungspunkte für mich, welche Leitsterne meines Denkens von Anfang an geworden und geblieben sind.

Den Grundfehler Hegel's, seinen einseitigen frostigen Intellectualismus, welcher sich auch in seiner einseitigen Fassung des Weltprincips als logischer Idee widerspiegelt, welcher seine Ethik schroff und hart, seine Aesthetik kalt und trocken und seine Religionsphilosophie verstandesmässig nüchtern macht, habe ich nach Kräften zu vermeiden gesucht. Wie ich Hegel's einseitige Bestimmung des Weltwesens als logischer Idee mit der ebenso einseitigen Schopenhauer'schen Bestimmung desselben als Willens nach Schelling's Vorgang vereinigt habe, so habe ich auch die höhere Einheit angestrebt zwischen der gemüthlosen Kälte Hegel's, welche das Individuum zum gleichgültigen Werkzeug der Idee herabsetzt, um dessen Wohl und Weh die Philosophie sich nicht zu kümmern habe, und der Schopenhauer'schen Interesselosigkeit am Process des Ganzen, welche keinen anderen Zweck als die Erlösung vom individuellen Daseinsschmerz gelten lässt. In ähnlicher Weise habe ich Hegel's Religionsphilosophie, welche das Christenthum in geschichtswidriger Weise zur absoluten Religion des Geistes speculativ umzudeuten sucht, berichtigt und mit Schopenhauer'schen Gedankenelementen ergänzt, d. h. mit einer Anerkennung der tiefen und eigenartigen Bedeutung der indischen Religionen, für welche Hegel das Verständniss fehlt. In der Ethik habe ich neben der Hegel'schen Vernunftmoral auch der Schopenhauer'schen Gefühlsmoral den ihr gebührenden Platz eingeräumt, und die von Hegel geforderte Hingabe des Individuums an die Teleologie der absoluten Idee mit Schopenhauer's Begründung der sittlichen Hingabe des Individuums aus der

Wesenseinheit aller mit dem einen Weltwesen verbunden. Auf allen diesen Gebieten aber war es die Hegel'sche Philosophie, welche die wichtigeren und reichlicheren Bestandtheile lieferte, während die weniger ausgeführte Schopenhauer'sche Philosophie nur Ergänzungen darbot; in der Aesthetik konnte es sich sogar im Princip nur darum handeln, den Gegensatz des concreten ästhetischen Idealismus Hegel's gegen den abstracten Schelling's und Schopenhauer's schärfer herauszuarbeiten, als Hegel selbst gethan hat.

In meinen Schriften von 1868—1877, welche vorzugsweise der Methodologie, Naturphilosophie, Psychologie, Metaphysik und Erkenntnisstheorie angehören, mussten nach dem Vorangeschickten mehr meine Abweichungen von Hegel als meine Verwandtschaft zu demselben hervortreten; in denjenigen von 1878—1889 dagegen, welche vorzugsweise Ethik, Religionsphilosophie und Aesthetik betreffen, traten meine positiven Beziehungen zu Hegel deutlicher hervor und würden noch allgemeinere Beachtung gefunden haben, wenn sich nicht im ersten Jahrzehnt ein theilweise irrthümliches Urtheil über meinen Standpunkt bereits herausgebildet und befestigt hätte.*)

Die nachhegel'sche Philosophie in Deutschland zerfällt, wenn man von den verschiedenen Schulen älterer Philosophen absieht, in zwei Hauptrichtungen, eine romantisch-reactionäre und eine radical-oppositionelle. Die erstere bemüht sich, die Errungenschaften der speculativen Epoche einer Restauration des christlichen Theismus dienstbar zu machen, der dadurch als speculativer Theismus eine mehr oder minder pantheistische Färbung bekommt; die letztere schüttet das Kind mit dem Bade aus und verwirft nicht nur die christliche Metaphysik, sondern jede idealistische und spiritualistische Metaphysik, wenn nicht gar jede Metaphysik überhaupt, ist also atheistisch, realistisch, naturalistisch, materialistisch, sensualistisch oder positivistisch. Die erstere stellt die Philosophie in den Dienst eines unphilosophischen Princips, die letztere verzichtet auf wahrhaft philosophische Principien, um nur nicht die Grenzen streng philosophischer Wissenschaftlichkeit zu überschreiten. Ich führe zur Vervollständigung an, welche Autoren beider Richtungen auf meine persönliche Entwickelung einen gewissen Einfluss ausgeübt haben; auf Seiten des speculativen Theismus war dies J. H. Fichte, Lotze und Fechner, auf der entgegengesetzten Seite Wiener, von Kirchmann und Stirner.

In der „Anthropologie" des jüngeren Fichte fesselten mich namentlich die Ausführungen über das unbewusste Wirken der Phantasie im Menschen, welche eine passende Ergänzung zu Schopenhauer's „Willen in der Natur" lieferten.**) Lotze's Standpunkt kannte ich in

---

*) Vgl. „Krit. Wanderungen durch die Philosophie der Gegenwart" No. III: „Mein Verhältniss zu Hegel"; „Ges. Stud. u. Aufs., 3. Aufl. D III: „Hegel's Panlogismus" S. 604—635; „Das sittliche Bewusstsein", 2. Aufl., siehe Namenregister; „Die deutsche Aesthetik seit Kant desgl.; „Ueber die dialectische Methode" S. 35—124.
**) Vgl. „Lotze's Philosophie" S. 27—30.

meiner Jugend nur aus seiner „medicinischen Psychologie", deren Localzeichentheorie ich übernommen und verwerthet habe, und aus seinen Beiträgen zu Wagner's Handwörterbuch der Physiologie, die „Bekanntschaft seines „Mikrokosmus" habe ich erst später gemacht, als ich nichts mehr aus ihm lernen konnte.*) Von Fechner's Schriften wirkten auf mich besonders die „Psychophysik", die „Atomenlehre" und „Nanna", denen ich werthvolle Anregungen verdanke, während ich seinem phantastischen Hauptwerk „Zendavesta" nichts abzugewinnen wusste; mit seiner Aesthetik habe ich mich erst später beschäftigt und auseinandergesetzt.**) Wiener's „Grundzüge der Weltordnung" halte ich trotz mancher Sonderbarkeiten auch heute für das beste neuere Werk der materialistischen Schule und ich habe aus ihm als 21jähriger kräftige Impulse zur Beschäftigung mit philosophischen Problemen und zur innerlichen Ueberwindung des materialistischen Standpunkts geschöpft, der mir übrigens aus Holbach's „Système de la nature", Helvetius' „Discours de l'esprit" und Büchner's „Kraft und Stoff" damals schon wohl vertraut war. Einen Auszug seiner Beweisführung für die Existenz einer uns afficirenden Aussenwelt im Sinne einer realistischen Erkenntnisstheorie habe ich in die Philosophie des Unbewussten herübergenommen.***) Kirchmann's „Philosophie des Wissens" verdanke ich ebenfalls reiche Anregung und Belehrung, und meine, dass dieses Werk in philosophischen Kreisen bei weitem nicht die Beachtung gefunden hat, die es verdient. Zu einer öffentlichen Auseinandersetzung mit demselben wurde ich erst später veranlasst, als Kirchmann sich kritisch mit meiner Erkenntnisstheorie und Metaphysik beschäftigte, und noch später war es, als ich auch seiner Ethik und Aesthetik meine Aufmerksamkeit zuwandte.†) Im Gegensatz zu der nüchternen wissenschaftlichen Besonnenheit und Vorsicht Kirchmann's steht die phantastische Kühnheit und das blendende Feuer Stirner's in seinem Buch: „Der Einzige und sein Eigenthum", dessen rücksichtslose Consequenzen noch heute geeignet sind, allen Eudämonismus und Egoismus ad absurdum zu führen und damit diejenige praktische Philosophie ironisch zu vernichten, welche der Naturalismus, Materialismus und Positivismus als einzig mögliche übrig lässt. Durch die Lectüre Stirner's war ich gleichsam gefeit gegen jede Velleität eines Rückfalls aus der speculativen idealistischen Metaphysik in die materialistische, sensualistische und positivistische Unphilosophie.††)

*) „Phil. d. Unb." 7.—10. Aufl. Bd. I, S. 291—297; „Lotze's Philosophie", 183 Seiten; „Die deutsche Aesthetik seit Kant", siehe Namenregister.
**) „Phil. d. Unb.", 7.—10. Aufl. Bd. I, S. 29—32, Bd. II, S. 65 fg.; „Ges. Stud. u. Aufsätze", 3. Aufl. S. 526—545; „Die deutsche Aesthetik seit Kant", siehe Namenregister.
***) „Phil. d. Unb.", 7.—10. Aufl. Bd. I, S. 282 fg.; „Die deutsche Aesthetik seit Kant" S. 263.
†) Vgl. „J. H. v. Kirchmann's erkenntnisstheoretischer Realismus", 63 Seiten; „Phil. d. Unb.", 7. bis 10. Aufl. Bd. II, Nachträge zu S. 177 Z. 2 und 439 Z. 13; „Das sittliche Bewusstsein", 2. Aufl., siehe Namenregister; „Die deutsche Aesthetik seit Kant", desgl.
††) Vgl. „Phil. d. Unb.", 7.—10. Aufl. Bd. II, S. 370—372; „Das sittliche Bewusstsein", 2. Aufl. S. 635—637, 610, 328.

Vorwort zur zehnten Auflage.

Wenn ich den älteren Fichte und Herbart in dieser Uebersicht unerwähnt gelassen habe, so ist dies geschehen, weil ich persönlich beiden nichts verdanke. In J. G. Fichte, vor dem ich übrigens die grösste Hochachtung hege, sehe ich eine blosse Uebergangsstufe zwischen Kant und Schelling ohne dauernde selbstständige Bedeutung.*) Herbart dagegen halte ich für einen durchaus unfruchtbaren Philosophen, der auf keinem Gebiete etwas Erspriessliches geleistet hat. Nur seiner Ethik, sofern dieselbe auf Geschmacksmoral abzielt, kann ich eine gewisse, allerdings recht untergeordnete Bedeutung zugestehen. Seine Aesthetik habe ich als eine völlig unfruchtbare und verkehrte Richtung bekämpft, weil dieselbe in den populären Ansichten über Kunst einen irre leitenden Einfluss gewonnen hat; die Unfruchtbarkeit seiner Metaphysik und Psychologie scheint mir nachgerade hinreichend anerkannt, so dass es vergebliche Mühe wäre, sich nochmals mit derselben zu beschäftigen, wie Lotze es leider in viel zu ausgedehntem Maasse und zum Schaden seiner eigenen Philosophie gethan hat.**)

Diejenigen hier nicht erwähnten Philosophen des neunzehnten Jahrhunderts, mit denen ich mich in meinen Schriften eingehender beschäftigt habe, sind mir erst zu einer Zeit bekannt geworden, als sie keinen nennenswerthen Einfluss auf meine Entwickelung mehr gewinnen konnten; dagegen verdanke ich so manchem älteren Philosophen werthvolle Anregungen, welche hier aufzuführen zu weitläufig wäre.

Soll die Stellung meines Systems in der Geschichte der Philosophie kurz charakterisirt werden, so wird man sagen können: Dasselbe ist eine Synthese Hegel's und Schopenhauer's unter entschiedenem Uebergewicht des ersteren, vollzogen nach Anleitung der Principienlehre aus Schelling's positiver Philosophie und des Begriffs des Unbewussten aus Schelling's erstem System; das vorläufig noch abstract-monistische Ergebniss dieser Synthese ist alsdann mit dem Leibniz'schen Individualismus und dem modernen naturwissenschaftlichen Realismus zu einem concreten Monismus verschmolzen, in welchem der real-phänomenale Pluralismus zum aufgehobenen Moment geworden ist, und das so sich ergebende System ist endlich von empirischer Basis aus mit der inductiven Methode der modernen Natur- und Geschichtswissenschaften aufgebaut und errichtet.

Der Versuch einer Versöhnung der philosophischen und naturwissenschaftlichen Weltanschauung ist vor mir von Fechner und Lotze, etwa gleichzeitig mit mir von Lange, kurz nach mir von Wundt unternommen worden. Fechner und Lotze sind an diese Aufgabe vom Standpunkt des speculativen Theismus, Lange von demjenigen eines neukantischen subjectiven Idealismus, Wundt von demjenigen eines heraklitëischen Hylozoismus herangetreten. Fechner bringt beide Seiten

---

*) „Ges. Stud. u. Aufs.", 3. Aufl. S. 559—562.
**) Vgl. „Ges. Stud. u. Aufs." S. 562—565; „Das sittliche Bewusstsein" 2. Aufl. S. 100—108, 121—122, 140—142; „Die deutsche Aesthetik seit Kant", S. 267—269, 317—318, 548—549; „Lotze's Philosophie" S. 31—35.

nicht zusammen, sondern lässt in seinem Denken phantastische Mystik und exacte Naturwissenschaft unvermittelt neben einander herlaufen. Lotze versucht aus Weisse'schen Gesichtspunkten eine Synthese Hegel's und Herbart's zu Stande zu bringen und diese mit der Naturwissenschaft zu verschmelzen, scheitert aber theils an seiner unzulänglichen Kenntniss und Würdigung Hegel's, theils an der Unbrauchbarkeit der von Herbart übernommenen metaphysischen Ansichten, theils an der Unhaltbarkeit des von Weisse übernommenen speculativen Theismus, theils endlich an vielfacher Verletzung der berechtigten Forderungen der naturwissenschaftlichen Weltanschauung.*) Lange verflüchtigt durch seinen subjectiven Idealismus die Realität aller Gegenstände, mit denen die Naturwissenschaft sich beschäftigt, und aller hypothetischen Elemente, aus denen sie die reale Welt zu erklären versucht, in wirklichkeitslose Träume und Hirngespinnste.**) Wundt allein von diesen vieren thut der Naturwissenschaft keine Gewalt an, ist aber bis jetzt auch noch nicht über einen hylozoistischen Naturalismus hinaus gelangt, und seine eigentliche Bedeutung beschränkt sich wesentlich auf das Gebiet der anorganischen und organischen Naturphilosophie.***) Man wird deshalb schwerlich behaupten können, dass einem dieser Viere die Synthese von Philosophie und Naturwissenschaft zu einem den Ansprüchen der Philosophie und den berechtigten Forderungen der Naturwissenschaft gleichmässig Rechnung tragenden philosophischen System gelungen sei. Dies ist nicht etwa bloss vom Standpunkt der Naturforschung zu behaupten, welche ja leicht geneigt ist, ihre Ansprüche in unberechtigter Weise zu überspannen, sondern es ist auch von einem philosophischen Standpunkt aus zu behaupten, welcher Werth darauf legt, den grossen Errungenschaften der modernen Naturwissenschaft in einer alle Seiten der Erfahrung umspannenden Weltanschauung ihr unverkürztes Recht widerfahren zu lassen. Ob es mir besser gelungen ist, diese Aufgabe zu lösen, steht mir nicht zu zu beurtheilen. Soll überhaupt die hohe Aufgabe, die Resultate der Naturforschung in eine philosophische Weltanschauung organisch einzufügen, lösbar sein, so muss zwischen den berechtigten Forderungen der Naturwissenschaft und den einseitigen Ueberspannungen derselben unterschieden werden, wie sie in dem heutigen Geschlecht der Naturforscher gang und gäbe sind; wer aber diese Unterscheidung versucht, wird sich darein finden müssen, von der überwiegenden Mehrzahl der heutigen Naturforscher einer Verletzung der naturwissenschaftlichen Weltanschauung geziehen zu werden, und

---

*) Vgl. „Lotze's Philosophie" S. 25—27, 31—42, 154—183.
**) Vgl. „Phil. d. Unb.", Nachträge zu Theil I, Zusatz zu S. 43 Z. 9 v. u. und zu S. 287 Z. 3; Nachträge zu Theil II, Zusatz zu S 111 Z. 21; Theil III, S. 31—33, 464—471. 510—511 Anm ; „Krit. Grundlegung des transcendentalen Realismus", 3. Aufl. S. 60 Anm., 81—84; „Neukantianismus etc." S. 5—7, 22—29, 45—118.
***) Vgl. meinen Aufsatz: „Wundt's Ethik" in meinen „Kritischen Wanderungen durch die Phil. der Gegenwart" Nr. IV und die Abhandlung: „Wundt's System der Philosophie" in den „Preuss. Jahrbüchern" 1890.

sich einer Zukunft getrösten müssen, in welcher die heutige Einseitigkeit einer geisttödtenden mechanistischen Weltanschauung gemildert und durch den ureingeborenen Idealismus des deutschen Volksgeistes wieder überwunden sein wird.

Ein vielfach unrichtiges Urtheil hat sich über meine Stellung zur Religion und zum Christenthum festgesetzt. Vielen genügt das Pessimismuscapitel der Philosophie des Unbewussten und die Bekanntschaft mit dem Titel „Die Selbstzersetzung des Christenthums", um mich als einen geschworenen Feind des Christenthums und aller Religion zu verdammen; andere halten mich für einen Narren, der eine selbst ausgeheckte „Zukunftsreligion" an Stelle des Christenthums einführen wolle. In der That habe ich aber die grösste Hochachtung vor der christlichen Religion, als einer der höchstentwickelten Stufen des religiösen Bewusstseins, und in der Religion überhaupt verehre ich den tiefsten Quell und höchsten Gipfel des Geisteslebens. Mein eigener religionsphilosophischer Standpunkt hat sein werthvollstes Rüstzeug aus der dogmatischen Durchbildung der christlichen Glaubenslehre entlehnt, und steht dem Wesen und Kern des Christenthums weit näher als viele sogenannte christliche Religionsphilosophien, welche von den christlichen Theologen mit Achtung und Wohlwollen geduldet und studirt werden. Ich bin nur zu historisch-exact, um mich über die Grösse der auch bei mir noch bestehenden Abweichungen vom geschichtlichen Christenthum zu verblenden oder dieselben mit Phrasen zu verschleiern, und zu ehrlich und offen, um mich oder andere über diese Abweichungen zu täuschen und mich in eine Gemeinschaft einzudrängen, in die ich von Rechts wegen nicht hineingehöre. Aber gerade diese Ehrlichkeit zieht mir die heftigste Gegnerschaft der Vertreter des Christenthums zu, welche die grössten sachlichen Abweichungen dulden, so lange nur am Namen nicht gerüttelt und der äussere Schein der Christlichkeit gewahrt wird. Eine bloss negative Gegnerschaft aus antireligiöser Gesinnung kann die Theologie mit Recht als ungefährlich gering schätzen; aber eine positive Gegnerschaft, welche aus vertieftem religiösen Interesse die überlieferte Christusreligion als nicht mehr religiös zulänglich proclamirt und neben dem Bedürfniss auch die Mittel und Wege ihrer geschichtlichen Ueberwindung aufzeigt, muss naturgemäss eine energische Bekämpfung hervorrufen. Dass ich aber nur theoretischer Religionsphilosoph und keineswegs praktischer Religionsgründer sein will, habe ich so oft nachdrücklich hervorgehoben, und die Verschiedenheit von Theorie und Praxis so deutlich dargelegt, dass nur der üble Wille oder die Unkenntniss meiner Schriften an einem solchen Missverständniss festhalten kann. Das Christenthum steht und fällt mit dem Glauben an die Gründung einer kosmopolitischen neuen Erlösungsreligion durch Jesus und an die Identität dieses historischen Jesus mit der später entwickelten Christusidee, d. h. dem gottgleichen Erlösungsprincip; wer beides als historische Fictionen ansieht, wie es gegenwärtig unter Gebildeten gewöhnlich ist, kann nur noch mit Unrecht den Namen eines

Christen weiter führen. Diese Auffassung hindert aber gar nicht die Anerkennung, dass das thatsächlich wirksame Erlösungsprincip, welches im Christenthum in unhaltbar gewordene Dogmen und historische Fictionen eingehüllt ist, auch befreit von diesen, nachgerade überflüssig gewordenen, Hüllen wirksam sein und bleiben könne, wobei nur zu beachten, dass dieser herausgeschälte Kern nichts specifisch Christliches mehr ist, sondern auch in den indischen Religionen unter anderartigen Verhüllungen und Entstellungen zu finden ist.

2. Der Zusammenhang meiner Schriften.

Meine bisher erschienenen Schriften gliedern sich in zwei Hauptgruppen. Die erste Gruppe umfasst unter der Bezeichnung „Ausgewählte Werke" die systematisch wichtigeren unter meinen Werken, während die zweite Gruppe populäre Schriften, Sammlungen von Essais und Aufsätzen, philosophische Monographien, kritische und apologetische Erläuterungsschriften u. s. w. enthält.

Die „Ausgewählten Werke" zerfallen selbst wieder in zwei Unterabtheilungen, welche kurz als „Philosophie des Bewusstseins" und „Philosophie des Unbewussten" zu bezeichnen sind. Die erste behandelt in sechs Bänden das erkenntnisstheoretische, sittliche, ästhetische und religiöse Bewusstsein, die zweite in drei Bänden die Phänomenologie und Metaphysik des Unbewussten und das Verhältniss des „Unbewussten" zur modernen Physiologie und Descendenztheorie. Die erste Unterabtheilung beschäftigt sich also mit Erkenntnisstheorie, Ethik, Aesthetik und Religionsphilosophie, die zweite mit Naturphilosophie und Metaphysik, während die Psychologie in beiden gleichmässige Berücksichtigung findet. Der Umstand, dass ich meine Veröffentlichungen mit der „Philosophie des Unbewussten" begonnen habe, hat bei vielen das Missverständniss hervorgerufen, als ob ich die „Philosophie des Bewusstseins" geringschätzig bei Seite schieben oder durch eine Philosophie des Unbewussten nicht sowohl ergänzen als vielmehr ersetzen wollte. Dass dies nicht der Fall war, geht zur Genüge daraus hervor, dass meine „Philosophie des Bewusstseins" schon jetzt die doppelte Zahl von Bänden umfasst wie die „Philosophie des Unbewussten". Während die „Philosophie des Unbewussten" ähnlich der Hegel'schen „Phänomenologie des Geistes" ein noch ausserhalb des Systems stehendes Programmwerk ist, bilden meine Werke über Ethik, Aesthetik und Religionsphilosophie organische Glieder meines Systems, die selbst schon mehr oder weniger systematisch durchgearbeitet sind, und deshalb muss ich auch den Schwerpunkt meiner bisherigen Wirksamkeit in diesen drei Werken sehen, deren Werth und geschichtliche Bedeutung von der Anerkennung oder Verwerfung meiner Philosophie des Unbewussten in der Hauptsache unabhängig sein dürfte. Dabei verkenne ich nicht, dass ich erst durch den in der Philosophie des Unbewussten mir errungenen Standpunkt persönlich befähigt worden bin, der Philosophie des Bewusstseins eine derartige systematische Durcharbeitung zu geben, ähnlich wie Hegel erst durch den in der „Phänomenologie des Geistes" errungenen Standpunkt befähigt wurde, seine übrigen Werke als Glieder seines Systems auszuarbeiten.

Für die Erkenntnisstheorie habe ich mich bisher mit einer systematischen Erörterung des „Grundproblems" begnügt und bin der Bearbeitung der in neuerer Zeit so reichlich behandelten Logik aus dem Wege gegangen, während ich der Sprachphilosophie und Methodologie besondere Studien*) gewidmet habe, und die philosophische Verwendung der Wahrscheinlichkeitstheorie durch alle meine Werke sich hindurchzieht. Da die Auseinandersetzung mit der Kant'schen Erkenntnisstheorie noch immer als maassgebend für die Stellungnahme gilt, so habe ich dem „Grundproblem der Erkenntnisstheorie" und seiner phänomenologischen Behandlung die „kritische Grundlegung des transcendentalen Realismus" vorangestellt, welche meinen erkenntnisstheoretischen Standpunkt aus der Kritik des Kant'schen zu entwickeln sucht. Ausserdem habe ich aber in einer Reihe von Monographien und kritischen Analysen mich auch mit modernen Denkern der verschiedensten Richtungen auseinander gesetzt.**) Wer meine erkenntnistheoretische Stellungnahme gründlich beurtheilen will, wird nicht umhin können, alle diese Arbeiten in ihrem inneren Zusammenhange zu betrachten.

Der zweite Band der „Ausgewählten Werke" führt in der zweiten Auflage den Titel „Das sittliche Bewusstsein", während derselbe in der ersten Auflage „Phänomenologie des sittlichen Bewusstseins" gelautet hatte. Das Werk bildet den ersten, einleitenden Theil eines Systems der Ethik und beansprucht nicht mehr zu sein als eine psychologisch entwickelte und historisch illustrirte „ethische Principienlehre". Den zweiten und dritten Theil würden Socialethik und Individualethik ausmachen. Für die Ausführung, welche die Socialethik bei mir erhalten würde, finden sich bereits Fingerzeige in den Abschnitten über die Moralprincipien des Gesammtwohls und des Culturfortschritts, sowie in meinen socialen, politischen und pädagogischen Schriften.***) Der Inhalt der Individualethik ist zum Theil in der „Religionsethik", d. h. in dem

---

*) „Die Ergebnisse der modernen Sprachphilosophie" in den „Krit. Wanderungen durch die Phil. der Gegenwart" Nr. VIII; die Schrift „Ueber die dialectische Methode"; ferner die Essais: „Bahnsen's Realdialectik" und „Eine neue dialectische Form der Mystik" („Phil. Frag. d. Geg." Nr. XII und „Krit. Wanderungen durch die Phil. der Geg." Nr. VI).

**) „Lotze's Erkenntnisstheorie und Metaphysik" (in „Lotze's Philosophie" Nr. II); J. H. v. Kirchmann's erkenntnisstheoretischer Realismus; Lauge-Vaihinger's subjektivistischer Skepticismus (in „Neukantianismus u. s. w." S. 1–7, 17–29, 45–118); „Kant und die heutige Erkenntnisstheorie" (in den „Phil. Fragen der Gegenwart Nr. XI, S. 244–260); Zum gegenwärtigen Stande der Erkenntnisstheorie (in den „Krit. Wanderungen durch die Philosophie der Gegenwart" Nr. VII; der theologische Neukantianismus (in der „Krisis des Christenthums" 2. Aufl. Nr. III).

***) Moderne Probleme, 2. Aufl. Das Judenthum in Gegenwart und Zukunft. 2. Aufl. Zwei Jahrzehnte deutscher Politik und die gegenwärtige Weltlage. Zur Reform des höheren Schulwesens.

dritten Abschnitt der „Religion des Geistes" vorweggenommen, auch habe ich einzelne Probleme derselben in gelegentlichen Aufsätzen behandelt, z. B. „Die Motivation des sittlichen Willens" in den „Krit. Wanderungen durch die Philosophie der Gegenwart". In der „Phänomenologie des sittlichen Bewusstseins" handelt es sich um eine möglichst vollständige Aufnahme und Sichtung des Gesammtgebietes der Sittlichkeit nach allen ihren Erscheinungsformen im menschlichen Bewusstsein, welche von den unvollkommenen Vorstufen beginnt und schrittweise von den niederen und einseitigeren zu den höheren, vollkommeneren und umfassenderen Erscheinungsformen des sittlichen Bewusstseins aufsteigt. Dabei ergeben sich dann beiläufig gewisse Postulate des sittlichen Bewusstseins, d. h. Erfordernisse seiner Selbstbehauptung, ohne welche dasselbe zu einer widerspruchsvollen Illusion herabsinken würde; es sind dies erstens die Existenz unbewusster objectiver Zwecke, welche das Individuum zu subjectiven Zwecken seines Bewusstseins machen kann, zweitens die Wahrheit des empirischen Pessimismus, ohne welche die sittliche Kraft zur Selbstverleugnung und Ueberwindung des Egoismus nicht ausreichen würde, und drittens der metaphysische Monismus oder die Lehre von der Wesenseinheit aller Individuen mit dem absoluten Weltwesen, ohne welche es an einem logisch zwingenden Grunde zur positiven Hingabe des Eigenwillens an den teleologischen Weltprocess mangeln würde.

Da aus dem Gesichtspunkt eines inductiven Systems jedes Gebiet der „Philosophie des Bewusstseins" selbstständig aus den Erfahrungsthatsachen bearbeitet werden muss, so ruht auf diesen Postulaten die Beziehung, in welche die Geistesphilosophie sich selbst zur Metaphysik, die Philosophie des Bewusstseins sich zur Philosophie des Unbewussten setzt, und die Bedeutung, welche sie für die inductive Begründung dieser Metaphysik gewinnen kann. Deshalb seien hier einige Bemerkungen über den Sinn und die Tragweite solcher Postulate eingeschaltet. Die genannten Forderungen des sittlichen Bewusstseins haben zunächst nur praktische Gewissheit für das sittliche Bewusstsein, und auch diese nur insoweit, als dasselbe sich seiner selbst als eines realen, wahrhaften, nicht bloss illusorischen Bewusstseins sicher fühlt; aus theoretischem Gesichtspunkt sind es nur einseitige, vorläufig unerwiesene Hypothesen, welche allerdings unter Voraussetzung ihrer Richtigkeit den Vorzug haben würden, die praktische Selbstgewissheit des sittlichen Bewusstseins verständlich zu machen. Aber nur dann, wenn diese Hypothesen auch anderweitig eine theoretische Begründung finden, können sie auf theoretische Wahrscheinlichkeit Anspruch machen; wenn dies der Fall ist, so erhält ihre theoretische Wahrscheinlichkeit allerdings einen Zuwachs dadurch, dass sie im Stande sind, auch die empirische Thatsache des sittlichen Bewusstseins erklärlich zu machen, welche schlechthin unerklärlich bliebe, wenn sie sammt seinen praktischen Postulaten als psychologische Illusion gelten müsste. Das Gleiche gilt für die analogen Postulate des ästhetischen und religiösen Bewusstseins; alle drei können für sich allein ihren Postulaten keine ausreichende Stütze als metaphysische Hypothesen geben, wohl aber können sie die Wahrscheinlichkeit erhöhen, welche diesen Hypothesen aus theoretischen Gründen ohnehin schon zukommt, und können dieselbe der Gewissheit sehr viel näher rücken, als dies aus rein metaphysischen Erwägungen möglich ist. Wer die metaphysische Begründung jener Hypothesen nicht anerkennt, der wird auch in dem Zusammentreffen derselben mit sittlichen, ästhetischen und religiösen Postulaten seine Ansichten über die illusorische Natur des sittlichen, ästhetischen und religiösen Bewusstseins nicht erschüttern lassen; er wird aber nichtsdestoweniger zugeben müssen, dass die gründliche Untersuchung dieses sittlichen, ästhetischen und religiösen Bewusstseins trotz seiner illusorischen Beschaffenheit eine der interessantesten Aufgaben der Psychologie sein und bleiben würde. Aus diesem Gesichtspunkt wird ein solcher Leser meinen Untersuchungen über diese drei Gegenstände einen unverminderten Grad von Aufmerksamkeit widmen dürfen, da die Frage nach der reellen oder illusorischen Natur des sittlichen, ästhetischen und religiösen Bewusstseins und nach der Wahrheit oder Unwahrheit ihrer Postulate in denselben gar nicht erörtert wird. Wer dagegen die theoretische Begründung der betreffenden Hypothesen gelten lässt, der wird zugeben müssen, dass durch die Uebereinstimmung der sittlichen, ästhetischen und religiösen Postulate mit denselben die phänomenologischen Untersuchungen über das sittliche, ästhetische und religiöse Bewusstsein noch ein weit über das psychologische hinausgehendes Interesse erlangen, indem sie zu ebenso vielen unabhängigen Inductionsreihen werden, welche meiner Metaphysik immer neue inductive Stützen zuführen.

Meine „Religionsphilosophie" ist ebenfalls in genauerer Bezeichnung eine „Phänomenologie des religiösen Bewusstseins", dessen Entwickelung sich nach meiner Ansicht in vier Hauptphasen gliedert. Die erste ist der religiöse Naturalismus oder die Naturreligion. Diese erhebt sich nach zwei verschiedenen Richtungen zum religiösen Supranaturalismus oder gabelt sich in zwei parallele, coordinirte Stufen: den abstracten Monismus der indischen Religionen und den jüdisch-christlichen Theismus. Beide zielen auf den Fortschritt zu der vierten Stufe, dem concreten Monismus, ab, welcher die religiös berechtigten, aber einseitig halbwahren und durch unhaltbare Beimischungen getrübten Bestandtheile beider in sich conservirt und vereinigt. Nun haben aber bis jetzt nur die drei ersten Stufen geschichtliche Realität, und deshalb sind diese drei, denen gegenüber die phänomenologische Behandlung sich als historisch-kritische Untersuchung zu verhalten hat, zu einem ersten Theil vereinigt unter dem Titel „Das religiöse Bewusstsein der Menschheit im Stufengang seiner Entwickelung". Die vierte Stufe, welche sich einerseits als Postulat der weiteren Entwickelung aus der philosophischen Kritik der letzterreichten geschichtlichen Stufen ergiebt, muss sich andererseits aus einer voraussetzungslosen phänomenologischen Untersuchung des in seiner Reinheit gefassten religiösen Bewusstseins entfalten, wobei auch die metaphysischen Postulate und praktischen Consequenzen des vorgefundenen psychologischen Inhalts zur Entwickelung gelangen müssen. So wird die phänomenologische Betrachtung der vierten Stufe im zweiten Theil des Werks unvermerkt zu einer systematischen Darstellung der Religionsphilosophie im Gegensatz zu der historisch-kritischen des ersten Theils. Der Titel des zweiten Theils: „Religion des Geistes" bezieht sich darauf, dass die von der weiteren Entwickelung zu gewärtigende Zukunftsreligion des immanenten „Gott-Geistes" sich zum Christenthum oder der Religion des „Gott-Sohnes" verhalten müsse, wie diese zum Judenthum oder der Religion des „Gott-Vaters". Dass die Religion des concreten Monismus aber auch zugleich die höhere Synthese des indischen abstracten Monismus und des jüdisch-christlichen Theismus sein würde, habe ich mich bemüht, in allen Hauptpunkten der „Religionsmetaphysik" nachzuweisen und durchzuführen.

Die Phänomenologie des sittlichen Bewusstseins weist auf die des religiösen als ihre Wurzel und höhere Ergänzung hinaus; die letztere weist auf die erstere als auf ihre Erfüllung zurück. So bilden beide ein zusammengehöriges Ganze, während die Phänomenologie des ästhetischen Bewusstseins ihnen gegenüber wie ein *hors d'oeuvre* erscheint. Aber wenn auch das Schöne am sinnlichen Schein haftet, so gewährt es doch in diesem Schein eine ahnungsvolle Vorwegnahme des Höchsten in einer anschaulichen Vollendung, welche weder dem sittlichen noch dem religiösen Bewusstsein erreichbar ist; in diesem Sinne gliedert sich auch die „Philosophie des Schönen" der Geistesphilosophie in der höchsten Bedeutung des Wortes als unentbehrlicher und unersetzlicher Bestandtheil des Systems ein. Auch meine Aesthetik besteht aus einem historisch-kritischen und einem systematischen Theil, aber die Phänomenologie des ästhetischen Bewusstseins beschränkt sich hier auf den zweiten Theil, während der erste eine historisch-kritische Geschichte der ästhetischen Standpunkte und Ansichten von Kant bis zur Gegenwart bietet. Wer weder mit geschichtlichen Interessen an den Gegenstand herantritt, noch auch die Absicht hat, meine Philosophie des Schönen zu kritisiren, der kann getrost die Lectüre der „deutschen Aesthetik seit Kant" sich ersparen und sich mit derjenigen des zweiten Theils begnügen. Ein haltbares Urtheil über meine Aesthetik dagegen wird nur derjenige fällen können, welcher die kritische Rechtfertigung meiner Stellungnahme sowohl im Allgemeinen wie in den Einzelfragen in der Auseinandersetzung mit der ästhetischen Wissenschaft des letzten Jahrhunderts verfolgt und prüft. Nur ein solcher Leser wird im Stande sein, deutlich zu erkennen, wie und warum ich im konkreten Idealismus eine Synthese der einseitigen entgegengesetzten Standpunkte des abstrakten Idealismus und des Formalismus suche, und warum grade der konkrete Idealismus im Stande ist, alle sonst noch aufgetauchten ästhetischen Lehren nach Maassgabe ihrer bleibenden Berechtigung in sich aufzunehmen und als Bestandtheil seiner selbst zu conserviren. Wie die verschiedenen Gebiete des geistigen Lebens sich zum Ganzen zusammenfügen, welche Bedeutung sie in ihrem Verhältniss zum Ganzen des menschlichen Geisteslebens, und welche Stellung sie zu einander einnehmen, das habe ich erst in der „Philosophie des Schönen", als in dem zuletzt verfassten und abschliessenden Werke unter den der „Philosophie des Bewusstseins" gewidmeten, auseinandergesetzt.

Was nun die zweite Unterabtheilung der „Ausgewählten Werke", die „Philosophie des Unbewussten", betrifft, so erscheint dieselbe in der zehnten Auflage zum ersten Male in drei Theilen, indem die Schrift „das Unbewusste vom Standpunkt der Physiologie und Descendenztheorie", welche von jeher einen Ergänzungsband der Philosophie des Unbewussten bildete, nunmehr in dritter Auflage auch äusserlich als Zubehör derselben kenntlich gemacht worden ist. Zugleich ist die zweite Auflage der Broschüre „Wahrheit und Irrthum im Darwinismus" diesem dritten Theile eingefügt, so dass nun die Philosophie des Unbewussten alle meine naturphilosophischen Arbeiten in sich vereinigt mit Ausnahme der „Beiträge zur Naturphilosophie", welche den Abschnitt C. der „Ges. Studien und Aufsätze" bilden, der Monographie über den „Spiritismus" und der Abhandlung über den „Somnambulismus" am Schluss der „Modernen Probleme". Die erste Auflage der Philosophie des Unbewussten enthielt nur 42 Bogen, welche durch kleinere Zusätze bis zur fünften Auflage auf 53 Bogen, und durch Anhänge und Nachträge in der siebenten Auflage auf 60 Bogen anwuchsen. Dabei habe ich es mir zum Grundsatz gemacht, an dem Text der ersten Auflage nichts zu ändern noch zu streichen, und am Schluss jeder neuen Auflage die Hinzufügungen zu vermerken; dieses Verfahren ist von hervorragenden Philosophiehistorikern wie J. E. Erdmann gebilligt worden. Es wird auf diese Weise jeder Schwierigkeit posthumer Herausgabe vorgebeugt und dem Leser die genaueste Kontrole über die etwaige Entwickelung und Aenderung der Ansichten des Verfassers ermöglicht.

Die Abfassung der ersten Auflage fällt vom Ende meines 21ten bis zum Anfang meines 25ten Lebensjahres (Weihnachten 1864 bis Ostern 1867). Erwägt man, dass ich erst im Sommer 1865 meinen Abschied aus dem Militärdienst erhielt und in der Zeit bis 1864 mich in ausgedehntem Maasse mit Musik, Malerei und schöner Literatur beschäftigte, so wird man an ein solches Jugendwerk keine allzuhohen Ansprüche stellen dürfen. Am wenigsten dürfte es der Billigkeit entsprechen, die literarische und philosophiehistorische Stellung und Bedeutung eines Autors, der inzwischen Jahrzehnte lang im Dienste der Wissenschaft gearbeitet und gewirkt hat, ausschliesslich nach einer älteren Auflage seines Jugendwerkes abzuschätzen, zu kritisiren und zu bekämpfen, wie dies noch immer vielfach geschieht. Ich will mit dieser Bemerkung keineswegs die Philosophie des Unbewussten desavouiren, ich wünsche nur, sie jetzt als Glied in der Reihe meiner Schriften verstanden und beurtheilt zu wissen, anstatt, wie dies bei ihrem ersten Erscheinen nicht anders möglich war, in ihrer Isolirung. Das Capitel über die Metaphysik der Geschlechtsliebe z. B., in welchem dieses Phänomen nur von der natürlichen Seite betrachtet wird, hat zu anscheinend unausrottbaren Missverständnissen Anlass gegeben, welche durch eine Beachtung des Capitels über „das Moralprincip der Liebe" in der „Phänomenologie des sittlichen Bewusstseins" verhindert worden wären. Ebenso hat das Capitel über „die Thorheit des Wollens und das Elend des Daseins" die gröbsten Missverständnisse und Vorurtheile hervorgerufen, weil es von den meisten Lesern aus seinem untrennbaren Zusammenhange mit dem vorhergehenden und nachfolgenden Capitel herausgerissen wurde, weil die Andeutungen über die Gestaltung meiner künftigen Ethik (Bd. II S. 402—404) übersehen oder nicht für Ernst genommen, und die Ausführung derselben in der „Phänomenologie des sittlichen Bewusstseins" und „Religion des Geistes" nicht beachtet wurden. So wurde ferner der Abschnitt A über „die Erscheinung des Unbewussten in der Leiblichkeit", welcher vor meiner Bekanntschaft mit dem Darwinismus in den Jahren 1864 und 1865 geschrieben ist, von den Naturforschern vielfach geringschätzig beurtheilt ohne Rücksicht darauf, dass ich in dem Cap. C X, das i. J. 1866 verfasst ist, dem Darwinismus bereits vollständig Rechnung getragen hatte, und dass ich in meinen nachfolgenden naturphilosophischen Schriften gerade die im Abschnitt A behandelten Probleme in ausführlichster Weise unter dem Gesichtspunkt der neuesten biologischen Arbeiten nochmals durchgearbeitet hatte. Die dreibändige zehnte Auflage würde den Naturforschern dieses Ignoriren der naturphilosophischen Ergänzungsschriften unmöglich machen, wenn ihnen nicht die Möglichkeit offen bliebe, nun einfach die neueste Auflage zu ignoriren, und nach wie vor nach älteren Auflagen allein über mich abzusprechen.

Bereits im Vorwort der französischen Ausgabe der Philosophie des Unbewussten Neujahr 1877 schrieb ich: „La philosophie de l'Inconscient n'est pas un système: elle se borne à tracer les linéaments principaux d'un système. Elle n'est pas la conclusion mais le programme d'une vie entière de travail: pour achever l'oeuvre, la santé et une longue vie seraient nécessaires". Dass es mir mit dieser Auffassung Ernst war, habe ich durch die inzwischen geleisteten Abschlagszahlungen bewiesen, aber die Vollendung der gestellten Aufgabe liegt noch fern, während mein Leben seine Mittagshöhe längst überschritten hat.

Die „Ausgewählten Werke" repräsentiren den wesentlichen Kern meiner bisherigen schriftstellerischen Thätigkeit; wer von denselben Kenntniss genommen hat, der darf sagen, dass er meine Philosophie kennt.*) Wer aber meine Philosophie beurtheilen will, d. h. nicht

---

*) Mit Rücksicht hierauf habe ich mich bemüht, meinen Herrn Verleger zu einer Preisfestsetzung für dieselben zu bewegen, welche etwa den dritten Theil des für wissenschaftliche Werke üblichen Preises nicht überschreitet, und darf mit Dank das hierbei gefundene Entgegenkommen anerkennen. Ich

Vorwort zur zehnten Auflage.

bloss einen subjektiven persönlichen Eindruck von derselben gewinnen, sondern ein objektiv maassgebendes Urtheil über dieselbe fällen, oder gar dasselbe durch mündliche Vorträge oder durch den Druck veröffentlichen will, der wird allerdings nicht umhin können, auch von meinen übrigen Werken Kenntniss zu nehmen, mindestens von denjenigen, welche bestimmte Fragen und Gegenstände betreffen, in deren Beurtheilung er eingetreten ist. Wer z. B. meine Erkenntnisstheorie und Naturphilosophie kritisiren will, wird nicht unterlassen dürfen, die bereits oben angeführten Abhandlungen zu beiden Gebieten zur Ergänzung heranzuziehen. Wer meine Stellung in der Geschichte der Philosophie richtig kennzeichnen will, der muss vor Allem den Abschnitt D der „Ges. Stud. u. Aufsätze" lesen, welcher den Titel führt: „Das philosophische Dreigestirn des 19. Jahrhunderts", daneben aber auch meine Aufsätze über mein Verhältniss zu Schopenhauer und Hegel in den „Phil. Fragen" und „Krit. Wanderungen". Wer meine Metaphysik zum Gegenstand seiner Kritik erwählt hat, wird an den apologetischen Erläuterungen nicht vorübergehen dürfen, welche ich zu derselben im „Neukantianismus, Schopenhauerianismus und Hegelianismus", in „Lotze's Philosophie" und einem Theil der „Phil. Fragen" und „Krit. Wanderungen" beigebracht habe. Wer sich mit meiner Aesthetik näher beschäftigt, wird auch auf den Abschnitt B der „Ges. Stud. u. Aufsätze" zurückgreifen müssen, welcher die Ueberschrift trägt: „Aesthetische Studien". Wer meinen Pessimismus bekämpfen will, darf meine Schrift „Zur Geschichte und Begründung des Pessimismus" nicht bei Seite liegen lassen. Wer allein in der dialektischen Methode das Heil der Philosophie erblickt, wird meine Schrift „Ueber die dialektische Methode" und meinen Aufsätzen über Bahnsen's Realdialektik und Haller's dialektische Mystik (in den „Phil. Fragen" und „Krit. Wanderungen" seine Beachtung schenken müssen. Wer meine Ethik vornimmt, möge auch auf meine Aufsätze über „Wundt's Ethik" und „die Motivation des sittlichen Willens" (in den „Krit. Wanderungen durch die Phil. der Gegenwart" Nr. IV u. V) einen Blick werfen. Wer mein Verhältniss zur Religion und zum Christenthum genau übersehen will, darf sich die Mühe nicht verdriessen lassen, die Lectüre meiner Religionsphilosophie durch diejenigen meiner Schriften über die Selbstzersetzung und die Krisis des Christenthums und der religions-philosophischen Abhandlungen in den „Phil. Fragen der Gegenwart" Nr. VI—IX zu ergänzen. Wer endlich die Absicht hat, sich über meine Stellung zu socialen, politischen und pädagogischen Fragen zu äussern, der muss sich mit den „Modernen Problemen", den Schriften „Zur Reform des höheren Schulwesens", „Zwei Jahrzehnte deutscher Politik" und „Das Judenthum in Gegenwart und Zukunft" vertraut machen.

Die vier letztgenannten Schriften sind auch solchen Lesern zugäng-

glaube damit bewiesen zu haben, dass mir das ideale Interesse für die Verbreitung dessen, was ich für Wahrheit halte, höher steht, als der aus einem höheren Preise meiner Hauptwerke zu erzielende pecuniäre Gewinn.

lich, welche weder philosophische Vorbildung, noch philosophische Interessen besitzen, aber doch mit meiner Feder Bekanntschaft zu machen wünschen; es treten zu ihnen in gleichem Sinne hinzu „Die Selbstzersetzung des Christenthums" und die „Ges. Stud. und Aufsätze" Abschnitt A „Vermischte Aufsätze" und Abschnitt B „Aesthetische Studien", so wie die ersten drei des Abschnitts C. Auch von den übrigen Schriften sind einzelne Abhandlungen gemeinverständlich geschrieben, z. B. „Die Bedeutung des Leids" und „Ist der Pessimismus schädlich?" in „Zur Gesch. u. Begründ. des Pess.", ferner „Die unheilbare Auflösung des christlichen Centraldogma's" in der „Krisis des Christenthums" Nr. I u. A. m. Vielleicht ist für Laien die vortheilhafteste Gelegenheit zur Anknüpfung einer ersten Bekanntschaft mit meinem Vorstellungskreise in den von Professor Schneidewin herausgegebenen „Lichtstrahlen" geboten, welche i. J. 1881 in Carl Duncker's Verlag in Berlin erschienen sind; freilich sind die in den achtziger Jahren herausgekommenen Werke, wie Religionsphilosophie und Aesthetik, darin noch nicht berücksichtigt. Dagegen ist R. Koeber's Werk: „Das philosophische System Ed. v. Hartmann's" (Breslau bei Köbner, 1884) mehr auf philosophisch gebildete Leser berechnet; dasselbe berücksichtigt bereits die Religionsphilosophie, aber noch nicht die Aesthetik und zieht auch meine Ethik nicht in den Kreis seiner Darstellung. Wer sich durch die Lectüre meiner populären Schriften und Abhandlungen mit meiner Denkweise vertraut gemacht hat, der wird auch ohne philosophische Vorbildung die „Ausgewählten Werke" mit Ausnahme von Bd. I 1. Abth. und III lesen können. Am populärsten unter denselben dürfte die „Phänomenologie des sittlichen Bewusstseins" geschrieben sein, demnächst „Das religiöse Bewusstsein der Menschheit" (mit Ausnahme einiger Stellen in der Erörterung des Brahmanismus und Buddhismus), das zweite Buch der „Philosophie des Schönen" und die „Religionspsychologie" in der „Religion des Geistes". Die „Philosophie des Unbewussten" ist nicht ohne Absicht an den Schluss der „Ausgewählten Werke" gestellt.

Wer meine Philosophie kritisiren will, hat ohne Zweifel nicht nöthig, sich dabei um die vorhergegangenen Kritiken Anderer zu kümmern, wobei er dann allerdings Gefahr läuft, schon öfter Gesagtes zu wiederholen. Wohl aber hat er die literarische Pflicht, sich vorher um die Widerlegungen zu bekümmern, welche die Kritiken Anderer bereits erfahren haben, damit er nicht schon öfter Widerlegtes wie eine neue Offenbarung vorbringt, sondern vor Allem die bereits veröffentlichten Widerlegungen seiner Einwände zu entkräften versucht. Zu dem Zweck genügt es aber nicht, dass man meine Schriften und die in denselben enthaltenen Widerlegungen von Angriffen kennt, sondern man muss auch die meiner Gesinnungsgenossen kennen, welche mich literarisch unterstützt haben. Für philosophisch gebildete Leser stehen unter diesen in erster Reihe die trefflichen Schriften von O. Plümacher: „Der Kampf um's Unbewusste" und „Der Pessimismus in

Vergangenheit und Gegenwart", welche eine ziemlich vollständige, sachlich geordnete Uebersicht aller wichtigeren gegen meine Philosophie erhobenen Einwendungen geben, und dadurch nicht nur als Wegweiser in der betreffenden Literatur, sondern bis zu einem gewissen Grade als Ersatz für eine ganze Bibliothek derselben dienen können.*) Für Leser ohne philosophische Vorbildung wird die Schrift von A. Taubert: „Der Pessimismus und seine Gegner" mehr zu empfehlen sein, welche, obwohl aus der ersten Zeit des Pessimismusstreites stammend, doch auch noch für den gegenwärtigen Stand der Discussion viel Beherzigenswerthes enthält. Mehr veraltet sind „Naturwissenschaft und Philosophie" von A. Taubert, „Der gesunde Menschenverstand vor den Problemen der Wissenschaft" von Dr. Carl Freiherr du Prel und „Der Allgeist" von Dr. Moritz Venetianer. Die ersten beiden und zum Theil auch die dritte sind gegen naturwissenschaftliche Materialisten gerichtet und deshalb noch jetzt beachtenswerth für Kritiker, welche auf dem gleichen Standpunkt stehen.

Wer vor dem Eintritt in die Lectüre eines meiner Werke eine genauere Uebersicht über Inhalt und Ziele derselben wünscht, der wird am besten thun, die sämmtlichen Vorworte derselben im Zusammenhange zu lesen, wobei allerdings darauf zu achten ist, dass es wirklich auch immer die neuesten Auflagen sind, deren er sich bedient. Ausserdem findet man eine allgemeine Uebersicht und Charakteristik meiner Schriften in der Einleitung von Schneidewin's „Lichtstrahlen" (1881), im fünften Capitel von Köber's Darstellung meines Systems (1884), und in Oskar Linke's Essai über mich im Juniheft der „Gesellschaft" von 1887. Die geistvollste unter den neueren Beurtheilungen über meine Philosophie im Allgemeinen dürfte unstreitig in der Abhandlung des verstorbenen Professors August Krohn enthalten sein: „Streifzüge durch die Philosophie der Gegenwart" (in der von ihm herausgegebenen „Zeischrift für Philosophie und philosophische Kritik" 1885 86 Bd. 87 Heft 2 und Bd. 89 Heft 1 anonym veröffentlicht). Die neueste und vollständigste Uebersicht über meine Arbeiten und die Ziele meiner Bestrebungen in gedrängter Kürze und gemeinfasslicher Darstellung bietet die Brochüre von Dr. Arthur Drews „Eduard von Hartmann's Philosophie und der Materialismus in der modernen Cultur" (Leipzig. Wilhelm Friedrich 1890). Wer biographische Mittheilungen über mich wünscht, sei auf meine „Gesammelten Studien und Aufsätze" 3. Aufl. S. 11—41 und Vorwort S. 2—8 verwiesen, daneben auf die kleine Brochüre von C. Heymons „Eduard von Hartmann. Erinnerungen an denselben aus den Jahren 1868—1881".

---

*) Dem „Kampf um's Unbewusste" ist ein chronologisches Literaturverzeichniss beigegeben, das zwar nicht vollständig ist, aber doch alle wichtigeren Erscheinungen anführt. Auch die Uebersetzungen meiner Schriften in fremde Sprachen (Russisch, Schwedisch, Französisch, Englisch, Spanisch) sind darin aufgenommen.

Inhalt des ersten Theiles.

	Seite
Vorwort zur zehnten Auflage	V
1. Mein Verhältniss zu früheren Philosophen	V
2. Der Zusammenhang meiner Schriften	XVI

Einleitendes.

I. Allgemeine Vorbemerkungen	1
a) Aufgabe des Werkes	1
b) Methode der Untersuchung und Art der Darstellung	5
c) Vorgänger in Bezug auf den Begriff des Unbewussten	13
II. Wie kommen wir zur Annahme von Zwecken in der Natur?	36

A. Die Erscheinung des Unbewussten in der Leiblichkeit.

I. Der unbewusste Wille in den selbstständigen Rückenmarks- und Ganglienfunctionen	51
II. Die unbewusste Vorstellung bei Ausführung der willkürlichen Bewegung	62
III. Die unbewusste Vorstellung im Instinct	68
IV. Die Verbindung von Wille und Vorstellung	100
V. Das Unbewusste in den Reflexwirkungen	109
VI. Das Unbewusste in der Naturheilkraft	123
VII. Der indirecte Einfluss bewusster Seelenthätigkeit auf organische Functionen	145
1) Der Einfluss des bewussten Willens	145
2) Der Einfluss der bewussten Vorstellung	154
VIII. Das Unbewusste im organischen Bilden	158

B. Das Unbewusste im menschlichen Geiste.

I. Der Instinct im menschlichen Geiste	177
II. Das Unbewusste in der geschlechtlichen Liebe	190
III. Das Unbewusste im Gefühle	210
IV. Das Unbewusste in Charakter und Sittlichkeit	225
V. Das Unbewusste im ästhetischen Urtheile und in der künstlerischen Production	233

	Seite
VI. Das Unbewusste in der Entstehung der Sprache	254
VII. Das Unbewusste im Denken	261
VIII. Das Unbewusste in der Entstehung der sinnlichen Wahrnehmung .	281
IX. Das Unbewusste in der Mystik	306
X. Das Unbewusste in der Geschichte	322
XI. Das Unbewusste und das Bewusstsein in ihrem Werthe für das menschliche Leben	346

Anhang.

Zur Physiologie der Nervencentra	363
1) Einleitung	363
2) Nervenfaser und Ganglienzelle	366
3) Das Rückenmark	373
4) Die psychische Innerlichkeit des Reflexvorganges	377
5) Der teleologische Charakter der Reflexfunction	385
6) Die vier Hauptstufen von Nervencentren	396
7) Die morphologische Bedeutung der Gehirntheile	406
8) Die Centra der räumlichen Sinne	410
9) Das Kleinhirn	413
10) Das Vorderhirn	416
11) Die Cooperation und Subordination der Nervencentra . . .	420
12) Organismus und Seele	430

Nachträge 434

Einleitendes.

I.
Allgemeine Vorbemerkungen.

a. Aufgabe des Werks.

„Vorstellungen zu haben, und sich ihrer doch nicht bewusst zu sein, darin scheint ein Widerspruch zu liegen, denn wie können wir wissen, dass wir sie haben, wenn wir uns ihrer nicht bewusst sind. — Allein wir können uns doch mittelbar bewusst sein, eine Vorstellung zu haben, ob wir gleich unmittelbar uns ihrer nicht bewusst sind." (Kant, Anthropologie §. 5. „Von den Vorstellungen, die wir haben, ohne uns ihrer bewusst zu sein.") Diese klaren Worte des klaren grossen Königsberger Denkers enthalten den Ausgangspunct unserer Untersuchungen, wie das zur Aufnahme gegebene Feld.

Das Gebiet des Bewusstseins ist ein nach allen Richtungen so durchpflügter Weinberg, dass das Verfolgen dieser Arbeiten dem Publikum fast schon zum Ueberdruss geworden ist, und noch immer ist der gesuchte Schatz nicht gefunden, wenn auch unverhoffte reiche Ernten aus dem durcharbeiteten Boden hervorgesprosst sind. Dass man mit der philosophischen Betrachtung dessen begann, was das Bewusstsein unmittelbar in sich fand, war sehr natürlich; sollte es nun aber nicht verlockend um der Neuheit willen und hoffnungsreich in Bezug auf den Gewinn sein, den goldenen Schatz in den Tiefen des Berges, in den edlen Erzen seines Felsgesteins, statt auf der Oberfläche des fruchtbaren Erdbodens zu suchen? Freilich bedarf es dazu des Bohrers und Meissels und langer mühevoller Arbeit, bis man auf die goldenen Adern trifft, und endlich langer Bearbeitung der Erze, bis der Schatz gehoben ist — wer die Mühe nicht scheut, der folge mir, in der Arbeit selbst liegt ja der höchste Genuss!

Der Begriff „unbewusste Vorstellung" hat allerdings für den natürlichen Verstand etwas Paradoxes, indess ist der darin enthaltene Widerspruch, wie auch Kant sagt, nur scheinbar. Denn wenn wir nur von dem wissen können, was wir im Bewusstsein haben, also von dem nichts wissen können, was wir nicht im Bewusstsein haben, welches Recht haben wir dann zu der Behauptung, dass dasjenige, dessen Existenz in unserem Bewusstsein wir kennen, nicht auch ausserhalb unseres Bewusstseins sollte existiren können? Allerdings würden wir in diesem Falle weder die Existenz, noch die Nichtexistenz behaupten können, und aus diesem Grunde bei der Annahme der Nichtexistenz stehen bleiben müssen, bis wir zu der positiven Behauptung der Existenz anderswoher ein Recht bekommen. Dies war im Allgemeinen der bisherige Standpunct. Je mehr indess die Philosophie den dogmatischen Standpunct der instinctiven Sinnlichkeit und der instinctiven Verstandesüberzeugung verliess, und die nur höchst indirecte Erkennbarkeit alles bisher für unmittelbaren Bewusstseinsinhalt Gehaltenen einsah, desto mehr Werth musste natürlich ein indirecter Nachweis der Existenz einer Sache erhalten, und so konnte es nicht fehlen, dass hier und da in denkenden Köpfen sich das Bedürfniss zeigte, behufs der anderweitig unmöglichen Erklärung gewisser Erscheinungen im Gebiete des Geistes auf die Existenz unbewusster Vorstellungen als deren Ursache zurückzugehen. Alle diese Erscheinungen zusammen zu fassen, aus jeder einzelnen die Existenz unbewusster Vorstellungen und unbewussten Willens wahrscheinlich zu machen, und durch ihre Summe das in allen übereinstimmende Princip zur Höhe einer an Gewissheit grenzenden Wahrscheinlichkeit zu erheben, ist die Aufgabe der beiden ersten Abschnitte dieses Werks. Der erste derselben betrachtet Erscheinungen von physiologischer und zoopsychologischer Natur, der zweite bewegt sich auf dem Gebiete des menschlichen Geistes.

Durch dieses Princip des Unbewussten erhalten zugleich die betrachteten Erscheinungen ihre einzig richtige Erklärung, die zum Theil noch nicht ausgesprochen war, zum Theil aber bloss darum keine Anerkennung finden konnte, weil das Princip selbst erst durch die Zusammenstellung aller hierher gehörigen Erscheinungen constatirt werden kann. Ausserdem eröffnen sich aus der Anwendung dieses bisher im embryonalen Zustande befindlich gewesenen Princips die bedeutendsten Perspectiven auf neue Behandlungsweisen scheinbar bekannter Gegenstände; eine Menge Gegensätze und Widersprüche früherer Systeme und Ansichten finden ihre umfassende

Lösung durch Herstellung des höheren, beide Seiten als unvollkommene Wahrheiten in sich befassenden Standpunctes. Mit einem Wort, das Princip erweist sich höchst fruchtbar für Specialfragen. Weit wichtiger als dies aber ist die Art, wie das Princip des Unbewussten unvermerkt aus dem physischen und psychischen Gebiet sich zu Ansichten und Lösungen von Aufgaben erweitert, die man nach dem gewöhnlichen Sprachgebrauch als dem metaphysischen Gebiet angehörig bezeichnen würde. An unserem Princip aber spinnen sich diese Resultate so einfach und natürlich aus naturwissenschaftlichen und psychologischen Betrachtungen heraus, dass man den Uebergang in ein anderes Gebiet gar nicht merken würde, wenn einem der Inhalt dieser Fragen nicht schon anderweitig bekannt wäre. Es drängt und zieht sich alles nach dem Einen hin, es krystallisirt gewissermassen in jedem neuen Capitel ein Stück mehr von der Welt um diesen Kern herum, bis es zur All-Einheit erwachsen das Weltall umfasst und sich zuletzt plötzlich als das darstellt, was den Kern aller grossen Philosophien gebildet hat, Spinoza's Substanz, Fichte's absolutes Ich, Schelling's absolutes Subject-Object, Plato's und Hegel's absolute Idee, Schopenhauer's Wille u. s. w.

Ich bitte deshalb, an dem Begriff der unbewussten Vorstellung vorläufig keinen Anstoss zu nehmen, wenn er auch zuerst wenig positive Bedeutung hat; der positive Inhalt des Begriffs kann sich erst im Laufe der Untersuchung bilden; vorerst genüge es, dass damit eine ausserhalb des Bewusstseins fallende und doch nicht wesensfremde unbekannte Ursache gewisser Vorgänge gemeint ist, welche den Namen Vorstellung deshalb erhalten hat, weil sie mit dem uns im Bewusstsein als Vorstellung Bekannten das gemein hat, dass sie wie jene einen idealen Inhalt besitzt, der selbst keine Realität hat, sondern höchstens einer äusseren Realität im idealen Bilde gleichen kann. Der Begriff des unbewussten Willens ist an sich schon klarer und erscheint minder paradox (vgl. Cap. A. I. Schluss). Da sich in Cap. B. III. zeigen wird, dass das Gefühl sich in Willen und Vorstellung auflösen lässt, also letztere beiden die alleinigen psychischen Grundfunctionen sind, welche nach Cap. A. IV. untrennbar Eins sind, insoweit sie unbewusst sind, so bezeichne ich den unbewussten Willen und die unbewusste Vorstellung in Eins gefasst mit dem Ausdruck „das Unbewusste"; da diese Einheit aber wieder nur in der Identität des unbewusst wollenden und unbewusst vorstellenden Subjects beruht (Cap. C. XV. 4), so bezeichnet der Ausdruck „das Unbewusste" auch dieses identische

Subject der unbewusst-psychischen Functionen, — ein zwar zunächst Unbekanntes, von dem man aber schon hier wenigstens so viel sagen kann, dass ihm **ausser** den **negativen** Attributen „unbewusst sein und unbewusst functioniren" auch sehr wesentliche **positive** Attribute „wollen und vorstellen" zukommen. So lange die Betrachtung nicht über die Grenzen eines Individuums hinausgeht, möchte dies deutlich sein; fassen wir aber die Welt als Ganzes in's Auge, so nimmt der Ausdruck „das Unbewusste" nicht nur die Bedeutung einer **Abstraction** von allen unbewussten Individualfunctionen und Subjecten, sondern auch die Bedeutung eines **Collectivums** an, welches alle diese nicht nur unter sich, sondern **in sich** begreift. Endlich aber stellt sich in Cap. C. VII. heraus, dass alle unbewussten Functionen **von Einem identischen** Subjecte herrühren, welches in den vielen Individuen nur seine phänomenale Offenbarung hat, so dass alsdann „das Unbewusste" dieses Eine absolute Subject bedeutet. Soviel nur zur vorläufigen Orientirung. —

„Die Philosophie ist die Geschichte der Philosophie" — dieses Wort unterschreibe ich von ganzem Herzen. Wer aber das Wort so versteht, als ob nur hinter uns die Wahrheit läge, der möchte in tiefem Irrthum stecken, denn es giebt einen todten und einen lebenden Theil in der Geschichte der Philosophie, und das **Leben ist** nur in der **Gegenwart**. So wird an einem Baume der feste, den Stürmen trotzende Stamm von todtem Holze, von dem Zuwachs früherer Jahre gebildet, und nur eine dünne Schicht enthält das Leben des mächtigen Gewächses, bis auch sie im nächsten Jahre zu den Todten zählt. Nicht der Blätter- und Blüthenschmuck, der die Beschauer früherer Sommer am meisten bestach, war es, was dem Baume dauernde Stärkung verlieh, — sie halfen höchstens abgefallen und verfault seine Wurzeln düngen, — sondern der unbeachtete kleine Ringzuwachs am Stamm, und die unscheinbaren neuen Aestchen, das war es, was seine Ausdehnung, Höhe und Festigkeit mehrte. Und nicht bloss Festigkeit verdankt der lebensfrische Ring seinen todten Vorfahren, sondern indem er sie **umfasst**, auch die Grösse seines Umfangs; darum ist, wie am Baume, das erste Gesetz für einen neu anschiessenden Ring, dass er alle seine Vorgänger auch wirklich umfasse und in sich beschliesse, das zweite aber, dass er selbstständig aus den Wurzeln von unten auf erwachse. Die Aufgabe, dies beides in der Philosophie zu vereinigen, ist fast paradox, denn wer auf der Höhe der Situation steht, pflegt die **Unbefangenheit** verloren zu haben, **von vorn an**-

fangen zu können, und wer einen selbstständigen Anfang unternimmt, liefert meist ein dilettantisch unreifes Product, weil er die bisherige historische Entwickelung nicht inne hat.

Ich glaube, dass das Princip des Unbewussten, welches den alle Strahlen in sich vereinenden Brennpunct dieser Untersuchung bildet, in dieser Allgemeinheit gefasst, wohl als ein neuer Standpunct zu betrachten sein dürfte. Wie weit es mir gelungen sei, in den Geist der bisherigen Entwickelung der Philosophie einzudringen, muss ich dem Urtheil der Leser überlassen; nur bemerke ich, dass in Rücksicht auf den Plan des Werks der Nachweis, dass ziemlich Alles, was in der Geschichte der Philosophie als wahres Kernholz betrachtet werden kann, in den letzten Resultaten umfasst ist, sich nur auf kurze Hindeutungen beschränken muss, welche zum Theil in manchen Specialuntersuchungen, auf die an geeigneter Stelle verwiesen wird, eine nähere Ausführung gefunden haben.

b. Methode der Untersuchung und Art der Darstellung.

Man kann drei Hauptmethoden in der forschenden Wissenschaft unterscheiden, die dialektische (Hegel'sche), die deducirende (von oben nach unten), und die inducirende (von unten nach oben). Die dialektische Methode muss ich, ohne mich hier auf Erwägungen für oder wider einlassen zu können,*) schon rein um deswillen ausschliessen, weil sie, wenigstens in ihrer bisherigen Gestalt, der Gemeinverständlichkeit entbehrt, auf welche es hier abgesehen ist; die Vertreter derselben, welche die relative Wahrheit an Allem ja mehr als jeder Andere anzuerkennen verpflichtet sind, werden hoffentlich auch dieses Werk seines naturwissenschaftlichen Charakters wegen nicht verdammen, zumal es ihren Tendenzen durch einen gewissen positiven Gegensatz gegen gemeinschaftliche Gegner und durch einen propädeutischen Werth für Nichtphilosophen in vieler Hinsicht entgegen kommen dürfte. Wir haben also noch das Verhältniss der deductiven oder herabsteigenden, und der inductiven oder hinaufsteigenden Methode zu betrachten. —

Der Mensch kommt zur Wissenschaft, indem er die Summe der ihn umgebenden Erscheinungen zu begreifen und sich zu erklären versucht. Die Erscheinungen sind Wirkungen, zu denen er die Ursachen wissen will. Da verschiedene Ursachen die gleiche Wirkung haben können (z. B. Reibung, galvanischer Strom, und chemischer

---

*) Meine Ansichten über dieselbe habe ich in einer besonderen Schrift: „Ueber die dialektische Methode" (Berlin 1868, C. Duncker's Verl.) niedergelegt.

Process die Wärme), kann auch Eine Wirkung verschiedene Ursachen haben; die zu einer Wirkung angenommene Ursache ist mithin nur eine Hypothese, die keineswegs Gewissheit, sondern nur eine sich anderweitig bestimmende Wahrscheinlichkeit haben kann.

Es sei die Wahrscheinlichkeit, dass U_1 die Ursache der Erscheinung E sei $= u_1$, und die Wahrscheinlichkeit, dass U_2 die Ursache von U_1 sei $= u_2$, so ist die Wahrscheinlichkeit, dass U_2 die entferntere Ursache von E ist $= u_1 u_2$; woraus man sieht, dass bei jedem Schritt rückwärts in der Kette der Ursachen die Wahrscheinlichkeitscoefficienten der einzelnen Ursachen in Bezug auf ihre nächste Wirkung sich multipliciren, d. h. aber immer kleiner werden (z. B. $8/10$ neunmal mit sich selbst multiplicirt, giebt circa $1/10$). Wüchsen nicht die Wahrscheinlichkeitswerthe der Ursachen beim Fortschreiten wiederum dadurch, dass der anzunehmenden Ursachen immer weniger werden und immer mehr Wirkungen aus Einer Ursache erklärbar werden,*) so würden bald die Wahrscheinlichkeiten durch die beständige Multiplication unbrauchbar kleine Werthe erhalten. Wären nun von allen Erscheinungen in der Welt die Ursachen rückwärts so weit erkannt, bis sie auf eine oder wenige letzte Ursachen oder Principien zurückgeführt wären, so wäre die Wissenschaft, die Eine ist, wie die Welt Eine ist, in inductiver Weise vollendet.

Denkt man sich nun, dass irgend Jemand diese Aufgabe in vollkommenerer oder unvollkommenerer Form gelöst habe, so steht die Frage offen, ob derselbe, um seine Ueberzeugung Anderen mitzutheilen, besser thue, sie den Weg von den Erscheinungen rückwärts und aufwärts bis zu den letzten Ursachen zu führen, oder ihnen aus diesen Principien von oben herunter die Welt, wie sie ist, zu deduciren. Es handelt sich hier um eine einfache Alternative; denn wenn Schelling in seinem letzten System die Nothwendigkeit einer Verbindung beider Wege behauptet, indem er (s. Werke Abth. II. Bd. 3. S. 151 Anm.) mit einer negativen, von unten aufsteigenden Philosophie beginnt, und mit einer positiven, von oben herabsteigenden Philosophie schliesst, so ist diese Doppelheit nur dadurch möglich, dass er für beide die Gebiete sondert, und zwar erstere auf rein logischem Gebiete hält, d. h. ihre inductive Methode nur auf Thatsachen der inneren Erfahrung des Denkens basirt (vergl. Werke II. 1. Seite 321 u. 326), während er die so als Resultat gewonnene höchste Idee in seiner positiven Philosophie als das wirk-

---

*) Das Wachsen geschieht nach der auf S. 45 u. 46 entwickelten Formel.

lich Existirende und das Princip alles Seienden (vgl. II. 3. S. 150) zu erweisen sucht, indem er von derselben nach deducirender Methode die Thatsachen der äusseren Erfahrung abzuleiten unternimmt. (Aehnliches gilt für Krause's aufsteigenden und absteigenden Lehrgang.) Selbst wenn die Resultate letzterer Deduction den Ansprüchen der Wissenschaft irgendwie genügten, so würde doch eine solche willkürliche Trennung der innern und äussern Erfahrung wissenschaftlich nicht zu rechtfertigen sein, jedenfalls aber für letzteres Gebiet unsere obige Alternative sich wiederholen, ob die aufsteigende oder absteigende Methode der Darstellung vorzuziehen sei. Die Entscheidung fällt zweifelsohne zu Gunsten der von unten aufsteigenden oder inducirenden Methode aus; denn

1) steht der Andere noch unten, das Unten ist also für ihn der natürliche Ausgangspunct; er kommt bei dem Wege von unten nach oben stets vom Bekannten zum Unbekannten, während er sich auf den Standpunct der letzten Principien nur durch einen *salto mortale* versetzen kann, und dann während des ganzen Weges von Einem Unbekannten zum andern kommt, und ganz zum Schluss erst wieder zu Bekanntem;

2) der Mensch hält vorläufig immer seine eigene Meinung für die richtige und misstraut folglich jeder ihm neuen Lehre; darum will er wissen, wie der andere zu seinem sublimen Resultat gekommen ist, wenn sein Misstrauen sich nicht bis zum Schluss erhalten soll, und dies kann nur auf dem von unten aufsteigenden Wege geschehen;

3) der Mensch misstraut heimlich seinem eigenen Verstande ebenso sehr, als er auf seine einmal gefasste Meinung fast unerschütterlich baut, darum ist es sehr schwer, jemand durch Deduction zu überzeugen, weil er derselben immer misstraut, auch wenn er nichts dagegen zu sagen weiss, während er bei der Induction weniger scharf und anhaltend zu denken braucht, sondern mehr sehend und anschauend die Wahrheit herausfühlen kann;

4) die Deduction aus den letzten Principien, selbst angenommen, dass sie unwiderleglich richtig sei, kann wohl imponiren durch ihre Grossartigkeit, Geschlossenheit und Geistreichheit, aber nicht überzeugen; denn da dieselben Wirkungen aus ganz verschiedenen Ursachen herstammen können, so beweist die Deduction glücklichstenfalls immer nur die Möglichkeit dieser Principien, keineswegs ihre Nothwendigkeit, ja sie verleiht ihnen nicht einmal einen bestimmten Wahrscheinlichkeitscoefficienten, wie die inductive Methode thut, sondern kommt über den blossen Begriff der Möglichkeit nicht hinaus. Um

ein Bild zu brauchen, ist es allerdings gleichgültig, wenn man den Rhein kennen lernen will, ob man stromauf oder stromab wandert, für den Bewohner der Rheinmündung ist aber doch der natürliche Weg stromauf, und wenn ein Hexenmeister kommt, der ihn mit einem Luftsprung an die Quellen versetzt, so weiss er ja gar nicht, ob dies auch die Quellen des Rheines sind, und ob er nicht etwa die ganze mühsame Wanderung vergebens antritt. Und kommt er dann an der Mündung dieses Flusses an, und findet sich in einer fremden Gegend statt in der Heimath, so macht ihm wohl gar der Hexenmeister weiss, dass dies seine Heimath sei, und mancher glaubt es ihm um der schönen Reise willen.

Nach alledem wäre es unerklärlich, wie jemand, der auf inductivem Wege zu seinen Principien gekommen ist, zur Mittheilung und zum Beweis derselben die deductive Methode nehmen sollte; dieser Fall kommt in der That auch niemals vor. Vielmehr sind alle Philosophen, die ihr System deduciren (sei die Methode klar ausgesprochen, oder in verhüllter Form), in der That durch das einzige Mittel, das ausser der Induction übrig bleibt, zu ihren Principien gekommen, durch einen Luftsprung von mystischer Natur, wie dies im Cap. B. IX. besprochen wird, und die Deduction ist alsdann der Versuch, von ihrem mystisch erworbenen Resultat zu der zu erklärenden Wirklichkeit herabzusteigen und zwar auf einem Wege, der durch die unstatthafte Analogie mit der ganz anderartigen Wissenschaft der Mathematik und durch die blendende Evidenz der in letzterer erzielten Resultate für alle systematischen Köpfe von jeher etwas Verlockendes gehabt hat. Für jene Philosophen ist nämlich allerdings die Deduction der natürliche Weg, da das Oben ihr gegebener Ausgangspunct ist. Abgesehen davon, dass sowohl die Deduction selbst als auch die zu beweisenden Principien immer nach menschlicher Weise mangelhaft sein müssen, und dass demgemäss die Deduction zwischen sich und der zu erklärenden Wirklichkeit stets eine weite Kluft offen lässt, ist das Schlimme an der Sache, dass die Deduction ihre eigenen Principien, wie schon Aristoteles wusste, überhaupt nicht beweisen kann, weil sie im günstigsten Fall ihnen nur die Möglichkeit, aber nicht eine bestimmte Wahrscheinlichkeit erobert; darum gewinnen die Principien durch dieselbe wohl etwas an Verständlichkeit, aber nicht an Ueberzeugungskraft, und eine Ueberzeugung von ihrer Richtigkeit zu gewinnen, bleibt ausschliesslich der mystischen Reproduction überlassen, wie ihre Entdeckung in mystischer Production bestand.

Dies ist der grösste Uebelstand bei der Philosophie, soweit sie sich dieser Methode bedient, dass die Ueberzeugung von der Wahrheit ihrer Resultate nicht wie bei inductiv-wissenschaftlichen Ergebnissen mittheilbar ist, und selbst das Verständniss ihres Inhalts, wie bekannt, grossen Schwierigkeiten unterliegt, weil es unendlich schwer ist, eine mystische Conception in eine adäquat-wissenschaftliche Form zu giessen. Nur zu häufig täuschen aber auch die Philosophen sich und den Leser über die mystische Entstehungsweise ihrer Principien, und suchen denselben in Ermangelung guter Beweise einen wissenschaftlichen Halt durch spitzfindige Scheinbeweise zu geben, über deren Unwerth sie nur die feste Ueberzeugung der Wahrheit des Resultats verblenden kann. Hier liegt die Erklärung jener Erscheinung, dass man sich (mit seltenen Ausnahmen einer zufälligen Geistesverwandtschaft) von der Lectüre der Philosophen unangenehm abgestossen fühlt, wenn man auf ihre Beweise und Deductionen blickt, auf's Höchste angezogen und gefesselt dagegen, wenn man auf die imposante Geschlossenheit ihrer Systeme, ihre grossartigen Weltanschauungen, ihre genialen, das Verborgenste aufhellenden Lichtblicke, ihre tiefen Conceptionen, ihre geistreichen Aperçus, ihren psychologischen Scharfblick sieht. Die Art der Beweise ist es, welche dem naturwissenschaftlichen Denker jenen instinctiven Widerwillen gegen die Philosophie einflösst, jenen Widerwillen, der sich zu unserer Zeit, wo auf allen Gebieten des Lebens der Realismus über den Idealismus triumphirt, bis zur souverainen Verachtung gesteigert hat.

Aus der deductiven Methode der Philosophen folgt ferner, dass sich über einzelne Puncte nur insoweit streiten lässt, als es Consequenzen von Principien betrifft, über die man von vornherein einig ist. Da nun aber das ganze System eine Consequenz der obersten Principien sein soll, so kann man, vorausgesetzt dass alle Consequenzen in sich folgerichtig seien, nur das Ganze ablehnen oder acceptiren, je nachdem man die obersten Principien ablehnt oder acceptirt, während man bei der von unten, d. h. von allgemein zugegebenen und empirisch feststehenden Thatsachen aus bauenden inductiven Philosophie der Induction bis zu einem beliebigen Puncte zustimmend folgen, dann aber seinen Weg von dem des Philosophen trennen und an dem zugestandenen Unterbau der Pyramide einen grossen Gewinn zu eigener weiterer Benutzung nach Hause tragen kann. Es ist hiernach erklärlich, dass jedes deductive System mehr oder minder einsam wie die Spinne in ihrem Netze sitzt, weil alle Differenzen schon in den obersten Principien liegen, über die man niemals einig wird, wenn man mit ihnen anfangen will, während unter verschiedenen inductiven philosophischen Systemen (die leider bis jetzt noch nicht existiren) ein ähnliches Bewusstsein solidarischer Verknüpfung durch gemeinsames Fundament bestehen würde, wie in der inductiven Wissenschaft überhaupt, wo jeder einmal streng wissenschaftlich gethane Schritt allen anderen weiter gehenden zu Gute kommt, und auch die kleinste Gabe als Baustein zum Ganzen dankbar angenommen wird. Endlich ergiebt sich aus Obigem, warum es der deductiven Philosophie noch niemals gelungen ist, ihr eng begrenztes Publikum auf die Mehrzahl der Gebildeten zu erweitern, und warum es ihr ebenso wenig gelingen konnte, die grosse Kluft, welche sie von der zu erklärenden Wirklichkeit scheidet, auszufüllen.

Der Theil der Philosophie dagegen, welcher das inductive Verfahren eingeschlagen hat, und die gesammten Naturwissenschaften im weitesten Sinne des Worts, haben zwar schätzbare Resultate untergeordneter Art und Baugrund für die Nachfolger geliefert, aber sie sind noch himmelweit entfernt von letzten Principien und einem einheitlichen System der Wissenschaft.

So gähnt für beide Seiten eine Kluft; die Induction kommt nicht zu letzten Principien und zum System, die Speculation nicht zur Erklärung der Wirklichkeit und zur Mittheilbarkeit. Man kann hieraus schliessen, dass das Ganze sich nicht von Einer Seite her begreifen lässt, sondern dass man die Sache zugleich von beiden Seiten anfassen muss, und sich von hüben und drüben nach den vorspringendsten Puncten umthun muss, wo sich eine Brücke schlagen lässt. Denn so ganz hoffnungslos ist die Sache eben nicht. Wie in einem Gefäss mit geschmolzenem Schwefel krystallisiren die Gedanken sowohl vom Grunde als von oben aus, und wenn nur erst die am weitesten hervorragenden Nadeln sich erfasst haben, dann wächst auch bald die ganze Masse zusammen. Wir sind an diesem Puncte in der Geschichte der Wissenschaft angelangt, wo sich schon die ersten Vorläufer begegnen, wie zwei Bergleute, die sich aus sich unterirdisch begegnenden Stollen durch die sie noch trennende Wand hindurch klopfen hören. Denn die inductive Wissenschaft hat in allen Zweigen der unorganischen und organischen Natur und auch in der des Geistes in neuester Zeit so gewaltige Fortschritte gemacht, dass derartige Versuche einen ganz andern Boden unter sich finden, als z. B. die eines Aristoteles, Paracelsus, Baco und Leibniz. Andererseits hat aber auch die alle früheren Perioden weit überflügelnde Glanzperiode der Philosophie Ende des vorigen und Anfang dieses Jahrhunderts dem speculativen Geist so vielseitige Bereicherung zugeführt, dass beide Theile sich wiederum ebenbürtig gegenüberstehen. Aber freilich ist mit diesen Fortschritten die Welt sich auch klarer geworden über den polaren Gegensatz beider Gebiete, der früher sich mehr dem Bewusstsein entzog, und daher kommt es, dass jeder Forscher sich für eine der beiden Richtungen viel bestimmter zu entscheiden pflegt, als dies früher der Fall war. Darum fehlt es der Gegenwart hauptsächlich an einer Persönlichkeit, welche beide Seiten mit gleicher Liebe und Hingebung erfasst, welche fähig ist, wenn auch nicht zur mystischen Production, doch zur Reproduction, und doch zugleich eine genaue Uebersicht des exacten Wissens und die Strenge der inductiven exacten Methode sich zu eigen gemacht hat, welche endlich die vorliegende Aufgabe klar erkennt, die speculativen (mystisch erworbenen) Principien mit den bisher höchsten Resultaten der inductiven Wissenschaft nach inductiver Methode zu verbinden, um hierdurch die allgemein zugängliche Brücke zu den Principien zu schlagen, und diese bisher blos subjectiven Ueberzeugungen zur objectiven Wahrheit zu erheben. In Hinblick auf diese grosse und zeitgemässe Aufgabe wählte ich das Motto: „Speculative Resultate nach inductiv-naturwissenschaftlicher Methode!" Nicht als ob ich des Glaubens wäre, ein so umfassender Kopf zu sein, wie zur Lösung dieser Aufgabe erforderlich ist, oder gar glaubte, in diesem Werke eine genügende Lösung geboten zu haben, — das sei ferne von mir; aber damit glaube ich Dank zu verdienen, dass ich diese auch schon von anderen Männern erkannte und auf verschiedene Weisen in Angriff genommene Aufgabe klar als Ziel der gegenwärtigen, merklich an speculativer Erschöpfung leidenden Philosophie hinstelle, dass ich in den vorliegenden Untersuchungen zur Lösung derselben nach Kräften mein Scherflein beitrage, und dadurch anderen vielleicht erwünschte Anregung gebe, namentlich aber, indem ich die Sache an einer bisher vernachlässigten Seite anfasse, die ich jedoch grade für die fruchtbarste halten muss*). Zugleich legt mir die ausgesprochene Auffassung die Pflicht auf, mich vor jedem der beiden Fora, sowohl dem naturwissenschaftlichen als dem philosophischen, zur Beurtheilung zu stellen**). Dies thue ich aber mit Freuden,

---

*) Die überraschend günstige Aufnahme, welche die bisherigen Auflagen dieses Werkes gefunden haben, scheint mir wesentlich auf einer Anerkennung der Zeitgemässheit dieses Strebens zu beruhen.
**) Die Kritiken und Einwendungen, welche mir von philosophischer

denn ich halte jede Speculation für falsch, die den klaren Ergebnissen der empirischen Forschung widerspricht, und halte umgekehrt alle Auffassungen und Auslegungen empirischer Thatsachen für falsch, welche den strengen Ergebnissen einer rein logischen Speculation widersprechen.

Es sei mir vergönnt, noch einige Worte über die Art der Darstellung zu sagen. Der erste Grundsatz war Gemeinfasslichkeit und Kürze. Der Leser wird deshalb keine Citate finden, soweit sie nicht im Texte sich einflechten, jede Polemik ist auf das Möglichste vermieden, ausser wo sie zur Aufklärung eines Begriffs unerlässlich war. Ich traue mehr auf die siegende Kraft der positiven Wahrheit, soweit dieselbe in meiner Arbeit enthalten ist, als ich glaube, dass Jemand durch eine noch so schlagende negative Polemik sich von seinen Ansichten werde abbringen lassen. Auch ziehe ich es vor, anstatt die Irrthümer und Schwächen grosser Männer zu bekritteln, welche sich mit der Zeit ganz von selber durch Vergessenheit richten, ihre grössten Momente hervorzuheben, wo sie ahndungsvoll das in Andeutungen vorwegnehmen, was erst die zukünftige Entwickelung in ausführlicher Zusammengehörigkeit begründet. Ferner ist oft die Gelegenheit zu interessanten Seitenbemerkungen, zu gründlicheren, weiter ausholenden Beweisen, detaillirteren Ausführungen u. s. w. unbenutzt gelassen, um nicht in eine Ausführlichkeit der Darstellung zu

wie von naturwissenschaftlicher Seite her zu Theil geworden sind, haben meine Ansichten in keinem wesentlichen Punkte zu erschüttern vermocht, wohl aber in vielen bestärkt. Hinsichtlich der kritischen und apologetischen Polemik kann ich auf die im Vorwort gegebenen Mittheilungen und auf das Literaturverzeichniss in Plümacher's „Kampf um's Unbewusste" verweisen. Was mich selbst anbetrifft, so habe ich bei den Zusätzen im Texte der beiden ersten Bände der Phil. d. Unb. alle Polemik möglichst zu vermeiden gesucht und mir erst in den Nachträgen (von der 7. Auflage an) und in den im dritten Bande vereinigten Schriften grössere Freiheit gestattet. Der weiteren Ausführung naturphilosophischer Fragen dienen ausserdem die „Beiträge zur Naturphilosophie" (Abschnitt C der „Gesammelten Studien und Aufsätze", 3. Aufl.), die Abhandlung „der Somnambulismus", welche den Schluss der „Modernen Probleme" (2. Aufl.) bildet und die Schrift über den Spiritismus. Apologetische Erläuterungen zur Metaphysik des Unbewussten sind hauptsächlich in der Schrift „Neukantianismus, Schopenhauerianismus und Hegelianismus" zu finden; aber auch meine historisch-kritischen Arbeiten über „Lotze's Philosophie" und „Kirchmann's erkenntniss-theoretischen Realismus" enthalten mancherlei Hierhergehöriges, ebenso wie „Das philosophische Dreigestirn des 19. Jahrhunderts" (Abschnitt D der „Gesammelten Studien und Aufsätze") und verschiedene Abhandlungen in den „Phil. Fragen der Gegenwart" und den „Kritischen Wanderungen". Nicht zum wenigsten aber wird meine Metaphysik gestützt und fester begründet durch die Uebereinstimmung der von der Phil. d. Unb. unabhängig gewonnenen Ergebnisse meiner Erkenntnisstheorie, Ethik, Aesthetik und Religionsphilosophie, sowohl im Allgemeinen als auch in einzelnen Punkten, auf welche gelegentlich hingewiesen werden soll.

verfallen, mit denen wenigen meiner Leser gedient sein möchte. Daher sind die Capitel in der grösseren Mehrzahl, mit Ausnahme der grundlegenden, fast aphoristisch gehalten, weil ich glaube, dass die meisten Leser eine kurze, viel Anregung zum Selbstdenken bietende Darstellung einer erschöpfenden Behandlung des Stoffs vorziehen werden. Zugleich ist die Behandlung der Capitel in Rücksicht auf die Annehmlichkeit beim Lesen möglichst so eingerichtet, dass jedes derselben eine eigene kleine Abhandlung über einen begrenzten Stoff darstellt (nur wenige machen hiervon eine Ausnahme und gehören untrennbar zusammen, wie z. B. Cap. C. VI. und VII). Die Capitel der ersten beiden Abschnitte beweisen sämmtlich und jedes für sich die Existenz des Unbewussten; ihr Verständniss und ihre Beweiskraft stützen und erhöhen sich aber gegenseitig wie eine Gewehrpyramide, also auch die späteren die früheren. Ich bitte deshalb das Urtheil über die ersten gütigst zurückhalten zu wollen, mindestens bis zur Beendigung des Abschnitts A. Wenn aber einem Leser auch der Beweis dieses oder jenes Capitels falsch erscheint, so fallen darum keineswegs die Beweise der andern mit, wie man aus einer grossen Gewehrpyramide ganz gut eins oder mehrere der Gewehre herausnehmen kann, ohne dass dieselbe einfällt. Endlich bitte ich um gütige Nachsicht in Betreff der einzelnen als Beispiele benutzten physiologischen und zoologischen Thatsachen, wo einem Laien gar leicht ein Irrthum widerfahren kann, der aber für das grosse Ganze unmöglich von Bedeutung sein kann.

c. **Vorgänger in Bezug auf den Begriff des Unbewussten.**

Wie lange hat es gedauert, bis in der Geschichte der Philosophie der Gegensatz von Geist und Natur, von Denken und Sein, von Subject und Object zum klaren Bewusstsein kam, jener Gegensatz, der jetzt unser ganzes Denken beherrscht. Denn der natürliche Mensch fühlte als Naturwesen Leib und Seele in sich als Eins, er anticipirte instinctiv diese Identität, und seine bewusste Verstandesarbeit musste erst weit gediehen sein, ehe er sich von diesem Instinct soweit lossagen konnte, um die ganze Tragweite jenes Gegensatzes zu erkennen. In der ganzen griechischen Philosophie finden wir nirgends diesen Gegensatz mit voller Klarheit hingestellt, noch weniger seine Bedeutung erkannt, am wenigsten aber in ihrer klassischen Zeit. Wenn dies schon von dem Gegensatz des Realen und Idealen gilt, was dürfen wir uns wundern, dass der Gegensatz des Unbewussten und Bewussten noch viel weniger dem natürlichen Verstande einfällt und daher noch viel später in der Geschichte der Philosophie zum Durchbruch kommt, ja dass heute noch die allermeisten Gebildeten einen für närrisch halten, wenn man von unbewusstem Denken spricht. Denn das Unbewusste ist dem natürlichen Bewusstsein so sehr *terra incognita*, dass es die Identität von V o rs t e l l e n und sich einer Sache b e w u s s t s e i n, für ganz selbstverständlich und zweifellos hält. Dieser naive Standpunct ist schon im Cartesius (princ. phil. I, 9) und noch ausführlicher in L o c k e ausgedrückt: Versuche über den menschlichen Verstand Buch II. Cap. 1. §. 9: „Denn Vorstellungen haben und sich etwas bewusst sein, ist einerlei", oder §. 19: „denn ein ausgedehnter Körper ohne Theile ist so denkbar, als das Denken ohne Bewusstsein. Sie können, wenn es ihre Hypothese erfordert, mit eben so viel Grund sagen: Der Mensch ist immer hungrig, aber er hat nicht immer ein Gefühl davon. Und doch besteht der Hunger eben in diesem Gefühl, sowie das Denken in dem Bewusstsein, dass man denkt." Man sieht, dass Locke diese Sätze in aller Einfalt p o s t u l i r t; es ist deshalb ganz u n r i c h t i g, wenn man von gewissen Seiten heute noch die Behauptung hört, Locke habe die Unmöglichkeit unbewusster Vorstellungen b e w i e s e n. Er beweist nur aus dieser postulirten Voraussetzung, dass die S e e l e keine Vorstellung haben könne, ohne dass der M e n s c h sich dessen bewusst sei, weil sonst das Bewusstsein der Seele und das des Menschen zwei verschiedene Personen ausmachen würden, und dass folglich die Cartesianer in ihrer Behauptung Unrecht haben, dass die Seele als denkendes Wesen unaufhörlich denken müsse. — Locke ist mithin der erste und einzige, der diese stillschweigende Voraussetzung des natürlichen Verstandes zum wissenschaftlichen und ausführlichen Ausdruck bringt; mit diesem Schritte war aber auch naturgemäss die Erkenntniss ihrer Einseitigkeit und Unwahrheit und die Entdeckung der unbewussten Vorstellungen durch Locke's grossen Gegner Leibniz gegeben, während alle früheren Philosophen wohl im Stillen mehr auf die eine oder die andere Seite neigten, aber sich das Problem überhaupt nicht zum Bewusstsein brachten.

L e i b n i z wurde zu seiner Entdeckung durch das Bestreben geführt, die angebornen Ideen und die unaufhörliche Thätigkeit der Vorstellungskraft zu retten. Denn wenn Locke bewiesen hatte, dass die S e e l e nicht bewusst denken kann, wenn der M e n s c h sich dessen nicht bewusst ist, und sie doch immerfort denken s o l l t e, so blieb nichts übrig als ein unbewusstes Denken. Er unterscheidet daher *perception*, Vorstellung, und *appereeption*, bewusste Vorstellung oder schlechthin Bewusstsein (Monadologie §. 14) und sagt (gesperrt gedruckt): „Daraus, dass die Seele des Gedankens sich nicht bewusst sei, folge noch gar nicht, dass sie zu denken aufhöre." (Neue Versuche üb. d. menschl. Verst. Buch II. Cap. 1. §. 10.) Was Leibniz zur positiven Begründung seines neuen Begriffs beibringt, ist freilich mehr als dürftig, aber ein ungeheures Verdienst ist es, dass er sogleich mit genialem Blicke die Tragweite seiner Entdeckung übersah, dass er (§. 15) die innere dunkle Werkstätte der Gefühle, der Leidenschaften und der Handlungen, dass er die Gewohnheit und vieles andere als Wirkungen dieses Princips erkennt, wenn er dies auch nur mit wenigen Worten andeutet, – dass er die unbewussten Vorstellungen für das Band erklärt, „welches jedes Wesen mit dem ganzen übrigen Universum verbindet", — dass er durch sie die prästabilirte Harmonie der Monaden unter einander erklärt, indem jede Monade als Mikrokosmus unbewusst den Makrokosmos und ihre Stelle in demselben vorstellt. Ich bekenne freudig, dass die Lectüre des Leibniz es war, was mich zuerst zu den hier niedergelegten Untersuchungen angeregt hat.

Für die Auffassung der sogenannten angeborenen Ideen findet er ebenfalls die bis jetzt massgebende Anschauung (Buch I. Cap. 3 §. 20): „Sie sind nichts anderes als natürliche Fertigkeiten, gewisse active und passive Anlagen." (Cap. 1. §. 25): „Ihre wirkliche Erkenntniss ist der Seele freilich nicht angeboren, aber diejenige, welche man eine potentielle Erkenntniss (*connoissance virtuelle*) nennen könnte. So ist auch die Figur, die aus dem Marmor entstehen soll, in seinen Adern bereits gezeichnet, und also in dem Marmor selbst, noch ehe man sie beim Arbeiten entdeckt." Es ist dasselbe gemeint, was später Schelling (Werke Abth. I. Bd. 3. S. 528—9) präciser ausdrückte mit den Worten: „Insofern dass Ich Alles aus sich producirt, insofern ist alles .... Wissen *a priori*. Aber insofern wir uns dieses Producirens nicht bewusst sind, insofern ist in uns nichts *a priori*, sondern Alles *a posteriori* .... Es giebt also Begriffe *a priori*, ohne dass es angeborene Begriffe gäbe. Nicht Begriffe, sondern unsere eigene Natur und ihr ganzer Mechanismus ist das uns Angeborene. .... Dadurch, dass wir den Ursprung der sogenannten Begriffe *a priori* jenseits des Bewusstseins versetzen, wohin für uns auch der Ursprung der objectiven Welt fällt, behaupten wir mit derselben Evidenz und dem gleichen Rechte, unsere Erkenntniss sei ursprünglich ganz und durchaus empirisch, und sie sei ganz und durchaus *a priori*."

Nun kommt aber die schwache Seite von Leibniz unbewusster Vorstellung hinten nach, die schon in ihrem gewöhnlichen Namen „*petite perception*" liegt. Indem Leibniz in seiner Erfindung der Infinitesimalrechnung und in vielen Theilen der Naturbetrachtung, in der Mechanik (Ruhe und Bewegung), im Gesetz der Continuität u. s. w. den Begriff des (mathematisch sogen.) unendlich Kleinen mit dem glänzendsten Erfolge einführte, suchte er auch die *petites perceptions* auf diese Weise als Vorstellungen von so geringer Intensität zu fassen, dass sie sich dem Bewusstsein entziehen. Hiermit zerstörte er auf der einen Seite, was er auf der andern erbaut zu haben schien, den wahren Begriff des Unbewussten als ein dem Bewusstsein entgegengesetztes Gebiet, und die Bedeutung desselben für Gefühl und Handeln. Denn wenn, wie Leibniz selbst behauptet, das Naturell, der Instinct, die Leidenschaften, kurz die mächtigsten Einflüsse im Menschenleben aus dem Gebiet des Unbewussten stammen, wie sollen sie durch Vorstellungen bewirkt werden, die so s c h w a c h sind, dass sie sich dem Bewusstsein entziehen; wie sollten da nicht die k r ä f t i g e n bewussten Vorstellungen im entscheidenden Moment p r ä v a l i r e n? Dies interessirt aber Leibniz weniger, und für sein Hauptaugenmerk, die angeborenen Ideen und die beständige Thätigkeit der Seele, reicht allerdings seine Annahme des unendlich kleinen Bewusstseins aus. Demgemäss richten sich auch die meisten seiner B e i s p i e l e von *petites perceptions* auf Vorstellungen von geringem Bewusstseinsgrad, z. B. die Sinneswahrnehmungen im Schlaf. Bei alledem bleibt Leibniz der Ruhm, zuerst die Existenz von Vorstellungen behauptet zu haben, deren wir uns nicht bewusst sind, und denselben eine hohe Wichtigkeit beigelegt zu haben.

Näher, als man gewöhnlich glaubt, an Leibniz steht H u m e, dessen theoretische Philosophie sich zwar fast auf einen einzigen Punct, die Causalität, beschränkt, aber innerhalb dieses verengten Gesichtskreises einen klareren und freieren Blick sogar als Kant bewährt hat. Nicht die Thatsache einer bestehenden Causalität bestreitet Hume, sondern er bestreitet nur den Empiristen (Locke) gegenüber ihre Abstrahirbarkeit aus der Erfahrung, den Aprioristen (Cartesianern) gegenüber ihre apodiktische Gewissheit; dagegen räumt er den Empirikern die Anwendbarkeit der Causalität auf die Erfahrung und das praktische Verhalten ein, und den Aprioristen gewährt er gerade durch seinen indirecten Beweis eine Stütze für die Behauptung, dass unser Denken und Schliessen nach causalen Beziehungen eine „uns selbst unbewusste" Bethätigung eines unserm discursiven Denken fernstehenden instinctiven Vermögens sei, welches, wie der so sehr angestaunte Instinct der Thiere, als eine „ursprüngliche Verleihung der Natur" angesehen werden muss (Untersuchungen üb. d. menschl. Verstand übers. v. Kirchmann — phil. Bibl. Heft 25 — S. 99, vgl. auch S. 147). Die Wirklichkeit einer objectiv-realen, von der Anschauung des Subjectes unabhängigen Welt wird aus der Sinneswahrnehmung vermittelst eines solchen natürlichen, blinden, aber mächtigen Instincts unmittelbar erschlossen (S. 140); da wir nur unsre Vorstellung direct kennen, so ist freilich für die Vernunft direct unerweisbar, dass dieselbe die Wirkung eines von ihr verschiedenen aber ihr ähnlichen äusseren Gegenstandes sei (S. 141). In seiner scharfen Kritik des Berkeley'schen Idealismus zeigt sich aber nun Hume von dem Bewusstsein, dass jeder subjective Idealismus consequenter Weise nur mit einem schlechthin unfruchtbaren und praktisch von seinen eignen Vertretern dementirten Skepticismus enden kann, so sehr durchdrungen, dass er vor dem Kant'schen Irrweg in die exclusiv-subjectivistische Auffassung der Causalität geschützt ist, und dass er am Schluss seiner Untersuchungen die hypothetische Restitution des kritisch geläuterten Causalitäts-Instincts als den factisch einzig möglichen Standpunct hinstellt. (Einen ähnlichen Gang habe ich in meiner Schrift: „Das Ding an sich und seine Beschaffenheit" — C. Duncker's Verlag 1871 — genommen.)

Dass Kant den Begriff der unbewussten Vorstellung von Leibniz entlehnt habe, ist an der zu Anfang angeführten Stelle unschwer zu erkennen. Dass auch er dem Gegenstand grosse Wichtigkeit beigelegt hat, zeigt folgende Stelle des §. 5 der Anthropologie: „Dass das Feld unserer Sinnesanschauungen und Empfindungen, deren wir uns nicht bewusst sind, ob wir gleich unbezweifelt schliessen können, dass wir sie haben, d. i. dunkler Vorstellungen im Menschen (und so auch in Thieren) unermesslich sei, die klaren dagegen nur unendlich wenige Puncte derselben enthalten, die dem Bewusstsein offen liegen: dass gleichsam auf der grossen Charte unseres Gemüths nur wenig Stellen illuminirt sind, kann uns Bewunderung über unser eigenes Wesen einflössen." Wenn Kant an dieser Stelle die unbewussten und die dunkeln Vorstellungen für die Zwecke seiner Anthropologie identificiren zu können glaubt, so zeigt die Kritik der reinen Vernunft, dass er principiell den Unterschied beider wohl erkannt und angedeutet, aber nicht in seiner Wichtigkeit begriffen hat.

Der Gegensatz der dunkeln Vorstellung ist die **klare**, der Gegensatz der unbewussten Vorstellung ist die **bewusste**; nicht jede bewusste Vorstellung ist eine klare, nicht jede dunkle Vorstellung ist eine unbewusste. Nur diejenige bewusste Vorstellung ist klar, „in der das Bewusstsein zum Bewusstsein **des Unterschiedes** derselben von andern hinreicht;" wo das Bewusstsein hierzu nicht hinreicht, ist die bewusste Vorstellung eine dunkle. **Nicht alle** dunklen Vorstellungen sind mithin unbewusste; „denn ein gewisser Grad des Bewusstseins, der aber zur Erinnerung nicht zureicht, muss selbst in **manchen** dunklen Vorstellungen anzutreffen sein" (Kant's Werke v. Rosenkranz II, S. 793 Anm.). Wenn für die praktischen Zwecke der Anthropologie der Gegensatz der klaren und dunkeln Vorstellung Kant hinreichend scheint, so tritt derselbe für die erkenntnisstheoretische Classification der Vorstellung überhaupt durchaus hinter den der bewussten und unbewussten Vorstellung zurück. „Die Gattung ist Vorstellung überhaupt (*repraesentatio*). **Unter ihr** steht die Vorstellung mit Bewusstsein (*perceptio*)" (ebda. II, 258). Das Bewusstsein, dessen Vorhandensein die *perceptio* von der nicht percipirten *repraesentatio* unterscheidet, ist nicht sowohl selber eine Vorstellung, „sondern eine **Form** derselben überhaupt, sofern sie **Erkenntniss** genannt werden soll" (II, 279). Das Fehlen dieser **Form** also ist es, was die unbewusste Vorstellung von der bewussten unterscheidet. — Zu den unbewussten Vorstellungen scheinen nach Kant die reinen Verstandesbegriffe (Kategorien) gehören zu sollen, insofern sie jenseits der Erkenntniss liegen, welche erst dadurch möglich wird, dass eine **blinde** Function der Seele (II, 77) in spontaner Weise das gegebene Mannigfaltige des percipirten Vorstellungsmaterials synthetisch verknüpft (II, 76). Dringen wir mit dem Bewusstsein rückwärts in die Natur dieser Synthesis ein, so erkennen wir zwar in ihr, insofern sie allgemein vorgestellt wird, den reinen Verstandesbegriff (II, 77), aber die Art der Vermittelung der unbewussten Kategorie als „Keim oder Anlage" (II, 66) zur bewussten Erkenntniss (dem „Schematismus des reinen Verstandes") bleibt für uns eine ihren Handgriffen nach schwerlich jemals blosszulegende „verborgene Kunst in den Tiefen der menschlichen Seele" (II, 125). — Leider hat sich Kant in Bezug auf die apriorischen Anschauungsformen nicht zur gleichen Höhe der Einsicht emporgeschwungen wie in Bezug auf die Denkformen. — Als ein Beispiel für die Schärfe seines Blickes sei noch angeführt, dass er zuerst das Wesen der Geschlechtsliebe im Unbewussten gesucht hat (Anthropologie §. 5).

Die Blicke, welche Kant über die Sphäre der bewussten menschlichen Erkenntniss hinaus gethan hat, reichen indessen noch weit tiefer, als wir bisher gezeigt haben; jedoch hat er selbst dieses Gebiet nur andeutungsweise berührt, weil er nach apodiktischer Gewissheit in der Philosophie strebt, und sich eingestehen muss, dass in jenem Gebiet unsere Erkenntniss nur auf Wahrscheinlichkeit beruhend, d. h. nach seiner Terminologie problematisch ist (II, 211). Die oben angeführte Classification der Vorstellung ist nämlich insofern unvollständig, als in ihr die zweite, der bewussten Vorstellung gegenüberstehende Species nicht genannt wird. Dies ist aber nach Kant's Terminologie die „intellectuelle Anschauung", welche in jener Classification nicht vorkommt. Die bewusste Vorstellung (Perception) zerfällt nämlich weiter nach Kant in (subjective) Empfindung und (objective) Erkenntniss, und letztere wieder in Anschauung und Begriff. Empfindung und Anschauung ist nicht intellectuell, sondern sinnlich; Begriff ist nicht intuitiv, sondern discursiv; die sinnliche Anschauung ist abgeleitete Anschauung, nicht ursprüngliche wie die intellectuelle (II, 720), die durch Kategorien vermittelte discursive Erkenntniss wiederum ist zwar intellectuell, aber nicht Anschauung (II, 211). Die intellectuelle Anschauung *) bleibt also offen für die nicht percipirte Vorstellung. Die percipirte oder bewusste Vorstellung ist von ihrem Gegenstande verschieden, die nicht percipirte Vorstellung ist mit ihm Eins, indem sie ihn sich giebt oder hervorbringt (II, 741—742). Nicht der abgeleitete und abhängige menschliche Verstand (bewusste Intellect) als solcher besitzt eine solche intellectuelle Anschauung, sondern nur das Urwesen (II, 720) oder der göttliche Verstand (II, 741), für den das Hervorbringen seiner „intelligibeln Gegenstände" zugleich die Schöpfung der Welt der Noumena ist (VIII, 234). Ob und in wie weit die dunkeln Vorstellungen ohne jedes Bewusstsein durch ein Hereinreichen der ursprünglichen intellectuellen Anschauung des Urwesens in den abgeleiteten menschlichen Verstand zu erklären sind, darüber hat Kant sich nicht ausgesprochen; erst Schelling hat diesen Weg mit Entschiedenheit eingeschlagen. Interessant ist es aber zu sehen, wie Heinrich Heine den Kant'schen Begriff der intellectuellen Anschauung aufgegriffen

---

*) Auch Spinoza hat neben der Erkenntniss durch sinnliche Anschauung und abstracten Begriff eine dritte Erkenntnissgattung durch intellectuelle Anschauung oder intuitives Wissen (Ethik, Theil II, Satz 40, Anmerk. 2), welche den Geist, insofern er ewig ist, also nicht den endlichen und vergänglichen Individualgeist, zu ihrer formalen Ursache hat (Theil V, Satz 31), und welche allein wahrhaft adaequate Ideen über das Wesen Gottes und der Dinge liefert.

hat, um sich durch denselben die blitzartigen und nach menschlichem Maasse unverständlichen Aeusserungen des Genies zu verdeutlichen (vergl. Heine's Werke Bd. I, S. 142 u. 168—169).

So wenig Kant eine eigentliche Metaphysik hatte geben wollen, so hatte er doch die in einem System der reinen Vernunft allein mögliche Metaphysik durch jene die intelligible Welt producirende intellectuelle Anschauung des Absoluten hinlänglich angedeutet, so dass auch sein unmittelbarster Fortsetzer Fichte nur auf diesem Wege weiter gehen konnte. Nach ihm ist „Gottes Dasein .... schlechthin das Wissen selber" (Fichte's s. Werke, II. S. 129—130), aber nur das substantielle Wissen, welchem, als dem Unendlichen, niemals Bewusstsein zugeschrieben werden kann (II, 305). Zwar ist es dem Wissen nothwendig, Selbstbewusstsein zu werden, aber es spaltet sich hierbei ebenso nothwendig in die Bewusstseinsvielheit mannichfaltiger Individuen und Personen (VII, 130, 132). So als substantielles Wissen (d. h. als bloss inhaltliches Wissen ohne die Form des Bewusstseins) ist Gott die unendliche Vernunft, in welcher die endliche enthalten ist; ebenso ist er aber auch der unendliche Wille, der alle Individualwillen in seiner Sphäre hält und trägt, und in welchem diese communiciren (II, 301 u. 302). Muss der Einheit der unendlichen Vernunft und des unendlichen Willens trotz ihres absoluten unendlichen Wissens, oder vielmehr gerade wegen desselben das Bewusstsein abgesprochen werden, so muss es die Persönlichkeit, in welchem Begriffe Schranken liegen, erst recht (II, 304—5). Man sieht hiernach, dass schon bei Fichte alle Elemente unsres Unbewussten zu finden sind, aber sie treten nur gelegentlich, andeutungsweise und an verschiedenen Stellen zerstreut hervor, und ohne Frucht getragen zu haben, werden diese vielversprechenden Gedankenknospen von andern Gesichtspuncten bald wieder überwuchert.

Viel näher lag der Begriff des Unbewussten der Glaubensphilosophie (Hamann, Herder und Jacobi), die eigentlich auf ihm beruht, aber sich über sich selbst so unklar und so unfähig ist, ihre eigene Grundlage rationell zu begreifen, dass sie nie dazu kommt, das Stichwort ihrer Partei zu finden.

In voller Reinheit, Klarheit und Tiefe finden wir dagegen den Begriff des Unbewussten bei Schelling; es verlohnt sich daher eines Seitenblicks auf die Art und Weise, wie er zu demselben gekommen ist. Hierüber giebt am besten folgende Stelle Aufschluss (Schelling's Werke Abth. I. Bd. 10. S. 92—93): „Die Meinung dieses (des Fichte'-

schen) subjectiven Idealismus konnte nicht sein, dass das Ich die
Dinge ausser sich frei und mit Wollen setzte, denn nur zu vieles
ist, das das Ich ganz anders wollte, wenn das äussere Sein von ihm
abhinge.... Um dies alles zeigte sich nun Fichte unbekümmert
.... Angewiesen nun, die Philosophie da aufzunehmen, wo sie Fichte
hingestellt hatte, musste ich vor allem sehen, wie jene unleugbare
und unabweisliche Nothwendigkeit" (mit der dem Ich seine Vorstellungen von der Aussenwelt entgegentreten), „die Fichte gleichsam
nur mit Worten hinwegzuschelten sucht, mit den Fichte'schen Begriffen, also mit der behaupteten absoluten Substanz des Ich sich
vereinigen liesse. Hier ergab sich nun aber sogleich, dass freilich
die Aussenwelt für mich nur da ist, inwiefern ich zugleich selbst da
und mir bewusst bin (dies versteht sich von selbst), aber dass auch
umgekehrt, sowie ich für mich selbst da, ich mir bewusst bin,
dass, mit dem ausgesprochenen Ich bin, ich auch die Welt als bereits
— da — seiend finde, dass also auf keinen Fall das schon bewusste Ich die Welt produciren kann. Nichts verhinderte aber,
mit diesem jetzt in mir sich-bewussten Ich auf einen Moment zurückzugehen, wo es seiner noch nicht bewusst war, eine Region
jenseits des jetzt vorhandenen Bewusstseins anzunehmen, und
eine Thätigkeit, die nicht mehr selbst, sondern nur durch ihr Resultat
in das Bewusstsein kommt." (Vgl. auch Schelling's Werke Abth. I.
Bd. 3. S. 348—9). Der Umstand, dass Schelling keine andere Ableitung für den Begriff des Unbewussten hat, als aus der Voraussetzung des Fichte'schen Idealismus, ist wohl der Grund, dass seine
zahlreichen schönen Bemerkungen über diesen Begriff auf die Bildung der Zeit nicht mehr Einfluss gehabt haben, da letztere, um seine
Nothwendigkeit einzusehen, einer empirischen Ableitung desselben
bedurft hätte. Ausser der vorhin bei Gelegenheit des Leibniz schon
angeführten Stelle werden im Verlauf unserer Untersuchungen noch
mehrfach Citate aus Schelling angezogen werden. Hier nur noch
einiges zur Orientirung im Allgemeinen (Werke I. 3. S. 624): „In
allem, auch dem gemeinsten und alltäglichsten Produciren wirkt mit
der bewussten Thätigkeit eine bewusstlose zusammen." Die Ausführung dieses Satzes auf den verschiedenen Gebieten der empirischen
Psychologie hätte *a posteriori* die Grundlage des Begriffes des Unbewussten gegeben; Schelling bleibt dieselbe aber (mit Ausnahme
für das ästhetische Produciren) nicht nur schuldig, sondern er behauptet auch anderwärts (Werke I. 3. S. 349): „Eine solche (zugleich
bewusste und bewusstlose) Thätigkeit ist allein die ästhetische."

Wie rein und tief trotzdem Schelling in der Genialität seiner Conception den Begriff des Unbewussten erfasst hatte, beweist folgende Hauptstelle (I, 3. S. 600): „**Dieses ewig Unbewusste**, was gleichsam die **ewige Sonne im Reiche der Geister**, durch sein eigenes ungetrübtes Licht sich verbirgt, und obgleich es nie Object wird, doch allen freien Handlungen seine Identität aufdrückt, ist zugleich dasselbe für alle Intelligenzen, die unsichtbare Wurzel, wovon alle Intelligenzen nur die Potenzen sind, und das ewig Vermittelnde des sich selbst bestimmenden Subjectiven in uns und des Objectiven oder Anschauenden, zugleich der Grund der Gesetzmässigkeit in der Freiheit und der Freiheit in der Gesetzmässigkeit." Hiermit bezeichnet er dasselbe, was Fichte das substantielle Wissen ohne Bewusstsein oder den unpersönlichen Gott als Einheit der unendlichen Vernunft und des unendlichen Willens nannte, welche Einheit die vielen Individualwillen mit ihrer endlichen Vernunft in sich befasst. Auch Schelling kommt dazu, als das letzte und höchste Princip seiner Identitätsphilosophie i. J. 1801 die **absolute Vernunft** zu bestimmen (Werke I. 4. S. 114—116), und hiermit seinem „ewig Unbewussten" eine concrete Erfüllung zu geben, welcher er i. J. 1809 ebenfalls den **Willen** als der Wichtigkeit nach voranzustellende Ergänzung hinzufügte (I. 7, 350).

In demselben Maasse als für Schelling in seiner eigenen Entwickelungsgeschichte der Fichte'sche Idealismus in den Hintergrund trat, verfiel auch der Begriff des Unbewussten diesem Schicksal. Während derselbe im transcendentalen Idealismus eine Hauptrolle spielt, ist von ihm schon in den bald nachher erschienenen Schriften kaum noch die Rede und später verschwindet er fast ganz. Auch die mystische Naturphilosophie der Schelling'schen Schule, welche (besonders Schubert) doch so viel im Gebiete des Unbewussten verkehrt, hat sich meines Wissens mit einer Entwickelung und Betrachtung dieses Begriffes nirgends befasst. Um so besser weiss das ahnungsvolle Dichtergemüth Jean Paul Friedrich Richter's das Unbewusste Schelling's zu würdigen und heben wir aus seinem letzten, unvollendeten Werke „Selina" folgende Stellen hervor: „Wir machen von dem Länderreichthum des Ich viel zu kleine oder enge Messungen, wenn wir das ungeheure Reich des **Unbewussten**, dieses in jedem Sinne wahre innere Afrika, auslassen. Von der weiten vollen Weltkugel des Gedächtnisses drehen sich dem Geiste in jeder Secunde immer nur einige erleuchtete Bergspitzen vor, und die ganze übrige Welt bleibt in ihrem Schatten liegen." — „Es bleibt nichts übrig für den Aufenthalt und Thron der Lebenskraft, als das grosse Reich des **Unbewussten** in der Seele selber." — „Man sieht bei gewissen Menschen sogleich über die ganze angebaute Seele hinüber, bis an die Grenze der aufgedeckten Leerheit und Dürftigkeit; aber das Reich des **Unbewussten**, zugleich ein Reich des Unergründlichen und Unermesslichen, das jeden Menschengeist besitzt und regiert, macht die Dürftigen reich und rückt ihnen die Grenzen in's Unsichtbare." — „Ist es nicht ein tröstlicher Gedanke, dieser verdeckte Reichthum in unserer Seele? Können wir nicht hoffen, dass wir **unbewusst** Gott vielleicht inniger lieben als wir wissen, und dass ein stiller Instinct für die zweite Welt in uns arbeite, indess wir bewusst uns so sehr der äusseren übergeben?" — „Wir sehen ja täglich, wie das Bewusste zum **Unbewussten** wird, wie die Seele ohne Bewusstsein die Finger nach dem Generalbasse regt, indem sie jenes auf neue Verhältnisse und Handlungen richtet. Wenn man die Muskel- und Nervendurchkreuzung betrachtet, erstaunt man über Zuckungen und Drucke der kleinsten Art ohne bewusstes Wollen."

Bei **Hegel** tritt ebenso wie in Schelling's späteren Werken der Begriff des Unbewussten nicht deutlich heraus, ausser in der Einleitung zu den Vorlesungen über „Philosophie der Geschichte", wo er die in Cap. B. X. anzuführenden Ideen Schelling's über diesen Gegenstand reproducirt. Gleichwohl stimmt Hegel's absolute Idee in ihrem Ansichsein vor ihrer Entlassung zur Natur, also auch vor ihrer Rückkehr zu sich als Geist, in jenem Zustande, wo sie die Wahrheit ohne Hülle ist, gleichsam die Gottheit in ihrem ewigen Wesen vor Erschaffung der Welt und eines endlichen Geistes, durchaus mit Schelling's „ewig Unbewusstem" überein, wenn sie auch nur die eine Seite desselben, nämlich die Seite des Logischen oder der Vorstellung ist, also mit Fichte's „substantiellem Wissen" und seiner unendlichen Vernunft ohne Bewusstsein zusammenfällt. Auch bei Hegel nämlich erlangt der Gedanke erst dann das Bewusstsein, wenn er durch die Vermittelung seiner Entäusserung zur Natur den Weg vom blossen Ansichsein zum Fürsichsein zurückgelegt, und als ein sich gegenständlich gewordener, als **Geist**, zu sich selbst gekommen ist. Der Hegel'sche Gott als Ausgangspunct ist erst „an sich" und unbewusst, nur Gott als Resultat ist „für sich" und bewusst, ist Geist. Dass das zum-Fürsichsein-Gelangen, sich Gegenstand-Werden wirklich ein zum-Bewusstsein-Kommen ist, spricht Hegel in Werke XIII. S. 33 u. 46 deutlich aus. — Die Theorie des Unbewussten ist die nothwendige, wenn auch bisher meist nur stillschweigende Voraussetzung jedes objectiven oder absoluten Idealismus, der nicht unzweideutiger Theismus ist; d. h. jede Metaphysik, welche die Idee als das Prius der Natur (aus welcher dann wiederum erst der subjective Geist entspringt) betrachtet, muss die Idee als eine unbewusst seiende supponiren, so lange dieselbe gestaltende Idee ist und sich noch nicht aus dem Sein vor und in der Natur zum anschauenden Bewusstsein im subjectiven Geiste durchgerungen hat, — es sei denn, dass die gestaltende Idee als bewusster Gedanke eines selbstbewussten Gottes behauptet werde. Als höchste Form des absoluten Idealismus verfällt der Hegelianismus am sichersten dieser Nothwendigkeit, da ihm die Idee nichts weniger als bewusster Gedanke eines von Anfang an selbstbewussten Gottes, sondern vielmehr „Gott" nur ein opportuner Name für die (in der Selbstentfaltung begriffene) Idee ist. Man kann also sagen, es handle sich in diesem Buche grossentheils nur darum, Hegel's unbewusste Philosophie des Unbewussten zu einer bewussten zu erheben (vergl. meinen Aufsatz: „Ueber die nothwendige Umbildung der Hegel'schen Philosophie aus ihrem Grundprincip heraus" in den „Gesammelten philosoph. Abhandlungen", No. II, Berlin, C. Duncker). Aber auch alle Diejenigen, welche, mehr oder minder von Plato und Hegel beeinflusst, überhaupt nur Ideen als gestaltende Principien der Bildungsvorgänge in Natur und Geschichte und eine leitende objective Vernunft als im Weltprocess sich offenbarend annehmen, ohne sich doch zu einem selbstbewussten Gott-Schöpfer bekennen zu wollen, alle diese sind schon unbewusste Anhänger der Philosophie des Unbewussten, und bleibt dem Nachfolgenden solchen Lesern gegenüber nur die Aufgabe, sie über die Consequenzen und den systematischen Zusammenhang ihrer Gedanken aufzuklären, und sie durch strengere Begründung in ihrem Standpunct zu befestigen.

Schopenhauer kennt als metaphysisches Princip nur den Willen, während ihm die Vorstellung in materialistischem Sinne Hirnproduct ist, eine Thatsache, welche dadurch keine Einschränkung erleidet, dass er die Materie des Gehirns wiederum für die blosse Sichtbarkeit eines (blinden d. h. vorstellungslosen) Willens erklärt. Der Wille, das einzige metaphysische Princip Schopenhauers ist hiernach selbstverständlich ein unbewusster Wille, die Vorstellung hingegen, die ihm nur das Phänomen eines Metaphysischen und daher als Vorstellung nicht selbst etwas Metaphysisches ist, kann auch da, wo sie unbewusst wird, niemals mit der unbe-

wussten Vorstellung Schelling's vergleichbar sein, welche ich als
gleichberechtigtes metaphysisches Princip dem des unbewussten Willens coordinire. Aber auch abgesehen von diesem
Unterschiede des Metaphysischen und Phänomenalen bezieht sich die
„unbewusste Rumination", auf welche Schopenhauer in zwei übereinstimmenden Aperçu's (W. a. W. u. V. 3. Aufl. II. S. 148 u. Parerga
2. Aufl. S. 59) zu sprechen kommt, und welche er in's Innere des
Gehirns verlegt, doch nur auf die dunklen und undeutlichen Vorstellungen des Leibniz und Kant: welche vom Lichte des Bewusstseins zu schwach beschienen sind, um klar hervorzutreten, welche
also bloss unterhalb der Schwelle des deutlichen Bewusstseins gelegen
sind, und sich von den deutlich-bewussten Vorstellungen nur graduell (nicht wesentlich) unterscheiden. Schopenhauer erreicht also
den wahren Begriff der absolut unbewussten Vorstellung in diesen
beiden, übrigens für seine Philosophie ganz einflusslosen Aperçu's
ebenso wenig wie in einer andern Stelle, wo er von dem gesonderten
Bewusstsein untergeordneter Nervencentra im Organismus spricht
(W. a. W. u. V II. 291). — Einen Anknüpfungspunct für die wahre,
absolut unbewusste Vorstellung bietet das Schopenhauer'sche System
allerdings, aber eben nur da, wo es sich selbst untreu wird und sich
mit sich selbst in Widerspruch setzt, indem ihm die Idee, welche
ihm ursprünglich nur eine andere Gattung von Anschauung des cerebralen Intellects ist, zu einer der realen Individuation vorhergehenden und dieselbe bedingenden metaphysischen Wesenheit wird (vgl.
den Aufsatz: „Ueber die nothwendige Umbildung der Schopenhauer'-
schen Philosophie aus ihrem Grundprincip heraus" in meinen „Gesammelten philosophischen Abhandlungen" No. III — Berlin, C.
Duncker's Verlag 1872). Hiervon zeigt aber Schopenhauer selbst
keine Ahnung, so dass es ihm z. B. nicht einfällt, die Idee zur Erklärung der Zweckmässigkeit in der Natur heranzuziehen, welche
ihm vielmehr in echt idealistischer Weise ein blosser subjectiver
Schein ist, der durch die Auseinanderzerrung des real Einen in das
Nebeneinander und Nacheinander von Raum und Zeit entsteht, wobei dann die wesentliche Einheit in Form einer wesentlich gar nicht
existirenden teleologischen Beziehung hindurchschimmert, so dass es
ganz verkehrt wäre, in der Zweckthätigkeit der Natur etwa Vernunft zu suchen. Dabei merkt er aber gar nicht, dass der unbewusste Naturwille *eo ipso* eine unbewusste Vorstellung als Ziel, Inhalt
oder Gegenstand seiner selbst voraussetzt, ohne die er leer, unbestimmt und gegenstandslos wäre; so geberdet sich denn der unbe-

wusste Wille in den scharfsinnigen und lehrreichen Betrachtungen über Instinct, Geschlechtsliebe, Leben der Gattung u. s. w. immer genau so, als ob er mit unbewusster Vorstellung verbunden wäre, ohne dass Schopenhauer letzteres wüsste oder zugäbe. Allerdings fühlte Schopenhauer, der wie alle Philosophen und die menschliche Natur überhaupt im Alter leise mehr und mehr vom Idealismus zum Realismus hin gravitirte, im Stillen wohl eine gewisse Nothwendigkeit, den Schritt, den Schelling längst über Fichte hinaus gethan hatte, den Schritt vom subjectiven zum objectiven Idealismus nachzuthun; aber er selbst konnte sich nicht dazu entschliessen, den Standpunct seiner Jugend (speciell das erste Buch seines Hauptwerks) entschieden zu desavouiren, und musste diesen Entschluss seinen Schülern (Frauenstädt, Bahnsen) überlassen. So finden wir hierüber nur Andeutungen, die, weiter ausgeführt, den ganzen bisherigen Standpunct seines Systems verrücken würden, z. B. die Stelle Parerga 2. Aufl. II. 291 (auf welche Freiherr du Prel in Cotta's „deutscher Vierteljahrsschrift", Heft 129 hingewiesen hat), wo er die Möglichkeit hinstellt, dass nach dem Tode dem „an sich erkenntnisslosen Willen" eine höhere Form des erkenntnisslosen Bewusstseins zukommen könne, in welchem der Gegensatz von Subject und Object aufhört. Nun ist aber alles Bewusstsein *eo ipso* Bewusstsein eines Objectes mit mehr oder minder deutlich bewusster Beziehung auf den correlativen Begriff des Subjects, also ein Bewusstsein, in welchem dieser Gegensatz aufhört, undenkbar; wohl aber ist eine unbewusste Erkenntniss ohne diesen Gegenstand denkbar, wie Schopenhauer ihr in der Schilderung der intuitiven Idee bereits sehr nahe getreten ist (W. a. W. u. V. I. §. 34 vgl. auch meinen obengen. Aufsatz). Man wird also zugeben müssen, dass Schopenhauer hier das Richtige geahnt, ihm aber einen verkehrten Ausdruck gegeben hat, und dadurch verhindert worden ist, dieses Aperçu an die einzig mögliche Stelle in seinem System einzufügen. Nur sein gehässiges Vorurtheil gegen Schelling hinderte ihn, dort alles das zu finden, was ihm mangelt, und wonach er an dieser Stelle vergeblich ringt.

Erst nach diesen Darlegungen aus der europäischen Philosophie wage ich es, auch auf die morgenländische, speciell die Vedantaphilosophie hinzuweisen. Wie es in der orientalischen Natur begründet liegt, minder systematisch durchzuführen, aber leichter das Verborgenste zu ahnen, und den leisen Einflüsterungen des Genius zugänglicher zu sein, so sind auch in den philosophischen Systemen der Inder und Chinesen noch ungehobene Schätze, in denen oft die

Vorwegnahme vieltausendjähriger occidentalischer Entwickelungsresultate am meisten überrascht. In der Vedantaphilosophie heisst das Absolute das Brahma, und hat die drei Attribute Sat (Sein, Substantilität), C'it (absolutes unbewusstes Wissen) und Ananda (intellectuelle Wonne). Als absolutes Wissendes heisst das Brahma C'aitanja (Schopenhauer's ewiges Weltauge, absolutes Subject des Erkennens, zugleich intelligibles Ich aller erkennenden Individuen: Kūtastā-Gīva Saksin). Die Identität des Realen und Idealen wird auf das Nachdrücklichste betont: denn wäre das Ideale nicht das Reale, so wäre es ja unreal, und wäre das Reale nicht das Ideale, so sänke es zur dumpfen Materie ohne erhaltende Kraft herab (Graul, Tamulische Bibliothek Bd. I. S. 78 No. 141). „Der Unterschied von Erkenner, Erkenntniss und zu Erkennendem" wird im höchsten Geiste nicht gewusst, (vielmehr) wird dieses (Brahma) durch sich selbst erleuchtet in Folge seines einigen Wesens, das Geist und Wonne ist" (Ebenda S. 188 No. 40). „Lehrer: Jener reingeistige C'aitanja erkennt alle Körper. Da er aber selbst nicht Körper ist, so wird er auch in Nichts erkannt. — Schüler: Wenn er, obschon Wissen, doch von Nichts erkannt wird, wie kann er dann eben Wissen sein? — Lehrer: Auch der Syrupssaft bringt sich selber nicht in Erfahrung, dennoch sagen wir vermöge der von jenem Safte verschiedenen Sinne, die ihn erkennen, dass er von süsser Natur ist. So darf man auch nicht zweifeln, dass dem alle Dinge erkennenden Selbst das Wissen (als seine Substanz) zukommt. — Schüler: Ist denn das Brahma etwas, das erkannt, oder das nicht erkannt wird? — Lehrer: Keines von Beiden. Das, was (über diese beiden Kategorien) hinausliegt (das substantielle Wissen), das ist das Brahma. — Schüler: Wie können wir es denn erkennen? — Lehrer: Das ist ja gerade, als wenn Jemand sagen wollte: Habe ich eine Zunge oder nicht? Obgleich wissensartig, frägst Du doch: Wie ist das Wissen? Schämst Du Dich nicht?" (Ebenda S. 148 No. 2). Das absolute Wissen ist hiernach weder sich selbst bewusst (weil in ihm keine Differenzirung von Subject und Object), noch einem andern unmittelbar bewusst, weil es über die Sphäre des direct Erkennbaren hinausliegt; dennoch ist es seiner Existenz nach uns erkennbar, weil es in allem Wissen das Wissende, in allem Erkennen das Erkennende ist, und ist uns sogar seiner Beschaffenheit nach wenn auch nur negativ (durch obige Betrachtung) erkennbar als un-bewusstes und unbeschränktes Wissen. — Das Unbewusste ist in diesem altindischen Buch zur Vedantaphilosophie (*Panćadaśaprakarana*) in der That so scharf und genau charakterisirt wie kaum von irgend einem der neuesten europäischen Denker. Kehren wir nun zu diesen zurück, so versteht **Herbart** unter „bewusstlosen Vorstellungen" solche, „die im **Bewusstsein** sind, ohne dass man **sich** ihrer bewusst ist" (Werke V. S. 342), d. h. ohne dass man dieselben „als die seinigen beobachtet und an das **Ich** anknüpft", oder mit anderen Worten, ohne dass man dieselben mit dem **Selbstbewusstsein** in Verbindung setzt. Dieser Begriff bietet keine Gefahr der Verwechselung mit dem wahrhaft Unbewussten; dagegen ist um der von Fechner gemachten Anwendungen willen, ein anderer von Herbart behandelter Begriff zu berücksichtigen, nämlich der „der Vorstellungen unterhalb der Schwelle des Bewusstseins", welche nur, ein von der Realisirung mehr oder minder entferntes **Streben** nach Vorstellung repräsentiren, selbst aber „durchaus kein wirkliches Vorstellen" sind, vielmehr für das Bewusstsein nicht einmal Nichts, sondern „eine unmögliche Grösse" bedeuten (Herbart's Werke V. S. 339—342). Herbart kommt auf diesen schwer zu fassenden Begriff dadurch, dass er gemäss der Anschauungsweise des Leibniz eine Continuität der Ab- und Zunahme in dem Uebergange von wirklichen Vorstellungen des Bewusstseins zu solchen, die im Gedächtniss schlummern, und umgekehrt, festhalten, auch die Möglichkeit eines Aufeinander-Wirkens dieser schlummernden Gedächtnissvorstellungen nicht aufgeben wollte, trotzdem aber sich nicht zu einer materialistischen Erklärungsweise dieser Processe herbeilassen konnte, in der Art, dass er in ihnen nur materielle Hirnprocesse von einer für die Bewusstseinserregung nicht ausreichenden Stärke gesehen hätte.

Nun ist aber auf dem heutigen Standpunct der Wissenschaft unschwer zu sehen, dass die sogenannten schlummernden Gedächtnissvorstellungen durchaus nicht Vorstellungen in actu, in Thätigkeit, sondern bloss **Dispositionen** des Gehirns zur leichteren Entstehung dieser Vorstellungen sind. Wie eine Saite auf alle Luftschwingungen, die sie treffen, wenn sie von denselben überhaupt zum Tönen gebracht wird, immer mit demselben Tone resonirt, und zwar mit dem Ton a oder c, je nachdem sie auf a oder c gestimmt ist, so entsteht auch im Gehirn leichter die eine oder die andere Vorstellung, je nachdem die Vertheilung und Spannung der Hirnmolecule so beschaffen ist, dass sie leichter mit der einen oder der andern Art von Schwingungen auf einen entsprechenden Reiz antwortet; und wie die Saite nicht bloss auf Schwingungen, die ihren Eigenschwingungen homolog sind, sondern auch auf solche, die entweder nur wenig von denselben abweichen, oder in einem einfachen rationalen Verhältniss zu denselben stehen, resonirt, so werden auch die Schwingungen der prädisponirten Molecule einer Hirnzelle nicht bloss durch Eine Art zugeleiteter Schwingungen wachgerufen, sondern auch durch wenig abweichende oder in einem einfachen Verhältniss zu der Prädisposition stehenden Reize (dieser Zusammenhang ist in den Gesetzen der Ideenassociation erkennbar). Was bei der Saite das Stimmen ist, das ist für das Gehirn die bleibende Veränderung, welche eine lebhafte Vorstellung nach ihrem Verschwinden in Vertheilung und Spannung der Molecule hinterlässt. Wenn schon diese Hirnprädispositionen von höchster Wichtigkeit sind, da von der Form der ausgelösten Hirnschwingungen der Inhalt der Empfindung abhängt, mit welcher die Seele reagirt, also einerseits das ganze Gedächtniss auf ihnen beruht, und andrerseits von der Summe der so erlangten, respective ererbten Prädispositionen wesentlich der Charakter des Individuums bedingt ist (vgl. Cap. C. X.), so ist doch eine solche ruhende materielle Lagerung der Molecule, welche für die Entstehung gewisser Vorstellungen prädisponirt, nicht als Vorstellung zu bezeichnen, obgleich sie unter Umständen zu dem Zustandekommen einer Vorstellung, und zwar einer bewussten Vorstellung, als Bedingung mitwirken kann. Da nun von einer unendlichen Fortdauer einmal erregter Schwingungen im Gehirn nicht die Rede sein kann, vielmehr die starken daselbst vorhandenen Widerstände jede Bewegung in endlicher und zwar ziemlich kurzer Zeit zur Ruhe bringen müssen, so könnte Herbart's unbewusster Zustand der Vorstellung nur innerhalb der Grenzen bestehen bleiben, welche durch das Aufhören der Bewegung einerseits und das Aufhören der bewussten Vorstellung bei noch fortdauernder Bewegung der Hirnschwingungen andrerseits gegeben sind, vorausgesetzt, dass beide Grenzen nicht zusammenfallen. Die Frage ist also:

1) ob jede Stärke von Hirnschwingungen Vorstellung erweckt, oder ob die Vorstellung erst bei einer gewissen Stärke derselben beginnt, und

2) ob durch jede Stärke von Hirnschwingungen bewusste Vorstellung erregt wird oder erst von einer gewissen Stärke an.

Diesen Fragen ist Fechner in seinem ausgezeichneten Werke „Psychophysik" näher getreten. Sein Gedankengang ist folgender: Nicht jeder sinnliche Reiz bewirkt Sinnesempfindung, sondern nur von einer gewissen Grösse an, die Reizschwelle heisst; z. B. eine tönende Glocke wird erst von einer gewissen Entfernung aus gehört.

Addiren sich mehrere gleichartige, einzeln nicht wahrnehmbare Reize, so entstehen bewusste Empfindungen; z. B. durch mehrere zugleich tönende ferne Glocken, deren jede einzeln man nicht hören würde, oder durch das Blattgeflüster im Walde. Nun könnte man dieses zwar so erklären, dass der Reiz unter der Schwelle nur darum keine Empfindung bewirkt, weil er nicht stark genug ist, um die Leitungswiderstände im Sinnesorgan und Nerven bis zum Centralorgan zu überwinden, dass aber die Seele auf den kleinsten, im Centrum selbst angelangten Reiz mit entsprechender Empfindung reagirt. Diese Annahme reicht aber allein nicht aus, da sie auf Empfindungsunterschiede nicht passt. Denn verschieden starke, gleichartige Reize bewirken verschiedene Empfindungen; doch muss auch hier der Unterschied der Reize ein gewisses Maass (die Unterschiedsreizschwelle) überschreiten, wenn die Empfindungen als verschieden wahrgenommen werden sollen. Hier können offenbar die Leitungswiderstände nicht für die Erscheinung verantwortlich gemacht werden, da jede der Empfindungen gross genug ist, dieselben zu überwinden. Andererseits können aber für Reizschwelle und Unterschiedsschwelle auch nicht verschiedene Principien geltend gemacht werden, da der erste Fall auf den zweiten Fall zurückführbar ist, wenn in letzterem der eine Reiz $= 0$ gesetzt wird. Mithin bleibt nur die Annahme übrig, dass die Schwingungen am Centrum einen gewissen Grad überschreiten müssen, ehe die Empfindung erfolgt. Was hierbei für die Sinnes-Empfindung gilt, gilt natürlich für jede andere Vorstellung und ist somit die zweite Frage entschieden. Es bleibt die Ermittelung offen, ob die Reize unter der Schwelle die Seele überhaupt zu einer Reaction bringen, welche dann unbewusste Empfindung oder Vorstellung wäre, oder ob die Reaction der Seele erst bei der Schwelle beginnt.

Hören wir weiter auf Fechner. Das sogenannte Weber'sche Gesetz lautet: „Zwei gleichartige Empfindungsunterschiede verhalten sich wie die zwei Quotienten der zugehörigen Reize", und die von Fechner hieraus höchst geistreich abgeleitete Formel lautet:

$\gamma = k \log \frac{\beta}{b}$, worin γ die Empfindung bei dem Reiz β, b die Reizschwelle, d. h. der Werth des Reizes, bei dessen kleinster Ueberschreitung γ den Werth 0 überschreitet, und k eine Constante ist, welche die Beziehung der Maasseinheiten von β und γ enthält. (J. J. Müller giebt eine sehr interessante teleologische Ableitung dieser Formel in den Berichten der kgl. sächs. Akad. d. Wiss. Sitz. v. 12.

Decbr. 1870, worin er zeigt, dass **nur bei dieser** Beziehung zwischen Reiz und Empfindung „der durch Verschiedenheit der Reize bedingte Empfindungsunterschied unabhängig ist von der Erregbarkeit, und der durch Verschiedenheit der Erregbarkeit bedingte Empfindungsunterschied unabhängig vom Reize", zwei Bedingungen, unter welchen allein das Bewusstsein im Stande ist, die ursächlichen Verschiedenheiten der Reize und der Erregbarkeit auseinanderzuhalten und dadurch zu erkennen.) Wird nun β kleiner als b, d. h. der Reiz kleiner als die Reizschwelle, so wird γ negativ und sinkt um so weiter unter 0, als β unter b sinkt (bei $\beta = 0$ ist $\gamma = -\infty$).

Diese negativen γ's nennt nun Fechner „**unbewusste Empfindungen**", aber auch mit dem vollen Bewusstsein, in diesem Worte nur eine Licenz des Ausdrucks zu haben, welche bedeuten soll, dass die Empfindung γ sich um so mehr von der Wirklichkeit entfernt, je weiter γ unter 0 sinkt, d. h. dass **ein immer grösserer Zuwachs des Reizes** dazu erfordert werde, um nur erst den Nullwerth von γ wieder hervorzubringen, und dieses an die Grenze der Wirklichkeit zurückzurufen. Das negative Vorzeichen vor γ bedeutet also hier (wie anderweitig oft das Imaginaire) die Unlösbarkeit der Aufgabe, aus der gegebenen Reizgrösse eine Empfindung zu berechnen.

Ueber die sachliche Bedeutung des negativen Vorzeichens, sagt Fechner sehr richtig, kann nur die vernünftige Vergleichung des Rechnungsansatzes mit den erfahrungsmässigen Thatsachen Aufschluss geben. Darum weist er den Seitenblick auf Wärme und Kälte hier als ganz ungehörig zurück, und verbietet, aus positiven und negativen γ's eine algebraische Summe zu ziehen, ebenso wie dies bei Flächenberechnungen durch rechtwinklige Coordinaten mit den positiven und negativen Flächenstücken unzulässig ist. „Mathematisch kann der Gegensatz der Vorzeichen ganz ebenso gut auf den Gegensatz der Wirklichkeit und Nichtwirklichkeit, als der Zunahme und Abnahme oder der Richtungen bezogen werden. — Im System der Polarcoordinaten bedeutet er den Gegensatz der Wirklichkeit und Nichtwirklichkeit einer Linie, so aber, dass grössere negative Werthe eine **grössere Entfernung von der Wirklichkeit** bedeuten, als kleinere. Es kann nicht das geringste Hinderniss sein, das, was für den *Radius vector* als Function eines Winkels gültig ist, auf die Empfindung als Function eines Reizes zu übertragen" (Psychophysik II. S. 40). Was hier für den algebraischen Ausdruck der Function gilt, gilt natürlich auch für ihre geometrische Veranschaulichung als Curve, wo der sichtbare Zusammenhang des positiven und negativen

Theils das Urtheil von neuem gefangen nehmen könnte. Man sieht, dass es schwer ist, für die negativen γ's einen bezeichnenden Ausdruck zu finden, der nicht zu Missverständnissen Anlass geben könnte; das beste wäre vielleicht, gradezu „unwirkliche Empfindung" zu sagen. Indess ist Fechner aus der willkürlichen Benutzung des Wortes unbewusste Empfindung kein Vorwurf zu machen, da er unsere positive Bedeutung des Unbewussten nicht kennt oder wenigstens nicht anerkennt. Schlimmer aber ist es, dass Fechner später so inconsequent war, sich in der That durch den Zusammenhang der geometrischen Curven unterhalb der Schwelle täuschen zu lassen, und von einem realen Zusammenhang der Bewusstseine verschiedener Individuen unterhalb der Schwelle zu sprechen. —

Ich bin hierauf so ausführlich eingegangen, weil ich mich vor Verwechselung mit dem Fechner'schen Begriff der unbewussten Empfindung wahren, zugleich dem trefflichen Werke den Zoll meiner Hochachtung darbringen und endlich die Gelegenheit benutzen wollte, den Leser mit dem Begriff der Schwelle bekannt zu machen, der in den verschiedensten Gebieten der Wissenschaft von Bedeutung ist, und den auch wir für unsere Untersuchungen nicht entbehren können. Dass übrigens eine gewisse Stärke des Hirnreizes dazu gehört, um überhaupt die Seele zu einer Reaction zu nöthigen, ist teleologisch sehr begreiflich; denn was sollte aus uns armen Seelen werden, wenn wir fortwährend auf die unendliche Menge unendlich kleiner Reize reagiren sollten, die uns unaufhörlich umspielen. Aber wenn die Seele einmal auf einen Hirnreiz reagirt, so ist auch *eo ipso* das Bewusstsein gegeben, wie in Cap. C. III. gezeigt wird; dann können diese Reactionen nicht mehr unbewusst bleiben. Wollte man hier aber auf die Theorie vom unendlich kleinen Bewusstsein zurückkommen, so wird dieselbe einfach durch das Experiment widerlegt, welches zeigt, dass die bewusste Empfindung stetig abnimmt bis zum Nullwerth, dem die Reizschwelle entspricht, also die unendlich kleinen Werthe in der That oberhalb der Schwelle durchläuft, wo wirklich noch unendlich kleines Bewusstsein vorhanden ist, mit der Schwelle selbst aber 0 wird, d. h. absolut aufhört; ich verweise darüber auf Fechner's Werk.

In die neuere Naturwissenschaft hat der Begriff des Unbewussten noch wenig Eingang gefunden; eine rühmliche Ausnahme macht der bekannte Physiologe Carus, dessen Werke „Psyche" und „Physis" wesentlich eine Untersuchung des Unbewussten in seinen Beziehungen zu leiblichem und geistigem Leben enthalten. Wie weit ihm dieser Versuch gelungen ist, und wieviel ich bei dem meinigen von ihm entlehnt haben könne, überlasse ich dem Urtheil des Lesers. Jedoch füge ich hinzu, dass der Begriff des Unbewussten hier in seiner Reinheit, frei von jedem unendlich kleinen Bewusstsein, klar hingestellt ist. — Ausser bei Carus hat auch noch in einigen Specialuntersuchungen der Begriff des Unbewussten sich eine Geltung erzwungen, welche indessen selten über das betreffende specielle Gebiet ausgedehnt worden ist. So sieht sich z. B. Perty in seinem Buch: „Ueber das Seelenleben der Thiere" (Leipz. u. Heidelb. 1865) zu einer Ableitung des Instincts aus unbewussten Momenten hingeführt, und ebenso erkennt Wundt in seinen Beiträgen zur Theorie der Sinneswahrnehmung" (Leipzig und Heidelberg 1862, auch in Henle's und Pfeuffer's Zeitschr. f. ration. Medicin 1858 und 59) die Nothwendigkeit an, die Entstehung der Sinneswahrnehmung und überhaupt des Bewusstseins auf unbewusste logische Processe zurückzuführen, „da die Wahrnehmungsprocesse unbewusster Natur sind, und nur die Resultate derselben zum Bewusstsein zu gelangen pflegen" (ebd. S. 436). „Die Voraussetzung der logischen Begründung der Wahrnehmungsvorgänge", sagt er, „ist in nicht höherem Grad eine Hypothese, als jede andere Annahme, die wir in Bezug auf den Grund von Naturerscheinungen machen; sie hat das wesentliche Erforderniss jeder festbegründeten Theorie, dass sie der einfachste und zugleich passendste Ausdruck ist, unter den die Thatsachen der Beobachtung sich subsumiren lassen." (S. 437.) „Ist der erste Act des Bewusstwerdens, der noch in's unbewusste Leben fällt, schon ein Schlussprocess, so ist damit das Gesetz logischer Entwickelung auch für dieses unbewusste Leben nachgewiesen, es ist gezeigt, dass es nicht blos ein bewusstes, sondern auch ein unbewusstes Denken giebt. Wir glauben hiermit vollständig dargelegt zu haben, dass die Annahme unbewusster logischer Processe nicht blos die Resultate der Wahrnehmungsvorgänge zu erklären im Stande ist, sondern dass dieselbe in der That auch die wirkliche Natur dieser Vorgänge richtig angiebt, obgleich die Vorgänge selber unserer unmittelbaren Beobachtung nicht zugänglich sind" (438). Wundt weiss sehr wohl, dass der Ausdruck: „unbewusste Schlussfolgerung" ein uneigentlicher ist; „erst in's bewusste Leben übersetzt nimmt der psychische Process der Wahrnehmung die Form des Schlusses an" (169); daher vollziehen sich auch die unbewusst-logischen Processe „mit so grosser Sicherheit und bei allen Menschen mit so grosser Gleichmässigkeit", wie es bei bewussten Schlüssen, wo die Möglichkeit des Irrthums vorliegt, unmöglich wäre (169). „Unsere Seele ist so glücklich angelegt, dass sie die wichtigsten Fundamente der Erkenntniss uns bereitet, während wir von der Arbeit, mit der dies geschieht, nicht die leiseste Ahnung haben. Wie ein fremdes Wesen steht diese unbewusste Seele da, das für uns schafft und vorbereitet, um uns endlich die reifen Früchte in den Schooss zu werfen" (375).

Helmholtz schliesst sich im Wesentlichen diesen Ansichten an, obschon er, vorsichtiger als Wundt, mehr am Aeussern der Sache haften bleibt. Jedenfalls erkennt er soviel an: „man muss von den gewöhnlich betretenen Pfaden der psychologischen Analyse etwas seitab gehen, um sich zu überzeugen, dass man es hierbei wirklich mit derselben Art von geistiger Thätigkeit zu thun hat, die in den gewöhnlich so genannten Schlüssen wirksam ist" („Populäre wissenschaftliche Vorträge", II, S. 92). Er sucht den Unterschied nur in der Aeusserlichkeit, dass die bewussten Schlüsse mit Worten operiren (was bei Thieren und Taubstummen nicht zutrifft), während die unbewussten Schlüsse oder Inductionen nur mit Empfindungen, Erinnerungsbildern, und Anschauungen zu thun haben (wobei nicht einzusehen wäre, warum dann letztere „niemals in der gewöhnlichen Form eines logisch analysirten Schlusses auszusprechen" wären). Besondere Anerkennung verdient bei Helmholtz, dass er ausdrücklich darauf hinweist, wie die bewussten Schlüsse nach vollständiger Herbeischaffung und Bereitstellung des erforderlichen Vorstellungsmaterials ganz ebenso wie die unbewussten Schlüsse „ohne alle Selbstthätigkeit von unserer Seite" (d. h. von Seiten unsres Bewusstseins) so zwingend wie durch äussere Naturgewalt uns entgegentreten (S. 95). — Zur Annahme unbewusster Schlüsse fand sich unabhängig von den Vorgenannten auch Zöllner bewogen behufs Erklärung derjenigen pseudoskopischen Phänomene, welche bei Unmöglichkeit einer physiologischen Erklärung nothwendig erfordern (vgl. Poggendorf's Annalen 1860, Bd. 110. S. 500 ff. und sein neueres Werk: „Ueber die Natur der Kometen; Beiträge zur Geschichte und Theorie der Erkenntniss". 2. Aufl. Leipzig bei Engelmann, 1872). — Ferner erinnert es lebhaft an Wundt's unbewusste Seele, die wie ein fremdes Wesen für uns arbeitet, wenn Bastian seine „Beiträge zur vergleichenden Psychologie" (Berlin 1868) mit den Worten beginnt (S. 1): „Dass nicht wir denken, sondern dass es in uns denkt, ist demjenigen klar, der aufmerksam auf das zu sein gewohnt ist, was in uns vorgeht." Dieses „Es" liegt aber, wie namentlich aus

S. 120—121 hervorgeht, im Unbewussten. Indess geht dieser Forscher nicht über unbestimmte Andeutungen hinaus.

Auch in der modernen Behandlung der Geschichte zeigen sich Spuren, dass die Leistungen Schelling's und Hegel's (auf die wir in Cap. B. X. zu sprechen kommen) von der Gegenwart doch nicht ganz vergessen sind. So sagt Freitag in der Vorrede zum 1. Bande seiner „Bilder aus der deutschen Vergangenheit", V. Aufl. Bd. I. S. 23—24: „Alle grossen Schöpfungen der Volkskraft, angestammte Religion, Sitte, Recht, Staatsbildung sind für uns nicht mehr die Resultate einzelner Männer, sie sind organische Schöpfungen eines hohen Lebens, welches zu jeder Zeit nur durch das Individuum zur Erscheinung kommt, und zu jeder Zeit den geistigen Gehalt der Individuen in sich zu einem mächtigen Ganzen zusammenfasst . . . . So darf man wohl, ohne etwas Mystisches zu meinen, von einer **Volksseele** sprechen . . . . Aber **nicht mehr bewusst**, nicht so zweckvoll (?) und verständig, wie die Willenskraft des Mannes, arbeitet das Leben des Volks. Das Freie, Verständige in der Geschichte vertritt der Mann, die Volkskraft wirkt unablässig mit dem **dunkeln Zwang** einer **Urgewalt**, und ihre geistigen Bildungen entsprechen zuweilen in auffallender Weise den **Gestaltungsprocessen der stillschaffenden Naturkraft**, die aus dem Samenkorn der Pflanze Stiel, Blätter und Blüthe hervortreibt." — Eine weitere Ausführung dieser Gedanken ist es, welche den Arbeiten von Lazarus über „Völkerpsychologie" zu Grunde liegt (vgl. meinen Aufsatz: „Ueber das Wesen des Gesammtgeistes" in den „Gesammelten philosophischen Abhandlungen" No. V.).

In der Aesthetik hat besonders Carriere die Wichtigkeit der unbewussten Geistesthätigkeit hervorgehoben, und, gestützt auf Schelling, das Ineinander von bewusster und unbewusster Geistesthätigkeit als unentbehrlich für jede künstlerische Leistung nachgewiesen. Einen interessanten Beitrag zum Unbewussten in der Aesthetik liefert Rötscher in einem Aufsatz über das **Dämonische** (in seinen „Dramaturgischen und ästhetischen Abhandlungen").

Auf die mannigfache Verwerthung, welche der Begriff des Unbewussten nach dem Erscheinen der ersten Auflage dieses Werks gefunden hat, kann hier natürlich nicht weiter eingegangen werden.

II.

Wie kommen wir zur Annahme von Zwecken in der Natur?

Eine der wichtigsten und bekanntesten Aeusserungsformen des Unbewussten ist der Instinct, und dieser ruht auf dem Zweckbegriff; deshalb ist eine Untersuchung des letzteren für unsere Aufgabe nicht zu vermeiden, und da dieselbe sich in den Abschnitt A nicht wohl einfügt, so habe ich sie hier in die Einleitung verwiesen. Zwar wird die hier folgende Behandlung des Gegenstandes leicht den Vorwurf der Trockenheit erfahren, und wer es scheut, sich durch Wahrscheinlichkeitsuntersuchungen durchzuwinden, der möge, wenn er ohnedies schon von der Berechtigung einer Annahme von Zwecken in der Natur überzeugt ist, dieses Capitel immerhin ungelesen lassen. Doch muss ich hinzufügen, dass die Art, in welcher die so wichtige Frage hier zur hypothetischen Entscheidung wenigstens nach ihrer formalen Seite gebracht wird, meines Wissens sowohl neu, als auch die einzig mögliche ist.

Bei vielen grossen Denkern hat der Zweckbegriff eine höchst wichtige Rolle gespielt, und die Grundlage eines grossen Theils des Systems ausgemacht, z. B. bei Aristoteles, Leibniz; Kant musste ihm natürlich die Realität ausserhalb des bewussten Denkens absprechen, da er sie für die Zeit nicht zugestand (vgl. Trendelenburg: logische Untersuchungen Cap. VIII. 5); der moderne Materialismus leugnet dieselbe ebenfalls, weil er den Geist ausserhalb des thierischen Hirns leugnet; bei der modernen Naturwissenschaft ist der Zweckbegriff durch Baco mit Recht in Misscredit gekommen, weil er so oft als bequemes Mittel der faulen Vernunft gedient hat, sich das Suchen nach den wirkenden Ursachen zu ersparen, und weil in dem blos mit der Materie beschäftigten Theil der Naturwissenschaft allerdings der Zweck, als eine geistige Ursache, ausgeschlossen bleiben muss; Spinoza verblendete sich vollständig gegen die Thatsache der Naturzwecke, weil er die Finalität im Widerspruch mit der logischen Nothwendigkeit glaubte, — während sie doch mit ihr identisch ist (Cap. C. XV, 3), — und der Darwinismus leugnet die Naturzweckmässigkeit zwar nicht als Thatsache, aber als Princip, und glaubte die Thatsache als Resultat geistloser Causalität begreifen zu können, — als ob die Causalität selbst etwas anderes wäre als eine uns nur thatsächlich (nicht principiell von innen heraus) erkennbare logische Nothwendigkeit, und als ob die Zweckmässigkeit, die actuell erst nach längerer Vermittelung als Resultat zu Tage tritt, nicht schon von Anfang an das Prius dieser Vermittelungen als Anlage oder Princip hätte sein müssen! Wenn aber einerseits ein so grosser und so ehrlicher Geist wie Spinoza den Thatsachen in's Angesicht den Zweck zu leugnen im Stande ist, wenn dagegen bei anderen der Zweck eine so grosse Rolle spielt, und selbst der Freigeist Voltaire die Zwecke aus der Natur nicht wegzuleugnen wagt, wie unbequem und unvereinbar mit seiner sonstigen Ueberzeugung sie ihm auch seien, so muss es doch ein eigenes Ding damit sein.

Der Begriff des Zweckes bildet sich zunächst aus den Erfahrungen, die man an seiner eigenen bewussten Geistesthätigkeit macht. Ein Zweck ist für mich ein von mir vorgestellter und gewollter zukünftiger Vorgang, dessen Verwirklichung ich nicht direct, sondern nur durch causale Zwischenglieder (Mittel) herbeizuführen im Stande bin. Wenn ich den zukünftigen Vorgang nicht vorstelle, so existirt er für mich jetzt nicht; wenn ich ihn nicht will, bezwecke ich ihn nicht, sondern er ist mir gleichgültig oder zuwider; wenn ich ihn direct verwirklichen kann, so fällt das causale Zwischenglied, das Mittel fort, und damit verschwindet auch der Begriff Zweck, der nur in der Relation zum Begriff Mittel besteht, denn die Handlung folgt dann unmittelbar aus dem Willen. Indem ich einsehe, dass ich nicht im Stande bin, meinen Willen direct zu verwirklichen, und das Mittel als wirkende Ursache des Zweckes erkenne, wird mir das Wollen des Zweckes Motiv, d. i. wirkende Ursache für das Wollen des Mittels; dieses wird wirkende Ursache für die Verwirklichung des Mittels durch meine That, und das verwirklichte Mittel wird wirkende Ursache der Verwirklichung des Zweckes. So haben wir eine dreifache Causalität unter den vier Gliedern: Wollen des Zwecks, Wollen des Mittels, Verwirklichung des Mittels, Verwirklichung des Zwecks. Nur in seltenen Fällen wird alles dies auf rein subjectiv geistigem Gebiete bleiben, z. B. beim Verfassen eines Gedichts im Kopf, der gedanklichen Ausarbeitung einer anderweitigen künstlerischen Conception, oder sonst einer Kopfarbeit; meistentheils dagegen finden wir von den vier verschiedenen Arten der Causalität drei unmittelbar dargestellt, nämlich Causalität zwischen geistigem und geistigem Vorgang (Wollen des Zwecks, Wollen des Mittels), geistigem und materiellem Vorgang (Wollen und Verwirklichung des Mittels), und zwischen materiellem und materiellem Vorgang (Mittel und Zweck). Auch die vierte Art Causalität: zwischen materiellem und geistigem Vorgang kommt öfters hierbei vor, sie liegt dann aber vor dem Beginn unserer Betrachtung in der Motivation des Wollens des Zwecks durch Sinneseindrücke. Man sieht hieraus, dass die Verbindung von gewolltem und verwirklichtem Zweck oder die Finalität, keineswegs etwas neben oder gar trotz der Causalität bestehendes ist, sondern dass sie nur eine bestimmte Verbindung der verschiedenen Arten von Causalität ist, derart, dass Anfangsglied und Endglied dasselbe sind, nur das eine ideal und das andere real, das eine in der gewollten Vorstellung, das andere in der Wirklichkeit. Weit entfernt, die Ausnahmslosigkeit des Causalitätsgesetzes zu vernichten, setzt sie dieselbe vielmehr voraus, und zwar nicht nur für Materie unter einander, sondern auch zwischen Geist und Materie, und Geist und Geist. Daraus geht hervor, dass sie die Freiheit im einzelnen empirischen Geistesacte negirt, und auch ihn unter die Nothwendigkeit des Causalitätsgesetzes stellt. Dies möchte das erste Wort zur Verständigung mit den Gegnern der Finalität sein.

Nehmen wir nun an, es sei M als wirkende Ursache von Z beobachtet worden, und sämmtliche im Moment des Eintretens von M obwaltenden materiellen Umstände als n. n. constatirt worden. Ferner stehe der Satz fest, dass M eine zureichende wirkende Ursache haben müsse. Nun sind 3 Fälle möglich: entweder ist die zureichende Ursache von M in n. n. enthalten, oder sie erhält ihre Vervollständigung durch andere materielle Umstände, welche der Beobachtung entgangen sind, oder endlich die zureichende Ursache von M ist überhaupt nicht auf materiellem Gebiete zu finden, muss mithin auf geistigem gesucht werden. Der zweite Fall widerspricht der Annahme, dass sämmtliche materielle Umstände, die der Entstehung von M unmittelbar vorangehen, in n. n. enthalten seien. Wenn diese Bedingung auch in aller Strenge unerfüllbar ist, da die ganze Lage des Weltsystems darunter begriffen wäre, so ist doch leicht zu sehen, dass die Fälle sehr selten sind, wo ausserhalb eines engen örtlichen Umkreises für den Vorgang wesentliche Bedingungen liegen können, und alle unwesentlichen Umstände brauchen nicht berücksichtigt zu werden. Z. B. die wesentlichen Umstände, warum die Spinne spinnt, wird niemand ausserhalb der Spinne suchen, etwa im Monde. Nehmen wir also die Wahrscheinlichkeit, dass irgend ein für den Vorgang wesentlicher materieller Umstand nicht berücksichtigt, und demnach in n. n. nicht enthalten sei, so gering an, dass sie vernachlässigt werden darf*), so bleiben nur die beiden Fälle, dass die zureichende Ursache in n. n. enthalten ist, oder geistiger Natur ist. Dass der eine oder der andere Fall stattbaben muss, ist also nunmehr Gewissheit, d. h. die Summe ihrer Wahrscheinlichkeiten ist $= 1$ (welche Gewissheit bedeutet). Sei nun die Wahrscheinlichkeit, dass M durch n. n. verursacht ist $= \frac{1}{x}$, so ist folglich die Wahrscheinlichkeit, dass es eine geistige Ursache habe $= 1 - \frac{1}{x} = \frac{x-1}{x}$; je kleiner $\frac{1}{x}$ wird, desto grösser wird x, desto mehr nähert sich $\frac{x-1}{x}$ der 1, d. h. der Gewissheit. Die Wahrscheinlichkeit $\frac{1}{x}$ würde $= 0$ werden, wenn man den directen Beweis in Händen hätte, dass M nicht durch n. n. verursacht ist; wenn man nämlich einen Fall constatiren könnte, wo n. n. vorhanden und M nicht eingetreten ist. Dies ist mit den ganzen n. n. freilich unmöglich, da jede geistige Ursache materielle Angriffspuncte braucht, aber es wird doch häufig gelingen, wenigstens einige oder mehrere der Umstände n. n. zu eliminiren, und je weniger von den Umständen n. n. als solche betrachtet werden müssen, bei deren Vorhandensein der Vorgang M jedesmal eintritt, desto leichter wird die Bestimmung der Wahrscheinlichkeit, dass sie die zureichende Ursache von M nicht enthalten.

Betrachten wir zur Verdeutlichung ein Beispiel. Dass das Bebrüten des Ei's die Ursache vom Auskommen des jungen Vogels ist, ist eine beobachtete Thatsache. Die dem Bebrüten (M) unmittelbar vorhergehenden materiellen Umstände (n. n.) sind das Vorhan-

---

*) Man hat sich hierbei stets gegenwärtig zu halten, dass es für einen Allwissenden in den Ereignissen überhaupt keine Wahrscheinlichkeit, sondern blosse Nothwendigkeit giebt, und dass nur unsre Unwissenheit die Ungewissheit ermöglicht, welche die Bedingung jeder Wahrscheinlichkeitsrechnung ist. Nur wenn unsre Unwissenheit relativ all zu gross wird im Verhältniss zu dem Wissen, das wir zum Rechnungsansatz verwerthen, nur dann wird der wahrscheinliche Fehler, den jeder Wahrscheinlichkeitscoëfficient an sich hat, so gross, dass er den Werth desselben illusorisch macht. Andernfalls wenn die wahrscheinlichen Fehler im Ansatz sich in bescheidenen Grenzen halten, wird der wahrscheinliche Fehler im Resultat in unsern Exempeln unerheblich klein.

densein und die Beschaffenheit des Ei's, das Vorhandensein und die Körperconstitution des Vogels, und die Temperatur an dem Ort, wo das Ei liegt; anderweitige wesentliche Umstände sind undenkbar. Die Wahrscheinlichkeit ist höchst gering, dass diese Umstände ausreichen, um den munteren, bewegungsfrohen Vogel zum Verlassen seiner gewohnten und instinctiv gebotenen Lebensweise und zum langweiligen Stillesitzen über den Eiern zu veranlassen; denn wenn auch der vermehrte Blutandrang im Unterleibe ein erhöhtes Wärmegefühl herbeiführen mag, so wird dieses doch durch das Stillsitzen im warmen Nest auf den blutwarmen Eiern nicht vermindert, sondern erhöht. Hiermit ist schon die Wahrscheinlichkeit $\frac{1}{x}$ als sehr klein, also $\frac{x-1}{x}$ als nahe an 1 bestimmt. Denken wir aber an die andere Frage, ob uns ein Fall bekannt sei, wo Vogel und Eier dieselben sind, und doch das Bebrüten nicht statt findet, so begegnen uns zunächst Vögel, die in heissen Treibhäusern genistet haben, und das Brüten unterlassen, ebenso bebrütet der Strauss seine Eier nur in der Nacht, im heissen Nigritien gar nicht. Hiermit sind von den Umständen n. n. Vogel und Eier als nicht zureichende Ursache für das Bebrüten (M) erkannt und es bleibt als einziger materieller Umstand, der die Ursache zureichend oder vollständig machen könnte, die Temperatur im Neste übrig. Niemand wird für wahrscheinlich halten, dass die niedrigere Temperatur die directe Veranlassung für den Vorgang des Bebrütens sei, mithin ist für den Vorgang des Bebrütens das Vorhandensein einer geistigen Ursache, durch welche erst der constatirte Einfluss der Temperatur auf den Vorgang vermittelt gedacht werden muss, so gut wie Gewissheit geworden, wenngleich die Frage nach der näheren Beschaffenheit dieser geistigen Ursache hiermit noch völlig offen bleibt.

Nicht immer ist die Wahrscheinlichkeitsbestimmung so leicht wie hier, und in seltenen Fällen wird sie bei einem einfachen M so nahe an Gewissheit grenzen. Dafür kommt uns aber zur Hülfe, dass das M, die beobachtete Ursache von Z, meistens nicht einfach, sondern aus verschiedenen, von einander unabhängigen[*]) Vorgängen,

---

[*]) Die wirkliche Unabhängigkeit der zusammenwirkenden Bedingungen von einander in einem bestimmten gegebenen Falle zu constatiren, kann oft sehr schwer und eine Hauptquelle des Irrthums sein; diese materielle Schwierigkeit in der praktischen Anwendung geht uns aber hier nichts an, wo es sich nur um die Feststellung der formalen Seite des zweckerkennenden Denkprocesses handelt.

Wie kommen wir zur Annahme von Zwecken in der Natur? 41

P_1, P_2, P_3, P_4 etc. besteht. Wenn wir nun zunächst wieder das Uebersehen wesentlicher, materieller Umstände ausschliessen, so haben wir dann zu ermitteln:
Die Wahrscheinlichkeit,

dass P_1 durch n. u. zureichend verursacht ist $= \dfrac{1}{p_1}$

„ P_2 „ „ „ „ „ $= \dfrac{1}{p_2}$

„ P_3 „ „ „ „ „ $= \dfrac{1}{p_3}$

„ P_4 „ „ „ „ „ $= \dfrac{1}{p_4}$

Hieraus folgt die Wahrscheinlichkeit, dass M durch n. u. zureichend verursacht ist $= \dfrac{1}{p_1 \cdot p_2 \cdot p_3 \cdot p_4}$. Denn M ist die Summe der Vorgänge P_1, P_2, P_3, P_4, also wenn M durch n. u. verursacht sein soll, muss sowohl P_1, als auch P_2, als auch P_3, als auch P_4, gleichzeitig durch n. n. verursacht sein; diese Wahrscheinlichkeit ist aber das Product der einzelnen Wahrscheinlichkeiten. (Wenn z. B. beim ersten Würfel die Wahrscheinlichkeit, die 2 zu werfen $= \frac{1}{6}$ ist, beim zweiten ebenfalls $= \frac{1}{6}$, so ist die Wahrscheinlichkeit, mit beiden Würfeln zugleich die 2 zu werfen $= \frac{1}{6} \cdot \frac{1}{6}$). Mithin ist die Wahrscheinlichkeit, dass M nicht zureichend durch n. u. verursacht sei, dass es also noch einer geistigen Ursache bedürfe $=$

$$1 - \dfrac{1}{p_1 \cdot p_2 \cdot p_3 \cdot p_4} = \dfrac{p_1 \cdot p_2 \cdot p_3 \cdot p_4 - 1}{p_1 \cdot p_2 \cdot p_3 \cdot p_4}.$$

Hier ist also $p_1 \cdot p_2 \cdot p_3 \cdot p_4$, was vorher x war, und man sieht daraus, dass p_1, p_2, p_3 und p_4 einzeln nur wenig grösser als $\sqrt[4]{2} = 1{,}189$, also $\dfrac{1}{p_1}, \dfrac{1}{p_2}, \dfrac{1}{p_3}$, und $\dfrac{1}{p_4}$ jedes wenig kleiner als 0,84 zu sein brauchen, so wird $p_1 \cdot p_2 \cdot p_3 \cdot p_4$ als Product der 4 Factoren schon grösser als 2, und $\dfrac{p_1 \cdot p_2 \cdot p_3 \cdot p_4 - 1}{p_1 \cdot p_2 \cdot p_3 \cdot p_4}$ grösser als $\frac{1}{2}$; d. h. mit andern Worten, wenn für die einzelnen Vorgänge P_1, P_2, P_3, P_4, die Wahrscheinlichkeit einer geistigen Ursache $\left(1 - \dfrac{1}{p} \text{ etc.}\right)$ nur gering ($< 0{,}16$) ist, so wird sie doch für ihre Summe M um so bedeutender, je mehr einzelne Vorgänge zu M gehören. Sei z. B. die Wahrscheinlichkeit

einer geistigen Ursache im Durchschnitt für jeden nur $\frac{1}{5} = \left(1 - \frac{1}{p}\right)$
so ist $\frac{1}{p_1} = \frac{1}{p_2} = \frac{1}{p_3} = \frac{1}{p_4} = \frac{4}{5} = 0,8$ also $\frac{1}{p_1 \cdot p_2 \cdot p_3 \cdot p_4} = 0,4096$
und $1 - \frac{1}{p_1 \cdot p_2 \cdot p_3 \cdot p_4} = 0,5904$, eine ganz respectable Wahrscheinlichkeit von ungefähr $\frac{3}{5}$. Man sieht leicht ein, dass diejenigen Theile von M, welche ganz sicher blos aus n. n. resultiren, sich von selbst aus der Rechnung eliminiren, da ihre Wahrscheinlichkeit als 1 in das Product der übrigen eingeht, d. h. dieses unverändert lässt. —

Betrachten wir auch hierzu ein Beispiel. Als Ursache des Sehens (Z) ist ein Complex (M) von Bedingungen (P_1, P_2, P_3, P_4) beobachtet worden, deren wichtigste folgende sind: 1) besondere Nervenstränge gehen vom Gehirn aus, welche so beschaffen sind, dass jeder sie treffende Reiz im Gehirn als Lichtempfindung percipirt wird; 2) sie endigen in einer eigenthümlich gebauten, sehr empfindlichen Nervenhaut (Retina); 3) vor derselben steht eine Camera obscura; 4) die Brennweite dieser Camera ist im Allgemeinen für das Berechnungsverhältniss von Luft und Augenkörper passend (ausser bei Wasserthieren); 5) die Brennweite ist durch verschiedenartige Contractionen für Sehweiten von einigen Zollen bis unendlich zu ändern; 6) die einzulassende Lichtquantität wird durch Verengerung und Erweiterung der Iris regulirt und dadurch zugleich bei deutlichem Sehen im Hellen die peripherischen Strahlen abgeblendet; 7) die Endglieder der an die Nervenendigungen sich anschliessenden Stäbchen oder Zapfen haben eine derartige geschichtete Construction, dass jedes solches Endglied Lichtwellen von bestimmter Wellenlänge (Farbe) in stehende Wellen verwandelt, und so in der zugehörigen Nervenprimitivfaser die physiologischen Farbenschwingungen erzeugt; 8) die Duplicität der Augen veranlasst das stereoskopische Sehen mit der dritten Dimension; 9) beide Augen können durch besondere Nervenstränge und Muskeln zugleich nur nach derselben Seite, also unsymmetrisch in Bezug auf die Muskeln bewegt werden; 10) die von der Peripherie nach dem Centrum zunehmende Deutlichkeit des Gesichtsbildes verhindert die sonst unvermeidliche Zerstreuung der Aufmerksamkeit; 11) das reflectorische Hinwenden des deutlichen Sehpuncts nach dem hellsten Puncte des Gesichtsfeldes erleichtert das Sehenlernen und das Entstehen der Raumvorstellungen in Verbindung mit dem vorigen; 12) die stets herabrinnende Thränenfeuchtigkeit erhält die Oberfläche der Horn-

Wie kommen wir zur Annahme von Zwecken in der Natur? 43

haut durchsichtig und führt den Staub ab; 13) die hinter Knochen zurückgezogene Lage, die reflectorisch bei jeder Gefahr sich schliessenden Lider, die Wimpern und Brauen schützen vor schnellem Unbrauchbarwerden der Organe durch äussere Einwirkungen.

Alle diese 13 Bedingungen sind nöthig zum normalen Sehen und dessen Bestand; sie alle sind bei der Geburt des Kindes bereits vorhanden, wenn auch ihre Anwendung noch nicht geübt ist; die ihrer Entstehung vorangehenden und sie begleitenden Umstände (n. n.) sind also in der Begattung und dem Fötusleben zu suchen. Das wird aber wohl den Physiologen niemals gelingen, in der Keimscheibe des befruchteten Eies und den zuströmenden Muttersäften die zureichende Ursache für die Entstehung aller dieser Bedingungen mit nur einiger Wahrscheinlichkeit aufzuzeigen; es ist nicht abzusehen, warum das Kind sich nicht auch ohne Sehnerven oder ohne Augen entwickeln soll. Gesetzt nun aber, man stützte sich dabei auf unsere Unkenntniss, obwohl dies ein schlechter Grund für positive Wahrscheinlichkeiten ist, und nähme für jede der 13 Bedingungen eine ziemlich hohe Wahrscheinlichkeit an, dass sie sich aus den materiellen Bedingungen des Embryolebens entwickeln müsse meinetwegen im Durchschnitt $\frac{9}{10}$ (was schon eine Wahrscheinlichkeit ist, die wenige unserer sichersten Erkenntnisse besitzen), so ist doch die Wahrscheinlichkeit, dass alle diese Bedingungen aus den materiellen Verhältnissen des Embryolebens folgen, $0{,}9^{13} = 0{,}254$, also die Wahrscheinlichkeit, dass für diesen Complex eine geistige Ursache in Anspruch genommen werden müsse $= 0{,}746$, d. i. fast $\frac{3}{4}$; in Wahrheit sind aber die einzelnen Wahrscheinlichkeiten vielleicht $= 0{,}25$, oder höchstens $0{,}5$, und demnach die Wahrscheinlichkeit einer geistigen Ursache für das Ganze $= 0{,}9999985$, respective $0{,}99985$, d. h. Gewissheit.

Wir haben auf diese Weise erkannt, wie man aus materiellen Vorgängen auf das Mitwirken geistiger Ursachen zurückschliessen kann, ohne dass letztere der unmittelbaren Erkenntniss offen liegen. Von hier zur Erkenntniss der Finalität ist nur noch Ein Schritt. Eine geistige Ursache für materielle Vorgänge kann nur in geistiger Thätigkeit bestehen, und zwar muss, wo der Geist nach aussen wirken soll, Wille vorhanden sein, und kann die Vorstellung dessen, was der Wille will, nicht fehlen, wie dies in Cap. A. IV. zur näheren Erörterung kommt. Die geistige Ursache ist also Wille in Verbindung mit Vorstellung. und zwar der Vorstellung des materiellen Vorganges, der bewirkt werden soll (M). Wir nehmen hier der Kürze halber an, dass M direct aus einer geistigen Ursache hervorgeht, was keineswegs nöthig ist. Fragen wir weiter: was kann die Ursache davon sein, dass M gewollt wird. Hier reisst uns jeder causale Faden ab, wenn wir nicht zu der ganz einfachen und natürlichen Annahme greifen: das Wollen von Z. Dass Z nicht als reale Existenz, sondern nur idealiter, d. h. als Vorstellung den Vorgang beeinflussen kann, versteht sich von selbst nach dem Satze, dass die Ursache früher als die Wirkung sein muss. Dass aber Z-wollen ein hinreichendes Motiv für M-wollen ist, ist ebenfalls ein selbstverständlicher Satz, denn wer die Wirkung vollbringen will, muss auch die Ursache vollbringen wollen. Freilich haben wir an dieser Annahme nur dann eine eigentliche Erklärung, wenn uns das Z-wollen begreiflicher ist, als das M-wollen an sich ist. Das Z-wollen muss also entweder in der Verwirklichung von selbst sein genügendes Motiv haben, oder an einem Wollen von Z_1, welches Z_1 als Wirkung auf Z folgt; bei diesem wiederholt sich dann dieselbe Betrachtung. Je evidenter das letzte Motiv ist, bei dem wir stehen bleiben, um so wahrscheinlicher wird es, dass das Z-wollen Ursache des M-wollens sei. — Dass dies in der That der Gang unserer Betrachtung den Naturzwecken gegenüber sei, ist leicht zu sehen. Wir haben z. B. gesehen, der Vogel brütet deshalb, weil er brüten will. Mit diesem dürftigen Resultat müssen wir uns entweder begnügen, und auf alle Erklärung verzichten, oder wir müssen fragen, warum wird das Brüten gewollt? Antwort: weil die Entwickelung und das Auskriechen des jungen Vogels gewollt wird. Hier sind wir in demselben Falle; wir fragen also weiter: warum wird die Entwickelung des jungen Vogels gewollt? Antwort: weil die Fortpflanzung gewollt wird; diese, weil das längere Bestehen der Gattung trotz des kurzen Lebens der Individuen gewollt wird, und hiermit haben wir ein Motiv, das uns vorläufig befriedigen kann. Wir werden demnach zu der Annahme berechtigt sein, dass das Wollen der Entwickelung des jungen Vogels, die (gleichviel, ob directe oder indirecte) Ursache zum Wollen des Bebrütens ist, d. h. dass ersteres durch das Mittel des Bebrütens bezweckt sei. (Hier handelt es sich nicht darum, ob dieser Zweck dem Vogel bewusst ist oder nicht, obwohl dies bei einem einsam erzogenen jungen Vogel unmöglich angenommen werden kann, denn woher sollte er die bewusste Kenntniss der Wirkung des Bebrütens erhalten haben?) Freilich bleibt immer noch die Möglichkeit übrig, dass eine geistige Ursache dem Vorgang M zu Grunde liege, ohne

Wie kommen wir zur Annahme von Zwecken in der Natur?

dass dieselbe durch das Wollen von Z motivirt sei, mithin wird die Wahrscheinlichkeit, dass Z bezweckt ist, ein Product sein aus der Wahrscheinlichkeit, dass M eine geistige Ursache habe $\left(1 - \frac{1}{x}\right)$, und aus der, dass diese geistige Ursache das Z wollen zur Ursache habe $\frac{1}{y}$; das Product $\left(1 - \frac{1}{x}\right)\frac{1}{y}$ muss aber natürlich kleiner sein, als jeder der Factoren, da jede Wahrscheinlichkeit kleiner als 1 ist. Auch hier kann die Wahrscheinlichkeit erheblich vergrössert werden, wenn man die einzelnen Bedingungen (P_1, P_2, P_3, P_4) betrachtet, aus denen M sich gewöhnlich zusammensetzt. Die Wahrscheinlichkeit, dass Z durch P_1 bezweckt sei, ist nach obigem $\left(1 - \frac{1}{p_1}\right)\frac{1}{q_1}$, wenn $\frac{1}{q_1}$, die Wahrscheinlichkeit ist, dass die geistige Ursache das Z-wollen zur Ursache hat; demnach ist die Wahrscheinlichkeit, dass P nicht auf Z abzwecke $= 1 - \left(1 - \frac{1}{p_1}\right)\frac{1}{q_1}$; folglich ist die Wahrscheinlichkeit, dass weder P_1, noch P_2, noch P_3, noch P_4, Z zum Zweck habe, d. h. dass Z auf keine Weise durch M bezweckt sei = dem Product der einzelnen Wahrscheinlichkeiten

$$= \left[1 - \left(1 - \frac{1}{p_1}\right)\frac{1}{q_1}\right]\left[1 - \left(1 - \frac{1}{p_2}\right)\frac{1}{q_2}\right] \text{ [etc.,}$$

$$\text{oder} = \prod_{1...n}\left(1 - \left(1 - \frac{1}{p_1}\right)\frac{1}{q_1}\right),$$

folglich ist die Wahrscheinlichkeit, dass M mit irgend einem seiner Theile Z bezwecke, d. h. die Wahrscheinlichkeit, dass Z überhaupt Zweck von M ist, gleich dem Supplement dieser Grösse zu 1,

$$= 1 - \prod_{1...n}\left(1 - \left(1 - \frac{1}{p_1}\right)\frac{1}{q_1}\right); \frac{1}{p_1}, \frac{1}{p_2}$$ etc. sind echte Brüche, ebenso $\frac{1}{q_1}, \frac{1}{q_2}$ etc., folglich auch $1 - \frac{1}{p_1}$, und $\left(1 - \frac{1}{p_1}\right)\frac{1}{q_1}$, und $1 - \left(1 - \frac{1}{p_1}\right)\frac{1}{q_1}$ und alle entsprechenden, folglich auch ihr Product $\prod_{1...n}\left(1 - \left(1 - \frac{1}{p_1}\right)\frac{1}{q_1}\right)$;

daraus folgt, dass dies Product um so kleiner wird, je grösser die Anzahl n wird; denn wenn n um 1 wächst, so ist der neu hinzukommende Factor $1 - \left(1 - \frac{1}{p^{n+1}}\right)\frac{1}{q^{n+1}}$; dieser Factor ist ebenso wie das Product ein echter Bruch, also muss das Product aus beiden ein echter Bruch sein, der kleiner ist, als jeder von beiden Factoren, q. e. d. — Daraus nun, dass $\prod_{1...n}($ mit wachsendem n kleiner wird, folgt, dass $1 - \sum_{1...n}($ mit wachsendem n grösser wird; also wächst auch diese Wahrscheinlichkeit mit der Anzahl der Bedingungen, aus denen M sich zusammensetzt. Es sei $\left(1-\dfrac{1}{p_1}\right)\dfrac{1}{q_1}$, $\left(1-\dfrac{1}{p_2}\right)\dfrac{1}{q_2}$ etc. im Durchschnitt $=\dfrac{1}{4}$ d. h. die Wahrscheinlichkeit, dass jede einzelne der Bedingungen von Z dieses bezwecke, sei im Durchschnitt $=\dfrac{1}{4}$, also schon sehr unwahrscheinlich. Dann ist $1-\left(1-\dfrac{1}{p}\right)\dfrac{1}{q}$ durchschnittlich $=\dfrac{3}{4}$, dies bloss zur vierten Potenz giebt $\dfrac{81}{256}$, also $1-\left[1-\left(1-\dfrac{1}{p}\right)\dfrac{1}{q}\right]^4 = \dfrac{175}{256} =$ über $\dfrac{2}{3}$; d. h. es resultirt im Ganzen schon eine recht hübsche Wahrscheinlichkeit, denn man gewinnt noch, wenn man 2 gegen 1 auf das Bestehen des Zweckes wettet. Die Anwendung auf das Beispiel vom Sehen liegt auf der Hand.

Wir haben hieraus gelernt, dass ganz besonders solche Wirkungen mit Sicherheit als Zwecke erkannt werden können, welche einen grösseren Complex von Ursachen zu ihrem Zustandekommen brauchen, deren jede eine gewisse Wahrscheinlichkeit hat, Mittel zu diesem Zweck zu sein. Es ist daher kein Wunder, dass gerade die allgemeinsten Naturerscheinungen von jeher die ungetheilteste Anerkennung als Zweck gefunden haben. Z. B. die Existenz und der Bestand der organischen Natur als Zweck ihrer eigenen Einrichtungen, sowie derer der unorganischen Natur. Hier wirken geradezu eine unendliche Menge Ursachen zusammen, um diese Gesammtwirkung, das Bestehen der Organismen, zu sichern. Soweit diese Ursachen in den Organismen selbst liegen, theilen sie sich in solche, die die Erhaltung des Individuums, und solche, die die Erhaltung der Gattung herbeiführen. Auch diese beiden Puncte sind wohl selten als Naturzwecke verkannt worden. Wenn wir nun einen solchen mit möglichster Gewissheit erkannten Zweck Z nennen, so wissen wir, dass keine seiner vielen Ursachen fehlen darf, wenn er erreicht werden soll, also auch z. B. M nicht. Da ich nun weiss, dass Z und M beide vor ihrer realen Existenz gewollt und vorgestellt waren, und ich sehe, dass zum Zustandekommen von M unter andern die äussere Ursache M_1 erforderlich ist, so erhält die Annahme, dass auch M_1 vor seiner realen Existenz gewollt und vorgestellt war, durch diesen Rückschluss eine gewisse Wahrscheinlichkeit. Mag nämlich M durch unmittelbare Einwirkung einer geistigen Ursache verwirklicht sein, oder mittelbar, indem es aus materiellen Ursachen folgt, deren einige oder mehrere geistig verursacht sind, in beiden Fällen kann M_1 vor seiner realen Existenz als Mittel für den Zweck M gewollt und vorgestellt sein. Im letzteren Falle ist dies ohne weiteres klar, aber auch im ersteren Falle schliesst die unmittelbare Einwirkung einer geistigen Ursache bei der Verwirklichung von M nicht aus, dass auch die materiellen Ursachen von M, also auch M_1, zum grösseren oder kleineren Theil wieder aus geistigen Ursachen entsprungen sind, die M und Z bezweckten; dies ist sogar in der organischen Natur der normale Sachverhalt. Mithin resultirt aus diesem Rückschluss jedenfalls eine gewisse Wahrscheinlichkeit, dass auch M_1 bezweckt worden sei, und wenn dieselbe auch an sich nicht gross sein mag, so ist sie doch immerhin eine nicht zu vernachlässigende Vermehrung der direct gewonnenen Wahrscheinlichkeitsgrösse, da diese Unterstützung nicht nur allen folgenden Stufen zu Gute kommt, sondern sich bei einer jeden wiederholt.

Man sieht nach diesen Betrachtungen, dass die Wege, auf welchen man Zwecke in der Natur erkennt, sich mannigfach combiniren. Es kann von Benutzung solcher Rechnungen in Wirklichkeit freilich keine Rede sein, aber sie dienen dazu, die Principien aufzuklären, nach welchen sich der logische Process über diesen Gegenstand mehr oder minder unbewusst in jedem vollzieht, der hierüber richtig nachdenkt, und nicht von erhabenen Systemstandpuncten von vornherein abspricht. Die in diesem Capitel angeführten B e i s p i e l e sollen nicht etwa zum Beweis der Wahrheit der Teleologie dienen, sondern nur zur Erläuterung und Veranschaulichung der abstracten Darlegungen, welche ebenfalls sicherlich keinen Gegner zu der Annahme von Naturzwecken bekehren werden, denn dies können nur Beispiele i n M a s s e; aber sie werden vielleicht manchen, der über die Annahme von Naturzwecken weit erhaben zu sein glaubte, vermögen, Beispiele darauf hin genauer und unbefangener zu erwägen; und in diesem Sinne eine Vorbereitung für den Abschnitt A. der Untersuchungen zu schaffen, war auch der alleinige Zweck dieses Capitels.

A.

Die Erscheinung des Unbewussten in der Leiblichkeit.

> Die Materialisten bemühen sich, zu zeigen, dass alle Phänomene, auch die geistigen, physisch sind; mit Recht; nur sehen sie nicht ein, dass alles Physische andererseits zugleich ein Metaphysisches ist.
>
> Schopenhauer.

I.
Der unbewusste Wille in den selbstständigen Rückenmarks- und Ganglienfunctionen.

Die Zeit ist vorüber, wo man dem freien Menschen die Thiere als wandelnde Maschinen, als Automaten ohne Seele gegenüber stellte. Eine eingehendere Betrachtung des Thierlebens, die eifrige Bemühung um das Verständniss ihrer Sprache und die Motive ihrer Handlungen hat gezeigt, dass der Mensch von den höchsten Thieren, ebenso wie die Thiere unter einander, nur graduelle, aber nicht wesentliche Unterschiede der geistigen Befähigung zeigt; dass er vermöge dieser höheren Befähigung sich eine vollkommenere Sprache geschaffen, und durch diese die Perfectibilität durch Generationen hindurch erworben hat, welche den Thieren eben wegen ihrer unvollkommenen Mittheilungsmittel fehlt. Wir wissen also jetzt, dass wir nicht den heutigen Gebildeten mit den Thieren vergleichen dürfen, ohne gegen diese ungerecht zu sein, sondern nur die Völker, die sich noch wenig von dem Zustande entfernt haben, in welchem sie aus der Hand der Natur entlassen wurden, denn wir wissen, dass auch unsere jetzt durch höhere Anlagen bevorzugte Race dereinst gewesen, was jene noch heute sind, und dass unsere heutigen höheren Gehirn- und Geistesanlagen nur durch das Gesetz der Vererbung auch des Erworbenen allmählich diese Höhe erreicht haben. So steht das Thierreich als eine geschlossene Stufenreihe von Wesen vor uns, mit durchgehender Analogie behaftet; die geistigen Grundvermögen müssen in allen dem Wesen nach dieselben sein, und was in höheren als neu hinzutretende Vermögen erscheint, sind nur secundäre Vermögen, die sich durch höhere Ausbildung der gemeinsamen Grundfähigkeiten nach gewissen Richtungen hin entwickeln. Diese Grund- oder Urthätigkeiten des Geistes in allen Wesen sind Wollen und Vorstellen.

denn das Gefühl lässt sich (wie ich Cap. B. III. zeigen werde) aus diesen beiden mit Hülfe des Unbewussten entwickeln.

Wir sprechen in diesem Capitel bloss vom Willen. Dass dasselbe, was wir als unmittelbare Ursache unseres Handelns zu kennen glauben und Wille nennen, dass eben dieses auch in dem Bewusstsein der Thiere als causales Moment ihres Handelns lebt, und auch hier Wille genannt werden muss, unterliegt wohl keinem Zweifel, wenn man nicht so vornehm sein will (wie bei essen, trinken und gebären), für dieselbe Sache beim Thier andere Namen zu gebrauchen (fressen, saufen, werfen). Der Hund will sich nicht von seinem Herrn trennen, er will das in's Wasser gefallene Kind von dem ihm wohlbekannten Tode retten, der Vogel will seine Jungen nicht beschädigen lassen, das Männchen will den Besitz seines Weibchens nicht mit einem anderen theilen u. s. w. — Ich weiss wohl, dass es Viele giebt, die den Menschen zu heben glauben, wenn sie möglichst viel bei den Thieren, namentlich den unteren, als Reflexwirkung erklären. Wenn diese die gewöhnliche physiologische Tragweite des Begriffes Reflexwirkung als unwillkürliche Reaction auf äussern Reiz im Sinne haben, so kann man wohl sagen, sie müssen nie Thiere beobachtet haben, oder sie müssen mit sehenden Augen blind sein; wenn sie aber die Reflexwirkung über ihre gewöhnliche physiologische Bedeutung in ihren wahren Begriff ausdehnen, so haben sie zwar Recht, aber sie vergessen dann bloss: erstens, dass auch der Mensch in lauter Reflexwirkungen lebt und webt, dass jeder Willensact eine Reflexwirkung ist, zweitens aber, dass jede Reflexwirkung ein Willensact ist, wie in Cap. V. gezeigt wird.

Behalten wir also vorläufig die gewöhnliche engere Bedeutung von Reflex bei, und sprechen nur von solchen Willensacten, welche nicht in diesem Sinne Reflexe, also nicht unwillkürliche Reactionen des Organismus auf äussere Reize sind. Zwei Merkmale sind es hauptsächlich, an denen man den Willen von den Reflexwirkungen unterscheiden kann, erstens der Affect, und zweitens die Consequenz in Ausführung eines Vorsatzes. Die Reflexe vollziehen sich mechanisch und affectlos, es gehört aber nicht allzuviel Physiognomik dazu, um auch an den niedrigen Thieren das Vorhandensein von Affecten deutlich wahrzunehmen. Bekanntlich führen manche Ameisenarten Kriege untereinander, in denen ein Staat den andern unterwirft und dessen Bürger zu seinen Sclaven macht, um durch dieselben seine Arbeiten verrichten zu lassen. Diese Kriege werden durch eine Kriegerkaste geführt, deren Mitglieder grösser und stärker und mit kräftigeren

Zangen bewehrt sind. Man braucht nur einmal gesehen zu haben, wie diese Armee an den feindlichen Bau anklopft, die Arbeiter sich zurückziehen und die Krieger herauskommen, um den Kampf aufzunehmen, mit welcher Erbitterung gekämpft wird, und wie sich nach unglücklichem Ausgang der Schlacht die Arbeiter des Baues gefangen geben, dann wird man nicht mehr zweifeln, dass dieser prämeditirte Raubzug einen sehr entschiedenen Willen zeigt, und nichts mit Reflexwirkungen zu thun hat. Aehnlich ist es bei Raubbienenschwärmen.

Die Reflexwirkung verschwindet und wiederholt sich mit dem äussern Reiz, aber sie kann nicht einen Vorsatz fassen, den sie unter veränderten äusseren Umständen mit zweckmässiger Aenderung der Mittel längere Zeit hindurch verfolgt. Z. B. wenn ein geköpfter Frosch, der lange nach der Operation ruhig liegen geblieben ist, plötzlich anfängt Schwimmbewegungen zu machen, oder fortzuhüpfen, so könnte man noch geneigt sein, dies als blosse physiologische Reflexwirkungen auf Reizungen der Luft an den durchschnittenen Nervenenden anzusehen, wenn aber der Frosch in verschiedenen Versuchen verschiedene Hindernisse bei gleichem Hautreiz an gleicher Stelle auf verschiedene Weise, aber gleich zweckmässig überwindet, wenn er eine bestimmte Richtung einschlägt und, aus dieser Richtung herausgebracht, mit seltenem Eigensinn dieselbe stets wieder zu gewinnen sucht, wenn er sich unter Spinde und in andere Winkel verkriecht, offenbar um vor den Verfolgern Schutz zu suchen, so liegen hier unverkennbar nichtreflectorische Willensacte vor, in Bezug auf welche sogar der Physiologe Goltz mit Recht aus seinen sorgfältigen Versuchen schliesst, dass man die Annahme einer nicht am Grosshirn haftenden, sondern für die verschiedenen Functionen an verschiedene Centralorgane (z. B. für die Behauptung des Gleichgewichts an die Vierhügel) gebundenen Intelligenz nicht umgehen könne.

Aus diesem Beispiel vom geköpften Frosch und dem Willen aller wirbellosen Thiere (z. B. der Insecten) geht hervor, dass zum Zustandekommen des Willens durchaus kein Gehirn erforderlich ist. Da bei den wirbellosen Thieren die Schlundganglien das Gehirn ersetzen, werden wir annehmen müssen, dass diese zum Willensact auch genügen, und bei jenem Frosch muss Kleinhirn und Rückenmark die Stelle des Grosshirns vertreten haben. Aber auch nicht bloss auf die Schlundganglien der wirbellosen Thiere werden wir den Willen beschränken dürfen, denn wenn von einem durchschnittenen Insect das Vordertheil den Act des Fressens, und von

einem anderen durchschnittenen Insect das Hintertheil den Act der
Begattung fortsetzt, ja wenn sogar Fangheuschrecken mit abgeschnittenen Köpfen noch gerade wie unversehrte, Tage lang ihre Weibchen
aufsuchen, finden und sich mit ihnen begatten, so ist wohl klar, dass
der Wille zum Fressen ein Act des Schlundringes, der Wille zur
Begattung aber wenigstens in diesen Fällen ein Act anderer Ganglienknoten des Rumpfes gewesen sei. Die nämliche Selbstständigkeit
des Willens in den verschiedenen Ganglienknoten eines und desselben Thieres sehen wir darin, dass von einem zerschnittenen Ohrwurm
häufig, von einer australischen Ameise regelmässig, sich beide Hälften gegen einander kehren und unter den unverkennbaren Affecten
des Zorns und der Kampflust sich mit Fresszange resp. Stachel bis
zum Tode oder zur Erschöpfung wüthend bekämpfen. Aber selbst
auf die Ganglien werden wir die Willensthätigkeit nicht beschränken
dürfen, denn wir finden selbst bei jenen tiefstehenden Thieren noch
Willensacte, wo das Mikroskop des Anatomen noch keine Spur weder von Muskelfibrin, noch von Nerven, sondern statt beider nur die
Mulder'sche Fibroine (jetzt Protoplasma genannt) entdeckt hat und
wo vermuthlich die halbflüssige, schleimige Körpersubstanz des Thieres
ebenso wie in den ersten Stadien der Embryoentwickelung die Bedingungen selbst schon in untergeordnetem Maasse erfüllt, welchen
die Nervensubstanz ihre Reizbarkeit, Leitungsfähigkeit und Mittlerschaft für die Bethätigung der Willensacte verdankt, nämlich die
leichte Verschiebbarkeit und Polarisirbarkeit der Molecule. Wenn
man einen Polypen in einem Glas mit Wasser hat, und dieses so
stellt, dass ein Theil des Wassers von der Sonne beschienen ist, so
rudert der Polyp sogleich aus dem dunkeln nach dem beschienenen
Theile des Wassers. Thut man ferner ein lebendes Infusionsthierchen
hinein und dieses kommt dem Polyp auf einige Linien nahe, so nimmt
er dasselbe, weiss Gott wodurch, wahr, und erregt mit seinen Armen
einen Wasserstrudel, um es zu verschlingen. Nähert sich ihm dagegen ein todtes Infusionsthier, ein kleines pflanzliches Geschöpf oder
ein Stäubchen auf dieselbe Entfernung, so bekümmert er sich gar
nicht darum. Der Polyp nimmt also das Thierchen als lebendig
wahr, schliesst daraus, dass es für ihn zur Nahrung geeignet sei, und
trifft die Anstalten, um es bis zu seinem Munde heranzubringen.
Nicht selten sieht man auch zwei Polypen um eine Beute in erbittertem Kampfe. Einen durch so feine Sinneswahrnehmung motivirten und so deutlich kundgegebenen Willen wird niemand mehr physiologischen Reflex im gewöhnlichen Sinne nennen können, es müsste

denn auch Reflex sein, wenn der Gärtner einen Baumast niederbeugt, um die reifen Früchte erlangen zu können. Wenn wir somit in nervenlosen Thieren noch Willensacte sehen, werden wir gewiss nicht Anstand nehmen dürfen, dieselben in Ganglien anzuerkennen. Dies Resultat wird auch durch die vergleichende Anatomie unterstützt, welche lehrt, dass das Gehirn ein Conglomerat von Ganglien in Verbindung mit Leitungsnerven, und das Rückenmark in seiner grauen Centralsubstanz ebenfalls eine Reihe mit einander verwachsener Ganglienknoten sei. Die Gliederthiere zeigen zuerst ein schwaches Analogon des Gehirnes in Gestalt zweier durch den Schlundring zusammenhängenden Knötchen und des Rückenmarks im sogenannten Bauchstrang, ebenfalls Knoten, die durch Fäden verbunden sind, und von denen je einer einem Gliede und Fusspaare des Thieres entspricht. Dem analog nehmen die Physiologen soviel selbstständige Centralstellen im Rückenmark an, als Spinalnervenpaare aus demselben entspringen. Unter Wirbelthieren kommen noch Fische vor, deren Gehirn und Rückenmark aus einer Anzahl Ganglien besteht, welche in einer Reihe gedrängt hinter einander liegen. Eine mehr als ideelle, eine volle Wahrheit erhält die Zusammensetzung eines Centralorgans aus mehreren Ganglien in der Metamorphose der Insecten, indem dort gewisse Ganglien, welche in dem Larvenzustand des Thieres getrennt sind, in der höheren Entwickelungsstufe zur Einheit verschmolzen erscheinen.

Diese Thatsachen möchten genügen, um die Wesensgleichheit von Hirn und Ganglien, von Hirnwille und Ganglienwille zu bezeugen. Wenn nun aber die Ganglien niederer Thiere ihren selbstständigen Willen haben, wenn das Rückenmark eines geköpften Frosches ihn hat, warum sollen dann die soviel höher organisirten Ganglien und Rückenmark der höheren Thiere und des Menschen nicht auch ihren Willen haben? Wenn bei Insecten der Wille zum Fressen in vorderen, der Wille zur Begattung in hinteren Ganglien liegt, warum soll dann beim Menschen nicht auch eine solche Arbeitstheilung für den Willen vorgesehen sein? Oder wäre es denkbar, dass dieselbe Naturerscheinung in unvollkommenerer Gestalt eine hohe Wirkung zeigt, die ihr in vollkommenerer Gestalt gänzlich fehlt? Oder wäre etwa im Menschen die Leitung so gut, dass jeder Ganglienwille sofort nach dem Hirn geleitet würde und uns von dem im Hirn erzeugten Willen ununterscheidbar in's Bewusstsein träte? Dies kann für die oberen Theile des Rückenmarks vielleicht bis zu einem gewissen Maasse wahr sein, für alles übrige gewiss nicht, da ja schon die Empfindungsleitungen aus dem Unterleibsgangliensystem bis zum Verschwinden dumpf sind. Es bleibt also nichts übrig, als auch den menschlichen Ganglien und Rückenmark selbstständigen Willen zuzuerkennen, dessen Aeusserungen wir nur noch empirisch nachzuweisen haben. Dass bei höheren Thieren die Muskelbewegungen, welche die äussern Handlungen bewirken, mehr und mehr dem kleinen Gehirn unterworfen und somit centralisirt werden, ist bekannt, wir werden also in dieser Hinsicht weniger Thatsachen auffinden, und ist dies auch der Grund, warum bis jetzt die Selbstständigkeit des Gangliensystems in höheren Thieren von Physiologen wenig anerkannt worden ist, obwohl die neuesten Forscher sie vertheidigen. Diejenigen Willensacte dagegen, welche wirklich den Ganglien zuzuschreiben sind, hat man sich gewöhnlich als Reflexwirkungen vorgestellt, deren Reize im Organismus selbst liegen sollten, welche Reize dann willkürlich angenommen wurden, wenn sie nicht nachweisbar waren. Zum Theil mögen diese Annahmen berechtigt sein, dann gehören sie eben in das Capitel über Reflexwirkungen; ein grosser Theil ist es aber jedenfalls nicht, und ausserdem kann es auch nicht schaden, selbst dasjenige, was Reflexwirkungen sind, hier vom Standpuncte des Willens zu betrachten, da später nachgewiesen wird, dass jede Reflexwirkung einen unbewussten Willen enthält.

Die selbstständig, d. h. ohne Mitwirkung des Gehirns und Rückenmarks vom sympathischen Nervensystem geleiteten Bewegungen sind: 1) der Herzschlag, 2) die Bewegung des Magens und des Darms, 3) der Tonus der Eingeweide, Gefässe und Sehnen, 4) ein grosser Theil der vegetativen Processe, insofern sie von Nerventhätigkeit abhängig sind. Herzschlag, Tonus der Arterien und Darmbewegungen zeigen den intermittirenden Typus der Bewegung, die übrigen den continuirenden. Der Herzschlag beginnt, wie man an einem blossgelegten Froschherzen sieht, bei den contractilen Hohlvenen, dann folgt die Zusammenziehung der Vorhöfe, dann der Ventrikel, endlich des Bulbus aortae. In einem ausgeschnittenen und mit Salzwasser ausgespritzten Froschherzen vollziehen die Herzganglien noch stundenlang ihre Function, den Herzschlag anzuregen. Am Darm beginnt die Bewegung am unteren Theile der Speiseröhre, und schreitet wurmförmig von oben nach unten fort, aber eine Welle ist noch nicht abgelaufen, so beginnt schon die nächste. Haben diese Darmbewegungen nicht die täuschendste Aehnlichkeit mit dem Kriechen eines Wurmes, bloss mit dem Unterschiede, dass der Wurm sich dadurch auf der Unterlage fortschiebt, während hier der Wurm befestigt ist, und die (innere) Unterlage, die Speisemassen und die Fäces fortgeschoben werden, — sollte das eine Wille heissen dürfen und das andere nicht? — Der Tonus ist eine gelinde Muskelcontraction, welche unaufhörlich bei Lebzeiten an allen Muskeln stattfindet, selbst in Schlaf und Ohnmacht. Bei den der Willkür, dem Hirnwillen, unterworfenen Muskeln bewirkt ihn das Rückenmark, und es entstehen nur deshalb keine Bewegungen der Glieder, weil die Wirkungen der entgegengesetzten Muskeln (Antagonisten) sich aufheben. Wo daher keine entgegengesetzten Muskeln sind (wie z. B. bei den kreisförmigen Schliessmuskeln), da ist auch der Erfolg der Contraction deutlich, und kann nur durch starken Andrang der den Ausweg suchenden Massen überwunden werden. Der Tonus der Eingeweide, Arterien und Venen hängt vom Sympathicus ab und ist letzterer für die Blutcirculation durchaus nothwendig. — Was endlich die Absonderung und Ernährung betrifft, so können die Nerven dieselben theils durch Erweiterung und Verengerung der Capillargefässe, theils durch Spannung und Erschlaffung der endosmotischen Membranen, theils endlich durch Erzeugung von chemischen, elektrischen und thermischen Strömungen beeinflussen; alle solche Functionen werden ausschliesslich von untergeordneten Ganglien aus durch die allen Körpernerven beigemengten sympathischen Nervenfasern geleitet, die sich namentlich durch geringere Stärke vor den sensiblen und motorischen Fasern auszeichnen.

Die sichersten Beweise für die Unabhängigkeit des Gangliensystems liegen in Bidder's Versuchen mit Fröschen. Bei vollständig zerstörtem Rückenmark lebten die Thiere oft noch sechs, bisweilen zehn Wochen (mit allmälig langsamer werdendem Herzschlage). Bei Zerstörung des Gehirns und Rückenmarkes mit alleiniger Schonung des verlängerten Markes (zum Athmen) lebten sie noch sechs Tage; wenn auch dieses zerstört war, konnte man Herzschlag und Blutkreislauf noch bis in den zweiten Tag hinein beobachten. Die Frösche mit geschontem verlängertem Mark frassen und verdauten ihre Regenwürmer noch nach sechsundzwanzig Tagen, wobei auch die Urinabsonderung regelmässig vor sich ging.

Das Rückenmark (inclusive des verlängerten Markes) steht ausser dem schon erwähnten Tonus der willkürlichen Muskeln allen unwillkürlichen Bewegungen der willkürlichen Muskeln (Reflexbewegungen siehe Cap. V.) und den Athembewegungen vor. Letztere haben ihr Centralorgan im verlängerten Mark, und wirken zu diesen höchst complicirten Bewegungen nicht bloss ein grosser Theil der Spinal nerven, sondern auch der *n. phrenicus, accessorius Willisii, vagus* und *facialis* mit. Wenn auch der Hirnwille eine kurze Zeit lang im Stande ist, die Athembewegungen zu verstärken oder zu unterdrücken, so kann er sie doch nie ganz aufheben, da nach kleiner Pause der Rückenmarkswille wieder die Oberhand gewinnt.

Die Unabhängigkeit des Rückenmarkes vom Gehirn ist ebenfalls durch schöne physiologische Versuche nachgewiesen. Eine Henne, welcher Flourens das ganze grosse Gehirn fortgenommen hatte, sass zwar für gewöhnlich regungslos da; aber beim Schlafen steckte sie den Kopf unter den Flügel, beim Erwachen schüttelte sie sich und putzte sich mit dem Schnabel. Angestossen lief sie geradeaus weiter, in die Luft geworfen flog sie. Von selbst frass sie nicht, sondern verschluckte nur das in den Gaumen geschobene Futter. Voit wiederholte diese Versuche an Tauben; dieselben verfielen zunächst in tiefen Schlaf, aus dem sie erst nach einigen Wochen erwachten; dann aber flogen sie und bewegten sich von selbst, und benahmen sich so, dass man an dem Vorhandensein ihrer Sinnesempfindungen nicht zweifeln konnte, nur dass ihnen der Verstand fehlte, und sie nicht freiwillig frassen. Als z. B. eine Taube mit dem Schnabel an eine aufgehängte hölzerne Fadenspule stiess, liess sie es sich über eine Stunde lang bis zu Voit's Dazwischenkunft gefallen, dass die pendelnde Spule immer von neuem gegen ihren Schnabel stiess. Dagegen sucht eine solche Taube der nach ihr greifenden Hand zu entschlüpfen, beim Fliegen Hindernissen sorgfältig auszuweichen und weiss sich geschickt auf schmalen Vorsprüngen niederzulassen. Kaninchen und Meerschweinchen, denen das grosse Gehirn ausgenommen, laufen nach der Operation frei umher; das Benehmen eines geköpften Frosches war schon oben erwähnt. Alle diese Bewegungen, wie das Schütteln und Putzen der Henne, das Herumlaufen der Kaninchen und Frösche erfolgen ohne merklichen äussern Reiz, und sind den nämlichen Bewegungen bei gesunden Thieren so völlig gleich, dass man unmöglich in beiden Fällen eine Verschiedenheit des ihnen zu Grunde liegenden Princips annehmen kann; es ist eben hier wie dort Willensäusserung. Nun wissen wir aber, dass das höhere thierische Bewusstsein von der Integrität des grossen Gehirns bedingt ist (siehe Cap. C. II.), und da dieses zerstört ist, sind auch jene Thiere, wie man sagt, ohne Bewusstsein, handeln also unbewusst und wollen unbewusst. Indessen ist das Hirnbewusstsein keineswegs das einzige Bewusstsein im Thiere, sondern nur das höchste, und das einzige, was in höheren Thieren und dem Menschen zum Selbstbewusstsein, zum Ich kommt, daher auch das einzige, welches ich mein Bewusstsein nennen kann. — Dass aber auch die untergeordneten Nervencentra ein Bewusstsein, wenn auch von geringerer Klarheit, haben müssen, geht einfach aus dem Vergleich der allmälig absteigenden Thierreihe und des Ganglienbewusstseins der wirbellosen Thiere mit den selbstständigen Ganglien und Rückenmarkscentralstellen der höheren Thiere hervor.

Es ist unzweifelhaft, dass ein des Gehirns beraubtes Säugethier immer noch klareren Empfindens fähig ist, als ein unversehrtes Insect, weil das Bewusstsein seines Rückenmarkes jedenfalls immer noch höher steht, als das der Ganglien des Insects. Demnach ist der in den selbstständigen Functionen des Rückenmarkes und der Ganglien sich documentirende Wille keineswegs ohne Weiteres als unbewusst an sich hinzustellen, vielmehr müssen wir vorläufig annehmen, dass er für die Nervencentra, von denen er ausgeht, gewiss klarer oder dunkler bewusst werde; dagegen ist er in Bezug auf das Hirnbewusstsein, welches der Mensch ausschliesslich als sein Bewusstsein anerkennt, allerdings unbewusst, und es ist damit gezeigt, dass in uns ein für uns unbewusster Wille existirt, da doch diese Nervencentra alle in unserem leiblichen Organismus, also in uns, enthalten sind.

Es scheint erforderlich, hier zum Schluss eine Bemerkung anzufügen über die Bedeutung, in der hier das Wort Willen gefasst ist. Wir sind davon ausgegangen, unter diesem Wort eine bewusste Intention zu verstehen, in welchem Sinne dasselbe gewöhnlich verstanden wird. Wir haben aber im Laufe der Betrachtung gefunden, dass in Einem Individuum, aber in verschiedenen Nervencentren mehr oder weniger von einander unabhängige Bewusstseine und mehr oder weniger von einander unabhängige Willen existiren können, deren jeder höchstens für das Nervencentrum bewusst sein kann, durch welches er sich äussert. Hiermit hat sich die gewöhnliche beschränkte Bedeutung von Wille selbst aufgehoben, denn ich muss jetzt auch noch anderen Willen in mir anerkennen, als solchen, welcher durch mein Gehirn hindurchgegangen und dadurch mir bewusst geworden ist. Nachdem diese Schranke der Bedeutung gefallen, können wir nicht umhin, den Willen nunmehr als immanente Ursache jeder Bewegung in Thieren zu fassen, welche nicht reflectorisch erzeugt ist. Auch möchte dies das einzige charakteristische und unfehlbare Merkmal für den uns bewussten Willen sein, dass er Ursache der vorgestellten Handlung ist; man sieht nunmehr, dass es etwas für den

Willen zufälliges ist, ob er durch das Hirnbewusstsein hindurchgeht oder nicht, sein Wesen bleibt dabei unverändert. Was durch das Wort „Wille" also hier bezeichnet wird, ist nichts als das in beiden Fällen wesensgleiche Princip. Will man aber beide Arten Wille in der Bezeichnung noch besonders unterscheiden, so bietet für den bewussten Willen die Sprache bereits ein diesen Begriff genau deckendes Wort: Willkür, während das Wort Wille für das allgemeine Princip beibehalten werden muss. Der Wille ist bekanntlich die Resultante aller gleichzeitigen Begehrungen; vollzieht sich dieser Kampf der Begehrungen im Bewusstsein, so erscheint er als Wahl des Resultats, oder Willkür, während die Entstehung des unbewussten Willens sich dem Bewusstsein entzieht, folglich auch der Schein der Wahl unter den Begehrungen hier nicht eintreten kann. Man sieht aus dem Vorhandensein dieses Wortes Willkür, dass die Ahnung eines Willens von nicht erkorenem Inhalt oder Ziel, dessen Handlungen dann also dem Bewusstsein nicht als frei, sondern als innerer Zwang erscheinen, im Volksbewusstsein auch schon längst vorhanden war.

Es ist nicht bloss die naheliegende Berufung auf die Vorgängerschaft Schopenhauer's und auf die weitverbreitete Anerkennung (selbst im Auslande), zu welcher dessen Gebrauch des Wortes Wille bereits gelangt ist, sondern auch die Erwägung, dass kein anderes in der deutschen Sprache übliches Wort besser geeignet ist, das allgemeine Princip zu bezeichnen, um welches es sich hier und in dem Folgenden handelt. Das „Begehren" ist noch ein unfertiges, erst in der Bildung begriffenes, weil einseitiges und noch nicht die Probe des Widerstandes anderer Begehrungen überstanden habendes Wollen, es ist nur ein Glied aus der psychologischen Werkstatt des Wollens, nicht der endgültige Gesammtausdruck der Bethätigung des ganzen Individuums (höherer oder niederer Ordnung), es ist nur eine Componente des Wollens, die in Folge der Paralysirung durch entgegengesetzte andere Begehrungen dazu verurtheilt werden kann, Velleïtät zu bleiben. Wenn schon das „Begehren" nicht das „Wollen" ersetzen kann, so ist es der „Trieb" noch weniger im Stande, da er nicht nur an derselben Einseitigkeit und Partialität wie das Begehren leidet, sondern auch nicht einmal wie dieses den Begriff der Actualität in sich schliesst, vielmehr nur die latente Disposition zu gewissen einseitigen Richtungen der Bethätigung darstellt, welche, wenn sie in Folge eines Motivs zur Actualität hervortreten, nicht mehr Trieb sondern Begehrungen heissen. Jeder Trieb

Der unbew. Wille i. d. selbstständ. Rückenmarks- u. Ganglienfunctionen. 61

bezeichnet also eine bestimmte Seite nicht des Wollens, sondern des Charakters, d. h. die Disposition desselben, auf gewisse Motivklassen mit Begehrungen von bestimmter Richtung zu reagiren (z. B. Geschlechtstrieb, Wandertrieb, Erwerbstrieb u. s. w.; vergl. die phrenologischen „Triebe" oder „Grundvermögen"). Als specifische Charakteranlagen gelten die Triebe mit Recht als die innern Triebfedern des Handelns, wie die Motive als die äussern. Der Trieb hat also als solcher nothwendig einen bestimmten concreten Inhalt, welcher durch die physischen Prädispositionen der allgemeinen Körperconstitution und der molecularen Constitution des Centralnervensystems bedingt ist; der Wille hingegen steht als allgemeines formelles Princip der Bewegung und Veränderung überhaupt hinter den concreten Dispositionen, welche, als durchlebt von dem Willen gedacht, Triebe genannt werden, und bethätigt sich in dem resultirenden Wollen, das seinen specifischen Inhalt eben durch jenen angedeuteten psychologischen Mechanismus der Motive, Triebe und Begehrungen erhält (vgl. Cap. B. IV.). Wenngleich sich dieser Mechanismus in niederen Thieren und in den untergeordneten menschlichen Centralorganen im Verhältniss zu dem im menschlichen Gehirn vereinfacht, so ist er doch vorhanden, und namentlich bei den Reflexbewegungen leicht kenntlich. Auch bei den selbstständigen Functionen des Rückenmarks und der Ganglien kann man sehr wohl z. B. die durch Ererbung angeborene materielle Prädisposition des verlängerten Marks zu Vermittlung der Athembewegungen einen „Athmungstrieb" nennen, wenn man nur nicht vergisst, dass hinter dieser materiellen Disposition das Princip des Willens steht, ohne welches sie so wenig in Function treten würde, wie etwa die angeborene Hirndisposition für das Mitleid, und dass die Ausübung der Athembewegungen selbst ein wirkliches Wollen ist, dessen Richtung und Inhalt durch jene Prädisposition mit bedingt ist.

II.

Die unbewusste Vorstellung bei Ausführung der willkürlichen Bewegung.

Ich will meinen kleinen Finger heben, und die Hebung desselben findet statt. Bewegt etwa mein Wille den Finger direct? Nein, denn wenn der Armnerv durchschnitten ist, so kann der Wille ihn nicht bewegen. Die Erfahrung lehrt, dass es für jede Bewegung nur eine einzige Stelle giebt, nämlich die centrale Endigung der betreffenden Nervenfasern, welche im Stande ist, den Willensimpuls für diese bestimmte Bewegung dieses bestimmten Gliedes zu empfangen und zur Ausführung zu bringen. Ist diese eine Stelle beschädigt, so ist der Wille ebenso machtlos über das Glied, als wenn die Nervenleitung von dieser Stelle nach den betreffenden Muskeln unterbrochen ist. Den Bewegungsimpuls selbst können wir uns, abgesehen von der Stärke, für verschiedene zu erregende Nerven nicht füglich verschieden denken, denn da die Erregung in allen motorischen Nerven als gleichartig anzusehen ist, so ist es auch die Erregung am Centrum, von welcher der Strom ausgeht; mithin sind die Bewegungen nur dadurch verschieden, dass die centralen Endigungen verschiedener motorischer Fasern von dem Willensimpuls getroffen werden und dadurch verschiedene Muskelpartien zur Contraction genöthigt werden. Wir können uns also die centralen Endigungsstellen der motorischen Nervenfasern gleichsam als eine Claviatur im Gehirn denken; der Ausschlag ist, abgesehen von der Stärke, immer derselbe, nur die angeschlagenen Tasten sind verschieden. Wenn ich also eine ganz bestimmte Bewegung, z. B. die Hebung des kleinen Fingers beabsichtige, so kommt es darauf an, dass ich diejenigen Muskeln zur Contraction nöthige, welche in ihrer combinirten Wirksamkeit diese Bewegung hervorbringen, und dass ich zu dem Zweck denjenigen Accord auf der Claviatur des Gehirns mit dem Willen anschlage, dessen einzelne Tasten die betreffenden Muskeln in Bewegung setzen. Werden bei dem Accord eine oder mehrere falsche Tasten angeschlagen, so entsteht eine mit der beabsichtigten nicht correspondirende Bewegung, z. B. beim Versprechen, Verschreiben, Fehltreten, beim ungeschickten Greifen der Kinder u. s. w. Allerdings ist die Anzahl der centralen Faserendigungen im Gehirn bedeutend kleiner, als die der motorischen Fasern in den Nerven, indem durch eigenthümliche, in Cap. V. zu besprechende Mechanismen für die gleichzeitige Erregung vieler peripherischer Fasern durch Eine centrale Faser Sorge getragen ist; indessen ist doch die Anzahl der dem bewussten Willen unterworfenen, mithin vom Gehirn zu leitenden verschiedenen Bewegungen schon für jedes einzelne Glied durch tausend kleine Modificationen der Richtung und Combination gross genug, für den ganzen Körper aber geradezu unermesslich, so dass die Wahrscheinlichkeit unendlich klein sein würde, dass die bewusste Vorstellung vom Heben des kleinen Fingers ohne causale Vermittelung mit dem wirklichen Heben zusammenträfe. Unmittelbar kann offenbar die bloss geistige Vorstellung vom Heben des kleinen Fingers auf die centralen Nervenendigungen nicht wirken, da beide mit einander gar nichts zu thun haben; der blosse Wille als Bewegungsimpuls aber wäre absolut blind, und müsste daher das Treffen der richtigen Tasten dem reinen Zufall überlassen. Wäre überhaupt keine causale Verbindung da, so könnte die Uebung hierfür auch nicht das mindeste thun; denn niemand findet in seinem Bewusstsein eine Vorstellung oder ein Gefühl dieser unendlichen Menge von centralen Endigungen; also wenn zufällig einmal oder zweimal die bewusste Vorstellung des Fingerhebens mit der ausgeführten Bewegung zusammengetroffen wäre, so würde durchaus kein Anhalt für die Erfahrung des Menschen hieraus resultiren, und beim dritten Mal, wo er den Finger heben will, der Anschlag der richtigen Tasten ebensosehr dem Zufall überlassen bleiben, als in den früheren Fällen. Man sieht also, dass die Uebung nur dann für die Verknüpfung von Intention und Ausführung etwas thun kann, wenn eine causale Vermittelung beider vorhanden ist, bei welcher dann allerdings der Uebergang von einem zum andern Gliede durch Wiederholung des Processes erleichtert wird; es bleibt demnach unsere Aufgabe, diese causale Vermittelung zu finden; ohne dieselbe wäre Uebung ein leeres Wort. Ausserdem ist sie aber in den meisten Fällen gar nicht nöthig, nämlich bei fast allen Thieren, die bei den ersten Versuchen schon ebenso geschickt laufen und springen, als nach langer Uebung. Daraus geht auch zweitens hervor, dass alle Erklärungsversuche ungenügend sind, welche eine solche causale Vermittelung einschieben, die nur durch zufällige Association von Vorstellung und Bewegung erkannt werden kann; z. B. das bewusste Muskelgefühl der intendirten Bewegung, das nur aus früheren Fällen gewonnen und dem Gedächtniss eingeprägt werden kann, könnte allenfalls für den Menschen als Erklärung gebraucht werden, aber nicht für den bei weitem grösseren Theil der Naturwesen, die Thiere, da sie vor jeder Erfahrung von Muskelgefühl schon die umfassendsten Bewegungscombinationen nach der bewussten Vorstellung des Zwecks mit staunenswerther Sicherheit ausführen; z. B. ein eben auskriechendes Insect, das seine sechs Beine so richtig in der Ordnung zum Gehen bewegt, als wenn es ihm gar nichts Neues wäre, oder eine eben auskriechende Brut Rebhühner, die von einem Haushuhn im Stalle ausgebrütet, regelmässig trotz aller Vorsichtsmassregeln sofort die Bewegungsmuskeln ihrer Beine richtig dazu brauchen, um die Freiheit ihrer Eltern wieder zu erobern, auch ihren Schnabel vollständig so zum Aufpicken und Verzehren eines ihnen begegnenden Insects zu brauchen wissen, als ob sie dies schon hundert Mal gethan hätten.

Man könnte ferner daran denken, dass die Gehirnschwingungen der bewussten Vorstellung: „ich will den kleinen Finger heben", an dem nämlichen Ort im Gehirn vor sich gehen, wo die Centralendigungen der betreffenden Nerven liegen; dies ist aber anatomisch falsch, da die bewussten Vorstellungen im grossen Gehirn, die motorischen Nervenendigungen aber im verlängerten Mark oder kleinen Gehirn liegen. Ebenso wenig kann eine mechanische Fortleitung der Schwingungen der bewussten Vorstellung nach den Nervenenden eine Erklärung für das Anschlagen der richtigen Tasten bieten; man müsste denn gerade annehmen, dass die bewusste Vorstellung: „ich will meinen kleinen Finger heben", an einer andern Stelle im grossen Gehirn vor sich geht, als die andere bewusste Vorstellung: „ich will meinen Zeigefinger heben". und dass jede der Stellen des grossen Gehirns, welche einer besondern Vorstellung über irgend welche auszuführende Bewegung entspricht, durch einen angeborenen Mechanismus gerade nur mit der Centralendigung der zur Ausführung dieser Vorstellungen erforderlichen motorischen Nerven in Verbindung stehe. Die Consequenzen dieser sonderbaren Annahme wären noch sonderbarer; es müsste z. B. die bewusste Vorstellung: „ich will die fünf Finger der rechten Hand heben" in den fünf Stellen des Grosshirns gleichzeitig vor sich gehen, welche den Einzelvorstellungen der fünf Fingerhebungen angehören, während man doch viel mehr geneigt sein dürfte, anzunehmen, dass die Vorstellungen, den oder die Finger Nr. so und so heben zu wollen, in dem materiellen Substrat des Denkens sich unter einander durch eine geringe Modification der Schwingungsform als durch fest abgegrenzte Bezirke unterscheiden werden. Wäre es ferner allein die Fortpflanzung der von einer solchen bewussten Vorstellung herrührenden Molecularschwingungen zu den Centralendigungen der motorischen Nerven, welche hinreichte, um die Bewegung auszulösen, so müsste eine solche bewusste Vorstellung: „ich will den kleinen Finger heben", immer und allemal die Bewegung hervorrufen; nicht nur müsste bei solchem durch Fixirung und Isolirung der Leitungen hergestellten Mechanismus ein Fehlgreifen unmöglich sein, sondern es müsste dann auch jener unsagbare Impuls des Willens überflüssig sein, der, wie die Erfahrung lehrt, zu den Schwingungen jener bewussten Vorstellung erst noch hinzukommen muss, ehe eine Wirkung eintritt. Wo kein Fehlgreifen möglich wäre, wäre endlich auch kein sichereroder fester-Werden gleichviel durch welche Einflüsse denkbar; es könnte also auch die Uebung keinen Einfluss auf die causale Vermittelung zwischen bewusster Vorstellung und ausgeführter Bewegung haben. Diese Folgerung widerspricht aber der Erfahrung ebenso wie die Unmöglichkeit des Fehlgreifens, und discreditirt daher rückwärts die Hypothese eines Leitungsmechanismus. Gesetzt aber wirklich, es gäbe einen solchen Mechanismus, so würde der Materialismus weiter annehmen müssen, dass er ererbt, und in irgend welchen früheren Vorfahren allmählich durch Uebung und Gewohnheit entstanden sei. Bei dieser Entstehungsgeschichte aber würde bei dem jedesmal entstehenden Theil dieses Mechanismus das Problem der Möglichkeit einer causalen Verknüpfung zwischen bewusster Vorstellung und Ausführung der Bewegung doch wiederum in der Gestalt auftauchen, wie wir es jetzt vor uns haben, nämlich ohne Hülfe eines schon bestehenden Mechanismus für den gegebenen Fall. Die Theorie der Leitungsmechanismen würde also doch unser Problem nur nach rückwärts verschieben, nicht lösen, und die unten gegebene Lösung würde selbst dann, wenn jene Theorie richtig wäre, die einzig mögliche sein.

Um endlich noch einmal auf das Einschieben des Muskelgefühls der intendirten Bewegung aus der Erinnerung früherer Fälle von zufälliger Association zurückzukommen, so zeigt sich diese Erklärung nicht nur einseitig und unzulänglich, weil sie höchstens den Anspruch machen könnte, die Möglichkeit der Uebung und Vervollkommnung bei einer bereits bestehenden causalen Verbindung, aber nicht diese selbst erklären zu wollen, sondern weil sie in der That auch nicht einmal jene erklärt, sondern auch nur das Problem um eine Stufe verschiebt. Vorher nämlich sah man nicht ein, wie das Treffen der richtigen Gehirntasten durch den Willensimpuls, durch die Vorstellung des Fingerhebens bewirkt werden soll; jetzt sieht man nicht ein, wie dasselbe durch die Vorstellung des Muskelgefühls im Finger und Unterarm bewirkt werden soll, da das Eine mit der Lage der motorischen Nervenendigungen im Gehirn so wenig etwas zu thun hat, wie das Andere; auf diese ‘kommt es aber an, wenn der richtige Erfolg eintreten soll. Was soll eine Vorstellung, die sich auf den Finger bezieht, für die Auswahl des im Gehirn vom Willen anzuregenden Punctes für einen directen Nutzen haben? Dass die Vorstellung des Muskelgefühls bisweilen, aber verhältnissmässig selten, vorhanden ist, leugne ich keineswegs; dass sie, wenn sie vorhanden ist, eine vermittelnde Uebergangsstufe zur Bewegung sein kann, leugne ich ebenso wenig, aber das leugne ich, dass für das Verständniss der gesuchten Verbindung mit dieser Einschaltung etwas gewonnen ist, — das Problem ist nach wie vor da, nur um einen Schritt verschoben. Diese Einschaltung hat übrigens um so weniger Bedeutung, als in der grössten Zahl der Fälle, wo dies Muskelgefühl vor der Bewegung überhaupt existirt, es unbewusst existirt.

Fassen wir noch einmal zusammen, was wir über das Problem wissen, dann wird die Lösung sich von selbst aufdrängen. Gegeben ist ein Wille, dessen Inhalt die bewusste Vorstellung des Fingerhebens ist; erforderlich als Mittel zur Ausführung ein Willensimpuls auf den bestimmten Punct P im Gehirn; gesucht die Möglichkeit, wie dieser Willensimpuls gerade nur den Punct P und keinen andern treffe. Eine mechanische Lösung durch Fortpflanzung der Schwingungen erschien unmöglich, die Uebung vor der Lösung des Problems ein leeres, sinnloses Wort, die Einschaltung des Muskelgefühls als bewussten causalen Zwischengliedes einseitig und nichts erklärend. Aus der Unmöglichkeit einer mechanischen materiellen Lösung folgt, dass die Zwischenglieder geistiger Natur sein müssen, aus dem entschiedenen Nichtvorhandensein genügender bewusster Zwischenglieder folgt, dass dieselben unbewusst sein müssen. Aus der Nothwendigkeit eines Willensimpulses auf den Punct P folgt.

dass der bewusste Wille, den Finger zu heben, einen unbewussten Willen, den Punct P zu erregen, erzeugt, um durch das Mittel der Erregung von P den Zweck des Fingerhebens zu erreichen; und der Inhalt dieses Willens, P zu erregen, setzt wiederum die unbewusste Vorstellung des Punctes P voraus (vgl. Cap. A. IV). Die Vorstellung des Punctes P kann aber nur in der Vorstellung seiner Lage zu den übrigen Puncten des Gehirns bestehen, und hiermit ist das Problem gelöst: „jede willkürliche Bewegung setzt die unbewusste Vorstellung der Lage der entsprechenden motorischen Nervenendigungen im Gehirn voraus." Jetzt ist auch begreiflich, wie den Thieren ihre Fertigkeit angeboren ist, es ist ihnen eben jene Kenntniss und die Kunst ihrer Anwendung angeboren, während der Mensch in Folge seines bei der Geburt noch unreifen und breiigen Gehirns erst allmählich durch längere Uebung dazu gelangt, die angeborene unbewusste Kenntniss zur sichern Fertigkeit der Innervation zu verwerthen. Jetzt ist auch verständlich, wie das Muskelgefühl bisweilen als Zwischenglied auftreten kann; es verhält sich nämlich die Erregung dieses Muskelgefühls zum Heben des Fingers auch wie Mittel zum Zweck, jedoch so, dass es der Vorstellung der Erregung des Punctes P schon eine Stufe näher steht, als die Vorstellung des Fingerhebens; es ist also ein Zwischenmittel, was eingeschoben werden kann, aber noch besser übersprungen wird.

Wir haben also als feststehendes Resultat zu betrachten, dass jede noch so geringfügige Bewegung, sei dieselbe aus bewusster oder unbewusster Intention entsprungen, die unbewusste Vorstellung der zugehörigen centralen Nervenendigungen und den unbewussten Willen der Erregung derselben voraussetzt. Hiermit sind wir zugleich über die Resultate des ersten Capitels weit hinaus gegangen. Dort (vgl. S. 59) war nur von relativ Unbewusstem die Rede; dort sollte der Leser nur an den Gedanken gewöhnt werden, dass geistige Vorgänge innerhalb seiner (als eines einheitlichen geistig-leiblichen Organismus) existiren, von denen sein Bewusstsein (d. h. sein Hirnbewusstsein) nichts ahnt; jetzt aber haben wir geistige Vorgänge angetroffen, die, wenn sie im Gehirn nicht zum Bewusstsein kommen, für die anderen Nervencentra des Organismus erst recht nicht bewusst werden können, wir haben also etwas für das ganze Individuum Unbewusstes gefunden.

III.
Das Unbewusste im Instinct.

Instinct ist zweckmässiges Handeln ohne Bewusstsein des Zwecks. — Ein zweckmässiges Handeln mit Bewusstsein des Zwecks, wo also das Handeln ein Resultat der Ueberlegung ist, wird Niemand Instinct nennen; ebenso wenig ein zweckloses blindes Handeln, wie die Wuthausbrüche rasender, oder zur Wuth gereizter Thiere. — Ich glaube nicht, dass die an die Spitze gestellte Definition von denen, die überhaupt einen Instinct annehmen, Anfechtungen zu erleiden haben dürfte; wer aber alle gewöhnlich so genannte Instincthandlungen der Thiere auf bewusste Ueberlegung derselben zurückführen zu können glaubt, der leugnet in der That jeden Instinct, und muss auch consequenterweise das Wort Instinct aus dem Wörterbuch streichen. Hiervon später.

Nehmen wir zunächst die Existenz von Instincthandlungen im Sinne der Definition an, so könnten dieselben zu erklären sein: 1) als eine blosse Folge der körperlichen Organisation, 2) als ein von der Natur eingerichteter Gehirn- oder Geistesmechanismus, 3) als eine Folge unbewusster Geistesthätigkeit. In den beiden ersten Fällen liegt die Vorstellung des Zweckes weit rückwärts, im letzten liegt sie unmittelbar vor der Handlung; in den beiden ersten wird eine ein für allemal gegebene Einrichtung als Mittel benutzt, und der Zweck nur einmal bei Herstellung dieser Einrichtung gedacht, im letzten wird der Zweck in jedem einzelnen Falle gedacht. Betrachten wir die drei Fälle der Reihe nach.

Der Instinct ist nicht blosse Folge der körperlichen Organisation, denn: a) **die Instincte sind ganz verschieden bei gleicher Körperbeschaffenheit.** Alle Spinnen haben denselben Spinnapparat, aber die eine Art baut strahlenförmige, die andere unregelmässige Netze, die dritte gar keine, sondern lebt in Höhlen, deren Wände sie überspinnt und deren Eingang sie mit einer Thür verschliesst. Zum Nestbau haben fast alle Vögel im Wesentlichen dieselbe Organisation (Schnabel und Füsse), und wie unendlich verschieden sind ihre Nester an Gestalt, Bauart, Befestigungsweise (stehend, klebend, hängend), Oertlichkeit (Höhlen, Löcher, Winkel, Zwiesel,

Sträucher, Erde) und Güte, wie verschieden oft bei den Arten einer Gattung, z. B. Parus (Meise). Manche Vögel bauen auch gar kein Nest. Die meisten Vögel mit Schwimmfüssen schwimmen, aber einige schwimmen auch nicht, z. B. Hochlandsgänse, welche selten oder nie ins Wasser gehen, oder der Fregattenvogel, der immer in der Luft schwebt, und den ausser Audubon noch niemand auf den Meeresspiegel sich hat niederlassen sehen. Ebenso wenig hängt die verschiedene Sangesweise der Vögel von Verschiedenheit der Stimmwerkzeuge, oder die eigenthümliche Bauart der Bienen und Ameisen von ihrer Körperorganisation ab; in allen diesen Fällen befähigt die Organisation nur zum Singen resp. Bauen überhaupt, hat aber mit dem Wie der Ausführung nichts zu thun. Die geschlechtliche Auswahl hat mit der Organisation ebenfalls nichts zu thun, da die Einrichtung der Geschlechtstheile für jedes Thier bei unzähligen fremden Arten ebenso gut passen würde, wie bei einem Individuum seiner eigenen Art. Die Pflege, Schutz und Erziehung der Jungen kann noch weniger von der Körperbeschaffenheit abhängig gedacht werden, ebenso wenig der Ort, wohin die Insecten ihre Eier legen, oder die Auswahl der Fischeierhaufen ihrer eigenen Gattung, auf welche die männlichen Fische ihren Samen entleeren. Das Kaninchen gräbt, der Hase nicht, bei gleichen Werkzeugen zum Graben aber er bedarf der unterirdischen Zufluchtsstätte weniger wegen seiner grösseren Schnelligkeit zur Flucht. Einige vortrefflich fliegende Vögel sind Standvögel (z. B. Gabelweihe und andere Raubvögel) und viele mittelmässige Flieger (z. B. Wachteln) machen die grössten Wanderzüge.

b) **Bei verschiedener Organisation kommen dieselben Instincte vor.** Auf den Bäumen leben Vögel mit und ohne Kletterfüsse, Affen mit und ohne Wickelschwanz, Eichhörnchen, Faulthier, Puma u. s. w. Die Maulwurfsgrille gräbt mit ihren ausgesprochenen Grabscheiten an den Vorderfüssen, der Todtengräberkäfer gräbt ohne irgend eine Vorrichtung dazu. Der Hamster trägt mit seinen 3" langen und 1½" breiten Backentaschen Wintervorräthe ein, die Feldmaus thut dasselbe ohne besondere Einrichtung. Im Wasser leben ebensowohl Vögel mit als ohne Schwimmfüsse; wenigstens sind Lappentaucher (Podiceps) und Wasserhühner (Fulica) ausgezeichnete Wasservögel, obgleich ihre Zehen nur mit einer Schwimmhaut gesäumt sind. Die Vögel mit lang entwickeltem Tarsus und langen unverbundenen Zehen sind meistens Sumpfvögel, aber bei demselben Fussbau ist das Rohrhuhn (Ortygometra) fast eben so sehr

Wasservogel als das Wasserhuhn, und die Landralle (Crex) fast eben so sehr Landvogel als die Wachtel oder das Feldhuhn. Der Wandertrieb spricht sich in Thieren der verschiedensten Ordnungen mit gleicher Stärke aus, mit welchen Mitteln dieselben auch zu Wasser, zu Lande, oder zu Luft ihre Wanderschaft antreten.

Man wird hiernach anerkennen müssen, dass der Instinct in hohem Maasse von der körperlichen Organisation unabhängig ist. Dass ein gewisses Maass von körperlicher Organisation *conditio sine qua non* der Ausführung ist, versteht sich von selbst, denn z. B. ohne Geschlechtstheile ist keine Begattung möglich, ohne gewisse geschickte Organe kein künstlicher Bau, ohne Spinndrüsen keine Spinnen; aber trotzdem wird man nicht sagen können, dass die Organisation die Ursache des Instincts sei. Im blossen Vorhandensein des Organs liegt noch nicht das geringste Motiv für Ausübung einer entsprechenden Thätigkeit, dazu muss mindestens noch ein Wohlgefühl beim Gebrauch des Organs treten, erst dieses kann dann als Motiv zur Thätigkeit wirken. Aber auch dann, wenn das Wohlgefühl den Impuls zur Thätigkeit giebt, ist durch die Organisation nur das Dass, nicht das Wie dieser Thätigkeit bestimmt; das Wie der Thätigkeit enthält aber gerade das zu lösende Problem. Kein Mensch würde es Instinct nennen, wenn die Spinne den Saft aus ihrer überfüllten Spinndrüse auslaufen liesse, um sich das Wohlgefühl der Entleerung zu verschaffen, oder der Fisch aus demselben Grunde seinen Samen einfach in's Wasser entleerte; der Instinct und das Wunderbare fängt erst damit an, dass die Spinne Fäden spinnt, und aus den Fäden ein Netz, und dass der Fisch seinen Samen nur über den Eiern seiner Gattung entleert. Endlich ist das Wohlgefühl im Gebrauch der Organe ein ganz unzureichendes Motiv für die Thätigkeit selbst; denn das ist gerade das Grosse und Achtungeinflössende am Instinct, dass seine Gebote mit Hintenansetzung alles persönlichen Wohlseins, ja mit Aufopferung des Lebens erfüllt werden. Wäre bloss das Wohlgefühl der Entleerung der Spinndrüse das Motiv, warum die Raupe überhaupt spinnt, so würde sie nur so lange spinnen, als bis ihr Drüsenbehälter entleert ist, aber nicht das immer wieder zerstörte Gespinnst immer wieder ausbessern, bis sie vor Erschöpfung stirbt. Ebenso ist es mit allen anderen Instincten, die scheinbar durch eigenes Wohlgefühl motivirt sind; sobald man die Umstände so einrichtet, dass an Stelle des individuellen Wohls das individuelle Opfer tritt, zeigt sich unverkennbar ihre höhere Abstammung. So z. B. meint man, dass die Vögel sich begatten um des geschlechtlichen

Genusses willen; warum wiederholen sie dann aber die Begattung nicht mehr, wenn die gehörige Anzahl Eier gelegt ist? Der Geschlechtstrieb besteht ja fort, denn so wie man ein Ei aus dem Nest herausnimmt, begatten sie sich von Neuem und das Weibchen legt ein Ei hinzu, oder wenn sie zu den klügeren Vögeln gehören, verlassen sie das Nest und machen eine neue Brut. Ein Weibchen von *ignex torquilla* (Wendehals), dem man das nachgelegte Ei stets wieder aus dem Neste nahm, legte immer wieder von Neuem begattet ein Ei zu, von denen jedes folgende immer kleiner wurde, bis man beim neunundzwanzigsten Ei den Vogel todt auf dem Neste liegen fand. Wenn ein Instinct die Probe eines auferlegten Opfers an individuellem Wohlsein nicht aushält, wenn er wirklich bloss aus dem Bestreben nach körperlicher Lust hervorgeht, dann ist es kein Instinct und nur irrthümlich kann er dafür gehalten werden. —

Der Instinct ist nicht ein von der Natur eingepflanzter Gehirn- oder Geistesmechanismus, so dass die Instincthandlung ohne eigene (wenn auch unbewusste) individuelle Geistesthätigkeit und ohne Vorstellung des Zweckes der Handlung maschinenmässig vollzogen würde, indem der Zweck ein für allemal von der Natur oder einer Vorsehung gedacht wäre und diese nun das Individuum psychisch so organisirt hätte, dass er nur mechanisch das Mittel ausführte. Es handelt sich also hier um eine psychische Organisation, wie vorher um eine physische, als Ursache des Instincts. Diese Erklärung wäre ohne weiteres annehmbar, wenn jeder Instinct, der einmal zu dem Thiere gehört, unaufhörlich functionirte; aber das thut keiner, sondern jeder wartet, bis ein Motiv an die Wahrnehmung herantritt, welches für uns bedeutet, dass die geeigneten äussern Umstände eingetreten sind, welche die Erreichung des Zweckes durch dieses Mittel, das der Instinct will, gerade jetzt möglich machen; dann erst functionirt der Instinct als actueller Wille, welchem die Handlung auf dem Fusse folgt; ehe das Motiv eintritt, bleibt der Instinct also gleichsam latent und functionirt nicht. Das Motiv tritt in Form der sinnlichen Vorstellung im Geiste auf, und die Verbindung ist constant zwischen dem functionirenden Instinct und allen sinnlichen Vorstellungen, welche anzeigen, dass die Gelegenheit zur Erreichung des Zweckes des Instincts gekommen sei. In dieser constanten Verbindung wäre mithin der psychische Mechanismus zu suchen. Es wäre also hier wieder gleichsam eine Claviatur zu denken; die angeschlagenen Tasten wären die Motive, und die erklingenden Töne die functionirenden Instincte. Das könnte man sich noch allenfalls gefallen lassen, wenn auch das Wunderliche stattfindet, dass ganz verschiedene Tasten denselben Ton geben, — wenn nur die Instincte wirklich **bestimmten** Tönen vergleichbar wären, d. h. ein und derselbe Instinct auf die ihm zugehörigen Motive auch wirklich immer auf dieselbe Weise functionirte. Dies ist aber eben nicht der Fall, sondern nur der unbewusste **Zweck** des Instincts ist das Constante, der Instinct selbst aber als der Wille zum **Mittel** variirt eben so, wie das zweckmässig anzuwendende Mittel nach den äusseren Umständen variirt. Hiermit ist der Annahme das Urtheil gesprochen, welche die unbewusste Vorstellung des Zwecks in jedem einzelnen Falle verwirft; denn wollte man nun noch die Vorstellung des Geistesmechanismus festhalten, so müsste für jede Variation und Modification des Instincts nach den äusseren Umständen eine besondere constante Vorrichtung, eine neue Taste mit einem Ton von anderer Klangfarbe eingefügt sein, wodurch der Mechanismus in eine geradezu unendliche Complication gerathen würde. Dass aber bei aller Variation in den vom Instinct gewählten Mitteln der Zweck constant ist, das sollte doch schon ein genügend deutlicher Fingerzeig sein, dass man eine so unendliche Complication des Geistes gar nicht braucht, sondern statt dessen bloss einfach die unbewusste Zweckvorstellung anzunehmen braucht.

So ist z. B. der constante Zweck für den Vogel, der Eier gelegt hat, die Küchlein zur Reife zu bringen; bei einer hierzu nicht genügenden äusseren Temperatur bebrütet er sie deshalb, nur in den wärmsten Ländern der Welt unterbleibt das Brüten, weil das Thier den Instinctzweck ohne sein Zuthun erfüllt sieht; in warmen Ländern brüten viele Vögel nur bei Nacht. Auch wenn zufällig bei uns kleine Vögel in warmen Treibhäusern genistet haben, so sitzen sie wenig oder gar nicht auf den Eiern. Wie abstossend ist hier nicht die Annahme eines Mechanismus, der den Vogel zum Brüten zwingt, sobald die Temperatur unter einen gewissen Grad sinkt, wie einfach und klar die Annahme des unbewussten Zwecks, der zum Wollen des geeigneten Mittels nöthigt, von welchem Process aber nur das Endglied, als unmittelbar dem Handeln vorausgehender Wille, in's Bewusstsein fällt. — Im südlichen Afrika umzäunt der Sperling sein Nest zum Schutz gegen Schlangen und Affen mit Dornen. — Die Eier, die der Kukuk legt, gleichen an Grösse, Farbe und Zeichnung immer den Eiern des Nestes, wohinein er legt; z. B. bei *sylvia rufa* weiss mit violetten Tüpfeln, *sylvia hippolais* rosa mit schwarzen Tüpfeln, *regulus ignicapellus* rothgewölkt, und immer ist das Kukuksei so täuschend ähnlich, dass es fast nur an der Structur der Schale unterschieden werden kann. Dabei zählt Brehm einige fünfzig Vogelarten auf, in deren Nestern Kukukseier constatirt worden sind (Illustrirtes Thierleben Bd. IV. S. 197). Nur durch Versehen, wenn ein Kukuk sich vom Ablegen überrascht findet, wird ein Ei auch einmal in ein falsches Nest gelegt, so wie auch gelegentlich eins auf der Erde verkümmert, wenn die Mutter nicht zu rechter Zeit ein geeignetes Nest hat ausfindig machen können. — Huber brachte es durch besondere Einrichtungen dahin, dass die Bienen ihre instinctmässige Bauart von oben nach unten nicht ausführen konnten, worauf sie von unten nach oben oder auch horizontal bauten. Wo die äussersten Zellen von der Decke des Korbes ausgehen, oder an die Wandung anstossen, sind es nicht sechsseitige, sondern zu dauerhafterer Befestigung fünfseitige Prismen, welche mit der einen Basis angeklebt sind. Im Herbst verlängern die Bienen die vorhandenen Honigzellen, wenn nicht genug da sind; im Frühjahr verkürzen sie sie wieder, um zwischen den Waben breitere Gänge zu gewinnen. Wenn die Waben von Honig zu schwer geworden sind, so ersetzen sie die Wachswände der obersten (tragenden) Zellen durch dickere, aus Wachs und Propolis gebildete. Bringt man Arbeitsbienen in die für Drohnen bestimmten Zellen, so bringen die Arbeiterinnen hier die entsprechenden flachen Deckel statt der den Drohnen zukommenden runden an. Im Herbste tödten sie regelmässig die Drohnen, nicht aber dann, wenn sie die Königin verloren haben, damit dieselben die aus den Arbeiterinnenlarven aufzuziehende junge Königin befruchten. Gegen Räubereien von Sphinxen bemerkte Huber, dass sie ihnen den Eingang durch künstliche Bauwerke von Wachs und Propolis versperren. Propolis tragen sie nur dann ein, wenn sie welchen zum Ausbessern oder zu besonderen Zwecken brauchen. Auch Spinnen und Raupen zeigen eine merkwürdige Geschicklichkeit in dem Ausbessern ihrer zerstörten Gewebe, was doch eine entschieden andere Thätigkeit ist, als die Neuanfertigung eines Gespinnstes.

Die angeführten Beispiele, welche sich in's Unzählige vermehren liessen, beweisen zur Genüge, dass die Instincte nicht nach festen Schematen maschinenmässig abgehaspelte Thätigkeiten sind, sondern dass sie sich vielmehr den Verhältnissen auf das Innigste anschmiegen und so grosser Modificationen und Variationen fähig sind, dass sie bisweilen in ihr Gegentheil umzuschlagen scheinen. Mancher wird diese Modification der bewussten Ueberlegung der Thiere zuschreiben wollen, und gewiss ist bei geistig höher stehenden Thieren in den meisten Fällen eine Combination von Instinctthätigkeit und bewusster Ueberlegung nicht zu leugnen; indessen glaube ich, dass die angeführten Beispiele zur Genüge beweisen, dass es auch viele Fälle giebt, wo ohne jede Complication mit der bewussten Ueberlegung die gewöhnliche und aussergewöhnliche Handlung aus derselben Quelle stammen, dass sie entweder beide wirklicher Instinct, oder beide Resultate bewusster Ueberlegung sind. Oder sollte es wirklich etwas anderes sein, was die Biene in der Mitte sechsseitige, am Rande fünfseitige Prismen bauen heisst, was den Vogel unter diesen Umständen die Eier bebrüten, unter jenen sie nicht bebrüten lässt, was die Bienen dazu bringt, bald ihre Brüder unbarmherzig zu ermorden, bald ihnen das Leben zu schenken, was die Vögel den Nestbau ihrer Species und die besonderen Vorkehrungen lehrt, was die Spinne ihr Netz weben und das beschädigte ausbessern lässt? Wenn man dies zugiebt, dass die Modificationen des Instincts mit seiner gewöhnlichsten Grundform, die oft gar nicht zu bestimmen sein möchte, aus Einer Quelle stammen, dann findet der Einwand in Betreff der bewussten Ueberlegung seine Erledigung später von selbst, da wo derselbe gegen den Instinct überhaupt gerichtet ist. Eine Bemerkung aus späteren Capiteln andeutend vorwegzunehmen, dürfte hier nicht unangemessen scheinen, dass nämlich Instinct und organische Bildungsthätigkeit ein und dasselbe Princip enthalten, nur in Bethätigung unter verschiedenen Umständen, und dass beide ohne jede Grenze fliessend in einander übergehen. Hieraus geht ebenfalls eclatant hervor, dass der Instinct nicht auf der Organisation des Leibes oder des Gehirns beruhen kann, da man viel richtiger sagen kann, dass die Organisation durch eine Bethätigung des Instincts entstehe. Dies nur beiläufig. —

Dagegen haben wir nunmehr unseren Blick noch einmal schärfer auf den Begriff eines psychischen Mechanismus zu richten, und da zeigt sich, dass derselbe, abgesehen davon, wie viel er erklärt, so dunkel ist, dass man sich kaum etwas dabei denken kann. Das Motiv tritt in Gestalt einer bewussten sinnlichen Vorstellung in der Seele auf, dies ist das Anfangsglied des Processes; das Endglied tritt als bewusster Wille zu irgend einer Handlung auf; beide sind aber ganz ungleichartig und haben mit der gewöhnlichen Motivation nichts zu thun, welche ausschliesslich darin besteht, dass die Vorstellung einer Lust oder Unlust das Begehren erzeugt, erstere zu erlangen, letztere sich fern zu halten. Beim Instinct tritt wohl meistens die Lust als begleitende Erscheinung auf, wenn sie auch, wie wir schon oben gesehen haben, durchaus nicht erforderlich ist, sondern die ganze Macht und Grösse sich erst in der **Aufopferung** des Individuums zeigt; aber das eigentliche Problem liegt hier weit tiefer; denn jede **Vorstellung** einer Lust setzt voraus, dass man diese Lust schon **erfahren** hat; daraus folgt aber wieder, dass in dem früheren Falle ein Wille vorhanden war, in dessen Befriedigung die Lust bestand, und woher der Wille kommt, ehe die Lust gekannt ist, und ohne dass wie beim Hunger ein körperlicher Schmerz dringende Abhülfe fordert, das ist eben die Frage, da man an jedem einsam aufwachsenden Thiere sehen kann, dass die instinctiven Triebe sich einfinden, ehe es die Lust ihrer Befriedigung kennen lernen konnte. Es muss folglich beim Instinct eine causale Verbindung zwischen der motivirenden sinnlichen Vorstellung und dem Willen zur Instincthandlung geben, mit welcher die Lust der später folgenden Befriedigung nichts zu thun hat. Diese causale Verbindung fällt erfahrungsmässig, wie wir von unsern menschlichen Instincten wissen, nicht in's Bewusstsein; folglich kann dieselbe, wenn sie ein Mechanismus sein soll, nur entweder eine nicht in's Bewusstsein fallende mechanische Leitung und Umwandlung der Schwingungen des vorgestellten Motivs in die Schwingungen der gewollten Handlung im **Gehirn**, oder ein unbewusster **geistiger** Mechanismus sein. Im ersten Fall wäre es sehr wunderbar, dass dieser Vorgang unbewusst bliebe, da doch der Process so mächtig ist, dass der aus ihm resultirende Wille jede andere Rücksicht, jeden anderen Willen überwindet, und derartige Schwingungen im Gehirn immer bewusst werden; auch ist es schwer, sich davon eine Vorstellung zu machen, wie diese Umwandlung in der Weise vor sich gehen soll, dass der ein für allemal festgestellte Zweck unter variabeln Umständen durch den resultirenden Willen in variirender Weise erreicht werden soll. Nimmt man aber den andern Fall, einen unbewussten Geistesmechanismus, an, so kann man sich den in demselben vorgehenden Process doch nicht füglich in anderer Form denken, als in der für den Geist allgemein gültigen der Vorstellung und des Willens. Man hat sich also zwischen dem bewussten Motiv und dem Willen zur Instincthandlung eine causale Verbindung durch unbewusstes Vorstellen und Wollen zu denken, und ich weiss nicht, wie diese Verbindung **einfacher** gedacht werden könnte, als durch den vorgestellten und gewollten **Zweck**. Damit sind wir aber bei dem allem Geiste eigenthümlichen und immanenten Mechanismus der **Logik** angelangt, und haben die **unbewusste Zweckvorstellung bei jeder einzelnen Instincthandlung** als unentbehrliches Glied gefunden; hiermit hat also der Begriff des todten, äusserlich prädestinirten Geistesmechanismus sich selbst aufgehoben und in das immanente Geistesleben der Logik umgewandelt, und wir sind bei der letzten Möglichkeit angekommen, welche für die Auffassung eines wirklichen Instinctes übrig bleibt: **der Instinct ist bewusstes Wollen des Mittels zu einem unbewusst gewollten Zweck.** Diese Auffassung erklärt ungezwungen und einfach alle Probleme, welche der Instinct darbietet, oder richtiger, indem sie das wahre Wesen des Instincts ausspricht, verschwindet alles Problematische daran. In einem allein stehenden Aufsatz über den Instinct würde vielleicht der unserem gebildeten Publicum noch ungewohnte Begriff der unbewussten Geistesthätigkeit Anstoss erregen; aber hier, wo jedes Capitel neue Thatsachen häuft, welche die Existenz dieser unbewussten Geistesthätigkeit und ihre hervorragende Bedeutung beweisen, muss jedes Bedenken vor der Ungewohnheit dieses Gedankens schwinden.

Wenn ich die Auffassung mit Entschiedenheit zurückweisen musste, dass der Instinct das blosse Functioniren eines ein für allemal hergerichteten Mechanismus sei, so will ich doch keineswegs damit ausgeschlossen haben, dass in der Constitution des Hirns, der Ganglien und des ganzen Körpers sowohl hinsichtlich der morphologischen als der molecular-physiologischen Beschaffenheit **Prädispositionen** niedergelegt sein können, welche die unbewusste Vermittelung zwischen Motiv und Instincthandlung **leichter und bequemer in die eine Bahn als in eine andere** lenken. Diese Prädisposition ist dann entweder ein Werk der sich tiefer und tiefer eingrabenden und zuletzt unvertilgbare Spuren hinterlassenden Gewohnheit, sei es im einzelnen Individuum, sei es in einer Reihe von Generationen durch Vererbung, oder sie ist ausdrücklich vom unbewussten Bildungstrieb hervorgerufen, um das Handeln nach einer bestimmten Richtung zu erleichtern. Letzterer Fall wird mehr auf die äussere Organisation Anwendung finden (z. B. die Waffen und die Arbeitsinstrumente der Thiere), ersterer mehr auf die moleculare Beschaffenheit von Hirn und Ganglien, namentlich in Bezug auf die immer wiederkehrenden Grundformen der Instincte (z. B. die sechsseitige Gestalt der Bienenzelle). Wir werden später (Cap. B. IV.) sehen, dass man die Summe der individuellen Reactionsmodi auf alle möglichen Arten von Motiven den individuellen Charakter nennt, und (Cap. C. XI. 2) dass dieser Charakter wesentlich auf einer — zum kleineren Theil individuell durch Gewohnheit erworbenen, zum grösseren Theil ererbten — Hirn- und Körperconstitution beruht; da es sich nun auch beim Instinct um den Reactionsmodus auf gewisse Motive handelt, so wird man auch hier von Charakter sprechen können, wenn gleich es sich hier nicht sowohl um den Individual-, als um den Gattungscharakter handelt, also im Charakter hinsichtlich des Instincts nicht das zur Sprache kommt, wodurch ein Individuum sich vom andern, sondern wodurch eine Thiergattung sich von der andern unterscheidet. Will man nun eine solche Prädisposition des Hirns und Körpers für gewisse Bethätigungsrichtungen einen Mechanismus nennen, so kann man das in gewissem Sinne gelten lassen, doch ist dabei zu bemerken 1) dass alle Abweichungen von den gewöhnlichen Grundformen des Instincts, insofern sie nicht bewusster Ueberlegung zugeschrieben werden können, in diesem Mechanismus nicht prädisponirt sind, 2) dass die Vererbung nur möglich ist unter beständiger Leitung der embryonalen Entwickelung durch die zweckmässige unbewusste Bildungsthätigkeit (allerdings wieder beeinflusst durch die im Keim gegebenen Prädispositionen); 3) dass die Eingrabung der Prädisposition in demjenigen Individuum, von welchem die Vererbung ausgeht, nur durch lange Gewohnheit an die nämliche Handlungsweise stattfinden konnte, also der Instinct ohne Hülfsmechanismus die Ursache der Entstehung des Hülfsmechanismus ist; 4) dass alle nur selten oder gar bloss ein Mal in jedem Individuum vorkommenden Instincthandlungen (z. B. die auf die Fortpflanzung und Metamorphose bezüglichen der niederen Thiere und alle solche instinctiven Unterlassungen, bei denen Zuwiderhandlungen stets den Tod zur Folge haben) nicht füglich durch Gewohnheit sich eingraben können, sondern eine etwaige für dieselbe prädisponirende Ganglienconstitution nur durch zweckthätiges Bilden herbeigeführt werden könnte; 5) dass auch der fertige Hülfsmechanismus das Unbewusste nicht etwa zu dieser bestimmten Instincthandlung necessitirt, sondern bloss prädisponirt, wie die möglichen Abweichungen von der Grundform zeigen, so dass der unbewusste Zweck stets stärker bleibt als die Ganglienprädisposition, und nur Veranlassung findet, unter gleich nahe liegenden Mitteln das der Constitution nach nächstliegendste und bequemste zu wählen. —

Wir treten jetzt der bis zuletzt aufgesparten Frage näher: „giebt es einen wirklichen Instinct, oder sind die sogenannten Instincthandlungen nur Resultate bewusster Ueberlegung?" Was zu Gunsten der letzteren Annahme angeführt werden könnte, ist die bekannte Erfahrung, dass, je beschränkter der Gesichtskreis der bewussten Geistesfähigkeiten eines Wesens ist, desto schärfer im Verhältniss zur Grösse der Gesammtcapacität die Leistungsfähigkeit in der einseitig beschränkten Richtung zu sein pflege. Diese an Menschen viel bestätigte und gewiss auch auf Thiere anwendbare Erfahrung findet ihre Erklärung darin, dass die Höhe der Leistung nur zum Theil von der Geistesanlage, zum andern Theil aber von der Uebung und Ausbildung der Anlage nach dieser bestimmten Richtung hin abhängig ist. So ist z. B. ein Philologe ungeschickt in juristischen Denkprocessen, ein Naturforscher oder Mathematiker in philologischen, ein abstracter Philosoph in poetischen Erfindungen, ganz abgesehen vom speciellen Talent, nur in Folge der einseitigen Geistesbildung und Uebung. Je einseitiger nun die Richtung ist, in der die Geistesthätigkeit eines Wesens sich bewegt, desto mehr wird die ganze dem Geiste zu Theil werdende Ausbildung und Uebung nach dieser einen Seite hin concentrirt, folglich ist es kein Wunder, dass die schliesslichen Leistungen in dieser Richtung im Verhältniss zur Gesammtanlage durch die Verengung des Gesichtskreises erhöht werden. Wenn man aber diese Erscheinung zur Erklärung von Instincthandlungen benutzen will, so darf man die Einschränkung: „im Verhältniss zur Gesammtanlage" nicht unberücksichtigt lassen. Da indessen die Gesammtanlage bei den niederen Thieren immer mehr sinkt, die Instinctleistungen aber sich in ihrer Vollkommenheit auf allen Stufen des Thierreichs ziemlich gleich bleiben, während diejenigen Leistungen, welche unbestritten aus bewusster Ueberlegung hervorgehen, augenscheinlich mit der Geistesfähigkeit proportional gehen, so scheint schon hieraus hervorzugehen, dass wir es im Instinct mit einem andern Princip als dem bewussten Verstande zu thun haben. Ferner sehen wir, dass die Leistungen des bewussten Verstandes der Thiere in der That der Art nach mit den unserigen ganz gleich stehen, dass sie durch Lehre und Unterricht erworben, und durch Uebung vervollkommnet werden; auch bei den Thieren heisst es, der Verstand kommt erst mit den Jahren; dagegen ist den Instincthandlungen gerade das eigenthümlich, dass sie von einsam aufwachsenden Thieren gerade ebenso vollkommen vollzogen werden, als von solchen, die den Unterricht ihrer Eltern genossen haben, und dass das erste Mal vor jeder Erfahrung und Uebung gerade so gut gelingt, wie die späteren

Male. Auch hierbei ist die Verschiedenheit des Princips unverkennbar. Alsdann lehrt die Erfahrung: je bornirter und schwächer ein Verstand ist, desto langsamer lösen sich in ihm die Vorstellungen ab, d. h. desto langsamer und schwerfälliger ist sein bewusstes Denken; dies bestätigt sich sowohl bei Menschen von verschiedener Fassungskraft, als auch bei Thieren, insoweit eben der Instinct nicht ins Spiel kommt. Der Instinct aber hat gerade das Eigenthümliche, dass er niemals zaudert und schwankt, sondern momentan eintritt, wenn das Motiv für sein Wirken ins Bewusstsein tritt. Diese Rapidität des Entschlusses bei Instincthandlungen ist beim niedrigsten und beim höchsten Thiere gleich; auch dieser Umstand weist auf eine Verschiedenheit des Princips im Instinct und in der bewussten Ueberlegung hin.

Was endlich die Höhe der Leistungen selbst betrifft, so lehrt ein kurzer Hinblick unmittelbar das Missverhältniss zwischen ihr und der Stufe der geistigen Entwickelung. Man betrachte die Raupe des Nachtpfauenauges (*Saturnia pavonia minor*): sie frisst die Blätter auf dem Gesträuch, wo sie ausgekrochen, geht höchstens bei Regen auf die Unterseite des Blattes und wechselt von Zeit zu Zeit ihre Haut, — das ist ihr ganzes Leben, welches wohl keine, auch nicht die einseitigste Verstandesbildung erwarten lässt. Nun aber spinnt sie sich zur Verpuppung ein und baut sich aus steifen, mit den Spitzen zusammentreffenden Borsten ein doppeltes Gewölbe, das von innen sehr leicht zu öffnen ist, nach aussen aber jedem Versuch, einzudringen, genügenden Widerstand entgegensetzt. Wäre diese Vorrichtung ein Resultat ihres bewussten Verstandes, so bedürfte es folgender Ueberlegung: „ich werde in Puppenzustand gerathen, und unbeweglich, wie ich bin, jedem Angriff ausgesetzt sein; darum werde ich mich einspinnen. Da ich aber als Schmetterling nicht im Stande sein werde, mir aus dem Gespinnst, weder durch mechanische noch durch chemische Mittel (wie manche andere Raupen) einen Ausgang zu bahnen, so muss ich mir einen solchen offen lassen; damit aber diesen meine Verfolger nicht benutzen, so werde ich ihn durch federnde Borsten verschliessen, die ich wohl von innen leicht auseinander biegen kann, die aber gegen aussen nach der Theorie des Gewölbes Widerstand leisten." Das ist doch wirklich von der armen Raupe zuviel verlangt! Und doch ist jedes dieser Argumente unentbehrlich, wenn das Resultat richtig herauskommen soll.

Es könnte diese theoretische Unterscheidung des Instincts von der bewussten Verstandesthätigkeit von den Gegnern meiner Auffassungsweise leicht dahin missdeutet werden, als ob aus ihr auch für die Praxis zwischen beiden eine trennende Kluft aufgethan würde. Letzteres ist aber keineswegs meine Meinung; im Gegentheil habe ich schon weiter oben auf die Möglichkeit hingewiesen, dass beide Arten der Seelenthätigkeit sich in verschiedenen Maassverhältnissen combiniren, so dass durch diese graduell verschiedenen Mischungen ein ganz allmähliger Uebergang vom reinen Instinct zur reinen bewussten Ueberlegung stattfindet. Wir werden aber später (Cap. B. VII.) sogar sehen, dass selbst in der höchsten und abstractesten Verstandesthätigkeit des menschlichen Bewusstseins gewisse Momente von der grössten Wichtigkeit sind, welche in ihrem Wesen ganz mit dem des Instincts übereinstimmen.

Andrerseits aber greifen auch die wunderbarsten Leistungen des Instincts nicht nur (wie wir in Cap. C. IV. sehen werden) in das Pflanzenreich, sondern auch in jene niedrigsten Organismen von einfachstem, zum Theil einzelligem Körperbau hinunter, die an bewusstem Verstande jedenfalls weit unter den höheren Pflanzen stehen, denen ja doch gewöhnlich ein solcher ganz abgesprochen wird. Wenn wir an solchen mikroskopischen einzelligen Organismen, für welche alle Unterscheidungsversuche zwischen thierischer und pflanzlicher Natur falsch gestellte Fragen sind, noch ein instinctiv-zweckmässiges Gebahren bewundern müssen, das über bloss reflectorische Reizbewegungen weit hinausgeht, dann muss wohl jeder Zweifel verstummen, ob wirklich ein Instinct existirt, für welchen jeder Versuch einer Ableitung aus bewusster Verstandesthätigkeit von vornherein als hoffnungslos erscheint. Ich führe ein Beispiel an, das so erstaunlich ist, wie kaum irgend eine bisher erkannte Erscheinung, weil die Aufgabe darin gelöst wird, mit unglaublich einfachen Mitteln verschiedene Zwecke zu erfüllen, denen bei höheren Thieren das complicirte System der Bewegungsorgane dient.

Arcella vulgaris ist ein Protoplasmaklümpchen in einer concav-convexen, braunen fein gegitterten Schale, aus dessen concaver Seite es durch eine kreisförmige Oeffnung durch Fortsätze (Scheinfüsse) hervorragt. Beobachtet man durch das Mikroskop einen Wassertropfen mit lebenden Arcellen, so sieht man, dass ein Exemplar, welches am Boden des Wassertropfens zufällig auf dem Rücken liegt, ein bis zwei Minuten lang vergebliche Anstrengungen macht, mit seinen Scheinfüssen einen festen Punct zu ergreifen; dann aber erscheinen plötzlich meist 2—5, bisweilen auch mehr dunkle Puncte im Protoplasma in geringer Entfernung von der Peripherie und meist

Das Unbewusste im Instinct.

in regelmässigen Abständen von einander, und vergrössern sich schnell zu deutlichen kugligen Luftbläschen, welche zuletzt einen ansehnlichen Theil des Hohlraums der Schale füllen, und dadurch einen Theil des Protoplasma's nach aussen hinausdrängen. Zahl und Grösse der einzelnen Bläschen stehen im umgekehrten Verhältniss. Nach 5—20 Minuten ist das specifische Gewicht der Arcella so weit ermässigt, dass das Thierchen vom Wasser gehoben mit seinen Scheinfüssen gegen die obere Fläche des Tropfens geführt wird, an der es nun fortspaziert. Alsdann verschwinden die Bläschen nach 5—10 Minuten, das letzte Pünctchen gleichsam ruckweise. Kam aber die Arcella in Folge einer zufälligen Drehung mit der Rückseite nach oben an der Oberfläche des Tropfens an, so wachsen die Blasen noch weiter, aber nur auf einer Seite, und werden auf der andern Seite kleiner; in Folge dessen nimmt die Schale eine immer schiefer werdende und zuletzt verticale Stellung an, bis endlich einer der Fortsätze Fuss fasst, und das Ganze umschlägt. Von dem Augenblick an, wo das Thier Fuss gefasst hat, werden die Blasen sofort kleiner und kann nach ihrem Verschwinden der Versuch beliebig oft wiederholt werden. Die Stellen des Protoplasma's, welche die Bläschen bilden, wechseln beständig; nur das körnerfreie Protoplasma der Scheinfüsse entwickelt keine Luft. Bei längerer vergeblicher Anstrengung stellt sich eine sichtliche Ermüdung ein; das Thier giebt den Versuch vorläufig auf, und nimmt ihn nach einer Pause der Erholung von Neuem auf. Engelmann, der Entdecker dieser Erscheinung, sagt (Pflüger's Archiv für Physiologie Bd. II.): „Die Volumänderungen finden meist bei allen Luftblasen desselben Thieres gleichzeitig in gleichem Sinne und in gleichem Maasse statt. Es kommen aber nicht wenig Ausnahmen vor. Häufig wachsen oder verkleinern sich einige viel schneller als die andern. Es kann selbst geschehen, dass eine Luftblase kleiner wird, während eine andere zunimmt. Alle diese Aenderungen sind durchgehends vollkommen zweckmässig. Das Entstehen und Wachsen der Luftblasen bezweckt, das Thier in eine solche Lage zu bringen, dass es sich mittelst seiner Pseudopodien festhalten kann. Ist dieser Zweck erreicht, dann verschwindet die Luft, ohne dass man im Stande ist, einen andern Grund für dieses Verschwinden zu entdecken . . . . Man kann, wenn man auf diese Umstände achtet, mit beinahe vollkommener Sicherheit voraussagen, ob eine Arcelle Luft entwickeln wird oder nicht, und falls schon Gasblasen vorhanden sind, ob diese wachsen oder sich verkleinern werden . . . . Die Arcellen besitzen in dem Vermögen, ihr specifisches Gewicht zu ändern, ein ausgezeichnetes Hülfsmittel, um an die Oberfläche des Wassers zu steigen oder sich auf den Grund niederzulassen. Sie machen von diesem Mittel nicht nur unter den abnormen Umständen, unter welchen sie sich während der mikroskopischen Untersuchung befinden, sondern auch unter normalen Umständen Gebrauch. Dies folgt daraus, dass man an der Oberfläche des Wassers, worin sie leben, immer einzelne Exemplare findet, die Luftblasen enthalten." —

Für wen alles Bisherige nicht entscheidend sein sollte, um die Erklärung der Instincte aus bewusster Ueberlegung zu verwerfen, der wird dem nunmehr folgenden, für die ganze Auffassung des Instincts höchst wichtigen Zeugniss der Thatsachen unbedingte Beweiskraft einräumen müssen. So viel nämlich ist doch sicher, dass die Ueberlegung des bewussten Verstandes nur solche Data in Berechnung ziehen kann, die dem Bewusstsein gegeben sind; wenn man also bestimmt nachweisen kann, dass Data, welche für das Resultat unentbehrlich sind, dem Bewusstsein unmöglich bekannt sein können, so ist damit bewiesen, dass dies Resultat nicht aus der bewussten Ueberlegung hervorgegangen sein kann. Der einzige Weg, auf welchem nach der gewöhnlichen Annahme das Bewusstsein die Kenntniss äusserer Thatsachen erlangen kann, ist die sinnliche Wahrnehmung; wir haben also zu zeigen, dass für das Resultat unentbehrliche Kenntnisse unmöglich durch sinnliche Wahrnehmung erworben sein können. Dieser Beweis ist dadurch zu führen: erstens, dass die betreffenden Thatsachen in der Zukunft liegen, und in den gegenwärtigen Verhältnissen alle Anhaltepuncte fehlen, um ihr zukünftiges Eintreten aus denselben zu erschliessen, zweitens, dass die betreffenden Thatsachen zwar in der Gegenwart, aber augenscheinlich dem bewussten Verständniss dadurch verschlossen liegen, dass nur die Erfahrung früherer Fälle über die Deutung der durch die sinnliche Wahrnehmung gegebenen Anhaltpuncte belehren kann, und diese Erfahrung laut der Beobachtung ausgeschlossen ist. Es würde für unsere Interessen keinen Unterschied machen, wenn, was ich für wahrscheinlich halte, bei fortschreitender physiologischer Erkenntniss alle jetzt für den ersten Fall anzuführenden Beispiele sich als solche des zweiten Falls ausweisen sollten, wie dies unleugbar bei vielen früher gebrauchten Beispielen schon geschehen ist; denn ein apriorisches Wissen ohne jeden sinnlichen Anstoss ist wohl kaum wunderbarer zu nennen, als ein Wissen, welches zwar bei Gelegenheit gewisser sinnlicher Wahrnehmungen zu Tage tritt, aber mit diesen nur durch eine solche Kette von Schlüssen und angewandten Kenntnissen in Verbindung stehend gedacht werden könnte, dass deren Möglichkeit bei dem Zustande der Fähigkeiten und Bildung der betreffenden Thiere entschieden geleugnet werden muss. — Ein Beispiel des ersten Falls bietet der Instinct der Hirschhornkäferlarve, sich Behufs der Verpuppung eine passende Höhle zu graben. Die weibliche Larve gräbt die Höhle so gross wie sie selbst ist; die männliche aber bei gleicher Leibesgrösse noch einmal so gross, weil das ihr wachsende Geweih ziemlich die Länge des Thieres hat. Die Kenntniss dieses Umstandes ist für das Resultat der Ueberlegung unentbehrlich, und doch fehlt jeder Anhalt in der Gegenwart, um auf dieses zukünftige Ereigniss im Voraus schliessen zu können. Ein Beispiel des zweiten Falles ist folgendes. Frettchen und Bussarde fallen über Blindschleichen oder andere nicht giftige Schlangen ohne Weiteres her, und packen sie, wie es kommt; die Kreuzotter aber greifen sie, auch wenn sie vorher noch keine gesehen haben, mit der grössten Vorsicht an, und suchen vor allen Dingen, um nicht gebissen zu werden, ihr den Kopf zu zermalmen. Da etwas Anderweitiges, Furcht Einflössendes in der Kreuzotter nicht liegt, so ist zu diesem Benehmen, wenn es aus bewusster Ueberlegung hervorgehen soll, die bewusste Kenntniss der Gefährlichkeit ihres Bisses unentbehrlich. Da nun diese nur durch Erfahrung erworben werden kann, und sich bei von Jugend an gefangenen Thieren das Statthaben solcher Erfahrungen controliren lässt, so kann es nicht aus Ueberlegung hervorgehen. Andererseits geht aber aus diesen beiden Beispielen mit Evidenz das Vorhandensein einer unbewussten Kenntniss der betreffenden Umstände, die Existenz einer unmittelbaren Erkenntniss ohne Vermittelung der sinnlichen Wahrnehmung und des Bewusstseins hervor.

Man hat dieselbe jederzeit anerkannt und mit den Worten Vorgefühl oder Ahnung bezeichnet; indess beziehen sich diese Worte einerseits nur auf zukünftiges, nicht auf gegenwärtiges, räumlich getrenntes Unwahrnehmbares, andererseits bezeichnen sie nur die leise, dumpfe, unbestimmte Resonanz des Bewusstseins mit dem unfehlbar bestimmten Zustande der unbewussten Erkenntniss. Daher das Wort Vorgefühl in Rücksicht auf die Dumpfheit und Unbestimmtheit, während doch leicht zu sehen ist, dass das von allen, auch den unbewussten Vorstellungen entblösste Gefühl für das Resultat gar keinen Einfluss haben kann, sondern nur eine Vorstellung, weil diese allein Erkenntniss enthält. Die im Bewusstsein mitklingende Ahnung kann allerdings unter Umständen ziemlich deutlich sein, so dass sie sich beim Menschen in Gedanken und Worte fixiren lässt; doch ist dies auch im Menschen erfahrungsmässig bei den eigentlichen Instincten nicht der Fall, vielmehr ist bei diesen die Resonanz der unbewussten Erkenntniss im Bewusstsein meistens so schwach, dass sie sich wirklich nur in begleitenden **Gefühlen** oder der **Stimmung** äussert, dass sie einen unendlich kleinen Bruchtheil des Gemeingefühls bildet. Dass solche dunkle Mitleidenschaft des Bewusstseins ganz ungenügend ist, um der bewussten Ueberlegung Stützpuncte zu bieten, liegt auf der Hand; andrerseits liegt es auch nahe, dass die bewusste Ueberlegung überflüssig sein würde, da der betreffende Denkprocess sich bereits unbewusst vollzogen haben muss; denn jene dumpfe Ahnung des Bewusstseins ist ja nur die Folge einer bestimmten unbewussten Erkenntniss, und die Erkenntniss, um welche es sich dabei handelt, ist fast immer die Vorstellung des Zwecks der Instincthandlung oder doch eine ganz eng damit zusammenhängende. Z. B. bei der Hirschhornkäferlarve ist der Zweck: Platz zu haben für das wachsende Geweih; das Mittel: den Platz durch Ausgraben zu schaffen; die unbewusste Erkenntniss: das zukünftige Wachsen des Geweihs. Endlich machen alle Instincthandlungen den Eindruck so **absoluter Sicherheit und Selbstgewissheit**, und kommt bei denselben niemals, wie bei der bewussten Entschliessung, ein **Zaudern, Zweifeln** oder **Schwanken** des Willens vor, niemals (wie Cap. C. I. zeigen wird) ein **Irrthum** des Instincts, dass man ganz unmöglich der unklaren Beschaffenheit der Ahnung ein so **unwandelbar präcises** Resultat zuschreiben kann; vielmehr ist dieses Merkmal der absoluten Sicherheit so charakteristisch, dass es als einzig scharfes Unterscheidungskennzeichen zwischen Handeln aus Instinct und aus bewusster Ueberlegung gelten kann. Hieraus geht aber wiederum hervor, dass dem Instinct ein anderes Princip zu Grunde liegen muss, als dem bewussten Handeln, und kann dasselbe nur in der Bestimmung des Willens durch einen im Unbewussten liegenden Process gesucht werden, für welchen sich dieser Charakter der zweifellosen Selbstgewissheit **in allen folgenden Untersuchungen** bewähren wird.

Dass ich dem Instinct eine unbewusste Erkenntniss zugeschrieben habe, welche durch keine sinnliche Wahrnehmung erzeugt und dennoch unfehlbar gewiss ist, wird Manchen Wunder nehmen, doch ist dies keine Consequenz meiner Auffassung des Instincts, sondern vielmehr eine unmittelbar aus den Thatsachen geschöpfte starke Stütze dieser Auffassung und darf darum die Mühe nicht gescheut werden, noch eine Anzahl Beispiele darauf hin zu betrachten. Um für die unbewusste Erkenntniss, welche nicht durch sinnliche Wahrnehmung erworben, sondern als unmittelbarer Besitz vorgefunden wird, Ein Wort setzen zu können, wähle ich, weil „Ahnen" aus den angegebenen Gründen nicht passt, das Wort „Hellsehen", welches hier durchaus nur die Bedeutung der gegebenen Definition haben soll.

Betrachten wir nun nach einander einige Beispiele aus den Instincten der Feindesfurcht, Ernährung, des Wandertriebs und der Fortpflanzung. — Die meisten Thiere kennen ihre natürlichen Feinde vor jeder Erfahrung über deren feindliche Absichten. So wird ein Flug junger Tauben auch ohne ältere Führerin scheu und fährt auseinander, wenn ein Raubvogel sich naht; Ochsen und Pferde, die aus Gegenden stammen, wo es keine Löwen giebt, werden, wenn sich in der Nacht einer heranschleicht, unruhig und ängstlich, sobald sie denselben wittern; Pferde, die einen hinter den alten Raubthierhäusern des Berliner zoologischen Gartens draussen vorbeiführenden Reitweg passirten, wurden durch die Witterung ihrer ihnen gänzlich unbekannten Feinde scheu und unruhig. Die Stichlinge schwimmen ruhig unter den räuberischen Hechten herum, welche sich nicht an ihnen vergreifen; denn wenn wirklich einmal ein Hecht aus Versehen einen Stichling verschlingen will, so bleibt dieser mit seinen aufgerichteten Rückenstacheln ihm im Schlunde sitzen, und der Hecht muss unfehlbar verhungern, kann also seine schmerzliche Erfahrung nicht einmal auf Nachkommen vererben. Die Vorsicht der Frettchen und Bussarde den Kreuzottern gegenüber ist schon erwähnt; ähnlich wurde beobachtet, dass ein junger Wespenbussard, dem man die erste Wespe vorlegte, dieselbe erst verzehrte, nachdem er ihr den Stachel aus dem Leibe gedrückt hatte. In einigen Gegenden giebt es Leute, die sich vorzugsweise von Hundefleisch nähren; diesen gegenüber sollen die Hunde sich ganz ungeberdig und wild benehmen, als ob sie in ihnen Feinde erkennten, auf die sie losgehen möchten. Dies ist um so wunderbarer, als äusserlich angebrachtes (z. B. auf die Stiefel geriebenes) Hundefett durch seinen Geruch die Hunde anlockt. Ein junger Schimpanse gerieth, wie Grant beobachtete, beim ersten Anblick einer Riesenschlange in die höchste Angst, und auch unter uns Menschen ist es nicht so selten, dass ein Gretchen den Mephistopheles herausspürt. Sehr merkwürdig ist, dass ein Insect Bombex ein anderes Parnope angreift und tödtet, wo es dasselbe findet, ohne von der Leiche irgend einen Gebrauch zu machen; wir wissen aber, dass letzteres den Eiern des ersteren nachstellt, also der natürliche Feind seiner Gattung ist. Die den Hirten von Rinder- und Schafheerden unter dem Namen „das Biesen des Viehes" bekannte Erscheinung giebt ebenfalls einen Beleg. Wenn nämlich eine Dassel- oder Biesfliege sich einer Heerde naht, so wird diese ganz wild und rennt wie toll durcheinander, weil die aus den auf ihrem Fell abgelegten Eiern der Fliege auskriechenden Larven sich später in ihre Haut einbohren und schmerzhafte Eiterungen veranlassen. Diese gar nicht stechenden Dasselfliegen sehen anderen stechenden Bremsen sehr ähnlich und doch werden die letzteren wenig, die ersteren ausserordentlich vom Vieh gefürchtet. Da die Folgen des für das Rind schmerzlosen Ablegens der Eier auf seinem Fell erst lange nachher eintreten, so kann man nicht ein bewusstes Erschliessen des Zusammenhangs annehmen.

Kein Thier, dessen Instinct nicht durch naturwidrige Gewöhnung ertödtet ist, frisst Giftgewächse; selbst den durch den Aufenthalt bei Menschen verwöhnten Affen kann man noch mit Sicherheit in den Urwäldern als Vorkoster der Früchte brauchen, wo er die giftigen, die man ihm reicht, mit Geschrei wegwirft. Jedes Thier wählt gerade diejenigen pflanzlichen oder thierischen Stoffe zu seiner Nahrung aus, welche seiner Verdauungseinrichtung entsprechen, ohne darüber Unterricht zu empfangen, selbst ohne vom Geschmackswerkzeug vorher Gebrauch zu machen. Wenn man nun freilich annehmen muss, dass der Geruch und nicht das Gesicht das für die Unterscheidung der Stoffe Bestimmende ist, so ist es doch nicht minder räthselhaft, wie das Thier am Geruchseindruck, als wie es am Gesichtseindruck das seiner Verdauung Zusagende erkennt. So genoss das von Galen aus der Mutter geschnittene Zicklein von allen vorgesetzten Nahrungsmitteln und Getränken nur Milch, ohne das Andere zu berühren. Der Kernbeisser spaltet den Kirschkern, indem er ihn so dreht, dass der Schnabel auf die Naht trifft, und macht dies bei seinem ersten Kirschkern im Leben ebenso wie beim letzten; Iltis, Marder und Wiesel machen an der entgegengesetzten Seite des auszusaufenden Eies kleine Löcher, damit die Luft beim Saugen nachströmen kann. Nicht bloss die angemessene Nahrung kennen die Thiere, sondern auch angemessene Heilmittel suchen sie häufig mit richtiger Selbstdiagnose und unerworbener therapeutischer Kenntniss auf. So fressen die Hunde öfters viel Gras, besonders solches von Quecken, wenn sie unwohl sind, unter Anderem nach Lenz, wenn sie Würmer haben, die dann in das unverdaute Gras eingewickelt mit abgehen sollen, oder wenn sie Knochensplitter aus dem Magen entfernen wollen. Als Abführmittel gebrauchen sie Stachelkräuter. Hühner und Tauben picken Kalk von Wänden und Dächern, wenn ihnen die Nahrung nicht genug Kalk zur Bildung der Eierschalen bietet. Kleine Kinder essen Kreide, wenn sie Magensäure haben, und Stücken Kohle, wenn sie an Blähungen leiden. Auch bei erwachsenen Menschen finden wir diese besonderen Nahrungsinstincte oder Heilmittelinstincte unter Umständen, wo die unbewusste Natur an Macht gewinnt, z. B. bei Schwangeren, deren capriciöse Appetite sich vermuthlich dann einstellen, wenn ein besonderer Zustand der Frucht eine eigenthümliche Blutmischung wünschenswerth macht. Die Feldmäuse beissen den eingesammelten Körnern die Keime aus, damit sie im Winter nicht auswachsen.

Einige Tage vor eintretender Kälte sammelt das Eichhörnchen noch auf's Fleissigste ein, und verschliesst dann die Wohnung. Die Zugvögel ziehen aus unseren Gegenden nach wärmeren Ländern zu Zeiten, wo sie bei uns noch keinen Nahrungsmangel haben, und bei erheblich höherer Temperatur, als bei der sie zurückkehren; dasselbe gilt von der Zeit, wo die Thiere ihr Winterlager beziehen, was die Käfer häufig gerade an den wärmsten Herbsttagen thun. Wenn Schwalben und Störche Hunderte von Meilen weit ihre Heimath wieder finden, bei noch dazu ganz verändertem Aussehen der Landschaften, so schreibt man dies der Schärfe ihres Ortssinnes zu, wenn aber Tauben und Hunde zwanzigmal herumgedreht im Sack forttransportirt sind, und doch im unbekannten Terrain den geraden Weg nach Hause laufen, da weiss man nichts mehr zu sagen, als: ihr Instinct hat sie geleitet, d. h. das Hellsehen des Unbewussten hat sie den rechten Weg ahnen lassen. In Jahren, wo ein zeitiger Winter eintreten wird, sammeln sich die meisten Zugvögel früher als gewöhnlich zum Abziehen; wenn ein sehr milder Winter bevorsteht, ziehen manche Arten gar nicht, oder nur eine kleine Strecke nach Süden; kommt ein strenger Winter, so macht die Schildkröte ihr Winterlager tiefer. Wenn Graugänse, Kraniche u. s. w. bald wieder aus den Gegenden fortziehen, in denen sie beim Beginn des Frühjahrs sich gezeigt hatten, so ist ein heisser und trockener Sommer in Aussicht, wo der in diesen Gegenden eintretende Wassermangel den Sumpf- und Wasservögeln das Brüten unmöglich machen würde. In Jahren, wo Ueberschwemmungen eintreten, baut der Biber seine Wohnung höher, und wenn eine Ueberschwemmung in Kamschatka bevorsteht, ziehen die Feldmäuse plötzlich schaarenweise fort. Wenn ein trockener Sommer bevorsteht, sieht man im April und Mai die Hängespinnen von der Höhe herab mehrere Fuss lange Fäden spinnen. Wenn man im Winter die Winkelspinnen oder Winterspinnen viel hin und her rennen, kühn mit einander kämpfen, neue und mehrere Gewebe über einander fertigen sieht, so tritt in 9—12 Tagen Kälte ein; wenn sie sich dagegen verstecken, Thauwetter. Ich bezweifle keineswegs, dass viele dieser Vorsichtsmaassregeln gegen zukünftige Witterungsverhältnisse durch Gefühlswahrnehmungen gegenwärtiger atmosphärischer Zustände bedingt sind, welche uns entgehen; diese Wahrnehmungen beziehen sich doch aber immer nur auf gegenwärtige Witterungsverhältnisse, und was kann im Bewusstsein des Thieres die durch die gegenwärtige Witterung erzeugte Affection des Gemeingefühls mit der Vorstellung des zukünftigen Wetters zu schaffen haben? Man wird doch wahrlich nicht den Thieren zumuthen wollen, durch meteorologische Schlüsse das Wetter auf Monate im Voraus zu berechnen, ja sogar Ueberschwemmungen vorauszusehen. Vielmehr ist eine solche Gefühlswahrnehmung gegenwärtiger atmosphärischer Einflüsse nichts weiter, als die sinnliche Wahrnehmung, welche als Motiv wirkt, und ein Motiv muss ja doch immer vorhanden sein, wenn ein Instinct functioniren soll.*) Es bleibt also trotzdem bestehen, dass das Voraussehen der Witterung ein unbewusstes Hellsehen ist, von dem der Storch, der vier Wochen früher nach Süden aufbricht, so wenig etwas weiss, als der Hirsch, der sich vor einem kalten Winter einen dickeren Pelz als gewöhnlich wachsen lässt. Die Thiere haben eben einerseits das gegenwärtige Witterungsgefühl im Bewusstsein, daraus folgt andererseits ihr Handeln gerade so, als ob sie die Vorstellung der zukünftigen Witterung hätten; im Bewusstsein haben sie dieselbe aber nicht, also bietet sich als einzig natürliches Mittelglied die unbewusste Vorstellung, die nun aber immer ein Hellsehen ist, weil sie etwas enthält, was dem Thier weder durch sinnliche Wahrnehmung direct gegeben ist, noch durch seine Verstandesmittel aus der Wahrnehmung geschlossen werden kann.

Am wunderbarsten von allen sind die auf die Fortpflanzung be-

---

*) Wo ein solches Motiv in Gestalt einer gegenwärtigen Wahrnehmung gänzlich fehlt, fehlt es auch an einer Veranlassung zum Functioniren des warnenden Instinctes; so z. B. wenn Zugvögel zur gewöhnlichen Zeit aus ihren Winterquartieren nach dem fernen Norden aufbrechen, dort aber wegen ungewöhnlicher Verspätung des Frühlings Noth leiden müssen, für welche sie natürlich in einer viele Hunderte von Meilen entfernten Gegend in keiner atmosphärischen Wahrnehmung auch nur den leisesten Anhaltspunct finden konnten.

züglichen Instincte. — Jedes Männchen findet das Weibchen seiner Species heraus, um mit ihm die Begattung zu vollziehen, — aber gewiss nicht bloss an der Aehnlichkeit mit sich; denn bei vielen Thierarten, z. B. Schmarotzerkrebsen, sind die Geschlechter so grundverschieden an Gestalt, dass das Männchen eher auf die Begattung mit Weibchen von Tausenden von anderen Specien geführt werden sollte, als mit denen der seinigen. Bei einigen Schmetterlingen besteht ein Polymorphismus, nach welchem nicht nur Männchen und Weibchen verschieden sind, sondern auch im weiblichen Geschlecht selbst wieder zwei ganz verschiedene Erscheinungsformen derselben Art zu Tage treten, von denen dann in der Regel die eine zu den natürlichen Masken (Mimicry) einer fern stehenden gut geschützten Art gehört. Und doch begatten sich die Männchen nur mit den Weibchen ihrer Art, nie mit fremden, die ihnen selbst vielleicht weit ähnlicher sind. Bei der Insectenordnung der Strepsipteren ist das Weibchen ein unförmlicher Wurm, der lebenslänglich im Hinterleibe einer Wespe wohnt und nur mit dem linsenförmigen Kopfschilde zwischen zwei Bauchringen der Wespe hervorragt. Das nur wenige Stunden lebende, einer Motte ähnlich sehende Männchen erkennt an diesem verkümmerten Vorstand sein Weibchen, und vollzieht durch eine unmittelbar unter dessen Munde zu Tage tretende Oeffnung die Begattung.

Vor jeder Erfahrung, was Gebären sei, treibt es das schwangere Säugethier in die Einsamkeit, um seinen Jungen in einer Höhle oder an sonst einem geschützten Orte ein Lager zu bereiten; der Vogel baut sein Nest, sobald ihm die Eier im Eierstock reifen. Die auf dem Lande lebenden Schnecken, Krabben, Laubfrösche, Kröten gehen in's Wasser, die Seeschildkröten an's Land, viele Seefische in die Flüsse hinauf, um ihre Eier dort zu legen, wo dieselben allein die Bedingungen zu ihrer Entwickelung vorfinden. Die Insecten legen ihre Eier an die verschiedensten Orte in den Sand, auf Blätter, unter Haut und Nägel anderer Thiere, oft an solche Orte, wo erst später die künftige Nahrung der Larve entsteht, z. B. im Herbst auf Bäume, die erst im Frühjahr ausschlagen, oder im Frühjahr auf Blüthen, die erst im Herbst Früchte tragen, oder in Raupen, die erst als Puppen den Schmarotzerlarven als Nahrung und Schutz dienen. Andere Insecten legen ihre Eier an Orte, von denen aus sie erst auf vielen Umwegen an den eigentlichen Ort ihrer Entwickelung befördert werden, z. B. gewisse Bremsen auf die Lippen der Pferde, andere an solche Stellen, wo die Pferde sich zu lecken pflegen, wodurch die

Eier in die Eingeweide derselben, als ihren Entwickelungsort, gelangen, und erwachsen mit dem Koth. entleert werden. Die Rinderbremsen wissen mit solcher Sicherheit die kräftigsten und gesündesten Thiere auszuwählen, dass die Viehhändler und Gerber sich ganz auf sie verlassen, und am liebsten die Thiere und Häute nehmen, die die meisten Spuren von Engerlingsfrass zeigen. Diese Auswahl der besten Rinder durch die Bremsen wird doch gewiss kein Resultat ihrer bewussten Prüfung und Ueberlegung sein, wenn die Menschen, deren Gewerbe es ist, sie als ihre Meister anerkennen. Die Mauerwespe macht ein mehrere Zoll tiefes Loch in den Sand, legt ein Ei hinein, und schichtet ohnfüssige grüne Maden, die der Verpuppung nahe, also recht wohl genährt sind, und lange ohne Nahrung leben können, so eng hinein, dass sie sich nicht rühren noch verpuppen können, und zwar gerade so viel, als die Larve bis zu ihrer Verpuppung an Nahrung braucht. Eine Wespenart, *cerceris bupresticida*, die selbst nur von Blüthenstaub lebt, legt zu jedem ihrer in unterirdischen Zellen aufbewahrten Eier drei Prachtkäfer (*buprestidae*), deren sie sich dadurch bemächtigt, dass sie ihnen auflauert, wenn sie eben aus ihrer Verpuppung treten, und sie dann, wo sie noch schwach sind, tödtet, zugleich aber ihnen einen Saft beizubringen scheint, welcher sie frisch und zur Nahrung tauglich erhält. Manche Wespenarten öffnen die Zellen ihrer Larven, gerade wenn diese ihre Nahrung verzehrt haben, um neue hineinzulegen, und verschliessen sie dann wieder; in ähnlicher Weise treffen die Ameisen stets den rechten Zeitpunct, wo ihre Larven reif zum Auskriechen sind, um ihnen das Gespinnst zu öffnen, aus dem jene sich nicht selbst befreien könnten. Was weiss nun wohl ein Insect, dessen Leben bei wenigen Arten mehr als ein einmaliges Eierlegen überdauert, von dem Inhalt und dem günstigen Entwickelungsort seiner Eier, was weiss es von der Art der Nahrung, deren die auskriechende Larve bedürfen wird, und die von der seinigen ganz verschieden ist, was weiss es von der Menge der Nahrung, die dieselbe verbraucht, was kann es von alledem wissen, d. h. im Bewusstsein haben? Und doch beweist sein Handeln, seine Bemühungen und die hohe Wichtigkeit, welche es diesen Geschäften beimisst, dass das Thier eine Kenntniss der Zukunft hat; sie kann also nur unbewusstes Hellsehen sein. Ebenso unzweifelhaft muss es Hellsehen sein, welches in Thieren gerade in dem Moment den Willen erweckt, die Zellen oder das Gespinnst zu öffnen, wo die Larven mit ihrem Nahrungsvorrath fertig, resp. reif zum Auskriechen sind.

Der Kukuk, dessen Eier nicht, wie bei anderen Vögeln, einen bis zwei, sondern sieben bis elf Tage brauchen, um im Eierstock zu reifen, der deshalb seine Eier nicht selbst bebrüten kann, weil die ersten verfault sein würden, ehe das letzte gelegt ist, legt dieselben deshalb anderen Vögeln in die Nester, natürlich jedes Ei in ein anderes Nest. Damit nun aber die Vögel das fremde Ei nicht erkennen und hinauswerfen, ist es nicht nur viel kleiner, als man nach der Grösse des Kukuks erwarten sollte, weil er nur bei kleinen Vögeln Gelegenheit findet, sondern auch, wie erwähnt, den übrigen Nesteiern in Farbe und Zeichnung täuschend ähnlich. Da nun der Kukuk sich gern einige Tage vorher das Nest aussucht, in welches er legen will, so könnte man bei den offenen Nestern daran denken, dass das eben reifende Ei darum die Farbe der Nesteier annimmt, weil der trächtige Kukuk sich an denselben versieht; aber diese Erklärung passt nicht auf die Nester, die in hohlen Bäumen versteckt sind (z. B. *sylvia phoenicurus*), oder eine backofenförmige Gestalt mit engem Eingang haben (z. B. *sylvia rufa*); in diesen Fällen kann der Kukuk weder hineinschlüpfen, noch hineinsehen, er muss sogar sein Ei draussen ablegen, und es mit dem Schnabel hineinthun, er kann also gar nicht sinnlich wahrnehmen, wie die vorhandenen Nesteier aussehen. Wenn nun trotzdem sein Ei den anderen genau gleicht, so ist dies nur durch unbewusstes Hellsehen möglich, welches den Process im Eierstock nach Farbe und Zeichnung regelt. Sollte aber die Vermuthung richtig sein, dass ein und dasselbe Kukuksweibchen immer nur in die Nester ein und derselben Vogelart, und demgemäss immer Eier von derselben Farbe und Zeichnung lege, so würde das Problem nur die umgekehrte Gestalt annehmen, und die Frage lauten: wodurch erfährt der Kukuk, welchen Nesteiern seine Eiersorte ähnlich sieht, wenn er in die betreffenden Nester nicht hineinsehen kann?

Eine wesentliche Stütze und Bestätigung für die Existenz des Hellsehens in den Thierinstincten liegt in den Thatsachen, welche auch am Menschen in verschiedenen Zuständen ein Hellsehen documentiren; die Heilinstincte der Kinder und Schwangeren sind schon erwähnt. Meistentheils tritt aber hier der höheren Bewusstseinsstufe des Menschen entsprechend eine stärkere Resonanz des Bewusstseins mit dem unbewussten Hellsehen hervor, die sich als mehr oder minder deutliche Ahnung darstellt. Ausserdem entspricht es der grösseren Selbstständigkeit des menschlichen Intellects, dass diese Ahnung nicht ausschliesslich Behufs der unmittelbaren Ausführung einer Handlung eintritt, sondern bisweilen auch unabhängig von der Bedingung einer momentan zu leistenden That als blosse Vorstellung ohne bewussten Willen sich zeigt, wenn nur die Bedingung erfüllt ist, dass der Gegenstand dieses Ahnens den Willen des Ahnenden im Allgemeinen in hohem Grade interessirt. Nach Unterdrückung eines Wechselfiebers oder einer anderen Krankheit kommt es nicht selten vor, dass die Kranken genau die Zeit voraussagen, zu welcher ein Anfall von Krämpfen erfolgen und enden wird; dasselbe findet fast regelmässig bei spontanem Somnambulismus statt, und häufig bei künstlich erzeugtem; schon die Pythia bestimmte bekanntlich jedesmal die Zeit ihrer nächsten Ekstase. Ebenso sprechen sich in somnambülen Zuständen die Heilinstincte oft in Ahnungen der geeigneten Medicamente aus, welche ebenso oft zu glänzenden Resultaten geführt haben, als sie dem heutigen Standpuncte der Wissenschaft zu widersprechen scheinen. Die Bestimmung der Heilmittel ist auch gewiss der einzige Gebrauch, welchen anständige Magnetiseure von dem halbwachen Schlaf ihrer Somnambülen machen. „Es kommt auch bisweilen vor, dass ganz gesunde Personen vor dem Gebären oder im ersten Anfange ihrer Krankheit ein sicheres Vorgefühl ihres nahen Todes haben; die Erfüllung desselben kann man schwerlich für einen blossen Zufall erklären, denn sonst müsste sie ungleich seltener vorkommen als die Nichterfüllung, was doch gerade umgekehrt sich verhält; auch zeigen manche dieser Personen weder Sehnsucht nach dem Tode, noch Furcht vor demselben, und man kann ihn daher nicht für eine Wirkung der Phantasie erklären" (Worte des berühmten Physiologen Burdach, aus dessen Werk: „Blicke in's Leben", Capitel Ahnung, woher ein grosser Theil der einschlagenden Beispiele entlehnt ist). Diese beim Menschen ausnahmsweise eintretende Vorahnung des Todes ist bei Thieren, selbst bei solchen, die den Tod nicht kennen und verstehen, etwas ganz Gewöhnliches; sie verkriechen sich, wenn sie ihr Ende herannahen fühlen, an möglichst entlegene, einsame und versteckte Orte; dies ist z. B. der Grund, warum man selbst in Städten so selten den Leichnam oder das Gerippe einer Katze findet. Nur ist anzunehmen, dass das bei Mensch und Thier wesensgleiche unbewusste Hellsehen Ahnungen von verschiedener Deutlichkeit hervorruft, also z. B. die Katze bloss instinctiv treibt sich zu verkriechen, ohne dass sie weiss weshalb, im Menschen aber das klare Bewusstsein seines nahen Todes erweckt. Aber nicht bloss vom eigenen Tode giebt es Ahnungen, sondern auch von dem theurer, dem Herzen nahe stehender Personen, wie die vielen

Erzählungen beweisen, wo ein Sterbender in der Todesstunde seinem Freunde oder Gatten im Traume oder in einer Vision erschienen ist; Erzählungen, welche sich durch alle Völker und Zeiten hindurchziehen und theilweise unzweifelhaft wahre Facta einschliessen. Hieran schliesst sich die namentlich in Schottland früher und den dänischen Inseln jetzt noch vorkommende Fähigkeit des zweiten Gesichts, wo gewisse Personen ohne Ekstase bei voller Besinnung künftige oder entfernte Begebenheiten vorherschen, die für sie Interesse haben, wie Todesfälle, Schlachten, grosse Brände (Swedenborg den Brand von Stockholm), Ankunft oder Schicksale ferner Freunde u. s. w. (vgl. Ennemoser: Geschichte der Magie, 2. Aufl. § 86). Bei manchen Personen beschränkt sich dieses Hellsehen nur auf Todesfälle ihrer Bekannten oder Ortsangehörigen; die Beispiele solcher Leichenseherinnen sind zahlreich und auf's Beste, zum Theil gerichtlich beglaubigt. Vorübergehend findet sich diese Fähigkeit des zweiten Gesichts in ekstatischen Zuständen, spontanem oder künstlich erzeugtem Somnambulismus von höheren Graden des Wachträumens, sowie auch in lichten Momenten vor dem Tode ein. Häufig sind die Ahnungen, in denen das Hellsehen des Unbewussten sich dem Bewusstsein offenbart, dunkel, unverständlich und symbolisch, weil sie im Gehirn sinnliche Form annehmen müssen, während die unbewusste Vorstellung an der Form der Sinnlichkeit keinen Theil haben kann (siehe Cap. C. I.); daher kann man so leicht Zufälliges in Stimmungen, Träumen oder krankhaften Bildern für bedeutungsvoll halten. Die hieraus folgende grosse Wahrscheinlichkeit des Irrthums und der Selbsttäuschung, und die Leichtigkeit der absichtlichen Täuschung Anderer, sowie der überwiegende Nachtheil, welchen im Allgemeinen die Kenntniss der Zukunft dem Menschen bringt, erheben die practische Schädlichkeit aller Bemühungen um die Kenntniss der Zukunft ausser allen Zweifel; dies kann aber der theoretischen Wichtigkeit dieses Gebiets von Erscheinungen keinen Abbruch thun, und darf keinenfalls die Anerkennung der, wenn auch unter einem Wust von Unsinn und Betrug begrabenen wahren Thatsachen des Hellsehens hindern. Freilich findet es die überwiegend rationalistische und materialistische Tendenz unserer Zeit bequem, alle Thatsachen dieses Gebietes zu leugnen oder zu ignoriren, weil sie sich von materialistischen Gesichtspuncten aus nicht begreifen lassen, und nicht nach der Inductionsmethode der Differenz auf das Experiment ziehen lassen; als ob letzteres bei Moral, Socialwissenschaft und Politik nicht ebenso unmöglich wäre! Ausserdem aber liegt die Möglichkeit des absoluten

Leugnens aller solcher Erscheinungen für gewissenhafte Beurtheiler nur in dem Nichtkennen der Berichte, welches wieder aus dem Nichtkennenlernenwollen stammt. Ich bin überzeugt, dass viele Leugner aller menschlichen Divination anders und mindestens vorsichtiger urtheilen würden, wenn sie es der Mühe werth hielten, sich mit den Berichten der einschlagenden Thatsachen bekannt zu machen, und bin ich der Meinung, dass heute noch Niemand sich zu schämen braucht, wenn er einer Ansicht beitritt, der alle grossen Geister des Alterthums (ausser Epikur) gehuldigt haben, deren Möglichkeit kaum einer der grossen neueren Philosophen zu bestreiten gewagt hat, und welche die Vorkämpfer der deutschen Aufklärung so wenig geneigt waren, in das Gebiet der Ammenmährchen zu verweisen, dass vielmehr Göthe aus seinem eigenen Leben ein Beispiel des zweiten Gesichts erzählt, das sich ihm bis in die Details bestätigt hat.

So wenig ich dieses Gebiet von Erscheinungen für geeignet halten würde, um es zur alleinigen Grundlage wissenschaftlicher Beweise zu machen, so sehr finde ich es erwähnenswerth als Vervollständigung und Fortsetzung der Erscheinungsreihe, welche uns in dem Hellsehen der Thier- und Menscheninstincte gegenübertritt. Eben weil es diese Reihe nur in gesteigerter Bewusstseinsresonanz fortsetzt, stützt es jene Aussagen der Instincthandlungen über ihr eigenes Wesen ebenso sehr, wie seine Wahrscheinlichkeit selbst in jenen Analogien mit dem Hellsehen des Instinctes eine Stütze findet, und dies, sowie der Wunsch, eine Gelegenheit zur Erklärung gegen ein modernes Vorurtheil nicht unbenutzt zu lassen, ist der Grund, warum ich mir erlaubt habe, dies heutzutage so in Misscredit stehende Gebiet in einer wissenschaftlichen Arbeit, wenn auch nur beiläufig, zu erwähnen. —

Endlich haben wir noch eine besondere Art von Instinct zu erwähnen, der für das ganze Wesen desselben ebenfalls höchst lehrreich ist, und zugleich wieder zeigt, wie unmöglich es ist, die Annahme des Hellsehens zu umgehen. In den bisherigen Beispielen nämlich handelte jedes Wesen nur für sich, ausser in den Fortpflanzungsinstincten, wo sein Handeln stets einem anderen Individuum zu Gute kommt, nämlich seinen Kindern; jetzt haben wir noch die Fälle zu betrachten, wo unter mehreren Individuen eine Solidarität der Instincte besteht, so dass einerseits die Leistung jedes Individuums Allen zu Gute kommt, andererseits erst durch das einhellige Zusammenwirken mehrerer eine nützliche Leistung hervorgerufen werden kann. Bei höheren Thieren findet diese Wechselwirkung der Instincte auch statt, doch sind sie hier um so schwerer von der Vereinbarung durch bewussten Willen auszuscheiden, als die Sprache eine vollkommenere Mittheilung der gegenseitigen Pläne und Absichten möglich macht. Wir werden trotzdem diese gemeinsame Wirkung eines Masseninstincts in der Entstehung der Sprache und den grossen politischen und socialen Bewegungen in der Weltgeschichte deutlich wieder erkennen; hier handelt es sich um möglichst einfache und deutliche Beispiele, und darum greifen wir zu niederen Thieren, wo die Mittel der Gedankenmittheilung bei fehlender Stimme, Mimik und Physiognomie so unvollkommen sind, dass die Uebereinstimmung und das Ineinandergreifen der einzelnen Leistungen in den Hauptsachen unmöglich der bewussten Verständigung durch Sprache zugeschrieben werden darf.

Nach Huber's Beobachtungen (*Nouvelles observations sur les abeilles*) nahm beim Baue neuer Waben ein Theil der grösseren Arbeitsbienen, welche sich voll Honig gesogen hatten, keinen Antheil an den gewöhnlichen Beschäftigungen der übrigen, sondern verhielt sich völlig ruhig. Nach vierundzwanzig Stunden hatten sich unter ihren Bauchschienen Blättchen von Wachs gebildet. Diese zog die Biene mit ihrem hinteren Fusse hervor, kaute sie und bildete sie in Form eines Bandes. Die so zubereiteten Wachsblättchen wurden dann an die Decke des Korbes aufeinander geklebt. Hatte die eine Biene auf diese Art ihre Wachsblättchen verbraucht, so folgte ihr eine andere nach, welche die nämliche Arbeit ebenso fortsetzte. So wurde eine kleine, an den Bienenkorb befestigte, eine halbe Linie dicke, rauhe Mauer in senkrechter Richtung gebildet. Nun kam eine der kleineren Arbeitsbienen, die einen leeren Unterleib hatte, untersuchte die Mauer, und machte in die Mitte der einen ihrer Seiten eine flache, halbovale Höhlung; das abgebissene Wachs häufte sie am Rande derselben auf. Nach kurzer Zeit wurde sie von einer anderen ähnlichen abgelöst, und so folgten mehr als zwanzig nach einander. In dieser Zeit fing auf der entgegengesetzten Seite der Mauer wieder eine andere Biene an, dort eine ähnliche Aushöhlung, aber entsprechend dem Rande der diesseitigen Aushöhlung, vorzunehmen. Bald arbeitete eine neue Biene an ihrer Seite an einer zweiten solchen Höhlung. Auch diese wurde von immer neuen Arbeitern abgelöst. Inzwischen kamen wieder andere Bienen herbei, zogen unter ihren Bauchringen Wachsschienen hervor, und erhöhten damit den Rand der kleinen Wachsmauer. Immer neue Arbeiter höhlten darin den Grund zu neuen Zellen aus, indess andere fortfuhren, die schon früher angefangenen nach und nach in ganz regelmässige Form zu bringen, und zugleich die prismatischen Wandungen derselben zu verlängern. Dabei arbeiteten die Bienen auf der gegenüberstehenden Seite der Wachsmauer immer nach demselben Plane des Ganzen in der genauesten Uebereinstimmung mit den Arbeitsbienen der anderen Seite, bis endlich die Zellen beider Seiten, in ihrer bewunderungswürdigen Regelmässigkeit und ihrem Ineinandergreifen nicht nur der neben einander stehenden, sondern auch der durch ihre Pyramidenböden einander gegenüber befindlichen vollendet waren. Man denke sich nun, wie Wesen, die sich durch sinnliche Mittheilungsmittel über ihre gegenseitigen Absichten und Pläne einigen sollten, in tausendfache Meinungsverschiedenheit, in Zank und Streit gerathen würden, wie oft etwas verkehrt gemacht würde, und zerstört und noch einmal gemacht werden müsste, wie sich zu diesem Geschäft zu viele drängen, zu jenem zu wenige finden würden, welch' ein Hin- und Herlaufen es geben würde, ehe jeder seinen rechten Platz gefunden hätte, wie oft sich jetzt mehrere zur Ablösung drängen, jetzt wieder welche fehlen würden, wie wir dies bei gemeinschaftlichen Arbeiten der so viel höher stehenden Menschen finden. Von alle dem sehen wir bei den Bienen nichts; das Ganze macht vielmehr den Eindruck, als ob ein unsichtbarer höchster Baumeister den Plan des Ganzen der Versammlung vorgelegt und jedem Individuum eingeprägt hätte, als wenn jede Art von Arbeitern ihre bestimmte Arbeit, Stelle und Nummer der Ablösung auswendig gelernt hätte, und durch geheime Signale von dem Augenblick benachrichtigt würde, wo sie an die Reihe kommt. Alles dies ist aber eben Leistung des Instincts, und wie durch Instinct der Plan des ganzen Stocks in unbewusstem Hellsehen jeder einzelnen Biene einwohnt, so treibt ein gemeinsamer Instinct jede einzelne zu der Arbeit, zu der sie berufen ist, im rechten Moment; nur dadurch ist die wunderbare Ruhe und Ordnung möglich. Wie dieser gemeinsame Instinct zu denken sei, kann erst viel später aufgeklärt werden, aber die Möglichkeit desselben ist schon jetzt einleuchtend, indem jedes Individuum den Plan des Ganzen und sämmtliche gegenwärtig zu ergreifende Mittel im unbewussten Hellsehen hat, wovon aber nur das Eine, was ihm zu thun obliegt, in sein Bewusstsein fällt. So z. B. spinnt eine Bienenlarve sich ihr seidenes Puppengehäuse selbst, aber den schliessenden Wachsdeckel müssen andere Bienen daran setzen; der Plan des ganzen Puppengehäuses schwebt also beiden Theilen unbewusst vor, aber jeder leistet durch bewussten Willen nur den ihm zukommenden Theil. Dass die Larve nach der Verwandlung von anderen Bienen aus ihrem Gehäuse befreit werden muss, ist schon früher erwähnt, ebenso dass die Arbeiterinnen die Drohnen im Herbste tödten, um nicht die nutzlosen Mitesser den Winter hindurch zu ernähren, und dass sie dieselben nur leben lassen, wenn sie eine neue aufzuziehende Königin befruchten sollen. Die Arbeiterinnen bauen ferner die Zellen für die reifenden Eier der Königin, und zwar in der Regel gerade so viel, als die Königin Eier legen wird, und noch dazu in der Folge, wie die Eier gelegt werden, nämlich erst für die Arbeiterinnen, dann für die Drohnen, dann für die Königinnen. Hier sieht man wieder, wie die Instincthandlungen der Arbeiterinnen sich nach versteckten, organischen Vorgängen richten, welche doch offenbar nur durch unbewusstes Hellsehen auf sie einen Einfluss haben können. Im Bienenstaat ist die arbeitende Thätigkeit und die geschlechtliche, die sonst vereinigt sind, in drei Arten von Individuen personificirt; und wie bei einem Individuum die Organe, so stehen hier die Individuen in innerer, unbewusster, geistig-organischer Einheit. —

Wir haben also in diesem Capitel folgende Resultate erhalten: der Instinct ist nicht Resultat bewusster Ueberlegung, nicht Folge der körperlichen Organisation, nicht blosses Resultat eines in der Organisation des Gehirns gelegenen Mechanismus, nicht Wirkung eines dem Geiste von aussen angeklebten todten, seinem innersten Wesen fremden Mechanismus, sondern s e l b s t e i g e n e Leistung des Individuums, aus seinem innersten Wesen und Charakter entspringend. Der Zweck, dem eine bestimmte Art von Instincthandlungen dient, ist nicht von einem a u s s e r h a l b des Individuums stehenden Geiste, etwa einer Vorsehung, ein für allemal gedacht, und nun dem Individuum die Nothwendigkeit, nach ihm zu handeln, als etwas ihm F r e m d e s äusserlich aufgepfropft, sondern der Zweck des Instinctes wird in jedem einzelnen Falle vom I n d i v i d u u m unbewusst gewollt und vorgestellt, und danach unbewusst die für jeden besonderen Fall geeignete Wahl der Mittel getroffen. Häufig ist die Kenntniss des Zwecks der bewussten Erkenntniss durch sinnliche Wahrnehmung gar nicht zugänglich; dann documentirt sich die Eigenthümlichkeit des Unbewussten im Hellsehen, von welchem das Bewusstsein theils nur eine verschwindend dumpfe, theils auch, namentlich beim Menschen, mehr oder minder deutliche Resonanz als Ahnung verspürt, während die Instincthandlung selbst, die Ausführung des Mittels zum unbewussten Zweck stets mit voller Klarheit in's Bewusstsein fällt, weil sonst die richtige Ausführung nicht möglich wäre. Das Hellsehen äussert sich endlich auch in dem Zusammenwirken mehrerer Individuen zu einem gemeinsamen, unbewussten Zweck.

Das Hellsehen steht bis hierher noch als eine unverständliche empirische Thatsache da, und man könnte einwenden: „dann bleibe ich lieber gleich beim Instinct als einer unverständlichen Thatsache stehen." Dem steht aber entgegen, erstens, dass wir das Hellsehen auch ausserhalb des Instincts finden (namentlich beim Menschen), zweitens, dass bei Weitem nicht bei allen Instincten ein Hellsehen vorzukommen braucht, dass also Instinct und Hellsehen schon empirisch als zwei getrennte Thatsachen gegeben sind, von denen wohl das Hellsehen zur Erklärung des Instincts beitragen kann, aber nicht umgekehrt, und drittens endlich, dass das Hellsehen des Individuums nicht als eine so unverständliche Thatsache stehen bleiben wird, sondern im späteren Verlauf der Untersuchung sehr wohl seine Erklärung finden wird, während man auf das Verständniss des Instincts auf jede andere Weise verzichten müsste.

Nur die hier ausgeführte Auffassung macht es möglich, den Instinct als den innersten Kern jedes Wesens zu begreifen; dass er dies in der That ist, zeigt schon der Trieb der Selbsterhaltung und Gattungserhaltung, der durch die ganze Schöpfung hindurchgeht, zeigt der heroische Opfermuth, mit welchem das individuelle Wohl, ja selbst das Leben, dem Instinct zum Opfer gebracht wird. Man denke an die Raupe, die immer wieder ihr Gespinnst ausbessert, bis sie der Entkräftung erliegt, an den Vogel, der vor Erschöpfung durch Eierlegen stirbt, an die Unruhe und Trauer aller Wanderthiere, die man am Wandern verhindert. Ein gefangener Kukuk stirbt jedesmal im Winter an der Verzweiflung, nicht fortziehen zu können; die Weinbergsschnecke, der man den Winterschlaf versagt, ebenso; das schwächste Mutter-Thier nimmt den Kampf mit dem überlegensten Gegner auf, und erleidet freudig für seine Jungen den Tod; ein unglücklich liebender Mensch wird wahnsinnig oder greift zum Selbstmord, wie jedes Jahr mit einigen Fällen von Neuem bestätigt; eine Frau, die den Kaiserschnitt einmal glücklich überstanden hatte, liess sich durch die sichere Aussicht auf Wiederholung dieser furchtbaren, meist tödtlichen Operation so wenig von der ferneren Begattung abhalten, dass sie dieselbe Operation noch dreimal durchmachte. Und eine so dämonische Gewalt sollte durch etwas ausgeübt werden können, was als ein dem inneren Wesen fremder Mechanismus dem Geiste aufgepfropft ist, oder gar durch eine bewusste Ueberlegung, welche doch stets nur im kahlen Egoismus stecken bleibt, und solcher Opfer für die Gattung gar nicht fähig ist, wie sie der Fortpflanzungs- und Mutterinstinct darbietet!

Wir haben schliesslich noch die Frage zu berücksichtigen, wie es kommt, dass innerhalb einer Thierspecies die Instincte so gleichmässig sind, ein Umstand, der nicht wenig dazu beigetragen hat, die Ansicht von dem aufgepfropften Geistesmechanismus zu bestärken. Nun ist aber klar, dass gleiche Ursachen gleiche Wirkungen haben, und hieraus erklärt sich jene Erscheinung ganz von selbst. Nämlich die körperlichen Anlagen innerhalb einer Thierspecies sind dieselben, die Fähigkeiten und Ausbildung des bewussten Verstandes ebenfalls (was bei den Menschen und zum Theil den höchsten Thieren nicht der Fall ist, und woher theilweise bei diesen die Verschiedenheit der Individuen kommt); die äusseren Lebensbedingungen sind gleichfalls ziemlich dieselben, und insofern sie wesentlich verschieden sind, sind auch die Instincte verschieden: wofür es wohl keiner Beispiele bedarf (vgl. S. 68—69). Aus gleicher Geistes- und Körperbeschaffenheit (worunter gleiche Hirn- und Ganglienprädispositionen schon mit inbegriffen sind) und gleichen äusseren Umständen folgen aber nothwendig gleiche Lebenszwecke als logische Consequenz, aus gleichen Zwecken und gleichen inneren und äusseren Umständen folgt aber gleiche Wahl der Mittel, d. h. gleiche Instincte. Die letzten beiden Schritte würden nicht ohne Einschränkung zuzugeben sein, wenn es sich um bewusste Ueberlegung handelte, da aber diese logischen Consequenzen vom Unbewussten gezogen werden, welches ohne Schwanken und Zaudern unfehlbar das Richtige ergreift, so fallen sie auch aus gleichen Prämissen immer gleich aus.

So erklärt sich aus unserer Auffassung des Instinctes auch das letzte, was als Stütze entgegengesetzter Ansichten geltend gemacht werden könnte.

Ich schliesse dieses Capitel mit den Worten Schelling's (I. Bd. 7. S. 455): „Es sind keine anderen als die Erscheinungen des thierischen Instinctes, die für jeden nachdenkenden Menschen zu den allergrössten gehören — wahrer Probirstein ächter Philosophie."

IV.

Die Verbindung von Wille und Vorstellung.

In jedem Wollen wird der **Uebergang eines gegenwärtigen Zustandes in einen andern** gewollt. — Ein gegenwärtiger Zustand ist allemal gegeben, und wäre es selbst die blosse Ruhe; aus diesem gegenwärtigen Zustand allein könnte aber nun und nimmermehr das Wollen bestehen, wenn nicht die Möglichkeit, wenigstens die ideale Möglichkeit, von etwas anderem vorhanden wäre. Der Eine Zustand, der real und ideal nichts anderes zuliesse, wäre in sich selbst beschlossen, ohne je auch nur idealiter über sich hinauszugehen, denn dieses aus sich Herausgehen wäre dann ja eben schon sein Anderes. Auch dasjenige Wollen, welches das Beharren des gegenwärtigen Zustandes will, ist nur möglich durch die Vorstellung des **Aufhörens** dieses Zustandes, welches **verabscheut** wird, also durch eine **doppelte Negation**; ohne die **Vorstellung des Aufhörens** würde ein **Wollen des Beharrens** unmöglich sein. Es steht also fest, dass zum Wollen zunächst zweierlei nöthig ist, von denen eines der gegenwärtige Zustand ist, und zwar als Ausgangspunct. Das Andere, der Endpunct oder das Ziel des Wollens, kann nicht der jetzt gegenwärtige Zustand sein, denn die Gegenwart hat man ja ganz und gar inne, also wäre es widersinnig, sie noch zu wollen, sie kann höchstens Befriedigung oder Unbefriedigung erzeugen, aber nicht Willen. Es kann also nicht ein seiender, sondern bloss ein **nicht seiender** Zustand sein, welcher gewollt wird, und zwar **als seiend** gewollt wird. Aus dem Nichtsein in's Sein kann der Zustand nur durch das **Werden** gelangen, und wenn er durch das Werden zum Sein gekommen ist, so ist der bisher Gegenwart genannte Moment **vorüber** und eine neue Gegenwart eingetreten, welche **von dem vorigen Moment aus** betrachtet noch Zukunft ist. Dieser vorige Moment ist aber der des Wollens, mithin ist es ein **zukünftiger** Zustand, dessen Gegenwärtigwerden gewollt wird. Dieser zukünftige Zustand muss also im Wollen als das Andere des jetzt gegenwärtigen Zustandes enthalten sein, und giebt dem Wollen seinen Endpunct oder sein Ziel, ohne das es nicht denkbar ist. Da nun aber dieser zukünftige Zustand als ein gegenwärtig noch **nicht seiender** in dem gegenwärtigen Actus des Wollens **realiter nicht sein kann**, aber doch darin sein **muss**, damit derselbe erst **möglich** wird, so muss er nothwendiger Weise **idealiter**, d. h. als **Vorstellung** in demselben enthalten sein; denn das Ideelle ist eben ganz genau dasselbe wie das Reelle, nur ohne Realität, so wie umgekehrt die Realität an den Dingen das Einzige an denselben ist, was nicht durch das Denken geschaffen werden kann, was über ihren ideellen Inhalt hinausgeht (vergl. Schelling's Werke Abth. I, Bd. 3, S. 364, Z. 13—14). Ebenso kann aber auch der (positiv gedachte) gegenwärtige Zustand nur insofern Ausgangspunct des Wollens werden, als er in die Vorstellung (im weitesten Sinne des Worts) eingeht. Wir haben also im Willen zwei Vorstellungen, die eines gegenwärtigen Zustandes als Ausgangspunct, die eines zukünftigen als Endpunct oder Ziel; erstere wird als Vorstellung einer **vorhandenen** Realität aufgefasst, letztere als Vorstellung einer erst zu **schaffenden** Realität. Der Wille ist nun das Streben nach dem Schaffen der Realität, oder das Streben nach dem Uebergang aus dem durch erstere in den durch letztere Vorstellung repräsentirten Zustand. Dieses Streben selbst entzieht sich jeder Besprechung und Definition, weil wir uns doch bloss in **Vorstellungen** bewegen und das Streben an sich etwas der Vorstellung heterogenes ist; es kann von ihm nur gesagt werden, dass es die **unmittelbare Ursache der Veränderung** ist. Dies Streben ist die sich überall gleichbleibende **leere Form des Wollens**, welche der Erfüllung mit dem verschiedenartigsten Vorstellungsinhalt offen steht; und wie jede leere Form Abstraction **ohne andere Realität** ist, als die, welche sie an ihrem Inhalt hat, so auch diese. Das Wollen ist existenziell oder actuell nur **an der Beziehung** zwischen der Vorstellung des gegenwärtigen und zukünftigen Zustandes; nimmt man dem Begriff diese Relation, ohne welche er nicht bestehen kann, so raubt man ihm die Realität, das Dasein. Niemand kann in Wirklichkeit **bloss** wollen, ohne **dies oder jenes** zu wollen; ein Wille, der nicht **Etwas** will, ist nicht; nur durch den **bestimmten Inhalt** erhält der Wille die Möglichkeit der Existenz, und dieser (nicht mit dem Motiv zu verwechselnde) Inhalt ist **Vorstellung**, wie wir gesehen haben. Daher: kein Wollen ohne Vorstellung, wie schon Aristoteles sagt (de an. III. 10, 433. b, 27): ὀρεκτικὸν δὲ οὐκ ἄνευ φαντασίας.

Es ist hierbei dem Missverständniss zu begegnen, als sollte überall, wo etwas als in einem andern enthalten nachgewiesen ist, ohne doch realiter in demselben enthalten zu sein, behauptet werden, dass es idealiter darin enthalten sein müsse. Dies wäre in der That eine logisch unrichtige Umkehrung des wahren Satzes, dass das Ideale dasselbe ist wie das Reale, nur ohne die Realität. Dass ich von dieser fehlerhaften Umkehrung weit entfernt bin, habe ich schon dadurch bewiesen, dass ich Gedächtniss und Charakter durch latente Dispositionen des Gehirns zu bestimmten molecularen Schwingungszuständen zu erklären suche, und dass ich das Wollen als actuelle Aeusserung der Potenz, d. i. des Willens, ansehe; erstere sind nämlich ruhende materielle Zustände (atomistische Lagerungsverhältnisse), welche wohl als Realisation einer zukünftige Zustände implicite in sich enthaltenden Idee angesehen werden können, aber nimmermehr selbst ideal genannt werden können (vgl. Ges. philos. Abhandlungen No. II, S. 35—37); letztere hingegen (die Potenz des Wollens) ist nur das formale Vermögen der Actualität überhaupt ohne jede inhaltliche Bestimmtheit. Das Wollen, abstrahirt von seinem Inhalt, ist in der Potenz ermöglicht und im Voraus enthalten, aber so ist es eben auch nur die rein formale Seite des bestimmten Willensactes. Der Inhalt selber dieses Willensactes ist niemals anders zu denken, denn als Vorstellung oder Idee: denn das Wollen ist nicht etwas Materielles, in dessen ruhenden Theilen künftige Unterschiede durch räumliche Lagerungsverhältnisse präformirt werden könnten, sondern es ist etwas Immaterielles, und das von ihm zu realisirende noch nicht seiende Zukünftige muss mithin auf **immaterielle** Weise in ihm enthalten sein; ferner aber ist der Willensinhalt stets ein durch und durch bestimmter, so und nicht anders zur Realisation gelangender, also nicht als Potenz zu bezeichnender, womit nur das formale Vermögen der Realisation überhaupt, aber nicht das ganz bestimmte „Was" derselben ausgedrückt wäre. Ohne die volle inhaltliche Bestimmtheit des zu realisirenden Nochnichtseienden wäre aber keine Realisation möglich, weil unendlich verschiedene Möglichkeiten offen blieben. Diese **inhaltliche** Bestimmtheit eines real noch nicht Seienden, welche zugleich im**materiell** gegeben sein soll, ist nun schlechterdings nicht anders zu denken denn als **ideale** Bestimmtheit, d. h. als Vorstellung.

Aus dem bewussten Wollen ist uns dieses Verhältniss unmittelbar bekannt, und die Selbstbeobachtung kann uns jeden Augenblick von Neuem darüber belehren, dass das Gewollte vor erlangter Verwirklichung nichts anderes als Vorstellung sei. Aber die Natürlichkeit und Selbstverständlichkeit dieses Verhältnisses zwischen Wille und Vorstellung (als den beiden Polen, um die sich das gesammte Geistesleben dreht), und die Unmöglichkeit, irgend einen Ersatz für die Vorstellung als Willensinhalt (d. h. als immaterielle, noch nicht real seiende Bestimmtheit des Wollens) ausfindig zu machen, zwingen uns auch zu der Annahme, dass **aller** Willensinhalt Vorstellung sei, **gleichviel** ob es sich um Wille und Vorstellung als bewusste oder als unbewusste handelt. So **weit** man Willen supponirt, **gerade so weit** muss man Vorstellung als dessen bestimmenden, ihn von andern unterscheidenden Inhalt voraussetzen, und überall, wo man sich weigert, den idealen (unbewussten) Vorstellungsgehalt als das das Was und Wie der Action Bestimmende anzuerkennen, da muss man sich folgerichtiger Weise auch weigern, von einem unbewussten Willen als dem inneren Agens der Erscheinung zu reden. Diese einfache Betrachtung legt die wunderliche Halbheit des Schopenhauerschen Systems klar, in welchem die Idee keineswegs als der alleinige und ausschliessliche Willensinhalt anerkannt, sondern derselben eine schiefe und subordinirte Stellung angewiesen ist, während der einseitige und blinde Wille allein sich durchweg so geberdet, **als ob** er Vorstellung oder Idee zum Inhalt hätte.*) Wer aber wie z. B. Bahnsen, bestreitet, dass der Wille als Potenz des Wollens genommen etwas rein Formales und absolut Leeres sei, wer in ihm statt eines allen Wesen gemeinsam zu Gute kommenden Attributs der all-einen Substanz eine *a se* und *per se* subsistirende und existirende Individualessenz sieht, der hat, wenn er sich nicht mit einem jedes Begreifens spottenden postulirten Unding begnügen will, nur die Wahl, entweder die charakteristische Essenz dieser individuellen Potenz selbst schon als **ideelle** Bestimmtheit zu definiren (also bloss die erfüllende Idee aus dem Wollen unnöthiger Weise in den

---

*) Wenn Dr. J. Frauenstädt meinen Erörterungen zustimmt (Sonntagsbeilage der Voss. Ztg. 1870 Nr. 8 und „Unsere Zeit" Novbr. 1869 S. 705), und dadurch einräumt, dass das Schopenhauer'sche System nur nach einer Umbildung in diesem Sinne lebensfähig sei, so kann mich das nur freuen; wenn er aber behauptet, dass dasselbe nicht an der genannten Halbheit leide, so setzt er sich mit den historischen Thatsachen in Widerspruch, und sind geschichtlich vielmehr diejenigen Anhänger Schopenhauer's im Recht, welche der Lehre ihres Meisters treu zu bleiben glauben, indem sie die von mir vertretene unbewusste Vorstellung als unmöglich verwerfen.

reinen Willen zurückzuverlegen), oder aber ganz zum Materialismus überzugehen, d. h. den Willen als metaphysisches Princip aufzugeben und mit den so und so prädisponirten Hirntheilen identisch zu setzen, deren Function alsdann das Wollen wäre.

Es dürfte zweckmässig sein, hier einige Puncte wenigstens andeutend zu berühren, welche geeignet sind, den Satz zu bestätigen, dass keine Art von Willensthätigkeit ohne ideellen Vorstellungsinhalt möglich sei

Zunächst wäre es ein grober Irrthum, den idealen Inhalt des Wollens deshalb zu leugnen, weil das Wollen ein streng necessitirtes ist. Dieses Argument würde vor allen Dingen zu viel beweisen: denn es würde erstens die Activität des Wollens ganz ebenso wie die Idealität des Inhalts zerstören, wenn es den necessitirten Vorgang in der That zu einer todten rein äusserlich bestimmten und jeder Selbstbestimmung von innen heraus entbehrenden Passivität herabsetzte, — und würde zweitens für das bewusste Wollen ganz dieselben Consequenzen nach sich ziehen wie für das unbewusste Wollen eines fallenden Steins, da einerseits das erstere ebenso streng determinirt und necessitirt ist wie das letztere, andrerseits aber auch der fallende Stein, wenn er Bewusstsein hätte (schon nach dem bekannten Ausspruch Spinoza's), frei zu handeln glauben würde. Jener Einwand lässt eben ausser Acht, dass es gar keine rein passive Necessitation giebt, dass vielmehr jede Necessitation eines Dinges eine autonome Activität desselben einschliesst, — autonome deshalb, weil es in der Art, wie es gegen die auf es einwirkenden Kräfte reagirt, den ihm immanenten Gesetzen seiner eigenen Natur folgt. Dies gilt für die auf die Nähe der Erdmasse reagirende Gravitationskraft des Steins oder für die auf den Trägheitswiderstand der Bande reagirende Elasticität der Billardkugel gerade so gut wie für den auf die bewusst gewordenen Motive reagirenden menschlichen Charakter. Betrachtet man nun die physikalischen Kräfte als Willenskräfte, so kann man nicht umhin, die innere Bestimmtheit derselben durch die immanenten Gesetze der eigenthümlichen Natur der betreffenden Objectivationsstufe des Willens, welche das nothwendige Prius der realen Activität in jedem bestimmten Falle ist, als ideale Bestimmtheit, d. h. den Inhalt des Wollens vor vollendeter Realisation auch hier als Vorstellung anzusehen (vergl. Cap. C. V).

Ein zweiter Punct ist der, dass der Begriff der Necessitation oder der Nothwendigkeit des Geschehens den subjectivistischen Leugnern einer objectiv-realen Nothwendigkeit gegenüber nur aufrecht zu erhalten ist, wenn man die reine äusserliche Facticität als durch einen inneren logischen Zwang bestimmt und herbeigeführt betrachtet, was auch der alleinige Sinn einer mit der Logik conformen Naturgesetzmässigkeit sein kann (vgl. den Schluss von Nr. 3 des Cap. C. XV). Ist aber alle Nothwendigkeit des Geschehens eine logisch gesetzte, so kann diese (unbewusste) Logik nur dann die Aeusserung des blinden und an und für sich unlogischen Willens durchdringen, wenn sein Inhalt nicht selbst wieder unlogischer Wille. sondern logische Idee ist.

Der dritte Punct, den ich zur Erwähnung bringen wollte, führt uns in das Gebiet der Erkenntnisstheorie. Das Denken kann nicht aus der Haut des Denkens fahren, es kann wohl sich als bewusstes Denken negiren, aber es erreicht dadurch so wenig etwas Positives, dass ihm sogar das Recht zu dieser Negation seiner selbst fehlt, so lange es jenseits der Sphäre seines Bewusstseins nicht etwas Positives anzugeben vermag. Das Denken kommt also entweder niemals über sich selbst hinaus, oder der wahre positive Inhalt von dem Jenseits seiner Bewusstseinssphäre muss selbst wieder Gedanke, Vorstellung, ideeller Inhalt sein. Da nun die den Empfindungsact hervorrufende Causalität das einzige, allereinzigste directe Verbindungsglied zwischen dem Bewusstsein und seinem Jenseits ist, so muss speciell der Inhalt dieses causalen Afficirens, dem die Empfindung folgt, ein idealer sein. Hier kommen wir aus erkenntnisstheoretischem Erklärungsbedürfniss auf dieselbe Wahrheit, wie vorher aus metaphysischen Erwägungen, dass nämlich die causale Necessitation oder die reale Causalität eine inhaltlich ideale sein muss, wenngleich diess hier bloss für den Act des Sinneseindrucks gezeigt ist (vgl. „Das Ding an sich und seine Beschaffenheit". — Berlin, C. Duncker 1871 — speciell S. 74—76).

Wir wissen also nunmehr, dass, wo immer wir einem Wollen begegnen, Vorstellung damit verbunden sein muss, allermindestens diejenige, welche das Ziel, Object oder Inhalt des Wollens ideell vergegenwärtigt; die andere Vorstellung, der Ausgangspunct, könnte möglicherweise eher einmal gleich Null werden, wenn der Wille sich aus dem Nichts erhebt; indess haben wir bei empirischen Erscheinungen mit diesem Fall nichts zu thun, vielmehr ist hier der Ausgangspunct allemal als positive Empfindung eines gegenwärtigen Zustandes gegeben. Demnach muss auch jedes unbewusste Wollen, das wirklich existirt, mit Vorstellungen verbunden sein, denn in unserer obigen

Betrachtung kam nichts vor, was auf den Unterschied von bewusstem oder unbewusstem Wollen Bezug gehabt hätte. Die positive Empfindung des gegenwärtigen Zustandes wird auch beim unbewussten Wollen immer für das Nervencentrum bewusst sein müssen, auf welches das Wollen sich bezieht, da eine materiell erregte Empfindung, wenn sie vorhanden ist, stets bewusst sein muss; dagegen wird beim unbewussten Wollen die Vorstellung des Zieles oder Objectes des Wollens natürlich auch unbewusst sein. Also auch mit jedem wirklich vorhandenen Wollen in untergeordneten Nervencentris muss eine Vorstellung verbunden sein, und zwar je nach der Beschaffenheit des Willens eine relativ auf das Gehirn, oder absolut unbewusste. Denn wenn der Ganglienwille den Herzmuskel in bestimmter Weise contrahiren will, so muss er zunächst die Vorstellung dieser Contraction als Inhalt besitzen, denn sonst könnte weiss Gott was contrahirt werden, nur nicht der Herzmuskel; diese Vorstellung ist jedenfalls für das Hirn unbewusst, für das Ganglion aber wahrscheinlich bewusst. Nun muss aber die Contraction dadurch bewirkt werden, dass, analog wie wir es im zweiten Capitel bei den willkürlichen Bewegungen des Hirnwillens gesehen haben, ein Wille zur Erregung der betreffenden centralen Endigungen der bewegenden Nervenfasern im Ganglion entsteht; dazu gehört aber wiederum eine Vorstellung der Lage dieser centralen Nervenden, und diese Vorstellung muss, analog mit der unbewussten Vorstellung der Lage der motorischen Nervenendigungen im Gehirn, absolut unbewusst gedacht werden. Entsprechend diesen Vorstellungen wird auch der Wille zur Contraction des Herzmuskels überhaupt als ein **relativ** unbewusster, der seine Verwirklichung vermittelnde Wille zur Erregung der betreffenden Nervenendigungen in den Herzganglien als ein **absolut** unbewusster zu denken sein.

Wir haben gesehen, dass das Wollen eine leere Form ist, die erst an der Vorstellung den Inhalt findet, an welchem sie sich verwirklicht, dass diese Form aber selbst etwas der Vorstellung Heterogenes, und darum nicht durch Begriffe zu Bestimmendes, in seiner Art Einziges ist, nämlich das, was zwar an sich noch unreal seiend, in seinem **Wirken** den **Uebergang vom Idealen zum Wirklichen** oder Realen macht. Das Wollen ist also die **Form der Causalität von Idealem auf Reales**, es ist nichts als Wirken oder Thätigsein, reines aus sich Herausgehen, während die Vorstellung reines Beisichsein und Insichbleiben ist. Wenn aber in der nach aussen wirkenden Causalität und dem aus sich Herausgehen der Grundunterschied der Form des Willens von der Vorstellung liegt, so muss diese als in sich Beschlossenes einer nach Aussen wirkenden Causalität entbehren, wenn nicht der eben gesetzte Unterschied wieder aufgehoben werden soll. Denn beim Wollen ist immer Vorstellung und wenn nun die Vorstellung auch die Causalität nach Aussen besässe, so wäre der Unterschied zwischen Wille und Vorstellung in der That aufgehoben, während wir innerhalb eines jeden von ihnen die beiden verschiedenen Momente wieder finden würden und von Neuem zu bezeichnen hätten. Darum behalten wir lieber gleich für diese polarischen Momente die Worte Wille und Vorstellung bei, und nehmen eine Verknüpfung beider an, wo wir sie beide vereint finden. So haben wir es beim Willen bereits gemacht; es bleibt noch übrig, in Zukunft in der Vorstellung überall da einen Willen anzuerkennen, wo dieselbe eine Causalität nach Aussen zeigt. Auch dies hat schon Aristoteles ausgesprochen (de an. III. 10. 433. a. 9): καὶ ἡ φαντασία δέ, ὅταν κινῇ, οὐ κινεῖ ἄνευ ὀρέξεως, d. h.: „aber auch die Vorstellung, wenn sie nach Aussen wirkt, wirkt nicht ohne einen Willen."

Wie wir oben sahen, dass die strengen Schopenhauerianer zwar den unbewussten Willen einseitig anerkennen wollen, aber nicht die Nothwendigkeit seiner Erfüllung mit unbewusster Vorstellung oder Idee, so erkennen die Hegelianer und Herbartianer, wenn sie ihre Meister recht verstehen, wohl die unbewusste Idee oder Vorstellung willig an, wollen aber die Nothwendigkeit des unbewussten Willens nicht zugeben. Wie erstere die Vorstellung im Willensinhalt implicite mitdenken, ohne es zu merken, so denken letztere den Willen in dem Selbstrealisirungs-Trieb und -Vermögen der Idee resp. in den gegeneinander wirkenden Kräften der psychologischen Vorstellungen mit, ohne sich diesen wichtigen Gedankeneinschluss explicite klar zu machen. Vielleicht durch Herbart'sche Einflüsse beirrt lassen auch einige unserer neueren Physiologen die Vorstellung als solche ohne Weiteres physiologische Wirkungen auf den Körper hervorbringen.

Die Anwendung, die wir hier zunächst von diesem Satze zu machen hätten, wäre die Rückwärtsbestätigung, dass die unbewusste Vorstellung von der Lage der centralen Endigungen motorischer Nervenfasern nicht wirken kann ohne den Willen, diese Stellen zu erregen, und dass die blosse unbewusste Vorstellung eines Instinctzweckes nichts nützen kann, wenn der Zweck nicht auch gewollt wird; denn nur durch das Wollen des Zweckes kann das Wollen des Mittels hervorgerufen werden, und nur durch das Wollen des Mittels dieses selbst. Was hier für den Instinctzweck gesagt, gilt natürlich ganz ebenso für jede andere, in den folgenden Capiteln sich ergebende unbewusste Zweckvorstellung.

Wir können endlich nunmehr auch der Frage nach dem Unterschiede des bewussten und unbewussten Willens näher treten. Ein Wille, dessen Inhalt durch eine unbewusste Vorstellung gebildet wird, könnte höchstens noch nach seiner leeren Form des Wollens vom Bewusstsein percipirt werden, und verschiedene solche Willensacte könnten sich dann für das Bewusstsein höchstens dem Grade nach unterscheiden; dagegen kann er nicht mehr als dieser bestimmte Wille vom Bewusstsein percipirt werden, da seine Besonderheit erst durch den Inhalt bestimmt wird. Demnach ist für einen solchen Willen die Anwendung des Wortes „bewusst" unbedingt ausgeschlossen, da man keinenfalls mehr sagen kann, dass dieser bestimmte Wille bewusst werde. Ausserdem lehrt uns auch die Erfahrung, dass wir von einem Willen um so weniger wissen, je weniger von den ihn begleitenden Vorstellungen oder Empfindungen zum Hirnbewusstsein gelangt. Hiernach scheint es fast, als ob der Wille als solcher überhaupt dem Bewusstsein nicht zugänglich wäre, sondern dies erst durch seine Vermählung mit der Vorstellung würde. (Dies wird Cap. C. III. in der That nachgewiesen.) Wie dem auch sei, so können wir schon jetzt behaupten, dass ein unbewusster Wille ein Wille mit unbewusster Vorstellung als Inhalt sei; denn ein Wille mit bewusster Vorstellung als Inhalt wird uns immer bewusst werden. Wenn hiermit der Unterschied von bewusstem und unbewusstem Willen auch nur auf den ebenso schwierigen Unterschied von bewusster und unbewusster Vorstellung zurückgeführt ist, so ist damit doch schon eine wesentliche Vereinfachung des Problems erreicht.

V.

Das Unbewusste in den Reflexwirkungen.

„Reflectorische Bewegungen nennt man gegenwärtig solche, bei welchen der excitirende Reiz weder ein contractiles Gebilde, noch einen motorischen Nerven unmittelbar trifft, sondern einen Nerven, welcher seinen Erregungszustand einem Centralorgane mittheilt, worauf durch Vermittelung des letzteren der Reiz auf motorische Nerven überspringt, und nun erst durch Muskelbewegungen sich geltend macht."*) Diese Erklärung scheint mir so gut, als die Physiologie sie zu geben im Stande ist, und es lässt sich keine Einschränkung derselben finden, die nicht gewisse Classen allgemein als solcher anerkannter Reflexbewegungen von diesem Namen ausschlösse, und dennoch ist leicht zu sehen, dass sie viel weiter ist, als die Physiologie beabsichtigt, da alle Bewegungen und Handlungen in derselben Platz finden, deren Motiv nicht ein im Hirne von selbst entsprungener Gedanke, sondern unmittelbar oder mittelbar ein Sinneseindruck ist. Um diesen stetigen Uebergang der niedrigsten Reflexbewegungen in die bewussten Willensthätigkeiten näher zu verfolgen, müssen wir in die Betrachtung der Beispiele eingehen.

Wenn man ein frisch ausgeschnittenes Froschherz, welches langsam pulsirt, durch einen Nadelstich reizt, so entsteht unabhängig vom Rhythmus des Schlages eine Systole (Zusammenziehung) in der

---

*) Wagner's Handwörterbuch der Physiologie Bd. II. S. 542, Artikel „Nervenphysiologie" von Volkmann. Vgl. auch über die histor. Entwickelung des Begriffes Reflexbewegung und zur Würdigung der Auffassungen der öfters die Wahrheit dicht berührenden früheren Forscher die empfehlenswerthe Schrift J. W. Arnold's: „Die Lehre von der Reflexfunction."

normalen Reihenfolge der Theile. Vor dem völligen Erlöschen der Reizbarkeit tritt eine Zeit ein, wo die Reizung nur eine örtliche Contraction von abnehmender Raumgrösse zur Folge hat. Zerschneidet man das Herz im noch kräftigen Zustande, aber so, dass Verbindungsbrücken zwischen den Theilen bleiben, so bewirkt Reizung des einen Theils, in welchem ein Ganglienknoten in der Muskelsubstanz enthalten ist, Contraction beider Theile, dagegen hat Reizung des anderen Theiles, welcher keinen Knoten enthält, nur örtliche Contraction zur Folge. Hieraus geht hervor, dass die auf Reizung erfolgende normale Systole keine einfache Reizerscheinung contractilen Gewebes ist, sondern eine durch die eingelagerten Ganglienknoten vermittelte Reflexbewegung. Andere Versuche, z. B. die Theilung des Rückenmarkes in kleine Querschnitte u. s. w. machen es wahrscheinlich, dass jedes Nervencentrum der Vermittler von Reflexbewegungen sein kann. Je höher das Nervencentrum entwickelt ist, einen desto höheren Grad von Zweckmässigkeit und Geschicklichkeit in der Complication der Bewegungen zeigen seine Reflexwirkungen. Volkmann sagt (Hwb. II. 545): „Combiniren sich verschiedene Muskeln zu einer Reflexbewegung, gleichviel ob synchronisch oder in der Zeitfolge, so ist die Combination stets eine mechanisch zweckmässige. Ich meine, die gleichzeitig wirkenden Muskeln unterstützen sich, z. B. in Hervorbringung einer Flexion, und die in der Zeitfolge nach einander thätigen vereinigen sich in zweckmässiger Fortführung und Vollendung der schon begonnenen Bewegung. Reizt man einen enthaupteten und in gestreckter Lage befindlichen Frosch am Hinterschenkel hinreichend kräftig, so combiniren sich zunächst die Flexoren und Adductoren beider Schenkel, erst nachdem die Schenkel an den Leib gezogen sind, combiniren sich die Extensoren zu einer gemeinsamen Streckung, und das Gesammtresultat ist eine mehr oder weniger regelmässige Ortsbewegung zum Schwimmen oder zum Sprunge.

In vielen Fällen haben die reflectorischen Bewegungen nicht nur den Charakter der Zweckmässigkeit, sondern sogar einen gewissen Anstrich der Absicht. Junge Hunde, bei welchen ich das grosse und kleine Gehirn mit Ausnahme des verlängerten Marks zerstört hatte, suchten mit der Vorderpfote meine Hand zu entfernen, wenn ich sie unsanft bei den Ohren fasste. Bei enthaupteten Fröschen sieht man oft, dass sie eine heftig geknippene Hautstelle frottiren (was nur durch ein abwechselndes Spiel der Antagonisten möglich ist), und Schildkröten, welche man nach der Enthauptung verletzt, verstecken sich in ihrem Gehäuse." — Das verlängerte Mark, als das nächst dem Gehirn am höchsten entwickelte Nervencentrum, ist es auch, welches die complicirtesten Reflexbewegungen vermittelt, wie z. B. das Athmen mit seinen Modificationen: Schluchzen, Seufzen, Lachen, Weinen, Husten; ferner das Niesen bei Reizung der Nasenschleimhaut, das Schlucken und Erbrechen bei leichtem Druck (durch einen Bissen) oder Kitzel des Schlundes und Gaumens; das Lachen erfolgt auf Kitzel der äusseren Haut, das Husten auf Reizung des Kehlkopfes.

Sehr wichtig für das ganze Leben des Menschen und auf schon viel complicirtere Vorgänge in den Centralorganen hinweisend sind die durch die Sinneswahrnehmungen hervorgerufenen Reflexbewegungen; allerdings eine Classe von Erscheinungen, denen die Physiologie noch nicht die gebührende Aufmerksamkeit geschenkt hat, weil sie sich nur am ganzen lebenden Körper und zum Theil nur psychologisch an sich selber studiren lassen. Es ist aber offenbar, dass diese Betrachtungsweise vor der an verstümmelten Leichen oder enthirnten Thieren ihre grossen Vorzüge hat, da man doch keineswegs bei Organismen, die so eben den Tod erlitten, oder die schwersten Operationen ausgehalten haben, oder gar noch mit Strychnin behandelt sind, einen normalen Zustand der Reactionsfähigkeit für die mit den zerstörten Theilen in so directer Correspondenz stehenden niederen Centralorgane voraussetzen darf. Dazu kommt noch, dass bei den geköpften Thieren auch das verlängerte Mark und die grossen Hirnganglien entfernt sind, welche letztere wahrscheinlich auch noch zum Rückenmark oder wenigstens nicht zum Gehirn gerechnet werden müssen. Aus alledem erklärt sich sehr wohl die bei solchen Experimenten bisweilen hervortretende Unvollkommenheit der Zweckmässigkeit in den Reflexbewegungen, weil man die pathologischen Elemente nicht auszusondern vermag.

Die nächsten durch einen Sinneseindruck hervorgerufenen Reflexbewegungen bestehen darin, dass das betreffende Sinnesorgan in eine solche Stellung, Spannung u. s. w. gebracht wird, wie zum deutlichen Wahrnehmen erforderlich ist. Beim Tasten entsteht ein Hin- und Herbewegen der Finger, beim Schmecken Absonderung von Speichel und Hin- und Herbewegen des schmeckenden Stoffes im Munde, beim Riechen Erweiterung der Nasenlöcher und kurze, rasche Inspirationen, beim Hören Spannung des Trommelfelles und Bewegungen der Ohren und des Kopfes, beim Sehen Stellung beider Augencentra nach der Stelle des grössten Reizes, Accommodation der Linse zur Entfernung und der Iris zur Lichtstärke. Alle diese Bewegungen mit Ausnahme der letztgenannten können auch willkürlich ausgeführt werden, aber nur durch die Vorstellung des veränderten Sinneseindruckes; nur schwer oder gar nicht durch directe Vorstellung der Bewegungen. Z. B. hält der untersuchende Augenarzt dem Patienten den Finger dahin, wohin er sehen soll, denn wenn er ihn das Auge nach rechts oben wenden heisst, so entstehen häufig die verschrobensten Bewegungen in den Augen und Lidern, nur die verlangte nicht. An diesen Reflexbewegungen nimmt bei gesteigerter Lebhaftigkeit nicht selten den Kopf, die Arme und der ganze Körper unwillkürlich Antheil. Ferner werden durch das Ohr Bewegungen in den Sprachwerkzeugen reflectirt, denn bekanntlich beruht alles Sprechenlernen der Kinder und Thiere darauf, dass ein unwillkürlicher Trieb sie nöthigt, das Gehörte zu reproduciren; dasselbe findet statt bei Melodien, wo es sich leichter auch bei Erwachsenen beobachtet; ohne diesen Reflex wäre es unmöglich, Vögel zum Pfeifen von Melodien abzurichten. Die reflectorische Nöthigung zum Aussprechen der gehörten Worte kann man aber auch an sich selbst beim Denken beobachten. Hier ruft nämlich, ähnlich wie in erhöhtem Grade bei Entstehung der Traumbilder und Hallucinationen, zunächst der noch nicht sinnliche Gedanke des Worts einen centrifugalen Innervationsstrom nach dem Hörnerven hervor, als dessen reflectorische Folge ein centripetaler Strom die Gehörsempfindung des Wortes zurückbringt, und diese ruft in den Sprachwerkzeugen die Reflexbewegungen des lauten oder leisen Aussprechens hervor. Der natürliche Mensch, z. B. der ungebildete oder leidenschaftlich erregte, denkt laut, es gehört schon der Zwang der Bildung dazu, leise zu denken, und selbst hier wird man sich fast immer, wenn man darauf achtet, über einem Muskelgefühl in den Sprachwerkzeugen ertappen, welches in schwächerem Grade dasselbe ist, welches durch das Aussprechen der Worte entstehen würde, das also offenbar den Ansatz zu jener Thätigkeit enthält. Beim Lesen ist es ganz ähnlich.

Eine der wichtigsten Reflexwirkungen des grossen Gehirns, namentlich auf Sinneswahrnehmungen, ist derjenige centrifugale Innervationsstrom, welchen wir Aufmerksamkeit nennen, und welcher alle einigermaassen deutlichen Wahrnehmungen erst ermöglicht. Derselbe entsteht als Reflexwirkung auf einen Reiz, welcher die sensiblen Nerven der Sinnesorgane trifft. Wenn das Gehirn anderweitig zu sehr in Anspruch genommen ist, um auf solche Reize zu reagiren, so bleibt diese Wirkung aus, und alsdann ist uns der Sinneseindruck

Das Unbewusste in den Reflexwirkungen. 113

entgangen, ohne zur Wahrnehmung zu werden. Dieser Innervationsstrom kann auf einzelne Theile einer Sinneswahrnehmung (z. B. einen beliebigen des Gesichtsfeldes oder ein Instrument im Orchester) gerichtet werden, wodurch sich erklärt, dass man oft gerade nur das sieht und hört, was ein besonderes Interesse für den gegenwärtigen Zustand des Gehirns hat, womit auch manche Erscheinungen des Nachtwandelns zusammenhängen. Das partielle Fehlen dieses Innervationsstroms ist es auch, was den sonst unerklärlichen Unterschied zwischen fehlenden und schwarzen Stellen des Sehfeldes begreiflich macht. Auch willkürlich kann man diesen Innervationsstrom auf gewisse Körpertheile richten und dadurch die für gewöhnlich nicht bemerkten Empfindungen, welche alle Körpertheile fortwährend erzeugen, als Wahrnehmungen zum Bewusstsein bringen; z. B. ich kann meine Fingerspitzen fühlen, wenn ich auf sie lebhaft achte; (man denke ferner an Hypochondrische). Eine Grenze zwischen solchen Innervationsströmen, die durch bewusste Willkür erzeugt sind, und solchen, die als Reflexwirkung auf Sinneseindrücke mit einseitg vorwiegendem Interesse der Gehirnstimmung erfolgen, lässt sich hier so wenig wie in irgend einem anderen Gebiete dieser Erscheinungen auffinden und fixiren. Sehr merkwürdig sind manche durch das Auge und den Tastsinn vermittelte Reflexbewegungen. Das Auge schützt nicht nur sich selbst reflectorisch vor Verletzungen, welche es herannahen sieht, durch Schliessen, Ausbiegen des Kopfes und des Körpers, oder Vorhalten des Armes, sondern es schützt auch andere bedrohte Körpertheile auf dieselbe Weise, ja sogar andere Dinge; z. B. wenn ein Glas von dem Tisch herunterfällt, vor dem man sitzt, so ist das plötzliche Zugreifen gerade so gut Reflexbewegung, wie das Ausbiegen des Kopfes vor einem heranfliegenden Stein, oder das Pariren der Hiebe beim Fechten: denn im einen wie im anderen Falle würde der Entschluss nach bewusster Ueberlegung viel zu spät kommen. Sollte es wirklich ein verschiedenes Princip sein, welches den enthirnten jungen Hund die ihn in's Ohr kneifende Hand mit der Pfote fortstossen lässt, und welches den Menschen einen durch das Auge gewahrten drohenden Schlag durch plötzlich erhobenen Arm abwehren lässt? Die wunderbarsten reflectorischen Leistungen des Gesichts- und Tastsinnes bestehen aber in den complicirten Bewegungen im Wahren der Balance, wie sie beim Ausgleiten, Gehen, Reiten, Tanzen, Springen, Turnen, Schlittschuhlaufen u. s. w. theils von selbst stattfinden (namentlich bei Thieren), theils durch Uebung erworben werden, wobei immer die ursprüngliche

v. Hartmann, Phil. d. Unbewussten. Stereotyp-Ausg. 8

Fähigkeit dazu vorausgesetzt werden muss. Wenn man über einen Graben springt, ist es nicht leicht, über den jenseitigen Rand hinauszuspringen, auch wenn man auf ebener Erde viel weiter springen kann; aber das Auge bewirkt durch eine unbewusste Reflexion, dass gerade die zum Erreichen des jenseitigen Randes nöthige Muskelkraft angewendet werde, und dieser unbewusste Wille ist oft stärker, als der bewusste, weiter zu springen. Alle die genannten Functionen gehen merkwürdigerweise viel leichter, sicherer und sogar graziöser von Statten, wenn sie ohne bewussten Willen als einfache Reflexbewegungen der Gesichts- und Tast-Empfindungen vollzogen werden; jede Einmischung des Hirnbewusstseins wirkt nur hemmend und störend, daher Maulthiere sicherer als Menschen auf gefährlichen Wegen gehen, weil sie sich nicht durch bewusste Ueberlegung stören lassen, und Nachtwandler im unbewussten Zustande auf Wegen gehen und klettern, wo sie mit Bewusstsein unfehlbar verunglücken. Denn die bewusste Ueberlegung führt allemal den Zweifel, der Zweifel das Zaudern, dieses aber häufig das Zuspätkommen mit sich; die unbewusste Intelligenz dagegen ist allemal zweifellos sicher, das Rechte zu ergreifen, oder vielmehr der Zweifel kommt ihr niemals an, und darum ergreift sie fast immer das Rechte im rechten Moment. — Sogar Vorlesen und Clavierspielen nach Noten können, wenn das Bewusstsein anderweitig beschäftigt ist oder schläft, als blosse Reflexbewegungen der Gefühlseindrücke vorgenommen werden, wie denn Fälle beobachtet sind, dass das laute Lesen nach dem Einschlafen noch eine Weile fortgesetzt wird, oder Musikstücke in traumähnlichen, bewusstlosen Zuständen besser vorgetragen wurden, als im Wachen. Dass man das Lesen oder vom Blattspielen oft völlig bewusstlos und ohne die geringste nachherige Erinnerung des Inhalts fortsetzt, wenn das Bewusstsein in anderweitige fesselnde Gedanken ausschweift, kann jeder an sich selbst beobachten. Ja sogar plötzliche kurze Antworten auf schnelle Fragen haben oft etwas reflectorisch Unbewusstes an sich, wenn sie bewusstlos wie aus der Pistole geschossen werden, und man sich hernach gelegentlich selbst darüber wundert oder schämt, wenn sie den Umständen und Anwesenden nicht angemessen waren.

Wichtiger aber als alles bisher Betrachtete ist die Ueberlegung, dass es keine, oder fast keine willkürliche Bewegung giebt, die nicht zugleich als eine Combination von Reflexwirkungen aufgefasst werden müsste. Ich meine dies so. Anatomische Untersuchungen ergeben, dass im oberen Theile des Rückenmarkes die Anzahl sämmtlicher Primitivfasern nur einen sehr kleinen Bruchtheil der Primitivfasern aller der Nerven beträgt, welche durch den bewussten Willen, also vom Gehirn aus, Bewegungen hervorzurufen bestimmt sind. Da nun aber die Leitung vom Gehirn zu den Muskelnerven mit geringen Ausnahmen doch nur durch das obere Rückenmark geschehen kann, so geht daraus hervor, dass eine Faser im oberen Rückenmark eine grosse Menge zusammengehöriger Muskelnervenfasern zu innerviren bestimmt sein muss. Es liesse sich eine directe Anastomose (Ineinandergreifen, Verknüpfung) dieser Fasern denken, doch erscheint diese Annahme sowohl nach den anatomischen Beobachtungen höchst unwahrscheinlich, als auch zwingt der Umstand, sie fallen zu lassen, dass ein und dieselben Bewegungen bald vom Hirn aus angeregt, bald in Folge irgend einer anderen Anregung von den Rückenmarkscentralorganen selbstständig vollzogen werden, und in der Art ihrer Complication eine Unzahl der feinsten Modificationen zulassen, während eine directe Anastomose immer unverändert dieselben Bewegungen zur Folge haben müsste. Hierzu kommt noch, dass das Gehirn, welches den Befehl zur Execution einer complicirten Folge von Bewegungen ertheilt, von dieser Complication selbst gar keine Vorstellung hat, sondern nur eine Gesammtvorstellung des Resultats, (wie beim Sprechen, Singen, Gehen, Tanzen, Laufen, Springen, Turnen, Fechten, Reiten, Schlittschublaufen) dass also alles Detail der Ausführung, wie es zu dem beabsichtigten Gesammtresultat erforderlich ist, dem Rückenmark überlassen bleibt. (Man frage sich nur, ob man etwas von den Muskelcombinationen weiss, die man zum Aussprechen eines Wortes, oder zum Singen einer Coloratur braucht.) Demnach scheint mir die allein übrig bleibende Auffassungsweise die, dass der Innervationsstrom, welcher den bewussten Willen des Gesammtresultates der Bewegung vom Gehirn zum Centralorgan dieser Bewegung im Rückenmark leitet, und welcher zwar für das Gehirn ein centrifugaler, für das Nervencentrum der Bewegung aber ein centripetaler ist, dass dieser Strom als Sensation von dem Bewegungscentrum empfunden werde, gerade so gut, wie eine von peripherischen Körpertheilen kommende Empfindung, und dass die Folge dieser Sensation das Eintreten der intendirten Bewegung sei. Es ist aber klar, dass wir hiermit wiederum den Begriff der Reflexbewegung erfüllt sehen, sobald man sich nur entschliesst, die relativen Begriffe centrifugaler und centripetaler Ströme in ihren richtigen Relationen zu brauchen.

Man wird leicht einsehen, dass es kaum eine Bewegung giebt,

welche, wenn sie vom Hirnbewusstsein intendirt ist, nicht erst ein oder mehrere Male zu einem anderen Bewegungscentrum geleitet und dort erst in Scene gesetzt wird. Das Bewusstsein kann freilich die Bewegungen bis auf einen gewissen Grad zerlegen, und zu jeder Theilbewegung den bewussten Impuls geben (dies ist ja auch die Art, die Bewegung zu lernen), aber erstens wird auch jede solche Theilvorstellung wahrscheinlich keine andere Leitung nach den Muskeln finden, als durch die graue Masse der Bewegungscentra hindurch, also immer den Charakter des Reflectirten behalten, zweitens erfordern auch die einfachsten dem Hirnbewusstsein zugänglichen Bewegungselemente noch höchst verwickelte Bewegungscombinationen zu ihrer Ausführung, in welche das Bewusstsein nie eindringt (z. B. das Aussprechen eines Vocals, oder das Singen eines Tons), und drittens hat die ganze Bewegung, wenn ihre einzelnen Elemente so weit als möglich vom bewussten Willen intendirt werden, etwas überaus Langsames, Plumpes, Ungeschicktes und Schwerfälliges, während dieselbe Bewegung sich mit der grössten Leichtigkeit, Schnelligkeit, Sicherheit und Grazie vollzieht, wenn nur ihr Endresultat vom Hirnbewusstsein intendirt war, und die Ausführung den betreffenden Bewegungscentren überlassen blieb. — Man denke nur an die Erscheinung des Stotterns. Der Stotternde spricht oft ganz geläufig, wenn er gar nicht an die Aussprache denkt, und sein Bewusstsein sich nur mit dem Inhalt der Rede, aber nicht mit deren formeller Verwirklichung beschäftigt; sowie er aber an die Aussprache denkt und durch den bewussten Willen diesen oder jenen Laut erzwingen will, so bleibt der Erfolg aus, und statt dessen stellen sich allerlei Mitbewegungen ein, die bis zum Krampfhaften gehen können. Ganz ähnlich ist es mit dem Schreibkrampf und allen oben aufgeführten körperlichen Uebungen, bei denen die Hauptsache ist, dass sie einem erst zur Natur werden, d. h. dass der bewusste Wille sich nicht mehr um die Details zu bekümmern braucht. Durch diese Auffassungsweise wird auch erst die Erscheinung erklärlich, dass oft ein einmaliger Impuls des bewussten Willens genügt, um eine lange Reihe periodisch wiederkehrender Bewegungen herbeizuführen, die so lange fortdauert, bis sie durch einen neuen Willensimpuls unterbrochen wird. Ohne diese Einrichtung würden alle unsere gewöhnlichen Thätigkeiten, wie Gehen, Lesen, Spielen, Sprechen etc. eine Menge von Willensimpulsen des Gehirns absorbiren, welche sehr bald Ermüdung zur Folge haben müssten. Sie beweist aber auch die Selbstständigkeit der niederen Nervencentra und widerlegt auf's Entschiedenste obige Annahme einer directen Anastomose der Nerven. Es dürfte jetzt auch verständlich sein, wie es zugeht, dass so viele Thätigkeiten und Beschäftigungen, deren kleinste Details wir beim Erlernen derselben mit Bewusstsein vollziehen müssen, später nach erlangter Uebung und Gewohnheit sich ganz unbewusst vollziehen, wie Stricken, Clavierspielen, Lesen, Schreiben u. s. w. Es ist dann eben die ganze Arbeit, die beim Erlernen vom Gehirn vollzogen werden musste, auf untergeordnete Nervencentra übertragen worden; denn diese können sich eine gewohnheitsmässige Combination gewisser Thätigkeiten so gut einüben, wie sich das Gehirn im Denken übt, oder etwas auswendig lernt. Dass aber alsdann die Thätigkeiten grossentheils für das Hirn unbewusst werden, das verleiht ihnen für das Hirn eine gewisse Aehnlichkeit mit Instincthandlungen, während doch für das der Thätigkeit vorstehende Nervencentrum die Uebung und Gewohnheit das gerade Gegentheil des Instinctes ist.

Dass die bis jetzt betrachteten Erscheinungen alle einen wesentlich gleichen Kern zu Grunde liegen haben, dürfte wohl nicht schwer sein, einzusehen. Wir gingen von den durch Reizung peripherischer Körpertheile erzeugten reflectorischen Bewegungen aus, und fanden schon hier die Zweckmässigkeit sowohl in dem Resultat der ganzen Bewegung, als in der gleichzeitigen und aufeinander folgenden Combination der verschiedensten Muskeln, ja theilweise sogar in einem abwechselnden Spiel der Antagonisten auf das Entschiedenste ausgesprochen. Wir gingen dann zu den durch Sinneswahrnehmungen erzeugten Reflexbewegungen über, und fanden hier dieselbe Sache, nur öfters mit einem Anstrich höherer Intelligenz dadurch, dass die höheren Centralpuncte des Rückenmarkes mehr in's Spiel kamen. Endlich betrachteten wir die Reflexwirkungen, bei denen der excitirende Reiz ein durch den bewussten Willen erzeugter Innervationsstrom vom Gehirn nach den betreffenden anderen Centralorganen ist und bemerkten hier nicht einmal mehr eine quantitative Steigerung der Leistungen gegen die durch Sinneswahrnehmungen erzeugten Reflexbewegungen; ganz natürlich, denn die in dem Reflex sich offenbarende Intelligenz hängt ja weit mehr von der Entwickelungsstufe des reflectirenden Centralorgans, als von der Beschaffenheit des Reizes ab.

Dass in der That auch das Gehirn Centralorgan von Reflexwirkungen werden kann, dürfen wir nach der Analogie seines Baues mit den anderen Centris nicht bezweifeln. Bei Reflexwirkungen des

Gangliensystems und enthirnten Individuen kommt nicht einmal der Reiz zur Perception des Gehirns, wohl aber geschieht dies bei Reflexen des Rückenmarkes an gesunden Organismen. In diesem Falle wird jedoch im Hirne nur der Reiz und nichts von dem Willen der Bewegung empfunden; offenbar muss aber auch letzteres stattfinden wenn das Hirn selbst Centralorgan des Reflexes werden soll. Solche Fälle sind uns aber schon bekannt. Z. B. das Auffangen eines vom Tische fallenden Glases oder das Pariren eines vorhergesehenen Schlages mit dem Arme können diese Merkmale haben. Demnach werden wir nicht umhin können, sie als Reflexwirkungen anzusehen, wenn nur die Vermittelung zwischen der Perception des Motives und dem Willen der Ausführung ausserhalb des Hirnbewusstseins gelegen hat, was noch dadurch erhärtet werden kann, dass die bewusste Ueberlegung offenbar zu spät gekommen wäre. Eben hierher gehört ein Theil des noch nicht ganz unbewussten Vorlesens und Vorspielens, oder das schnelle Antworten auf plötzliche Fragen, oder das plötzliche Hutabziehen auf den überraschenden Gruss einer unbekannten Person. Der Hirnreflex ist häufig den Rückenmarksreflexen überlegen und verhindert das Zustandekommen dieser; z. B. ein geköpfter Frosch kratzt die geknippene Hautstelle, ein lebender hopst davon. Man sieht hier den unmittelbaren Uebergang zwischen Hirnreflex und bewusster Seelenthätigkeit, wofür sich gar keine Grenze ziehen lässt. Es folgt hieraus die Einheit des allen diesen Erscheinungen zu Grunde liegenden Princips. Darum giebt es nur zwei consequente Betrachtungsweisen dieser Dinge: entweder die Seele ist überall nur letztes Resultat materieller Vorgänge, sowohl im Hirn als im übrigen Nervenleben (dann müssen aber auch die Zwecke überall geleugnet werden, wo sie nicht durch bewusste Nerventhätigkeit gesetzt werden), oder die Seele ist überall das den materiellen Nervenvorgängen zu Grunde liegende, sie schaffende und regelnde Princip, und das Bewusstsein ist nur eine durch diese Vorgänge vermittelte Erscheinungsform desselben. Wir werden in der Folge sehen, welche von beiden Annahmen diesen Thatsachen besser entspricht.

Das Nächste, was wir zu untersuchen haben, ist die Frage, ob die betrachteten Erscheinungen als Wirkungen eines todten Mechanismus angesehen werden können, ob wir nicht vielmehr gezwungen werden, sie als Folgen einer den Centralorganen innewohnenden Intelligenz aufzufassen, wobei vorläufig obige Alternative noch unerörtert bleibt. Wenden wir uns zunächst an die Physiologie. Wir sehen auf einen Nadelstich in die Froschschenkelhaut beide Schenkel zucken, wenn nur das kleine Stück Rückenmark unversehrt ist, aus welchem die Schenkelnerven entspringen. Der Nadelstich afficirt offenbar nur Eine Nervenprimitivfaser, da in einem Kreise von gewisser Grösse die Lage der gestochenen Stelle nicht unterschieden werden kann; die Zahl der durch denselben in Action gesetzten motorischen Fasern ist aber ungeheuer gross, denn sie kann den ganzen Körper umfassen. Schon dadurch ist die directe Anastomose der sensiblen und motorischen Nerven höchst unwahrscheinlich. Noch mehr aber wird sie es dadurch, dass dieselben motorischen Fasern reagiren, wenn diese oder jene Stelle der Froschschenkelhaut gestochen wird, wenn also verschiedene sensible Nervenfasern den Reiz zum Centrum leiten. Ausserdem bieten die mikroskopischen Untersuchungen dieser Annahme nicht nur keine Stütze, sondern vielmehr hat schon Kölliker das Hervortreten motorischer Fasern aus Kügelchen grauer Nervensubstanz (Centralorgan) direct beobachtet, und man nimmt jetzt allgemein an, dass der centrale Ursprung sämmtlicher Nervenfasern in Ganglienzellen, d. h. den eigenthümlichen kugeligen oder strahligen Zellen der grauen Nervensubstanz, zu suchen ist. Es müsste demnach der von den sensiblen Fasern zugeleitete Reiz jedenfalls zunächst vom Centralorgan aufgenommen und durch dieses den motorischen Nerven zugeführt werden; auf andere Weise könnte unmöglich fast jede sensible Faser im Stande sein, auf jede motorische Faser desselben Centrums zu wirken (wie dies wirklich der Fall ist). Werden aber alle Reize zuerst vom Centralorgan aufgenommen und von diesem erst auf die motorischen Nerven übertragen, so wird die materialistische Erklärung der Reflexwirkungen durch einen eigenthümlichen Mechanismus der Leitungsverhältnisse ganz unmöglich; denn nun lassen sich gar keine Gesetze und Einrichtungen mehr denken, welche ein und denselben Strom bald auf nahe, bald auf ferne Theile überspringen, bald in dieser, bald in jener Reihenfolge die Reactionen auf einander folgen lassen, ja sogar auf einen einfachen Reiz ein abwechselndes Spiel der Antagonisten eintreten lassen könnten (wie beim Frottiren der geknippenen Stelle). — Die Unmöglichkeit eines prästabilirten Mechanismus ist aber physiologisch noch viel schlagender nachzuweisen. Theilt man nämlich das Rückenmark seiner ganzen Länge nach durch einen Schnitt von vorn nach hinten, so leidet die Befähigung zu Reflexbewegungen nicht, nur sind sie dann auf die jedesmal gereizte Körperhälfte beschränkt; lässt man dagegen zwischen den beiden getrennten Seitenhälften an irgend einer Stelle eine verbindende Brücke übrig, oder durchschneidet man in einiger Entfernung von einander einerseits die linke, andererseits die rechte Hälfte des Rückenmarkes quer, so dass alle Längenfasern desselben getrennt werden, so kann man durch Reizung jedes Hautpunctes **allgemeine** Reflexbewegungen erregen. Dies ist wohl der deutlichste Beweis, dass die motorische Reaction nicht eine Folge der **vorgezeichneten** Bahnen der Leitung des Reizes ist, sondern dass der Strom, um die **zweckmässigen** Reflexbewegungen zu Stande zu bringen, nach Zerstörung der gewöhnlichen Leitungsbahnen **sich neue Bahnen schafft**, wenn nur nicht **völlige** Isolation der Theile bewirkt ist. Es muss also ein **über** den materiellen Leitungsgesetzen der Nervenströmungen stehendes Princip vorhanden sein, welches die Veränderung der Umstände schafft, vermöge deren die Bahnen jener Strömungen verändert werden, und dieses Princip kann nur ein immaterielles sein. Dasselbe wird auch durch den Umstand documentirt, dass die **Verbindung** der Reflexbewegungen zum grössten Theil durch bewussten Willen und Uebung **lösbar** ist.

So schlagend auch diese anatomisch-physiologischen Gründe sind, so sind sie doch noch nicht die stärksten. Wäre nämlich die in Reflexwirkungen erscheinende Zweckmässigkeit eine äusserlich prädeterminirte, durch einen materiellen Mechanismus in Scene gesetzte, so wäre die Accommodationsfähigkeit der Bewegungen nach der Beschaffenheit der Umstände, dieser **unerschöpfliche Reichthum** von Combinationen, deren jede für ihren besonderen Fall angemessen ist, geradezu unerklärlich; man müsste vielmehr eine stete Wiederkehr **weniger** und sich immer **gleich bleibender** Bewegungscomplicationen erwarten, während ein einziger Blick auf die Unendlichkeit von Combinationen, wie sie allein zur Wahrung der Balance stattfinden, hinreicht, um die Ueberzeugung einer immanenten Zweckmässigkeit, einer **individuellen Vorsehung**, zu begründen, wie wir sie schon bei Betrachtung des Instincts kennen gelernt haben. Wir müssen uns also unbedingt den Vorgang so vorstellen, dass der Reiz als Vorstellung percipirt wird, und durch die Vorstellung der damit verbundenen Gefahr oder Unlustempfindung die Vorstellung der Abhülfe durch die entsprechende Gegenbewegung erzeugt wird, welche nun Gegenstand des Wollens wird. Dass die Nervencentra des Rückenmarkes und der Ganglien die Fähigkeit des Wollens besitzen, haben wir früher schon besprochen, dass sie ganz analog den dort angeführten Parallelen auch Sensibilität haben müssen, leuchtet sofort ein; da sich aber keine Sensation ohne einen gewissen, wenn auch noch so geringen Grad von Bewusstsein denken lässt, so haben sie auch ein gewisses Bewusstsein: es sind also der Anfang und das Ende des Processes, die Perception des Reizes und der Wille zur Bewegung, Functionen, welche wir kein Bedenken tragen dürfen, jedem Nervencentrum zuzuschreiben; es fragt sich nur, ob die Vermittelung zwischen beiden, die Zwecksetzung, auch eine Function bewusster Vorstellungscombination dieser Nervencentra sein kann. Dies muss nun allerdings verneint werden, denn wir haben ja gesehen, dass die Leistungen des Reflexes für den Organismus gerade darum von so grosser Wichtigkeit sind, weil sie an Leichtigkeit, Schnelligkeit und Sicherheit die Leistungen der bewussten Ueberlegung des Gehirns so weit überragen. Dies ist aber gerade der Charakter der unbewussten Vorstellung, wie wir ihn am Instinct kennen gelernt haben, und ferner überall anderweitig kennen lernen werden. Mithin gilt alles, was wir beim Instinct gegen die Entstehung durch bewusste Ueberlegung angeführt haben, hier in noch viel höherem Maasse, theils weil die Augenblicklichkeit der Wirkung hier noch mehr in die Augen fällt, und noch mehr mit der Langsamkeit des bewussten Denkens in tiefstehenden Wesen contrastirt, theils weil wir es hier in den Thieren vorzugsweise mit den niederen Centris zu thun haben, während wir doch erfahrungsmässig nur da einigermaassen nennenswerthe Resultate der bewussten Ueberlegung finden, wo die Hirnfunction der höheren Vögel und Säugethiere eintritt; wenn wir dagegen die Thiere betrachten, deren Hauptcentra ungefähr auf der Stufe der niederen menschlichen Nervencentra stehen, so tritt uns auch die grösste Stupidität und Bornirtheit entgegen (z. B. schon bei den meisten Amphibien und Fischen) gegen welche die bewunderungswürdige Sicherheit und Zweckmässigkeit auf das Schärfste absticht, mit der die nun im Verhältniss zu dem geistigen Gesammtleben des Thieres an Bedeutung und Ausdehnung immer zunehmenden Instincthandlungen vollzogen werden. Hier ist nichts mehr von jenem zweifelnden Abwägen des discursiven Denkens, nichts von jenem vorsichtigen Zögern der Klugheit, die wir an höheren Thieren beobachten, sondern auf das Motiv erfolgt momentan die Instincthandlung, zu der die Ueberlegung sogar dem menschlichen Hirn oft eine geraume Zeit kosten würde, und wenn die Handlung unzweckmässig war, wie dies bei sinnlicher Täuschung in der bewussten Wahrnehmung der Motive wohl vorkommt, so wird der verderbliche Irrthum mit derselben Sicherheit erfasst

Wir müssen diesen Character der unbewussten Vorstellung im Gegensatz zum discursiven Denken als eine unmittelbare intellectuale Anschauung bezeichnen, und werden, wo wir auch die (nicht relativ zu diesem oder jenem Centrum, sondern absolut) unbewusste Vorstellung noch antreffen, dieses Merkmal zutreffen sehen.

Durch den Vergleich mit dem Instinct sehen wir uns also entschieden davor gewarnt, die immanente Zweckmässigkeit der Reflexbewegungen als durch bewusstes Denken jener Nervencentra erzeugt zu betrachten. Hiermit stimmt völlig die psychische Selbstbeobachtung derjenigen Reflexbewegungen überein, deren Centralorgan das Hirn bildet; Anfangs- und Endglied des psychischen Processes, die Perception des Reizes, und der Wille der Bewegung fallen in's Bewusstsein des Organs, nicht aber die bindenden Zwischenglieder, in denen die Zweckvorstellung liegen muss. Die einzig mögliche Auffassungsweise, welche nach unserer Entwickelung des Gegenstandes übrig bleibt, ist also die, dass die Reflexbewegungen die **Instincthandlungen der untergeordneten Nervencentra** seien, d. h. absolut unbewusste Vorstellungen, welche die Entstehung des für das betreffende Centrum bewussten, für das Gehirn aber unbewussten Willens der Reflexwirkung aus der in demselben Sinne bewussten Perception des Reizes vermitteln. Der Reiz kann ausser dieser Perception im reflectirenden Centrum vermittelst Leitung zum Gehirn auch in diesem empfunden werden, dies ist dann aber eine zweite Perception für sich, welche mit jener Reflexbewegung und deren Vorgang nichts zu thun hat. Die Instincte und Reflexwirkungen sind sich auch darin gleich, dass sie bei den Individuen derselben Thierspecies auf gleiche Reize und Motive wesentlich gleiche Reactionen zeigen. Auch hier hat dieser Umstand die Ansicht bestärkt, dass statt unbewusster Geistesthätigkeit und immanenter Zweckmässigkeit ein todter Mechanismus vorhanden sei; dieser Umstand wird aber als Gegengrund gegen unsere Auffassung dadurch entkräftet, dass er sich aus letzterer mit Leichtigkeit auf dieselbe Weise erklärt, wie dies zum Schluss des Capitels über den Instinct angedeutet ist.

VI.

Das Unbewusste in der Naturheilkraft.

Wenn man dem Vogel sein Nest, der Spinne ihr Netz, der Raupe ihr Gespinnst, der Schnecke ihr Haus beschädigt, dem Vogel ein Stück seines Federkleides nimmt, so bessern alle den Schaden, der ihre künftige Existenz gefährdet, oder doch erschwert, wieder aus. Wir haben gesehen, dass die ersten dieser Aeusserungen dem Instinct zugeschrieben werden müssen, und wir sollten die frappante Parallelität der beiden letzten Erscheinungen mit jenen verkennen können? Wir haben erkannt, dass es eine unbewusste Vorstellung des Zweckes ist, welche, verbunden mit dem Willen, ihn zu erreichen, das bewusste Wollen des Mittels dictirt, und wir sollten zweifeln, dass wir es mit derselben Sache zu thun haben, wo der Gegenstand der Einwirkung nicht mehr etwas Aeusseres, sondern der eigene Körper selbst ist, da wir doch nicht die Grenze zu fixiren im Stande sind, wo der eigene Körper anfängt und aufhört, wie bei dem Gespinnst der Raupe, dem Haus der Schnecke, dem Federkleid des Vogels, wie zwischen Excretionen und Secretionen? Nimmt man dem Polypen seine Fangarme oder dem Wurm seinen Kopf, so muss das Thier aus Mangel an Nahrung sterben, und wenn das Thier die Fangarme oder den Kopf ersetzt und weiter lebt, so sollte etwas anderes als die unbewusste Vorstellung dieser Unentbehrlichkeit die Grundursache des Ersatzes sein? Man wende nicht ein, der Unterschied zwischen Instinct und Heilkraft läge darin, dass im ersteren Fall Vorstellung und Wollen wenigstens des Mittels bewusst, im letzteren Falle aber auch diese unbewusst seien. Denn nach den Auseinandersetzungen über die Selbstständigkeit der niederen Nervencentra wird man nicht bezweifeln, dass das Wollen des Mittels sehr wohl auf irgend eine Weise und irgendwo in niederen Nervencentren, z. B. den kleinen Ganglienzellen, aus welchen die der Ernährung vorstehenden sympathischen Nervenfasern entspringen, zum Bewusstsein kommen kann, auch wenn das Hauptcentrum des Thieres nichts davon weiss, und andererseits wird sich Niemand die Entscheidung zutrauen, ob und wie weit bei niederen Thieren im Instinct auch nur das Wollen des Mittels immer zum Bewusstsein kommt.

Betrachten wir nun die Wirkungen der Heilkraft etwas näher: Bei den Hydren wird jeder Theil ihrer Masse wieder ersetzt, so dass aus jedem Stücke ein neues Thier sich bildet, man mag sie in die Quere oder in die Länge durchschnitten, oder auch in mehrere Streifen getheilt haben. Bei Planarien wird jedes Segment, und wenn es nur $1/10 — 1/8$ des ganzen Thieres beträgt, zu einem neuen Thiere. Bei Anneliden oder Würmern erfolgt nur bei Quertheilungen der Ersatz, Kopf oder Schwanz wird immer regenerirt; bei einigen kann man das Thier in mehrere Stücke schneiden, und jedes einzelne ergänzt sich zu einem vollkommenen Exemplar seiner Gattung. Es scheint hier deutlich genug, dass wenn bei unendlich viel möglichen Arten der Schnittführung der abgetrennte Theil stets ein Exemplar liefert, welches die typische Idee seiner Gattung ausdrückt, dass nicht die todte Causalität diese Wirkung haben kann, sondern dass diese typische Idee in jedem Stücke des Thieres vorhanden sein muss. Eine Idee kann aber nur vorhanden sein, entweder realiter in ihrer äusseren Darstellung als verwirklichte Idee, oder idealiter, insofern sie vorgestellt wird und in und durch den Vorstellungsact, es muss also jedes Bruchstück des Thieres die unbewusste Vorstellung vom Gattungstypus haben, nach welchem es die Regeneration vornimmt, gerade wie die Biene vor dem Bau ihrer ersten Zelle und ohne je eine solche gesehen zu haben, die unbewusste Vorstellung der sechsseitigen Zelle bis auf die halbe Winkelminute genau in sich trägt, oder wie jeder Vogel die zu seiner Gattungsidee gehörige Form des Nestbaues oder der Sangesweise unbewusst vorstellen muss, noch ehe er sie an anderen oder an sich selber erfahren hat. Wenn man den Regenerationsact z. B. bei einem durchschnittenen Regenwurm beobachtet, so sieht man an der Schnittwunde ein weisses Knöpfchen hervorsprossen, welches allmählich grösser wird, bald schmale, dicht beisammen stehende, dann nach allen Seiten sich ausdehnende Ringe bekommt und Verlängerungen des Verdauungskanals, des Blutgefässsystems und des Ganglienstranges enthält. Es gehört ein starker Glaube dazu, wenn man annehmen wollte, dass die Beschaffenheit der Ausschwitzung an der

Wunde und die Nachbarschaft der entsprechenden Organe genügend wäre, um ein Weiterwachsen des Thieres zu bewirken; wenn man aber sieht, wie von zwei g l e i c h e n Schnittflächen aus nach mehreren anderen Ringen auf der einen Seite der K o p f mit seinen besonderen Organen gebildet wird, auf der anderen Seite der S c h w a n z mit den seinigen, u n d z w a r m i t O r g a n e n, d i e i n d e m b i l d e n d e n R u m p f s t ü c k g a r k e i n A n a l o g o n f i n d e n, dann wird die Annahme einer todten Causalität, eines materiellen Mechanismus ohne ideelles Moment zu einer baaren Unmöglichkeit.

Dazu kommen noch verschiedene Nebenumstände, welche es auf's Deutlichste bestätigen, dass die Vorstellung dessen, was der Gattungsidee nach in dem bestimmten Falle geleistet werden muss, das ursprünglich Bestimmende bei diesen Vorgängen ist. Wenn das Thier noch nicht ausgewachsen ist, und ihm ein Theil entrissen wird, so ist der regenerirte Theil nicht dem alten Zustande entsprechend, sondern so beschaffen, wie jener Theil sein müsste, w e n n e r d e n d e r G a t t u n g s i d e e g e m ä s s e n P r o c e s s d u r c h g e m a c h t h ä t t e. Dies kann man sehen, wenn man jungen Salamandern ein Bein oder einer Froschlarve den Schwanz abschneidet. Etwas Aehnliches ist es mit dem Hirschgeweihe, welches jedes Jahr vollkommener ersetzt wird, so lange die Jugendkraft des Thieres noch vorhält; ist aber die Entwickelung des Organismus auf ihrer Höhe angelangt und neigt sich wieder abwärts, dann bleibt entweder das letzte Geweih bis zum Tode stehen, oder das jährlich neu erzeugte wird im höheren Alter kürzer und einfacher.

Ferner richtet sich eine um so grössere Kraft auf den Wiederersatz eines Theiles, je w i c h t i g e r derselbe zum Bestehen des Thieres ist; so ergänzen z. B. nach Spallanzani die Würmer den Kopf früher als den Schwanz, und bei Fischen erfolgt der Ersatz der abgeschnittenen Flossen in der Reihenfolge, wie dieselben für die Bewegung wichtig sind, also zuerst die Schwanzflosse, dann die Brust- und Bauchflossen, zuletzt die Rückenflosse. Reicht die Kraft, oder deutlicher die Macht des unbewussten Willens in Bewältigung des Stoffes und der äusseren Umstände zur Regeneration eines Theils in der normalen Weise nicht aus, so schimmert der Typus der Gattung durch die dann entstehenden Missbildungen stets noch durch. So z. B.: wenn an einem abgeschnittenen Schneckenkopf statt beider nur ein Fühlhorn wiedergewachsen ist, so trägt dies zwei Augen, und bei Menschen, die ein Fingerglied verloren haben, wächst bisweilen ein Nagel auf dem zweiten. Je mehr ein Theil der Beschädigung exponirt ist, desto mehr ist derselbe von solcher Beschaffenheit gebildet, welche einen leichten Ersatz gestattet. So z. B. die Strahlen der Asterien, die Beine von Spinnen, die Fühlhörner und Antennen der Schnecken und Käfer, die Schwänze der Eidechsen besitzen wegen ihrer Gefährdetheit eine grosse Regenerationskraft. Meistens ist ein bestimmtes Gelenk dasjenige, von dem die Regeneration am leichtesten ausgeht, dann ist das Glied auch hier am gebrechlichsten, und tritt eine Beschädigung wo anders ein, so wird das Glied häufig nachträglich an dieser Stelle abgeworfen. Dies thun z. B. die Krabben. Die Spinnen reissen sich ebenfalls von einem Beine los, an dem man sie gefasst hat und drückt, wenn man aber das Thier festhält, während man sein Bein zerdrückt, so kann es nachher das Bein nicht ohne Weiteres abwerfen, sondern verwickelt es in sein Gewebe, stemmt sich dann mit den anderen Beinen an und sprengt es so ab. Dies ist doch offenbar Instinct, und wenn die Krabbe das beschädigte Bein von selbst abstösst, das sollte etwas vom Instinct Grundverschiedenes sein? Und Abwerfen des beschädigten Gliedes ist doch bloss der erste Act des Ersatzes. Noch wunderbarer ist der Instinct der in der Südsee bei den Philippineninseln lebenden Holothurien. Dieselben fressen nämlich Korallensand, und stossen, wenn man sie herausgeschöpft und in klares Seewasser gebracht hat, alsbald freiwillig den Darmkanal mit Lungen und allen andern Organen, die daran hängen, durch den After aus, um neue Eingeweide zu bilden, die dem veränderten Medium besser entsprechen. (Eine mit Nadeln oder Messern belästigte Holothurie fährt buchstäblich aus der Haut, indem sie dieselbe von sich wirft, ohne ihr Inneres irgendwie zu verletzen.)

Je höher wir nun in der Stufenreihe der Thiere hinaufsteigen, desto mehr nimmt im Ganzen die Macht der Heilkraft ab und erreicht im Menschen ihren niedrigsten Grad. Darum konnte, so lange man ausschliesslich am Menschen Physiologie trieb, wohl eher der Irrthum entstehen, dass ein bloss materieller Mechanismus die Heilwirkungen hervorbringt; aber wie die Anatomie erst von da an erhebliche Resultate gab, als sie vergleichend betrieben wurde, und die Psychologie erst von da an wahrhafte Aufklärung bringen wird, so kann auch in der Physiologie nur vergleichende Untersuchung das rechte Verständniss geben. Sind wir aber einmal durch die klar liegenden Verhältnisse an dem niederen Thier auf den rechten Weg gekommen, so wird es nicht schwer sein, diese Ansicht auch auf den höchsten Stufen der Organisation als die einzig mögliche anzuerkennen.

Die Gründe für die Beschränkung der Heilkraft bei den oberen Thierclassen sind theils innere, theils äussere. Der innerste und tiefste Grund ist der, dass die organisirende Kraft sich von den Aussenwerken immer mehr und mehr abwendet, und ihre ganze Energie auf den letzten Zweck aller Organisation, das Organ des Bewusstseins wendet, um dieses zu immer höherer Vollkommenheit zu steigern. Die äusseren Gründe sind die, dass die Organe der höheren Thierclassen fester gebildet sind und auch vermöge der Lebensweise dieser Geschöpfe viel weniger dem Abbrechen und der Verstümmelung unterliegen, sondern für gewöhnlich höchstens Verwundungen und Verletzungen ausgesetzt sind, für deren Mehrzahl die Heilkraft ausreicht, dass ferner diese grössere Festigkeit der Gebilde einen Ersatz in grösserem Maassstabe physicalisch und chemisch erschwert. Denn eines Theils sehen wir schon bei niederen Thieren, dass die Wasserthiere wegen grösseren Feuchtigkeitsgehaltes eine grössere Regenerationskraft besitzen, als die Landthiere derselben Art (z. B. Wasser- und Landregenwürmer), anderentheils besteht die Hauptmasse der eines ausgedehnten Ersatzes fähigen Thiere aus denselben Gebilden, welche auch noch beim Menschen die höchste Regenerationskraft zeigen, z. B. Schichtgebilde, die den wirbellosen Thieren meistens die Festigkeit geben (Haut, Haare, Schalen), Zellgewebe, Gefässsystem, oder gar die organische Urmasse der untersten Classen. Dass indessen diese äusseren Gründe nicht zulangen, sehen wir an den Wirbelthieren, und zwar deren zweiter Classe von unten, den Amphibien, deren viele eine ganz wunderbare Ersatzfähigkeit zeigen. Spallanzani sah bei Salamandern die vier Beine mit ihren achtundneunzig Knochen nebst dem Schwanze mit seinen Wirbeln binnen drei Monaten sechsmal sich wieder erzeugen. Bei anderen regenerirte sich der Unterkiefer mit all' seinen Muskeln, Gefässen und Zähnen; Blumenbach sah sogar das Auge sich binnen Jahresfrist wiederherstellen, wenn der Schnerv unverletzt und ein Theil der Augenhäute im Grunde der Augenhöhle zurückgeblieben war. Bei Fröschen und Kröten regeneriren sich die Beine auch bisweilen, aber nur so lange sie jung sind, und auch dann nur langsam. Wie die psychische Kraft des Individuums zuerst ausschliesslich äusserlich sich bethätigt und dann mit Zunahme des Alters mehr und mehr nach innen sich zurückzieht und sich auf die Ausbildung des bewussten Seelenlebens wirft, so ist auch bei allen Wesen die Heilkraft um so mächtiger, je jünger sie sind, daher bei Embryonen und allen Larven, die als Embryonen betrachtet werden müssen, am grössten;

und darum dürfen wir uns auch nicht wundern, dass das nämliche Gesetz in der nebeneinander stehenden Stufenreihe der Thiere besteht, wo sich ja auch in weiterem Sinne die unteren zu den oberen wie Embryonen oder unvollkommene Entwickelungsstufen verhalten

Ein sehr merkwürdiger Fall ist die von Voit beobachtete Regeneration der Hirnhemisphären bei einer der von ihm enthirnten Tauben. Nach fünf Monaten zeigte sich, nachdem in letzter Zeit die Verstandesthätigkeit des Thieres offenbar zugenommen hatte, eine weisse Masse an Stelle der fortgenommenen Hirnhemisphären, welche ganz das Ansehen und die Consistenz von weisser Hirnmasse besass, und auch ununterbrochen und unmerklich in die nicht abgetragenen Grosshirnschenkel überging. Doppelt conturirte Nervenprimitivfasern waren deutlich zu erkennen, ebenso Ganglienzellen.

Gehen wir nun zu den Säugethieren und speziell zum Menschen über, so finden wir allerdings nicht die frappanten Erscheinungen, wie an den unteren Thieren, aber immerhin genug, um die Ueberzeugung daraus zu schöpfen, dass nicht todte Causalität der materiellen Vorgänge genügt, sondern dass eine psychische Kraft es ist, welche mit der unbewussten Vorstellung des Gattungstypus und der für den Endzweck der Selbsterhaltung in jedem besonderen Falle erforderlichen Mittel diejenigen Umstände herbeiführt, vermöge welcher nach den allgemeinen physikalischen und chemischen Gesetzen die Wiederherstellung der normalen Zustände erfolgen muss. Bei jeder Störung tritt dieser Vorgang ein, wenn nicht die Macht des unbewussten Willens in der Bewältigung der Umstände zu gering ist, so dass die Störung eine bleibende Abnormität oder den Tod herbeiführt. Keine Medicin kann etwas anderes thun, als jenen Vorgang unterstützen und die Bewältigung der störenden Umstände erleichtern, aber die positive Initiative (der Wille) hierzu muss immer vom Organismus selbst ausgehen.

Betrachten wir zunächst das Zusammenheilen auseinander getrennter Gebilde und die Neubildung einer zerstörten Grenze.

Die erste Bedingung jeder Neubildung (ausser in den Schichtgebilden) ist Entzündung. Nach J. Müller ist die Entzündung „zusammengesetzt aus den Erscheinungen einer örtlichen Verletzung, einer örtlichen Neigung zur Zersetzung und einer dagegen wirkenden verstärkten organischen Thätigkeit, welche dem Zersetzungsstreben das Gleichgewicht zu halten strebt." Was Müller die „örtliche Verletzung" nennt, nennt Virchow den pathologischen Reiz. Er sagt (spec. Path. u. Ther. I. 72): „So lange auf ein Irritament nur functionelle Störungen zu beobachten sind, so lange spricht man von Irritation; werden neben den functionellen nutritive bemerkbar, so nennt man es Entzündung"; er nennt also weiter nutritive Störung, was Müller die örtliche Neigung zur Zersetzung nennt. Ganz besonders aber urgirt Virchow das dritte Moment, die active Thätigkeit der entzündeten Zellen. Die zunächst bei der Entzündung auffallende Erscheinung ist der vermehrte Blutandrang nach der Stelle, wo die Neubildung stattfinden soll, welcher sich in Röthe und erhöhter Wärme zeigt. Schon das Gesetz, dass der einseitig vermehrte oder verminderte Blutandrang sich nach dem Blutbedürfniss der einzelnen Organe richtet, ist fast nie aus physikalischen Ursachen allein zu erklären, da das Pumpwerk des Herzens für den ganzen Blutlauf gleichmässig wirkt; es muss deshalb schon hierin, insoweit die Erscheinung nicht durch die vermehrte active Resorption der entzündeten Zellen zu erklären ist, eine Direction der physischen Umstände durch das Wollen des Mittels zum vorgestellten Zweck angenommen werden. (Im normalen Entwickelungsgange findet z. B. eine Vermehrung des Blutandranges statt bei der Pubertätsentwickelung, Schwangerschaft, beim Vogel an den Bauchhautgefässen für die Brütwärme; eine Verminderung, wo Organe aufhören zu functioniren, oder unersetzbare Gliedmaassen verloren gegangen sind. Ebenso wunderbar wie diese Erscheinung ist, dass das Blut nur innerhalb der Blutgefässe flüssig bleibt, während es beim Austritt sofort gerinnt, auch ohne mit Luft in Berührung zu kommen.)

Bei jedem Schnitt in den thierischen Leib werden Gefässe durchschnitten, diese müssen zunächst geschlossen werden, was durch das Gerinnen des austretenden Blutes geschieht; bei grösseren Stämmen bildet sich ein innerer und ein äusserer Pfropf, der in der ersten Zeit leicht wieder ausgestossen wird, wenn der Blutandrang durch äusseren Reiz verstärkt zurückgeworfen wird. Bei Arterien, wo der Blutandrang stark ist, hilft sich der Organismus bisweilen durch eine Ohnmacht. Das Gerinnsel geht aber keine feste Verbindung mit den Wandungen ein, sondern wird, wie jedes unnöthig gewordene Hülfsmittel eines früheren Stadiums des Heilprocesses, später resorbirt. Nach etwa zwölf Stunden wird eine weisse Flüssigkeit (plastische Lymphe) secernirt, die sich meist unmittelbar darauf zu einem membranösen, undurchsichtigen Neoplasma verdichtet, welches die Wunde schliesst und mit den angrenzenden Theilen verwächst. Das Neoplasma ist nicht blosses ausgeschwitztes Blutserum, sondern eine Secretion aus dem Blut von ebenso bestimmtem Charakter, wie jede andere Secretionsflüssigkeit; es ist auch kein formloser Brei, sondern ein mit reichlicher Intercellularflüssigkeit durchmengtes Gewebe von Zellen, welches durch Zellenwucherung aus dem durch die Wunde entblössten Bindegewebe hervorgetrieben wird. Es bildet den Mutterboden für jede organische Neubildung, und Blutgefässe, Sehnen, Nerven, Knochen, Häute, alles geht aus ihm durch allmähliche Umwandlung der Zellen hervor. „Der nächste Schritt zur Heilung ist nun der, dass durch (?) die eintretende Entzündung reichliche Zellen im Gewebe auftreten, und zwar zunächst in der Umgebung der Haargefässe. Diese wandeln sich durch Wucherung ihrer Kerne in Zellzapfen um, und gelungene künstliche Einspritzung der Blutgefässe beweisen, dass sich alsbald zwischen den neugebildeten Zellen **feine Gänge** ohne besondere Wandungen ausbilden, in welche **direct aus den Capillaren** die Injectionsmasse eindringt. Es ist somit eine interimistische Blutbahn entstanden, die sich als ein **intercelluläres** Netz darstellt. Der gleiche Vorgang geht von der entgegengesetzten Wundfläche aus, und so kommt es, dass durch Berührung dieser Wege, von denen einzelne sich erweitern und zu wirklichen Gefässen werden, die gestörte Blutcirculation beider Seiten ausgeglichen wird" (Dr. Otto Barth in den Ergänzungsbl. Bd. VI. S. 630). Auf diese Weise wird zunächst nur das Netz der Capillargefässe restituirt, demnächst aber auch grössere Blutgefässe nach Resorption der schliessenden Pfropfen wieder in Verbindung gesetzt. In der Achillessehne eines Hundes hat man das Ergänzen eines fünf Linien langen Ausschnittes in vier Monaten, bei Nerven, aus denen ein Stück ausgeschnitten war, ein Entgegenwachsen der beiden Enden mit oder ohne endliche Vereinigung beobachtet. Bewegung und Empfindung kann auf diese Weise wieder hergestellt werden, ohne dass dabei die neugebildete Masse, selbst wenn sie Strehnen und Fäden zeigt, der Sehnen- und Nervenmasse genau entspricht, was bei Muskelausfüllungen noch weniger der Fall ist. Doch nimmt die Verähnlichung der Neubildungen allmählich zu.

Wo ein röhrenförmiges Gebilde getrennt ist, bildet das Neoplasma zunächst eine Umhüllung, Zwinge oder Kapsel genannt, welche durch ihre Gefässe die verletzte Stelle auch mit den herumliegenden Gebilden in organische Verbindung setzt. So z. B. bei einem Knochenbruch, wo diese Zwinge zum provisorischen Callus erhärtet. Zugleich werden die beiden Oeffnungen der Markhöhle durch eben solche von der Markhaut aus gebildete Pröpfe verschlossen. Inzwischen sind die Endflächen des Knochens durch die Entzündung der umliegenden Theile soweit erweicht, dass sie selbst in Entzündung übergehen und Neoplasma secerniren können, welches im Ganzen genommen langsam aus einer festen Gallert zu wahrem Knorpel wird und dann erst allmählich verknöchert, obwohl nach Virchow aus ihm auch direct Knochen oder Markzellen entstehen können, sowie sich nach demselben Knorpel, Knochen und Markzellen alle drei direct in einander verwandeln können. Während dieser Process die eigentliche Neubildung bewirkt, werden die Hülfsmittel der Zwischenstadien, der provisorische Callus, sowie die in den umliegenden Theilen enthaltene Gallert wieder erweicht und resorbirt, auch die Markhöhle wieder hergestellt, indem die dichte Substanz der Pfropfe zuerst zellig, dann dünner und dünner wird, und endlich verschwindet. Der so vertheilte Knochen zeigt einen ununterbrochenen Zusammenhang mit den alten Enden und genau dieselbe Bildung in Substanz und Gefässen. Ein sechs Linien langer Ausschnitt aus Speiche und Ellenbogen eines Hundes war nach vierzig Tagen völlig durch Knochensubstanz ausgefüllt. Stirbt die innere Schicht eines Knochenstückes ab, so geht der Ersatz von den äusseren aus, und umgekehrt, stirbt der ganze Knochen, so ersetzt ihn die Markhaut und Beinhaut, indem dieselben sich erst vom Knochen lösen; sterben auch diese ab, so wird das betreffende Stück von einem neuen Stück eingeschlossen, welches theils von den gesund gebliebenen Enden des Knochens, theils von den umliegenden weichen Theilen aus gebildet wird.

Bei Canälen, welche aus Schleimhaut gebildet sind, wie der Darmcanal, oder Ausführungsgänge von Drüsen, bildet das Neoplasma ebenfalls eine Kapsel oder Zwinge, an deren innerer Seite der betreffende Canal sich wieder bildet, während die abgestorbenen Ränder des alten Stückes (z. B. die Unterbindungen) abgestossen und durch den neugebildeten Canal abgeführt werden. Bei Darmverschlingungen oder eingeklemmten Brüchen gehen manchmal mehrere Zoll, ja fusslange Stücke Darm durch den After ab, und trotzdem bleiben die Menschen häufig am Leben, und stellen sich die Verdauungswege wieder her. — Sollte wohl bei dem Abstossen eines eingeklemmten Stückes Darm ein anderes Princip zu Grunde liegen, als bei dem Abstossen eines beschädigten Krabbenbeines, oder dem Absprengen eines Spinnenbeines?

Wenn die äussere Grenze irgend eines Gebildes zerstört ist, so wird dieselbe ebenfalls ersetzt, und ist dabei der Process im Ganzen ein höherer, als bei der Wiedervereinigung getrennter Theile, weil die chemische Contactwirkung des gleichartigen Nachbargebildes noch weniger von Einfluss sein kann. Das Neoplasma tritt hier als Granulation auf, d. h. es ist gefässreicher und zeigt eine Anzahl von röthlichen Hügelchen. Auf diese Weise bildet sich neue Haut auf einer von Haut entblössten Stelle, welche zuerst wegen Mangel an Fettunterlage fest auf dem Muskel aufliegt, später aber sich der übrigen Haut verähnlicht. Die Eiterung tritt nur da von selbst ein, wo die Verletzung der Art war, dass Gewebetheile in grösserem Umfang zur Fortsetzung der Lebensfunctionen unfähig geworden (mortificirt) sind, so dass es nöthig ist, diese mortificirten Gewebetheile aus dem Organismus auszuscheiden, d. h. abzustossen, und durch an ihre Stelle tretende Neubildungen zu ersetzen (z. B. bei Quetschungen, Schusswunden u. s. w.). Wenn diese Aufgabe erfüllt ist, so hört die Eiterung von selbst auf, wie sie von selbst eintrat; wo keine abzustossende Theile vorliegen, tritt die Heilung „*per primam intentionem*" ohne alle Eiterung ein. Freilich kommt nur allzuhäufig auch hier Eiterung vor, so wie die Eiterung im ersteren Falle oft über das erforderliche Maass, bisweilen bis zur Erschöpfung der Kräfte fortdauert, — dies ist dann aber nicht eine Eiterung, die von selbst durch den Organismus gesetzt ist, sondern eine durch schädliche äussere Einflüsse erzeugte, beziehungsweise unterhaltene, nämlich durch die in der Luft schwimmenden Keime parasitischer Organismen, welche die leichteste Wunde bösartig und tödtlich machen können. Die Desinfection der zur Wunde gelangenden Luft durch Verbände mit Karbolsäure u. s. w. beseitigt diese schädlichen äussern Einflüsse, und beweist so experimentell die Richtigkeit obiger Angaben.

Es kann sich Schleimhaut in Epithelialhaut verwandeln, wenn sie durch abnorme Verhältnisse genöthigt wird, eine Grenze nach Aussen zu bilden (z. B. bei vorgefallenem und umgestülptem Mastdarm, Fruchtgang oder Fruchtbhälter). — Bei Amputationen stellt der Organismus eine Grenze her, welche alle bisherigen Canäle (Markhöhle des Knochens und Gefässe) schliesst, und dem nunmehrigen Gebrauch des Gliedes entspricht; der Knochen rundet sich geschlossen ab, die Doppelknochen des Unterarmes oder Unterschenkels erhalten durch Verwachsung am unteren Ende die feste Verbindung, welche ihnen sonst das Hand- oder Fussgelenk giebt, die Gefässe und der Blutzufluss beschränken sich nach dem nunmehr verringerten Bedürfniss, und die äussere Grenze bildet eine starke sehnige Haut, welche sich lebhaft schuppt. Die sehnige Beschaffenheit des

Stumpfes erstreckt sich auch theilweise auf die benachbarten Muskelfasern, Nerven und ausser Dienst getretenen Gefässe.

Betrachten wir nun noch einige andere merkwürdige Erscheinungen der Heilkraft am Menschen und Säugethier. Bei Säugethieren, denen man die Linse aus dem Auge gezogen hatte, beobachtete man häufig einen vollkommenen Ersatz derselben, und auch bei staaroperirten Menschen findet bisweilen eine unvollkommene Regeneration der Linse statt. Wenn nach solcher Operation die obere Wundlippe der Hornhaut vorsteht und mit ihrem inneren Rande am äusseren Rande der unteren Lippe anklebt, so werden später beide Lippen weich, schwellen an, und wenn die Geschwulst sich verliert, liegen beide in gleicher Ebene. So wird die Störung beseitigt, welche eine solche Unebenheit der Hornhaut im Sehen zur Folge haben müsste. Wenn ein Knochenbruch nicht zusammenheilen kann, so sucht sich der Organismus anderweitig zu helfen; die Bruchenden schliessen und runden sich ab, und werden entweder durch einen sehnigen Strang, in welchen die Calluszwinge sich umgewandelt hat, wie durch ein cylindrisches Gelenkband an einander gehalten, oder durch ein sogenanntes falsches Gelenk vereint, indem das eine Ende eine Höhle bildet, welche das andere kugelige Ende in sich aufnimmt; beide Enden werden von einer sehnigen Kapsel eingeschlossen und erhalten wie andere an einander reibende Stellen durch eine neu gebildete Synovialblase die nöthige Schmiere. Ein ähnlicher Process vollzieht sich bei uneingerichteten Verrenkungen; die verlassene Gelenkgrube füllt sich aus, und an der Stelle, wo der Gelenkkopf nun anliegt, bildet sich eine neue mit dem übrigen Zubehör des Gelenkes.

Höchst merkwürdig ist die Bildung von zweckentsprechenden Ausführungscanälen, wenn gewisse Secretionen im Innern eines Gebildes keinen natürlichen Ausweg haben, und ohne Bildung eines solchen das Organ zerstören würden. Dies ist zunächst bei allen normalen Secretionen der Fall, wenn die natürlichen Abzugscanäle verstopft sind; es entstehen dann die Fistelgänge auf dem nächsten, oder vielmehr dem geeignetsten Wege, einen Durchbruch nach Aussen bahnend (z. B. Thränen-, Speichel-, Gallen-, Harn-, Koth-Fisteln) Sie gleichen völlig den normalen Abzugscanälen der Drüsen, indem das Zellgewebe sich an den Wänden des Ganges in eine **gegen die betreffenden Ausfuhrstoffe unempfindliche Schleimhaut** umwandelt. Sie sind unmöglich zu verheilen, so lange der natürliche Abzugsweg nicht wieder hergestellt ist, dann aber heilen sie von selbst schnell und leicht zu. Es ist gar kein materieller Grund abzusehen, warum das Secret, welches den Ausführungsgang allerdings durch Auflösung und Verflüssigung des Zellgewebes herstellen muss, gerade nur in der Einen Richtung des Canals diese starke Zerstörung bewirkt, während nach allen anderen Seiten die Angriffe im Verhältniss hierzu verschwindend sind, warum die Richtung, in welcher diese heftige chemische Zersetzung sich äussert, gerade die zweckmässigste des neuen Abzugscanales ist, und warum dieser Canal nicht bloss Folgen der Zerstörung, sondern vielmehr organische Neubildung zeigt. Zuweilen erstrecken sich solche Canäle, namentlich bei Eiterfisteln, durch mehrere andere Organe hindurch, ehe sie nach Aussen gelangen können, z. B. aus der Leber in den Magen oder den Darm, oder durch das Zwerchfell in die Lungen. Am Wunderbarsten ist dieser Vorgang vielleicht bei der inneren Nekrose. Die Abzugscanäle (oder Cloaken) entstehen hier, wenn bloss die innere Schicht des Knochens abstirbt, in der den Ersatz vermittelnden äusseren Schicht, wenn aber auch diese abstirbt, in der neuen umgebenden Knochensubstanz gleich von Anfang ihrer Bildung an, und zwar ohne dass man Vereiterung wahrnähme. Sie sind runde oder ovale Canäle mit einer glatten, von der Markhaut zur Beinhaut gehenden Membran ausgekleidet, öffnen sich nach Aussen mit einem glatten Rande und setzen sich späterhin durch einen Fistelgang zur äusseren Oberfläche fort; sie lassen sich auf keine Weise dauernd verheilen, so lange noch abgestorbene Knochenstücke innerhalb des neu erzeugten Knochens liegen, und schliessen sich nach deren Entfernung von selbst.

In einem gewissen Zusammenhange hiermit steht bei Unmöglichkeit des Gebärens die Tödtung der Frucht, die Verzehrung derselben, die Ausführung der Ueberreste auf neu gebahnten Wegen, oder die Einhüllung dieser Ueberreste.

Beachtenswerth ist ferner der Ersatz einer bestimmten Secretion durch ganz andere Organe, als denen diese Secretion eigenthümlich zukommt, wenn letztere functionsunfähig sind. Die Secrete, welche im Haushalte des Organismus eine so grosse Rolle spielen, sind bekanntlich nie als solche, sondern immer nur ihren Elementen nach im Blute vorhanden, und gehen erst während und nach der Ausscheidung aus dem Blute in ihre eigenthümliche chemische Beschaffenheit über (daher auch die Secretionswege um so länger sind, je höher die Secrete stehen); man muss desshalb mit Recht für gewöhnlich die Secretionsorgane als die Ursache der besonderen chemischen Beschaffenheit der Secrete betrachten. Um so mehr muss es befremden, dass unter gewissen Umständen, wo dieses oder jenes Organ nicht functioniren kann, aber doch das Verbleiben der Stoffe, welche durch seine Secretion sonst ausgeschieden wurden, in dem Blute dem Organismus gefährlich werden könnte, dass unter solchen Umständen auch andere Organe im Stande sind, diese Secretion in annähernd gleicher Weise zu vollziehen, und so das Fortbestehen des Organismus zu sichern. Es kann das materielle Hülfsmittel, dessen der unbewusste Wille sich zu diesem Ziele bedient, nur in einer zeitweiligen Veränderung der secernirenden Membranen der vicarirenden Secretionsorgane gesucht werden, wodurch sie zu ihren vicarirenden Secretionen accommodirt werden, ähnlich wie wir einen solchen Einfluss des Willens auf Secretionsorgane im Schreck, Zorn u. s. w. beobachten.

Betrachten wir einige Beispiele. — Der Harn als solcher wirkt im Blute tödtlich; es sind im Blute nur die Elemente seiner Entstehung vorhanden, aber auch diese fordern Ausscheidung, wenn nicht der Organismus zu Grunde gehen soll. Bei Meerschweinchen, denen die Nierenarterien unterbunden waren, secernirten Bauchfell, Herzbeutel, Brustfell, Hirnhöhlen, Magen und Darm eine braune, nach Harn riechende Flüssigkeit, auch die Thränen rochen nach Harn, und Hoden und Nebenhoden enthielten eine dem Harn ganz ähnliche Flüssigkeit. Bei Hunden erfolgte Harnbrechen, bei Kaninchen flüssige Darmentleerungen. Menschen, deren Schweiss einen entschiedenen Harngeruch besitzt, zeigen meist bei der Obduction Ursachen der unterdrückten Harnsecretion. Bei Personen, deren natürliche Harnentleerung völlig gehindert war, wurde oft jahrelang tägliches Harnbrechen, bei einem so geborenen Mädchen bis zum vierzehnten Jahre Abgang durch die Brüste beobachtet. In anderen Fällen unterdrückter Urination zeigte sich Harnabgang durch die Haut der Achselhöhlen. Auch bei einer Degeneration der Nieren, wo dieselben keinen Harn mehr absondern konnten, oder bei fehlender Verbindung mit der Blase, soll jahrelange Urination auf normalen Wegen beobachtet worden sein, woraus man auf eine vicarirende Fähigkeit der Blase selbst zur Harnabsonderung hat schliessen wollen. — Eine grosse Zahl von Beobachtungen beweist die Secretion milchiger Feuchtigkeit durch die Nieren, die Haut am Nabel, an den Weichen, Schenkeln, Rücken, Geschwüren und Bauchfell bei einer in Folge von unterdrückter Milchsecretion entstandenen Bauchfellentzündung. Bei derjenigen Entstehungsweise der Gelbsucht, wo die Thätigkeit der Leber (wie später die Secirung zeigt) aufgehoben ist, muss die Gallensecretion in den feinsten Blutgefässen erfolgen, da alle Organe, sogar schniges Gewebe, Knorpel, Knochen und Haare von farbigen Bestandtheilen der Galle durchdrungen sind.

Eine sehr wunderbare Erscheinung ist die Temperaturconstanz der warmblütigen Thiere bei dem mannigfaltigsten Wechsel der äusseren Umstände. Wir sind noch weit entfernt, alle Bedingungen zu kennen, durch welche diese Constanz ermöglicht wird; doch so viel ist gewiss, dass die wirksamsten, vielleicht die einzigen vom Thiere selbst abhängigen Momente die Regulirung der Nahrungseinnahme, der Excretionen und der Athmung sind. Da nun offenbar die constante Temperatur einer Thierclasse die für ihre chemischen Processe günstigste ist, so müssen wir in jedem Act des Organismus, der die Bedingungen derselben den wechselnden Verhältnissen accommodirt, einen Act der Naturheilkraft erkennen. Hiermit steht offenbar die Beobachtung in Verbindung, dass die Menge der Hautausdünstung, wie der Lungenausdünstung (von Kohlensäure und Wasser) in kleinen Zeiträumen ohne bemerkbare Veranlassung schwankt, sich aber in längeren Zeiträumen von vielen Stunden sich ziemlich gleich bleibt.

Auffallend ist die mechanische und chemische Widerstandsfähigkeit lebender Gebilde, die sofort mit dem Tode erlischt. Sie ist am Besten am Magen und Darm zu beobachten. Die gallertartigen Medusen verdauen, ohne verletzt zu werden, mit stacheligen Panzern versehene Thiere; der Magen von Vögeln zerkleinert Glasstücke und krümmt eiserne Nägel, ohne verwundet zu werden (denn Magenwunden heilen notorisch sehr langsam, würden also sich nicht leicht der Beobachtung entziehen). Der Darm von Schollen und Schleimfischen ist oft von scharfen Muschelschalen ganz vollgestopft und ausgedehnt und wird nach dem Tode bei einer geringen Erschütterung durchschnitten. Diese Erscheinungen sind, da eine grössere mechanische Festigkeit des lebenden Gewebes nicht zu denken ist, nur durch Reflexbewegungen zu erklären, vermöge deren der bei einer Bewegung der scharfen Gegenstände bedrohte Theil zurückweicht, und die übrigen Theile den scharfen Gegenstand in eine ungefährlichere Lage bringen. Ebenso wunderbar ist der Widerstand, den der Magen den chemischen Angriffen eines besonders scharfen Magensaftes entgegensetzt. Man hat Beispiele, wo der degenerirte Magensaft sogleich nach dem Tode den Magen zu zerstören begann, und auch einen frischen Thiermagen zersetzte, ohne dass im Leben eine Beschädigung eingetreten wäre. Aehnliches findet bei anderen scharfen Secreten und ihren Secretionsorganen statt.

Nach diesen Beispielen gehen wir noch über zur Beseitigung einiger Einwürfe gegen die Heilkraft als zweckwirkende Aeusserung unbewussten Wollens und Vorstellens. Wenn ich auch die gänzliche Unzulänglichkeit materialistischer Erklärungsversuche durch viele Gründe dargethan zu haben glaube, so scheint es doch wichtig, das Ungenügende der beiden hauptsächlichsten materialistischen Gründe noch einmal kurz in's Auge zu fassen. Sie lauten: 1) durch chemische Contactwirkung und Zellenvermehrung verähnlicht jedes Vorhandene sich das neu hinzutretende Material, und 2) die Beschaffenheit jeder Secretion ist von der Beschaffenheit der Nährflüssigkeit und der secernirenden Haut abhängig.

Den ersten Grund trifft der Einwand, dass im Körper Neubildungen zu verschiedenen Zeiten eintreten, welche noch keinen Anlehnungspunct an gleichen Gebilden finden, weil sie überhaupt oder an dieser Stelle des Organismus zum ersten Mal erscheinen; so z. B. bei den verschiedenen Stadien der embryonischen Entwickelung, der Geburt, der Pubertät und Schwangerschaft. Aber ausser den hierbei neu auftretenden Bildungen und Secretionen setzen ja auch manche Secretionen periodisch aus und treten wieder ein, sei es, dass dies normal oder krankhaft ist, und auch dann kann das Wiedereintreten der Secretion nicht von der Contactwirkung des Secrets herrühren, da dies nicht vorhanden ist. Ebenso ist die Regeneration fester Gebilde nicht von dem Boden der Entwickelung direct abhängig. So haben wir z. B. gesehen, dass das Neoplasma zur Neubildung von Knochenmasse auch zum grossen Theil von den benachbarten anderweitigen Gebilden ausgeschwitzt wird. Ebenso bildet sich Schleimhaut in Fistelgängen und Haut auf Granulationen ohne Contact gleicher Gebilde. So wenig man also einerseits verkennen kann, dass dieses Princip der Verähnlichung durch chemischen Contact ein ausgezeichnetes kraftersparendes Hülfsmittel in der Oeconomie des Organismus darbietet, so wenig kann man sich doch auch andererseits den Thatsachen entziehen, welche zeigen, dass der unbewusste Wille im Organismus Verhältnisse herbeiführen kann, unter denen sich den chemischen Gesetzen gemäss Producte ergeben, welche nicht durch benachbarte gleiche Gebilde veranlasst sind, welche aber dem gegenwärtigen Lebensstadium oder augenblicklichen Bedürfniss des Organismus auf das Zweckmässigste entsprechen.

Was den zweiten Punct, die Abhängigkeit des Secrets von den

secernirenden Häuten betrifft, so ist dies Princip im Allgemeinen ebenfalls richtig, nur darf man nicht vergessen, dass die Verschiedenheit der Secrete eines und desselben Organes zu verschiedenen Zeiten, das Neueintreten von Secreten in gewissen Lebensstadien, das Aussetzen und Wiedereintreten anderer, sowie die Lehre von den vicarirenden Secretionen die Frage nach der Inconstanz der Beschaffenheit der secernirenden Häute offen hält, dass also die Erscheinung nach ihrer nächsten wirkenden Ursache richtig erklärt, diese wirkende Ursache aber ihrerseits nur eine einzige endgültige Erklärung, nämlich in idealer Richtung, zulässt. Mit solcher vorläufigen Erklärung hat der Naturforscher seine nächste Schuldigkeit gethan, und Niemand wird ihm dies bestreiten, wenn er nur zugiebt, dass die Frage noch ebenso offen wie vorher ist, wenn er nur nicht behauptet, mit dieser Erklärung **Alles** gethan zu haben, denn dann tritt er sofort in Collision mit den Thatsachen.

Ein anderer Einwand ist der, dass der Organismus nicht immer zweckmässig verfahre, sondern dass dieselben Erscheinungen, welche das eine Mal Genesung herbeiführen, das andere Mal die Erkrankung erst bewirken, oder eine vorhandene Krankheit zu noch schlimmerem Ende führen, als sie von selbst genommen haben würde. Dies halte ich für entschieden falsch. Ich behaupte im Gegentheil: erstens, dass Krankheiten **niemals aus dem psychischen Grunde** des Organismus **spontan hervortreten**, sondern demselben **von Aussen durch Störungen aufgedrungen und gezwungen** werden, und zweitens, dass Alles, was der Organismus direct in Bezug auf diese Störungen an der Normalität seiner Functionen ändert, zweckmässig zur Beseitigung derselben ist. Diese beiden Behauptungen sollen nach einander begründet werden.

Es fragt sich zunächst, was denn Krankheit sei. Krankheit ist nicht Abnormität der Bildung, denn es giebt abnorme Abbildungen, wie Riesen, Zwerge, überzählige Finger, unregelmässiger Verlauf von Adern, die Niemand zu den Krankheiten zählt. Krankheit ist nicht ein Zustand, der das Bestehen des Organismus gefährdet, denn viele Krankheiten thuen dies nicht; sie ist nicht ein Zustand, der dem Bewusstsein des Individuums Schmerz und Beschwerden verursacht, denn auch dies ist bei vielen Krankheiten gar nicht der Fall. Krankheit ist eine **Abnormität in den organischen Functionen**, welche allerdings Abnormitäten der Bildung sowohl zur Ursache, als zur Folge haben kann. Im ersteren Falle pflegt man auch die Abnormität der Bildung schon mit als Krankheit zu bezeichnen. Streng genommen muss aber dieser abnormen Bildung schon eine andere Abnormität der Functionen als Ursache vorhergegangen sein, denn so lange alle Functionen normal vor sich gehen, ist das Zustandekommen abnormer Bildungen unmöglich. Z. B. die Lungensucht kann durch Tuberkeln verursacht sein, diese können ererbt sein, aber in dem Individuum, von welchem die Vererbung der Tuberkulose in der Familie ausgegangen ist, müssen die Tuberkeln, falls sie nicht wiederum ererbt oder durch Ansteckung (tuberkulöse Ammenmilch, Milch von miliartuberkulösen Kühen, Einathmung von Auswurfsstoffen zersetzter Lungentuberkeln u. s. w.) eingeimpft sind, nothwendig durch abnorme Functionen entstanden sein. Wenn wir also nach der Ursache einer Krankheit fragen, so müssen wir auf jeden Fall letzten Endes auf eine Abnormität der Functionen bei normaler Bildung der functionirenden Organe zurückkommen; denn so lange noch Abnormitäten der Bildung mitsprechen, haben wir die Reihe der Krankheitsursachen nicht bis zu Ende verfolgt.

Fragen wir nun, wie die primäre Ursache aller Krankheiten, Abnormität der Function bei normaler Bildung möglich sei, so antwortet Erfahrung und Speculation übereinstimmend: nur durch Störung von Aussen, aber nicht von Innen durch einen spontanen psychischen Act des Organismus. Diese Störungen können sehr mannigfacher Art sein: 1) mechanische Einwirkungen, wie jede Art von innerer oder äusserer Verletzung; 2) chemische Einwirkungen, und zwar a) durch Einführung von Stoffen, welche das Mischungsverhältniss direct stören, indem sie neue Verbindungen eingehen (z. B. Vergiftung durch Arsenik, Schwefelsäure, die meisten mineralischen Arzneien), b) durch chemische Contactwirkung, Ansteckung im weitesten Sinne, auch atmosphärische Veränderungen, welche zu eigentlich nicht ansteckenden Krankheiten disponiren; 3) organische Einwirkungen, Einnisten von pflanzlichen oder thierischen (mikroskopisch kleinen) Organismen, welche durch ihre Ernährung und Fortpflanzung das chemische Mischungsverhältniss oder die morphologische Zellenstructur des ergriffenen Organismus stören; bei vielen Krankheiten ist es noch zweifelhaft, ob ihre Ansteckung auf chemische Contactwirkung oder Einnisten von Organismen zurückzuführen ist (z. B. Pest, Syphilis, Pocken, Diphteritis, Typhoiden, Cholera, Wechselfieber u. s. w.), wenn schon das letztere immer mehr an Wahrscheinlichkeit gewinnt); 4) Abnormität des Verhältnisses von Einnahme und Ausgabe überwiegt letzteres Moment, so entsteht Massenverlust, Schwäche u. s. w., überwiegt ersteres, so entsteht im Allgemeinen Hypertrophie, die sich je nach den besonders reichlich vorhandenen Stoffen in verschiedenen Gebilden äussert (Tuberkeln, Skropheln, Gicht, Fettsucht u. s. w.); 5) ungeeignete Qualität der Einnahmen; sie bewirkt Störungen in den Verdauungsorganen und durch abnorme Blutmischung auch in der Ernährung; schlechte Luft kann auf diese Weise durch Veränderung der Blutmischung Faulfieber u. s. w. hervorrufen; 6) unangemessene Lebensweise; z. B. absolute Unthätigkeit eines Muskels bewirkt Schwäche und Abmagerung desselben, da seine Ernährungsverhältnisse auf die Voraussetzung der Bewegung basirt sind; sitzende Beschäftigung bei Menschen stört die Verdauung aus demselben Grunde, und Versetzung in ein fremdes Klima fordert Accommodation des Körpers durch die Heilkraft oder ruft Krankheiten hervor; 7) ererbte Körperfehler oder Krankheitsanlagen; hier liegen die ersten äusseren Ursachen der Krankheit in derjenigen Generation, von welcher die Vererbung ausgegangen ist, und alle nachfolgenden, die Krankheit ererbenden Glieder der Familie empfangen durch die Stoffe der Zeugung die Abnormitäten schon als Mitgift auf die Lebensreise, welche ihre Naturheilkraft oft so wenig zu bewältigen im Stande ist, wie eine direct durch äussere Störungen erweckte chronische Krankheit.

Ich glaube, dass auf diese oder ähnliche Störungen sich alle Krankheiten zurückführen lassen, wenn man nur immer dabei berücksichtigt, dass man auf die erste Ursache der Erscheinung zurückzugehen hat und nicht die symptomatisch vorliegende Krankheit an sich betrachtet. Ja sogar die letztere ist häufig schon ein Act der Heilkraft, die Krisis einer Reihe vorhergebender Krankheiten oder Abnormitäten, welche sich nur mehr oder weniger dem Bewusstsein entzogen (so z. B. bei allen Ausschlagskrankheiten, Gicht, Fiebern, Entzündungen u. s. w.). Die Heilkraft kommt mit ihrer Krisis sogar manchmal dem Ausbruch derjenigen Krankheit zuvor, welche aus einer Abnormität der Bildung folgen müsste (z. B. die Tödtung und Abführung der nicht zu gebärenden Frucht), und insofern ist es richtig, dass durch spontane psychische Acte des Unbewussten im Organismus Erscheinungen hervorgerufen werden, welche wir Krankheit nennen, weil sie abnorme zum Theil schmerzhafte Processe sind, aber sie beugen dann nur einer gefährlicheren Krankheit vor, sie sind die Wahl eines absichtlich hervorgerufenen kleineren Uebels zur Vermeidung eines grösseren, sind also streng genommen nicht Krankheits-, sondern Heilungsprocesse. Es kann auch sein, dass bei dieser spontan hervorgerufenen Krisis der Tod erfolgt, weil dem unbewussten Willen die nöthige Macht zur Ueberwindung der vorhandenen Störungen gebricht, dann wäre er aber ohne die versuchte Krisis ganz sicher erfolgt, während hier noch die Möglichkeit des Sieges der Heilkraft da war. Sollten sich einige Krankheiten noch nicht durch äussere Störungen erklären lassen, so könnte dies die Richtigkeit des Princips nicht beeinträchtigen, dass der psychische Grund des organischen Bildens nicht erkranken kann, denn für dieses Princip sprechen fast alle Thatsachen, gegen dasselbe nichts, da man die Zurückführung etwaiger Ausnahmen auf äussere Störung noch von der künftigen Wissenschaft zu erwarten hätte. Darum kann ich nicht mit Carus' Annahme übereinstimmen, dass die Idee des Organismus von der Idee einer Krankheit gleichsam ergriffen und besessen werde, welche die Conformität der Krankheiten erklären soll; diese scheint mir hinreichend durch die gleiche Reaction gleicher Organismen auf gleiche Störungen erklärt zu sein, denn dieselbe Krankheit erscheint in der That niemals auf gleiche Weise, sondern mindestens so verschieden, wie die Individuen unter einander sind. Schon der Umstand spricht gegen jene Annahme, dass es keine pathologische Bildung im Körper giebt, welche nicht an normalen physiologischen Bildungen ihr Vorbild hätte. Virchow sagt (Cellularpathologie S. 60): „Es giebt keine andere Art von Heterologie in den krankhaften Gebilden als die ungehörige Art der Entstehung, und bezieht sich diese Ungehörigkeit entweder darauf, dass ein Gebilde erzeugt wird an einem Puncte, wo es nicht hingehört, oder zu einer Zeit, wo es nicht erzeugt werden soll, oder in einem Grade, welcher von der typischen Bildung des Körpers abweicht. Jede Heterologie ist also, genauer bezeichnet, eine Heterotopie, eine *aberratio loci*, oder eine *aberratio temporis*, eine Heterochronie, oder endlich eine bloss quantitative Abweichung, Heterometrie." — Nur da möchte jene Ansicht von den ideellen Krankheitstypen, welche von den Organismen Besitz ergreifen, eine gewisse tropische Berechtigung haben, wo Thiere oder Pflanzen die Krankheitsursache sind, z. B. Krätze, Reude, Rost des Getreides u. s. w., d. h. also in der Parasitenkunde im neueren weiteren Sinne.

Was die sogenannten Geisteskrankheiten betrifft, so ist die von alten Zeiten her dominirende und auch gegenwärtig trotz einigen Widerspruches überwiegende Auffassungsweise die, dass jede Störung bewusster Seelenthätigkeit durch eine Störung des Gehirns, als des Organes des Bewusstseins, bewirkt werde, sei diese Gehirnstörung nun direct, oder durch Rückenmarks- und Nervenkrankheiten vermittelt. Auch da, wo psychische Erschütterungen eine Geisteskrankheit veranlassen, muss man wahrscheinlich eine meist ererbte Disposition des Gehirns dazu annehmen, welche bei solcher Gelegenheit nur zum Ausbruch kommt; unbedingt ist auch in diesen Fällen eine Gehirnstörung als Ursache der Störung des Bewusstseins anzunehmen, nur dass diese Gehirnstörung nicht durch materielle, sondern durch psychische Erschütterung hervorgerufen, jedenfalls aber durch äussere Einwirkung veranlasst ist, deren Träger und Vermittler nur bewusste Seelenzustände sind. Es bleiben also die Sätze unangetastet, **dass das Unbewusste weder selbst erkranken, noch in seinem Organismus Erkrankung bewirken kann**, sondern dass alle Krankheit Folge einer von Aussen hereingebrochenen Störung ist.

Was den zweiten Punct anbetrifft, den Zweifel an der Zweckmässigkeit der Gegenmassregeln der Heilkraft gegen die Krankheit, so ist das wichtigste Moment, das nicht ausser Acht gelassen werden darf, die Beschränktheit der Macht des Willens in Bewältigung der Umstände. Wäre der Wille des Individuums allmächtig, so wäre er nicht mehr endlich und individuell, also muss es Störungen geben, die er nicht beseitigen kann. Da nun ferner die Angriffspuncte im Organismus für den Willen ebenfalls sehr beschränkt sind, d. h. seine Macht in verschiedenen Gebilden ganz verschiedene Grenzen hat, so muss natürlich ein vorgestellter Zweck oft auf den wunderlichsten Umwegen erreicht werden, so dass die Vorstellung des Zweckes bei den vom Organismus eingeschlagenen Mitteln dem ungeübten Auge oft gänzlich entgeht, und nur vom tiefer eindringenden wissenschaftlichen Blick verstanden wird, der die Unmöglichkeit kürzerer Wege zum Ziele einsieht. Da nun die wissenschaftliche Physiologie und Pathologie noch so jung ist, so darf man sich nicht wundern, wenn sie noch heute nur ganz oberflächlich in die verschiedenen Operationen des organischen Lebens eingedrungen ist, und sie häufig nicht nur eine Menge Verbindungsglieder von Zweck und Mittel zu ahnen sich begnügen muss, sondern auch noch seltener sich Rechenschaft darüber geben kann, ob es einen noch zweckmässigeren Weg, als den eingeschlagenen, gegeben hätte. Jede erkannte Zweckmässigkeit ist wohl ein positiver, nicht zu entkräftender Beweis psychischen Wirkens, aber tausend unverstandene Verbindungen von Ursache und Wirkung können kein negativer Beweis gegen das Vorhandensein psychischer Grundlagen sein. So steht aber das Verhältniss keineswegs, sondern fast überall, wo wir ein scheinbar unzweckmässiges Wirken des Organismus sehen, können wir uns von den Gründen dieser Erscheinung Rechenschaft geben. Die spontane Entstehung von Krankheit, die hierher auch zählen könnte, ist bereits beseitigt. Ein grosser Theil anderer Fälle wird sich darauf reduciren, dass die Mittel, welche zur Beseitigung einer Störung aufgeboten werden, nicht den Intentionen des Organismus gemäss ausfallen, weil anderweitig vorhandene Störungen dies hindern, so dass nun durch eine zweite Krankheit die Anstrengungen zur Hebung der ersten vereitelt werden. Dieser Fall tritt sehr häufig ein, nur ist es oft schwer, die zweite Störung zu entdecken, die sehr tief liegen und zugleich an sich sehr unbedeutend sein kann. Letzten Endes ist es dann immer wieder die unzureichende Macht des individuellen Willens (hier in Beseitigung der zweiten Störung), wodurch die aufgewandten Mittel eine schiefe Richtung bekommen und nicht zum Ziele führen. Ein besonderer Fall der unzureichenden Macht ist der, wo bei besonders intensiver Anspannung nach einer bestimmten Richtung der Wille ausser Stande ist, die extensiven Grenzen inne zu halten. So z. B. bei Knochenbruchheilung, wo eine lebhafte Tendenz zur Knochenbildung erfordert wird, verknöchern meist die umliegenden Muskel- und Sehnenpartien mit; dann macht aber später der Organismus seinen Fehler möglichst wieder gut, es werden also in diesem Beispiel die verknöcherten Nachbargebilde nach der Heilung auf ihre normale Beschaffenheit zurückgebracht.

Wie die Macht des individuellen Willens eine beschränkte ist, zeigt auch folgendes Beispiel: während der Schwangerschaft, wo der unbewusste Wille auf die Bildung des Kindes sich concentriren muss, wollen mitunter Knochenbrüche gar nicht heilen, während sie nach erfolgter Entbindung ganz gut verheilen.

Der letzte mögliche Einwand wäre der, dass in Folge eines dem Geschöpfe anerschaffenen Mechanismus auf jede Störung die passende Reaction folge, ohne psychische Betheiligung des Individuums. Wer bis hierher meiner Entwickelung gefolgt ist, wird keine Widerlegung brauchen. Die Unmöglichkeit eines materiellen Mechanismus haben wir gesehen, die eines psychischen leuchtet Jedem ein, der die unendliche Mannigfaltigkeit der vorkommenden Störungen erwägt, und bedenkt, dass die Function eines jeden einzelnen Organs, wie des ganzen Körpers, sich in einem unaufhörlichen Abwehren und Ausgleichen herantretender Störungen bewegt, und dass nur dadurch das Dasein erhalten wird. Giebt man also einmal die Zweckmässigkeit dieser Ausgleichungen zum Zwecke der Selbsterhaltung zu, so kann man sich der Idee einer individuellen Vorsehung unmöglich entziehen, denn nur das Individuum selbst kann es sein, welches die Zwecke vorstellt, nach denen es handelt. Es kann nicht fehlen, dass die in diesem und dem vorigen Capitel so eclatant hervorgetretene Wahrheit auch auf die Zurückweisung desselben Einwandes beim Instinct eine rückwirkende Beweiskraft äussert, da wir dies Alles als ein seinem Wesen nach Gleiches erkannt haben. Es wäre ganz thöricht, ein besonderes Vermögen des Instinctes, ein besonderes der Reflexbewegungen, ein besonderes der Heilkraft anzunehmen, da wir in allen diesen Erscheinungen nichts weiter als ein Setzen von Mitteln zu einem unbewusst vorgestellten und gewollten Zwecke erkannt haben, und nur die verschiedenen Arten von zur Thätigkeit auffordernden äusseren Umständen verschiedene Gattungen von Reactionen hervorrufen, wobei aber die Unterschiede nicht einmal von der Art sind, dass sie nicht in einander überflössen. Dass die organischen Heilwirkungen nicht Resultate des bewussten Vorstellens und Wollens sind, wird wohl Niemand bezweifeln, der sich erinnert, welchen Antheil sein Bewusstsein beim Heilen einer Wunde oder eines Bruches genommen habe; ja sogar, es gehen ja gerade dann die mächtigsten Heilwirkungen vor sich, wenn das Bewusstsein möglichst zurückgedrängt ist, wie im tiefen Schlafe. Dazu kommt noch, dass die organischen Functionen, in soweit sie überhaupt von Nerven abhängig sind, durch sympathische Nervenfasern geleitet werden, welche dem bewussten Willen nicht direct unterworfen sind, sondern von den Ganglienknoten aus innervirt werden, von denen sie entspringen. Wenn dennoch in den organischen Functionen der Heilwirkungen eine so wunderbare, Einem Ziele zustrebende Uebereinstimmung herrscht, so kann diese nun und nimmermehr aus materieller Communication dieser verschiedenen Ganglien begriffen werden, sondern nur durch die Einheit des über jenen waltenden Principes, des Unbewussten.

VII.

Der indirecte Einfluss bewusster Seelenthätigkeit auf organische Functionen.

1. Der Einfluss des bewussten Willens.

a. Die Muskelcontraction.

Die Muskelcontraction ist offenbar die bei Weitem wichtigste vom bewussten Willen abhängige organische Function, denn sie ist es, durch die wir uns bewegen und auf die Aussenwelt wirken, durch welche wir uns in Sprache und Schrift mittheilen. Sie erfolgt durch den Einfluss der motorischen Nerven, durch einen vom Centrum nach der Peripherie verlaufenden Innervationsstrom, durch einen Strom, der offenbar mit den electrischen und chemischen Strömungen verwandt ist, da wir sehen, dass sie sich gegenseitig in einander umsetzen lassen, und von dessen Intensität wir uns keine zu geringe Vorstellung machen dürfen, wenn wir die durch ihn contrahirten Muskeln des Athleten, noch dazu durch die langen Hebelsarme der Gliedmassen, mit Centnern spielen sehen und daran denken, welche colossale galvanische Ströme nöthig sind, um mit einem Electromagneten Centnerlasten zu heben. Wir haben schon gesehen, dass jede Muskelbewegung nur durch mehrfache Vermittelung von unbewusstem Wollen und Vorstellen zu denken ist, weil sonst nie abzusehen wäre, wie der Bewegungsimpuls im Stande wäre, die der bewussten Bewegungsvorstellung entsprechende Nervencentralstelle anstatt irgend einer anderen zu treffen, dass ferner die unmittelbarer Centra für die allermeisten Bewegungen im Rückenmark und verlängerten Mark liegen und diese von hier aus in ihren Details bestimmt und geordnet werden, dass sie als Reflexbewegungen dieser Centra zu betrachten sind, welche durch den Reiz verhältnissmässig weniger, vom grossen Gehirn kommender Fasern veranlasst werden, so dass der erste Bewegungsimpuls sich auf die centralen Endigungen dieser Fasern im grossen Gehirn beziehen muss. Es kann wohl sein, dass mehrere solcher Reflexwirkungen in verschiedenen mehr und mehr vom Gehirn entfernten Nervencentris eintreten, ehe eine complicirte Bewegung ausgeführt wird, dass z. B. beim Gehen zuerst einige wenige Fasern den Impuls vom grossen Gehirn, wo der bewusste Wille, zu gehen, entsteht, an das kleine Gehirn überbringen, welches Organ die Coordination der grösseren Bewegungsgruppen leiten soll, dass dann von hier eine grössere Anzahl Fasern die Impulse an verschiedene Centra des Rückenmarkes übertragen, und zuletzt an die Stellen, wo die Schenkelnerven sich einsetzen. Bei einem jeden solchen Reflexe spricht das unbewusste Wollen und Vorstellen im specifischen Bewegungsinstinct des betreffenden Centrums mit, und so wird es erklärlich, wie so complicirte Bewegungen ohne irgend welche geistige Anstrengung zweckmässig und ordnungsmässig verlaufen. In jedem Centrum wird der Impuls als Reiz empfunden und in einen neuen Impuls umgesetzt, so dass wir im strengsten Sinne erst vom letzten Centrum an vom motorischen Innervationsstrom sprechen dürfen.

Es fragt sich nun, wie der Wille im Stande ist, den Innervationsstrom zu erzeugen. Wir können uns dabei nur an die Analogien der verwandten physikalisch bekannteren Ströme und an die apriorische Vermuthung halten, dass der ganze Apparat des motorischen Nervensystems doch wohl zu dem Zweck in den Organismus eingeschaltet sein müsse, dass dem Willen dadurch ermöglicht werde, die nöthigen mechanischen Leistungen durch die möglichst kleinste mechanische Kraftanstrengung hervorzubringen, mit anderen Worten, dass das motorische Nervensystem eine Kraftmaschine sei, wie die Winde, oder in passenderem Vergleich, wie das mauerzertrümmernde Geschütz, welches der Mensch nur abzufeuern braucht. Mechanische Bewegung ohne mechanische Kraft hervorzubringen, das ist unmöglich, aber die die Bewegung einleitende Kraft kann auf ein Minimum reducirt werden, und der übrige Theil der Leistung Kräften übertragen werden, welche vorher zum Gebrauche aufgespeichert sind. Dies ist beim Geschütz die chemische Kraft des Pulvers, beim Thier die der eingenommenen Nahrungsmittel, welche daher auch zu den Leistungen der Muskelkraft im Verhältniss stehen müssen, wie die Menge des Pulvers zur Kraft des Geschosses. Ohne jede mechanische Kraft aber sind die aufgespeicherten Kräfte nicht aus ihrem

1. Der Einfluss des bewussten Willens auf organische Functionen. 147

gebundenen Zustande zu befreien, also muss unbedingt der Wille zu mechanischer Kraftleistung befähigt sein. Wäre aber die Grösse dieser Kraft gleichgültig, so könnte er ja direct die Muskeln in Bewegung setzen, wir müssen also annehmen, dass die Pointe beim motorischen System darin liege, die nothwendige mechanische Leistung des Willens auf ein Minimum zu reduciren, etwa so, wie das Stellen der Hebel durch den Maschinisten ein Minimum von Kraftwirkung im Verhältniss zu den Leistungen der Dampfmaschine repräsentirt.

Betrachten wir nun den wohl am nächsten mit den Nervenströmen verwandten electrischen Strom, so müssen wir zunächst die Entstehungsweise durch mechanische Einflüsse (wie Reibung) oder Wärme ausschliessen, weil erstere gerade das Gegentheil von dem wäre, was wir suchen, und letztere ebenfalls in Schwingungszuständen von grösseren mechanischen Schwingungsmomenten der Atome besteht. Wir müssen jedenfalls absehen von Erzeugungsweisen, welche auf Verschiebung der Molecüle beruhen, und uns an solche halten, welche nur eine Drehung derselben erheischen, da ihre Drehung unendlich viel weniger Kraftaufwand erfordert, als die Verschiebung. Hier kommen uns die Erfahrungen der Nervenphysiologie zu Hülfe, welche zeigen, dass, während der motorische Strom den Nerven durchläuft, alle Molecüle desselben eine gleich gerichtete electrische Polarität zeigen, wie im Magneten, während im völlig indifferenten Zustand (wie er freilich im Leben nicht vorkommt) die Polaritäten der Molecüle durch einander liegen, wie im unmagnetischen Eisen, und dadurch sich gegenseitig neutralisiren. Wir lernen aus diesen Versuchen, dass die Nervenmolecüle Polarität besitzen, und dass diese durch Drehung der Molecüle in gleiche Richtung zur Geltung gebracht werden kann. Wie der von einem Draht umgebene Eisenstab magnetisch wird, sobald den Draht ein galvanischer Strom durchläuft, so würde, wenn auf irgend welche Weise das Eisen plötzlich magnetisch würde, in dem Draht ein galvanischer Strom hervorgerufen. Dem analog wird durch Drehung der Molecüle in der Weise, dass ihre Polaritäten gleich gerichtet werden, eine Nervenströmung erzeugt. Wir sehen in der Physik, dass die polaren Gegensätze der Molecüle die Grundlagen aller der Erscheinungen sind, welche wir als chemische, galvanische, reibungs-electrische, magnetische u. s. w. bezeichnen; so dürfen wir nicht zweifeln, dass noch manche ähnliche Erscheinungen aus derselben entstehen können, und dass wir es mit solchen bei den Nervenströmen zu thun haben, Die Drehung der Molecüle in den Centralstellen ist also das Minimum der mechanischen Leistung, welches dem Willen überlassen bleibt, und die Polarität der Nerven-Molecüle ist die aufgespeicherte mechanische Kraft, welche den Vorrath von mechanischen Leistungen der Muskeln auslöst, welche durch längere Wirksamkeit sich erschöpft und durch den chemischen Stoffersatz in der Ruhe wieder hergestellt wird. So ist jeder Organismus einer Dampfmaschine zu vergleichen; er ist aber auch zugleich Heizer und Maschinist, ja auch Reparateur, und wie wir später sehen werden, sogar Maschinenbaumeister seiner selbst.

Weil die Verschiebbarkeit der Molecüle in jeder Beziehung im flüssigen Aggregatzustande grösser ist, als im festen, darum sind die Nerven halbflüssige Massen; weil aber in Flüssigkeiten bei äusseren Erschütterungen kein Molecüle seinen Platz behält, sondern Alles durcheinander läuft, darum sind die Nerven nicht ganz flüssig, und darum eignen sich zu Wirkungen, welche die Nervenwirkung ersetzen, die Gebilde um so mehr, je mehr sie eine solche halbflüssige Beschaffenheit bei polarischen Eigenschaften ihrer Molecüle besitzen. Daher eignen sich dazu die gallertartigen Körper der niederen Wasserthiere, ferner alle thierischen Keime, die Eischeibe, die früheren Embryozustände, das aus plastischer Flüssigkeit geronnene Neoplasma, aus dem alle Neubildungen der Heilkraft hervorgehen, und das Protoplasma der niederen und höheren Pflanzen. Bei der Einfachheit aller letzten Principien in der Natur dürfen wir nicht daran zweifeln, dass auch alle anderen Wirkungen des bewussten oder unbewussten Willens in der organischen Natur auf demselben Princip der Molecularpolarisation beruhen, zumal da die Beschaffenheit der Gebilde, in denen der Wille sich am unmittelbarsten manifestirt, wie wir sehen, diese Voraussetzung bestätigt. So können wir uns namentlich das Eingreifen des Willens in chemische Vorgänge, wie bei Neubildungen aus Neoplasma oder im Embryo, gar nicht anders vorstellen, als in einer geschickten Benutzung der Polarität der vorgefundenen Molecüle theils in dem Herde der Bildung selbst, theils durch dahin geleitete Ströme, die an anderen Stellen erzeugt sind.

Wir erheben uns hiermit zugleich über die Ansicht, dass ausschliesslich die Nerven das Organ seien, welches die Fähigkeit besitze, Eindrücke des Willens aufzunehmen, über welche so viel hin und her gestritten worden ist. Sowohl die Analogien nervenloser Thiere, als das Neoplasma und Embryo beweisen die Möglichkeit einer Willenseinwirkung und Sensibilität ohne Nerven, doch schliesst diese Ansicht nicht aus, dass die Nerven die, soweit uns bekannt, höchste Form von Gebilden sind, welche sich der Wille zur Erleichterung seines Wirkens geschaffen hat, und dass der mit Nerven ausgerüstete Organismus so wenig die Vermittelung seiner Willensäusserungen durch die Nerven umgehen würde, wie Jemand querfeldüber führt, statt auf der Chaussee. Ausserdem ist aus Obigem klar, dass die Willensmacht des Individuums bei derselben Anstrengung unendlich viel weniger leisten könnte, stünde ihm nicht die Kraftmaschine des Nervensystems zu Gebote (man denke an die Anstrengungen unvollkommen gelähmter Körpertheile); doch möchte es sehr bedenklich scheinen, für den einzelnen Fall eine Grenze zu ziehen, wie weit die Leistungsfähigkeit des Willens ohne Hülfe der Nerven reichen könne, da die Intensität des Wollens in einseitiger Richtung und auf kurze Zeit den Mangel an Hülfsmitteln bisweilen in hohem Grade ersetzen kann. Ich will nicht auf Beispiele der Magie (Ablenkung der Magnetnadel durch den blossen Willen des Magnetiseurs u. dgl.) verweisen, weil sie zu wissenschaftlichen Gründen stärkerer Beglaubigung bedürfen; aber verschiedene Umstände beweisen deutlich genug, dass die Wirkungssphäre des Willens, sowie der Sensibilität auch im Menschen über die Nerven hinausreicht: z. B. das plötzliche Ergrauen der Haare nach heftigen Affecten, die Vertheilung der motorischen Nervenfasern in den Muskeln, wonach die Muskelfasern selbst Leiter des motorischen Stromes zu ihren Nachbarn sein müssen, die Empfindlichkeit der Haut an ihrer ganzen Oberfläche, während die Tastwärzchen doch nur hier und da unter ihr liegen, die Wirkung der Nerven auf die secernirenden Häute in ihrer ganzen Ausdehnung, während die Nerven doch nur beschränkte Theile berühren können, ferner der Umstand, dass auch nervenlose Theile des menschlichen Körpers empfindlich und schmerzhaft werden können, sobald bei verstärktem Blutandrange und Auflockerung des Gewebes ihre Lebendigkeit, d. h. die Verschiebbarkeit und Polarität ihrer Moleküle erhöht ist; so ist z. B. das in heilenden Wunden gebildete junge Fleisch ohne alle Nerven höchst empfindlich und eine Entzündung der nervenlosen Knorpel und Sehnen ist sogar viel schmerzhafter, als eine Entzündung der Nerven selbst; endlich zeigen auch Beispiele der embryonischen Missbildungen, dass Theile ohne Mitwirkung der dazu hinführenden Nerven gebildet werden können, z. B. Schädelknochen ohne Gehirn, Rückenmarksnerven ohne Rückenmark.

b. Willensströme in sensiblen Nerven.

Eine Art von Innervationsstrom haben wir schon früher als Reflexwirkung der Aufmerksamkeit kennen gelernt. Derselbe kann aber ebenso gut willkürlich hervorgerufen, resp. verstärkt werden. Eine gespannt auf die genitale Sphäre gerichtete Aufmerksamkeit kann die grösste geschlechtliche Aufregung zur Folge haben, und Hypochondristen fühlen bisweilen Schmerzen in jedem Körpertheil, auf den sie ihre Aufmerksamkeit richten. Nicht selten soll es vorkommen, dass zu Operirende den Schmerz des Stiches zu fühlen glauben, noch ehe das Instrument des Operateurs sie wirklich berührt hat. Wenn man bei geschlossenen Augen den Finger langsam zur Nasenspitze führt, und vor der Berührung sehr allmählich nähert, so fühlt man in der Nasenspitze die Berührung als deutlich wahrnehmbares Kribbeln im Voraus; wenn ich die Aufmerksamkeit angestrengt auf meine Fingerspitzen richte, so spüre ich dieselben deutlich, ebenfalls als eine Art von Kribbeln. In allen diesen Fällen bewirkt offenbar die Gehirnvorstellung von der zu erwartenden Empfindung, verbunden mit der auf diese Nerven gerichteten Aufmerksamkeit, einen peripherischen Strom, der von der Peripherie zum Centrum als Empfindungsstrom zurückkehrt, sei es nun, dass, wie in den ersten Beispielen, die Empfindung wesentlich erst durch den centrifugalen Strom erzeugt wird, sei es, dass derselbe, wie bei dem letzten Beispiel, nur die stets vorhandenen, für gewöhnlich aber unmerklich schwachen Reize verstärkt.

Der erste Fall findet auch bei jeder sinnlichen Vorstellung ohne Sinneseindruck statt; die Lebhaftigkeit der Vorstellung hängt von der Stärke des peripherischen Nervenstromes ab, und diese theils von dem Interesse (Willensbetheiligung) an der Vorstellung, theils von individueller Anlage. Es giebt Personen, welche durch willkürliche Anstrengung sich Gesichtsbilder, z. B. eines Freundes, fast bis zur Deutlichkeit einer Vision hervorrufen können. Bei anderen bleiben die Bilder immer nur blass. Ist der Willensstrom unbewusst entstanden, so stellt sich bei genügender Lebhaftigkeit der rückkehrende Empfindungsstrom als Vision dar, genau wie in jedem Traum. Ich glaube deshalb, dass es keine sinnlich anschauliche Vorstellung im Gehirn giebt, die nicht mit einem Innervationsstrom nach dem betreffenden Sinnesorgan verbunden ist, wenn derselbe auch für gewöhnlich nicht weit über die centrale Endigung der Organnerven hinausreichen mag. Ich glaube dies daraus schliessen zu dürfen, dass die Vision von der sinnlichen Vorstellung nur dem Grade nach verschieden ist, also auch ihre Entstehungsweise nur dem Grade nach verschieden sein wird. — Auch darf man annehmen, dass der Innervationsstrom desto weiter von dem Centrum nach der Peripherie hinausstrahlt, und dem Sinnesorgan selbst um so näher rückt, je lebhafter die sinnlichen Vorstellungen vorgestellt werden; denn undeutlich und schwach vorstellende Personen fühlen bei der Anstrengung der Aufmerksamkeit die Spannung (welche freilich nur reflectorische Spannung der Hautmuskeln ist) oben auf dem Kopfe; je grösser das sinnliche Vorstellungsvermögen ist, desto mehr rückt bei Gesichtsvorstellungen dieses Spannungsgefühl nach der Stirn herunter, und fällt beim höchsten Grade in die Augen selbst, so dass sich diese nach anhaltend scharfem Vorstellen gerade so angegriffen fühlen, wie nach längerem Sehen.

c. **Der magnetische Nervenstrom.**

Die Grunderscheinungen des Mesmerismus oder thierischen Magnetismus sind nachgerade als von der Wissenschaft anerkannt zu betrachten. Die electrischen Entladungen des electrischen Rochens und Aales waren schon längst bekannt, und die Erkenntniss, dass diese Wirkungen von der grauen Nervenmasse ausgingen, gab die Veranlassung, diese überhaupt als die Centraltheile des Nervensystems zu betrachten. Trotzdem sträubte man sich lange dagegen, die ganz analogen Wirkungen der Magnetiseure zuzugeben, weil sie im Ganzen zu schwach waren, um dem Physiker direct wahrnehmbar zu werden. Indess habe ich diesem Experiment mehrfach beigewohnt und mich durch die sorgfältigste Untersuchung der Localität wie der Person des Magnetiseurs gegen jede Täuschung gesichert. Wenn man nämlich den Menschen auf ein eisernes Bettgestell mit Drahtmatratze legt, aber so, dass er durch eine wollene Decke von dem Metall isolirt ist, so erzeugt man gewissermassen eine Leidener Flasche, deren eine Belegung das Bettgestell, deren andere der darauf liegende Mensch ist, und durch das Zusammenströmen (Influenz) der Electricität des Bettes nach der isolirenden Fläche hin wird die electrische Wirkung des Magnetisirens bedeutend potenzirt. Ich habe mich auf diese Weise magnetisiren lassen, und deutlich ein empfindlich prickelndes Funkensprühen von der leicht geführten Hand des Magnetiseurs zu meiner Haut gespürt, gerade so, als ob durch seine Berührung die Kette eines schwachen Inductionsstromes oder einer gleichmässig gedrehten Electrisirmaschine geschlossen würde, aber unregelmässiger, je nach der augenblicklichen Anstrengung des

Magnetiseurs. Wer das Gefühl kennt, wird wissen, dass eine Verwechselung der Empfindung kaum möglich ist. Kennt man auf diese Weise einmal die durch das Magnetisiren herbeigeführte Hautempfindung, so kann man auch ohne weitere Vorbereitungen die Berührung einer magnetisirenden Hand bei genügender Stärke des Agens mit Sicherheit von einer nicht magnetisirenden Berührung unterscheiden, wie ich bei mir zufällige Gelegenheit gehabt habe zu beobachten. Abgesehen von der künstlichen Erhöhung der electrischen Wirkung, ist auch die nervenstärkende und belebende, alle vitalen Functionen anfeuernde Macht des Mesmerismus bekannt, sowie die Herbeiführung von heilsamem Schlaf und Krisen in demselben. Wenn auch die Electricität bei diesen Erscheinungen nur ein begleitender Umstand oder eine peripherische Verwandlung der eigentlichen magnetischen Kraft sein mag, so ist diese doch jedenfalls mit diesen physikalischen Kräften und dem motorischen Nervenstrom verwandt, und entsteht vermutblich wie letztere durch Aenderung der polarischen Lage der Molecüle in den Centris. Sie ist wie die Bewegung eine indirecte Wirkung des bewussten Willens (bisweilen auch bei Handauflegen der Heiligen, Wundercuren u. s. w. ganz unbewusst), was er aber eigentlich, d. h. direct thut, und wie er es macht, weiss der Magnetiseur beim Magnetisiren so wenig, als beim Aufheben seines Armes. Es tritt also hier, wie dort und überall die Vermittelung eines unbewussten Willens dazwischen, welcher bewirkt, dass gerade ein magnetischer Strom und kein anderer entsteht, und dass dieser gerade nach den Händen hin, und nicht nach irgend einem anderen Körpertheile sich concentrirt. (Vgl. zum Kennenlernen des betreffenden Erscheinungsgebietes in weiterem Umfange: Reichenbach's odisch-magnetische Briefe, und sein grösseres Werk: der sensitive Mensch.)

d. Die vegetativen Functionen.

Allen vegetativen Functionen des Organismus stehen wahrscheinlich sympathische Nervenfasern vor. Der bewusste Wille hat auf sie keinen directen Einfluss, wir haben aber gesehen, dass dies auch bei den motorischen und sensiblen Fasern nicht der Fall ist, sondern dass das direct Wirkende allemal ein unbewusster Wille ist. Wenn nun der bewusste Wille überhaupt einen Einfluss auf vegetative Functionen hat, so ist die Uebereinstimmung da, und der Unterschied kann nur in dem Grade der Leichtigkeit liegen, mit welcher durch das bewusste Wollen irgend einer Wirkung der

1. Der Einfluss des bewussten Willens auf organische Functionen. 153

unbewusste Wille zum Setzen der Mittel zu dieser Wirkung hervorgerufen wird. Also z. B.: Wenn ich eine stärkere Mundspeichelabsonderung will, so ruft das bewusste Wollen dieser Wirkung den unbewussten Willen zum Setzen der nöthigen Mittel hervor, nämlich er erzeugt von den gangliösen Endigungen der zu den Mundspeicheldrüsen führenden sympathischen Fasern aus solche Ströme in denselben, welche die beabsichtigte Wirkung hervorbringen. Dies Experiment wird so ziemlich Jedem gelingen. Aehnlich ist das Verhalten in den Absonderungen der Genitalsphäre dem bewussten Willen unterworfen, was in Verbindung mit der oben erwähnten willkürlichen Erregung der betreffenden sensiblen Nerven bei reizbaren Personen bis zur Ejaculation ohne mechanischen Reiz führen kann. Mütter sollen, wenn der Anblick des Kindes in ihnen den Willen zum Säugen erweckt, durch diesen Willen eine reichlichere Milchabsonderung bewirken können. Die Fähigkeit mancher Personen, willkürlich zu erröthen und zu erblassen, ist bekannt, namentlich bei coquetten Frauenzimmern, die darauf studiren, und ebenso giebt es Leute, welche willkürlich Schweiss hervorrufen können. Ich besitze die Macht, durch meinen blossen Willen den stärksten Schlucken momentan zum Schweigen zu bringen, während er mich früher viel incommodirte und häufig allen üblichen Mitteln nicht weichen wollte. Dass man einen Schmerz, z. B. Zahnschmerz, mitunter durch energischen Willen, ihn zu bekämpfen, lindern oder zum Aufhören bringen kann, ist bekannt, trotzdem dass durch die dabei nöthige Aufmerksamkeit der Schmerz zunächst gesteigert wird. Ebenso kann man durch den Willen einen Hustenreiz, der keine mechanische Veranlassung hat, dauernd unterdrücken. Von jeher hat es Leute gegeben, die über ihren Körper eine wunderbare Macht ausübten, theils Gaukler, theils solche, die ihren Willen auch nach anderen Richtungen sehr ausgebildet hatten, Philosophen, Magier und Büsser. Ich glaube nach diesen Erscheinungen, dass man eine weit grössere willkürliche Macht über seine Körperfunctionen besitzen würde, wenn man nur von Kind auf so viel Veranlassung hätte, darin Versuche und Uebungen anzustellen, wie man es mit Muskelbewegungen und Vorstellungsbildern genöthigt ist. Denn als Kind weiss man so wenig, wie man es anfangen soll, um den Löffel zum Munde zu führen, als um die Speichelabsonderung zu vermehren. Daneben ist jedoch keineswegs zu verkennen, dass die Verknüpfung des bewussten und des unbewussten Willens in diesem Gebiete absichtlich erschwert ist, weil die bewusste Willkür im Allgemeinen an den vegetativen Functionen nur verderben und nichts bessern würde, und durch dieses Gebiet von seiner eigentlichen Sphäre des Denkens und Handelns nach Aussen unnütz abgelenkt würde.

2. Der Einfluss der bewussten Vorstellung.

Die bewusste Vorstellung einer bestimmten Wirkung kann oft ohne den bewussten Willen dazu den unbewussten Willen zum Setzen der Mittel hervorrufen, so dass dann die Verwirklichung der bewussten Vorstellung unwillkürlich erscheint. Die Physiologie, welche diese Thatsachen berücksichtigen muss, aber den Begriff des unbewussten Willens nicht kennt, sieht sich zu der ungereimten Behauptung veranlasst, dass die blosse Vorstellung ohne Willen Ursache eines äusseren Vorganges werden könne. Wenn man aber dies überlegt, so findet man, dass hierbei in der That nichts gesagt ist, als dass der Begriff „Vorstellung" in diesen Fällen unvermerkt um den Begriff „unbewusster Wille" erweitert sei, wie dies Cap. A. IV. S. 106—107 erörtert ist. Ich thue also nichts, als dass ich diese unvermerkte Erweiterung des Begriffes Vorstellung beim rechten Namen nenne, und als selbstständiges Glied im Process hinstelle, da es doch unstatthaft erscheinen muss, in einen schon fixirten Begriff die Merkmale eines anderen ebenfalls fixirten Begriffes noch zu den seinigen dazu hineinzuschachteln.

In erster Reihe stehen alle Geberden und Mienen im weitesten Sinne genommen. Hier liegt in der Vorstellung, welche die Miene hervorruft, nicht einmal die Wirkung, geschweige denn die Mittel dazu, eingeschlossen, sondern die Geberden erscheinen durchaus als Reflexwirkungen, so nothwendig und übereinstimmend in allen Individuen erfolgen sie. Wie zweckmässig sie sind, liegt wohl auf der Hand, denn ohne die Nothwendigkeit und Allgemeinheit der Geberden würde Niemand sie verstehen, und ohne vorhergehende Verständigung durch Geberden würde nie eine Wortsprache möglich geworden sein, und würden die stummen Thiere jedes Verständigungsmittels, selbst die stimmbegabten des bei Weitem grössten Theiles ihrer Sprache entbehren. Aber auch bei Menschen halten wir uns jetzt noch, wo wir der Rede misstrauen, an den Ausdruck des Redenden. Ich überhebe mich einer Aufzählung der einschlagenden Erscheinungen, die überall nachzulesen sind.

Die zweite Gruppe der Erscheinungen bilden die Nachahmungsbewegungen, die offenbar ebenfalls Reflexwirkungen sind. — Wenn wir einen Redner heftig declamiren sehen, oder wenn wir ein Duell,

2. Der Einfluss der bewussten Vorstellung auf organ. Functionen. 155

ein Fechten, einen kühnen Sprung, einen Tanzenden mit ansehen, und bei der Sache lebhaft betheiligt sind, so machen wir ähnliche Bewegungen mit, wie es uns gerade unsere Positur erlaubt, oder fühlen doch den Drang zu ähnlichen Bewegungen, wenn wir ihn auch unterdrücken. Ebenso singt der natürliche Mensch gern die Melodie mit, die er spielen hört. Wenn man Jemand gähnen sieht, so ist es sehr schwer, das Gähnen selbst zu unterdrücken, und auch umfangreichere Krämpfe, wie Veitstanz, Epilepsie, wirken oft durch den blossen Anblick auf reizbare Personen ansteckend, ja sie können zu vollständigen Sekten- und Stammes-Epidemien werden. Da in allen diesen Fällen nicht materieller Einfluss die Vermittelung übernimmt, so kann es nur die Vorstellung dieser Bewegungen sein, welche durch den Anblick so lebhaft erregt wird, dass sie den unbewussten Willen zur Ausführung erweckt. Indem dieser Process innerhalb eines Nervencentrums vorgeht, auch wohl der letzte Ausführungswille in diesem Centrum bewusst wird, gehört er unter den Begriff Reflexbewegung.

Die nächste Gruppe enthält den Einfluss bewusster Vorstellung auf vegetative Functionen. Die Einflüsse der verschiedenartigsten Gemüthsbewegungen auf Absonderungsfunctionen sind bekannt (z. B. Aerger und Zorn auf Galle und Milch, Schreck auf Harn und Stuhlgang, wollüstige Bilder auf den Samen u. s. w.). Die Vorstellung, Arzneimittel (z. B. Laxantia) genommen zu haben, wirkt oft ebenso wie die Arzneimittel selbst; die Einbildung, vergiftet zu sein, kann die Symptome der Vergiftung wirklich hervorrufen; viele christliche Schwärmer haben an den Tagen der Märtyrer die Schmerzen derselben wirklich gefühlt, wie ja auch Hypochondristen die Krankheiten wirklich fühlen, welche zu haben sie sich vorstellen, und wie junge Mediciner bisweilen alle möglichen Krankheiten zu haben glauben, von denen sie hören (namentlich wird dies in auffallendem Maasse von einem Schüler Boerhave's erzählt, der deshalb auch das Studium verlassen musste). Das sicherste Mittel, von einer ansteckenden Krankheit befallen zu werden, ist, wenn man sich vor ihr fürchtet, während der Arzt auf einer solchen Station selten davon befallen wird. Die lebhafte Furcht und Vorstellung der Krankheit kann allein zum Entstehen derselben ohne jede Ansteckung genügen, besonders wenn sie durch den Schreck potenzirt wird, in Gefahr gerathen zu sein. Durch das ganze Mittelalter hindurch ziehen sich die Berichte von Wundmalen und Blutungen an ascetischen Schwärmerinnen, und wir haben keine Ursache, diesen Nachrichten Glauben zu versagen, wenn deutsche, belgische und italienische Aerzte dieses Jahrhunderts das freiwillige Bluten zu gewissen Zeiten als Augenzeugen bestätigen.*) Warum sollen auch nicht Blutgefässe, wenn sie das Erröthen gestatten und gelegentlich blutigen Schweiss entstehen lassen, sich soweit ausdehnen, dass Blutung durch die Haut entstehe? Aehnliche Fälle kommen auch im profanen Leben vor. Ennemoser berichtet eine als völlig beglaubigt bezeichnete Geschichte, wo die Streiche eines zur Spiessruthenstrafe verurtheilten Soldaten am Leibe seiner Schwester sich durch Schmerzen und äussere Hautzeichen gezeigt haben sollen. Das viel bezweifelte Versehen der Schwangeren gehört ebenfalls hierher. Die meisten Physiologen verwerfen ohne Weiteres die Thatsachen, weil sie sie nicht erklären können; Burdach, Baer (der ein Beispiel von seiner Schwester erzählt), Budge, Bergmann, Hagen (letztere Beide in Wagner's Handwörterbuch) erkennen die Thatsachen durchaus an, Valentin stellt wenigstens ihre Möglichkeit im Allgemeinen nicht in Abrede, J. Müller giebt das Versehen der Schwangeren zu, insoweit es nur Hemmungsbildungen hervorbringen soll, aber nicht insofern es Veränderungen auf bestimmten Theilen des Körpers hervorrufen soll. Nun ist aber einestheils fast jede Hemmungsbildung eine bloss partielle und andererseits haben wir so viel Beispiele sowohl von Vererbung ganz partieller Abzeichen, der Muttermäler, als auch von ganz partiellen Veränderungen am eigenen Körper (wie eingebildete Wirkung von Giften oder Arzneien, Wundmale der Stigmatisirten), dass kein Grund vorliegt, an solchen ganz partiellen Einwirkungen der Mutterseele auf die Fötusseele zu zweifeln, welche letztere ja noch ganz in das organische Bilden versenkt ist. Indem ich so die Thatsache vom Versehen der Schwangeren anerkenne, bezweifle ich keineswegs, dass neun Zehntel derartiger Erzählungen Unsinn sind, aber streng genommen wären ganz wenige beglaubigte Fälle genügend.

An die Entstehung von Vergiftungssymptomen nach eingebildeter Vergiftung und Arznei-Wirkung, ohne sie genommen zu haben, schliessen sich eine grosse Zahl der sympathetischen oder Wundercuren an. Wie dort die Vorstellung der Wirkung den unbewussten Willen zum Setzen der Mittel und dadurch die Wirkung selbst her-

---

*) Siehe Salzburger Medicinische Zeitung von 1814. I. 145—158 u. II. 17—26: „Nachricht von einer ungewöhnlichen Erscheinung bei einer mehrjährigen Kranken" vom Medicinalrath und Professor v. Druffel zu Münster. Ferner: „Louise Lateau. Sa vie, ses exstases, ses stigmates." Etude médicale par le Dr. F. Lefebvre, professeur de pathologie générale et de thérapeutique à Louvain. Louvain, Ch. Peters. 1870.

2. Der Einfluss der bewussten Vorstellung auf organ. Functionen. 157

vorruft, ebenso auch hier. Das Eigenthümliche daran ist die Frage, auf welche Art durch die Vorstellung der Wirkung das unbewusste Wollen der Mittel bewirkt werde. Das bewusste Wollen der Wirkung scheint nicht wesentlich, denn beim Versehen der Schwangeren und bei dem Eintreten der Wirkungen, die man sogar fürchtet, kann doch der bewusste Wille nur dagegen und nicht dafür sein, und dennoch tritt der unbewusste Wille und die Wirkung ein. Dagegen ist ein anderes Moment unentbehrlich bei demjenigen Theil der Erscheinungen, die vom eigenen Willen des Individuums ausgehen, und nicht (wie bei Mutter und Fötus) durch einen fremden Willen magisch hervorgerufen werden, nämlich der Glaube an das Eintreten der Wirkung; denn wie Paracelsus wunderschön sagt: „Der Glaube ist's, der den Willen beschleusst." Wo deshalb der bewusste Wille mit dem Glauben an seine eigene Macht des Widerstandes opponirt, da ruft dieser Glaube einen unbewussten Willen hervor, welcher die Wirkung der ersten Vorstellung verhindert. Es kommt dabei nur darauf an, welcher Glaube stärker ist, der an das Eintreten der Wirkung, oder der an die eigene Widerstandskraft, je nachdem neigt sich auch der unbewusste Wille auf die eine oder die andere Seite. Die Kunst bei solchen Kuren ist also nur die, den Glauben an das Gelingen einzuflössen, und weil die Menschen diesen Zusammenhang nicht kennen, auch der daraus hervorgehende Glaube vielleicht zu schwach zur Wirkung wäre, muss der Aberglauben den Glauben schaffen und dazu dient allerlei Hocus Pocus. Vom unbewussten Willen gilt buchstäblich das Wort: „Je mehr Willen, je mehr Macht", und das ist der Schlüssel zur Magie.

VIII.

Das Unbewusste im organischen Bilden.

Wir haben schon in den vorigen beiden Abschnitten bisweilen nicht umhin gekonnt, den Inhalt dieses Capitels zu anticipiren. Dies liegt daran, weil die nacheinander behandelten Gegenstände mit dem Bildungstrieb so innig verwachsen, ja Eines und Dasselbe sind, dass bei dem Versuch eines scheinbaren Auseinanderhaltens ein grosser Theil der schlagendsten Erscheinungen ganz unberücksichtigt hätte bleiben müssen. Wir haben gesehen, dass der allgemeinste begriffliche Ausdruck, unter den man alle diese Gebiete zusammen fassen kann, der des Instinctes ist; aber eben so gut kann man fast alle als Reflexwirkungen auffassen, denn ein äusseres Motiv zum Handeln muss immer vorhanden sein, und die Handlung erfolgt auf dieses Motiv mit Nothwendigkeit, also reflectorisch, wenn auch erst mittelbar durch verschiedene Reflexionen vermittelt. Eben so gut kann man aber auch alle diese Erscheinungen als Wirkungen der Naturheilkraft ansehen, denn nur wo das äussere Motiv ein fremder, widerstrebender Stoff ist, kann es als Motiv wirken, sonst lässt es indifferent; die Bewältigung des Materials ist aber ein Act der Naturheilkraft. Das Eigenthümliche des Bildungstriebes wäre zu setzen in die Verwirklichung der typischen Idee der Gattung auf der ihr in jedem Lebensalter zukommenden Stufe, während die Naturheilkraft in der Selbsterhaltung der verwirklichten Idee bestände. Man sieht aber, dass einerseits die Abwehr einer Störung nur durch Neubildung möglich ist, d. h. dass die Selbsterhaltung der verwirklichten Idee nicht möglich ist, als durch gleichzeitige Entwickelung, also Verwirklichung einer neuen Stufe der Idee, dass andererseits die Verwirklichung einer neuen Stufe der Idee nur in einer Reihe von

Kämpfen und Selbsterhaltungsacten besteht, da alle Stellen des Organismus in jedem Moment durch Störung bedroht sind, und dass drittens die bildenden und bauenden Instincte eben so gut wie das Bilden innerhalb des Körpers nach fixen Ideen arbeiten, welche unbedingt als integrirende Bestandtheile der Gattungsidee betrachtet werden müssen. Ja sogar müssen im weiteren Sinne auch alle anderen Instincte als Verwirklichungen specieller Theile der Gattungsideen aufgefasst werden, denn die Gattungsidee der Nachtigall wäre unvollständig, wollte man die bestimmte Gesangsweise nicht zu ihr hinzurechnen, ebenso wie die des Ochsen ohne das Stossen, oder des Ebers ohne das Hauen, oder der Schwalbe ohne die halbjährige Wanderung.

Es bleibt uns demnach in diesem Capitel nur übrig, erstens einige Andeutungen über die Zweckmässigkeit des organischen Bildens zu geben, und zweitens zu zeigen, wie es sich in allmählicher Stufenfolge an die bisher betrachteten Aeusserungsweisen des Unbewussten anschliesst.

Was die Zweckmässigkeit der Organisation betrifft, so könnte man einerseits darüber allein starke Bände vollschreiben, und andererseits gehört zu teleologischen Detailbetrachtungen die grösste Vorsicht, weil zum Theil gerade dadurch die Teleologie in Misscredit gerathen ist, dass dünkelvolle Köpfe der Natur Zwecke untergeschoben haben, die nicht selten die Grenze des Albernen und Lächerlichen erreichten. Es kann sich also hier nur um einige flüchtige Fingerzeige handeln, welche um so mehr für unseren Zweck genügen, als zu einer weiteren Ausführung derselben heutzutage die Kenntnisse jedes Gebildeten ausreichen.

Ich gehe davon aus, dass sich als Zweck des Thierreiches uns die Steigerung des Bewusstseins darstellt; sei es nun, dass man den Zweck dieses helleren Bewusstseins in einer Steigerung des Genusses, oder der Erkenntniss, oder zuletzt eines ethischen Momentes suchen wolle, immer bleibt zunächst die Erhöhung des Bewusstseins der directe Zweck aller thierischen Organisation (vgl. Cap. C. XIV.). Warum überhaupt die Verleiblichung des Geistes die Bedingung für die Entstehung des Bewusstseins bilde, werden wir erst später sehen (Cap. C. III.), hier fragt es sich zunächst: woher die Trennung der organischen Natur in Thierreich und Pflanzenreich? Der erste Grund ist der, dass zu der Verwandlung der unorganischen Materie in organische, und der niederen organischen Verbindungsstufen in höhere, eine solche Aufbietung unbewusster Seelenkräfte gehört, dass dasselbe Individuum keine Energie zur Verinnerlichung mehr übrig behielte, weil sein Vermögen in der. Vegetation aufginge. Nur wo im Wesentlichen keine Steigerung der organisch-chemischen Zusammensetzung der Materie mehr erforderlich ist, sondern im Durchschnitt eine blosse Erhaltung auf der schon vorgefundenen Stufe, oder eine blosse Leitung der von selbst erfolgenden Rückbildung auf niedere Stufen verlangt wird, nur da behält das Individuum die nöthige Energie übrig, um die vorgefundene Materie zu dem künstlichen Bau der Bewusstseinsorgane zu formen, und den Process der geistigen Verinnerlichung auf die Spitze zu treiben. Darum die Trennung der Natur in das producirende Pflanzenreich und das consumirende Thierreich. Nun könnte man sich aber den Producenten und Consumenten dennoch in einem Wesen vereinigt denken, indem die eine pflanzliche Hälfte des Organismus die Stoffe bildet, von deren Verbrauch die andere thierische Hälfte ihr Bewusstsein ausbildet. Dem steht aber der zweite Grund für die Trennung von Thier- und Pflanzenreich entgegen. Es leuchtet nämlich ein, dass ein an die Scholle, auf der es wächst, gebundenes Thier (wie die Uebergangsformen niederer Wasserthiere in das Pflanzenreich zeigen) zu keiner ausgedehnteren Erfahrung und dadurch zu keiner höheren geistigen Entwickelung befähigt ist; man wird also als Bedingung einer höheren Bewusstseinsstufe Locomobilität fordern müssen. Wenn nun aber die Stoffe, aus denen sich organische (d. h. zum Träger höheren Bewusstseins allein befähigte) Materie bilden lässt, grossentheils aus dem den Erdboden durchdringenden Wasser gezogen werden müssen, und hierzu die Ausbreitung einer grossen aufsaugenden Oberfläche unter der Erde (Wurzelfasern) nothwendig ist, so ist klar, dass aus der unorganischen Natur sich direct keine Wesen von höheren Bewusstseinsstufen bilden können, da eine Locomotion bei solcher unterirdischen Verbreitung unmöglich ist. Hierdurch ist die Locomobilität der Thiere und die Stabilität der Pflanzen und somit die Sonderung beider Reiche bedingt.

Die Thiere müssen also ihre Nahrung aufsuchen, und brauchen hierzu nicht nur Bewegungsorgane, sondern auch Organe, um die zu ihrer Nahrung geeigneten und ungeeigneten Stoffe zu unterscheiden und ihre Bewegungen mit Sicherheit ausführen zu können. Dies sind die Sinneswerkzeuge. Der Organismus kann ferner nur durch Resorption Materie assimiliren, daher muss diese in flüssiger Gestalt sein. Die Pflanzen finden ihre Nahrung schon in dieser Gestalt vor, die Thiere aber meist in fester; sie müssen also Organe haben, um diese feste Nahrung erst wieder in flüssige Form zu bringen; hierzu dient das **Verdauungssystem** mit seinen Zerkleinerungsorganen (Mund und Magen), seinen auflösenden Säften (Mundspeichel für Umwandlung der Stärke in Zucker, Magensaft für Auflösung der Eiweissstoffe, Galle für theilweise Verseifung der Fette, und Bauchspeichel für alle diese Zwecke zusammen), seinen langen Canälen, und endlich der Ausführmündung unverdauter Stoffe. Die Chylusgefässe, welche den Speisebrei aufsaugen, sind die Wurzelfasern des Thieres. Da es wegen seiner ungleich grösseren dynamischen Leistungen viel mehr Stoff verbraucht, als die Pflanze, muss auch für einen schnelleren Ersatz gesorgt sein: hierzu dient das System des **Blutlaufes**, welches allen Theilen des Organismus fortwährend neue Stoffe in schon geeignetster Form zur Assimilation darbietet. Da der chemische Process im Thiere wesentlich ein Rückbildungs-, d. h. Oxydationsprocess ist, so muss für den nöthigen Sauerstoff Sorge getragen werden. Die Pflanzen brauchen zur Wechselwirkung mit der Atmosphäre keine besonderen Organe, weil ihre im Verhältniss zu ihrem Inhalt ungemein grosse Oberfläche die Diffusion genügend vermittelt; beim Thiere aber, dessen Oberfläche aus anderen Rücksichten viele tausendmal kleiner als die der Pflanzen sein muss, muss durch besondere Organe von grosser innerer Oberfläche (Luftröhrenverästelung) mit kräftiger Ventilation und durch schnellen Wechsel der anliegenden Luftschichten vermittelst Wimperbewegung, sowie durch eine der Diffusion günstige Beschaffenheit der trennenden Membranen die nöthige Menge Sauerstoff in den Körper eingeführt werden; dieser Oxydationsprocess bringt zugleich die thierische Wärme hervor, welche eine Bedingung für die subtileren Veränderungen der organischen Materie ist, oder wenigstens dem psychischen Einfluss einen grossen Theil des Kraftaufwandes erspart.

So haben wir aus dem Bewusstsein als Zweck des thierischen Lebens schon die Nothwendigkeit von fünf Systemen hergeleitet, von dem der Bewegung, der Sinneswerkzeuge, der Verdauung, des Blutlaufes und der Athmung. Was die äussere Gesammtform des Körpers bestimmt, ist hauptsächlich das erstere, das System der Bewegung. Sein Grundprincip ist Contraction, wie wir es schon bei der Wimperbewegung und den Bewegungen der niederen Wasserthiere sehen. Sobald jedoch die übrigen Systeme einen gewissen Grad der Ausbildung erreicht haben, verlangt die contractile Masse Stützpuncte im eigenen Körper, um mehr particlle Bewegungen und in mannigfaltigerer Richtung vornehmen zu können; namentlich tritt dies Bedürfniss sofort bei den Landthieren (auch schon bei den niedrigsten) ein. Diese Stützpuncte werden durch ein Skelett gewonnen, welches zunächst aus verdickten Epithelialschichten oder kalkigen Oberhautexcrementen, später bei den Wirbelthieren aus dem Knochenskelett gebildet wird. Diese festen Theile dienen zugleich den weichen zum Schutz, sonach bei den Wirbelthieren Schädel und Wirbelsäule dem Hirn und Rückenmark. Die Organe zur äusseren Locomotion bilden sich schon bei ziemlich niederen Thieren als besondere Gliedmaassen aus, die, je nach den Elementen und Localitäten, und je nach der Nahrung, auf welche das Thier angewiesen ist, die mannigfaltigsten Modificationen zeigen. — Zur Ermöglichung einer leichteren Wechselwirkung von Seele und Leib bildet sich als sechstes das Nervensystem aus, von dessen Bedeutung schon mehrfach die Rede gewesen ist, und als siebentes endlich schliesst sich im Dienste nicht des Individuums, sondern der Gattung das Fortpflanzungssystem an.

Dies wäre in grossen Zügen die teleologische Ableitung der Construction des Thierreiches aus dem Zweck des Bewusstseins, wobei das Pflanzenreich bloss, oder doch wesentlich nur als Mittel für das Thierreich erscheint, indem es ihm die Nahrungsmittel einerseits und das Brennmaterial und den Sauerstoff andererseits bereitet; denn die fleischfressenden Thiere leben ja auch vom Pflanzenreich, nur indirect. Die Zweckmässigkeit der Einrichtungen im Besonderen zu verfolgen, würde, wie gesagt, hier viel zu lange aufhalten. Ich verweise nur auf die wunderbare Construction der Sinnesorgane, wo die Zweckmässigkeit auf das Eclatanteste hervortritt. Fast noch mehr ist dies bei den Zeugungsorganen der Fall, wo es besonders Staunen erregt, dass sie bei aller Verschiedenheit doch für die beiden Geschlechter einer Gattung stets zusammenpassen, auch die übrige Körpergestalt stets eine Begattung zulässt. Die Brunst stellt sich bei den Thieren stets so ein, dass nach Verlauf der constanten Trächtigkeitsdauer die Jungen zu der Jahreszeit auskommen, wo sie die reichlichste Nahrung finden; bei vielen erwachsen zur Brunstzeit besondere Theile, um die Begattung besser zu vollziehen, welche nachher wieder verschwinden; so bei vielen Insecten Haken an den Geschlechtstheilen zum Festhalten des Weibchens, beim Frosch warzige Erhabenheiten an den Daumen der Vorderfüsse, die er in den Leib des Weibchens eindrückt, beim männlichen gemeinen Wasserkäfer Scheiben mit gestielten Saugnäpfen auf den drei ersten Handgliedern, beim Weibchen dagegen Furchung der Flügeldecken

Von besonderem Interesse sind die im 50. Bande von Virchow's Archiv mitgetheilten Untersuchungen von Dr. J. Wolf über die Construction des menschlichen Oberschenkelknochens. Dass derselbe deshalb eine Röhre bildet, weil er so bei gleicher Festigkeit leichter sein kann, war schon früher bekannt; das aber ist neu, dass die die Knochenhöhle am oberen und unteren Ende des Knochens durchsetzenden, in regelmässigen Curven (die sich rechtwinklig schneiden) angeordneten Bälkchen und Streben so eingerichtet sind, dass sie genau übereinstimmen mit denjenigen Constructionen, welche sich nach den Grundsätzen der Mechanik ergeben, wenn die Druck- und Zugkräfte nach Maassgabe der auf den menschlichen Oberschenkel wirkenden Belastung in Rechnung gestellt, und die Druck- und Zuglinien im Innern des Knochens ermittelt werden. Die Natur hat also hier, um die auf innere Verschiebung und Zersplitterung hinwirkenden „scherenden Kräfte" unschädlich zu machen, in unbewusster Weise jene künstlichen Regeln der Mechanik realisirt, wie sie erst in allerjüngster Zeit in immer noch unvollkommener Weise bei unsern modernen Eisenconstructionen (von Brücken, Krahnen u. s. w.) vom bewussten Geiste angewandt worden sind.

Ein häufig vorkommender Irrthum ist der, an der zweckmässigen Einrichtung der Organismen deshalb zu zweifeln, weil gewisse Anforderungen der Zweckmässigkeit, welche wir zu stellen uns herausnehmen, von ihnen nicht erfüllt werden. Dass eine vollkommene Zweckmässigkeit im Einzelnen unmöglich ist, sollte doch Jedem einleuchten, denn dann dürfte zunächst keine Krankheit oder Schwäche den Körper besiegen, er also unsterblich sein. Wenn man fordert, dass die Hirnschale des Menschen den Schlag eines faustgrossen Hagelkornes aushalten sollte, und sie für unzweckmässig erklärt, weil sie das nicht thut, so ist das offenbar thöricht, da ihre Einrichtung für solche Ausnahmefälle andere und viel grössere Inconvenienzen im Gefolge haben würde. Dieser Art sind aber die meisten Fälle, wo behauptet wird, dass Organismen unzweckmässig eingerichtet seien; es reducirt sich darauf, dass ihnen Einrichtungen fehlen, welche für **gewisse** Fälle zweckmässig sein würden, in den **meisten** anderen Fällen oder Beziehungen aber unzweckmässig.

Eine andere Art von Vorwürfen der Unzweckmässigkeit wird durch die Constanz der morphologischen Grundtypen möglich, welche ein durchgehendes Naturgesetz bildet, und die Einheit aller organischen Formen, die Einheit des ganzen Schöpfungsplanes nur in um so helleres Licht setzt. Es ist die *lex parsimoniae*, welche sich auch im Erfinden der organischen Formen bewahrheitet, indem es der Natur leichter fällt, hier und da unschädliches Ueberflüssiges stehen zu lassen, als immer wieder Veränderungen vorzunehmen und neue Ideen durchzuführen; sie bleibt vielmehr bei der möglichsten Einheit der Idee stehen, und nimmt an dieser gerade nur so viel Aenderungen vor, als unumgänglich nothwendig sind. Von dieser Art sind die rudimentären Zitzen bei männlichen Säugethieren, die Augen des Blindmolls, die Schwanzwirbel bei schwanzlosen Thieren, die Schwimmblase bei Fischen, die immer auf dem Grunde leben, die Gliedmaassen der Fledermäuse und Cetaceen u. dgl. m.

Endlich ist zu bemerken, dass wir bei dem zweckmässigen Wirken des Bildungstriebes ebenso wie bei dem des Instinctes ein Hellsehen des Unbewussten anerkennen müssen, da alle Organe früher im Fötusleben entwickelt werden, als sie in Gebrauch treten, und oft sogar sehr bedeutend früher (z. B. Geschlechtsorgane). Das Kind hat Lungen, ehe es athmet, Augen, ehe es sieht, und kann doch auf keine Weise anders als durch Hellsehen von den zukünftigen Zuständen Kenntniss haben, während es die Organe bildet; aber ein Grund gegen die Bildungsthätigkeit der individuellen Seele kann dies nicht sein, da es um nichts wunderbarer ist, als das Hellsehen des Instinctes.

Gehen wir nunmehr dazu über, den stetigen und allmählichen Anschluss des organischen Bildens an die Leistungen des Instinctes zu betrachten. — Die Nester, den Bau und die Höhlen, welche sich die Thiere bauen und graben, betrachtet noch Jeder als Wirkungen des Instinctes. Der Pfahlwurm bohrt sich mit seiner Schale in Holz, die Bohrmuschel in weichen Felsen eine Höhle; der Sandwurm bohrt sich in den Sand und klebt diesen mittelst des an seiner Hautfläche ausgeschiedenen Saftes zu einer Röhre zusammen; einige kleine Käfer bilden sich aus Staub, Sand und Erde einen Ueberzug ihrer zarten Haut; die Mottenlarven machen sich Röhren aus Haaren oder Wolle, die sie mit sich herumtragen; die Larve der meisten Phryganeen webt mit den aus ihrem Spinnorgane hervorgegangenen Fäden Holz, Blätter, Muschelschalen u. s. w. zu einer Röhre zusammen, in der sie wohnt und die sie mit sich trägt. Die sich einspinnende Raupenlarve braucht keine fremden Stoffe mehr, die sie in ihr Gespinnst einwebt, sondern begnügt sich mit diesem allein, um die zur Verpuppung nöthige Abschliessung und Ruhe zu erhalten; hier ist also die Wohnung der Thiere ebenso wie das Netz der Spinnen und der Hautüberzug, den einige Käferlarven aus ihrem eigenen Koth bilden, schon ganz vom Organismus selbst gebildet. Nautilus und Spirula treten periodisch aus ihrem halbkugeligen Gehäuse heraus und bilden sich ein ihrem inzwischen eingetretenen Wachsthum entsprechendes grösseres, das aber mit dem alten verbunden ist, so dass mit der Zeit das Gehäuse des Thieres aus einer Reihe solcher immer grösser werdenden Kammern besteht. Auf ähnliche Weise wachsen mit den Schnecken ihre Gehäuse, während die Crustaceen jährlich ihre Schale durch willkürliche Bewegung sprengen und ausziehen, ähnlich wie die Arachniden, Schlangen und Eidechsen ihre Haut, die Vögel und Säugethiere ihre Federn und Haare, während die Haut der höheren Thiere sich fortwährend schuppt. — Was wir bis jetzt am Bau im Ganzen gesehen haben, kann man auch an einzelnen Theilen, z. B. dem Deckel, beobachten. Eine Spinne (*Mygale cementaria*) lebt in einer Höhle im Mergel, die sie mit einer Thür aus zusammen gewobenen Erdklümpchen an einer Angel aus Spinnweben befestigt. Die Weinbergsschnecke schliesst im Winter ihre Wohnung mit einem Deckel, den sie sammt seiner Angel durch Ausschwitzungen des eigenen Körpers verfertigt, der aber doch mit ihrem Körper in keiner Verbindung steht. Bei anderen Schnecken dagegen ist der Deckel durch musculöse Bänder mit dem Thiere permanent verbunden. — So sind wir in stetiger Folge vom Bauinstinct zum organischen Bilden gelangt, und was so in einander fliesst, sollte aus verschiedenen Grundprincipien hervorgehen? Wie die Eichhörnchen und andere Thiere der Instinct reichlicher sammeln und eintragen lehrt, wenn ein kalter Winter bevorsteht, so bekommen Hunde, Pferde und Wild in solchen Jahren einen dickeren Winterpelz; wenn man aber Pferde in heisse Klimate versetzt, so bekommen sie nach wenigen Jahren gar kein Winterhaar mehr. Dass der Kukuk seinen Eiern die Farbe der Eier des Nestes einbildet, welches er sich zum Legen ausgesucht hat, ist schon wiederholt erwähnt. Der Instinct der Spinne weist sie auf Spinnen an, die Bildungsthätigkeit giebt ihr das Organ zum Spinnen; der Instinct der Arbeitsbienen weist sie speciell auf das Einsammeln, und dem entsprechen die Transportmittel, ja sogar haben sie Bürsten an den Füssen zum Zusammenkehren des Blüthenstaubes und Gruben zum Einsammeln vor den anderen Bienen voraus. Die Insecten, welche ihrem Instinct nach ihre Eier auf frei herumkriechende Larven legen, haben sich nur einen ganz kurzen Legestachel gebildet, während andere sehr lange Stacheln haben, die ihre Eier in Larven legen müssen, welche tief in altem Holze (*Chelostoma maxillosa*) oder in Tannzapfen versteckt sitzen. Der Ameisenbär, der seinem Instinct nach auf Termiten angewiesen ist, und bei jeder anderen Nahrung stirbt, hat sich bei seiner Entstehung darauf vorbereitet theils durch kurze Beine und starke Krallen zum Ausgraben, theils durch seine lange, schmale, zahnlose, aber mit einer fadenförmigen, klebrigen Zunge versehenen Schnauze. Die Eulen, die auf Nachtraub angewiesen sind, haben den gespenstisch leisen Flug, um die Schläfer nicht zu wecken. Die Raubthiere, die durch ihre Verdauung instinctiv auf Fleischnahrung angewiesen sind, haben sich auch mit der nöthigen Kraft, Schnelligkeit, Waffen und Scharfblick oder Geruch versehen. Wie der Instinct viele Vögel ihre Nester durch Aehnlichkeit der Farbe mit der Umgebung verstecken lehrt, so hat die Bildungsthätigkeit unzähligen Wesen durch Aehnlichkeit mit ihrem Aufenthaltsort Schutz verliehen (namentlich Schmarotzern). Sollte es wirklich ein verschiedenes Princip sein, was den Trieb zur That einflösst, und die Mittel zur Ausführung verleiht?

Es ist hier der Ort, noch einmal an die auf S. 80—82 dargestellte Erscheinung der Bläschenbildung in *Arcella vulgaris* hinzuweisen, welche, obwohl offenbar ein Vorgang der organischen Bildungsthätigkeit, doch als ein scheinbar willkürliches Walten des Instincts in zweckmässiger Accommodation an die wahrgenommenen äusseren Umstände erscheint.

Was die Reflexbewegungen betrifft, so sehen wir einen grossen Theil der Verdauungsvorgänge durch dieselben vermittelt. Vom Schlucken an werden die peristaltischen Bewegungen der Speiseröhre, des Magens und der Därme grossentheils durch Reflexbewegungen bewirkt, indem der an jeder Stelle wirkende Reiz der genossenen Speise zu der Weiterbeförderung durch zweckmässige Bewegungen Anlass giebt. Ebenso ist die auf den Reiz der Speisen eintretende Vermehrung der Secretionen von Mundspeichel, Magensaft, Bauchspeichel u. s. w. Reflexwirkung. Die Entleerung der angehäuften Excretionen erfolgt gleichfalls durch Reflexwirkung. Wir haben oben gesehen, dass die Reflexwirkung durchaus nichts Mechanisches ist, sondern Wirkung der unbewussten Intelligenz.

Wir kommen nun zur wichtigsten Parallele, der mit der Naturheilkraft. — Wie wir in Cap. C. IX. sehen werden, ist die Fortpflanzung nur eine modificirte Art von Bildungsthätigkeit, ein Schaffen solcher Neubildungen, welche nach Vollendung ihrer Reife den Typus des elterlichen Organismus reproduciren (gleichgültig, ob dann eine räumliche Trennung beider stattfindet oder nicht). Da nun aber, wie Cap. C. VI. zeigen wird, der Begriff des organischen Individuums ein sehr relativer ist, also unter Umständen schwer bestimmbar ist, ob das Product der Neubildung den Typus des ganzen Individuums oder nur eines Theiles desselben repräsentirt, so ergiebt sich hier ein unmittelbarer Uebergang zwischen der Neubildung gewisser Organe an einem Individuum und zwischen der Selbstvermehrung eines complexen, mehrere Individuen niederer Ordnung umfassenden Organismus, der aus einfachem Keime ein vielgliedriges Individuum entfaltet.

Ein anderer Parallelismus zwischen Fortpflanzung und Naturheilkraft besteht darin, dass ungewöhnliche Fruchtbarkeit einer schutzlosen Species häufig als Mittel dient, ihren Verfolgern gegenüber ihre Existenz aufrechtzuerhalten, welche ohne dies in Frage gestellt werden würde; es handelt sich also hier gewissermaassen um eine intensivere Anspannung der Naturheilkraft der Species als eines Collectivums, welche durch überreichliche Fortpflanzung, d. h. Neubildung von Individuen, für genügenden Ersatz des ungewöhnlich starken Abgangs sorgt. Dieses Gesetz ist selbst noch in der Menschheit erkennbar, da nach entvölkernden Kriegen oder Epidemien ein Steigen des Procentsatzes der Geburten über das Mittel wahrgenommen ist. (Leider gilt nicht das Umgekehrte bei Uebervölkerung, sondern dann wirkt nur vermehrte Sterblichkeit als Regulator.)

Schon oben haben wir betrachtet, wie die Erhaltung der constanten Wärme eine der wunderbarsten Leistungen des Organismus sei, die nur durch wunderbar genaue Regelung der Athmung, der Egestion und Ingestion bewirkt werden könne. Hierbei muss aber die Zukunft mit in Anschlag gebracht werden, wenn nämlich in Zukunft eintretende Störungen durch das Eintreten ihrer Ursachen sich im Voraus berechnen lassen. Dem entsprechend sehen wir jeder Ingestion sehr bald eine entsprechend vermehrte Egestion folgen, noch ehe das Blut die neuen Stoffe aufgenommen haben kann (z. B. unmittelbar nach dem Trinken vermehrter Harnabgang oder Schweiss, vermehrte Speichel- und Gallenabsonderung beim Essen unabhängig von örtlicher Reizung der Organe). Da jeden Augenblick eine wenn auch geringe Störung der Wärmeconstanz eintritt, so muss die Heilkraft oder Bildungsthätigkeit schon mit diesem Punct allein fortwährend beschäftigt sein. Ferner gehört zur Verdauung jeder Speise eine besondere Art der mechanischen und chemischen Behandlung.

Wir sehen, dass von Pflanzenfressern Fleisch, von Fleischfressern Pflanzen gar nicht oder nur unvollständig verdaut werden können, dass Knochen von Raubvögeln verdaut werden, von Krähen aber nicht, dass der Instinct viele Thierarten auf eine einzige Art von Nahrungsmitteln anweist, ohne welche sie sterben, und dass umgekehrt sich bei Menschen und Thieren Idiosynkrasien der Gattung oder des Individuums finden, durch welche gewisse Stoffe unbewältigt bleiben und dem Organismus zum Nachtheil gereichen. Hieraus geht hervor, dass die Verdauung jedes Stoffes andere Bedingungen erfordert, und dass er unverdaut bleibt oder schadet, wenn der Organismus nicht im Stande ist, diese Bedingungen herbeizuführen. Demnach setzt jeder Verdauungsact das Herbeiführen besonderer Bedingungen voraus, ohne welche er störend auf den Organismus wirkt; hier haben wir also wiederum eine fortwährende Beschäftigung der Heilkraft in Abwehr der Störungen, oder wenn man will, der Bildungsthätigkeit in der Assimilation des Stoffes.

Wir haben gesehen, dass bei jeder Verletzung die Wirkung der Heilkraft oder der Ersatz nur möglich ist durch Neubildung, durch die Entzündung, welche das Neoplasma liefert, aus dem sich dann die zu ersetzenden Theile entwickeln. Eben so sehr beruht jede Vermehrung einer Egestion bei Unterdrückung einer anderen auf einer Neubildung, nämlich des nunmehr vermehrten Egestionssecretes.

Die ganze Ernährung des Körpers, in der nach beendetem Wachsthum die Hauptaufgabe des Bildungstriebes besteht, ist ein und dasselbe mit Neubildung, und verhält sich zur Neubildung ganzer Körpertheile, wie die fortwährende Hautabschuppung des Menschen zur periodischen Häutung der Schlangen und Eidechsen, d. h. die Ernährung ist eine Summe unendlich vieler unendlich kleiner Neubildungen, die Neubildung bloss eine sich sehr schnell addirende und darum mehr in die Augen fallende Ernährung. Haben wir also die Neubildung im Ersatz bereits als ein zweckthätiges Wirken der unbewussten Seele erkannt, so muss dasselbe für die Ernährung gelten, wenn wir auch diese, wie wir nicht umhin können, als zweckmässig anerkennen müssen. Allerdings wird in dem allmählichen Verlauf der Ernährung der seelische Einfluss weniger in Anspruch genommen, als bei rapiden Neubildungen, schon weil die chemische Contactwirkung mehr behülflich ist; dass er aber keineswegs entbehrt werden kann, beweisen die durchgreifenden Ernährungsstörungen in den Theilen, deren Nervenverbindungen mit den Centris der zuführenden sympathischen Fasern durchschnitten sind (theils Abmagerung, theils Entartung der Secrete, theils Blutentmischung, bei empfindlicheren Theilen, wie Augen: Entzündung und Zerstörung). Die capillaren Blutgefässe, aus denen durch Endosmose die Gebilde ihre Nährflüssigkeit beziehen, mögen sich noch so fein vertheilen, so wird doch für jedes Gefäss noch ein verhältnissmässig grosses Gebiet übrig bleiben, in dem auch die dem Gefäss fern liegendsten Theile versorgt sein wollen, auch wird häufig von demselben Gefäss Muskel, Sehnen, Knochen und Nervensubstanz gleichmässig versehen werden müssen; es muss sich also jedes Theilchen aus der Nährflüssigkeit herausnehmen, was ihm passt. Wenn wir nun aber wissen, dass nach chemischen Gesetzen sowohl die zu ernährenden Gebilde, als die Nährflüssigkeit fortwährend die Tendenz zur Zersetzung haben, der sie nachkommen, sobald durch den Tod oder auch vor dem Tode bei grosser Körperschwäche die Macht der unbewussten Seele über sie aufgehört hat, so können wir unmöglich glauben, dass ohne jeden seelischen Einfluss diese Assimilation in alle den feinen örtlichen Nüancen vor sich gehen kann, wie sie für den Bestand des Organismus nothwendig ist. Es ist diese chemische Beständigkeit der organischen Gebilde ganz analog der fortwährenden mechanischen Spannung durch den Tonus; Beides ist nur durch eine unendliche Summe kleiner Gegenimpulse gegen natürliche Zersetzung und natürliche Erschlaffung zu erklären, und diese Impulse können nur vom Willen ausgehen. So folgt aus apriorischer Erwägung, was durch die empirische Anschauung der Nervendurchschneidung bestätigt wird.

Gesetzt nun aber, diese beiden Gründe im Verein mit der Einerleiheit von Neubildung und Ernährung würden nicht zutreffend befunden, um den seelischen Einfluss bei der gewöhnlichen Ernährung zu beweisen, und man nähme an, dass die chemische Contactwirkung der vorhandenen Gebilde genügende Ursache wäre, so fragt es sich doch: woher kommt diese Beschaffenheit der Ursache? Da würde man denn sagen müssen: diese Gebilde haben jetzt diese Beschaffenheit, weil sie sie früher hatten. So würde man beim Weiterfragen auf einen Punct kommen, wo die Beschaffenheit der Gebilde eine andere geworden, und es würde zunächst diese Aenderung zu erklären sein; denn diese Aenderung ist die Ursache, dass die Gebilde von jenem Zeitpunct an zweckmässig waren und kraft ihrer eigenen Beschaffenheit sich in zweckmässigem Zustande erhalten mussten, und da für diese zweckmässige Aenderung keine materialistische Erklärung mehr existirt, so muss sie dem zweckthätigen Wirken unbewussten Willens zugeschrieben werden; damit ist aber dieser auch die Ursache der zweckmässigen Erhaltung, und ist die Nothwendigkeit, einen seelischen Einfluss zu Hülfe zu nehmen, nicht aufgehoben, sondern nur aufgeschoben. Abgesehen davon, dass wir in **jedem Moment** des Lebens an einem solchen Zeitpunct der Veränderung stehen, könnte man noch weiter zurückgehen, denn für die jetzige Beschaffenheit der Gebilde ist nicht bloss die Aenderung selbst, sondern auch ihre Beschaffenheit **vor** der Aenderung Bedingung. Verfolgen wir diese Reihe rückwärts, so kommen wir zu der ersten Entstehung des Gebildes, welche ihre Erklärung verlangt, während wir inzwischen mindestens so viel seelische Einwirkungen statuiren müssen, als im Leben zweckmässige Veränderungen mit ihm vorgegangen sind. Da nun kein Gebilde im Organismus überflüssig ist, sondern jedes einen bestimmten Zweck hat, der wieder als Mittel zur Erhaltung des Individuums oder der Gattung dient, so wird man auch in diesem ersten Entstehen ein zweckthätiges Wirken des Willens sehen. So gewiss nun das erste **Entstehen** und die grossen Veränderungen wichtige Hülfsmittel und Erleichterungen für das **Bestehen** und die Ernährung eines Gebildes sind, und dem Willen seine Arbeit erleichtern, ja für den ganzen Umfang des Organismus erst ermöglichen, so gewiss sind sie nicht die alleinigen Bedingungen der Ernährung, sondern der im Organismus allgegenwärtige unbewusste Wille nebst der unbewussten Intelligenz ist im kleinsten chemischen oder physikalischen Vorgang mitbetheiligt, schon deshalb, weil im kleinsten Vorgang der Organismus bedroht ist, und sei es nur durch die Tendenz zur chemischen Zersetzung, und weil nichts Anderes diesen unaufhörlichen materiellen Störungen das Gleichgewicht halten kann als eine psychische Einwirkung. Andererseits aber ist nur **dadurch** das Leben möglich, dass diese psychische Einwirkung für die gewöhnlichen Vorgänge auf ein **Minimum** reducirt wird, und der übrige Theil der Arbeit durch zweckmässige **Mechanismen** geleistet wird. Diesen zweckmässigen Mechanismen begegnen wir überall im Körper, aber so, dass der unbewusste Wille sich jeden Augenblick die Modification des Zweckes (z. B. in verschiedenen Entwickelungsstadien), sowie auch das selbstständige Eingreifen in die Räder der Maschine und unmittelbare Leistung einer Aufgabe, der der Mechanismus nicht gewachsen ist, vorbehält. Dies kann unser Staunen vor der unbewussten Intelligenz nicht vermindern, sondern nur erhöhen, denn wie viel höher steht nicht der, welcher sich die wiederkehrende Leistung einer Arbeit durch Construction einer zweckmässigen Maschine erspart, als wer dieselbe stets auf's Neue mit seinen Händen zweckmässig verrichtet! Und letzten Endes bleibt doch immer noch der Seele jenes unvermeidliche Minimum unmittelbarer Leistung übrig, weil jeder Moment andere Verhältnisse und andere Störungen bringt, und kein Mechanismus anders als für Eine bestimmte Gattung von Verhältnissen passen kann. Dies also ist die Antwort auf alle Einwürfe, die im bisherigen Verlaufe dieser Untersuchung mit dem notorischen Nachweis von zweckmässigen Mechanismen etwa hätten gemacht werden können: 1) der Begriff Mechanismus erschöpft nicht die Thatsachen, sondern die Leistungen eines Mechanismus, wo er vorhanden ist, lassen stets dem seelischen Wirken einen unmittelbar zu leistenden Rest übrig; und 2) die Zweckmässigkeit des Mechanismus schliesst die Zweckmässigkeit seiner Entstehung in sich, und diese bleibt immer wieder der Seele überlassen.

Wenn wir mit der Erwägung, dass jeder organische Vorgang zwei Ursachen hat, eine psychische und eine materielle, weiter rückwärts gehen in der Kette der materiellen Ursachen, so kommen wir in aller Strenge, welchen Ausgangspunct wir auch wählen mögen, auf das eben befruchtete Ei als letzte materielle Ursache; wo die Entwickelung des Eies ganz oder theilweise im mütterlichen Organismus geschieht, sprechen freilich auch die materiellen Einwirkungen dieses mit, aber bei den ausserhalb des weiblichen Körpers befruchteten Eiern der Fische und Amphibien ist auch nicht einmal dies der Fall. Bei diesem Zurücksteigen ist aber zu bemerken, dass die psychischen Ursachen den materiellen gegenüber im Allgemeinen um so bedeutender werden, je jünger das Individuum ist (wie wir schon an der Stärke der Naturheilkraft sahen); im höheren Alter zehrt der Organismus meist von den Errungenschaften besserer Zeiten, vor der Pubertät dagegen bringt er fortwährend theils wachsende, theils neue Leistungen, und im Leben des Embryo steigert sich wieder die Wichtigkeit der psychischen Einflüsse um so mehr, in je jüngeren Perioden wir es betrachten.

Das eben befruchtete Ei ist eine Zelle (es besteht nur aus dem Dotter), deren Wand die Dotterhaut, deren Inhalt das Dotter und deren Kern das Keimbläschen darstellt. Bei den höheren Thieren ist die Keimscheibe innerhalb des Keimbläschens (das beim Menschen etwa $1/_{200}$ Linie gross ist) der Theil, aus dem allein das Embryo, freilich unter Beihülfe des Dotters, sich entwickelt. Jeder Theil des Ei's zeigt in sich eine durchaus gleichmässige Structur (theils körnig mit eingelagerten Fetttröpfchen, theils membranös und schleimig), und diese überall gleichen Elemente genügen, um unter meist gleichen äusseren Umständen (Bebrütungswärme bei Vögeln, Luft und Wassertemperatur bei Fischen und Amphibien) die verschiedensten Gattungen mit ihren feinsten Unterschieden und ihrer unermesslichen Menge von Systemen, Organen und Gebilden hervorzubringen; denn das aus dem Ei hervorbrechende Junge enthält bei den höheren Thieren fast alle Gebilde und Differenzen des erwachsenen Thieres in sich. Hier offenbart sich der Einfluss des Willens in der Umgestaltung der Elemente am deutlichsten, wie man denn in Fischeiern einige Stunden nach der (künstlichen) Befruchtung die senkrecht zu einander stehenden meridianischen und die äquatoriale Einschnürung des ganzen Dotters entstehen sehen kann, mit der die Entwickelung beginnt, und der eine Menge paralleler Einschnürungen folgen. Die längste Zeit des Embryonenlebens ist die Seele mit Herstellung der Mechanismen beschäftigt, welche ihr später im Leben die Arbeit der Stoffbeherrschung zum grössten Theil ersparen sollen; es ist aber kein Grund einzusehen, warum wir die hier eintretenden Neubildungen nicht eben so gut dem zweckthätigen Wirken des unbewussten Willens zuschreiben sollen, wie die späteren Neubildungen im Leben; denn die grössere Ausdehnung dieser ersten Bildungen im Verhältniss zum schon vorhandenen Körper kann doch wahrlich keine qualitative Unterscheidung begründen, und dass der Moment der Individualisation der neuen Seele der der Befruchtung ist, kann doch, falls ein solcher überhaupt angenommen werden darf, gewiss keinem Zweifel unterliegen; dass aber die Seele in jener Periode noch keine bewussten Aeusserungen zeigt, kann weder befremden, da sie sich das Organ des Bewusstseins erst bilden soll, noch kann es ihrer Concentration auf die unbewussten Leistungen etwas anderes als förderlich sein, da ja auch im späteren Leben die Macht des Unbewussten bei gänzlicher Unterdrückung des Bewusstseins sich am glänzendsten bewährt, wie bei Heilkrisen im tiefen Schlaf; und das Embryo liegt ja auch im tiefen Schlaf.

Betrachten wir aber noch einmal die Frage, ob denn ein unbewusster Wille überhaupt körperliche Wirkungen hervorbringen könne, so haben wir in früheren Capiteln das Resultat erhalten, dass jede Wirkung der Seele auf den Körper ohne Ausnahme nur durch einen unbewussten Willen möglich sei; dass solch' ein unbewusster Wille theils durch bewussten Willen hervorgerufen werden könne, theils auch durch die bewusste Vorstellung der Wirkung ohne bewussten Willen, selbst **gegen** den bewussten Willen; warum soll er also nicht auch durch unbewusste Vorstellung der Wirkung hervorgerufen werden können, mit der hier sogar nachweislich der unbewusste Wille der Wirkung verbunden ist, weil die Wirkung Zweck ist? Dass aber endlich die Seele in der ersten Zeit des Embryolebens ohne Nerven arbeiten muss, kann gewiss nicht gegen unsere Ansicht sprechen, da wir ja nicht nur in den nervenlosen Thieren alle Seelenwirkungen ohne Nerven erfolgen sehen, sondern auch am Menschen weiter oben genug Beispiele der Art angeführt haben, ausserdem aber das Embryo in der ersten Zeit gerade diejenige halbflüssige Structur hochorganisirter Materie hat, welche Nervenwirkungen zu ersetzen geeignet ist.

Wenn wir nun erstens materialistische Erklärungsversuche als ungenügend erkennen, zweitens eine prädestinirte Zweckmässigkeit der Entwickelung in Anbetracht dessen unmöglich erscheint, dass jede Gruppirung von Verhältnissen im ganzen Leben nur Einmal vorkommt, und doch jede Gruppirung von Verhältnissen eine andere Reaction fordert, und gerade diese geforderte hervorruft, wenn drittens die einzig übrig bleibende Erklärungsweise, dass die unbewusste Seelenthätigkeit selbst sich ihren Körper zweckmässig bildet und erhält, nicht nur nichts gegen sich, sondern alle nur mögliche Analogien aus den verschiedensten Gebieten der Physiologie und des Thierlebens für sich hat, so scheint wohl die Beglaubigung der individuellen Vorsehung und Bildungskraft hiermit so wissenschaftlich sicher, als es bei Schlüssen von der Wirkung auf die Ursache nur möglich ist. (Vgl. hierzu: Ges. philos. Abhandlungen Nr. VI. „Ueber die Lebenskraft".)

So schliesse ich denn diesen Abschnitt mit dem schönen Worte Schopenhauers: „So steht auch empirisch jedes Wesen als sein eigenes Werk vor uns. Aber man versteht die Sprache der Natur nicht, weil sie zu einfach ist."

B.

Das Unbewusste im menschlichen Geist.

> Der Schlüssel zur Erkenntniss vom Wesen des bewussten Seelenlebens liegt in der Region des Unbewusstseins.
>
> *C. G. Carus.*

1.
Der Instinct im menschlichen Geist.

So wenig es möglich ist, Leib und Seele in der Betrachtung streng zu sondern, so wenig ist es möglich mit den Instincten, welche sich auf leibliche, und denen, welche sich auf seelische Bedürfnisse beziehen. So haben wir denn auch im vorigen Abschnitt schon verschiedene Instincte des menschlichen Geistes erwähnt, als: die capriciösen Appetite Kranker oder Schwangerer und die Heilinstincte der Kinder oder somnambüler Personen; einige andere schliessen sich unmittelbar an die leiblichen Instincte an, z. B. die Furcht vor dem noch unbekannten Fallen bei jungen Thieren und Kindern, die z. B. ruhig sind, wenn sie die Treppe hinauf, unruhig, wenn sie hinab getragen werden; die grössere Vorsicht und Bedächtigkeit in den Bewegungen schwangerer Pferde und Frauen, der Trieb der Mütter, das Neugeborene an die Brust zu legen, der des Kindes zu saugen; das eigenthümliche Talent der Kinder, wahre Freundlichkeit von erheuchelter zu unterscheiden, die instinctive Scheu vor gewissen, unbekannten Personen, die namentlich bei reinen, unerfahrenen Mädchen vorkommt, die guten und bösen Ahnungen mit ihrer namentlich beim weiblichen Geschlecht grossen Motivationskraft zum Begehen und Unterlassen von Handlungen u. s. w. — Wir wollen in diesem Capitel diejenigen menschlichen Instincte betrachten, welche sich noch enger an die Leiblichkeit anschliessen, und denen man deshalb auch noch vorzugsweise den Namen Instinct zu gönnen pflegt, während der hohle Dünkel der Menschenwürde bei allen weiter von der Leiblichkeit abliegenden, sonst aber ganz gleichartigen Aeusserungen des Unbewussten sich sträubt, dieses Wort zuzulassen, weil ihm etwas Thierisches anzuhaften scheint.

Zunächst haben wir einige repulsive Instincte zu betrachten, d. h. solche, die nicht zu Handlungen, sondern zu Unterlassungen nöthigen, oder doch bloss zu solchen Handlungen, durch welche der Gegenstand des inneren Widerstrebens entfernt oder gemieden wird. Der wichtigste ist die Todesfurcht; dies ist nur eine bestimmte Richtung des Selbsterhaltungsinstinctes, dessen anderweitige Formen als Naturheilkraft, organisches Bilden, Wandertrieb, reflectorische Schutzbewegungen u. s. w. wir schon kennen. Nicht die Furcht vor dem jüngsten Gericht, oder anderweitigen metaphysischen Hypothesen, nicht Hamlets Zweifel vor dem, was da kommen wird, nicht Egmonts freundliche Gewohnheit des Daseins und Wirkens würden die Hand des Selbstmörders aufhalten, sondern der Instinct thut es mit seinem geheimnissvollen Schauer, mit seinem rasenden Herzklopfen, das alles Blut tobend durch die Adern jagt.

Ein zweiter repulsiver Instinct ist die Scham; dieselbe bezieht sich so ausschliesslich auf die Genitalsphäre, dass diese Körpertheile sogar nach ihr genannt werden; sie kommt in besonders hohem Grade dem weiblichen Geschlecht zu, und ruft bei diesem die defensive Haltung hervor, welche wesentlich seinen Geschlechtscharakter ausmacht, und für das ganze menschliche Leben bei Wilden wie bei Culturvölkern bestimmend wirkt. Die mildere Form der Brunst, welche durch die Unperiodicität*) derselben bedingt ist, und die Scham sind die beiden ersten Grundlagen, welche das Geschlechtsverhältniss der Menschen in eine höhere Sphäre als das der Thiere heben. — Scham ist so wenig etwas vom Bewusstsein Gemachtes, dass wir sie vielmehr schon bei den wilden Völkerschaften finden; freilich da nur auf die eigentliche Hauptsache beschränkt, während die Bildung Alles, was nur irgend mit geschlechtlichen Verhältnissen zusammenhängt, in die Sphäre der Scham mit hinein zieht.

Ein ganz ähnlicher repulsiver Instinct ist der Ekel; er bezieht sich so auf Verhältnisse der Nahrung, wie die Scham auf die des Geschlechts, und dient dazu, die Gesundheit vor solchen Nahrungsstoffen zu bewahren, von welchem am leichtesten zu befürchten ist, dass sie mit Schmuz und Unreinigkeit, d. i. organischen Auswurfsstoffen (Excretionen) und halb in Zersetzung übergegangener organischer Materie vermischt sind. Seine Sinne sind Geschmack und Geruch, und es ist wohl nicht richtig, wenn Lessing ihn auch bei

---

*) Dieses Moment schlug Beaumarchais so hoch an, dass er scherzend sagte: *Boir sans soif, et faire l'amour en tout temps, c'est ce qui distingue l'homme de la bête.* Jedenfalls immer noch eine bessere Angabe des artbildenden Unterschiedes als „das Denken"; übrigens auch nicht völlig zutreffend, da die anthropoïden Affen die Unperiodicität der Brunst mit dem Menschen gemein haben.

anderen Sinnen für möglich hält. Dabei ist natürlich nicht nöthig, dass man bei den Dingen, vor denen man sich ekelt, schon daran gedacht habe, sie zu essen; man ekelt sich oft schon, damit man nicht auf den Gedanken komme, sie zu essen. Ausserdem giebt es noch einen anderen viel geringeren Ekel, welcher sich auf Reinlichkeit der Haut bezieht, damit nicht durch Verstopfung der Poren die Transspiration unterdrückt wird, bei diesem könnte allenfalls der Sinn des Gesichtes unmittelbar betheiligt sein. — Der Mensch kann durch Gewohnheit diese Instincte wie alle andern mehr oder weniger zurückdrängen, eben weil bei ihm das Bewusstsein schon eine Macht geworden ist, welche bei den meisten Dingen, ausser ganz wichtigen, dem Unbewussten die Spitze zu bieten vermag, und die Gewohnheit des Handelns gehört ja auch der Sphäre des Bewusstseins an. Es kann aber auch das Unbewusste zurückgedrängt werden, indem man mit Bewusstsein und aus Gewohnheit das thut, was man ohne Bewusstsein und Gewohnheit instinctiv gethan haben würde; dann ist das Widerstreben, dass man gegen das Gegentheil verspürt, mehr ein Widerstreben gegen das Ungewohnte, als eine Repulsion des Instinctes. —

Man betrachte ein kleines Mädchen und einen kleinen Knaben: die eine nett und adrett, zierlich und manierlich, graziös wie ein Kätzchen, der andere mit von der letzten Prügelei zerrissenen Hosen, tölpisch und ungeschickt wie ein junger Bär. Sie putzt sich und stutzt sich, und dreht sich, und wartet auf's Zärtlichste ihre Puppe, und kocht und wäscht und plättet in ihren Spielen, er baut sich in der Ecke eine Wohnung, spielt Räuber und Soldat, reitet auf jedem Stecken, sieht in jedem Stock Säbel oder Gewehr und gefällt sich am meisten in den Aeusserungen seiner Kraft, die natürlich meist in nutzloser Zerstörung bestehen. Welch' eine köstliche Anticipation des künftigen Berufs, die oft in den reizendsten Details zu beobachten ist. Wenn auch Vieles davon Nachahmung der Erwachsenen ist, so ist dennoch ein vorahnender Instinct unverkennbar, der die Kinder schon in ihren Spielen auf die Uebungen verweist, die sie künftig brauchen sollen, und sie zu ihnen im Voraus tüchtig macht und einübt, gerade wie wir bei jungen Thieren die Spielinstincte sich immer auf die Thätigkeiten werfen sehen, welche sie zu ihrem selbstständigen Leben später brauchen (man denke an Kätzchen und Knäuel). Im Spieltrieb schafft der Wille sich selbst oft Widerstände, die er zu überwinden hat; dies Paradoxon ist ebenfalls nur zu begreifen, wenn der Spieltrieb Instinct ist und den

Zwecken des künftigen Lebens unbewusst dient. Wäre der Spieltrieb nur Nachahmung, so würden ja Knaben und Mädchen gleichermaassen nachahmen, da sie den Geschlechtsunterschied nicht verstehen und streng genommen selbst noch nicht haben. Wie einzig ist oft jene Tanzwuth, Eigenheit, Putzsucht, Grazie, man möchte fast sagen kindliche Coquetterie bei kleinen Mädchen, die auf ihre künftige Bestimmung, Männer zu erobern, hinweist, und von welchen allen geistig gesunde Knaben sogar nichts haben. Wie charakteristisch ist die unermüdliche Emsigkeit, mit der sie ihre Puppen warten, kleiden und hätscheln, wie entsprechend ist dies nicht der Zärtlichkeit, mit welchen erwachsene Mädchen alle fremden kleinen Wartekinder abküssen und liebkosen, die jungen Männern in der Regel widerwärtiger als junge Meerkatzen sind.

Wie tief im Unbewussten solche Instincte, wie Reinlichkeit, Putzsucht, Schamhaftigkeit wurzeln, kann man besonders bei Blinden beobachten, die zugleich taubstumm sind. Wer nie über diesen Zustand nachgedacht hat, der suche sich zunächst eine klare Vorstellung von demselben und der Armseligkeit der Communicationsmittel zu machen, welche einem solchen Unglücklichen mit der Aussenwelt zu Gebote stehen. Laura Bridgemann in der Blindenanstalt zu Boston, die im zweiten Lebensjahre alle Sinne ausser dem Gefühl verloren hatte, war reinlich und ordentlich und liebte sehr den Putz; wenn sie ein neues Kleidungsstück anhatte, wünschte sie auszugehen und gesehen und bemerkt zu werden; über die Armbänder, Brochen und sonstigen Putz besuchender Damen war sie öfters ganz entzückt. Julie Brace (im fünften Jahre blind und taub geworden) verhielt sich ebenso; sie untersuchte die Haartracht besuchender Damen, um sie an sich nachzumachen. Von allen anderen solchen unglücklichen Mädchen wird dieselbe Putzsucht berichtet, so dass dieselbe ein Hauptmittel wurde, sie zu lohnen und zu strafen. Lucy Reed trug immer ein seidenes Tuch über dem Gesicht, wahrscheinlich weil sie glaubte, dass ihr Gesicht entstellt sei, und war, als sie in eine Anstalt kam, nur mit grösster Mühe hiervon abzubringen. Sie bebte vor der Berührung einer männlichen Person zurück und duldete von einer solchen durchaus keine Liebkosungen, die sie von fremden Frauen gern annahm und erwiderte. Laura Bridgemann bewies hierin eine noch grössere Zartheit des Gefühls, ohne dass man zu errathen vermochte, wie sie zu einem Begriff von Geschlechtsverhältnissen gelangt sei, da ausser dem Anstaltsvorsteher Dr. Howe für gewöhnlich kein Mann in ihre Nähe kam. Von Oliwer Caswell, ebenfalls einem Blindtaubstummen, hatte sie viel vernommen, da dessen Ankunft in der Anstalt erwartet wurde, und war sehr neugierig auf ihren Leidensgeführten; als er nun eintraf, küsste sie ihn, fuhr aber blitzschnell zurück, als erschräke sie darüber, etwas Unschickliches begangen zu haben. Die kleinste etwaige Unordnung in ihrem Anzuge verbesserte sie, wie nur immer ein zum Anstande streng erzogenes Mädchen kann. Ja sogar auf Lebloses übertrug sie ihre Schamhaftigkeit; so z. B. als sie eines Tages ihre Puppe in's Bett legen wollte, ging sie zuvor im Zimmer herum, um sich zu überzeugen, wer zugegen sei; als sie den Dr. Howe fand, kehrte sie lachend um, und erst als er sich entfernt hatte, entkleidete sie die Puppe, ohne sich vor der Lehrerin zu scheuen. — Einem blinden, taubstummen Kinde die Gesetze und Begriffe des Anstandes beizubringen, würde fast unmöglich sein, wenn nicht der Instinct sie auf das Richtige verwiese, und die Gelegenheit allein oder die leiseste Andeutung genügte, um diese unmittelbare unbewusste Anschauung im Benehmen zu verwirklichen. Dass dies Gefühl der Schamhaftigkeit wirklich aus dem Quell des inneren Seelenwesens stamme, beweist das Zusammentreffen seiner höheren Entwickelung mit der körperlichen Entwickelung der Pubertät. So trat z. B. bei einer blinden Taubstummen im Rotherbither Arbeitshause, welche bis dahin ein völlig thierisches Leben geführt hatte, in ihrem siebzehnten Jahre eine gänzliche Umwandlung ein: sie wurde mit einem Male ebenso aufmerksam auf Kleidung und Anstand, als andere Mädchen ihres Alters.

Ein reflectorischer Instinct des Geistes ist die Sympathie oder das Mitgefühl. Wie die Gefühle sich in Lust und Unlust oder in Freude und Leid theilen, so das Mitgefühl in Mitfreude und Mitleid. Jean Paul sagt: „Zum Mitleid gehört nur ein Mensch, zur Mitfreude ein Engel;" das kommt daher, weil die Mitfreude nur dann entstehen kann, wenn sie nicht durch ein anderes Gefühl, den Neid, am Entstehen verhindert wird; dies ist aber bei allen Menschen mehr oder weniger der Fall, während das Mitleid weniger behindert wird, da die Schadenfreude doch für gewöhnlich bei den meisten Menschen sehr gering ist, wenn nicht Hass und Rache sie entstehen lassen. So kommt es, dass die Mitfreude von fast verschwindender Bedeutung ist, während das Mitleid die grösste Wichtigkeit hat. Das Mitleid entsteht nun reflectorisch durch die sinnliche Anschauung des Leidens eines Anderen. Die Zuckungen und Krümmungen des Schmerzes, die Mienen und Geberden des Kummers und Jammers die Thränen des Leidens, das Stöhnen und Aechzen, das Wimmern und Röcheln sind Naturzeichen, die dem gleichartigen Wesen durch unbewusste Kenntniss unmittelbar verständlich sind; sie wirken aber nicht blos auf den Intellect, sondern auch auf das Gemüth und rufen reflectorisch ähnliche Schmerzen hervor; Fröhlichkeit und Traurigkeit stecken auf ähnliche Weise andere Menschen an wie Krämpfe. Wenn die sinnliche Anschauung nur die Data des Schmerzes im Allgemeinen erhält, so ist das Mitleid nur ein allgemeines, ein Schauer, oder ein stilles Weh, oder ein erschütterndes Grausen, je nach der Intensität und Dauer des beobachteten Schmerzes; wenn dieser aber im Besonderen bekannt ist, so zeigt auch die Reflexwirkung dieselbe Art von Schmerz im Mitleid, sobald dieses über die niedrigste Stufe des allgemeinen Bedauerns hinweggekommen ist. Dass der Grad des Mitleids von der momentanen Empfänglichkeit des Gemüthes für Reflexwirkungen, also auch von dem Grad des Interesses, das man sonst für den Leidenden nimmt, abhängig ist, ist unzweifelhaft; trotzdem ist es durchaus nur Reflexwirkung, was streng dadurch bewiesen wird, dass das Mitleid *caeteris paribus* in directem Verhältniss zu der sinnlichen Anschaulichkeit des Leidens steht. Wenn man z. B. von einer Schlacht liest, wo auf jeder Seite 10,000 Todte und Verwundete geblieben sind, so fühlt man gar nichts dabei, erst wenn man sich die Todten und Verwundeten sinnlich anschaulich vorstellt, wird man von Mitleid ergriffen, wenn man aber unter den Blutlachen und Leichnamen und Gliedmaassen und Stöhnenden und Sterbenden selbst herumgeht, dann packt wohl Jeden ein tiefes Grauen. — Welchen Werth der Instinct des Mitleides hat für den Menschen, der erst durch gegenseitige Hülfe zum Menschen wird, liegt wohl deutlich genug auf der Hand; das Mitgefühl ist das metaphysische Band, welches die Grenze des Individuums für das Gefühl überspringt, es ist der bedeutungsvollste Trieb für die Erzeugung solcher Handlungen, welche das Bewusstsein für sittlich gute oder schöne, für mehr als bloss pflichtmässige erklärt; es ist das Hauptmoment, welches demjenigen Gebiet der Ethik, welches man als das der Liebespflichten bezeichnet, eine Wirklichkeit verleiht, von der erst nachmals der Begriff abstrahirt wurde.

Wie das Mitgefühl der Hauptinstinct zur **Erzeugung** wohlthätiger, in ihren Wirkungen über die Sphäre des Egoismus übergreifender Handlungen ist, so erscheint der Instinct der Dankbarkeit als **Multiplicator** derselben. Wenn auch die Dankbarkeit mitunter zu Verletzungen einer dritten Person verführt, so sind dies doch die selteneren Fälle, und die Zweckmässigkeit dieses Instinctes im Ganzen ist nicht zu verkennen, wenn er auch an einer bereits vollendeten Sittenlehre sein Correctiv, ja sogar seinen Ersatz findet. Wie der Vergeltungstrieb in Bezug auf Wohlthaten Multiplicator des sittlich schönen Handelns wird, so wird er in Bezug auf Verletzungen als Racheinstinct der erste Begründer eines Rechtsgefühls. Denn so lange das Gemeinwesen es nicht übernommen hat, die Rachsucht der Einzelnen zu befriedigen, wird die Rache durch Selbsthülfe mit Recht als etwas Heiliges, als primitive Rechtsinstitution angesehen, und sie ist es, welche allmählich erst das Rechtsgefühl so weit bilden, steigern und klären muss, dass die Rechtsauffassung in der Nationalsitte einen festen Boden gewinnt, von wo an erst die Uebertragung der Vergeltung an das Gemeinwesen erfolgen kann. Es soll hiermit keineswegs behauptet werden, als seien Mitgefühl und Vergeltungstrieb diejenigen Momente, aus welchen Sittenlehre und Rechtslehre theoretisch abgeleitet und begründet werden müssen, was ich im Gegentheil nicht zugeben würde; nur das ist behauptet, dass sie practisch in der That die Wurzeln sind, aus welchen diejenigen Gefühle und Handlungen hervorsprossen, von welchen die Menschen zunächst die Begriffe des sittlich Schönen und des Rechts durch Abstraction gewinnen.

Der nächste wichtige Instinct des Menschen ist die Mutterliebe. Blicken wir des Vergleiches halber noch einmal auf das Thierreich zurück. — Die meisten niederen Thiere haben nicht nöthig, sich um ihre Jungen zu kümmern, weil diese schon genügend entwickelt aus dem Ei hervorgehen, oder aber weil erstere durch schon erwähnte verschiedenartige Instincte die Eier an solche Orte direct oder indirect gebracht haben, wo die auskriechenden Wesen die Bedingungen ihrer weiteren Entwickelung bis zur Selbstständigkeit vorfinden, z. B. noch von der Mutter mit hinzugefügten Nahrungsmitteln versorgt sind. Der Ort, der die zur Entwickelung nöthigen Bedingungen liefert, ist bei der Wolfspinne ein gesponnener Eierbeutel, den sie sich durch Gespinnst anheftet, beim Monoculus ein ausgestülpter Theil des Eierganges, der als Eiersack hervortritt, bei den Vögeln das Nest in der Verbindung mit der Brutwärme des mütterlichen Leibes, bei einigen Fischen und Amphibien der Leib der Mutter selbst; ebenso bei allen Säugethieren, aber mit dem grossen Unterschiede, dass bei letzteren eine organische Verbindung von Mutter und Fötus bis zur Geburt besteht (ausgenommen die Beutelthiere). Man sieht, es wird hier wiederum in einem Falle vom Instinct und der

Vorsorge der Mutter dasselbe geleistet, was im anderen Falle durch organische Bildungsthätigkeit bewirkt wird, d. h. die instinctive mütterliche Sorge für die Entwickelung der Jungen bis zur Selbstständigkeit ist nur der Form, nicht dem Wesen nach von der Zeugung und Bildung der Frucht verschieden.

Es zeigen sich nun zwei durchgehende Gesetze; das erste ist, dass der mütterliche Instinct so lange für das Junge sorgt, als es noch nicht selbst für sich sorgen kann; das zweite, dass diese Zeit der Unmündigkeit oder Kindheit im Allgemeinen um so länger dauert, je höher die Gattung in der Stufenreihe der Thiere steht. Diese Verschiedenheit ist einestheils in den einfacheren Ernährungsbedingungen der niederen Thiere (namentlich der Wasserthiere), anderntheils in den Metamorphosen begründet, wo die Kindheit in einer ganz anderen Gestalt und unter anderen Ernährungsbedingungen (meist in Gestalt einer tieferen Stufe) durchlebt wird; ausserdem bleibt freilich noch etwas Drittes als unerklärter Rest übrig, was uns namentlich einleuchtet, wenn wir bloss die Reihe der Säugethiere betrachten, z. B. die Kindheitsdauer eines Kaninchens, einer Katze und eines Pferdes vergleichen. Aus den beiden ersten Gesetzen setzt sich folgendes zusammen: der Instinct der Mutterliebe gewinnt im Allgemeinen um so grössere Bedeutung und Tragweite, zu je höheren Stufen des Thierreiches wir aufsteigen, Stufen jedoch nicht zoologisch, sondern psychologisch gemeint.

Während wir die Mehrzahl der Fische und Amphibien in dumpfer Gleichgültigkeit gegen ihre Jungen verharren sehen, zeigen schon einige Insecten ihrer höheren geistigen Regsamkeit entsprechend eine höhere Mutterliebe. Man sehe nur, wie zärtlich Ameisen und Bienen ihre Eier, ja selbst ihre noch unvollkommen entwickelten Larven pflegen, füttern und beschützen, wie einige Spinnen ihre Jungen (wie die Henne ihre Küchlein) mit sich herumführen und sie sorgsam füttern. Bei den Vögeln erreicht die mütterliche Sorge schon einen hohen Grad, wie ja auch gewisse Classen der Vögel, z. B. einige Raubvögel und Singvögel, an Geist der gemeinen Masse der Säugethiere entschieden überlegen sind. Der aufopfernde Muth, mit dem selbst die kleinsten Vögel ihre Jungen gegen jeden Feind vertheidigen, die Selbstverleugnung, mit der sie ihnen Futter bringen, während sie selbst oft darben müssen und abmagern, die Opferwilligkeit, mit der sie Brust und Leib von Federn entblössen, um ihren nackten Kleinen ein warmes Lager zu schaffen, die Geduld, mit welcher sie dieselben dann später im Fliegen, im Fangen von Insecten und den sonstigen Fertigkeiten unterrichten, deren sie zum selbstständigen Leben bedürfen, die Ungeduld, die Jungen ebenso geschickt wie sich selbst zu sehen, sind die deutlichsten Beweise eines tief wurzelnden Triebes, während das vollständige Erlöschen dieser zärtlichen Neigung mit der Selbstständigkeit der Jungen, ja das Umschlagen derselben in Feindseligkeit zeigt, dass nicht Gewohnheit oder bewusste Wahl, sondern eine unbewusste Nöthigung der Quell dieses Triebes ist.

Namentlich der Punct des Unterrichts ist bis jetzt viel zu sehr übersehen worden, denn die geistig höher stehenden Thiere lernen in der That viel mehr durch den Unterricht ihrer Eltern, als man glaubt, da die Natur nie doppelte Mittel zu einem Zweck anwendet, und da den Instinct versagt, wo sie die Mittel zur bewussten Leistung oder Erlernung verliehen hat. Pinguine locken ihre Jungen, wenn sie nicht in's Wasser folgen wollen, auf einen Felsenvorsprung und stossen sie von da hinunter; Adler und Falken leiten ihre Jungen zu immer höherem Auffliegen, zum Fluge im Kreise und in Schwenkungen, sowie zum Stosse auf Beute an, indem sie zu letzterem Zwecke über ihnen fliegen und zunächst todte, später auch lebende kleine Thiere fallen lassen, welche die Jungen nur dann verzehren dürfen, wenn sie sie selbst aufgefangen haben. So sehr aber die Methode dieses Unterrichts bewusstes Geistesproduct dieser Thiere ist, so sehr ist der Trieb zum Unterrichten der Jungen überhaupt Instinct. — Wie bei den höher stehenden Säugethieren die Kindheit länger dauert, so ist nicht bloss die Pflege der Mutter, sondern auch ihr Unterricht umfassender. Man beobachte nur, wie eine Katze ihre Jungen erzieht, schmeichelnd und lohnend, zurechtweisend und strafend, ob es nicht das getreue Abbild der menschlichen Erziehung durch ungebildete Mütter ist; selbst in den kleinsten Zügen bestätigt sich diese Parallele, z. B. in dem Genuss, den die Mutter in dem komisch altklugen Selbstgefühl ihrer Ueberlegenheit sichtlich zur Schau trägt.

Schon bei den Vögeln sehen wir theilweise eine chemische Zubereitung der Speisen im Kropfe der Mutter; dieser Instinct wird vollständig zur Bildung beim Säugethier, dessen Milchdrüsen lange vor der Geburt ihre Absonderung beginnen, eine Absonderung, die durch den Anblick des Jungen vermehrt, durch seine Entfernung vermindert wird. Was bei den Vögeln sich nur erst in schwachen Spuren erkennen lässt, bei den Säugethieren aber in der Vererbung besonderer mütterlicher Kennzeichen oder Charaktereigenschaften, in dem Versehen der Schwangeren, in deren capriciösen Appetiten deutlich hervortritt, nämlich die unmittelbare unbewusste Wechselwirkung zwischen der mütterlichen und Kindesseele, das Besessensein der Kindesseele von der Mutter, dies erscheint in modificirter Weise fortgesetzt nach der Geburt und erst nach und nach nimmt es allmählich ab. So kommt das eigenthümliche Phänomen der Ansteckung von Visionen nirgends leichter vor, als von der Mutter auf den Säugling, und wie als Schwangere, so auch nach der Geburt besitzen Mütter, deren Natur nicht durch Bildung verdorben ist, eine wunderbare Divination für Bedürfnisse des Kindes; fast wie die Wespen, die die Höhlen öffnen, um ihren Larven neues Futter einzulegen, wenn sie das alte verzehrt haben, erräth die Mutter, wann ihr Kind der Nahrung bedarf, und wacht auf, wenn dem Kinde etwas fehlt, während kein Lärm den Schlaf ihrer Erschöpfung zu stören vermag. Wie gesagt, nimmt aber diese directe Communication von Mutter- und Kindesseele ziemlich schnell ab, nur manchmal sieht man sie unter aussergewöhnlichen Umständen, z. B. bei gefährlichen Krankheiten des Kindes, noch später erwachen.

Man frage sich nun, ob beim Menschen wirklich die Mutterliebe etwas Anderes als bei den Thieren sein soll; ob etwas Anderes als ein Instinct es zu Stande bringen kann, dass die verständigsten und gesetztesten Frauen, die sich bereits an den höchsten Schätzen menschlicher Geistescultur erfreut haben, auf einmal Monate lang sich all' der aufopfernden Pflege, den Quengeleien und Schmutzereien, den Tändeleien und Kindereien mit wahrer Herzensfreude unterziehen können, ohne irgend eine Erwiderung von Seiten des Kindes, das die ersten Monate doch nichts weiter als eine sabbernde und Windeln beschmutzende Fleischpuppe ist, die allenfalls reflectorisch die Augen nach dem Hellen dreht und instinctiv die Arme nach der Mutter ausstreckt; man sehe nur, wie solche verständige Frau in ihr Kind, das von allen anderen mit Mühe zu unterscheiden ist, rein vernarrt ist, und wie sie, die früher an Sophokles und Shakespeare geistreiche Ausstellungen zu machen hatte, nunmehr vor Freude ausser sich darüber werden will, dass das Kleine schon A quarrt. Und bei alledem übernimmt das Weib nicht etwa, wie wohl der Mann, alle diese Unbequemlichkeiten um der Hoffnung dessen willen, was künftig aus dem Kinde werden soll, sondern sie geht in der gegenwärtigen Freude und Mutterlust rein auf. Wenn das nicht Instinct ist, dann weiss ich nicht, was man Instinct nen

nen soll! Man frage sich, ob ein armes Kindermädchen wohl um ein Paar Dreier täglichen Lohn alle jene Quälereien und Strapazen aushalten könnte, wenn ihr Instinct sie nicht schon auf diese Beschäftigung hinwiese. Dass beim menschlichen Kinde die mütterliche Pflege so lange dauert, ist bloss ein besonderer Fall des oben angeführten Gesetzes, und liegt darin, dass Kinder von vier Jahren sich auf der Strasse noch lieber umrennen lassen, als dass sie aus dem Wege gehen, während eine junge Katze schon aus dem Wege springt, sobald sie sehen kann. Was ist natürlicher, als dass der schützende Instinct der Mutter vorsorglich eingreift, und das Kleine instinctiv der Mutter Rockfalten festhält? Alle Thiere nähren, pflegen und beaufsichtigen ihre Jungen, bis sie sich selbstständig ernähren können, und der Mensch bei seiner sparsamen Prolification sollte von diesem allgemeinen Gesetze eine Ausnahme machen? Und wann kann denn ein menschliches Kind sich selbstständig ernähren? Doch gewiss nicht vor dem Beginn der Pubertät! Also muss auch die instinctive Elternpflege mindestens so weit gehen. Die Thiere lehren ihren Jungen die Fertigkeiten, welche sie brauchen, um sich ihren Lebensunterhalt zu erwerben, und der Mensch sollte es nicht? Auch bei den Thieren ist die Art des Unterrichtes theilweise Resultat bewussten Denkens, aber das Unterrichten selbst ist Naturtrieb, und beim Menschen sollte es anders sein, weil der Fertigkeiten und Kenntnisse, die der Mensch zum Unterhaltserwerb braucht, etwas mehr sind, als beim Thiere? Aber es ist ja eingestanden, dass im ganzen Thierreich kein psychologisch so grosser Sprung existirt, wie vom höchsten Thiere zum mässig civilisirten Menschen, also müssen ja folgerecht im Verhältniss zu dem, was der Mensch instinctiv kann, der Dinge, die er erlernen muss, erheblich mehr sein, als bei den höchsten Thieren, weil eben sein bewusster Geist zu diesen Leistungen befähigt ist, und demnach ein Instinct für dieselben ausserdem ein Ueberfluss sein würde; die Natur thut jedoch nichts vergebens. Wohl aber ist der Lehrinstinct in den Eltern Nothwendigkeit, weil die Jungen vor dem Erlernen ohne Unterricht zu Grunde gegangen sein würden, und dieser höheren Lernfähigkeit und diesem stärkeren Lehrinstinct in Verbindung mit vollkommenerer Sprache verdankt das Menschengeschlecht seine Fortschrittsfähigkeit durch Generationen und dieser seine ganze Stellung und Bedeutung in der Natur.

Bei den Thieren haben Mann und Weib gleiche Beschäftigung; anders beim gebildeten Menschen, wo vorzugsweise der Mann für die Familie zu erwerben hat, also auch vorzugsweise zur Erziehung besonders der männlichen Nachkommenschaft befähigt ist. Nur hin und wieder nimmt bei den Thieren der männliche Theil an der Sorge für die Nachkommenschaft Theil. So macht der männliche Lachs eine Grube für die Eier des Weibchens, die er zuscharrt, wenn sie befruchtet sind; bei den meisten monogamischen Vögeln hilft das Männchen beim Nestbau, brütet abwechselnd, oder füttert das brütende Weibchen, vertheidigt die Eier, und nimmt an der Pflege, Ernährung und Beschützung der Jungen Theil. Aehnliches kommt auch bei Menschen vor. Es ist eine gewöhnliche Erscheinung, dass Männern alle kleinen Kinder aufs Höchste zuwider sind, und dieser Widerwille auf einmal aufhört, wenn sie selber welche haben. Es ist also wohl kein Zweifel, dass es einen, wenn auch schwächeren, Instinct der Vaterliebe giebt, was auch durch die zärtliche Liebe der Väter zu solchen Kindern bewiesen wird, die vermöge leiblicher und geistiger Erbärmlichkeit ihnen unter allen anderen Verhältnissen nur Widerwillen und Verachtung, oder höchstens Mitleid erregt hätten; trotzdem aber glaube ich, dass bei der Vaterliebe theils die Pflicht, der Anstand und die Sitte, theils die Gewohnheit, theils bewusste freundschaftliche Zuneigung die Hauptursachen abgeben, und der Instinct eines Theiles nur in früherer Jugend, anderntheils aber in Momenten der Gefahr für das Kind hervortritt. Endlich ist noch zu bemerken, dass eine wahre Vaterliebe, ich meine eine, die über das hinausgeht, was Anstand und Sitte fordern, und was die Gewohnheit des Umganges erwachsen lässt, eine viel seltenere Erscheinung ist, als man anzunehmen geneigt ist, freilich noch lange nicht so viel seltener, wie die Geschwisterliebe als ihr Ruf ist. Was aber wirklich von solcher Vaterliebe existirt, und nicht gerade in Momenten der Gefahr hervorbricht, sondern immer da ist, das ist bewusste Freundschaft, verbunden mit der bewussten Ueberlegung, dass keiner für sein Kind sorgt, wenn er es nicht thut, für das Kind, das durch seine Schuld dem Leben verfallen ist; eine Ueberlegung, die allein zu den grössten Opfern befähigen kann. Hieraus ist es denn erklärlich, dass die menschlichen Kinder auch nach beendeter Erziehung den Eltern nicht so fremd werden, wie bei den Thieren; denn durch die so sehr viel längere Kindheit hat die Gewohnheit Zeit, ihre Bande zu schlingen, und wenn irgend geistige Harmonie zwischen Eltern und Kindern stattfindet, so wird sich mit Hülfe dieser Gewohnheit auch ein gewisser Grad von Freundschaft einstellen. Endlich aber erlischt im Menschen deshalb der Instinct der Elternliebe nie ganz, weil die Eltern, so lange sie leben, immer noch die Möglichkeit haben, zum Besten der Kinder Opfer zu bringen, oder ihnen aus Gefahren zu helfen, denn während das Thier ganz auf sich gestellt ist, ist der Mensch nur in der Gesellschaft im Stande, menschlich zu leben. Dazu kommt schliesslich, dass die Menschen im höheren Alter noch einmal die Comödie an den Enkeln durchspielen, was bei Thieren nicht vorkommt.

Wenn beim Mann die Vaterliebe weniger Instinct ist, so ist es dafür um so mehr der Trieb, einen Hausstand zu gründen, und seine Bestimmung als Familienvater zu erfüllen, wenn er auch dadurch sich und das Mädchen, das er heirathet, ruinirt und unglücklich macht, während sie unverheirathet Jeder ganz gut zu leben gehabt hätten. Ich spreche hier nicht von Liebe, auch nicht von Geschlechtstrieb im Allgemeinen; sondern wo erstere ganz fehlt, und letzterer bei Weitem kein genügendes Motiv abgeben würde, stellt sich in den reiferen Mannesjahren der Trieb ein, einen Hausstand zu gründen; und wenn der arme Teufel noch so sehr einsieht, dass er hungern muss, während er ledig sein gutes Auskommen hat, es wird doch geheirathet. Es ist derselbe Trieb, der von der Familie seiner Eltern den vier- bis fünfjährigen jungen Hengst mit einigen seiner Schwestern sich trennen heisst, um eine eigene Familie zu bilden, und der die Vögel zum Nestbau zwingt; sie wissen so wenig wie jener arme Teufel, dass die Mühen und Entbehrungen, die sie sich aus Instinct auferlegen, keinen anderen Zweck haben, als die Erhaltung der Gattung möglich zu machen. Dieser unbefriedigte Trieb ist es, der die alten Junggesellen sich so unbehaglich fühlen lässt; und wenn sie hundert Mal einsehen, dass es ihnen im ehelichen Leben, alle Schererei, die sie dort hätten, zusammengerechnet, nicht besser gehen würde, so ist doch die Unlust dieses unbefriedigten Triebes nicht weg zu demonstriren, eben weil er Instinct ist.

Es folgt nun die Betrachtung des Instinctes der Liebe. Dieser Punct ist jedoch so wichtig, dass ich ihm ein eigenes Capitel widme.

II.

Das Unbewusste in der geschlechtlichen Liebe.

———

Die Staubgefässe der Pflanze neigen sich, wenn ihr Pollenstaub reif ist, und schütten ihn auf die Narbe; die Fische ergiessen ihren Samen über die Eier ihrer Gattung, wo sie einen Haufen derselben finden, der Lachs gräbt seinem Weibchen eine Grube dazu; die männlichen Sepien werfen bei der Berührung ihrer Weibchen einen als männliches Zeugungsglied ausgebildeten Arm ab, welcher in letztere eindringend vollständig das Begattungsgeschäft vollzieht; die Flusskrebse befestigen im November unter dem Leib der Weibchen Begattungstaschen mit Samen, der im Frühjahr die gereiften Eier befruchtet; die männlichen Spinnen tupfen die aus ihrer Geschlechtsöffnung tropfenweise hervorquellende Samenfeuchtigkeit mit einem äusserst complicirten, in dem letzten ausgehöhlten Gliede ihrer Taster enthaltenen Apparat auf, und bringen sie vermittelst desselben in die weibliche Geschlechtsöffnung; der Frosch umklammert das Weibchen und ergiesst seinen Samen, indem gleichzeitig das Weibchen die Eier legt; der Singvogel bringt die Oeffnung seines Samenganges auf die Cloake des Weibchens, und die Thiere mit Ruthe führen sie in die weibliche Scheide ein. Dass die Fische ihren Samen, zu dessen Entleerung sie sich getrieben fühlen, gerade nur auf die Eier ihrer Gattung ergiessen, dass Thiergattungen, bei denen Männchen und Weibchen ganz verschiedene Formen zeigen (wie z. B. Leuchtwurm und Johanniskäfer), dennoch zur Begattung sich ohne Irrthum zusammenfinden, und dass das männliche Säugethier seine Ruthe, zu deren Reizung es sich in der Brunstzeit getrieben fühlt, gerade nur in der weiblichen Scheide **seiner** Species reibt, sollte dies wirklich zwei verschiedene Ursachen haben, oder sollte es nicht vielmehr das Wirken desselben Unbewussten sein, welches die Geschlechtstheile **zusammenpassend bildet**, und welches als Instinct zu ihrer **richtigen** Benutzung treibt, dasselbe unbewusste Hellsehen, welches in Bildung wie in Benutzung die Mittel dem Zwecke anpasst, welcher nicht in's Bewusstsein fällt? Der Mensch, dem so mannigfache Mittel zu Gebote stehen, den physischen Trieb zu befriedigen, die ihm alle dasselbe leisten wie die Begattung, er sollte sich dem unbequemen, eklen, schamlosen Geschäft der Begattung unterziehen, wenn nicht ein Instinct ihn dazu immer von Neuem triebe, wie oft er auch erprobt habe, dass diese Art der Befriedigung ihm factisch keinen höheren sinnlichen Genuss gewährt wie jede andere? Aber selbst zu dieser Einsicht gelangen nicht viele, weil sie **trotz** der Erfahrung den zukünftigen Genuss immer wieder nach der Stärke des **Triebes** bemessen, oder gar noch während des Actus vom Triebe so benommen sind, dass sie **nicht einmal zur Erfahrung kommen**. Man wird vielleicht einwenden wollen, dass der Mensch häufig die Begattung begehrt, obwohl er die Unmöglichkeit der Zeugung kennt, z. B. bei notorisch Unfruchtbaren oder Prostituirten, oder während er, wie bei unehelichen Verhältnissen, die Zeugung zu verhindern sucht; dem ist aber zu erwidern, dass die Kenntniss oder Absicht des Bewusstseins auf den Instinct keinen directen Einfluss hat, da der Zweck der Zeugung eben **ausserhalb** des Bewusstseins liegt, und nur das Wollen des **Mittels** zu dem unbewussten Zweck (wie bei allen Instincten) in's Bewusstsein fällt. Dass der Trieb zur geschlechtlichen Verbindung ein Instinct ist, der spontan hervortritt, und keineswegs als eine Folge von der Erfahrung zu betrachten ist, dass bei dieser Verbindung eine Lust zu gewärtigen sei, erhellt aus der Thatsache, dass der Geschlechtstrieb als Instinct etwas ganz allgemeines im Thier- und Pflanzenreich ist, während erst auf ziemlich hohen Stufen des Thierreichs sich Wollustorgane finden, welche eine sinnliche Lust an den Begattungsact knüpfen; es ist also der Instinct der geschlechtlichen Copulation etwas weit Früheres und Ursprünglicheres in der Geschichte der Organisation, da alle Organismen ohne Wollustorgane durch ihn allein, ohne Beihülfe der Sinnlichkeit, in ausreichender Weise zur Ausübung der geschlechtlichen Functionen getrieben werden. Es ist aber wohl verständlich, weshalb das Unbewusste bei Wesen, deren Bewusstsein bereits höher entwickelt ist, besondere Wollustorgane für nöthig erachtet; denn je mehr das Bewusstsein selbstständige Bedeutung erlangt, desto mehr wächst die Gefahr, dass dasselbe die Forderungen des Instincts durchkreuzen könne, desto wünschenswerther wird ein Köder, der zur Vollzugnahme der Instincthandlungen anlockt. Ein Beweis dafür, dass der Trieb zur Begattung keine blosse Folge des physischen Dranges in den Genitalien ist, liegt ferner auch in dem früher angeführten Beispiel von der Begattung der Vögel (Cap. A. III. S. 70—71) und endlich noch in der Erscheinung, dass die Stärke des geschlechtlichen und physischen Dranges in gewissem Grade von einander unabhängig ist; denn man findet Menschen mit starker Neigung zum anderen Geschlecht, während ihr physischer Trieb so gering ist, dass er fast an Impotenz streift, und umgekehrt giebt es Menschen von starkem physischen Triebe und doch geringer Neigung zum anderen Geschlecht. Dies liegt darin, dass der physische Trieb von **Zufälligkeiten** der physischen Organisation der Genitalien abhängig ist, der metaphysische aber ein Instinct ist, der aus dem Unbewussten quillt; das schliesst indess nicht aus, dass einerseits der metaphysische Trieb durch einen stärkeren physischen Trieb mehr zum Functioniren geweckt werde, und andererseits die Stärke des physischen Triebes bei Bildung der Organisation mit durch die Stärke des metaphysischen Triebes bedingt werde. Daher liegt auch die Unabhängigkeit beider von einander erfahrungsmässig nur in gewissen Grenzen. Auch die Phrenologie erkennt die Sonderung beider Triebe an, denn während der physische Drang offenbar nur in der Organisation der Genitalien und der Reizbarkeit des ganzen Nervensystems gesucht werden kann, sucht die Phrenologie — gleichviel mit welchem Rechte — die Stärke des geschlechtlichen Triebes aus dem kleinen Gehirn und den umliegenden Theilen zu erkennen.

Nachdem wir das **Generelle** des Geschlechtstriebes als etwas Instinctives erkannt haben, fragt es sich, ob es mit der **Individualisation** desselben ebenso sei, oder ob diese aus Bedingungen des Bewusstseins entspringe. Bei den Thieren unterscheiden wir folgende Fälle: Entweder ist der Geschlechtstrieb bloss generell, die Auswahl des Individuums bleibt dem Zufall völlig überlassen, und mit der einmaligen Begattung hört jede Gemeinschaft auf, wie z. B. bei den niederen Seethieren, den Fischen, die sich begatten, den Fröschen u. a.; oder die sich paarenden Individuen bleiben für die Zeit einer Brunst zusammen, wie die meisten Nager und mehrere Katzenarten, oder bis zum Gebären, wie die Bären, oder noch eine Zeitlang nachher, bis die Jungen sich mehr entwickelt haben, wie die meisten Vögel, die Fledermäuse, Wölfe, Dachse, Wiesel, Maulwürfe, Biber, Hasen; oder sie bleiben lebenslänglich beisammen und bilden eine

Familie; hier ist wieder Polygamie und Monogamie zu unterscheiden; erstere findet sich bei den hühnerartigen Vögeln, den Wiederkäuern, Einhufern, Dickhäutern und Robben, letztere bei einigen Crustaceen, Sepien, Tauben und Papageien, bei den Adlern, Störchen, Rehen und Cetaceen. Man wird mit Grund annehmen müssen, dass bei den monogamischen Thieren die Schliessung der Ehen, die so treu gehalten werden, kein blosses Werk des Zufalls ist, sondern dass in der Beschaffenheit der sich zusammenfindenden Gatten für dieselben Motive liegen müssen, warum sie einander vor anderen Individuen einen gewissen Vorzug einräumen. Sehen wir doch selbst bei regellos sich begattenden Thieren von höherer Geistesstufe eine mit entschiedener Leidenschaft verknüpfte geschlechtliche Auswahl nicht selten eintreten (z. B. bei edlen Hengsten oder Hunden). Eine Adlerswittwe bleibt gewöhnlich ihr Leben lang unvermählt; man beobachtete, dass ein Storch sein Weibchen, welches einer Wunde wegen nicht mit ihm ziehen konnte, drei Jahre hindurch in jedem Frühjahre wieder aufsuchte, in den folgenden Jahren aber auch im Winter bei ihm blieb. Bei monogamischen Thieren kann mitunter das eine nicht ohne das andere leben, so stirbt z. B. von einem Paar Inseparables das zweite oft schon einige Stunden nach dem ersten. Aehnliches hat man von dem Kamichy, einem südamerikanischen Sumpfvogel, bisweilen bemerkt, sowie von Turteltauben und Mirikina-Affen. Auch Waldlerchen kann man nur paarweise im Bauer halten. Wir können nicht annehmen, dass Dasjenige, was beim Storch den mächtigen Wanderinstinct überwunden hat, was die Inseparables in kurzer Frist tödtet, etwas Anderes als auch ein Instinct sei, sonst könnte es nicht so schnell, so tief in den innersten Kern des Lebens eingreifen. Dass die Formen der geschlechtlichen Beziehungen Instincte sind, beweist auch ihre Unveränderlichkeit innerhalb einer Gattung. Nach Analogie dieser Erscheinungen müssen wir auch beim Menschen das Zusammenleben der Gatten in der Ehe für eine Institution des Instincts und nicht des Bewusstseins halten, wobei ich an den Instinct, einen Hausstand zu gründen, erinnere, mit welchem dieser eng zusammenhängt. Das vorsätzliche Bestreben der unehelichen vorübergehenden Liebschaft dagegen müssen wir als etwas Instinctwidriges betrachten, welches nur durch bewussten Egoismus hervorgerufen wird. Hier verstehe ich aber unter Ehe nicht die kirchliche oder bürgerliche Ceremonie, sondern die Absicht, das Verhältniss zu einem dauernden zu machen.

Es fragt sich nun, ob Polygamie oder Monogamie die dem

Menschen natürliche Form ist, und wie es kommt, dass die Menschheit die einzige Thiergattung ist, wo verschiedene Formen der Geschlechtsbeziehungen neben einander vorkommen. Mir scheint sich dies Räthsel so zu lösen, dass der Instinct des Mannes Polygamie, der des Weibes Monogamie fordert, dass daher überall, wo der Mann ausschliesslich dominirt, rechtlich Polygamie herrscht, hingegen da, wo der Mann durch höhere Bildung dem Weibe eine würdigere Stellung eingeräumt hat, auch die Monogamie zur gesetzlich allein gültigen Form geworden ist, während sie von Seiten der Männer factisch in keinem Theile der Welt streng innegehalten wird. Dass die Monogamie die Form sei, welche in der Menschheit für die längste Zeit ihres Bestehens factisch herrschen wird, ist schon in der Gleichzahl der Individuen beider Geschlechter angezeigt. Wenn für den Mann die Ehebruchsgelüste so schwer zu besiegen sind, so ist dies nur eine Wirkung seines Instinctes zur Polygamie; wenn aber ein Weib, das an ihrem Manne einen ganzen Mann hat, Ehebruchsgelüste hat, so ist dies entweder eine Folge völliger Entartung oder der leidenschaftlichen Liebe. Die Verschiedenheit des Instinctes in Mann und Weib versteht man wohl, wenn man bedenkt, dass ein Mann in einem Jahre mit der genügenden Anzahl Frauen bequem über hundert Kinder zeugen könnte, das Weib aber mit noch so viel Männern nur Eins; dass der Mann wohl unter günstigen Umständen mehrere Frauen und deren Kinder ernähren kann, die Frau aber nur in eines Mannes Hausstand wohnen kann, und durch jede in diesen eingeführte Rivalin sich und ihre Kinder beeinträchtigt fühlt; dass endlich nur der Mann, nicht die Frau durch Ehebruch des andern Theils in die Lage kommen kann, fremde Kinder für seine eignen zu halten, und die Liebe zu den eignen Kindern durch Misstrauen in die eheliche Treue zu untergraben.

Nachdem wir den geschlechtlichen Instinct am Menschen in genereller und individueller Beziehung erkannt haben, bleibt die Frage offen, warum er sich auf dieses Individuum ausschliesslich concentrire und nicht auf jenes, d. h. die Frage nach den Bestimmungsgründen der so eigensinnigen geschlechtlichen Wahl.

Dass bei den Menschen, namentlich den gebildeteren Classen, die Zahl der zu begehrenderen Individuen anderen Geschlechtes wesentlich beschränkt ist, liegt an den Hemmungen, die vorher überwunden werden müssen, nämlich Ekel bei beiden, und Scham vorzugsweise beim weiblichen Geschlecht. Die körperlichen Berührungen sind so enge, und werden durch die instinctiven Begleitungshandlungen, wie Küssen u. s. w., so vervielfältigt, dass der Ekel, wenn er nicht schon abgestumpft ist, in sein volles Recht tritt und der geschlechtlichen Verbindung mit all' und jedem Individuum einen kräftigen Widerstand entgegensetzt. Die Scham beim weiblichen Geschlecht, und beim männlichen die Kenntniss des Widerstandes, welchen diese Scham entgegensetzen wird, sind fast noch wirksamere Beschränkungen. Beides aber erklärt nur negativ, warum diese und jene Individuen ausgeschlossen sind, und nicht positiv, warum dieses Eine begehrt sei. Der Schönheitsinn kann wohl auch dabei mitwirken, — so wie man ein schönes Pferd, auch abgesehen von seinem Gange, und auch wenn es Niemand sieht, lieber reitet, wie ein hässliches, — obwohl durchaus nicht abzusehen ist, was die Schönheit oder Hässlichkeit mit dem Genuss bei der Begattung oder überhaupt mit den geschlechtlichen Beziehungen zu thun habe; denn wenn man, wie z. B. in Shakespeare's „Ende gut, Alles gut" einem rasend Verliebten in der Nacht eine Falsche unterschiebt, so thut dies offenbar seinem Genuss keinen Eintrag. Es könnte auch die Eitelkeit, vor Anderen ein hübsches Weib sein nennen zu können, mitsprechen, wenn nicht erst wieder der Gegenstand dieser Eitelkeit der Erklärung bedürfte; im Grunde genommen rücken wir mit alledem der Frage keinen Schritt näher, weil es erstens der hübschen Menschen viele giebt, und zweitens bei Weitem nicht die hübschesten geschlechtlich am meisten reizen. Eher könnte schon dies eine Antwort sein: der Mann hat die weibliche Scham zu überwinden, um zum Ziel zu kommen; hat er diese Arbeit, die nur allmählich von Statten geht, einmal begonnen, so hat er nun bei diesem Individuum nur noch eine geringere Arbeit vor sich, als bei anderen, um seiner Eitelkeit den Sieg zu verschaffen. Aber wenn es auch oft genug sich so zutragen mag, so ist doch diese Antwort allein völlig unzureichend, nicht nur weil sie wieder den ersten Anfang ganz dem Zufall anheimgestellt lässt, sondern auch weil, wenn diese Rücksicht maassgebend wäre, die bereits errungene Geliebte allen neu zu gewinnenden aus reiner Bequemlichkeit vorgezogen werden müsste, was doch gewiss nicht zutrifft. — Es ist also vor allen Dingen festzuhalten, dass der physische Trieb als solcher, oder wie man sagt die Sinnlichkeit, für sich allein durchaus unfähig ist, die Concentrirung des Triebes auf ein ganz bestimmtes Individuum zu erklären. Die blosse Sinnlichkeit führt niemals zur Liebe, sondern nur zur Ausschweifung, am liebsten zur widernatürlichen, wofern sie nur stark genug ist und nicht durch andere Triebe von solchen Wegen abgehalten wird. Selbst da, wo die Sinnlichkeit auf naturgemässen Wegen bleibt, und die Steigerung des Genusses bloss durch äusserliches Raffinement zu erzielen sucht, wo sie in dem verhängnissvollen Unglauben an die **metaphysische** Natur der Liebe den Zauber derselben durch äusserlichen Kitzel herbeitäuschen zu können wähnt, selbst da wird sie bald mit Ekel gewahr, dass das blosse **Fleisch** allemal zum **Aas** wird, und sie statt der Liebe nur deren widerlichen Leichnam an's Herz schliesst. So gewiss eine angebliche Liebe ohne Sinnlichkeit nur das fleisch- und blutlose Phantasiegespenst der gesuchten Seele ist, so gewiss ist blosse Sinnlichkeit nur der seelenlose Leichnam der schaumgeborenen Göttin. Der **ganze** folgende Nachweis ruht auf dem **hier** gelegten **Fundament**, dass **Sinnlichkeit** nur das Haschen nach **irgend welcher** Art des geschlechtlichen **Genusses**, aber **nie und nimmer** die geschlechtliche **Liebe** zu erklären vermag.

Es scheint nunmehr nichts übrig zu bleiben, als dass es geistige Eigenschaften seien, welche die geschlechtliche Auswahl bedingen. Dies unmittelbar zu nehmen, ist ganz unmöglich, da für den geschlechtlichen Genuss die geistigen Eigenschaften völlig gleichgültig sind, noch gleichgültiger als die körperliche Schönheit; es kann also nur so zu verstehen sein, dass die geistigen Eigenschaften eine geistige Harmonie und gegenseitige Anziehung hervorrufen, welche auf bewussten Grundlagen ruht, und für das künftige Zusammenleben das grösstmöglichste Glück verspricht. Dieses bewusste Seelenverhältniss, welches durchaus identisch mit dem Begriff der **Freundschaft** ist, würde alsdann erst die geschlechtliche Wahl bedingen müssen, d. h. die Ursache sein, dass der geschlechtliche Umgang mit diesem besonders befreundeten Individuum allen anderen vorgezogen wird. Dieser Process ist in der That ein sehr gewöhnlicher, besonders beim weiblichen Geschlecht, das nicht wählen darf, sondern gewählt wird. Es ist schlechterdings für gewöhnlich nicht zu erwarten, dass eine Braut eine andere Liebe als diese für einen Bräutigam haben soll, den ihre Eltern ihr vorschlagen, oder den sie zum ersten Mal unter vier Augen gesprochen, als er sich erklärte, und für welchen sie bisher kein anderes Interesse haben konnte, als die Vermuthung, dass er sich für sie interessire. Wenn sie nun Braut ist, so strengt sie ihre Phantasie an, alles von Schwärmerei, was sie je in Romanen gelesen, hier auf diesen Einen in Nutzanwendung zu bringen, schwört ihm Liebe, glaubt es bald selbst, indem sie sich daran gewöhnt hat, mit ihrem aufgeregten generellen Geschlechtstrieb stets sein Bild zu verknüpfen, und folgt später ihrer Pflicht und ihrer Neigung zugleich, wenn sie diesem Manne, dem Vater ihrer Kinder, treu bleibt, für den sie Achtung und Freundschaft gefasst, und an den sie sich gewöhnt hat. Bei Lichte besehen, geben aber alle diese Ingredienzien, als: genereller Geschlechtstrieb, Phantasie, Achtung, Freundschaft, Pflichttreue u. s. w., soviel man sie auch mengt und schüttelt, immer noch keinen Funken von dem, was einzig und allein mit dem Namen Liebe bezeichnet werden kann und soll; und was an ihnen dennoch als solche erscheint, das ist meistens eine Täuschung anderer und bald auch ihrer selbst, da sie doch nach ihrem gegebenen Jawort schicklicherweise auch ein Herz voll Liebe verschenken müssen, und sie sich übrigens bei den bräutlichen Schäferstündchen ganz gut amüsiren. Der Bräutigam glaubt dem Betruge so gern, als die Braut ihn übt, denn was glaubte der Mensch nicht, wenn es nur stark genug seiner Eitelkeit schmeichelt. Nach der Hochzeit, wo beide Theile andere Dinge zu besorgen haben, hört die Comödie so wie so bald genug auf, mag sie nun im Ernste oder im Scherz gespielt sein.

Das Wesentliche von der Sache ist, dass die bewusste Erkenntniss geistiger Eigenschaften immer und ewig nur bewusste geistige Beziehungen, Achtung und Freundschaft zu Stande bringen können, und dass Freundschaft und Liebe himmelweit verschiedene Dinge sind. Die Freundschaft kann auch keine Liebe erwecken, denn wenn z. B. bei einer Freundschaft zwischen zwei jungen Leuten verschiedenen Geschlechts sich leicht ein wenig Liebe einschleicht, so ist dies nur ein Freiwerden des generellen Geschlechtstriebes in einer durch Vertraulichkeiten erleichterten Richtung, oder aber sie hätten sich auch ohne die Freundschaft in einander verliebt, und diese schlummernde potentielle Liebe ist nur durch die Gelegenheit wach gerufen worden. Es kann aber sehr wohl, wenigstens von männlicher Seite, eine reine Freundschaft ohne geschlechtliche Beimischung geben (besonders wenn die Geschlechtsliebe schon anderweitig gefesselt ist), und wenn dies von weiblicher Seite nicht möglich sein sollte, so läge das nur daran, dass die Frauen überhaupt keiner reinen und wahren Freundschaft fähig wären, so wenig mit Männern, wie sie es unter einander sind, weil die Freundschaft ein Product des bewussten Geistes ist, sie aber zu Grossem nur fähig sind, wo sie aus dem Quell des unbewussten Seelenlebens schöpfen. Dass die Freundschaft für das individuelle Wohl der Ehegatten eine viel unentbehrlichere und solidere Grundlage eines dauernden guten Verhältnisses ist als die Liebe, ist gar keine Frage, und es ist ein glücklicher Zufall, dass dasselbe Verhältniss der Charaktere und geistigen Eigenschaften, welches die stärkste Liebe zu erwecken vermag, zugleich auch den besten Unterbau der Freundschaft bildet, das ist, wie wir später sehen werden, die **polarische Ergänzung**, welche die fundamentale Uebereinstimmung ebensowohl wie den diametralen Gegensatz auf diesem gemeinsamen Boden in sich schliesst; nur ist zu bemerken, dass bei der Freundschaft die Betonung auf der Uebereinstimmung, bei der Liebe aber auf dem Gegensatz liegt, so dass hier doch noch eine weite Möglichkeit für Divergenz zwischen Liebe und Freundschaft bei denselben Personen bleibt. Jedenfalls ist die Freundschaft, welche in der Mehrzahl der Ehen die Liebe entweder von vorn herein ersetzen muss, oder aber in unvermerktem Uebergange mit der Zeit ablöst, etwas keineswegs Problematisches; das Problem, womit wir uns hier beschäftigen, ist eben jene Liebe, die der Geschlechtsverbindung vorhergeht, und zu ihr leidenschaftlich hindrängt.

Auch zwei wahrhafte Freunde können nicht ohne einander leben, und sind fähig, einander jedes Opfer zu bringen, wie zwei Liebende, aber welch' ein Unterschied zwischen Freundschaft und Liebe! Die eine ein schöner, milder Herbstabend von gesättigtem Colorit, die andere ein schaurig entzückendes Frühlingsgewitter; die eine die leichthin lebenden Götter des Olymps, die andere die himmelstürmenden Titanen; die eine selbstgewiss und selbstzufrieden, die andere langend und bangend in schwebender Pein; die eine klar im Bewusstsein ihre Endlichkeit erkennend, die andere immer nur nach dem Unendlichen strebend in Sehnsucht, Lust und Leid, himmelhoch aufjauchzend, zum Tode betrübt; die eine eine klare und reine Harmonie, die andere das geisterhafte Klingen und Rauschen der Aeolsharfe, das ewig Unfassbare, Unsagbare, Unaussprechliche, weil nie mit dem Bewusstsein zu Fassende, der geheimnissvolle aus ferner, ferner Heimath herübertönende Klang; die eine ein lichter Tempel, die andere ein ewig verhülltes Mysterium. Es vergeht kein Jahr, wo nicht in Europa eine Menge von Selbstmorden, Doppelmorden und Wahnsinnigwerden aus unglücklicher Liebe vorkommen; aber ich weiss noch keinen Fall, dass sich einer aus unerwiderter Freundschaft getödtet oder den Verstand verloren hätte. Das und die vielen durch Liebe geknickten Existenzen (von Frauen hauptsächlich und wenn es nur auf Wochen oder Monate wäre) beweisen deutlich genug, dass man es bei der Liebe nicht mit einem Possenspiel, einer romantischen Schnurre zu thun habe, sondern mit einer ganz realen Macht, einem Dämon, der immer auf's Neue sein Opfer fordert. Das geschlechtliche Treiben der Menschheit in allen seinen so offenkundig durchschaut werden sollenden Masken und Verhüllungen ist so wunderlich, so absurd, so komisch und lächerlich, und doch grossentheils so traurig, dass es nur ein Mittel giebt alle diese Schnurren zu übersehen, das ist: wenn man mitten drinsteckt, wo es Einem dann geht, wie einem Trunkenen unter einer Gesellschaft von Trunkenen: man findet Alles ganz natürlich und in der Ordnung. Der Unterschied ist nur der, dass jeder sich das belehrende Schauspiel einer trunkenen Gesellschaft als Nüchterner verschaffen kann, aber nicht so als Geschlechtsloser, oder man muss steinalt werden, oder man müsste (wie ich) dies Treiben schon beobachtet und überlegt haben, noch ehe man betheiligt war, und da gezweifelt haben (wie ich), ob man selber oder die ganze übrige Welt verrückt sei. Und das Alles bringt jener Dämon zu Stande, den schon die Alten so fürchteten.

Was ist denn nun aber jener Dämon, der sich so spreizt und in's Unendliche hinaus will, und die ganze Welt an seinem Narrenseile tanzen lässt, was ist er denn endlich? Sein Ziel ist die Geschlechtsbefriedigung, nicht etwa die Geschlechtsbefriedigung überhaupt, sondern nur die mit diesem bestimmten Individuum, — so viel er sich auch drehen und wenden mag, um es zu verhüllen und zu verleugnen, und so viel er sich mit hohlen Phrasen breit macht. Denn wenn es nicht dies wäre, was sollte es denn sein? Etwa die Gegenliebe? Nicht doch! Mit der heissesten Gegenliebe ist im Ernste Niemand zufrieden, selbst bei der Möglichkeit steten Verkehres, wenn die Unmöglichkeit des Besitzes unabänderlich ist, und schon Mancher hat sich in dieser Lage erschossen. Für den Besitz der Geliebten dagegen giebt der Liebende Alles hin; selbst wenn ihm auch die Gegenliebe völlig fehlt, weiss er sich mit dem Besitz zu trösten, wie die vielen Ehen durch schnöde Erkaufung der Braut oder der Eltern mit Rang, Reichthum, Geburt u. s. w. beweisen, letzten Endes auch die Fälle der Nothzucht bestätigen, wo sogar das Verbrechen dem Dämon zu Liebe nicht gescheut wird. Wo aber das Geschlechtsvermögen erlischt, da erlischt auch die Liebe; man lese nur die Briefe von Abälard und Heloise; sie noch ganz Feuer, Leben und Liebe; er kühle phrasenreiche Freundschaft. Ebenso nimmt aber auch sofort mit der Befriedigung die Leidenschaft um ein Merkliches ab, wenn sie auch noch nicht gleich ganz verschwindet, was jedoch häufig auch nicht lange auf sich warten lässt, wobei immerhin Freundschaft und jene sogenannte Liebe aus Freundschaft bestehen bleiben kann. Sehr lange überdauert keine Liebesleidenschaft den Genuss, wenigstens nicht beim Manne, wie alle Erfahrungen zeigen, wenn sie auch zuerst noch kurze Zeit wachsen kann; denn was später noch von Liebe in diesem Sinne behauptet wird, ist meistens aus anderen Rücksichten erheuchelt. Die Liebe ist ein Gewitter; sie entlädt sich nicht in einem Blitze, aber nach und nach in mehreren ihrer electrischen Materie, und wenn sie sich entladen hat, dann kommt der kühle Wind und der Himmel des Bewusstseins wird wieder klar, und blickt staunend dem befruchtenden Regen am Boden und den abziehenden Wolken am fernen Horizonte nach.

Das Ziel des Dämons ist also wirklich und wahrhaft nichts als die Geschlechtsbefriedigung an und mit diesem bestimmten Individuum, und Alles, was drum und dran hängt, wie Seelenharmonie, Anbetung, Bewunderung, ist nur Maske und Blendwerk, oder es ist etwas Anderes als Liebe neben der Liebe; die Probe ist einfach die, ob es spurlos verschwunden ist, wenn der kühle Wind kommt; was dann noch übrig bleibt, ist nicht Liebe gewesen, sondern Freundschaft. Damit ist jedoch keineswegs gesagt, dass der von diesem Dämon Besessene das Ziel der Geschlechtsbefriedigung im Bewusstsein haben müsse; im Gegentheil will die höchste und reinste Liebe dieses Ziel nicht einmal eingestehen, und namentlich bei einer ersten Liebe liegt der Gedanke gewiss fern, dass dieses namenlose Sehnen bloss darauf hinauslaufen sollte. Selbst wenn der Gedanke an Geschlechtsvereinigung von aussen aufgedrängt wird, wird er in diesem Stadium noch als ein der Unendlichkeit des Sehnens und Hoffens unadäquater und der unnahbaren Erhabenheit des erträumten Ideals unwürdiger mit keuschem Widerwillen vom Bewusstsein verworfen, und erst in späteren Stadien gelangt der unbewusste Zweck dazu, als ein noch immerhin nebensächlicher in's Bewusstsein hineinzuscheinen, wenn der Himmelstraum sich so weit zur Erde herabgelassen hat, um in der geschlechtlichen Verbindung nicht mehr eine Entweihung seines Ideals zu erblicken, — ein Standpunct, für dessen baldige Herbeiführung die Natur dadurch Vorsorge getroffen hat, dass sie die Liebenden instinctiv nöthigt, von den zartesten Blicken Schritt vor Schritt zu immer intimerer körperlicher Berührung vorzugehen, deren jede mit immer stärkerer Reizung der Sinnlichkeit verbunden ist. Die Unendlichkeit des Sehnens und Strebens entspringt also grade aus der Unsagbarkeit und Unfassbarkeit eines bewussten Zieles desselben, welche sinnlose Ziellosigkeit wäre, wenn nicht ein unbewusster Zweck die unsichtbare Triebfeder dieses gewaltigen Gefühlsapparates wäre, — ein unbewusster Zweck, von dem wir zunächst nur sagen können, dass die Geschlechtsverbindung dieser bestimmten Individuen das Mittel zu seiner Erfüllung sein muss. Nur wo dieses alleinige und ausschliessliche Ziel noch nicht als solches (sondern entweder gar nicht oder nur als nebensächliches Strebensziel) in's Bewusstsein getreten ist, ist die Liebe ein völlig gesunder Process, ein Process ohne inneren Widerspruch; nur da besitzt das Gefühl diejenige Unschuld, welche allein ihm wahren Adel und Reiz verleiht. Sowie hingegen die Begattung vom Bewusstsein als der einzige Zweck der Gefühlsüberschwenglichkeit der Liebe erkannt ist, hört die Liebe als solche auf, ein gesunder Process zu sein; denn von diesem Augenblick an erkennt das Bewusstsein auch die Absurdität der Ungeheuerlichkeit dieses Triebes, das Missverhältniss von Mittel und Zweck in Bezug auf das Individuum, und es geht nun in die Leidenschaft mit der Gewissheit hinein, für sein Theil eine Dummheit zu begehen, — ein unbehagliches Gefühl, von dem es ebensowenig sich jemals wieder völlig zu befreien vermag, wie von dem Egoismus selbst.

Nur da, wo der Zweck der Liebe noch nicht bewusst geworden, wo das betheiligte Individuum noch nicht weiss, dass die von der Mystik der Liebe in der Vereinigung mit dem Geliebten erhoffte und ersehnte Wesenverschmelzung eine realiter nur in einem Dritten (dem Erzeugten) sich vollziehende ist, nur da besitzt sie die Kraft, das Individuum sammt allen seinen egoistischen Interessen so scrupellos gefangen zu nehmen, dass selbst die höchsten Opfer dem erträumten Himmel gegenüber unbedeutend und nichtig erscheinen, und der hohe Zweck des Unbewussten mit vollkommener Rücksichtslosigkeit erfüllt wird. Wo dagegen ein Mensch noch einmal von verzehrender Leidenschaft erfasst wird, der die Illusion schon überwunden zu haben glaubte, da gestaltet sich die Liebe für sein eigenes Bewusstsein oft zu einer finsteren dämonischen Macht, dass er sich wie ein Wahnsinniger bei vollem Verstande vorkommt, der gepeitscht von den Furien der Leidenschaft selbst an das Glück nicht mehr glaubt, dem er gleichsam willenlos alles zum Opfer bringt, für das er wohl gar Verbrechen begehen muss. Ganz anders, wo die Unschuld der bewusstlosen Jugend zum ersten Mal die fata morgana erblickt, die ihr das Eden der Verheissung im verklärten Schimmer erglühender Morgenröthe zeigt. Da dämmert ihr die mystische Ahnung von der ewigen Einheit alles unbewussten Seins und von der Unnatur des Getrenntseins von dem Geliebten, da blüht und glüht ihr die Sehnsucht auf, die vom Geliebten trennenden Schranken der Individualität zu vernichten, unterzugehen und zu versinken mit dem ganzen Selbst in dem Wesen, das ihr theurer ist als das eigne, um wie ein Phönix verbrannt in den Flammen der Liebe nur im Geliebten als selbstloser Theil von ihm das bessere Sein wiederzufinden: und die Seelen, die Eins sind, ohne es zu wissen, und die sich durch keine noch so enge Umarmung näher kommen können, als sie ewig sind, verschmachten nach einer Verschmelzung, die ihnen nie werden kann, so lange sie getrennte Individuen bleiben, und das einzige Resultat, in dem sie wirklich eine reale Verschmelzung ihrer Eigenschaften, ihrer Tugenden und Fehler, zu Stande bringen (unbeschadet älterer, sich im Rückschlag documentirender Rechte der Ahnen), verkennen sie so sehr in der Hoheit seiner Bedeutung, dass sie es nachher wohl gar als unbewusstes Ziel ihrer Verschmelzungssehnsucht verleugnen zu müssen glauben. (Vgl. „Ges. phil. Abhandl." S. 86—87.)

Wir sind nun so weit, dass wir die Liebe zu einem bestimmten Individuum als einen **Instinct** erkannt haben, denn wir haben in ihr eine stetige Reihe von Strebungen und Handlungen gefunden, die alle auf einen einzigen Zweck hinarbeiten, der jedoch als alleiniger Zweck alles dessen nicht in's Bewusstsein fällt. Die Frage ist schliesslich nur noch die: was soll jener unbewusste Zweck, was bedeutet ein solcher Instinct, der eine so eigensinnige Auswahl in der Geschlechtsbefriedigung hervorruft, und wie wird er durch den Anblick gerade dieses Individuums motivirt? Von dem, was den Haushalt der Natur interessiren und Instincte nöthig machen kann, wird doch durch die geschlechtliche Auswahl der Individuen offenbar nichts weiter verändert, als die körperliche und geistige Beschaffenheit des Kindes, es bleibt also nach der bisherigen Entwickelung die einzig mögliche Antwort die, welche Schopenhauer giebt („Welt als Wille und Vorstellung" Bd. II. Cap. 44, Metaphysik der Geschlechtsliebe), nämlich, dass der Instinct der Liebe für eine der Idee der menschlichen Gattung möglichst entsprechende Zusammensetzung und Beschaffenheit der nachfolgenden Generation sorgt, und dass die geträumte Seligkeit in den Armen der Geliebten nichts als der trügerische Köder ist, vermittelst dessen das Unbewusste den bewussten **Egoismus** täuscht und zu **Opfern** seines Eigennutzes zu Gunsten der nachfolgenden Generation bringt, welche die bewusste Ueberlegung für sich niemals leisten würde. Es ist dasselbe Princip in specieller Anwendung auf den Menschen, welches Darwin später in seiner Theorie der natürlichen Zuchtwahl als allgemeines Naturgesetz nachwies, dass nämlich die Veredelung der Species ausser durch das Unterliegen der untüchtigeren Exemplare der Gattung im Kampf um's Dasein auch noch durch einen natürlichen Instinct der Auswahl bei der Begattung hervorgebracht werde. Die Natur kennt keine höheren Interessen als die der Gattung, denn die Gattung verhält sich zum Individuum, wie ein Unendliches zum Endlichen; sowie wir nun schon vom Einzelnen verlangen, dass er bewussterweise seinen Egoismus, ja sein Leben dem Wohle der Gesammtheit opfere, so opfert die Natur noch viel unbedenklicher den Egoismus, ja das Leben des Individuums dem Wohle der Gattung vermittelst des Instinctes (man denke an das Mutterthier, das zum Schutze der Jungen den Tod nicht scheut, und das brünstige Männchen, das um den Besitz des Weibes auf Tod und Leben kämpft); dies kann gewiss nur weise und mütterlich genannt werden. Wir erzwingen die bewussten Opfer des Einzelnen durch Furcht vor Strafe; die Natur ist gütiger, sie erzwingt sie durch Hoffnung auf Lohn; das ist doch wohl noch mütterlicher! Darum beklage sich Niemand über diese Hoffnungen und ihre Enttäuschung, wenn er sich nicht wie Schopenhauer über die Existenz der Natur und ihr Fortbestehen zu beklagen hat; im Uebrigen ist der gaukelnde Wahn so heilsam und so unentbehrlich, wie ein solcher, den die Eltern Kindern zu ihrem Besten vorzuspiegeln sich öfters genöthigt sehen. Denn von allen natürlichen Zwecken kann es offenbar keinen höheren geben, als das Wohl und die möglichst günstige Beschaffenheit der nächsten Generation, da von dieser nicht bloss sie selbst, sondern die ganze Zukunft der Gattung abhängt; also ist die Angelegenheit in der That höchst wichtig, und der Lärm, der in der Welt davon gemacht wird, keineswegs zu gross. Trotzdem aber bleibt das Verhältniss von Mittel und Zweck (Liebesleidenschaft und Beschaffenheit des Kindes) für das Bewusstsein des Einzelnen, wenn es einmal begriffen ist, ein absurdes, und der Process der Liebe für ihn mit einem inneren Widerspruch gegen seinen Egoismus behaftet, denn vom Standpuncte des Egoismus kann sich wohl das bewusste Denken *in abstracto*, aber schwerlich der bewusste Wille *in concreto* losreissen, höchstens kann er von der höheren Einsicht dazu gebracht werden, seine Zurücksetzung gegen Naturzwecke geduldig über sich ergehen zu lassen. Den Nachweis im Einzelnen, wie die körperlichen und geistigen Eigenschaften auf das Unbewusste wirken, und den unbewussten Willen zur Zeugung dieses bestimmten neuen Menschen hervorrufen, welcher aus der Begattung dieser Individuen hervorgehen muss, hat Schopenhauer musterhaft geführt. Ich verweise auf das oben citirte Capitel und gebe hier der Vollständigkeit halber nur einen kurzen Auszug. Zwei Hauptmomente sind zu unterscheiden: 1) wirkt jedes Individuum um so mehr geschlechtlich reizend, je vollkommener es körperlich und geistig die Idee der Gattung repräsentirt, und je mehr es auf dem Gipfel der Zeugungskraft steht; 2) wirkt für jedes Individuum dasjenige Individuum am stärksten geschlechtlich reizend, welches seine Fehler durch entgegengesetzte Fehler möglichst paralysirt, also bei der Zeugung ein Kind verspricht, das die Idee der Gattung möglichst vollkommen repräsentirt. Man sieht, dass im ersten Puncte die körperliche und geistige Kraft, Ebenmaass, Schönheit, Adel und Grazie ihre Stelle findet, um auf die Entstehung geschlechtlicher Liebe zu wirken, aber man versteht nun, **wie sie es anfängt**, nämlich auf dem Umwege der unbewussten Zweckvorstellung, während vorher die **Möglichkeit** gar nicht einzusehen war, wie körperliche und geistige Vorzüge mit der Geschlechtsliebe etwas zu schaffen haben könnten. Ebenso ist der Einfluss des Alters durch den Gipfel der Zeugungskraft (18—28 Jahre beim Weibe, 24—36 beim Manne) erklärt; als ein anderes Beispiel führe ich noch den gewaltigen Reiz an, den ein üppiger weiblicher Busen auf den Mann übt; die Vermittelung ist die unbewusste Zweckvorstellung der reichlichen Ernährung des Neugeborenen; ferner dass kräftige Muskulatur (z. B. Waden) eine kräftige Bildung des Kindes verspricht und dadurch reizt. Alle solche Kleinigkeiten werden auf das Sorgfältigste durchgemustert, und die Leute sprechen darüber zu einander mit wichtiger Miene. Keiner aber überlegt sich, was denn ein unbedeutendes Mehr oder Weniger an Waden und Busen mit dem Geschlechtsgenuss zu schaffen haben.

Der erste Punct enthält den Grund dafür, dass die geistig und körperlich vollkommensten Individuen dem anderen Geschlechte im **Allgemeinen** genommen am meisten begehrenswerth erscheinen; der zweite Punct den Grund dafür, dass dieselben Wesen verschiedenen Individuen des anderen Geschlechtes **ganz verschieden begehrenswerth** und ganz verschiedene Jedem am **begehrens-**

werthesten erscheinen. Man kann beide Puncte überall auf die Probe ziehen, und wird sie in den kleinsten Details bestätigt finden, wenn man nur immer dasjenige in Abzug bringt, was nicht aus unmittelbarer instinctiver Geschlechtsneigung, sondern aus anderen verständigen oder unverständigen Rücksichten des Bewusstseins begehrt und gewünscht wird. Grosse Männer lieben kleine Frauen und umgekehrt, magere dicke, stumpfnäsige langnäsige, blonde brünette, geistreiche einfach-naive, wohlverstanden immer nur in geschlechtlicher Beziehung, in ästhetischer finden sie meistens nicht ihren polaren Gegensatz schön, sondern das, was ihnen ähnlich ist. Auch werden sich viele grosse Weiber aus Eitelkeit sperren, einen kleinen Mann zu heirathen. Man sieht, dass das geschlechtliche Wohlgefallen auf ganz anderen Voraussetzungen ruht, als das practische, moralische, ästhetische und gemüthliche; dadurch erklärt sich auch die leidenschaftliche Liebe zu Individuen, welche der Liebende im Uebrigen nicht umhin kann, zu hassen und zu verachten. Freilich thut die Leidenschaft in solchen Fällen alles Mögliche, um das ruhige Urtheil zu verblenden und zu ihren Gunsten zu stimmen, darum ist es entschieden richtig, dass es keine geschlechtliche Liebe ohne Blindheit giebt. Die bei Abnahme der Leidenschaft eintretende Enttäuschung trägt wesentlich dazu bei, den Umschlag der Liebe in Gleichgültigkeit oder Hass zu verstärken, wie wir sogar letzteren so häufig im Grunde des Herzens nicht nur bei Liebschaften, sondern auch bei Eheleuten finden.

Die stärksten Leidenschaften werden bekanntlich nicht durch die schönsten Individuen erweckt, sondern im Gegentheil häufiger gerade durch hässliche; dies liegt darin, dass die stärkste Leidenschaft nur in der concentrirtesten Individualisirung des Geschlechtstriebes besteht, und diese nur durch den Zusammenstoss polar entgegengesetzter Eigenschaften entsteht. In Nationen, wo das Leben überhaupt weniger geistig als sinnlich ist, werden die körperlichen Eigenschaften fast ausschliesslich den Ausschlag geben, daher auch bei diesen die momentane Entstehungsweise gerade der heftigsten Leidenschaften; dagegen überwiegen bei den gebildeten Schichten der Nationen von höherer geistiger Entwickelung auch bei dem Einfluss auf die unbewusste geschlechtliche Wahl die geistigen Eigenschaften über die körperlichen; daher ist hier zum Entstehen der Liebe meist eine nähere Bekanntschaft nöthig, es sei denn, dass ein Hellsehen des Unbewussten, durch die physionomische Erscheinung veranlasst, vicarirend eintrete, welcher Fall sich besonders bei Frauen öfters ereignet, welche eben dem Quell des Unbewussten näher stehen. Doch auch an Männern vom hohen geistigen Standpunct giebt es Erfahrungen genug, dass das erste Zusammensein mit einem seltenen weiblichen Wesen sie über und über in einen unzerreissbaren Zauber verstrickte, über dessen Ursache sich Rechenschaft zu geben, jede Geistesanstrengung vergeblich war. Ihr, die Ihr noch zweifelt an der Magie, an Wirkungen von Seele auf Seele ohne die gewöhnlichen Mittel geistigen Verständnisses, auf den Flügeln des Symbols, das nur vom Unbewussten verstanden wird, — wollt Ihr auch die Liebe leugnen?

Das Resultat dieses Capitels ist folgendes: Instinctiv sucht der Mensch zur Befriedigung seines physischen Triebes ein Individuum des anderen Geschlechtes auf, in dem Wahn, dadurch einen höheren Genuss zu haben, als bei irgend einer anderen Art von Befriedigung; sein unbewusster Zweck dabei ist Zeugung überhaupt. Instinctiv sucht der Mensch dasjenige Individuum des anderen Geschlechtes auf, welches mit ihm zusammengeschmolzen die Gattungsidee auf das möglichst Vollkommenste repräsentirt, in dem Wahne, in der Geschlechtsverbindung mit diesem Individuum einen ungleich höheren Genuss als mit allen anderen Individuen zu haben, ja absolut genommen der überschwenglichsten Seligkeit theilhaftig zu werden; sein unbewusster Zweck dabei ist Zeugung eines solchen Individuums, welches die Idee der Gattung möglichst vollkommen repräsentirt. Dieses unbewusste Streben nach möglichst reiner Verwirklichung der Gattungsidee ist durchaus nicht etwas Neues, sondern **dasselbe Princip, welches das organische Bilden im weiteren Sinne beherrschte, auf die Zeugung angewandt** (welche ja auch nur eine besondere Form des organischen Bildens ist, wie die Physiologie nachweist), und durch die Masse und Feinheit der Differenzen im menschlichen Geschlecht zu einem hohen Grade der Subtilität hinaufgeschraubt. — Bei den Thieren fehlt dieses Moment der geschlechtlichen Auswahl keineswegs, es stellt sich nur wegen der geringeren Differenzen in einfacherer Gestalt dar, und betrifft wesentlich nur den ersten Punct, die Auswahl solcher Individuen, welche selbst schon den Gattungstypus möglichst vollkommen repräsentiren. So kämpfen bei vielen Thieren (Hühnern, Robben, Maulwürfen, gewissen Affen) die Männchen um den Besitz der Weibchen, welche besonders begehrenswerth erscheinen; diese besonders begehrenswerthen sind bei vielen bunten Thieren die mit den schönsten Farben, bei verschiedenen Racen oder Varietäten innerhalb einer Gattung die Individuen derselben Race, z. B. bei Menschen, Hunden. Köter bringen oft die grössten Opfer, um mit einer Hündin ihrer Race zusammen zu kommen, in die sie sich verliebt haben. Sie laufen nicht nur viele Meilen weit, sondern ich weiss auch einen Fall, wo ein Hund jede Nacht trotz seines Kreuzknüppels über eine Meile weit seine Geliebte besuchte und erschöpft und durchschunden alle Morgen wieder ankam; da der Knüppel nicht half, legte man ihn an die Kette; hier wurde er aber so ungeberdig, dass man ihn wieder ganz frei liess, weil man befürchten musste, er würde toll werden. Dabei waren auf seinem Hofe Hündinnen genug. Auch edle Hengste sollen für gewöhnlich die Begattung mit gemeinen abgetriebenen Stuten verschmähen.

Schopenhauer bemerkt sehr richtig, dass wir von dem Instinct der Geschlechtsliebe, den wir an uns erfahren, auf die Thierinstincte zurückschliessen dürfen, und annehmen, dass auch bei jenen das Bewusstsein durch die Erwartung eines besonderen Genusses getäuscht würde. Dieser Wahn entspringt aber nur aus dem Triebe. ist der Stärke des Triebes proportional, und ist nichts Anderes, als der Trieb selbst in Verbindung mit Anwendung der bewussten Erfahrung, dass die Lust bei Befriedigung des Triebes im Allgemeinen der Stärke des Triebes proportional sei, eine Voraussetzung, die sich eben bei den Trieben, deren hauptsächliches Gewicht und Bedeutung in's Unbewusste fällt, nicht bestätigt (siehe Cap. C. III.) und darum zum täuschenden Wahn wird. Es ist daher diese Bemerkung auf jene Thiere einzuschränken, deren Bewusstsein zu solchen Generalisationen fähig ist, bei den tiefer stehenden hat es eben bei dem zwingenden Triebe sein Bewenden, ohne dass es zur Erwartung des Genusses kommt. — Wie nützlich übrigens auch für die Individuen der höheren Thierarten jener Wahn ist, sieht man daran, dass gerade dieser geschlechtliche Wahn das erste und wichtigste Mittel in der Natur ist, um den Individuen dasjenige Interesse für einander einzuflössen, welches erforderlich ist, um die Seele in genügendem Grade für das Mitgefühl empfänglich zu machen. Die Bande der Ehe und Familie sind daher auch bei Thieren, wie bei rohen Menschen die ersten Stufen, auf denen der Weg zur bewussten Freundschaft und zur Sittlichkeit betreten wird, sie sind das erste Morgenroth aufdämmernder Cultur, schönerer und edlerer Gefühle und reinerer Opferfreudigkeit.

Man wird vielleicht einwenden wollen, dass nach der Theorie der polarischen Ergänzung keine unglückliche Liebe vorkommen könne, doch ist dies offenbar ein übereilter und falscher Einwurf. Denn: wenn A sich in B verliebt, so heisst das: B ist für A eine geeignete Ergänzung, oder A wird mit B **vollkommenere Kinder zeugen als mit Anderen.** Nun braucht aber keineswegs auch A für B eine geeignete Ergänzung zu sein, sondern B kann vielleicht mit vielen Anderen vollkommenere Kinder zeugen als mit A, wenn z. B. A eine ziemlich unvollkommene Darstellung der Gattungsidee ist; folglich braucht keineswegs B sich in A zu verlieben. Nur dann, wenn Beides hochstehende Individuen sind, wird auch B schwerlich ein Individuum finden, mit dem es vollkommenere Kinder zeugen könnte als mit A, und dann werden Beide gleichzeitig von der Leidenschaft ergriffen, dann sind sie wie die sich wieder findenden Hälften des getheilten Urmenschen im Platonischen Mythus. Dazu kommt in einem solchen Falle noch, dass nicht bloss den Kindern diese polarische Uebereinstimmung zu Gute kommt, sondern in einer **anderen** Beziehung, als die Liebesleidenschaft wähnt, auch den Eltern; weil nämlich, wie oben bemerkt, auch für die höchste Freundschaft die polarische Uebereinstimmung der Seelen die günstige Bedingung ist.

Zur Verständigung für Diejenigen, denen das Resultat des letzten Capitels neu und abstossend erscheinen möchte, mache ich schliesslich noch einmal darauf aufmerksam: 1) dass, so lange die Illusion des unbewussten Triebes unangetastet Bestand hat, diese Illusion für das Gefühl genau denselben Werth wie Wahrheit hat; 2) dass selbst **nach** Aufdeckung der Illusion und vor völliger Resignation auf Egoismus, also im Zustande des schärfsten ungebrochensten Widerspruches zwischen dem selbstsüchtigen bewussten, und dem selbstlosen, bloss für's Allgemeine wirkenden unbewussten Willen, dass selbst in diesem Zustande, sage ich, das Unbewusste sich stets zugleich als das **Höhere** und als das **Stärkere** des Bewusstseins erweist, also die Befriedigung des bewussten Willens auf Kosten der Nichtbefriedigung des unbewussten mehr Schmerz verursacht als das Umgekehrte; 3) endlich, dass diese Entzweiung des allgemeinen unbewussten mit dem egoistischen bewussten Willen ihre positive Versöhnung in dem (erst in Cap. C. XIV. darzulegenden) wahrhaft philosophischen Standpunct findet, wo die Selbstverläugnung, d. h. Verzichtleistung auf individuelles Wohl, und völlige Hingebung an den Process und das Wohl des Allgemeinen als Princip der practischen Philosophie sich darstellt, also auch alle für den bewussten Egoismus absurden, aber für das Allgemeine wohlthätigen Instincte *in integrum* restituirt werden. Man würde völlig fehlgreifen, wenn man glaubte, die Erklärung der Liebe durch unbewusste Zweckbeziehung auf das zu zeugende Kind vermaterialisire den ewigen Frühling des Menschenherzens oder raube den noch unschuldigen Gefühlen ihren zarten idealistischen Schmelz. Nichts weniger als das! Was könnte wohl sicherer die Liebe über die Gemeinheit der Sinnlichkeit erheben und endgültiger vor jedem Rückfall in dieselbe schützen, als die Ableitung derselben aus einem unbewussten Zwecke, welcher nur mit der Zeugung etwas zu thun hat, aber die Sinnlichkeit und Wollust von den Ursachen der individualisirten Liebe ausschliesst und nur als nebensächliches Vehikel stehen lässt, welches das unendliche Sehnen besser davor schützen soll, seinen unbewussten Zweck gänzlich zu verfehlen? Die philosophische Betrachtung thut nichts weiter, als dass sie die Illusion enthüllt, in welcher der natürliche Mensch befangen ist, die Illusion, dass jene mystischen Gefühle in sich selbst einen vernünftigen Boden, eine Begründung oder Berechtigung haben könnten. Zugleich aber ersetzt sie diese Illusion durch die wissenschaftliche Einsicht, dass diese Gefühle die allergrösste Berechtigung von der Welt haben, und auf dem allertiefsten und edelsten Boden ruhen, und dass sie thatsächlich unendlich viel wichtiger für die Entwickelung des Menschengeschlechts und seiner Geschichte sind, als die Phantasie sich träumen liess (vgl. später Cap. B. X und auch den Schluss von Cap. B. XI). Sie giebt also dem ewigen Gegenstande der Dichtung, der bisher als bodenlose Illusion dastand, nunmehr dadurch, dass sie seinen erträumten Werth für den Egoismus kritisch vernichtet, und ihm zum Ersatz eine ganz ungeahnte Bedeutung für das Wohl der Menschheit verleiht, eine derartige philosophische Begründung, dass selbst des trockensten Philisters Spott verstummen und vor der unermesslichen practischen Wichtigkeit der Sache sich beugen muss.

III.

Das Unbewusste im Gefühl.

Wenn ich Zahnschmerz und Fingerschmerz habe, so ist dies augenscheinlich zweierlei, denn das Eine ist im Zahn, das Andere im Finger. Hätte ich nicht die Fähigkeit, meine Wahrnehmungen räumlich zu projiciren, so würde ich auch nicht zwei Schmerzen empfinden, sondern einen gemischten aus beiden, sowie man bei zwei reinen Tönen (ohne Obertöne), die in der Octave erklingen, absolut nur einen hört: den unteren, aber mit veränderter Klangfarbe. Die Ortsverschiedenheit der Wahrnehmung ertheilt also der Seele die Fähigkeit, die Schmerzensconsonanz den ortsverschiedenen Wahrnehmungen gemäss in ihre Elemente zu zerfällen, einen Theil mit dieser, den anderen mit jener Ortsvorstellung zu verknüpfen und so die Zweierleiheit zu constatiren. Nun können aber Dinge räumlich zweierlei sein und doch unterschiedlos, wie z. B. zwei congruente Dreiecke. Dies kann man freilich von Zahnschmerz und Fingerschmerz nicht behaupten; erstens können sie sich durch den Grad, d. i. die intensive Quantität unterscheiden und zweitens durch die Qualität, denn bei gleicher Stärke kann der Schmerz continuirlich oder intermittirend, brennend, kältend, drückend, klopfend, stechend, beissend, schneidend, ziehend, zuckend, kitzelnd sein, und eine Unendlichkeit von Variationen zeigen, die sich gar nicht beschreiben lassen.

Wir haben bis jetzt unter Schmerz das Ganze verstanden, es fragt sich aber, ob man dies nicht philosophisch verbieten muss, und vielmehr in diesem gegebenen Ganzen die **sinnliche Wahrnehmung** und den **Schmerz oder die Unlust im engeren Sinne** unterscheiden muss. Denn wir haben oft eine Wahrnehmung vor uns, die weder Lust noch Schmerz erzeugt, z. B. wenn ich mir den Finger leise drücke oder mir die Haut bürste; während diese Wahrnehmung qualitativ unverändert bleibt, und nur in ihrem Grade zu- oder abnimmt, kann Lust oder Unlust hinzutreten, und jetzt sollte plötzlich in dem Schmerz oder der Lust die Wahrnehmung mit inbegriffen sein? Wir müssen also Beides sondern, und erkennen bald, dass beide so wenig Eins sind, dass sie vielmehr in causaler Beziehung stehen; denn die Wahrnehmung (oder ein Theil derselben) ist die Ursache des Schmerzes, da er mit derselben auftritt und verschwindet, und nie ohne dieselbe erscheint, wohl aber die Wahrnehmung unter besonderen Umständen ohne den Schmerz.

Nach dieser Sonderung liegt die Frage nahe, ob denn die erwähnten Unterschiede wirklich in Lust und Schmerz liegen oder bloss in den verursachenden und begleitenden Umständen, nämlich in der Wahrnehmung. Dass der Schmerz intensiv quantitative Unterschiede zulässt, ist klar, aber lässt er auch qualitative zu? Die meisten Unterschiede, welche man mit Worten bezeichnet, kommen auf verschiedene Formen des Intermittirens hinaus, so klopfend, ziehend, zuckend, stechend, schneidend, beissend, sogar kitzelnd; es verändert sich hier freilich mit dem Grade der Wahrnehmung fortwährend der Grad des Schmerzes nach gewissen mehr oder weniger regelmässigen Typen, aber von einer ursprünglich qualitativen Verschiedenheit des Schmerzes selbst ist dabei nichts zu finden. Viel eher könnte man dies vermuthen bei der Lust oder Unlust, die durch verschiedene Gerüche und Geschmäcke hervorgerufen wird; aber auch hier wird man sich bei scharfer Selbstbeobachtung überzeugen, dass die qualitative Verschiedenheit von Lust oder Unlust durchaus nur scheinbar ist, und diese Täuschung dadurch entsteht, dass man niemals bisher die Sonderung von Lust oder Unlust und Wahrnehmung vorgenommen hat, sondern beide mit der Wahrnehmung als einziges Ganzes aufzufassen gewohnt gewesen ist, so dass nun die Unterschiede der Wahrnehmung sich auch als Unterschiede dieses einigen Ganzen hinstellen. — Dass man aber diese Sonderung niemals vorgenommen hat, das liegt daran, weil man aus der unendlich mannigfaltigen Composition von Seelenzuständen immer nur diejenigen Gruppen als selbstständige Theile aussondern lernt, **welche zu sondern dem practischen Bedürfniss einen reellen Nutzen bringt.** So z. B. sondert man in dem Accord, den ein volles Orchester angiebt, nicht etwa alle Töne einer Tonhöhe aus, gleichviel von welchen Instrumenten sie kommen, einschliesslich deren Obertöne, sondern man fasst die von einem Instrument erzeugten Obertöne der verschiedensten Lagen mit dem Grundton des Instrumentes zu seiner Klangfarbe zusammen, und die so gebildeten Tongruppen, welche die von jedem einzelnen Instrumente hervorgerufenen Töne repräsentiren, fasst man erst zum Accord zusammen, einfach aus dem Grunde, weil die Kenntniss der Obertöne kein practisches Interesse gewährt, wohl aber die Kenntniss der Klangfarben der Instrumente. Und diese practische Art, die Tongruppen zusammen zu fassen, ist uns so eingelebt, dass uns die nach den blossen Tonhöhen, obwohl sie offenbar viel leichter sein muss, rein unmöglich ist, so unmöglich, dass erst vor wenigen Jahren Helmholtz die Entstehung der Klangfarben durch Combination von Obertönen wirklich streng bewiesen hat.

Fast ebenso unmöglich erscheint es uns nun auch, aus dem Ganzen von Lust oder Unlust und den sie bewirkenden und begleitenden Wahrnehmungen diese Elemente in der Selbstbeobachtung scharf zu sondern und auseinander zu halten; dass diese Sonderung indess möglich sein muss, sieht Jeder daran, dass beide Theile sich wie Ursache und Wirkung verhalten und wesentlich verschieden sind. Wem es gelingt, sie vorzunehmen, wird den Satz bestätigt finden, dass Lust und Unlust nur intensiv quantitative, aber keine qualitativen Unterschiede haben. Es wird um so leichter gelingen, mit je einfacheren Beispielen man anfängt, z. B. ob die Lust beim Anhören eines Glockentones verschieden ist, wenn der Ton c und wenn er d ist. Hat man die Sache einmal bei solchen einfachen Beispielen eingesehen, so wird sie Einem auch einleuchten, wenn man allmählich zu Beispielen aufsteigt, die grössere Unterschiede der Wahrnehmung enthalten. Man kann auch rückwärts eine Bestätigung des Satzes darin sehen, dass man im Stande ist, verschiedene sinnliche Genüsse oder Schmerzen gegen einander abzuwägen (z. B. ob Jemand für den Thaler, den er auszugeben hat, lieber eine Flasche Wein trinkt, oder Kuchen und Eis isst, oder Beefsteak mit Bier, oder ob er sich dafür die Befriedigung eines anderen sinnlichen Bedürfnisses gewährt; — ob man den Zahnschmerz noch Tagelang erträgt, oder sich lieber den Zahn ausziehen lässt), welches gegenseitige Abwägen nicht möglich wäre, wenn nicht Lust und Unlust in allen diesen Dingen nur quantitativ verschieden und qualitativ gleich wären, denn nur mit Gleichem lässt sich Gleiches messen.

Man sieht nunmehr auch ein, dass die **Ortsverschiedenheit** keineswegs den Schmerz unmittelbar, sondern nur die Wahrnehmung trifft, und erst durch die Wahrnehmung eine ideelle Theilung des summarischen Schmerzes eintritt, indem ein Theil desselben auf diese, ein anderer auf jene Wahrnehmung causal bezogen wird. Wenn nun streng genommen der Schmerz ortslos ist und nur die Wahrnehmung Ortsbeziehung hat, so kann auch die durch die Ortsverschiedenheit gesetzte Zweierleiheit nur auf die Wahrnehmung, aber nicht auf den Schmerz Bezug haben, und der Schmerz ist demnach nicht blos in allen Fällen qualitativ gleich, sondern er ist in demselben Moment immer nur Einer.

Diese Erwägungen finden ihre Bestätigung in Wundt's „Beiträgen zur Theorie der Sinneswahrnehmung". Derselbe sagt (S. 391— 392): „Das Wesentliche des Schmerzes ist identisch, mag derselbe in einem der objectiven Sinnesorgane, wie in der Haut, oder in einem beliebigen Theil der Rumpfeingeweide seinen Sitz haben. Wie der Schmerz, von welcher Ursache er auch herrühren mag — von mechanischem, chemischem Reiz, Wärme oder Kälte u. s. w. — immer gleicher Natur ist, so zeigt er in seinem wesentlichen Charakter keine Verschiedenheit, welche schmerzempfindende Nerven des Körpers der schmerzerregende Reiz auch treffen mag." Er zeigt weiter, „dass der Schmerz, wie er in den eigentlichen Sinnesorganen nur als die höchste Steigerung der Empfindung sich darstellt, so auch in allen übrigen empfindenden Organen nichts Anderes ist, als die intensivste Empfindung, die auf die stärksten Reize erfolgt, dass dagegen alle Organe, die überhaupt der Schmerzempfindung fähig sind, auch Empfindungen zu vermitteln vermögen, die nicht als Schmerz bezeichnet werden können, sondern die für jedes Organ dasselbe darstellen, was für das Sinnesorgan die specifische Sinnesempfindung ist" (S. 394). „Ist man einmal auf diese Vorläufer und Nachfolger des Schmerzes aufmerksam geworden, so kann man dieselben auch deutlich dann wahrnehmen, wenn sie nicht mit vorangegangenen, oder nachfolgenden Schmerzen in Verbindung stehen" (S. 393). „Da wir auf sie erst achten, wenn sie zum Schmerz sich steigern, so hat die Sprache auch nur unterscheidende Bezeichnungen für die Eigenthümlichkeit des Schmerzes verschiedener Organe" (S. 395). Diese den Sinnesempfindungen entsprechenden specifischen Organempfindungen in Verbindung mit der secundären Affection benachbarter Gewebe sind es also, welche die verschiedene Färbung des Schmerzes bedingen, ohne die Identität seines Wesens zu alteriren.

Wer die Gleichheit von Lust und Unlust in sinnlichen Gefühlen eingesehen hat, der wird sie auch bei geistigen bald zugeben. Ob mein Freund A oder mein Freund B stirbt, kann wohl den Grad, aber nicht die Art meines Schmerzes verändern, eben so wenig ob mir die Frau oder mein Kind stirbt, obwohl meine Liebe zu beiden ganz verschiedener Art gewesen, also auch die Vorstellungen und Gedanken, welche ich mir über die Beschaffenheit des Verlustes mache, ganz verschieden sind. Wie der Schmerz überhaupt in diesem Falle durch die Vorstellung des Verlustes verursacht worden ist, so wird auch in dem Complex von Gefühlen und Gedanken, den man gewöhnlich unter Schmerz zusammenfasst, durch die Verschiedenheit der Vorstellungen über den Verlust eine Verschiedenheit herbeigeführt; sondert man aber wiederum das ab, was Schmerz und nichts als Schmerz ist, nicht Gedanke und nicht Vorstellung, so wird man finden, dass dieser wiederum ganz gleich ist. Dasselbe findet bei dem Schmerz statt, den ich über den Verlust der Frau, über den Verlust meines Vermögens, der mich zum Bettler macht, und über den durch Verleumdung verursachten Verlust meines Amtes und meiner Ehre empfinde. Das was Schmerz ist, und nichts als Schmerz, ist überall nur dem Grade nach verschieden. Ebenso bei der Lust, die ich empfinde, wenn ein Anderer nach langem Sträuben endlich meinem eigensinnigen Willen willfahrt, oder wenn ich einen Lotteriegewinn mache, oder eine höhere Stellung erhalte.

Dass Lust und Unlust überall gleich sind, geht auch hier wiederum daraus hervor, dass man die eine mit der anderen misst, auf welchem Abwägen von Lust und Unlust in der Zukunft jede vernünftige practische Ueberlegung, jedes Entschlussfassen des Menschen beruht, denn man kann doch nur Gleiches mit Gleichem messen, nicht Heu mit Stroh, oder Metzen mit Pfunden. In der Thatsache, dass das ganze menschliche Leben und die Entscheidungsgründe des Handelns in demselben auf einem Gegeneinanderabwägen der verschiedensten Arten von Lust und Unlust beruht, ist implicite und unbewusst die Voraussetzung als bedingende Grundlage enthalten, dass solche verschiedene Arten von Lust und Unlust sich überhaupt gegen einander abwägen lassen, dass sie commensurabel, d. h. dass das Verglichene an ihnen qualitativ identisch ist; wäre diese stillschweigende Voraussetzung falsch, so würde das ganze menschliche Leben auf einer ungeheuern Illusion beruhen, deren Entstehen und Möglichkeit schlechthin unbegreiflich wäre. Die Commensurabilität der Lust und Unlust an sich, welche schon sprachlich in der Gleichnamigkeit aller Arten von Lust und Unlust ausgedrückt ist, muss also unbedingt als

Thatsache angenommen werden, und sie gilt nicht bloss für verschiedene Gattungen sinnlicher Lust, sondern eben so sehr für sinnliche und geistige Lust und Unlust. Man denke sich einen Menschen, der zwischen zwei reichen Schwestern die Wahl hat zu heirathen, die eine klug und hässlich, die andere dumm und schön, so wägt er die vorausgesetzte sinnliche und geistige Lust gegen einander ab, und je nachdem diese oder jene ihm überwiegend scheint, trifft er seine Entscheidung. Auf dieselbe Weise wägt ein in Versuchung geführtes Mädchen die Lust aus der Ehre, aus dem Tugendstolz und aus der Hoffnung auf künftige Hausfrauenwürde gegen die Lust aus den Verheissungen des Verführers und die ihr bei demselben winkenden Genüsse ab; ein Gläubiger wiederum vergleicht die himmlischen Freuden, die aus irdischer Entsagung quillen sollen, mit jenen irdischen Freuden, denen er entsagen soll, und je nach dem anscheinenden Ueberwiegen der einen oder der andern Summe ergreift er das irdische oder das himmlische Theil. — Es wäre ein solches Abwägen von sinnlicher und geistiger Lust gegen einander und die Voraussetzung der Wesensgleichheit beider, auf welcher sie beruht, nur dann unverständlich, wenn Sinnliches und Geistiges überhaupt heterogene, durch eine starre Kluft geschiedene Gebiete wären. Dies ist aber nicht der Fall; auch das Sinnliche, insofern es eben Empfindung ist, ruht schon auf dem geistigen Boden der Innerlichkeit, und auch das Geistige, insoweit es das Bewusstsein erfüllt, bildet nur die Blüthe des Baumes der Sinnlichkeit, auf dem es erwachsen ist, und von dem es sich niemals losreissen kann.

Wir halten also das Resultat fest, dass Lust und Unlust an und für sich in allen Gefühlen nur Eine ist, oder dass sie nicht der Qualität nach, sondern nur dem Grade nach verschieden sind. Dass Lust und Unlust einander aufheben, sich also wie Positives und Negatives verhalten, und der Nullpunct zwischen ihnen die Indifferenz des Gefühls ist, ist klar; ebenso klar ist es, dass es gleichgültig ist, welches von Beiden man als Positives annehmen will, ebenso gleichgültig wie die Frage, ob man die rechte oder die linke Seite der Abscissenaxe als positiv annimmt (dass also Schopenhauer Unrecht hat, wenn er die Unlust als das allein Positive erklärt, und die Lust als ihre Negation; er begeht dabei den Fehler, den Gegensatz als einen contradictorischen aufzufassen, der ein conträrer ist).

Die Frage ist nun aber die: was sind denn Lust und Unlust? Dass die Vorstellung eine ihrer Ursachen ist, haben wir gesehen, aber was sind sie denn selbst? Aus der Vorstellung allein sind sie nun und nimmermehr zu erklären, so sehr sich auch ältere und neuere Philosophen darum bemüht haben; die einfachste Selbstbeobachtung straft ihre unbefriedigt lassenden Deductionen Lügen, und sagt aus, dass Lust und Unlust einerseits und Vorstellung andererseits heterogene Dinge sind, die sich nur gewaltsam in einen Topf werfen lassen. Dagegen ist von den meisten bedeutenden Denkern aller Zeiten anerkannt worden, dass Lust und Unlust mit dem innersten Leben des Menschen, mit seinen Interessen und Neigungen, seinen Begehrungen und Strebungen, mit einem Worte mit dem Reich des Willens im engsten Zusammenhang stehen. Ohne auf die Ansichten der einzelnen Philosophen hier näher eingehen zu wollen, kann man zusammenfassend sagen, dass Aller Meinungen sich auf zwei Grundanschauungen zurückführen lassen: entweder fassen sie die Lust als Befriedigung, Unlust als Nichtbefriedigung des Begehrens auf, oder umgekehrt das Begehren als Vorstellung der zukünftigen Lust, das Verabscheuen (negative Begehren) als Vorstellung der zukünftigen*) Unlust. Im ersteren Falle ist der Wille, im letzteren das Gefühl als das Ursprüngliche gefasst. Welches von Beiden das Richtige ist, ist unschwer zu sehen; denn erstens besteht im Instinct das Wollen factisch **vor** der Vorstellung der Lust, sein eigentliches Ziel ist hier ein anderes, als die **individuelle Lust** der Befriedigung; zweitens wird wohl durch die Erklärung der Lust als Befriedigung des Willens Alles an der Lust genügend erklärt, aber nicht umgekehrt Alles am Willen durch die Erklärung desselben als Vorstellung der Lust; hier bleibt das eigentlich treibende Moment, der Wille als **wirkende Causalität**, völlig unbegreiflich; — eben weil der Wille die **Veräusserlichung**, Lust und Unlust aber die **Rückkehr** von dieser Veräusserlichung **zu sich selbst** und damit der **Abschluss** dieses Processes ist, darum muss der **Wille das primäre**, die Lust das secundäre Moment sein.

Lassen wir diese Ansicht vorläufig gelten, so erhalten wir eine

---

*) Es mag immerhin mit dem positiven Begehren stets zugleich die Empfindung der gegenwärtigen Nichtbefriedigung, mit dem negativen häufig zugleich die Empfindung einer gegenwärtigen (in ihrem Fortbestand gefährdeten) relativen Befriedigung verbunden sein, so können diese **gegenwärtigen** Empfindungen doch keinenfalls als das Begehren selbst, sondern nur als Ursache des Begehrens gefasst werden (genauer: als Veranlassungen oder Gelegenheiten, welche dem innerhalb des Weltprocesses ein für allemal erhobenen oder actuellen Weltwillen diese Richtung zur Bethätigung anweisen); denn das Begehren selbst geht nothwendig auf einen noch nicht seienden, zukünftigen Zustand, könnte also dann doch immer nur als eine durch jene gegenwärtigen Empfindungen hervorgerufene oder durch sie verstärkte Vorstellung oder Vorempfindung der **künftigen** Lust und Unlust gedeutet werden (vgl. Cap. A IV).

unerwartete Bestätigung für die wesentliche Gleichheit der Lust und Unlust in allen Gefühlen. Wir haben nämlich früher gesehen, dass das Wollen ebenfalls immer ein und dasselbe ist, und sich erstens nur dem Stärkegrade nach und zweitens dem Objecte nach unterscheidet, welches aber nicht mehr Wille, sondern Vorstellung ist. Wenn nun Lust die Befriedigung, Unlust die Nichtbefriedigung des Willens ist, so ist klar, dass auch diese immer nur ein und dieselben sein müssen, und bloss dem Grade nach verschieden sein können, dass aber die scheinbaren qualitativen Unterschiede, die sie enthalten, durch begleitende Vorstellungen gegeben werden, theils durch die, welche das Willensobject ausmachen, theils durch die, welche die Befriedigung des Willens herbeiführen. Hieraus resultirt für alle Zustände des Gemüthes unbeschadet ihrer Mannigfaltigkeit eine so grosse Einfachheit, dass diese nach dem alten Wort: „*simplex sigillum veri*", rückwärts den Sätzen eine Stütze sein muss, aus denen sie entspringt, sowie diese sich einander gegenseitig durch die Macht der Analogie stützen und verwahrscheinlichen.

Das, warum ich nun eigentlich an diesem Orte diese Fragen aus dem bewussten Seelenleben berührt habe, sind folgende beiden ergänzenden Sätze aus der Psychologie des Unbewussten: 1) **Wo man sich keines Willens bewusst ist, in dessen Befriedigung eine vorhandene Lust oder Unlust bestehen könnten, ist dieser Wille ein unbewusster; und 2) das Unklare, Unaussprechliche, Unsägliche der Gefühle liegt in der Unbewusstheit der begleitenden Vorstellungen.** — Weil der Begriff des unbewussten Willens in der bisherigen Psychologie fehlte, darum konnte sie gewissenhafter Weise die Erklärung der Lust als Befriedigung des Willens nicht unbedingt acceptiren, und weil ihr der Begriff der unbewussten Vorstellung fehlte, darum wusste sie mit dem gesammten Gebiet der Gefühle nichts Rechtes anzufangen, und beschränkte deshalb ihre Betrachtungen fast ausschliesslich auf das Gebiet der Vorstellung.

Als Beispiel einer Lust aus unbewusstem Willen denke man an die Instincte, bei denen der Zweck im Unbewussten liegt, z. B. die Mutterlust am Neugeborenen, oder die transcendente Seligkeit des glücklich Liebenden; hier kommt durchaus kein derartiger Wille zum Bewusstsein, dessen Befriedigung dem Grade der Lust entspräche; wir kennen aber die metaphysische Macht jenes unbewussten Willens, als dessen specielle Wirkungen die einzelnen instinctiven Begehrungen erscheinen und dem durch die Erfüllung dieser

Genüge geschieht; und ein überschwenglich hoher und starker Wille muss es wahrlich sein, dessen Befriedigung jene Erscheinungen überschwenglicher Lust zur Folge hat, von denen die Dichter aller Zeiten nicht hoch genug zu singen wissen.

Ein anderes Beispiel ist die sinnliche Lust und Unlust, die aus Nervenströmungen gewisser Art hervorgehen. Lotze in seiner „medicinischen Psychologie" zeigt, dass die sinnliche Lust stets mit einer Förderung, die Unlust mit einer Störung des organischen Lebens verbunden auftritt; dieser gewissenhafte Forscher erkennt aber ausdrücklich an, dass hiermit nur ein gesetzmässiges Zusammenvorkommen constatirt sei, keineswegs jedoch aus dem Begriff der Störung des Lebens der Begriff der Unlust abgeleitet werden könne, dass somit das Gesetz, das Beide verbindet, tiefer liegen müsse. Dies ist nun offenbar der unbewusste Wille, den wir als Princip der Verleiblichung, der Selbsterhaltung und Selbstherstellung kennen gelernt haben; sobald Störungen oder Beförderungen im Bereich des organischen Lebens so beschaffen sind, dass sie durch Nervenströmungen zum Organ des Bewusstseins, dem Gehirn telegraphirt werden, so müssen die Befriedigungen oder Nichtbefriedigungen dieses unbewussten Willens als Lust oder Unlust empfunden werden. (Was Widerlegung etwaiger Einwendungen gegen obige Behauptungen über die sinnliche Lust und Unlust anbetrifft, so verweise ich auf Lotze, zweites Buch, zweites Capitel.)

Dass wir sehr oft nicht wissen, was wir eigentlich wollen, ja sogar oft das Gegentheil zu wollen glauben, bis wir durch die Lust oder Unlust bei der Entscheidung über unseren wahren Willen belehrt werden, wird wohl Jeder schon Gelegenheit gehabt haben, an sich und Anderen zu beobachten. Wir glauben nämlich in solchen zweifelhaften Fällen häufig das zu wollen, was uns gut und lobenswerth erscheint, z. B. dass ein kranker Verwandter, den wir zu beerben haben, nicht sterben möge, oder dass bei einer Collision zwischen dem Gemeinwohl und unserem individuellen Wohl ersteres vorangesetzt werde, oder dass eine früher eingegangene Verpflichtung bestehen bleiben, oder dass unserer vernünftigen Ueberzeugung und nicht unserer Neigung und Leidenschaft gewillfahrt werde; dieser Glaube kann so fest sein, dass hernach, wenn die Entscheidung unserem vermeintlichen Willen entgegen ausfällt, und uns trotzdem keine Betrübniss, sondern eine ausgelassene Freude überkömmt, wir uns vor Erstaunen über uns selbst gar nicht zu lassen wissen, weil wir nun an dieser Freude plötzlich unsere Täuschung gewahr werden, und erfahren, dass wir unbewusst das Gegentheil von dem gewollt haben, was zu wollen wir uns vorgestellt hatten. Da wir nun auf unseren eigentlichen Willen in diesem Falle nur aus unserer Lust, resp. Unlust zurückschliessen, so besteht diese Lust bei ihrem Eintreten offenbar in der Befriedigung eines unbewussten Willens. Dies wird noch einleuchtender, wenn wir betrachten, wie von dem übermässigsten Erstaunen an, dass solch' ein Wille unbewusst in der eigenen Seele existirt haben könne, ganz allmählich der Uebergang stattfindet durch den leisen Verdacht, den Zweifel und die Vermuthung, dass man doch wohl jenes wolle, und nicht das, was man sich einbilde, bis endlich zu dem offenen Selbstbetrug, wo man ganz gut weiss, dass man jenes wolle, aber sich und andere mit mehr oder weniger Glück zu überreden sucht, man wolle das Gegentheil. Hieran schliessen sich dann die Fälle, wo nicht einmal der Versuch zur Selbsttäuschung gemacht wird, und die Ueberraschung, mit welcher die Lust auftritt, nur darin besteht, dass man sich sehr lange den Wunsch nicht zum Bewusstsein gebracht hat, also z B. wenn ein längst todt geglaubter Freund plötzlich in mein Zimmer tritt; auch dann ist es ein unbewusster Wille, dessen Befriedigung als **Freudenschreck** sich darstellt, aber jetzt brauche ich die Existenz dieses Willens in mir nicht erst aus dem Eintritt der Lust zu erschliessen, sondern kann sie direct aus der **Erinnerung** früherer Zeiten entnehmen, wo ich oft gewünscht habe, den verlorenen Freund noch einmal in meine Arme zu schliessen.

Wir wissen aus Cap. A. IV., dass der bewusste und unbewusste Wille sich wesentlich dadurch unterscheiden, dass die Vorstellung, welche das Object des Willens bildet, im einen Falle bewusst, im anderen unbewusst ist. Indem wir uns diesen Satz zurückrufen, erkennen wir den Uebergang von der Lust oder Unlust aus unbewusstem Willen zu denjenigen Gefühlen, welche dadurch etwas Unklares erhalten, dass ihre **Qualität** ganz oder theilweise durch **unbewusste** Vorstellungen bedingt wird. Wir sehen nämlich jetzt, dass das erstere nur ein specieller Fall des letzteren ist, indem eben in ersterem die Vorstellungen, welche den Inhalt des befriedigten **Willens** bilden, unbewusst bleiben, und vielleicht nur die Vorstellungen, welche die **Befriedigung** herbeiführen, bewusst werden (wie z. B. bei der Mutterliebe); doch passt dies nicht ganz auf die Fälle, wo sofort durch das Eintreten der Lust oder Unlust auch das Vorhandensein und die **Art** des unbewussten Willens vom

Bewusstsein erschlossen wird, weil dieses nur zwischen zwei oder doch nur wenigen Arten von Willen schwanken konnte.

Nun sind aber selten die Verhältnisse so einfach, dass das Gefühl in der Befriedigung oder Nichtbefriedigung eines einzigen bestimmten Begehrens besteht, sondern die verschiedenartigsten Gattungen von Begehrungen durchkreuzen sich in jedem Augenblick auf das Mannigfaltigste, und durch dasselbe Ereigniss werden einige befriedigt, andere nicht befriedigt, daher giebt es weder reine, noch einfache Lust und Unlust, d. h. es giebt keine Lust, die nicht einen Schmerz enthielte, und keinen Schmerz, mit dem nicht eine Lust verknüpft wäre; aber es giebt auch keine Lust, die nicht aus der gleichzeitigen Befriedigung der verschiedensten Begehrungen zusammengesetzt wäre. Wie das actuelle Wollen die Resultante aller gleichzeitig functionirenden Begehrungen, so ist auch die Befriedigung des Willens die Resultante aller gleichzeitigen Befriedigungen und Nichtbefriedigungen der einzelnen Begehrungen; denn es ist ja gleich, ob man eine Operation gleich mit der Resultante vornimmt, oder mit den einzelnen Componenten, und dann erst die Resultante der Partialresultate nimmt. Nun leuchtet ein, dass ein Theil dieser einzelnen Begehrungen bewusst, ein anderer unbewusst sein kann, ja meistentheils sein wird; dann ist auch die Lust gemischt aus solchen Lüsten, die durch bewusste, und solchen, die durch unbewusste Vorstellungen bestimmt werden. Der letztere Theil muss der Qualität des Gefühles jenen unklaren Charakter geben, jenen stets übrig bleibenden Rest, der bei aller Anstrengung niemals vom Bewusstsein erfasst werden kann.

Aber noch andere Puncte giebt es als den unbewussten Willen, wo unbewusste Vorstellung auf die Eigenthümlichkeit des Gefühls bestimmend wirkt. Es kann nämlich selbst die das Gefühl erzeugende Wahrnehmung oder Vorstellung dem Hirn unbewusst sein, so wunderlich es auf den ersten Augenblick klingt. Denn man sollte meinen, die Vorstellung, welche die Befriedigung des Willens herbeiführt, kann nur von aussen oder bei Phantasiespielen durch hirnbewusstes Vorstellen kommen, und in beiden Fällen kann die Instanz des Bewusstseins nicht umgangen werden. Man vergisst aber dabei, dass es noch andere Nervencentraltheile giebt, die ebenso wie das Hirn für sich ein Bewusstsein haben, welches der Lust und der Unlust fähig ist. Nun kann man sich wohl denken, dass die Lust- oder Unlust-Empfindungen dieser Centra dem Gehirn zugeleitet werden, ohne dass die Leitung so gut eingerichtet ist, dass die Wahrnehmungen selbst, welche in jenen Centris Lust oder Unlust erzeugen, bis zum Gehirn gelangen könnten. So erhält das Gehirn wohl Lust- und Unlust-Empfindungen zugeleitet, aber nicht ihre Entstehungsgründe, und darum haben solche im Gehirn aus anderen Centris sich wiederspiegelnde Gefühle und Stimmungen etwas sehr Unverständliches und Räthselhaftes, wenn auch ihre Macht über das Hirnbewusstsein nicht selten sehr gross ist. Letzteres sucht sich dann meist andere scheinbare Ursachen seiner Gefühle auf, die keineswegs die richtigen sind. Je weniger sich das Hirnbewusstsein zu einer gewissen Selbstständigkeit und Höhe emporgerungen hat, desto mehr Macht haben die aus dem relativ Unbewussten quillenden Stimmungen über dasselbe, so beim weiblichen Geschlecht mehr als beim männlichen, bei Kindern mehr als bei Erwachsenen, bei Kranken mehr als bei Gesunden. Am deutlichsten treten diese Einflüsse auf bei Hypochondrie, Hysterie und bei wichtigen sexuellen Veränderungen, als z. B. Pubertät, Schwangerschaft. Diese Einflüsse äussern sich auch keineswegs bloss in Stimmungen, d. h. in der Disposition zu heiteren oder traurigen Gefühlen, sondern in höheren Graden lassen sie direct Gefühle im Hirnbewusstsein entstehen, wie man wiederum am Besten an Hypochondristen bemerkt.

„Man sehe jenes Kind: wie seelenfroh, wie freudiges Hüpfen, wie heiteres Lachen, wie leuchtendes Auge; alles Fragen nach der Ursache wäre vergeblich, oder die angegebenen Ursachen würden mit der Freude ausser allem Verhältniss stehen. Und plötzlich, und wieder ohne allen bewussten Grund, ist das Alles vorbei, das Kind ist still in sich gekehrt, trüben Auges, grämlichen Mundes, zum Weinen geneigt, es ist verdriesslich und traurig, wo es noch eben vergnügt und lustig war." (Carus' Psyche.) Wo anders sollen diese Gefühle, deren Eigenthümlichkeit nur auf unbewusste Vorstellungen zurückzuführen ist, ihren Ursprung nehmen, als aus vitalen Wahrnehmungen der niederen Nervencentra? Dass die Macht dieser Gefühle uns beim Menschen um so grösser erscheint, je geringer die Selbstständigkeit des Hirnbewusstseins ist, lässt darauf schliessen, dass bei den Thieren die Bedeutung derselben ebenfalls um so grösser ist, je tiefer wir in der Thierreihe hinabsteigen, was sich auch *a priori* erwarten lässt, da hier die geistigen Genüsse und Leiden des menschlichen Hirnbewusstseins mehr und mehr verschwinden.

Man wird jetzt einsehen, wie auch andere sinnliche Gefühle, die zum Theil durch klar bewusste Hirnwahrnehmungen bestimmt und begleitet sind, zum anderen Theil unklar und unfasslich bleiben, insofern sie durch Wahrnehmungen und Gefühle niederer Centra vermittelt sind; so vergleiche man z. B., wie leicht es ist, irgend ein einfaches Gefühl, das durch die Wahrnehmung der direct zum Hirn leitenden oberen Sinne bestimmt ist, in der blossen Vorstellung vollständig und klar zu reproduciren, wie erfolglos dagegen alle Bemühungen bleiben, Hunger und Durst oder Geschlechtsgenuss dem Bewusstsein klar und vollständig aus der Erinnerung zu vergegenwärtigen.

Endlich bleibt die Möglichkeit übrig, dass noch andere unbewusste Vorstellungen bestimmend auf die Eigenthümlichkeit der Gefühlszustände einwirken. Wir haben nämlich schon weiter oben gesehen, dass die sinnliche Wahrnehmung häufig erst dann eine Lust- oder Unlust-Empfindung zur Folge hat, wenn sie in einer gewissen Stärke auftritt, während sie unter diesem Maass als indifferente objective Wahrnehmung für sich besteht, ohne ein solches Gefühl zu veranlassen. Nun ist aber fast keine sinnliche Wahrnehmung durchaus einfach, sondern aus einer Menge von Elementen zusammengesetzt, die nur durch den gemeinsamen Act der Perception zur Einheit verbunden werden. Dennoch können sehr wohl Eine oder einzelne dieser Partialwahrnehmungen Gefühle zur Folge haben, während die übrigen Partialwahrnehmungen dem Gefühl indifferent bleiben. Nichtsdestoweniger werden, wenn die Verbindung dieser verschiedenen Partialwahrnehmungen zu Einer summarischen Wahrnehmung keine zufällige, sondern eine in der Natur des Objects begründete beständige ist, nicht nur die das Gefühl bewirkenden, sondern auch die indifferenten Theile der ganzen Wahrnehmung mit dem Gefühle verschmelzen und für die Qualität des ganzen Seelenzustandes mitbestimmend sein, weil ja die Seele kein Interesse hat, die Sonderung der gefühlerzeugenden und der indifferenten Theile vorzunehmen. So z. B. wirkt für den Charakter des Lustgefühls, welches in mir durch das Anhören einer bestimmten Sängerin erzeugt wird, jede charakteristische Eigenthümlichkeit des Timbre und Klanges der Stimme mitbestimmend, und ohne dass diese kleinen Unterschiede, welche eben nur zur Möglichkeit der Unterscheidung verschiedener Stimmen hinreichen, einen Unterschied in dem Grade des Genusses hervorrufen könnten, bin ich doch nicht im Stande mir den Genuss, welchen ich beim Anhören gerade dieser Sängerin empfunden, von diesen feinen Nüancen der indifferenten Wahrnehmung zu sondern, ohne die Eigenthümlichkeit des gehabten Gefühls aufzugeben. Es beweist dies eben nur, dass man das, was eigentlich Lust und Unlust in den Seelenzuständen ist, gar niemals auszuscheiden sich geübt hat, sondern alle Seelenzustände, in denen nur überhaupt Lust und Unlust vorkommt, aber mit Einschluss aller begleitenden Wahrnehmungen und Vorstellungen (ja sogar Begehrungen), unter dem Ausdruck Gefühl zusammenfasst. — Man sieht nun ein, dass auch unter den bloss begleitenden Wahrnehmungen unbewusste für das Hirn sein können, wie dies so eben für die gefühlerzeugenden gezeigt worden ist; noch wichtiger aber werden diese begleitenden Vorstellungen, wenn wir von dem Gebiet der sinnlichen Wahrnehmung in das der geistigen Vorstellung übergehen.

So haben wir nun die verschiedenen Arten, wie Gefühle durch unbewusste Vorstellungen bestimmt werden können, im Allgemeinen entwickelt, und vielleicht ist bei dieser Gelegenheit auch schon die Wichtigkeit der unbewussten Vorstellungen für das ganze Gefühlsleben sichtbar geworden. Diese Wichtigkeit ist gar nicht hoch genug zu veranschlagen. Man nehme sich zur Probe nur ein Gefühl vor, welches man wolle, und suche es in seinem ganzen Umfang mit völlig klarem Bewusstsein zu erfassen, es ist vergebens; denn wenn man sich nicht mit dem oberflächlichsten Verständniss begnügt, so wird man stets auf einen unauflöslichen Rest stossen, der jeder Bemühung spottet, ihn mit dem Brennspiegel des Bewusstseins zu beleuchten. Wenn man sich nun aber fragt, was man denn mit dem klar gewordenen Theil gethan habe, während man ihn mit vollem Bewusstsein erfasste, so wird man sich sagen müssen, dass man ihn in Gedanken, d. h. bewusste Vorstellungen übersetzt habe, und nur soweit das Gefühl sich in Gedanken übersetzen lässt, nur so weit ist es klar bewusst geworden. Dass sich aber das Gefühl, und wenn auch nur theilweise, hat in bewusste Vorstellungen umgiessen lassen, das beweist doch wohl, dass es diese Vorstellungen schon unbewusst enthielt, denn sonst würden ja die Gedanken in der That nicht dasselbe sein können, was das Gefühl war. Wenn der früher unbewusste Theil des Gefühls beim Durchdringen mit dem Bewusstsein sich als Vorstellungsgehalt erweist, so dürfen wir dasselbe auch von dem noch nicht mit dem Bewusstsein durchdrungene Theil des Gefühls voraussetzen; denn sowohl beim Individuum wie bei der Menschheit als Ganzes rückt die Grenze zwischen dem unverstandenen und dem verstandenen Theil des Gefühls immer weiter vor.

Nur soweit die Gefühle bereits in Gedanken übersetzt werden können, nur so weit sind sie **mittheilbar**, wenn man von der immerhin höchst dürftigen instinctiven Geberdensprache absieht; denn nur soweit die Gefühle in Gedanken zu übersetzen sind, sind sie mit **Worten** wiederzugeben. Man weiss aber, was es mit der Mittheilung der Gefühle für Schwierigkeit hat, wie oft sie verkannt und missverstanden, ja sogar wie oft sie für unmöglich erklärt werden. Gefühle kann überhaupt nur begreifen, wer sie gehabt hat; nur ein Hypochondrist versteht den Hypochondristen, nur wer schon geliebt hat, den Verliebten. Wie oft aber verstehen wir uns selbst nicht, wie räthselhaft sind uns oft unsere eigenen Gefühle, namentlich wenn sie zum ersten Male kommen; wie sehr sind wir nicht in Betreff derselben den gröbsten Selbsttäuschungen unterworfen. Wir sind oft von einem Gefühle beherrscht, das in unserem innersten Wesen schon feste Wurzeln geschlagen hat, ohne es zu ahnen, und plötzlich bei irgend einer Gelegenheit fällt es uns wie Schuppen von den Augen. Man denke nur, wie tief oft reine Mädchenseelen von einer ersten Liebe erfasst sind, während sie mit gutem Gewissen die Behauptung entrüstet zurückweisen würden, und wenn nun der unbewusst Geliebte in Gefahr kommt, aus der sie ihn retten können, dann steht auf einmal das bisher schüchterne Mädchen im ganzen Heroismus und Opfermuth der Liebe da, und scheut keinen Spott und keine Nachrede; dann weiss sie aber auch in demselben Augenblick, **dass** sie liebt und **wie** sie liebt. So unbewusst aber, wie in diesem Beispiel die Liebe, hat mindestens einmal im Leben jedes geistige Gefühl in uns existirt, und der Process, vermöge dessen wir uns ein für allemal seiner bewusst wurden, ist das Uebersetzen der unbewussten Vorstellungen, welche das Gefühl bestimmten, in bewusste Vorstellungen, d. h. Gedanken und Worte.

IV.

Das Unbewusste in Charakter und Sittlichkeit.

Es giebt kein zur Erscheinung Kommen des Willens ohne Erregungsgrund, Motiv. Der Wille des Individuums verhält sich zunächst wie ein potentielles Sein, wie eine latente Kraft, und sein Uebergang in die Kraftäusserung, in das bestimmte Wollen, erfordert als zureichenden Grund ein Motiv, welches allemal die Form der Vorstellung hat. Diese Sätze aus der Psychologie setze ich voraus. Das Wollen ist nur der Intensität nach verschieden; alle übrigen anscheinenden Verschiedenheiten des Wollens fallen in seinen Inhalt, d. h. in die Vorstellungen dessen, was gewollt wird, und dieser Inhalt hängt wieder mit den Motiven zusammen; nach den verschiedenen Hauptclassen der unter Menschen am Gewöhnlichsten vorkommenden **Gegenstände** des Wollens (wie Sinnesgenuss, Gut und Geld, Lob, Ehre und Ruhm, Liebesglück, Kunstgenuss und künstlerische Productivität, Erkenntniss u. s. w.) wird auch das Wollen selbst in verschiedene Hauptrichtungen (Triebe) unterschieden, als z. B. sinnliche Genusssucht, Habgier und Geldgier, Eitelkeit, Ehrgeiz und Ruhmsucht, Liebesdrang, künstlerischer Trieb, Wissensdurst und Forschungstrieb u. s. w.

Wäre nun dieser Inhalt des Wollens **allein** von den Motiven abhängig, wo wäre die Psychologie sehr einfach, und der Mechanismus in allen Individuen congruent. Die Erfahrung zeigt aber, dass ein und dasselbe Motiv, ganz abgesehen von zufälligen Unterschieden der Stimmung, auf verschiedene Individuen verschieden wirkt. Die Meinung der Menschen lässt den Einen gleichgültig, dem Anderen gilt sie Alles; die Lorbeerkrone des Dichters dünkt dem Einen verächtlich, der Andere opfert ihr sein Lebensglück, ebenso ein schönes

Weib; der Eine bringt sein Vermögen zum Opfer, um seine Ehre zu retten, der Andere verkauft sie für eine Summe Geldes; gute Lehren und schöne Beispiele spornen den Einen zur Nacheiferung an, den Anderen lassen sie unberührt; vernünftige Ueberlegung bestimmt bei dem Einen alles Handeln, bei dem Anderen ist sie nicht im Stande, als Motiv zu wirken, und die sichere Aussicht des Verderbens vermag ihn nicht von seinem Leichtsinn abzuhalten, u. s. w. Meistentheils tritt gar keine besondere Vermittelung in das Bewusstsein, weshalb auf mich dieses Motiv (z. B. die Mittheilung, dass eine neue naturwissenschaftliche Erfindung gemacht sei) stark, jenes (z. B. die Mittheilung, dass in der Gesellschaft, wo ich eingeladen bin, Bank gelegt werden soll) schwach wirkt. Das höchste, was an Vermittelungen vor mein Bewusstsein treten kann, ist die Erwartung einer grösseren oder geringeren Lust, doch bleibt eben das Räthselhafte und Unergründliche an meiner Natur, warum ich mir aus dem Kennenlernen einer neuen Erfindung eine grosse, aus dem Hazardspiel aber eine geringe oder gar keine Lust verspreche, während das Umgekehrte bei meinem Nachbarn der Fall ist.

Wie ein bestimmtes Individuum sich gegen dieses oder jenes Motiv verhalten werde, kann man nicht eher wissen, als bis man es erfahren hat; weiss man aber, wie ein Mensch auf alle möglichen Motive reagirt, so kennt man alle Eigenthümlichkeiten desselben, so kennt man seinen Charakter. Der Charakter ist also der Reactionsmodus auf jede besondere Classe von Motiven, oder was dasselbe sagt, die Zusammenfassung der Erregungsfähigkeiten jeder besonderen Classe von Begehrungen. Indem es kein Motiv giebt, das ausschliesslich einer jener Classen zugehört, so werden stets oder doch in der Regel eine grössere Menge von Trieben gleichzeitig afficirt, und die Resultante der hierdurch gleichzeitig erregten Begehrungen ist der actuelle Wille, welcher unaufhaltsam und unmittelbar die That involvirt, wenn diese nicht durch physische Ursachen verhindert ist. Fragen wir nun, was es denn für ein Process sei, diese Reaction des Willens auf das Motiv, und dies Widerspiel der Begehrungen zu der Einen Resultante, so müssen wir gestehen, dass wir zwar seine Existenz durch unzweifelhafte Rückschlüsse an den in's Bewusstsein fallenden Thatsachen erkennen, dass wir aber über seine Art und Weise nichts aussagen können, weil unser Bewusstsein uns keine Kunde davon giebt. Wir kennen in jedem einzelnen Falle nur das Anfangsglied, das Motiv, und das Endglied, das bestimmte Wollen als Resultat, aber was das auf das

Motiv Reagirende sei, können wir niemals erfahren, ebenso wenig können wir je einen Einblick in das Wesen dieser Reaction thun, die völlig den Charakter der Reflexwirkung oder des reflectorischen Instinctes an sich trägt, wie wir dies bei dem speciellen Fall des Mitleides und einiger andern Triebe schon in Cap. B. I. gesehen haben. Von dem Kampfe der verschiedenen Begehrungen gegen einander haben wir wohl theilweise ein Bewusstsein, aber nur in soweit, als wir in früheren einfacheren Fällen die einzelnen Begehrungen gesondert als letzte Resultanten erfahren haben, und unsere früheren Erfahrungen auf die Gegenwart anwenden. Wie unvollständig aber diese Erfahrungen sind, und wie unvollkommen sie benutzt werden zum Verständniss eines gegenwärtigen Seelenvorganges, wird wohl jeder schon an sich erfahren haben.

Wie häufig glaubt das Bewusstsein, die Stärke aller in dem Falle betheiligten Begehrungen auf das Sorgfältigste gegen einander abgewogen und keine unberücksichtigt gelassen zu haben, und wenn es zum Handeln kommt, so sieht es zu seiner grössten Ueberraschung, dass sein herausgeklügeltes Facit ganz und gar nicht stimmt, sondern plötzlich eine ganz andere Resultante als souveräner Wille hervortritt. (Man erinnere sich der im vorigen Capitel S. 218—19 über unbewussten Willen gegebenen Andeutungen. Vgl. auch eben darüber Cap C. III.) Es zeigt sich also, dass es in der That nur ein sicheres Kennzeichen für den eigentlichen, wahren und endgültigen Willen giebt, das ist die That (gleichviel ob sie gelingt, oder im ersten Versuch durch äussere Umstände erstickt wird), dass aber jede andere Voraussetzung des Bewusstseins über das, was man eigentlich will, unsichere, häufig trügende Vermuthung bleibt, die keineswegs auf einer unmittelbaren Kenntniss des Bewusstseins vom Willen, sondern auf Erfahrungsanalogien und künstlichen Combinationen dieser beruht. Wie Spreu vor dem Winde zerstiebt oft der festeste Entschluss, der sicherste Vorsatz an der That, wo erst der wahre Wille aus der Nacht des Unbewussten hervortritt, während der Wille des Vorsatzes nur einseitiges Begehren, oder gar nur vom Bewusstsein vorgestellt und gar nicht vorhanden war. Tritt aber die That niemals an den Menschen heran, z. B dadurch, dass er immer die Unmöglichkeit ihrer Ausführung im Auge hat, so erlangt er auch nie Gewissheit über das, was er eigentlich im Grunde seines Herzens will. Die sogenannte bewusste Willenswahl und ihr Schwanken ist keineswegs ein bewusstes Schwanken des Willens, sondern ein Schwanken der Erkenntniss über das richtige Verständniss der Motive und darüber, wie die Verhältnisse sich jetzt und in Zukunft dem Willen gegenüber gestalten und verhalten. Ist aber die Erkenntniss erst im Klaren, so ist es sofort auch der Wille. Z. B. das Schwanken meiner Wahl, ob ich die kluge und hässliche, oder die dumme und hübsche Schwester heirathen soll, ist kein Schwanken meines Willens, der vorläufig noch gar nicht hervortritt, sondern meines Verstandes über die Grösse der in jedem Falle zu erwartenden Vortheile und Nachtheile; nachdem der Verstand gewählt hat, ist erst dem Willen sein Motiv geschaffen, nämlich die Vorstellung der in jedem der beiden Fälle zu erwartenden Summe von gefühlsdifferenten Verhältnissen.

Es ist also festzuhalten, dass die Werkstatt des Wollens im Unbewussten liegt, dass man nur das fertige Resultat und zwar erst in dem Augenblicke zu sehen bekommt, wo es in der That zur practischen Anwendung kommt, und dass die Blicke, die es etwa in die Werkstatt hineinzuwerfen gelingt, nur mit Hülfe von Spiegeln und optischen Apparaten einige immerhin unsichere Kunde zu bringen vermögen, die aber niemals in jene unbewussten Tiefen der Seele dringt, wo die Reaction des Willens auf das Motiv und sein Uebertritt in das bestimmte Wollen stattfindet.

Wenn man nun eingestehen muss, dass die Erregung des Willens für uns ewig mit dem Schleier des Unbewussten bedeckt bleiben wird, so ist es nicht zu verwundern, dass wir auch die Ursachen nicht so leicht zu durchschauen vermögen, welche die verschiedene Erregungsfähigkeit der verschiedenen Begehrungen, oder die verschiedene Reaction des Willens verschiedener Individuen auf dieselben Motive bedingen; wir müssen uns eben vorläufig damit begnügen, in ihnen die innerste Natur des Individuums zu sehen, und nennen darum ihre Wirkung sehr bezeichnend Charakter, d. h. Merkmal oder Kennzeichen des Individuums. Soviel jedoch haben wir erkannt, dass dieser innerste Kern der individuellen Seele, dessen Ausfluss der Charakter ist, jenes eigentlichste practische Ich des Menschen, dem man Verdienst und Schuld zurechnet und Verantwortlichkeit auferlegt, dass also dieses eigenthümliche Wesen, welches wir selbst sind, dennoch unserem Bewusstsein und dem sublimirten Ich des reinen Selbstbewusstseins ferner liegt, als irgend etwas anderes in uns, dass wir vielmehr diesen tiefinnersten Kern unserer selbst nur auf demselben Wege kennen lernen können, wie an anderen Menschen, nämlich durch Rückschlüsse aus dem Handeln. „An ihren Früchten sollt ihr sie erkennen", dies Wort gilt auch für die Selbsterkenntniss, und wie sehr täuschen wir uns auch dabei noch, indem wir Handlungen aus ganz anderen, namentlich besseren Beweggründen gethan zu haben glauben, als wirklich der Fall ist, wie wir dann zuweilen durch Zufälligkeiten zu unserer Beschämung erfahren. (Die Fortsetzung der Betrachtung über den Charakter folgt in der zweiten Hälfte des Cap. C. XI.)

Es dürfte nicht überflüssig sein, von diesem Standpuncte aus auch auf das Wesen des Ethischen einen Seitenblick zu werfen. Es ist viel darüber gestritten, ob die Tugend lehrbar sei, und theoretisch lässt sich heute noch so darüber streiten, wie zu Plato's Zeiten, aber der practische Psychologe ist zu keiner Zeit darüber in Zweifel gewesen, dass, abgesehen von der Gewohnheit, dieser zweiten Natur der Seele, welche eine Dressur im eigentlichen Sinne ist, weil nur durch Furcht die Gewöhnung bewirkt werden kann, dass also ausser der Gewohnheit keine Lehre im Stande ist, Moralität zu erzeugen, sondern nur die vorhandene Moralität zu erwecken durch Vorhalten der geeigneten Motive, welche sonst vielleicht nicht in dieser Art und Stärke an den Zögling herangetreten wären. Denn es liegt auf der Hand, dass Moralität nicht ein Prädicat der Vorstellung, sondern des Willens ist; das Hervortreten des Willens in den actuellen Zustand als Reaction auf das Motiv haben wir aber als einen durchaus unbewussten Act erkannt, der theils zwar von der Beschaffenheit des Motives, zum anderen Theil aber von der Reactions-Weise und Stärke des Willens abhängig ist. Das Motiv ist immer bloss Vorstellung, kann also nicht das Prädicat moralisch haben, es bleibt mithin für die Moralität allein jener unbewusste Factor übrig, der als Theil des Charakters betrachtet werden muss, und zum innersten Kern der Individualität gehört. Diese Grundlage des Charakters kann, wie gesagt, wohl durch Uebung und Gewohnheit (vermöge absichtlicher oder zufälliger Einseitigkeit der vor das Bewusstsein tretenden Motive) modificirt werden, aber nie durch Lehre; denn die schönste Kenntniss der Sittenlehre ist todtes Wissen, wenn sie auf den Willen nicht als Motiv wirkt, und ob sie das thut, hängt allein von der Natur des individuellen Willens selbst, d. h. vom Charakter ab. So sehen wir auch historisch, dass die Leute, die am meisten Sittenlehre im Munde haben, oft am wenigsten Moralität im Charakter haben, dass Köpfe von eminenter geistiger und wissenschaftlicher Befähigung und Bildung nicht selten moralisch schlechte Menschen sind, und dass umgekehrt die reinste ungetrübteste Moralität in einfachen Menschen von geringer Geistesbildung wohnt, die sich nie mit ethischen Problemen befasst haben, die oft nicht einmal sich guter Erziehung zu erfreuen hatten, und auf die die schlechten sie umgebenden Beispiele nie zur Nachahmung reizend, sondern nur abschreckend wirkten. Darum sehen wir ferner, dass alle Religionen, wie beschaffen ihre Sittenlehre auch sein mag, gleich viel oder gleich wenig Einwirkung auf die Moralität ihrer Bekenner üben, ja sogar dass verschiedene Culturstufen wohl auf die Rohheit oder Feinheit der Form, in der die Vergehen und Verbrechen begangen werden, aber auf die Sittlichkeit des Charakters und die Güte und Reinheit des Herzens keinen wesentlichen Einfluss haben. Dagegen ist die Sittlichkeit eines Volkes im Verhältniss zu der der übrigen Völker neben dem Nationalcharakter ausschliesslich durch seine Sitten und die an dieselbe geknüpfte Gewohnheit durch Erziehung bedingt; die National-Sitte aber ist wiederum ausser von Zufälligkeiten der äusseren Lage, der Nachbarschaft und der inneren Entwickelung von dem Nationalcharakter abhängig.

Das Resultat ist: Das ethische Moment des Menschen, d. h. dasjenige, was den Charakter der Gesinnungen und Handlungen bedingt, liegt in der tiefsten Nacht des Unbewussten; das Bewusstsein kann wohl die Handlungen beeinflussen, indem es mit Nachdruck diejenigen Motive vorhält, welche geeignet sind, auf das unbewusste Ethische zu reagiren, aber ob und wie diese Reaction erfolgt, das muss das Bewusstsein ruhig abwarten, und erfährt erst an dem zur That schreitenden Willen, ob derselbe mit den Begriffen übereinstimmt, die es von sittlich und unsittlich hat.

Hiermit ist gezeigt, dass der Entstehungsprocess dessen, dem wir die Prädicate sittlich und unsittlich beilegen, im Unbewussten liegt, es ist jetzt zweitens zu zeigen, dass diese Prädicate Eigenschaften bezeichnen, welche nicht ihrem Subject an und für sich inhäriren, sondern welche nur Beziehungen desselben zu einem ganz bestimmten Standpuncte eines höheren Bewusstseins ausdrücken, d. h. dass diese Prädicate erst Schöpfungen des Bewusstseins sind und dem Unbewussten an sich niemals zukommen können, woraus dann unmittelbar folgt, dass es falsch wäre, von einem moralischen Instinct zu sprechen, da zwar die Handlungen des Menschen als solche aus dem Unbewussten oder Instinctiven des Charakters fliessen, z. B. durch die Instincte des Mitleids, der Dankbarkeit, Rache, Selbstsucht, Sinnlichkeit u. s. w. erzeugt werden, aber diese unbewusste Production nie und nimmer etwas mit den Begriffen sittlich und unsittlich zu thun haben kann, weil dieselben erst vom Bewusstsein geschaffen werden, ein bewusster Instinct aber eine *contradictio in adjecto* wäre. Letztere Bemerkung sollte nur verhüten, dass man mir etwa das Gewissen als etwas Instinctives unterschiebt; dasselbe ist vielmehr durchaus nichts Einfaches, sondern etwas sehr Zusammengesetztes, dessen Entwickelung aus den mannigfachsten Factoren des Bewusstseins sich mit Bestimmtheit nachweisen lässt.

Gut und böse nennen wir auch leblose Naturerscheinungen, Wind, Luft, Vorzeichen; ferner legen wir diese Prädicate Thieren und rohen Menschen oder kleinen Kindern bei; in sittlich und unsittlich gehen dieselben aber erst dann über, wenn wir die Wesen für ihr Wirken verantwortlich machen; wir halten aber wiederum dann die Wesen für verantwortlich für ihr Thun, wenn ihr Bewusstsein zu einem solchen Grade entwickelt ist, dass sie selbst die Begriffe von sittlich und unsittlich verstehen können, und machen sie nur für solche Handlungen verantwortlich, bei denen ihr Bewusstsein nicht verhindert war, diesen seinen eigenen Maassstab anzulegen So kommt es, dass wir eine und dieselbe Handlung bei einem Wesen sittlich oder unsittlich nennen, bei einem anderen aber nicht; z. B. werden wir den strengen Eigenthumssinn, den wir bei manchen Thieren innerhalb ihrer Gattung und engeren Lebensgemeinschaft (z. B. bei wilden Pferden innerhalb ihrer Heerde in Bezug auf Weideplätze und aufbewahrtes Futter) nicht als eine sittliche, sondern nur als eine gute Eigenschaft bezeichnen; so können wir es nicht unsittlich nennen, wenn wilde Völkerschaften dem Gastfreund auch ihre Weiber offeriren: im Gegentheil könnte dies als Theil der Gastfreundschaft sittlich genannt werden, weil bis zu dieser Stufe des Verständnisses ihr Bewusstsein allenfalls entwickelt ist, aber nicht bis zum Verständniss der Sittsamkeit im geschlechtlichen Umgang. Bei einem kleinen Kinde können wir dieselben Ausbrüche der Bosheit wohl nur höchstens böse nennen, die in reiferem Alter denselben Charakter als unsittlich verdammen lassen. Die Blutrache wäre bei uns unsittlich, bei Völkern von geringerer Cultur ist sie eine sittliche Institution, bei ganz rohen Wilden ein blosser Act der Leidenschaft, der weder sittlich noch unsittlich genannt werden kann. Diese Beispiele mögen zum Beweise genügen, dass sittlich und unsittlich nicht Eigenschaften der Wesen oder ihrer Handlungen an sich sind, sondern nur Urtheile über dieselben von einem erst durch das Bewusstsein geschaffenen Standpuncte aus, Beziehungen zwischen jenen Wesen und ihren Handlungen auf der einen, und diesem Standpuncte einer höheren Bewusstseinsstufe auf der anderen Seite, dass also die

Natur, soweit sie unbewusst ist, den Unterschied von sittlich und unsittlich nicht kennt. Ja die Natur an sich ist nicht einmal gut oder böse, sondern ewig nichts weiter als natürlich, d. h. sich selbst gemäss; denn der allgemeine Naturwille hat nichts ausser sich, weil er Alles umfasst und Alles selber ist, also kann für ihn nichts gut oder böse sein, sondern nur für einen individuellen Willen; denn eine Beziehung zwischen einem Willen und einem äusseren Object wird durch die Begriffe gut und böse schon nothwendig vorausgesetzt.

Bei alledem soll aber keineswegs der Werth dieses vom Bewusstsein geschaffenen kritischen Standpunctes erniedrigt werden, nur der Irrthum soll beseitigt werden, als gäbe es ausserhalb dieses specifischen Standpunctes die Möglichkeit dieser Begriffe, die erst in der Beziehung zu ihm entstehen. Nimmt man freilich ausser und vor der Natur ein Bewusstsein (in einem persönlichen Gott) an, so kann man auch von dem Standpuncte dieses Bewusstseins aus den Maassstab jener Begriffe an die Welt legen; leugnet man aber, wie wir aus später zu entwickelnden Gründen thun müssen, ein Bewusstsein ausserhalb der Verbindung von Geist und Materie, so verschwindet auch die Möglichkeit, den Maassstab jener Begriffe an die ganze unbewusste Welt zu legen; eine Sache, an die schon viele unnütze Arbeit verschwendet ist. Alles dies aber drückt keineswegs auf den Werth jener Begriffe, denn wie trotz aller Einseitigkeit und Beschränktheit das Bewusstsein doch für diese Welt der Individuation an Wichtigkeit über dem Unbewussten steht, so steht letzten Endes auch das Sittliche höher als das Natürliche; ja indem das Bewusstsein schliesslich doch auch nur ein unbewusstes Naturproduct ist, so ist auch das Sittliche nicht ein Gegensatz des Natürlichen, sondern nur eine höhere Stufe desselben, zu welcher sich das Natürliche kraft seiner selbst und durch die Vermittelung des Bewusstseins emporgeschwungen hat.

Mit diesen kurzen Andeutungen muss ich mich hier begnügen, da eine in diesem Sinne ausgeführte Ethik ein eigenes Werk abgeben würde. Auch glaubte ich auf die Darstellung verzichten zu müssen, warum und wie der Standpunct der Beurtheilung mit den Prädicaten sittlich und unsittlich aus einer gewissen Höhe des Bewusstseins hervorgehen müsse, und was der Inhalt jener Begriffe sei; ich glaubte dies um so eher zu dürfen, als mir für die Zwecke unserer jetzigen Untersuchung die allgemeine Fassung jener Begriffe, wie sie im bürgerlichen Leben statt hat, ausreichend erschien.

V.

Das Unbewusste im ästhetischen Urtheil und in der künstlerischen Production.

In der Auffassung des Schönen haben sich von jeher zwei extreme Ansichten gegenüber gestanden, die in verschiedenen Vermittelungsversuchen verschiedenen Raum in Anspruch nehmen. Die Einen mit Plato anhebend, stützen sich darauf, dass die menschliche Seele in der Kunst über die von der Natur gegebene Schönheit hinausgeht, und halten dies für unmöglich, wenn nicht der Seele eine Idee des Schönen inne wohnt, welche, nach einer bestimmten Richtung hin aufgefasst, Ideal heisst, und deren Vergleich mit der vorhandenen Natur sogar erst bestimmt, was an jener schön sei, was nicht, so dass das ästhetische Urtheil ein apriorisch synthetisches ist. Die Anderen weisen nach, dass in den, den vorgeblichen Idealen am nächsten kommenden Kunstschöpfungen keine Elemente enthalten seien, welche die Natur nicht auch bietet, dass die idealisirende Thätigkeit des Künstlers nur in einem Ausmerzen des Hässlichen und Zusammentragen und Vereinigen desjenigen Schönen bestehe, welches die Natur getrennt darbietet, und dass die ästhetische Wissenschaft in ihrem Fortschritt mehr und mehr den psychischen Entstehungsprocess des ästhetischen Urtheils aus den gegebenen psychologischen und physiologischen Bedingungen demonstrirt habe, so dass eine vollständige Aufhellung dieses Gebietes und Reinigung von allen apriorischen Wunderbegriffen in Aussicht stände.

Ich glaube, dass beide Theile theils Recht, theils Unrecht haben. Die Empiriker haben Recht, dass sich jedes ästhetische Urtheil aus anderweitigen psychologischen und physiologischen Bedingungen begründen lassen muss, und darum sind sie es eigentlich nur, die die wissenschaftliche Aesthetik schaffen, während die Idealisten sich die Möglichkeit dieser Wissenschaft mit ihrer Hypothese abschneiden, und streng genommen die Aesthetik nur insoweit gefördert haben, als sie zugleich mit mehr oder weniger Bewusstsein auch Empiriker waren, d. h. durch empirisches Aufnehmen des durch die Erfahrung inhaltlich Gegebenen die Wissenschaft substantiell bereicherten. Gesetzt aber, die Empiriker hätten ihren Zweck erreicht, und hätten das ästhetische Urtheil vollständig analysirt, so hätten sie doch dadurch nur seinen objectiven Zusammenhang mit anderen Gebieten, gleichsam sein Weltbürgerrecht im Geiste als einem Naturwesen nachgewiesen, aber die subjective Entstehung desselben im individuellen Bewusstsein hätten sie unberührt gelassen, oder hätten mit der ihrer Auffassung stillschweigend zu Grunde liegenden Behauptung, dass der objective Zusammenhang und der Entstehungsprocess im subjectiven Bewusstsein identisch sei, etwas geradezu Unwahres behauptet, dem jede unbefangene Selbstbeobachtung und das Zeugniss des einfachsten wie des gebildetsten Schönheitssinnes widersprechen. Die Idealisten werden vielmehr Recht behalten, dass dieser Process etwas jenseits des Bewusstseins vor dem bewussten ästhetischen Urtheil Liegendes, mithin für dieses etwas Apriorisches sei; sie werden aber wieder darin Unrecht bekommen müssen, wenn sie den Process in diesem Apriorischen durch ein, ein für allemal fertiges Ideal vernichten, das, weiss Gott woher, kommt, von dessen Existenz das Bewusstsein nichts weiss, dessen objectiver Zusammenhang mit anderen psychischen Gebieten ewig unbegreiflich bleiben muss, und dessen gegebene Starrheit sich schliesslich doch der unendlichen Mannigfaltigkeit der einzelnen Fälle gegenüber als unzureichend erweist. Sobald der ästhetische Idealismus mehr leisten will als die allgemeine Aufstellung seines Princips, sobald er auf den Reichthum des gegebenen Mannigfaltigen näher eingeht, sieht er sich gezwungen, die Unhaltbarkeit des abstracten Ideals, welches ein unbestimmtes Eines ist, zuzugestehn, und einzuräumen, dass das Schöne nur in der allerconcretesten Besonderung möglich, weil individuell anschaulich wird (z. B. das Menschenideal als männliches und weibliches, ersteres wieder als Ideal des Kindes, Knaben, Jünglings, Mannes, Greises, das Ideal des Mannes wieder als Ideal eines Herkules, Odysseus, Zeus u. s. w.), dass also das concrete Ideal nicht mehr ein unbestimmtes Eines, sondern eine unendliche Vielheit allerbestimmtester Typen sein muss. Die ewige Existenz dieser unendlich vielen concreten Ideale behaupten, hiesse an Stelle des Einen Wunders des abstracten Ideals die unendlich vielen Wunder setzen. Will man hingegen, um dieser Schwierigkeit zu entgehen, das unbestimmte Ideal als ein flüssiges setzen, das sich selbst je nach dem vorliegenden Falle in die vielen besondert, so müsste doch zunächst dieser Concrescirungsprocess in einem Geiste vor sich gehen; alsdann aber würde die Unfähigkeit des absolut unbestimmten Einen Schönheitsideals anerkannt werden müssen, sich selbst aus eigner Macht zu concresciren, da aus dem völlig Inhaltsleeren von selbst kein Inhalt herauskommen kann. Der schöpferische Process im unbewussten Geiste, als dessen Resultat das concrete Ideal ins Bewusstsein springt, findet demnach an dem hypothetischen abstracten Ideal gar keine Hülfe; er bedarf aber auch keiner Hülfe mehr, denn er trägt das Formalprincip des ästhetischen Bildens in sich, und braucht es nicht erst in dem unmöglichen absoluten Schönheitsideal zu suchen. Nur in diesem Sinne des im concreten Falle unbewusst zu schaffenden concreten Ideals verstehen auch neuere ästhetische Idealisten (wie Schasler) das ästhetische Ideal, und der so verstandene ästhetische Idealismus ist reif zu seiner Versöhnung und Verschmelzung mit dem ästhetischen Empirismus, indem er anerkennt, dass er gerade durch sein richtiges Verständniss über den formalen Entstehungsprocess des concreten Ideals als eines apriorisch-unbewussten darauf hingewiesen ist, den ästhetischen Inhalt dieses unendlichen Reichthums concreter Ideale *a posteriori* aus dem Bewusstsein empirisch zu entnehmen, an welchen alsdann erst Analyse, Reflexion und Speculation anknüpft.

Um ein recht einfaches Beispiel zu nehmen, müssten die abstracten Idealisten Ton, Harmonie und Klangfarbe nach einem idealen Ton, idealer Harmonie und idealer Klangfarbe beurtheilen, und je nach ihrer Annäherung an diese ihre Klangfarbe bestimmen, während Helmholtz („Ueber Tonempfindungen") nachweisst, dass in allen drei Fällen die Lust als Negation einer Unlust zu fassen ist, welche durch dem Flackern des Lichts ähnliche Störungen im Ohre bei Geräusch, Dissonanz und hässlicher Klangfarbe entsteht. Diese Unlust ist nicht mehr ästhetisch, sondern ebensogut ein schwacher physischer Schmerz, wie Bauchgrimmen, Zahnschmerz oder der Schmerz beim Quietschen eines Tafelsteins auf der Schiefertafel; es ist also die ästhetische Lust am sinnlichen Theile der Musik in ihrem objectiven Zusammenhange mit physischem Schmerz nachgewiesen, aber keineswegs ist von dem ästhetischen Urtheile: „dieser Ton, diese Harmonie, diese Klangfarbe ist schön" das die Entstehungsweise, dass ich mir beim Anhören derselben bewusst werde: „ich empfinde jetzt keinen Schmerz durch Störungen und doch eine gelinde Anregung der Function des Organs, *ergo* empfinde ich Lust"; von alledem oder ähnlichen Vorgängen findet sich nichts im Bewusstsein, sondern die Lust ist *eo ipso* mit dem Anhören im Bewusstsein, sie steht da wie hervorgezaubert, ohne dass die angespannteste Aufmerksamkeit im subjectiven Vorgange einen Fingerzeig über die Entstehungsweise zu finden im Stande wäre. Dies schliesst keineswegs aus, dass jener objectiv erkannte Zusammenhang sich im U n b e w u s s t e n wirklich als Process vollzieht, dies ist sogar meiner Ansicht nach das allein Wahrscheinliche, aber das Resultat derselben ist das Einzige was in's B e w u s s t s e i n tritt und zwar erstens m o m e n t a n nach der vollständigen Perception der sinnlichen Wahrnehmung, so dass sich auch hier wieder die Momentaneïtät des Processes im Unbewussten, seine Compression in den zeitlosen Augenblick, bewahrheitet, und zweitens nicht als ästhetisches U r t h e i l, sondern als Lust- oder Unlust-E m p f i n d u n g.

Der letztere Punct ist noch näher zu betrachten und wird den besten Aufschluss über etwa noch bestehende Unklarheit geben. – Wie schon Locke nachwies, haben die Worte, welche sinnliche Beschaffenheiten der Körper bezeichnen, wie „süss, roth, weich", eine doppelte Bedeutung, welche vom gemeinen Menschenverstande ohne Nachtheil für die Praxis identificirt wird. Erstens bezeichnen sie den Selenzustand bei der Wahrnehmung und Empfindung, und zweitens diejenige Beschaffenheit der äusseren Objecte, welche als Ursache dieses Seelenzustandes supponirt wird. Jede Empfindung an sich ist ein Einzelnes, aber indem von verschiedenen Reihen ähnlicher Empfindungen die gemeinsamen Stücke abstrahirt werden, werden die Begriffe: „süss, roth, weich" gewonnen; indem nun die objectiven Ursachen dieser abstrahirten Empfindungen als eigenschaftliche Bestandtheile in Dinge verlegt werden, die schon aus anderweitigen Einwirkungen bekannt sind, so entstehen die Urtheile: „der Zucker ist süss, die Rose ist roth, der Pelz ist weich".

Dieselbe Entwickelung liegt dem ästhetischen Urtheil zu Grunde. Die Seele findet in sich eine Menge von Empfindungen, welche, obschon mit individuellen Besonderheiten verknüpft, doch so viel Aehnlichkeit haben, dass sich ein gemeinsames begriffliches Trennstück ausscheiden lässt, dieses erhält den Namen schön. Indem nun die Ursache dieser Empfindung in äussere Objecte verlegt wird, welche aus den gleichzeitig auftretenden Wahrnehmungen construirt sind, so wird diese Ursache als Eigenschaft dieser Objecte gestempelt und erhält ebenfalls den Namen schön; so entsteht das Urtheil: „der

Baum ist schön." Es darf uns nicht befremden, dass der gemeine Verstand den Begriff schön fast immer nur auf die Ursache, selten auf die Empfindung bezieht, denn dasselbe findet auch bei „süss, roth, weich" statt, und hat seinen guten Grund in der Praxis, da den practischen Menschen seine eigenen Empfindungen nur in so weit interessiren können, als sie ihn über die Aussenwelt unterrichten.

Wem das ästhetische Gefühl für das Schöne fehlt, wer keine Freude am Schönen hat, dem ist das ästhetische Urtheil entweder unmöglich, oder es ist eine empfindungslose Abstraction aus allgemeinen erlernten Regeln ohne subjective Wahrheit. Hieraus folgt, dass das ästhetische Urtheil nichts Apriorisches ist, sondern etwas Aposteriorisches oder Empirisches, denn sowohl das äussere Object, als die ästhetische Lust sind durch Erfahrung gegeben, und die äussere Ursache der Lust kann nur in jenem Objecte liegen, wie die Ursache der süssen Geschmacksempfindung nur in dem Zucker. Die ästhetische Lust selbst aber, welche als ein ebenso unerklärliches Factum im Bewusstsein gefunden wird, wie die Empfindung des Tones, Geschmackes, der Farbe u. s. w., und wie diese als etwas Fertiges, Gegebenes der inneren Erfahrung gegenüber tritt, kann ihre Entstehung nur einem Processe im Unbewussten verdanken; diese also könnte man so gut wie jede andere Empfindung etwas Apriorisches nennen, wenn nicht dieser Ausdruck bloss für Begriffe und Urtheile üblich wäre.

Die Fähigkeit, ästhetisch zu empfinden (analog der Fähigkeit, süss, sauer, bitter, herbe u. s. w. zu empfinden), Geschmack genannt, kann freilich, wie der Geschmack der Zunge und des Gaumens, gebildet und darin geübt werden, auf feine Unterschiede zu reagiren, er kann auch durch gewaltsame Gewöhnung, diese zweite Natur, seiner ersten Natur, dem Instincte, abtrünnig gemacht und verdorben werden, aber in allen Fällen steht die Empfindung als eine gegebene, keiner Willkür unterworfene Thatsache da. Die ästhetische Empfindung unterscheidet sich nun aber von bloss sinnlichen Empfindungen dadurch, dass sie auf den Schultern jener steht, dass sie dieselben wohl als Material benutzt, auch als begleitende Vorstellungen, durch welche ihre besondere Qualität in jedem Falle bestimmt wird, dass sie aber als Empfindung über jenen steht und sich auf ihnen erbaut. Wenn daher der unbewusste Entstehungsprocess der sinnlichen Qualitäten eine unmittelbare Reaction der Seele auf den Nervenreiz ist, so ist der unbewusste Entstehungsprocess der ästhetischen Empfindung vielmehr eine Reaction der Seele auf fertige sinnliche Empfindungen, gleichsam eine Reaction zweiter Ordnung. Dies ist der Grund, warum die Entstehung der sinnlichen Empfindung uns wohl ewig in undurchdringliches Dunkel gehüllt bleiben wird, während wir den Entstehungsprocess der ästhetischen Empfindung schon theilweise in der discursiven Form des bewussten Vorstellens reconstruirt und begriffen, d. h. in Begriff aufgelöst haben.

Um das Wesen des Schönen haben wir uns hier so wenig zu bekümmern, wie im vorigen Capitel um das Wesen des Sittlichen; wie uns dort das Resultat genügte, dass das Prädicat sittlich erst vom Standpuncte des Bewusstseins auf Handlungen angewandt werden könne, die Handlungen selbst aber, welchen dies Prädicat zu- oder abgesprochen wird, in letzter Instanz unberechenbare Reactionen des Unbewussten seien, so kommt es uns hier nur auf die Erkenntniss an, dass das ästhetische Urtheil ein empirisch begründetes Urtheil sei, seine Begründung aber in der ästhetischen Empfindung habe, deren Entstehungsprocess durchaus in's Unbewusste falle. —

Gehen wir nun von der passiven Aufnahme des Schönen zu seiner activen Production über, so scheint eine kurze Betrachtung der schöpferischen Phantasie und somit der Phantasie oder Einbildungskraft überhaupt unerlässlich (vgl. auch oben Cap. A. VII, 1. b. S. 150—151). — Das sinnliche Vorstellungsvermögen, die Einbildungskraft oder Phantasie im weitesten Sinne, hat bei verschiedenen Personen sehr verschiedene Grade der Lebhaftigkeit. Nach Fechner's Angaben, die durch meine vielfachen Prüfungen Anderer bestätigt werden, haben die Frauen dies Vermögen in höherem Grade als Männer, und von letzteren die am wenigsten, welche abstract zu denken und die Aussenwelt zu vernachlässigen gewohnt sind. Beim geringsten Grade können Farben gar nicht, Gestalten nur höchst undeutlich, ohne festzustehen, mit schwimmenden Conturen und nur für kurze Momente überhaupt erkennbar vorgestellt werden, bei höheren Graden einfache, nicht zu umfassende Bilder ohne Mühe deutlich, feststehend, in lebhaften Farben, bei Kopfdrehungen nach Willkür objectiv fixirt oder mitgehend. Bei den höchsten Graden giebt die Lebhaftigkeit und Deutlichkeit dem Sinneseindrucke nichts nach, es können die Bilder sowohl in das schwarze Sehfeld des geschlossenen Auges, als in das von äusseren Sinneseindrücken erfüllte Sehfeld beliebig eingereiht werden (wie jener Maler, der seine Modelle nur $1/4$ Stunde sitzen liess und dann sich ihr Bild willkürlich als auf dem Stuhle sitzend vorstellte, und danach portraitirte, so dass er die Person, so oft er die Augen aufschlug, in voller Klarheit auf dem Stuhle sitzen sah); es können ferner ganze Compositionen, Aufzüge von vielen Figuren, oder im Detail ausgearbeitete Orchestercompositionen monatelang bloss in der Vorstellung herumgetragen werden, ohne an Schärfe zu verlieren, wie man von Mozart weiss, dass er immer erst dann seine Compositionen zu Papier gebracht hat, wenn ihm das Feuer auf die Nägel brannte, dann aber auch oft die einzelnen Orchesterstimmen ohne Partitur niedergeschrieben hat (z. B. bei der Don Juan-Ouvertüre) und ihm diese Arbeit doch noch so mechanisch gewesen ist, dass er dabei andere Compositionen concipirt haben soll. Ich hielt diese Anführungen nicht für unnütz, um den Lesern, welchen diese Anschauungsgabe fehlt, einen Begriff von der Möglichkeit umfassender einheitlicher Conceptionen zu geben. Die Erfahrung bezeugt, dass es noch kein wahres Genie gegeben hat, welches diese Fähigkeit der sinnlichen Anschauung, wenigstens in seinem Fache, nicht in hohem Grade besessen hätte. Ueberdies ist es keine Frage, dass, wenn in unserem nüchternen Verstandeszeitalter noch solche Beispiele möglich sind, dass früher in Zeitaltern, wo die sinnliche Anschauung noch viel mehr geübt und gepflegt und wenig durch abstractes Denken unterdrückt wurde, wo der Mensch sich noch rückhaltloser den guten und bösen Einflüsterungen seines Genius oder Dämons hingab, es wohl denkbar ist, dass, wie in Heiligen, Märtyrern, Propheten und Mystikern, so auch in begeisterten Künstlern eine Verschmelzung von willkürlicher Sinnesanschauung und unwillkürlicher Hallucination stattgefunden habe, welche für diese mit ihrer hehren Mutter noch nicht entzweiten Kinder einer glücklicheren Natur nichts Auffallendes gehabt haben mag, vielmehr so sehr als Bedingung jedes Musenerzeugnisses angesehen wurde, dass der enthusiastische Plato uns den Ausspruch (Phädrus) hinterlassen hat: „Was ein trefflicher Mann im göttlichen Wahnsinn, der besser ist als nüchterne Besonnenheit, hervorbringt, nämlich das Göttliche, daran die Seele als an einem hellglänzenden Nachbilde dasjenige wieder erkennt, was sie in der Stunde der Entzückung schaute, Gott nachwandelnd, und welches schauend, sie nothwendig mit Lust und Liebe erfüllt." — „Nicht ein Uebel schlechthin ist der Wahnsinn, sondern durch ihn kamen die grössten Güter über Hellas." Und noch zu Cicero's Zeiten hiess dichterische Begeisterung: *furor poeticus*. In neuerer Zeit hat besonders Shaftesbury auf die grundlegende Bedeutung des **Enthusiasmus** für die Entstehung alles Wahren, Grossen und Schönen mit Nachdruck hingewiesen. — Betrachten wir nun aber die Gebilde der Phantasie selbst, so finden wir bei der Zergliederung in ihre Elemente, selbst wenn wir die wildesten Ausgeburten orientalischer Ueberschwenglichkeit vornehmen, nichts, was nicht durch sinnliche Wahrnehmung kennen gelernt und im Gedächtnisse aufbewahrt worden wäre. Keine neue einfache Farbe, keinen einfachen Geruch, Geschmack, Ton, Laut können wir entdecken; selbst im Gebiete des Raumes, der der Neugestaltung den grössten Spielraum lässt, finden wir in Arabesken nur die bekannten Elemente der geraden Linie, des Kreises, der Ellipse und anderer bekannten Krümmungen wieder, ja sogar man wird bei Phantasiethieren selten Stücke aus der unorganischen oder Pflanzenwelt finden und umgekehrt. Alles beschränkt sich auf Trennung bekannter Vorstellungen und Combination der Trennstücke in veränderter Weise. Hat nun Jemand ein lebhaftes Vorstellungsvermögen, zugleich einen feinen Sinn für das Schöne und ein reiches und willig sich darbietendes Gedächtnissmaterial, worin besonders die schönen Elemente reich vertreten sind, so wird es ihm nicht schwer werden, durch Anlehnung an die Natur, d. h. an gegebene Sinneswahrnehmungen, Ausscheidung hässlicher und Einfügung schöner und doch gegen die Wahrheit und Einheit der dargestellten Idee nicht verstossender Elemente, künstlerisch zu schaffen. Z. B.: Wenn Jemand ein Portrait malt, so ist zunächst die Wahrheit der Idee inne gehalten, wenn er die sich zufällig darbietende Ansicht der Person copirt. Dies wäre eine handwerksmässige, keine künstlerische Leistung. Wenn er aber die Person in solche Beleuchtung, Stellung, Richtung und Haltung bringt, dass sie sich möglichst vortheilhaft präsentirt, wenn er von den verschiedenen Stimmungen und Ausdrücken während der Sitzung denjenigen festhält, der am schönsten wirkt, und demnächst alle unvortheilhaften und unschönen Züge und Einzelheiten so sehr zurückdrängt oder fortlässt, alle vortheilhaften Züge und Einzelheiten dagegen so sehr hervorhebt und in günstiges Licht setzt, auch wohl neu hinzufügt, als es die Wahrheit der Idee, d. h. die Aehnlichkeit erlaubt, dann hat er eine künstlerische Production geliefert, denn er hat **idealisirt**.

So arbeitet das gewöhnliche Talent, es producirt künstlerisch durch **verständige Auswahl** und Combination, geleitet durch sein **ästhetisches Urtheil**. Auf diesem Standpuncte steht der gemeine Dilettantismus und der grösste Theil der Künstler von Fach;

sie alle können aus sich heraus nicht begreifen, dass diese Mittel, unterstützt durch technische Routine, wohl recht Tüchtiges leisten können, aber nie etwas Grosses zu erreichen, nie aus dem gebahnten Geleise der Nachahmung zu schreiten, nie ein Original zu schaffen im Stande sind; denn mit diesem Anerkenntnisse müssten sie sich ihren Beruf absprechen und ihr Leben für verfehlt erklären. Hier wird noch Alles mit bewusster Wahl gemacht, es fehlt der göttliche Wahnsinn, der belebende Hauch des Unbewussten, der dem Bewusstsein als höhere unerklärliche Eingebung erscheint, die es als Thatsache erkennen muss, ohne je ihr Wie enträthseln zu können: die bewusste Combination lässt sich durch Anstrengung des bewussten Willens, durch Fleiss und Ausdauer und dadurch gewonnene Uebung mit der Zeit erzwingen, die Conception des Genies ist eine willenlose leidende Empfängniss, sie kommt ihm beim angestrengtesten Suchen gerade nicht, sondern ganz unvermuthet wie vom Himmel gefallen, auf Reisen, im Theater, im Gespräch, überall wo es sie am wenigsten erwartet und immer plötzlich und momentan; — die bewusste Combination arbeitet mühsam aus den kleinsten Details heraus und erbaut sich qualvoll zweifelnd und kopfzerbrechend unter häufigem Verwerfen und Wiederaufnehmen des Einzelnen allmählich das Ganze; die geniale Conception empfängt als mühelose Geschenk der Götter das Ganze aus Einem Guss, und gerade die Details sind es, die ihm noch fehlen, schon deshalb fehlen müssen, weil bei grösseren Compositionen (Gruppenbildern, Dichtwerken) der Menschengeist zu eng ist, um mehr als den allgemeinsten Totaleindruck mit Einem Blicke zu überschauen; — die Combination schafft sich die Einheit des Ganzen durch mühsames Anpassen und Experimentiren im Einzelnen, und kommt deshalb trotz aller Arbeit nie mit ihr ordentlich zu Stande, sondern lässt immer in ihrem Machwerke das Conglomerat der vielen Einzelheiten durcherkennen; das Genie hat vermöge der Conception aus dem Unbewussten eine in der Unentbehrlichkeit, Zweckmässigkeit und Wechselbeziehung aller einzelnen Theile so vollkommene Einheit, dass sie sich nur mit der ebenfalls aus dem Unbewussten stammenden Einheit der Organismen in der Natur vergleichen lässt.

Diese Erscheinungen werden von allen wahrhaften Genies, die darüber Selbstbeobachtungen angestellt und mitgetheilt haben, bestätigt,*) und Jeder kann sie an sich selbst als richtig finden, der

---

*) Eines der reinsten, d. h. möglichst wenig durch Reflexion beeinflussten Genies, und zugleich eine grundehrliche kindliche Natur war Mozart, welcher

jemals einen wahrhaft originalen Gedanken in irgend einer Richtung gehabt hat. Ich will hier nur eine Bemerkung des ebenso künstlerischen als philosophischen Schelling anführen (transcend. Idealism. S. 459 – 60): „... so wie der Künstler unwillkürlich und selbst mit innerem Widerstreben zur Production getrieben wird (daher bei den

---

sich in einem Briefe (s. Jahn's Mozart Bd. III. S. 423—425) in folgender denkwürdigen Art über sein künstlerisches Produciren äussert: „Und nun komme ich auf den allerschwersten Punct in Ihrem Briefe, und den ich lieber gar fallen liess, weil mir die Feder für so was nicht zu Willen ist. Aber ich will es doch versuchen, und sollten Sie nur etwas zu lachen drinnen finden. Wie nämlich meine Art ist beim Schreiben und Ausarbeiten von grossen und derben Sachen nämlich? — Ich kann darüber wahrlich nicht mehr sagen als das; denn ich weiss selbst nicht mehr und kann auf weiter nichts kommen. Wenn ich recht für mich bin und guter Dinge, etwa auf Reisen im Wagen, oder nach guter Mahlzeit beim Spazieren, und in der Nacht, wenn ich nicht schlafen kann, da kommen mir die Gedanken stromweis und am besten. Woher und wie — das weiss ich nicht, kann auch nichts dazu. Die mir nun gefallen, behalte ich im Kopfe und summe sie wohl auch vor mich hin, wie mir Andre wenigstens gesagt haben. Halt ich das nun fest, so kommt mir bald Eins nach dem Andern bei, wozu so ein Brocken zu brauchen wäre, um eine Pastete daraus zu machen, nach Contrapunct, nach Klang der verschiedenen Instrumente etc. etc. Das erhitzt mir nun die Seele, wenn ich nämlich nicht gestört werde; da wird es immer grösser, und ich breite es immer weiter und heller aus, und das Ding wird im Kopf wahrlich fast fertig, wenn es auch lang ist, so dass ich's hernach mit einem Blick, gleichsam wie ein schönes Bild oder einen hübschen Menschen, im Geiste übersehe, und es auch gar nicht nach einander, wie es hernach kommen muss, in der Einbildung höre, sondern wie gleich Alles zusammen. Das ist nun ein Schmaus! Alles in dem Finden und Machen geht in mir nur wie in einem schönstarken Traum vor; aber das Ueberhören — so Alles zusammen, ist doch das Beste. Was nun so geworden ist, das vergesse ich nicht leicht wieder, und das ist vielleicht die beste Gabe, die mir unser Herr Gott geschenkt hat. Wenn ich nun hernach einmal zum Schreiben komme, so nehme ich aus dem Sack meines Gehirns, was vorher, wie gesagt, hinein gesammelt ist. Darum kommt es hernach auch ziemlich schnell auf's Papier; denn es ist, wie gesagt, eigentlich schon fertig, und wird auch selten viel anders, als es vorher im Kopfe gewesen ist. Darum kann ich mich auch beim Schreiben stören lassen, und mag um mich herum mancherlei vorgehen, ich schreibe doch; kann auch dabei plaudern, nämlich von Hühnern und Gänsen, oder von Gretel und Bärbel u. dergl. Wie nun aber über dem Arbeiten meine Sachen überhaupt eben die Gestalt oder Manier annehmen, dass sie mozartisch sind, und nicht in der Manier irgend eines Anderen, das wird halt eben so zugehen, wie dass meine Nase ebenso gross und herausgebogen, dass sie mozartisch und nicht wie bei anderen Leuten geworden ist. Denn ich komme nicht auf Besonderheit an, wüsste die meine auch nicht einmal näher zu beschreiben. Es ist ja aber wohl bloss natürlich, dass die Leute, die wirklich ein Aussehen haben, auch verschieden von einander aussehen, wie von Aussen, so von Innen. Wenigstens weiss ich, dass ich mir das Eine so wenig als das Andere gegeben habe. Damit lassen Sie mich aus, für immer und ewig, bester Freund, und glauben Sie ja nicht, dass ich aus anderen Ursachen abbreche, als weil ich weiter nichts weiss. Sie, ein Gelehrter, bilden sich nicht ein, wie sauer mir schon das geworden ist." — Vgl als Bestätigung hierzu Schillers Ansichten, wie er sie in dem merkwürdigen Gedichte „Das Glück" ausgesprochen, aller Wahrscheinlichkeit nach angeregt durch den ihm nahe liegenden Vergleich zwischen der genialen Leichtigkeit des Göthe'schen Schaffens mit seiner eigenen reflectirenden Arbeit. — Vgl. ferner meinen Aufsatz über Otto Ludwig: „Aus einer Dichterwerkstatt" in der Oestreichischen Wochenschrift für Wiss. u. Kunst 1872 Nr. 41.

Alten die Aussprüche: *pati Deum* u. s. w., daher überhaupt die Vorstellung von Begeisterung durch fremden Anhauch), ebenso kommt auch das Objective zu seiner Production gleichsam ohne sein Zuthun, d. h. selbst bloss objectiv hinzu. [S. 454 sagt er: „Objectiv ist nur, was bewusstlos entsteht, das eigentlich Objective in jener Anschauung muss also auch nicht mit Bewusstsein hinzugebracht werden können."] Ebenso wie der verhängnissvolle Mensch nicht vollführt, was er will oder beabsichtigt, sondern was er durch ein unbegreifliches Schicksal, unter dessen Einwirkung er steht, vollführen muss, so scheint der Künstler, so absichtsvoll er ist, doch in Ansehung dessen, was das eigentlich Objective in seiner Hervorbringung ist, unter der Einwirkung einer Macht zu stehen, die ihn vor allen anderen Menschen absondert, und ihn Dinge auszusprechen oder darzustellen zwingt, die er selbst nicht vollständig durchsieht, und deren Sinn unendlich ist." —

Um jedoch Missverständnisse zu vermeiden, muss ich noch Folgendes hinzufügen. Erstens ist es keineswegs gleichgültig, welchen Boden das Genie in seinem Geiste bereitet hat, dass die Keime, die aus dem Unbewussten hineinfallen, in üppigen organischen Formen aufschiessen; denn wo sie auf Fels oder Sand fallen, da verkümmern sie. D. h. das Genie muss in seinem Fache geübt und gebildet sein, einen reichen Vorrath einschlagender Bilder in seinem Gedächtnisse aufgespeichert haben, und zwar in einer Auswahl des Schönen, die mit feinem Sinne vollzogen sein muss. Denn dieses Material ist der Stoff, in welchem sich die im Unbewussten noch formlose Idee gestalten will. Hat der Künstler sein ästhetisches Urtheil verdorben, und in Folge dessen unschönes Material in sich mit Liebe aufgenommen, so wird auch dieser schlechte Boden unpassende Bestandtheile in das Saamenkorn einführen, das aus ihm seine Nahrung saugt, und so wird die Pflanze nicht gedeihen.

Zweitens ist mit dem Gesagten nicht behauptet, dass jedes Kunstwerk aus einer einzigen Conception entspringe, schon die Episoden zeigen in einfachster Gestalt die Verbindung verschiedener Conceptionen. Meistentheils jedoch ist es eine einzige Conception, welche die Grundidee liefert, wo nicht, da leidet auch immer die Einheit des Kunstwerkes. Die Einheit der ursprünglichen Totalconception schliesst aber keineswegs aus, sie erfordert sogar bei grösseren Werken die Unterstützung durch Partialconceptionen, gleichsam Conceptionen zweiter Ordnung; denn wenn die verständige Arbeit allein das ganze Intervall zwischen der ersten Conception und dem vollendeten Werk ausfüllen soll, so liegt bei dem in der ersten Conception grösserer Werke unvermeidlichen Fehlen aller Specialitäten die Gefahr nahe, dass in den verschiedenen Theilen des Werkes der Mangel an Conception, gerade wie in kleineren Werken bloss verständiger Combination, fühlbar wird, oder dass durch grössere Aenderungen in den Theilen die Einheit der ganzen Idee beeinträchtigt wird. Allemal aber bleibt der verständigen Arbeit ein grosses Feld übrig, und wenn dem Genie die hierzu nöthige Energie, Ausdauer, Fleiss und verständiges Urtheil fehlen, so wird die geniale Conception dem Künstler und der Menschheit keine Früchte tragen, denn das Werk bleibt entweder unbegonnen, oder unvollendet, oder doch skizzenhaft und unvollkommen ausgeführt (liederlich gearbeitet). Freilich muss die verständige Arbeit sich hierbei immer ihrer gleichsam dienenden Stellung bewusst bleiben; sie darf nicht superklug die einmal gefassten Conceptionen des Unbewussten kritisiren und meistern wollen, sonst verpfuscht sie das Werk, indem sie durch einseitige Verbesserung eine Verschlechterung in vielen anderen Beziehungen herbeiführt und die organische Einheit und Naturwüchsigkeit des Kunstwerkes zerstört oder doch stört. Wie weit aber die verständige Arbeit eingreifen darf, ohne die Conception des Unbewussten zu stören, dies vermag wiederum nicht sie selbst, sondern nur der ästhetische Geschmack oder Takt des Künstlers, d. h. sein unbewusst begründetes Schönheitsgefühl zu bestimmen, und deshalb muss während der ganzen Dauer der verständigen Arbeit doch wieder das Unbewusste als Grenzaufseher über dem bewussten Verstand Wache halten. Hierdurch wird es begründet, dass Schelling und nach ihm Carriere (vgl. oben S. 35) alle künstlerische Thätigkeit für ein beständiges Ineinander von unbewusster und bewusster Thätigkeit erklären konnten, bei welcher jede Seite der andern zum Zustandekommen eines Resultats gleich unentbehrlich ist

Drittens ist die Bemerkung, dass der bewusste Wille auf das Zustandekommen der Conception keinen Einfluss habe, nicht missverstehen. Der bewusste Wille im Allgemeinen ist nämlich geradezu die unentbehrliche Bedingung desselben, denn nur, wenn die ganze Seele des Menschen in seiner Kunst lebt und webt, alle Fäden seines Interesses in ihr zusammenlaufen, und es keine Macht giebt, die im Stande wäre, den Willen von diesen seinem höchsten Streben dauernd abzuwenden, nur dann ist die Einwirkung des bewussten Geistes auf das Unbewusste kräftig genug, um wahrhaft grosse, edle und reine Eingebungen zu erzielen. Dagegen hat der bewusste Wille auf den Moment der Conception keinen Einfluss, ja ein angestrengtes bewusstes Suchen danach, eine einseitige Concentration der Aufmerksamkeit nach dieser Richtung verhindert geradezu die Empfängniss der Idee aus dem Unbewussten, weil die causale Verbindung beider Glieder in Bezug auf solche aussergewöhnliche Inanspruchnahme des Unbewussten so subtil ist, dass jede Präoccupation des Bewusstseins in dieser Richtung störend wirken muss, jede schon vorhandene einseitige Spannung der betreffenden Gehirntheile das Aufnahmeterrain uneben macht. Darum das Eintreten der Conception, wenn ganz andere Hirntheile mit ganz anderen Gedanken beschäftigt sind, sobald nur durch eine noch so lockere Ideenassociation der Impuls zur Causalität des Unbewussten gegeben wird, — aber ein solcher Anstoss muss da sein, wenn er auch meistens gleich wieder vergessen wird, denn die allgemeinen Gesetze des Geistes können auch hier nicht übersprungen werden.

Viertens endlich ist zu berücksichtigen, dass auch bei dem verständigen Arbeiten des blossen Talents die befruchtende Conception niemals ganz fehlt, sondern sich bloss auf solche Minima beschränkt, dass sie der gewöhnlichen Selbstbeobachtung entgehen. Hat man aber einmal das Charakteristische dieses Vorganges beim extremen Genie begriffen, und bedenkt, dass unzählige Vermittelungen von hier durch das Talent zum talentlosen Herumquälen des nackten Verstandes mit Hülfe erlernter Regeln hinabführen, so wird sich bald eine Fülle von Beispielen darbieten, die mehr oder weniger den Charakter der Conception aus dem Unbewussten zeigen, wie einem bei dieser Arbeit plötzlich jene Verbesserung zu ganz anderer Stunde eingefallen u. dergl. Wer aber hieran zweifelt, dem will ich endlich beweisen, dass jede Combination sinnlicher Vorstellungen, wenn sie nicht rein dem Zufalle anheimgestellt wird, sondern zu einem bestimmten Ziele führen soll, der Hülfe des Unbewussten bedarf. —

Die Gesetze der Ideenassociation oder Gedankenfolge enthalten drei wesentliche Momente: 1) die hervorrufende Vorstellung; 2) die hervorgerufene Vorstellung und 3) das Interesse an der Entstehung der letzteren. Was die Beziehungen der beiden ersten untereinander abgesehen vom dritten, und die Gesetze ihrer Verknüpfung betrifft, so müssen dieselben wesentlich auf die mechanische Causalität der molecularen Hirnschwingungen, auf die grössere oder geringere Verwandtschaft der der hervorrufenden Vorstellung entsprechenden Hirnschwingungen zu den verschiedenen im Hirn bereit liegenden latenten Dispositionen (mit einem uneigentlichen Ausdruck: „schlummernde Gedächtnissvorstellungen" genannt) zurückgeführt werden (vgl. S. 28—29). Eine solche Einschränkung der Betrachtung auf die hervorrufende und die hervorgerufene Vorstellung wäre aber nur dann thatsächlich gerechtfertigt, wenn Zustände im menschlichen Leben vorkommen, in welchen der Mensch nicht nur von jedem bewussten Zweck, sondern auch von der Herrschaft oder Mitwirkung jedes unbewussten Interesses, jeder Stimmung, frei ist. Dies ist aber ein kaum jemals vorkommender Zustand; denn auch wenn man seine Gedankenfolge anscheinend völlig dem Zufall anheimgiebt, oder wenn man sich ganz den unwillkürlichen Träumen der Phantasie überlässt, so walten doch immer zu der einen Stunde andere Hauptinteressen, maassgebende Gefühle und Stimmungen im Gemüth als zu der andern, und diese werden allemal einen Einfluss auf die Ideenassociation üben. Von noch grösserem Einfluss aber muss natürlich ein vorhandenes Interesse an der Hinleitung der Gedankenreihe zu einem bestimmten Ziele sein, und dieser oben als Nr. 3 angeführte Punct ist es auch, mit dem wir uns hier hauptsächlich zu beschäftigen haben.

Wenn ich z. B. ein rechtwinkliges Dreieck ansehe, so können sich ohne ein besonderes Interesse alle möglichen Vorstellungen daran reihen, wenn ich aber nach dem Beweis eines Lehrsatzes über dasselbe gefragt bin, welchen nicht zu wissen ich mich schämen würde, so habe ich ein Interesse, an die Vorstellung des Dreiecks diejenigen Vorstellungen zu knüpfen, welche zu diesem Beweise dienen. Dieses Interesse am Ziele ist es also, was die Verschiedenheit der Ideenassociation in den verschiedenen Fällen bedingt. Denn wenn mir bei dem Dreieck sonst alle möglichen anderen Vorstellungen einfallen würden, nur nicht gerade die, welche ich brauche, und das Interesse am Finden des Beweises bewirkt, dass eine diesem Zwecke entsprechende Vorstellung auftaucht, welche sonst höchst wahrscheinlich nicht entstanden wäre, so muss doch das Interesse die Ursache davon sein. Wer ist nun aber der Verständige, der die zweckentsprechende Vorstellung auf Antrieb des Interesses unter den unzähligen möglichen heraussucht? Das Bewusstsein ist es wahrlich nicht; — denn bei halb unbewussten Träumen kommen zwar auch immer nur solche Vorstellungen, die dem augenblicklichen Hauptinteresse entsprechen, aber eben unbeabsichtigt; bei dem absichtlichen Suchen des Bewusstseins in den Schubfächern des Gedächtnisses wird man hingegen gerade von diesem sehr oft im Stiche gelassen; man kann wohl Hülfsmittel anwenden, wenn Einem das, was man braucht, nicht einfallen will, aber ertrotzen lässt es sich nicht, und oft, wenn man durch solches Ausbleiben in Verlegenheit gesetzt ist, kommt die betreffende Vorstellung Stunden, ja Tage lang nachher plötzlich in's Bewusstsein hereingeschneit, wo man am wenigsten daran gedacht hatte. Man sieht also, dass nicht das Bewusstsein der Auswählende ist, da es sich völlig blind verhält, und jedes aus dem Gedächtnissschatze hervorgeholte Stück als Geschenk erhält.

Wäre das Bewusstsein der Auswählende, so müsste es ja das Auswählbare bei seinem eigenen Lichte besehen können, was es bekanntlich nicht kann, da nur das schon Ausgewählte aus der Nacht des Unbewusstseins hervortritt. Wenn also das Bewusstsein doch wählen sollte, so würde es im absolut Finstern tappen könnte also unmöglich zweckmässig wählen, sondern nur zufällig herausgreifen. Jener Unbekannte aber wählt in der That zweckmässig, nämlich den Zwecken des Interesses gemäss. Nach der Psychologie, die nur bewusste Seelenthätigkeit kennt, liegt hier ein offener Widerspruch vor. Denn die Erfahrung bezeugt, dass eine zweckmässige Auswahl der Vorstellungen vor der Entstehung stattfindet, und leugnet, dass das Bewusstsein diese Auswahl vornimmt. Für uns, die wir die Zweckthätigkeit des Unbewussten schon vielseitig kennen gelernt haben, liegt hier nur eine neue Stütze unserer Auffassung vor; es ist eben eine Reaction des Unbewussten auf das Interesse des bewussten Willens, die durch die Form ihres Auftretens und durch ihr zeitweises Ausbleiben bei starker einseitiger Spannung des Hirns völlig mit der künstlerischen Conception übereinstimmt. Die eben angestellte Betrachtung gilt für die Ideenassociation sowohl beim abstracten Denken, als sinnlichen Vorstellen und künstlerischen Combiniren; wenn ein Erfolg erzielt werden soll, muss sich die rechte Vorstellung zur rechten Zeit aus dem Schatze des Gedächtnisses willig darbieten, und dass es eben die rechte Vorstellung sei, welche eintritt, dafür kann nur das Unbewusste sorgen; alle Hülfsmittel und Kniffe des Verstandes können dem Unbewussten nur sein Geschäft erleichtern, aber niemals es ihm abnehmen.

Ein passendes und doch einfaches Beispiel ist der Witz, der zwischen künstlerischer und wissenschaftlicher Production die Mitte hält, da er Kunstzwecke mit meist abstractem Materiale verfolgt. Jeder Witz ist nach dem Sprachgebrauche ein Einfall; der Verstand kann wohl Hülfsmittel dazu aufwenden, um den Einfall zu erleichtern, die Uebung kann namentlich im Gebiete der Wortspiele das Material dem Gedächtnisse lebhafter einprägen und das Wortgedächtniss überhaupt stärken, das Talent kann gewisse Persönlichkeiten mit einem immer sprudelnden Witze ausstatten, trotz alledem bleibt jeder einzelne Witz ein Geschenk von oben, und selbst die, welche als Bevorzugte in dieser Hinsicht den Witz völlig in ihrer Gewalt zu haben glauben, müssen erfahren, dass gerade, wenn sie ihn recht erzwingen wollen, ihr Talent ihnen den Dienst versagt, dass dann nichts als fade Albernheiten oder auswendig gelernte Witze aus ihrem Hirn heraus wollen. Diese Leute wissen auch sehr wohl, dass eine Flasche Wein ein viel besseres Mittel ist, um ihren Witz in Bewegung zu setzen, als die absichtliche Anspannung des Geistes. —

Wenn wir nach alledem verstanden haben, dass alle künstlerische Production des Menschen in einem Eingreifen des Unbewussten wurzelt, so wird es nunmehr nicht Wunder nehmen können, in den Organismen der Natur, welche wir als die unmittelbarste Erscheinung des Unbewussten erkannt haben, die Gesetze der Schönheit so sehr als möglich inne gehalten zu finden. Dieser Punct konnte nicht früher als hier seine Erwähnung finden, er ist aber ein gewichtiger Grund mehr für die planmässige Entstehung der Organismen nach vorher existirenden Ideen. Man betrachte nur eine Pfauenfeder. Jede Wimper der Feder erhält ihre Nahrung aus dem Kiel; die Nahrung für alle Wimpern ist dieselbe; die Farbenstoffe sind im Kiel meist noch nicht vorhanden, sondern werden erst in den Wimpern selbst aus der gemeinschaftlichen Nährflüssigkeit ausgeschieden. Jede Wimper lagert auf verschiedenen Entfernungen vom Kiele verschiedene Farbstoffe ab, die sich scharf von einander abgrenzen; die Entfernungen dieser Farbengrenzen vom Kiele sind auf jeder Wimper andere, und wodurch werden sie bestimmt? Durch den Zweck, in der Nebeneinanderlagerung der Wimpern geschlossene Figuren, Pfauenaugen zu geben, und wodurch kann dieser Zweck gesetzt sein? Nur durch die Schönheit der Zeichnung und Farbenpracht.

Wie unzulänglich erscheint vom ästhetischen Standpuncte aus die Darwin'sche Theorie! Sie zeigt, dass unter der Voraussetzung, dass die Fähigkeit, Farbenzeichnungen im Gefieder zu erzeugen, erblich sei, der ästhetische Geschmack der Thiere bei der geschlechtlichen Auswahl durch überwiegende Fortpflanzung schöngezeichneter Individuen die Schönheit des Gefieders generationenweise erhöhen müsse. Unzweifelhaft! So kann sich aus dem Weniger ein Mehr entwickeln, aber wo kommt das Weniger her? Wenn nicht schon Farbenzeichnung im Gefieder vorhanden ist, wie soll dann eine geschlechtliche Auswahl nach der Farbenzeichnung möglich sein? Also muss doch das, was erklärt werden soll, schon da sein, wenn auch in geringerem Grade. Die Darwin'sche Theorie beruht auf der Voraussetzung, dass solche Fähigkeit, wie hier die der Farbenzeichnungserzeugung, erblich sei; die Vererbung einer Fähigkeit auf die Nachkommen setzt doch aber ihr Vorhandensein in den Vorfahren voraus! Und gesetzt, der Begriff der Vererbung wäre etwas Klares, was er keineswegs ist (am wenigsten, wenn man die gesonderte Vererbung verschiedener Eigenschaften in den verschiedenen Geschlechtern derselben Art berücksichtigt), so erklärt er doch in dem Nachkommen keineswegs die Fähigkeit selbst, sondern nur, wie dieses Individuum zum Besitz dieser Fähigkeit gelangt sei; die Fähigkeit selbst bleibt auch bei Darwin die *qualitas occulta*, er macht gar keinen Versuch, in ihr Wesen zu dringen, es kommt ihm ja nur auf den Nachweis an, dass die Vererbung in Verbindung mit der geschlechtlichen Auswahl im Stande sei, eine solche in einzelnen Exemplaren vorhandene Fähigkeit theils intensiv zu erhöhen, theils ihr extensiv weitere Verbreitung zu verschaffen. Zur Erklärung ihres Wesens und ihrer ersten Entstehung leistet sie gar nichts; sie kann z. B. nie zeigen, wie der einzelne Vogel es anfängt, die Farbenablagerungen auf seinen Federn so zu vertheilen, dass sie, auf den einzelnen Federn und Wimpern scheinbar unregelmässig, in ihrer Nebeneinanderlagerung regelmässige und schöne Zeichnungen hervorbringen. Wenn aber endlich für die intensive und extensive Steigerung solcher Fähigkeit die geschlechtliche Auswahl mit Recht als Grund angeführt wird, so ist doch die nächste Frage die: wie kommt das Individuum zu einer geschlechtlichen Auswahl nach Schönheitsrücksichten? Können wir diese Frage, namentlich bei tiefstehenden Seethieren, denen wahrlich nicht viel bewusste Aesthetik zuzutrauen ist, nur durch einen Instinct beantworten, dessen unbewusster Zweck in Verschönerung der Gattung liegt, so dreht sich Darwin offenbar im Kreise herum; wir aber werden in diesem Instincte ein Mittel erkennen, dessen sich die Natur bedient, um mit leichterer Mühe zu ihrem Zwecke zu kommen, als wenn sie, ohne die Hülfe der Steigerung der körperlichen Disposition durch Vererbung in Generationen, auf einmal die grösstmögliche Schönheit in allen Individuen einzeln erzeugen wollte, d. h. wir bewundern statt schwerer directer eine mühelosere indirecte Erreichung des Zieles, wie schon früher in den Mechanismen des einzelnen Organismus, — und diesen Mechanismus in seiner Allgemeinheit aufgedeckt zu haben, ist das unbestreitbare Verdienst Darwin's; nur darf man nicht, wie der Materialismus, glauben, damit das letzte Wort gesprochen zu haben. Auf ähnliche Weise kann man an der Veredelung der Blüthen sehen, wie in dem geheimnissvollen Leben und Weben der Pflanze selbst der Trieb zur Schönheit liegt, der im wilden Zustande nur zu sehr im Kampfe um's Dasein erdrückt und erstickt wird. So wie man die Pflanzen von diesem Kampfe einigermassen befreit, so bricht das Schönheitsbestreben durch, und aus den unscheinbarsten Blüthen wilder Gewächse werden unter unseren Augen die prachtvollsten Blumen. Und wohlgemerkt kann hier nicht etwa die Anlockung der die Befruchtung vermittelnden Insecten durch die lebhafter gefärbten Blüthen für diese Verschönerung verantwortlich gemacht werden, da ja unsre schönsten Gartenblumen gefüllte, d. h. unfruchtbare Blüthen tragen, und nur auf ungeschlechtlichem Wege vermehrt werden können. Hier hat man den Beweis, dass der Trieb zur schönen Entfaltung in der Pflanze selbst liegt, und bei wildwachsenden Blumen durch die Bevorzugung der sie besuchenden Insecten nur unterstützt, aber nichts weniger als hervorgebracht wird. Nie hat Darwin den Erklärungsversuch gemacht, wie der Pflanze jene Spielarten oder Abweichungen vom Normaltypus möglich sind, welche diesen an Schönheit übertreffen, und welche der Mensch nur vor ihrem Wieder untergang im Kampfe um's Dasein zu schützen braucht, um sie sich zu erhalten.

Dasselbe gilt aber für alle Schönheit im Pflanzen- und Thierreiche, auch die der allgemeinen Form. Ich spreche es als Grundsatz aus, dass jedes Wesen so schön ist, als es in Rücksicht auf seine Lebens- und Fortpflanzungsweise sein kann. So wie wir früher gesehen haben, dass die absolute Zweckmässigkeit jeder einzelnen Einrichtung beschränkt wird: einerseits durch andere Zwecke, deren Erfüllung sie widersprechen würde, andererseits durch den Widerstand des starren Materials, dessen Gesetzen das organisirende Princip sich beugen und anbequemen muss, gerade so wird die Schönheit jedes Theiles beschränkt durch seine Zweckmässigkeit nach allen den Richtungen hin, wo er für das Wesen praktisch in Betracht kommt, und zweitens durch den Widerstand des spröden Materials, dessen Gesetze respectirt werden müssen. So ist z. B. die Tendenz zur Entfaltung einer möglichst glänzenden Farbenpracht bei den schwächeren Thieren (kleinen Vögeln, Käfern, Schmetterlingen, Motten u. s. w.) beschränkt durch ihr Bedürfniss, sich durch Aehnlichkeit mit der Farbe der Umgebung ihren Verfolgern zu verbergen, es sei denn, dass sie durch widrigen Geruch oder Geschmack (z. B. Heliconiden) oder durch eine undurchdringlich harte Schale (Hartkäfer) ohnehin vor ihren eventuellen Feinden sicher sind. Wo immer die höhere Anforderung der Existenzfähigkeit der Art und ihrer Concurrenzfähigkeit im Kampf um's Dasein die Entfaltung einer gewissen Schönheit in Form und Farbe gestattet, da bricht dieselbe unaufhaltsam durch, auch da, wo sie für die Concurrenzfähigkeit der Art im Kampf um's Dasein völlig zwecklos und werthlos erscheint (man denke an die Farbenpracht niederer Seethiere oder die Schönheit gewisser Raupen, welche sich als solche nicht einmal fortpflanzen, bei denen also auch keine geschlechtliche Auswahl nach ihrer Schönheit als Raupe stattfinden kann). Bei schnellen zur Flucht geschickten Thieren spricht das Bedürfniss sich zu verbergen weniger mit, kommt aber sofort zur Geltung, wo die Flucht ausgeschlossen bleibt, z. B. bei brütenden Vögeln. Hier sehen wir an allen im offenen Neste brütenden Vögeln, dass dasjenige Geschlecht, dem das Brütgeschäft ausschliesslich obliegt, ein unscheinbareres Kleid trägt, als das andere. Beide Geschlechter kleinerer Vögel können nur bei solchen Gattungen einen reicheren Farbenschmuck tragen, die im geschlossenen, den Brütvogel verbergenden Neste brüten, während eine Theilung des offenen Brutgeschäftes unter beide Geschlechter ein lebhaft gefärbtes Gefieder bei beiden ausschliesst. In ähnlicher Weise sind fast alle nicht ohnehin schon durch einen widerlichen Geruch oder Geschmack geschützte Schmetterlingsarten mehr oder minder polymorph; d. h. während die Männchen schön gefärbt und gezeichnet sind, sehen die Weibchen, die nach der Begattung noch bis zur Reife und Ablegung der Eier fortleben müssen, unscheinbarer aus, oder sie ahmen auch wohl fernstehende Gattungen, die einen besonderen Schutz geniessen, in ihrer äusseren Erscheinung täuschend nach. — Wo ein farbenprächtiges Gefieder für das ganze Leben ein unheilvolles Geschenk wäre, da sucht doch häufig die Natur durch ein nach kurzer Frist wieder mit einem unscheinbaren Gewande vertauschtes glänzendes Hochzeitskleid der Schönheit ihren Tribut zu zollen, gleichsam als ob sie das Leben des gefiederten Luftbewohners für seinen glücklichen Liebeslenz durch einen flüchtigen Lichtstrahl der Schönheit mit einem Schimmer von Poesie verklären wollte.

So interessant auch eine Betrachtung der organischen Natur vom

ästhetischen Standpuncte aus ist, so können wir doch hier des Raumes wegen nicht darauf eingehen und müssen uns mit diesen Andeutungen begnügen, deren Ausführung wir dem Leser anheimstellen.
— Nehmen wir indessen unsere Behauptungen als zugegeben an, so beruht der Unterschied der künstlerischen Production des Menschen und der Natur letzten Endes nicht im Wesen und Ursprung der Conception der Idee, sondern nur in der Art ihrer Verwirklichung. In der Naturschönheit wird die Idee vor der Ausführung nirgends einem Bewusstsein präsentirt, sondern das Individuum, das Marmor und Bildhauer zugleich ist, verwirklicht die Idee völlig unbewusst; in der künstlerischen Production des Menschen dagegen wird die Instanz des Bewusstseins eingeschoben; die Idee verwirklicht sich nicht unmittelbar als Naturwesen, sondern als Hirnschwingungen, die dem Bewusstsein des Künstlers als Phantasiegebilde gegenüber treten, dessen Uebertragung in äussere Realität von dem bewussten Willen des Künstlers abhängt. —

Fassen wir zum Schlusse das Resultat dieses Capitels zusammen, so ist es folgendes: Das Schönfinden und das Schönschaffen des Menschen gehen aus unbewussten Processen hervor, als deren Resultate die Empfindung des Schönen und die Erfindung des Schönen (Conception) sich dem Bewusstsein darstellen. Diese Momente bilden die Ausgangspuncte der weiteren bewussten Arbeit, welche aber in jedem Augenblicke mehr oder weniger der Unterstützung des Unbewussten bedarf. Der zu Grunde liegende unbewusste Process entzieht sich durchaus der Selbstbeobachtung, doch vereinigt er unzweifelhaft in jedem einzelnen Falle dieselben Glieder, welche eine absolut richtige Aesthetik in discursiver Reihenfolge als Begründung der Schönheit geben würde. Dass eine solche Umwandlung und Zerlegung in Begriffe und discursives Denken überhaupt möglich ist, giebt nämlich den Beweis dafür, dass wir es in dem unbewussten Processe nicht mit etwas wesentlich Fremdem zu thun haben, sondern dass nur die Form in diesem und dem ästhetisch wissenschaftlichen Auflösungsprocesse sich unterscheiden wie intuitives und discursives Denken überhaupt, dass aber in beiden das Denken an sich, oder das Logische, und die Momente, aus deren intuitiv-logischer Verknüpfung die Schönheit resultirt, gemeinsam und gleich sind. Dies gilt ebenso zweifellos für die Elementarurtheile der sogenannten formalen Schönheit, als für die inhaltliche Schönheit der in adäquater sinnlicher Erscheinung sich darstellenden höchsten Ideen. (Schon Leibniz nannte das Schönfinden der musikalischen

Verhältnisse eine unbewusste Arithmetik, und die Schönheit der geometrischen Figuren steht in geradem Verhältnisse zu dem Reichthum mathematischer Ideen und logisch-analytischer Beziehungen, der bei der ästhetischen Intuition derselben als unbewusst implicirter Anschauungsgehalt das Urtheil bestimmt.) Wäre der Begriff des Schönen nicht logisch auflösbar, wäre das Schöne nicht bloss eine besondere Erscheinungsform des Logischen, so müssten wir allerdings in dem schöpferischen Unbewussten neben dem Logischen, das wir bisher allein thätig gefunden, noch etwas Anderes, Heterogenes, was jeder Vermittelung mit diesem entbehrt, anerkennen. Aber die Geschichte der Aesthetik zeigt das Ziel dieser Wissenschaft, die Herleitung aller und jeder Schönheit aus logischen Momenten (allerdings in Anwendung auf reale Data), zu unverkennbar an, als dass man sich durch die gegenwärtige Unvollkommenheit dieser Versuche von dem Glauben an dieses Endziel abwendig machen lassen sollte.

VI.

Das Unbewusste in der Entstehung der Sprache.

„Da sich ohne Sprache nicht nur kein philosophisches, sondern überhaupt kein menschliches Bewusstsein denken lässt, so konnte der Grund der Sprache nicht mit Bewusstsein gelegt werden, und dennoch, je tiefer wir in sie eindringen, desto bestimmter entdeckt sich, dass ihre Tiefe die des bewusstvollsten Erzeugnisses noch bei weitem übertrifft. — Es ist mit der Sprache wie mit den organischen Wesen; wir glauben diese blindlings entstehen zu sehen, und können die unergründliche Absichtlichkeit ihrer Bildung bis in's Einzelnste nicht in Abrede ziehen." In diesen Worten Schellings (Werke, Abthl. II, Bd. 1, S. 52) ist der Inhalt dieses Capitels vorgezeichnet.

Betrachten wir zunächst den philosophischen Werth der grammatischen Formen und der Begriffsbildung. In jeder höher stehenden Sprache finden wir den Unterschied von Subject und Prädicat, von Subject und Object, von Substantivum, Verbum und Adjectiv, und die nämlichen Bedingungen in der Satzbildung; in den minder entwickelten Sprachen sind diese Grundformen wenigstens durch die Stellung im Satze unterschieden. Wer mit der Geschichte der Philosophie bekannt ist, wird wissen, wie viel dieselbe schon diesen sprachlichen Formen allein verdankt. Der Begriff des Urtheils ist entschieden abstrahirt vom grammatischen Satze mit Weglassung der Wortform; aus Subject und Prädicat wurden die Kategorien der Substanz und Accidenz auf dieselbe Weise herausgezogen; einen entsprechenden begrifflichen Gegensatz von Substantivum und Verbum zu finden, ist heute noch ein ungelöstes, vielleicht sehr fruchtbares philosophisches Problem; hier ist die bewusste Speculation noch weit hinter der unbewussten Schöpfung des Genius der Menschheit zurück. Dass die philosophischen Begriffe des Subjects und Objects, welche streng genommen dem antiken Bewusstsein fehlten, und heute die Speculation geradezu beherrschen, sich aus den grammatischen Begriffen entwickelt haben, in denen sie unbewusst vorgebildet eingehüllt lagen, ist gewiss nicht unwahrscheinlich, da schon ihr Name es andeutet. Eine entsprechende philosophische Ausbeute der anderen Satztheile, z. B. des sogenannten entfernteren Objects oder der dritten Person, ist meiner Ueberzeugung nach noch zu erwarten. Es werden durch solches Zum-Bewusstsein-bringen des metaphysischen Gedankens, dem die Wortform zum Kleide dient, zwar keine neuen Beziehungen geschaffen, aber es werden solche, die bisher nur auf grossen Umschweifen im Bewusstsein, einheitlich aber nur in der Ahnung oder im Instinct existirten, auf eine einheitliche Form im Bewusstsein gebracht, und können nun erst zum sicheren Fundament weiterer Speculation dienen, ähnlich wie in der Mathematik die Kreis-, elliptischen und Abelschen Functionen plötzlich gewisse längst bekannte Reihen in eine einheitliche Form schliessen und dadurch erst die Möglichkeit allgemeiner Benutzung derselben gewähren. Lazarus bezeichnet dies mit dem Ausdruck „Verdichtung des Denkens".

Indem der Menschengeist in der Weltgeschichte zum ersten Male vor sich selber stutzt und anfängt zu philosophiren, findet er eine mit allem Reichthum von Formen und Begriffen ausgestattete Sprache vor sich, und „ein grosser Theil, vielleicht der grösste Theil von dem Geschäfte seiner Vernunft besteht in Zergliederungen der Begriffe, die er schon in sich vorfindet," wie Kant sagt. Er findet die Casus der Declination in Substantiv, Verbum, Adjectiv, Pronomen, die Genera, Tempora und Modi des Verbums, und den unermesslichen Schatz fertiger Gegenstands- und Beziehungsbegriffe. Die sämmtlichen Kategorien, welche grösstentheils die wichtigsten Relationen darstellen, die Grundbegriffe alles Denkens, wie Sein, Werden, Denken, Fühlen, Begehren, Bewegung, Kraft, Thätigkeit etc., liegen ihm als fertiges Material vor, und er hat Tausende von Jahren zu thun, um sich nur in diesem Schatze unbewusster Speculation zurecht zu finden. Noch bis heute hat der philosophirende Geist den Fehler des Anfängers, sich zu sehr in der Ferne umzuthun und das Nächstliegende, vielleicht auch Schwierigste, zu vernachlässigen, noch heute giebt es keine Philosophie der Sprache; denn was wir wirklich davon haben, sind winzige Bruchstücke und, was meistens geboten wird, phrasenhafte Appellationen an den menschlichen Instinct, der ja doch so schon weiss, was gemeint ist (ähnlich wie in der Aesthetik). Aber wenn die ersten griechischen Philosophen sich bloss an die Aussenwelt hielten, so hat doch die Philosophie, je weiter sie fortgeschritten ist, um so mehr erkannt, dass das Verstehen des eigenen Denkens die nächstliegendste Aufgabe ist, dass dieses durch Hebung der Geistesschätze, welche in der Sprache des Finders harren, trefflich gefördert wird, und dass die graue Ueberlieferung der Sprache, das Kleid des Denkens, nicht durch bunte aufgeklebte Lappen entweiht werden darf; denn die Sprache ist das Wort Gottes, die heilige Schrift der Philosophie, sie ist die Offenbarung des Genius der Menschheit für alle Zeiten. — Wie viel ein Plato, Aristoteles, Kant, Schelling und Hegel der Sprache verdanken, wird der sie aufmerksam Studirende nicht verkennen; öfters scheint sogar den Betreffenden die Quelle, aus der sie die erste Anregung zu gewissen Resultaten geschöpft haben, ziemlich unbewusst zu sein (z. B. bei Schelling das Subject des Seins als Nichtseiendes oder Potenz des Seins, und das Object des Seins als bloss Seiendes).

Die nächste Betrachtung betrifft die Frage, ob die Sprache sich mit der fortschreitenden Bildung vervollkommnet. Bis auf einen gewissen Punct ist dies unzweifelhaft der Fall; denn die Sprache der ersten Urmenschen ist gewiss eine von der Laut- und Geberdensprache der Thiere kaum unterschiedene gewesen, und wir wissen, dass jede Sprache, welche jetzt Flexionssprache ist, sich durch die Stufen der einsilbigen (z. B. Chinesisch), agglutinirenden (z. B. Türkisch) und incorporirenden (z. B. Indianersprachen) Sprache ganz allmählich zu ihrer höchsten Vollendung heraufgearbeitet hat. Wenn man aber obige Frage so versteht, ob nach Erreichung desjenigen Bildungszustandes, welcher von vornherein als Bedingung einer Flexionssprache angesehen werden muss, bei weiter steigender Cultur die Sprache sich vervollkommne, so muss diese Frage nicht nur verneint, sondern ihr Gegentheil bejaht werden. Allerdings treten mit fortschreitender Cultur neue Gegenstände, folglich neue Begriffe und Beziehungen derselben, also auch neue Worte auf (z. B., Alles was Eisenbahnen, Telegraphen und Actiengesellschaften betrifft). Hieraus ergiebt sich eine materielle Bereicherung der Sprache. Diese enthält jedoch nichts Philosophisches. Die philosophischen Begriffe (die Kategorien u. s w.) bleiben dieselben, sie werden nicht mehr noch weniger, mit geringen Ausnahmen, wie Bewusstsein und dergl., Begriffe, welche die Alten der classischen Zeit nur divinatorisch, aber nicht explicite und bewusst besassen. Ebenso erleiden die Abstractionsreihen, welche die unendliche Mannigfaltigkeit der sinnlichen Erscheinungen zum Gebrauch in Abstracta verschiedener Ordnungen zusammenfassen, keine irgend erheblichen Veränderungen; denn wenn die Specialwissenschaften, z. B. Zoologie, Botanik, ihre Artbegriffe bisweilen ein wenig ändern, so berührt dies theils das practische Leben gar nicht, theils sind diese Aenderungen gegen die Constanz der meisten Begriffsgebiete verschwindend klein. Worin aber der eigentlich philosophische Werth liegt, der formelle Theil der Sprache, der ist in einem mit dem Culturfortschritt gleichen Schritt haltenden Zersetzungs- und Verflachungsprocesse. Ein noch eclatanteres Beispiel, als die deutsche Sprache im Gothischen, Althochdeutschen, Mittel- und Neuhochdeutschen, bildet die Verflachung der romanischen, namentlich der französischen Sprache. Die ein- für allemal bestimmte Stellung der Satztheile und Sätze lässt der Prägnanz des Ausdruckes keinen Spielraum mehr, eine Declination existirt nicht mehr, ein Neutrum ebenso wenig, die Conjugation beschränkt sich auf vier (im Deutschen sogar auf zwei) Zeiten, das Passivum fehlt, alle Endsilben sind abgeschliffen, die in Natursprachen so ausdrucksvolle Verwandtschaft der Stammsilben durch Abschleifungen, Consonantausstossungen und andere Entstellungen meist unkenntlich geworden und die Fähigkeit, Worte zu Einem zusammenzusetzen, ist verloren gegangen. Und doch sind deutsch und französisch noch unendlich reiche und ausdrucksvolle Sprachen gegen die trostlose Verflachung des Englischen, das sich in grammaticalischer Beziehung mit starken Schritten dem Ausgangspunct der Entwickelung, dem Chinesischen, wieder annähert. Je weiter wir dagegen historisch rückwärts gehen, desto grösser wird der Formenreichthum; das Griechische hat sein Medium, Dualis und Aorist, und eine unglaubliche Zusammensetzungsfähigkeit. Der Sanskrit, als die älteste der uns bekannten Flexionssprachen, soll an Schönheit und Formenreichthum alle anderen übertreffen. Aus dieser Betrachtung geht hervor, dass die Sprache zu ihrer Entstehung durchaus keiner höheren Culturentwickelung bedarf, sondern dass ihr eine solche vielmehr schädlich ist, indem sie nicht einmal im Stande ist, das fertig Ueberkommene vor Verderbniss zu bewahren, selbst dann nicht, wenn sie seiner Erhaltung und Veredelung ein bewusstes und sorgfältiges Streben widmet (wie z. B. die académie française). Die sprachliche Entwickelung vollzieht sich nicht nur im Grossen und Ganzen, sondern auch im Einzelnen mit der stillen Nothwendigkeit eines Naturproducts, und aller Bemühungen des Bewusstseins spottend wachsen die sprachlichen Formen noch heute fort, als ob sie selbstständige Gebilde wären, denen der bewusste Geist nur als Medium ihres eigenthümlichen Lebens dient.*) Sowohl dieses Resultat, als die speculative Tiefe und Grossartigkeit der Sprache, sowie endlich ihre wunderbare organische Einheit, die weit über die Einheit eines methodisch-systematischen Aufbaues hinausgeht, sollte uns abhalten, die Sprache für ein Erzeugniss bewusster scharfsinniger Ueberlegung zu halten. Schon Schelling sagt: „Der Geist, der die Sprache schuf, — und das ist nicht der Geist der einzelnen Glieder des Volkes, — hat sie als Ganzes gedacht: wie die schaffende Natur, indem sie den Schädel bildet, schon den Nerven im Auge hat, der seinen Weg durch ihn nehmen soll."

Dazu kommt noch Folgendes: Für die Arbeit eines Einzelnen ist der Grundbau viel zu complicirt und reichhaltig, die Sprache ist ein Werk der Masse, des Volkes. Für die bewusste Arbeit Mehrerer aber ist sie ein zu einheitlicher Organismus. Nur der Masseninstinct kann sie geschaffen haben, wie er im Leben des Bienenstockes, des Thermiten- und Ameisenhaufens waltet. — Ferner, wenn auch die aus verschiedenen Entwickelungsheerden entsprungenen Sprachen wesentlich von einander abweichen, so ist doch der Gang der Entwickelung der Hauptsache nach auf all den verschiedenen Schauplätzen menschlicher Bildung und bei den verschiedensten Nationalcharakteren sich so ähnlich, dass die Uebereinstimmung der Grundformen und des Satzbaues in allen Stadien der Entwickelung nur aus einem gemeinsamen Sprachbildungsinstincte der Menschheit erklärlich wird, aus einem in den Individuen waltenden Geiste, der überall die Entwickelung der Sprache nach denselben Gesetzen des Emporblühens und des Verfalles leitet. — Wem aber alle diese Gründe nicht entscheidend vorkommen, der wird in Verbindung mit ihnen den einzigen als durchschlagend zugeben müssen, dass jedes bewusste menschliche Denken erst mit Hülfe der Sprache möglich ist, da wir sehen, dass das menschliche Denken ohne Sprache (bei unerzogenen Taubstummen und auch bei gesunden Menschen, die ohne menschliche Erziehung aufgewachsen sind) das der klügsten Hausthiere bestenfalls sehr wenig übertrifft. Ganz unmöglich ist also ohne Sprache oder mit einer bloss thierischen Lautsprache ohne grammatische Formen ein so scharfsinniges Denken, dass als sein bewusstes Erzeugniss der wundervolle tiefsinnige Organismus der überall gleichen Grundformen hervorginge; vielmehr

---

*) Vgl. Gobineau, Untersuchungen über verschiedene Aeusserungen sporadischen Lebens, 2. Theil, in der Zeitschrift für Philosophie und philosophische Kritk Bd. 52, S. 181 ff.

wird jeder Fortschritt in der Entwickelung der Sprache erst die **Bedingung** von einem Fortschritte in der Ausbildung des bewussten Denkens, nicht seine Folge sein, indem er (wie jeder Instinct) zu einer Zeit eintritt, wo die gesammte Culturlage des betreffenden Volkes einen Fortschritt in der Ausbildung des Denkens **zum Bedürfniss macht.**

Ganz ebenso also, wie unbezweifelter Weise die zum Theil so hoch ausgebildete Sprache der Thiere, oder die Mienen-, Gesten- und Naturlautsprache der Urmenschen in Production wie in Verständniss ein Werk des Instinctes ist, ganz ebenso muss auch die menschliche Wortsprache eine Conception des Genies, ein Werk des Masseninstinctes sein. Dies Resultat bestätigen übrigens die hervorragendsten und genialsten Sprachforscher dieses Jahrhunderts. So sagt z. B. Heyse in seinem „System der Sprachwissenschaft": „Die Sprache ist ein **Naturerzeugniss** des menschlichen **Geistes**; ihre Erzeugung geschieht mit Nothwendigkeit, ohne besonnene Absicht und klares Bewusstsein, aus innerem **Instincte** des Geistes." Die Sprache ist ihm ein Erzeugniss „**nicht des besondern subjectiven Geistes** oder reflectirenden Verstandes als freier Thätigkeit des Individuums als eines solchen", sondern „**des allgemeinen objectiven Geistes**, der menschlichen Vernunft in ihrem Naturgrunde". Aehnlich sagt Wilhelm von Humboldt (Ueber das vergleichende Sprachstudium §. 13): „man kann an den **Naturinstinct** der Thiere erinnern, und die Sprache einen **intellectuellen** der Vernunft nennen". „Es hilft nicht, zu ihrer Erfindung Jahrtausende und abermals Jahrtausende einzuräumen. Die Sprache liesse sich nicht erfinden, wenn nicht ihr Typus in dem menschlichen Verstande vorhanden wäre ... So wie man wähnt, dass die Erfindung der Sprache allmählich und stufenweise, gleichsam umzechig geschehen, durch einen Theil mehr erfundener Sprache der Mensch mehr Mensch werden und durch diese Steigerung wieder mehr Sprache erfinden könne, verkennt man die Untrennbarkeit des menschlichen Bewusstseins und der menschlichen Sprache". Die Sprache „lässt sich nicht eigentlich lehren, sondern nur im Gemüthe wecken; man kann ihr nur den Faden hinhalten, an dem sie sich von selbst entwickelt" (vergl. unten S. 263 ff.). „Wie könnte sich der Hörende bloss durch das Wachsen seiner eigenen sich abgeschieden in ihm entwickelnden Kraft des Gesprochenen bemeistern, wenn nicht in dem Sprechenden und Hörenden dasselbe, nur individuell und zu gegenseitiger Angemessenheit getrennte Wesen wäre, so dass ein so feines, aber gerade aus der tiefsten und eigentlichsten Natur desselben geschöpftes Zeichen, wie der artikulirte Laut ist, hinreicht, beide auf übereinstimmende Weise, vermittelnd, anzuregen?" „Das Verstehen könnte nicht auf innerer Selbstthätigkeit beruhen, und das gemeinschaftliche Sprechen müsste etwas Anderes als bloss gegenseitiges Wecken des Sprachvermögens des Hörenden sein, wenn nicht in der Verschiedenheit der Einzelnen die sich nur in abgesonderte Individualität spaltende Einheit der menschlichen Natur läge." Humboldt schliesst also, was wir erst weiter unten allgemeiner begründen werden, aus der Natur der Sprache allein: „dass die geschiedene Individualität überhaupt nur eine Erscheinung bedingten Daseins geistiger Wesen ist," dass der bewusste menschliche Geist und die Sprache aus dem gemeinsamen Urgrunde des allgemeinen Geistes herstammen. H. Steinthal schliesst in seiner ausgezeichneten Schrift: „der Ursprung der Sprache" seine treffliche objective Kritik der Vorgänger mit folgender Formulirung der Aufgabe: „die Sprache ist dem Menschen nicht anerschaffen, nicht von Gott geoffenbaret — der Mensch hat sie **hervorgebracht**; aber nicht die blosse organische Natur des Menschen, sondern sein **Geist**; aber endlich auch **nicht** der denkende **bewusste** Geist. **Welcher** Geist also im Menschen, d. h. welche Thätigkeitsform des menschlichen Geistes hat Sprache erzeugt?" Welche andere Antwort ist hierauf denkbar, als die der **unbewussten** Geistesthätigkeit, welche mit intuitiver Zweckmässigkeit sich hier in den Naturinstincten, dort in den intellectuellen Instincten, hier in individuellen, dort in cooperativen Masseninstincten auswirkt, und überall ein und dieselbe, überall mit fehlloser hellsehender Sicherheit dem Maasse des sich darbietenden Bedürfnisses entspricht.

VII.

Das Unbewusste im Denken.

Im vorletzten Capitel (S. 245—247) hatten wir gesehen, dass jeder Eintritt einer Erinnerung zu einem bestimmten Zwecke der Hülfe des Unbewussten bedarf, wenn gerade die rechte Vorstellung einfallen soll, weil das Bewusstsein die schlummernden Gedächtnissvorstellungen*) nicht umfasst, also auch nicht unter ihnen wählen kann. Wenn eine unpassende Vorstellung auftaucht, so erkennt das Bewusstsein dieselbe sofort als unzweckmässig und verwirft sie, aber alle Erinnerungen, welche noch nicht aufgetaucht sind, sondern erst auftauchen sollen, liegen ausser seinem Gesichtskreise, also auch ausser seiner Wahl; nur das Unbewusste kann die zweckmässige Wahl vollziehen. Es könnte etwa Jemand meinen, dass die Erinnerungen absolut zufällig in Bezug auf das Interesse auftauchen, und das Bewusstsein so lange die falschen verwirft, bis endlich auch die richtige kommt. Beim abstracten Denken kommen allerdings solche Fälle vor, wo man fünf, auch mehr Vorstellungen verwirft, ehe Einem die richtige einfällt. In solchen Fällen handelt es sich aber, wie beim Rathen von Räthseln, oder Lösen von Aufgaben durch Probiren, darum, dass das Bewusstsein selbst nicht recht weiss, was es will, d. h. dass es die Bedingungen der Zweckmässigkeit nur in Gestalt abstracter Wort- oder Zahlformeln, aber nicht in unmittelbarer Anschauung kennt, so dass es in jedem einzelnen Falle erst den concreten Werth in die Formeln einsetzen muss, und zusehen,

---

*) Ich erinnere hier nochmals daran, dass der Ausdruck: „schlummernde Gedächtnissvorstellungen" ein uneigentlicher ist, da es sich hier weder um bewusste noch um unbewusste Vorstellungen, also um gar keine Vorstellungen handelt, sondern um moleculare Hirndispositionen zu gewissen Schwingungszuständen, auf welche das Unbewusste eintretenden Falls mit gewissen bewussten Vorstellungen reagirt.

ob die Sache stimmt; hiermit leuchtet aber auch ein, dass die Reaction des Unbewussten auf ein Interesse, welches sich selbst so unklar ist, dass es sich nur durch Anwendung auf den concreten Fall über sich klar werden kann, eine unvollkommenere sein muss, als da, wo das Interesse sich in unmittelbar concreter und anschaulicher Weise von selbst versteht, wie beim Suchen einer passenden Theilvorstellung zu einem im übrigen fertigen Bilde, oder Verse, oder Melodie, wo ein so langes Probiren viel seltener vorkommt. Bei dem Einfall eines Witzes wird es noch weniger stattfinden; herausprobirte Witze sind vielmehr immer schlecht. Aber auch in solchen Fällen, wo die Erfahrung ein mehrmaliges Verwerfen der auftauchenden Vorstellungen zeigt, sollte man nicht vergessen, dass alle diese verworfenen Vorstellungen k ein e s w e g s in Bezug auf den Zweck des Interesses absolut zufällig sind, sondern durchaus diesem Ziele zustreben, wenn sie auch noch nicht den Nagel auf den Kopf treffen. Aber selbst wenn dieses Merkmal ihnen fehlte, wird man zugeben müssen, dass die Vorstellungen, welche, abgesehen vom Ziel des Interesses, bloss nach den anderen Gesetzen der Gedankenfolge entstehen würden, geradezu zahllos sind, und dass dann in sehr seltenen Fällen schon nach fünf bis zehn verworfenen Vorstellungen die passende auftauchen würde, meistens aber eine viel grössere Anzahl Versuche erforderlich wäre; die Folge hiervon wäre die Unmöglichkeit, irgend eine geordnete Gedankenfolge zu produciren, man würde diese unverhältnissmässige Anstrengung bald ermüdet aufgeben und sich nur dem willkürlosen Träumen und den Sinneseindrücken hingeben, ähnlich wie tiefstehende Thiere.

Alles kommt beim Denken darauf an, dass Einem die rechte Vorstellung im rechten Moment einfällt; nur hierdurch unterscheidet sich (abgesehen von der Schnelligkeit der Gedankenbewegung) das Denkergenie vom Dummen, Thoren, Narren, Blödsinnigen und Verrückten. Denn das Schliessen findet bei allen auf gleiche Weise statt; kein Verrückter und kein Träumender hat je einen falschen einfachen Schluss gedacht aus den Prämissen, die ihm gerade gegenwärtig waren, nur die Prämissen derselben sind häufig unbrauchbar; theils sind sie falsch an sich, theils sind sie zu dem Zweck, wozu der Schluss dienen soll, zu eng, theils zu weit; theils auch werden beim Schliessen gewisse hier unzulässige Prämissen gewohnheitsmässig vorausgesetzt, theils auf diesem Wege mehrere hinter einander folgende Schlüsse in einem zusammengezogen, und dabei Fehler begangen, weil nicht jeder einzelne Schluss wirklich gedacht wird, auch jeder folgende Schluss stillschweigend eine neue Prämisse voraussetzt. Aber bei gegebenen Prämissen einen einfachen Schluss falsch vollziehen, das liegt nach meiner Auffassung gerade so ausser dem Bereich der Möglichkeit, als dass ein von zwei Kräften gestossenes Atom anders als in der Diagonale des Parallelogramms der Kräfte gehen sollte.

Alles kommt beim Denken darauf an, dass Einem die rechte Vorstellung im rechten Moment einfällt. Diesen Satz wollen wir noch genauer prüfen. Man versteht unter Denken im engeren Sinne das Theilen, Vereinen und Beziehen der Vorstellungen. Das Theilen kann in räumlichem oder zeitlichem Zerschneiden oder in abstrahirendem Theilen der Vorstellungen bestehen. Jede Vorstellung kann auf unendlich viele Arten getheilt werden, es kommt also wesentlich darauf an, wie der Schnitt geführt wird zwischen dem Stück, das man behalten, und dem, welches man fallen lassen will. Wieviel und was von einer Vorstellung man aber behalten will, das hängt davon ab, zu welchem Zwecke man es braucht. Der Hauptzweck beim abstrahirenden Theilen ist das Zusammenfassen vieler sinnlicher Einzelnen zu einem gemeinsamen Begriff; dieser kann nur das in allen Gleiche enthalten, die Schnitte müssen also so geführt werden, dass man von allen Einzelvorstellungen nur das Gleiche übrig behält, und die ungleichen individuellen Reste fallen lässt. Mit anderen Worten, wenn man die vielen Einzelnen hat, muss Einem die Vorstellung des allen gemeinsamen gleichen Stückes einfallen. Dies ist ebenso gewiss ein Einfallen, was nicht erzwungen werden kann, wie in früheren Beispielen; denn Millionen Menschen starren dieselben Einzelvorstellungen an und Ein genialer Kopf packt endlich den Begriff. Wie viel reicher an Begriffen ist nicht der Gebildete, als der Ungebildete? Und der einzige Grund hiervon ist das Interesse am Begriff, welches ihm durch die Erziehung und Lehre eingeflösst wird; denn direct lehren kann man Niemandem einen Begriff, man kann ihm wohl beim Abstrahiren durch Angabe recht vieler sinnlicher Einzelner und Ausschliessung anderer ihm schon bekannter Begriffe u. s. w. behülflich sein, aber finden muss er ihn zuletzt doch selbst. Einen erheblichen Talentunterschied aber kann man zwischen Gebildeten und Ungebildeten doch im Durchschnitt gewiss nicht annehmen, also kann es nur das Interesse am Finden sein, welches den Unterschied des Begriffreichthumes bedingt. Dasselbe gilt auch für den verschiedenen Begriffreichthum von Mensch und Thier, wenn auch hier allerdings die Begabung mitspricht. Die grössten Erfindungen der theoretischen Wissenschaft bestehen oft bloss im Finden eines neuen Begriffes, in der Erkenntniss eines bisher unbeachtet gebliebenen gemeinsamen Stückes in mehreren anderen Begriffen, z. B. die Entdeckung des Begriffes Gravitation durch Newton. Wenn das Interesse es ist, welches die Auffindung des Gemeinsamen bedingt, so ist das erste Aufleuchten des Begriffes die zweckmässige Reaction des Unbewussten auf diesen Antrieb des Interesses.

Wenn dies schon für Begriffe gilt, die nur in dem Ausscheiden eines vielen gegebenen Vorstellungen gemeinsamen Stückes bestehn, um wie viel mehr um solche, die Beziehungen verschiedener Vorstellungen auf einander enthalten, z. B. Gleichheit, Ungleichheit, Einheit, Vielheit (Zahl), Allheit, Negation, Disjunction, Causalität u. s. w.; denn hier ist der Begriff eine wahrhafte Schöpfung, allerdings aus gegebenem Material, aber doch Schöpfung von etwas als solchem in den gegebenen Vorstellungen gar nicht Liegendem. — Z. B.: Die Gleichheit als solche kann nicht den Würfeln A und B inhäriren, denn wenn B noch nicht ist, so kann A nicht die Gleichheit mit B haben; wenn aber B entsteht, so kann dies die Beschaffenheit von A nicht verändern, also kann A nicht durch das Entstehen von B eine Eigenschaft bekommen, die es vorher nicht hatte, also auch nicht die Gleichheit mit B. Der Begriff der Gleichheit kann also in den Dingen nicht liegen, ebenso wenig in den durch die Dinge erzeugten Wahrnehmungen als solchen, denn für diese lässt sich derselbe Beweis führen, folglich muss der Begriff der Gleichheit erst von der Seele geschaffen werden; aber die Seele kann auch nicht willkürlich zwei Vorstellungen für gleich oder ungleich erklären, sondern nur dann, wenn die Vorstellungen, abgesehen von Ort und Zeit, identisch sind, d. h. wenn die beiden Vorstellungen, an einem Orte des Gesichtsfeldes ohne Zeitintervall sich ablösend, den Eindruck einer einzigen unverändert bleibenden Vorstellung machen würden. Da diese Bedingung realiter nie erfüllt werden kann, so kann der Process nur der sein, dass die Seele das identische Stück beider Vorstellungen begrifflich ausscheidet; erkennt sie dann, dass die individuellen Reste nur in Ort und Zeit der Vorstellungen bestehen und den Inhalt derselben nicht mehr berühren, so nennt sie dieselben gleich, und hat so den Begriff der Gleichheit gewonnen. Es ist aber leicht zu sehen, dass, wenn dieser ganze Process im Bewusstsein vollzogen werden sollte, die Seele die Fähigkeit der Abstraction und mithin den Begriff der Gleichheit, um das beiden Vorstellungen gemeinsame gleiche Stück ausscheiden zu können, schon besitzen müsste, um zu ihnen zu gelangen, was ein Widerspruch ist; es bleibt also, da jede Menschen- und Thierseele diesen Begriff wirklich hat, nichts als die Annahme übrig, dass dieser Process sich in seinem Haupttheile unbewusst vollzieht, und erst das Resultat als Begriff der Gleichheit, oder als Urtheil: „A und B sind gleich" in's Bewusstsein fällt.

Wie unentbehrlich die Fähigkeit der Abstraction und der in ihr enthaltene Gleichheitsbegriff selbst zu den ersten Grundlagen alles Denkens sei, will ich kurz an der Erinnerung zeigen.

Jeder Mensch und jedes Thier weiss, wenn in ihm eine Vorstellung oder eine Wahrnehmung entsteht, ob es den Inhalt derselben kennt oder nicht, d. h. ob ihm die Wahrnehmung neu ist, zum ersten Male entsteht, oder ob es dieselbe früher schon gehabt hat. Eine blosse Vorstellung, die auftaucht, verbunden mit dem Bewusstsein, dass sie schon früher als Sinneswahrnehmung dagewesen sei, heisst **Erinnerung**. Das Wiedererkennen sinnlicher Wahrnehmungen wird nicht mit diesem Namen bezeichnet, ist aber mindestens ebenso wichtig. Es fragt sich, wie kommt die Seele zu dem Merkmal des **Bekanntseins**, welches doch in der Vorstellung selbst nicht liegen kann, da jede Vorstellung an und für sich als etwas Neues auftritt. Die nächstliegende Antwort ist: durch die Ideenassociation, denn eine Haupthervorrufung derselben ist die Aehnlichkeit. Wenn also eine Wahrnehmung neu eintritt, welche schon früher dagewesen war, so wird die schlummernde Erinnerung wach gerufen, und die Seele hat nun statt eines Bildes zwei, ein lebhaftes und ein schwaches, und letzteres einen Moment später, während sie bei neuen Wahrnehmungen nur eins vorfindet. Da sie von dem zweiten schwachen Bilde sich nicht als Ursache weiss, so nimmt sie das der Zeit nach frühere lebhafte als Ursache desselben an; da aber andererseits die Ursache davon, dass das schwache Bild in einigen Fällen erscheint, in anderen nicht, in den Wahrnehmungen nicht wohl liegen kann, so setzt sie die Ursache dieser Erscheinung in eine verschiedene Disposition des Vorstellungsvermögens. Hätte die Seele bei der schwachen Vorstellung ohne Weiteres das Bewusstsein, dass sie schon früher dagewesen sei, so wäre die Sache erklärlich, aber das ist eben nicht zu begreifen, wie sie zu diesem Bewusstsein aus dem bisher Angeführten kommen soll; die Frage wäre damit nicht gelöst, sondern nur ihr Object eine Stufe zurückgeschoben. Hier hilft nun aber die Betrachtung von gleichen Sinneseindrücken aus, die so schnell auf einander folgen, dass das Nachbild des ersten beim Eintreten des zweiten noch nicht verklungen ist. Hier weiss nämlich die Seele 1) das Nachbild des ersten Eindruckes mit demselben vermöge der Stetigkeit des Abklingens als eins; 2) weiss sie aus dem Grade der Abschwächung, dass das äussere Object aufgehört hat zu wirken, und nur sein Nachbild übrig ist; 3) weiss sie, dass die unmittelbar nach dem zweiten Eindruck eintretende plötzliche Verstärkung des Nachbildes eine Wirkung jenes ist; 4) erkennt sie die Inhaltsgleichheit des zweiten Eindruckes mit dem verstärkten Nachbilde des ersten. Aus diesen Prämissen schliesst sie, dass die Disposition des Vorstellungsvermögens, welche die Entstehung des schwachen Bildes nach dem zweiten Eindruck bedingte, das Vorhandensein des Nachbildes des ersten war, und dass der zweite Eindruck derselbe war, wie der erste. Indem nun solche Beispiele sich bei verschiedenen Graden des Abgeklungenseins wiederholen, wird nach Analogie geschlossen, dass auch da, wo das Nachbild des ersten beim Eintreten des zweiten Eindruckes nicht mehr vorhanden ist, die fragliche Disposition des Vorstellungsvermögens in einem schlummernden Nachbilde bestehe, und somit ergiebt sich das Bewusstsein des Bekanntseins jedesmal, wenn eine Vorstellung eine ihr gleiche schwächere hervorruft. So z. B. wenn beim wachen Träumen Einem Bilder aufsteigen, so müssen dieselben erst bis zu einem gewissen Grade der Vollständigkeit gediehen sein, ehe sie durch Association für einen Moment das Ganze der erlebten Situation als zweites Bild vor die Seele führen, und erst in diesem Moment springt plötzlich das Bewusstsein hervor, dass man ja die Sache erlebt hat, erst dann wird die aufgestiegene Erinnerung als Erinnerung bewusst.

Man sieht, welch' ein ungeheurer Apparat von complicirter Ueberlegung erforderlich ist, um ein scheinbar so einfaches Fundamentalphänomen zu erzeugen, und dass ganz unmöglich in jenen Zeiten der Kindheit von Mensch und Thier, wo diese Begriffe sich bilden, ein solcher Process sich im Bewusstsein vollziehen könnte, zumal da alle hier angewandten Schlüsse die Fähigkeit, die Vorstellungen als bekannt anzuerkennen, längst voraussetzen. Darum bleibt nichts übrig, als dass auch dieser Process sich im Unbewussten vollzieht und nur sein Resultat instinctiv in's Bewusstsein fällt. Auch die Gewissheit des Bekanntseins, welche bei nicht zu grosser Zwischenzeit beider Eindrücke die Erinnerung bietet, könnte bei diesem künstlichen Gebäude von Hypothesen und Analogien nie erreicht werden.

Ein anderes Beispiel bietet die Causalität. Allerdings ist dieselbe logisch zu entwickeln, nämlich aus der Wahrscheinlichkeitsrechnung, welche mit der blossen Voraussetzung des absoluten Zufalls, d. i. der Causalitätslosigkeit rechnet. Wenn nämlich unter den und den Umständen ein Ereigniss n Mal eingetroffen ist, so ist die Wahrscheinlichkeit, dass es unter denselben Umständen das nächste Mal wieder eintrifft $\frac{n+1}{n+2}$; gesetzt nun, wir nennen den Eintritt des Ereignisses nothwendig, wenn die Wahrscheinlichkeit desselben $= 1$ wird, so lässt sich hieraus die **Wahrscheinlichkeit davon** entwickeln, dass der Eintritt des Ereignisses nothwendig, oder nicht nothwendig sei. Weiter liegt aber, wie schon Kant nachwies, keine Bedeutung in der Causalität, als **die Nothwendigkeit des Eintretens unter den betreffenden Umständen**, da der Begriff der **Erzeugung** ein willkürlich hineingelegter, und am Ende doch nur ein **unpassend** gebrauchtes **Bild** ist.

Also können wir die Wahrscheinlichkeit zeigen, dass diese oder jene Erscheinung von diesen oder jenen Umständen verursacht sei, und weiter geht in der That unser Erkennen nicht. Gewiss wird Niemand glauben, dass dies die Art sei, wie Kinder und Thiere zum Begriff der Causalität kommen, und doch giebt es keine andere Art, über den Begriff der blossen Folge hinaus, zu dem der nothwendigen Folge oder Wirkung zu gelangen, folglich muss auch dieser Process im Unbewussten vor sich gehen, und der Begriff der Causalität als sein fertiges Resultat in's Bewusstsein treten.

Derselbe Nachweis lässt sich auch für die anderen Beziehungsbegriffe führen, sie alle lassen sich logisch discursiv entwickeln, aber diese Entwickelungen sind alle so fein und zum Theil so complicirt, dass sie ganz unmöglich im Bewusstsein der Wesen vollzogen werden können, die diese Begriffe zum ersten Male bilden; darum treten sie als etwas Fertiges vor das Bewusstsein. Wer nun auf die Unmöglichkeit, diese Begriffe von aussen zu erhalten, und die Nothwendigkeit, sie **selbst** zu bilden, sieht, der behauptet ihre Apriorität; wer dagegen sich darauf stützt, dass solche Bildungsvorgänge im Bewusstsein gar nicht Platz greifen können, sondern **diesem** vielmehr die Resultate als etwas Fertiges **gegeben werden**, der muss ihre Aposteriorität behaupten. Plato ahnte Beides, indem er alles Lernen Erinnerung nannte, Schelling sprach es aus in dem

Satz: „Insofern das Ich Alles aus sich producirt, ist alles ... Wissen *a priori;* aber insofern wir uns dieses Producirens nicht bewusst sind, insofern ist ... Alles *a posteriori* ... Es giebt also Begriffe *a priori*, ohne dass es angeborene Begriffe gäbe." (Vgl. oben S. 15.) So ist alles wahrhaft Apriorische ein vom Unbewussten Gesetztes, das nur als Resultat in's Bewusstsein fällt. Insofern es das Prius des Gegebenen, des unmittelbaren Bewusstseinsinhalts ist, insofern ist es noch unbewusst; indem das Bewusstsein auf den vorgefundenen Inhalt reflectirt, und aus demselben auf das ihn erzeugende Prius zurückschliesst, erkennt es *a posteriori* das unbewusst wirksame Apriorische. (Vgl. hierzu „Das Ding an sich" S. 66—73, 83 —90.) Der gewöhnliche Empirismus verkennt das Apriorische im Geiste; die philosophische Speculation verkennt, dass alles Apriorische im Geiste nur *a posteriori* (inductiv) erkennbar ist.

Das Vereinen von Vorstellungen kann wiederum ein räumliches oder zeitliches Aneinanderfügen, wie bei bildenden oder musikalischen Compositionen sein, dann fällt es unter die künstlerische Production, oder ein Zusammensetzen von Begriffen zu einer einheitlichen Vorstellung, wie beim Bilden von Definitionen, oder ein Vereinen von Vorstellungen durch Beziehungsformen, wo man also zur Folge den Grund, zur Form den Inhalt, zu dem Gleichen das Gleiche, zur einen Alternative die andere, zum Besonderen das Allgemeine sucht oder umgekehrt. In allen Fällen hat man die eine Vorstellung und sucht eine andere, welche die gegebene Beziehung erfüllt. Entweder man hat die gesuchte als schlummernde Erinnerung in sich oder nicht. Im letzteren Falle hat man sie erst direct oder indirect zu erfinden, im ersteren kommt es nur darauf an, dass Einem von den vielen Gedächtnissvorstellungen gerade die rechte einfällt. Beidesfalls ist eine Reaction des Unbewussten erforderlich.

Die Beziehung des Allgemeinen zum Besondern hat ihren einfachsten sprachlichen Ausdruck im Urtheil, wo das Subject das Besondere, das Prädicat das Allgemeine repräsentirt. Zu jedem Besonderen giebt es aber sehr viele Allgemeine, die alle in ihm enthalten sind, darum kann jedes Subject mit Recht viele Prädicate annehmen; welches aber gerade passt, das hängt nur von dem Ziele des Gedankenganges ab; es kommt also auch beim Urtheilen wieder darauf an, dass Einem gerade die rechte Vorstellung einfällt, ebenso wenn man zum Subject das Prädicat, als wenn man zum Prädicat das Subject sucht, denn von einem Allgemeinen sind ja auch wieder viele Besondere umfasst.

Besondere Wichtigkeit für das Denken hat noch die Beziehung von Grund und Folge. Dieselbe wird stets durch den Syllogismus vermittelt, welcher in seiner einfachen Form, wenn er vollzogen wird, immer richtig vollzogen werden muss, und durch den Satz vom Widerspruch bewiesen werden kann. Nun zeigt sich aber sehr bald, dass der Syllogismus durchaus nichts Neues bietet, wie von John Stuart Mill u. A. dargethan worden ist, denn der allgemeine Obersatz enthält implicite den besonderen Fall schon in sich, der im Schlusse nur explicirt wird; da nun Jedermann von dem Obersatze als Allgemeinem nur dadurch überzeugt sein kann, dass er von allen seinen besonderen Fällen überzeugt ist, so muss er auch von dem Schlusssatze schon überzeugt sein, oder er ist es auch nicht vom Obersatze; und hat der Obersatz keine gewisse, sondern nur wahrscheinliche Geltung, so muss auch der Schlusssatz denselben Wahrscheinlichkeitscoefficienten, wie der Obersatz tragen. Hiermit ist dargethan, dass der Syllogismus die Erkenntniss auf keine Weise vermehrt, wenn einmal die Prämissen gegeben sind, was damit völlig übereinstimmt, dass kein vernünftiger Mensch sich bei einem Syllogismus aufhält, sondern mit dem Denken der Prämissen *eo ipso* schon den Schlusssatz mitgedacht hat, so dass der Syllogismus als besonderes Glied des Denkens niemals in's Bewusstsein tritt. Demnach kann der Syllogismus für die Erkenntniss keine unmittelbare, sondern nur eine mittelbare Bedeutung haben. In Wahrheit handelt es sich in allen **besonderen Fällen** (wo also der **Untersatz** gegeben ist) um das Auffinden des passenden Obersatzes; ist dieser gefunden, so ist auch sofort der Schlusssatz im Bewusstsein, ja sogar der Obersatz bleibt oft unbewusstes Glied des Processes. Natürlich kann derselbe Untersatz zu vielen Obersätzen stehen, wie ein Subject zu vielen Prädicaten, aber wie für den vorliegenden Zweck eines Urtheils immer nur Ein Prädicat diejenige Bestimmung des Subjects giebt, welche zur Fortsetzung der Gedankenfolge auf das vorgesteckte Ziel hin dienen kann, so kann auch nur ein bestimmter Obersatz denjenigen Schlusssatz erzeugen helfen, welcher diese Gedankenfolge fördern kann. Es handelt sich also darum, unter denjenigen allgemeinen, im Gedächtniss aufbewahrten Sätzen, mit denen der gegebene Fall sich als Untersatz verbinden lässt, gerade den Einen in's Bewusstsein zu rufen, welcher gebraucht wird, d. h. unsere allgemeine Behauptung bestätigt sich auch hier. Z. B. wenn ich beweisen will, dass in einem gleichschenkeligen Dreieck die Winkel an der Grundlinie einander gleich sind, so brauche ich mich bloss des allgemeinen Satzes zu erinnern, dass in jedem Dreieck gleichen Seiten gleiche Winkel gegenüber liegen; sobald mir dieser früher klar geworden ist und ich mich seiner erinnere, ist *eo ipso* auch die Conclusion fertig. Ebenso wenn mich Jemand fragt, was ich vom Wetter halte, und dabei die Bemerkung macht, dass das Barometer stark gefallen sei, so brauche ich mich bloss des allgemeinen Satzes zu erinnern, dass nach jedem starken Fallen des Barometers das Wetter umschlägt, so bin ich selbstverständlich mit der Conclusion fertig: „das Wetter wird morgen umschlagen"; hier wird sogar zweifelsohne der allgemeine Obersatz unbewusst bleiben, und die Conclusion ohne Weiteres eintreten.

Fragen wir aber, wie wir (mit Ausnahme der Mathematik) zu den allgemeinen Obersätzen kommen, so zeigt die Untersuchung, dass es auf dem Wege der Induction geschieht, indem aus einer grösseren oder geringeren Anzahl wahrgenommener besonderer Fälle die allgemeine Regel mit grösserer oder geringerer Wahrscheinlichkeit abgeleitet wird. Diese Wahrscheinlichkeit steckt wirklich implicite in dem Wissen vom Obersatze darin, und man kann sie bei gebildeten und denkgewohnten Menschen durch Markten und Feilschen um die Bedingungen einer für den nächsten besonderen Fall proponirten Wette als Zahlenausdruck herausholen; natürlich aber hat man für gewöhnlich von dieser Zahlengrösse des Wahrscheinlichkeitscoefficienten nur eine unklare Vorstellung, die mithin auch eine grosse Ungenauigkeit enthüllt, so dass z. B. eine einigermassen hohe Wahrscheinlichkeit stets mit der Gewissheit verwechselt wird (siehe religiösen Glauben). Nichtsdestoweniger werden sich durch den Vorschlag einer Wette sehr bald Grenzen nach oben und unten finden lassen, durch welche die Grösse der Wahrscheinlichkeit immerhin bis zu einem gewissen Grade bestimmt wird, und bei feinen Köpfen werden diese Grenzen durch fortgesetztes Handeln um die Bedingungen der Wette ziemlich nahe an einander gerückt werden können.

Die Frage, wie kommt man zu dem Glauben an die allgemeine Regel, theilt sich also in die zwei Fragen: 1) wie kommt man überhaupt dazu, vom Besonderen auf das Allgemeine überzugehen, und 2) wie kommt man zu dem Coefficienten, welcher die Wahrscheinlichkeit einer realen Geltung des gefundenen allgemeinen Ausdruckes vorstellt. — Ersteres erklärt sich nur durch das practische Bedürfniss allgemeiner Regeln, ohne welche der Mensch im Leben ganz rathlos wäre, da er nicht wüsste, ob die Erde seinen nächsten

Schritt aushält, oder der Baumstamm das nächste Mal wieder auf dem Wasser mit ihm schwimmt; es ist also auch dies ein glücklicher **Einfall**, der durch die Dringlichkeit des **Bedürfnisses** hervorgerufen worden, denn in den besonderen Fällen selbst liegt nicht das Mindeste, was zu ihrer Zusammenfassung in eine allgemeine Regel hintriebe. Das Zweite aber wird durch die inductive Logik erklärt, insofern dadurch die Induction als logische Deduction eines Wahrscheinlichkeitscoefficienten begriffen wird. Hiermit ist zwar der objective Zusammenhang erklärt, aber der subjective Vorgang des Bewusstseins kennt diese künstlichen Methoden nicht; der natürliche Verstand inducirt instinctiv, und findet das Resultat als etwas Fertiges im Bewusstsein, ohne über das Wie nähere Rechenschaft geben zu können. Daher bleibt nichts übrig, als die Annahme, dass das unbewusste Logische im Menschen dem bewusst Logischen diesen Process abnimmt, der für das Bestehen des Menschen erforderlich ist, und doch die Kräfte des unwissenschaftlichen Bewusstseins übersteigt. Denn wenn ich bei den und den Anzeichen am Himmel so und so oft habe Regen oder Gewitter eintreten sehen, so bilde ich die allgemeine Regel mit einer von der Anzahl der Beobachtungen abhängigen Wahrscheinlichkeitsgrösse der realen Gültigkeit, ohne dass ich Etwas von Mill's Inductionsmethoden der Uebereinstimmung, des Unterschiedes, der Rückstände oder der sich begleitenden Veränderungen weiss, und dennoch stimmt mein Resultat mit dem wissenschaftlichen überein, soweit die Unklarheit meines Wahrscheinlichkeitscoefficienten eine Uebereinstimmung bestätigen kann, und wenn man die etwa einwirkenden positiven Quellen des Irrthums, wie Interesse u. s. w., dabei in Betracht zieht.

Bisher haben wir immer nur ziemlich einfache Processe des Denkens, gleichsam seine Elemente betrachtet; es bleiben uns nun aber die Fälle zu berücksichtigen, wo mitten in einer bewussten Gedankenkette mehrere logisch nothwendige Glieder vom Bewusstsein übersprungen werden, und doch fast immer das richtige Resultat eintritt. Hier wird sich uns das Unbewusste wieder einmal recht deutlich als Intuition, intellectuelle Anschauung, unmittelbares Wissen, immanente Logik offenbaren.

Betrachten wir zuerst in diesem Sinne die Mathematik, so zeigt sich, dass in derselben zwei Methoden sich durchdringen, die deductive oder discursive und die intuitive. Erstere führt ihre Beweise durch stufenweise Schlussfolgerungen nach dem Satze vom Widerspruch aus zugegebenen Prämissen, entspricht also überhaupt dem bewusst Logischen und dessen discursiver Natur; sie wird in der Regel für die einzige und ausschliessliche Methode der Mathematik gehalten, weil sie allein mit dem Anspruch auf Methode und Beweisführung hervortritt. Die andere Methode muss sich jedes Anspruches auf Beweisführung begeben, ist aber nichtsdestoweniger Begründungsform, also Methode, weil sie an das natürliche Gefühl, an den gesunden Menschenverstand appellirt, und durch intellectuelle Anschauung in einem Blicke dasselbe, ja sogar mehr lehrt, als die deductive Methode nach einem langweiligen Beweise. Sie tritt mit ihrem Resultat als etwas logisch Zwingendem vor's Bewusstsein, und zwar ohne Schwanken und Ueberlegung, sondern momentan, hat also den Charakter des unbewusst Logischen. Z. B. wird kein Mensch, der ein gleichseitiges Dreieck ansieht, wenn er erst verstanden hat, um was es sich handelt, einen Augenblick zweifeln, ob die Winkel gleich sind; die deductive Methode kann es ihm allerdings aus noch einfacheren Prämissen beweisen, aber die Gewissheit seiner intuitiven Erkenntniss wird damit sicherlich keinen Zuwachs bekommen, im Gegentheil, wenn man es ihm z. B. ohne Anschauung der Figur durch Rechnung vollkommen bündig beweist, so wird er weniger haben, als durch einfache Anschauung, er weiss dann nämlich bloss, dass es so sein **muss**, und nicht anders sein kann, aber hier sieht er, dass es **wirklich** so ist, und doch noch, dass es nothwendig so ist, er sieht gleichsam als lebendigen Organismus von Innen, was ihm durch die Deduction bloss als Wirkung eines todten Mechanismus erscheint, er sieht so zu sagen das „Wie" der Sache, nicht bloss das „Dass", kurz er fühlt sich viel mehr befriedigt.

Es ist Schopenhauer's Verdienst, den Werth dieser intuitiven Methode gebührend betont zu haben, wenn er auch die deductive Methode darüber ungebührlich zurücksetzt. Alle Grundsätze der Mathematik stützen sich auf diese Form der Begründung, obwohl sie sich ebenso gut wie complicirtere Sätze aus dem Satze vom Widerspruch deduciren lassen; nur wirkt der Einfachheit des Gegenstandes wegen die Anschauung hier so schlagend für die Ueberzeugung, dass man den fast als Narren betrachtet, der solche Grundsätze deduciren will; daher kommt es, dass noch Niemand den nöthigen Scharfsinn aufgeboten hat, um alle Grundsätze der Mathematik wirklich auf den Satz vom Widerspruch in Anwendung auf gegebene Raum- und Zahlenelemente zurückzuführen, und daher die bei vielen Philosophen (z. B. bei Kant) festgesetzte Meinung, dass diese Zurückführung nicht möglich sei. Aber so gewiss diese Grundsätze logisch sind, so gewiss ist ihre Deduction vom alleinigen Grundgesetz der Logik, dem Satze vom Widerspruch, möglich. Schon die Grundsätze der Mathematik sind für helle Köpfe sehr unnütz, für solche könnte man die Mathematik mit Grundsätzen viel complicirterer Natur anfangen; aber unsere Mathematik ist für Schulen bearbeitet, wo auch die Dümmsten sie begreifen sollen, und diese haben Noth, die Grundsätze als logisch nothwendig zu begreifen. Die discursive oder deductive Methode schlägt bei Jedem an, weil sie eben nur Schritt für Schritt geht, aber die Intuition ist Sache des Talents; für den Einen versteht sich von selbst, was der Andere erst auf langen Umwegen einsieht. Kommt man ein wenig weiter, so kann man allerdings durch Umformung der geometrischen Figuren, Umklappen, Aufeinanderlegen und andere Constructionshülfen die Anschauung unterstützen, aber bald kommt man doch an einen Punct, wo auch der helle Kopf nicht weiter kann und zur deductiven Methode seine Zuflucht nehmen muss. Z. B. am gleichschenkelig rechtwinkeligen Dreiecke ist durch Umklappen des Hypothenusenquadrats der pythagoräische Lehrsatz noch anschaulich zu machen, aber beim ungleichschenkeligen ist er nur deductiv zu begreifen. — Hieraus geht hervor, dass unsere befähigtsten Mathematiker die Fähigkeit der Intuition viel zu schnell im Stiche lässt, um irgend wie damit vorwärts

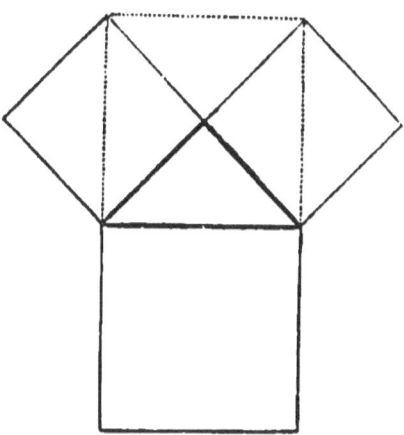

zu kommen, dass es aber eben nur von dem Grade der Befähigung abhängt, wie weit dies gehen könne, und dass der Möglichkeit nichts im Wege steht, sich einen höheren Geist zu denken, der so vollkommen Herr der intuitiven Methode ist, dass er die deductive völlig entbehren kann. Die Schwierigkeit der Intuition zeigt sich namentlich sehr bald bei der Algebra und Analysis; nur monströse Talente, wie Dahse, bringen es hier zu einer Anschauung, welche grosse Zahlen einheitlich aufzufassen und zu behandeln im Stande ist. Häufiger findet man bei Mathematikern die Fähigkeit, in einer geordneten Schlusskette intuitive Sprünge zu machen und eine Menge Glieder geradezu auszulassen, so dass aus den Prämissen des ersten Schlusses gleich der Schlusssatz des Dritt- oder Fünftfolgenden in's Bewusstsein springt. Alles dies lässt schliessen, dass die discursive oder deductive Methode nur der lahme Stelzengang des bewusst Logischen ist, während die logische Intuition der Pegasusflug des Unbewussten ist, der in einem Moment von der Erde zum Himmel trägt; die ganze Mathematik erscheint aus diesem Gesichtspuncte wie ein Werkzeug und Rüstzeug unseres armseligen Geistes, der mühsam Stein auf Stein thürmen muss, und doch nie mit der Hand an den Himmel fassen kann, wenn er auch über die Wolken hinausbaut. Ein mit dem Unbewussten in näherer Verbindung stehender Geist als wir würde von jeder gestellten Aufgabe die Lösung intuitiv und doch mit logischer Nothwendigkeit momentan erfassen, wie wir bei den einfachsten geometrischen Aufgaben, und ebenso ist es hiernach kein Wunder, dass die verkörperten Rechnungen des Unbewussten, ohne demselben Mühe gemacht zu haben, im Grössten wie im Kleinsten so mathematisch genau stimmen, wie z. B. in der Bienenzelle der Winkel, in dem die Flächen zu einander geneigt sind, so genau es sich nachmessen lässt (auf halbe Winkelminuten), mit dem Winkel stimmt, welcher bei der Gestalt der Zelle das Minimum von Oberfläche, also von Wachs, für den gegebenen Rauminhalt bedingt. (Vgl. auch S. 163 über die Construction des Oberschenkels.)

Bei alledem können wir nicht zweifeln, dass bei der Intuition im Unbewussten dieselben logischen Glieder vorhanden sind, — nur in einem Zeitpunct zusammengedrängt, was in der bewussten Logik nach einander folgt; dass nur das letzte Glied in's Bewusstsein fällt, liegt daran, weil nur dieses Interesse hat, dass aber alle anderen im Unbewussten vorhanden sind, kann man erkennen, wenn man die Intuition absichtlich in der Weise wiederholt, dass erst das vorletzte, dann das vorvorletzte Glied u. s. w. in's Bewusstsein fällt. Das Verhältniss zwischen beiden Arten ist also so zu denken: das Intuitive durchspringt den zu durchlaufenden Raum mit einem Satze, das Discursive macht mehrere Schritte; der durchmessene Raum ist in beiden Fällen ganz derselbe, aber die dazu gebrauchte Zeit ist verschieden. Jedes zu-Boden-Setzen des Fusses bildet nämlich einen Ruhepunct, eine Station, welche in Hirnschwingungen besteht, die eine bewusste Vorstellung erzeugen und hierzu Zeit brauchen ($1/4$— 2 Secunden). Das Springen resp. Schreiten selbst ist dagegen in beiden Fällen etwas Momentanes, Zeitloses, weil erfahrungsmässig in's Unbewusste Fallendes; der eigentliche Process ist also immer unbewusst, der Unterschied ist nur, ob er zwischen den bewussten Haltestationen grössere oder kleinere Strecken durchläuft. Bei kleinen Schritten fühlt sich auch der schwerfällige und ungeschickte Denker sicher, dass er nicht fehltritt; bei grösseren Sprüngen aber wächst die Gefahr des Strauchelns und nur der gewandte und leicht bewegliche Kopf wendet sie mit Vortheil an. Der schwerfällige Kopf hat bei seiner grösseren Discursivität des Denkens einen doppelten Zeitverlust; erstens ist der Aufenthalt auf der einzelnen Station bei ihm grösser, weil die einzelne Vorstellung längere Zeit braucht, um mit derselben Klarheit bewusst zu werden, und zweitens muss er mehr Stationen machen. — Dass aber wirklich der eigentliche Process in jedem, auch dem kleinsten Schritte des Denkens intuitiv und unbewusst ist, darüber kann wohl nach dem bisher Gesagten kein Zweifel obwalten.

Aber auch ausser der Mathematik können wir das Ineinanderwirken der discursiven und intuitiven Methode verfolgen. Der geübte Schachspieler überlegt wohl den Erfolg dieses und jenes Zuges nach drei oder vier Zügen, aber hundert Tausend andere mögliche Züge zu überlegen, fällt ihm gar nicht ein, von denen der schlechte Schachspieler vielleicht noch fünf oder sechs überlegt, ohne auf die beiden zu verfallen, welche allein die Aufmerksamkeit des guten Spielers in Anspruch nehmen. Woher kommt es nun, dass letzterer diese fünf bis sechs Züge gar nicht beachtet, die sich wahrscheinlich doch auch erst nach Verlauf von zwei bis drei anderen Zügen als minder gut herausstellen? Er sieht das Schachbrett an, und ohne Ueberlegung sieht er unmittelbar die beiden einzig guten Züge. Es ist dies das Werk eines Momentes, auch wenn er als Zuschauer an eine fremde Partie herantritt. So sieht der geniale Feldherr den Punct für die Demonstration oder den entscheidenden Angriff, auch ohne Ueberlegung. (Vgl. oben S. 20 den Hinweis auf Heine). Uebung ist ein Wort, welches hier gar nicht die Frage berührt, Uebung kann die Ueberlegung erleichtern, aber nie die fehlende ersetzen, ausser bei mechanischen Arbeiten, wo ein anderes Nervencentrum für das Gehirn vicarirend eintritt Aber hier, wo davon nicht die Rede sein kann, fragt es sich: was vollzieht die zweckmässige Wahl momentan, wenn die bewusste Ueberlegung es nicht ist? Offenbar das Unbewusste. —

Betrachten wir die Sprünge eines jungen Affen. Cuvier erzählt von einem jungen Bhunder (*Macacus Rhesus*) (s. Brehm's illustr.

Thierleben I. 64): „Etwa nach vierzehn Tagen begann dieses sich von seiner Mutter loszumachen und zeigte gleich in seinen ersten Schritten eine Gewandtheit, eine Stärke, welche alle in Erstaunen setzen musste, weil beidem doch weder Uebung, noch Erfahrung zu Grunde liegen konnte. Der junge Bhunder klammerte sich gleich Anfangs an die senkrechten Eisenstangen seines Käfigs und kletterte an ihnen nach Laune auf und nieder, machte wohl auch einige Schritte auf dem Stroh, sprang freiwillig von der Höhe seines Käfigs auf seine vier Hände herab, und dann wieder gegen die Gitter, an welche er sich mit einer Behendigkeit und Sicherheit anklammerte, die dem erfahrensten Affen Ehre gemacht hätte." Wie kommt dieser zum ersten Male aus dem Fell seiner Mutter, unter deren Brust er bisher gehangen, sich losmachende Affe dazu, die Kraft und Richtung seiner Sprünge richtig zu bemessen. Wie berechnet der zwölf Fuss weit nach seinem Raube springende Löwe die Wurfcurve mit Anfangswinkel und Anfangsgeschwindigkeit, wie der Hund die Curve des Bissens, den er so geschickt auf jede Entfernung und in jedem Winkel fängt? Die Uebung erleichtert nur die Wirkung des Unbewussten auf die Nervencentra, und wo diese schon ohne Uebung genügend dazu vorbereitet sind, sehen wir auch diese Uebung nicht erforderlich, wie bei jenem Affen; aber das, was die fehlende mathematische Berechnung ersetzt, kann, wie bei dem Zellenbau der Biene, nur die mathematische Intuition sein, verbunden mit dem Instinct der Ausführung der Bewegung.

Was das Uebersprtngen von Schlüssen beim gewöhnlichen Denken betrifft, so ist dasselbe eine ganz bekannte Erfahrung; das Denken würde ohne diese Beschleunigung so schneckenlangsam sein, dass man, wie es denklangsamen Menschen jetzt noch häufig geht, bei vielen practischen Ueberlegungen mit dem Resultat zu spät kommen würde, und die ganze Arbeit des Denkens ihrer Beschwerlichheit wegen so hassen würde, wie sie jetzt bloss von besonders Denkfaulen gehasst und gemieden wird. Der einfachste Fall des Ueberspringens ist der, wo man aus dem Untersatze sofort den Schlusssatz erhält, ohne sich des Obersatzes bewusst zu werden. Aber auch ein oder mehrere wirkliche Schlüsse werden bisweilen fortgelassen, wie wir es in der Mathematik schon gesehen haben. Dies geschieht gewöhnlich nur beim eigenen Denken, bei der Mittheilung nimmt man Rücksicht auf das Verständniss des Anderen und holt die hauptsächlichen der vorher unbewusst gebliebenen Zwischenglieder nach; Frauen und ungebildete Menschen versäumen dies häufig, und dann entsteht das Springende in ihrem Gedankengange, das für den Sprechenden zwar Begründungskraft hat, wo der Hörer aber gar nicht weiss, wie er von Einem zum Anderen kommen soll. Jeder, der gewohnt ist, Selbstbeobachtungen anzustellen, wird sich über einem stark springenden Gedankengange und Schlussfolge ertappen können, wenn er sich dieselbe nach einer solchen Ueberlegung recapitulirt, welche einem ihm neuen und sehr interessanten Gegenstande mit Eifer und glücklichem Erfolge nachging.

Interessant ist eine dies Gebiet nahe berührende Bemerkung des Psychiatrikers Jessen (Psychologie S. 235—236), welche ich mir hierher zu setzen erlaube: „Wenn wir mit der ganzen Kraft des Geistes über etwas nachdenken, so können wir dabei in einen Zustand von Bewusstlosigkeit versinken, in welchem wir nicht nur die Aussenwelt vergessen, sondern auch von uns selber und den in uns sich bewegenden Gedanken gar nichts wissen. Nach kürzerer oder längerer Zeit erwachen wir dann plötzlich, wie aus einem Traume, und in demselben Augenblick tritt gewöhnlich das Resultat unseres Nachdenkens klar und deutlich im Bewusstsein hervor, ohne dass wir wissen, wie wir dazu gekommen sind. — Auch bei einem weniger angestrengten Nachdenken kommen Momente vor, in welchen sich mit dem Bewusstsein der eigenen Geistesanstrengung eine völlige Gedankenleere verbindet, worauf alsdann in dem nächsten Augenblicke ein lebhafteres Zuströmen von Gedanken nachfolgt. Es gehört freilich einige Uebung dazu, um ein ernsthaftes Nachdenken mit gleichzeitiger Selbstbeobachtung zu vereinigen, indem das Bestreben, die Gedanken bei ihrem Entstehen und in ihrer Aufeinanderfolge zu beobachten, sehr leicht Störungen des Denkens und Stockungen in der Gedankenentwickelung hervorbringt; fortgesetzte Versuche setzen uns aber in den Stand, deutlich wahrzunehmen, dass eigentlich bei jedem angestrengten Nachdenken gleichsam ein stetiges innerliches Pulsiren oder eine wechselnde Ebbe und Fluth der Gedanken stattfindet: ein Moment, in welchem alle Gedanken aus dem Bewusstsein verschwinden, und nur das Bewusstsein einer innerlichen geistigen Spannung bleibt, und ein Moment, in welchem die Gedanken in grösserer Fülle zuströmen und deutlich im Bewusstsein hervortreten. Je tiefer die Ebbe war, desto stärker pflegt die nachfolgende Fluth zu sein; je stärker die vorhergehende innere Spannung, desto stärker und lebhafter die Fülle der hervortretenden Gedanken." — Die rein empirischen Bemerkungen dieses feinen Seelenbeobachters sind eine um so unverfänglichere Bestätigung unserer Anschauungsweise als derselbe unseren Begriff des unbewussten Denkens gar nicht kennt, und trotzdem durch die reine Gewalt der Thatsachen zur wörtlichen Anerkennung unserer Behauptungen (in den gesperrt gedruckten Stellen) gezwungen wird, obwohl seine nachherigen Erklärungsversuche die im Wesentlichen (dem hirnlosen Denken) ganz richtig sind, nur deshalb den Nagel nicht auf den Kopf treffen, weil sie nicht den Begriff des Unbewussten als Princip des hirnlosen Denkens erfassen. Das bei diesen Vorgängen beobachtete Bewusstsein geistiger Anstrengung ist nur das Gefühl der Spannung des Hirnes und der Kopfhaut (durch Reflexwirkung). Die beschriebenen Momente der Leere des Bewusstseins, welchen das Resultat folgt, ohne dass man weiss, wie man dazu gekommen ist, sind eben die Momente, wo im productiven Denken eines mit Eifer verfolgten Gegenstandes ein Ueberspringen einer längeren Schlussfolge stattfindet.

Freilich ist der Mensch so sehr an das Finden von Resultaten in seinem Bewusstsein gewöhnt, von denen er nicht weiss, wie er dazu gekommen ist, dass er sich in jedem einzelnen Falle nicht im mindesten darüber zu wundern pflegt, und darum ist es auch natürlich, dass ein Forscher von diesem Ausgangspuncte nicht zuerst zum Begriffe des Unbewussten kommen konnte. Wie aber überhaupt die Reaction des Unbewussten gerade dann am liebsten ausbleibt, wenn man sie absichtlich hervorrufen will, so dürfte auch beim eifrigen und absichtlichen Nachdenken über einen Gegenstand dieses wirkungsreiche Eingreifen des Unbewussten den Meisten weniger leicht zu constatiren sein, als bei sogenanntem geistigen Verdauen und Verarbeiten der eingenommenen Nahrungselemente, welches nicht auf bewussten Antrieb, sondern zu nicht zu bestimmender Zeit stattfindet, und sich nur durch die bei Gelegenheit hervortretenden Resultate ankündigt, ohne dass man sich bewussterweise mit der Sache beschäftigt hätte. (Schopenhauer nennt dies unbewusste Rumination, vgl. oben S. 25). So geht es mir z. B. regelmässig, wenn ich ein Werk gelesen habe, das wesentlich neue Gesichtspuncte meinen bisherigen Ansichten gegenüberstellt. Die Beweise solcher genialen Ideen sind oft ziemlich schwach, und selbst wenn sie gut und scheinbar unwiderleglich sind, lässt sich doch kein Mensch so schnell von seinen alten Ansichten abbringen, denn er kann für letztere eben so gute Gründe aufstellen, oder wenn er das selbst nicht kann, so traut er sich und dem neuen Autor nicht und glaubt: Gegenbeweise wird es schon geben, wenn ich sie auch jetzt noch nicht weiss. Dann kommen andere Geschäfte dazwischen, die Sache ist Einem nicht wichtig genug, um sich nach den Gegenbeweisen umzuthun, wozu man oft Wochen, ja Monate lang in Büchern suchen müsste; kurz, der erste Eindruck schwächt sich ab, und die ganze Geschichte wird mit der Zeit vergessen. Bisweilen ist es aber auch anders. Haben die neuen Ideen auf das Interesse einen wirklich tiefen Eindruck gemacht, so kann man sie wohl vorläufig unangenommen als schwebende Frage zu den Gedächtnissacten reponiren, kann auch durch anderweitige Beschäftigung verhindert sein, oder, noch besser, absichtlich unterlassen, wieder daran zu denken. Trotzdem schläft die Sache nur scheinbar, und nach Tagen, Wochen oder Monaten, wo die Lust und die Gelegenheit erwacht, über diese Frage eine Meinung zu äussern, findet man zu seinem grössten Erstaunen, dass man in dieser Beziehung eine geistige Wiedergeburt durchlebt hat, dass die alten Ansichten, die man bis zu dem Augenblicke für seine wirkliche Ueberzeugung gehalten hatte, völlig über Bord geworfen sind, und die neuen sich schon ungenirt einquartiert haben. Diesen unbewussten geistigen Verdauungs- und Assimilationsprocess habe ich mehreremals an mir selbst erlebt, und habe von jeher einen gewissen Instinct gehabt, diesen Process bei wirklichen Principienfragen der Welt- und Geistesanschauung nicht vorzeitig durch bewusste Ueberlegung zu stören.

Ich bin der Ansicht, dass die Bedeutung des geschilderten Processes auch bei unbedeutenderen Fragen, sobald sie nur das Interesse lebhaft genug berühren, also bei allen practischen Lebensfragen, allemal die eigentliche und wahre Entscheidung giebt, und dass die bewussten Gründe erst hinterher gesucht werden, wenn die Ansicht schon fertig gebildet ist. Der gewöhnliche Verstand aber, der auf diese Vorgänge nicht achtet, glaubt wirklich durch die aufgesuchten Gründe in seiner Meinung bestimmt zu sein, während die schärfere Selbstbeobachtung ihm sagen würde, dass diese in den hierher gehörigen Fällen erst kommen, wenn seine Ansicht schon fixirt, sein Entschluss gefasst ist. Hiermit ist keineswegs gesagt, dass das Unbewusste nicht durch logische Gründe bestimmt werde, dies ist sogar zweifellos der Fall, nur ist es für die Sicherheit der Entscheidung, wenigstens die erste Zeit nach derselben, ziemlich gleichgültig, ob die nachher vom Bewusstsein herausgesuchten Gründe mit diesen Gründen, welche das Unbewusste bestimmt haben, übereinstimmen oder nicht. Bei scharf denkenden Köpfen wird Ersteres, bei der grossen Mehrzahl das Letztere überwiegend der Fall sein, und daher erklärt sich die Erscheinung, dass die Menschen oft aus so schlechten Gründen so sichere Ueberzeugung zu schöpfen scheinen und von dieser sich durch die besten Gegengründe so schwer abbringen lassen; es liegt eben darin, dass die eigentlichen unbewussten Gründe ihnen gar nicht bekannt und darum auch nicht zu widerlegen sind. Hierbei ist es gleichgültig, ob ihre Ueberzeugung Wahrheit enthält oder nicht, auch von den Irrthümern (die wie gesagt nie aus falschen Schlüssen, sondern aus der Unzulänglichkeit und Falschheit der Prämissen entstehen) sind diejenigen am schwersten auszurotten, welche das Resultat eines unbewussten Denkprocesses sind (z. B. in der politischen Meinung die, welche unbewusst in Standes- und Berufsinteressen wurzeln).

Wollte man nun aber durch diese Betrachtung sich zu einer Geringschätzung der bewussten Ratiocination hinreissen lassen, so würde man dennoch einem sehr grossen Irrthum verfallen. Eben weil bei sprunghaften Schlüssen leicht Irrthümer unterlaufen, ist es dringend erforderlich, in wichtigen Fragen die einzelnen Glieder durch discursives Denken klar zu stellen, und bis auf so kleine Denkschritte herabzusteigen, dass man vor Irrthümern in den Schlüssen sich möglichst geschützt weiss. Eben weil bei den Ansichten, deren wahre Begründung im Unbewussten liegt, die Verfälschung des Urtheils durch Interessen und Neigungen sich jeder Controle entzieht und ungenirt breit macht, ist es doppelt nöthig, die subjective Begründung an's Licht zu ziehen, und mit den Resultaten discursiv-logischer Schlussfolgerungen zu confrontiren, da nur in den letzteren eine gewisse, wenn auch immer noch sehr mangelhafte Garantie der Objectivität liegt. Ist auch für den Augenblick das subjective Vorurtheil stärker, mit der Zeit gewinnt die bewusste Logik doch an Boden, und ist es nicht in Einer Generation, so ist es im Laufe vieler. Aber auch in diesem Hervortreten gewisser Wahrheiten an das Licht des Bewusstseins und in ihrem Kampf und Sieg gegen herrschende Zeitanschauungen waltet, wie wir später sehen werden, selbst wieder eine unbewusste Logik, eine historische Vorsehung, die von Keinem klarer erschaut worden ist als von Hegel.

VIII.

Das Unbewusste in der Entstehung der sinnlichen Wahrnehmung.

Kant behauptete in seiner transcendentalen Aesthetik, dass der Raum von der Seele nicht irgend wo anders her passiv empfangen, sondern von derselben selbstthätig erzeugt würde, und brachte mit diesem Satze einen totalen Umschwung in der Philosophie hervor. Weshalb hat nun aber von jeher dieser richtige Satz sowohl dem gemeinen Menschenverstande, als auch der naturwissenschaftlichen Denkweise mit wenigen Ausnahmen so völlig widerstrebt?

1) Weil Kant, und nach ihm Fichte und Schopenhauer, aus dem richtigen Satze falsche und dem Instincte der gesunden Vernunft widerstrebende, subjectiv-idealistische Consequenzen zogen;

2) weil Kant falsche Beweise für seine richtige Behauptung gegeben hatte, die in Wahrheit gar nichts bewiesen;

3) weil Kant, ohne sich selbst darüber Rechenschaft zu geben, von einem unbewussten Process in der Seele spricht, während die bisherige Anschauungsweise nur bewusste Processe der Seele kennt und für möglich hält, das Bewusstsein aber eine selbstthätige Erzeugung von Raum und Zeit leugnet, und mit vollem Recht ihr Gegebensein durch die sinnliche Wahrnehmung als *fait accompli* behauptet;

4) weil Kant mit dem Raume die Zeit gleichstellte, von welcher dieser Satz nicht gilt.

Diese vier Puncte haben wir der Reihe nach zu betrachten, da die unbewusste Erzeugung des Raumes die Grundlage für die Entstehung der sinnlichen Wahrnehmung ist, mit welcher erst das Bewusstsein beginnt und welche wieder die Grundlage alles bewussten Denkens ist.

Ad 1. Nehmen wir zunächst als bewiesen an, dass Raum und Zeit auf keine andere Weise in das Denken hinein gelangen können, als dass dieses sie selbstthätig aus sich producirt, so folgt daraus auf keine Weise, dass Raum und Zeit ausschliesslich im Denken reale Existenz haben können und nicht auch ausserhalb des Denkens im realen Dasein. Die Uebereiltheit dieses Schlusses, den Kant wirklich macht, und womit er zur Leugnung der transcendentalen Realität des Raumes und zur einseitigen Idealität seines Systemes kommt, ist schon von Schelling (Darstellung des Naturprocesses, Werke I. 10, 314—321) und Trendelenburg („Ueber eine Lücke in Kant's Beweis von der ausschliessenden Subjectivität des Raumes und der Zeit" im III. Bd. der historischen Beiträge No. VII) aufgezeigt worden; Genaueres findet man darüber in meiner Schrift: „Das Ding an sich und seine Beschaffenheit" (Berlin, C. Duncker 1871), speciell in den beiden letzten Abschnitten: VII. „Raum und Zeit als Formen des Dinges an sich" und VIII. „Kritik der transcendentalen Aesthetik". Hier kann es sich nur darum handeln, in aller Kürze die Gründe zu betrachten, welche es wahrscheinlich machen, dass Raum und Zeit wirklich eben so gut Formen des Daseins, als des Denkens sind.

a) Wir haben uns zunächst die Gründe für die reale Existenz eines jenseit des Ich liegenden Nichtichs oder einer Aussenwelt klar zu machen. Zwei Hypothesen sind consequenterweise nur möglich; entweder spinnt das Ich sich selber unbewusst die scheinbare Aussenwelt aus sich heraus, dann hat nur das Ich Existenz, also muss jeder Leser die Existenz nicht nur der äusseren Dinge, sondern aller anderen Menschen leugnen; oder es existirt ein vom Ich unabhängiges Nichtich, und die Vorstellung der Aussenwelt im Ich ist das Product beider Factoren. Welche von beiden Hypothesen die wahrscheinlichere ist, muss dadurch entschieden werden, welche die Erscheinungen der Vorstellungswelt ungezwungener erklärt; möglich sind beide.

α) Die Sinneseindrücke haben einen Grad der Lebhaftigkeit, welchen blosse, durch eigene Geistesthätigkeit erzeugte Vorstellungen nur in krankhaften Zuständen zu erreichen pflegen. Ausserdem bringen sie (namentlich in den Kinderjahren) oft Neues, während letztere immer nur aus bekannten Erinnerungen und Theilen solcher zusammengesetzt sind. Dies erklärt sich leicht durch Einwirkung einer Aussenwelt, schwer aus dem Ich allein.

β) Zur Entstehung eines Sinneseindruckes ist das Gefühl des

geöffneten Sinnes erforderlich, dagegen bewirkt das Gefühl des geöffneten Sinnes nicht nothwendig einen Sinneseindruck, z. B. bei Dunkelheit, Geruchlosigkeit. Dies erklärt sich leicht aus Einwirkung einer Aussenwelt, schwer aus dem Ich allein.

γ) Die sinnlichen Vorstellungen entstehen nach dem Gesetz der Gedankenfolge aus der jedesmal vorhergehenden unter Einwirkung der Stimmung u. s. w. — Die Sinneseindrücke treten meist plötzlich und unerwartet ein, und stets ohne Zusammenhang mit der inneren Gedankenkette. Diese Erscheinung ist nur dann ohne Einwirkung einer Aussenwelt möglich, wenn das Gesetz der Gedankenfolge im Geiste bald gilt, bald nicht gilt, eigentlich erklärbar ist sie auch bei dieser Annahme aus dem Ich allein noch nicht.

δ) Den meisten Eindrücken kommt die Eigenthümlichkeit zu, dass auf das Ding, auf welches man sie bezieht, auch gleichzeitig durch einen anderen Eindruck eines anderen Sinnes geschlossen wird (z. B. eine Speise kann man gleichzeitig sehen, riechen, schmecken, fühlen). Dies erklärt sich leicht durch Einwirkung einer Aussenwelt, schwer durch blosse innere Geistesvorgänge; denn wollte man annehmen, dass die zusammengehörigen Sinneseindrücke sich gegenseitig hervorrufen, z. B. der Gesichtseindruck einer Speise den Geruchseindruck derselben bei geöffnetem Geruchssinn mit sich führt, so wird dies dadurch widerlegt, dass man Geruchs- und Gesichtssinn abwechselnd öffnen und schliessen kann, und doch jedesmal den betreffenden Sinneseindruck der Speise erhält. Wollte man hiergegen die weitere Annahme machen, dass nicht bloss der gleichzeitige, sondern auch der vorhergegangene Gesichtseindruck der Speise den Geruchseindruck derselben bewirken könne und umgekehrt, so steht dem wieder der Umstand entgegen, dass bei dem abwechselnden Oeffnen und Schliessen beider Sinne das eine Mal der Gesichtseindruck da sein kann, das andere Mal nicht, wenn nämlich die Speise entfernt ist, so dass also der Geruchseindruck unter sonst gleichen Umständen das eine Mal den Gesichtseindruck hervorrufen müsste, das andere Mal nicht, was dem Gesetze „gleiche Ursachen, gleiche Wirkungen" widerspricht. (Näheres siehe bei Wiener, „Grundzüge der Weltordnung", Buch 3, unter „Beweis für die Wirklichkeit der Aussenwelt").

ε) Die Dinge, d. h. die Ursachen der Sinneseindrücke wirken auf einander nach ganz bestimmten Gesetzen; wollte man nun die Sinneseindrücke bloss aus dem Ich erklären, so müssten diese Gesetze auf die inneren Geistesvorgänge übertragbar sein. Dies sind sie aber nicht; denn nur in den seltensten Fällen folgen die Sinneseindrücke von Ursache und Wirkung einander ebenso, wie Ursache und Wirkung draussen; häufig dagegen nimmt man zu einer Zeit die Wirkung wahr, und einer ganz anderen späteren Zeit die Ursache; es kann aber nicht ein späterer Sinneseindruck die Ursache eines früheren sein.

ζ) Jedes Ich erhält nächst der Vorstellung seines eigenen Leibes auch Vorstellungen von einer grossen Menge fremder, dem seinigen ähnlicher Leiber, welchen den seinigen ähnliche Geistesfähigkeiten einwohnen; es findet, dass alle diese Wesen über Ich und Nichtich dieselben Vorstellungen kundgeben, und dass ihre Aussagen über die Beschaffenheit der Aussenwelt in auffallender Weise theils mit einander übereinstimmen, theils sich gegenseitig berichtigen und von ihren Irrthümern überführen. Jedes Ich sieht diese wie sich selbst geboren werden, erwachsen, sterben, es erhält von denselben Schutz, Hülfe und Unterweisung zur Zeit der Kindheit, wo die eigene Kraft und Kenntniss nicht ausreicht, und erhält zu jeder Zeit seines Lebens von anderen direct oder indirect (durch Bücher) Belehrungen, in welchen Gedanken vorkommen, die es selbst zu fassen sich als unfähig bekennen muss. Es lernt aus Ueberlieferungen die Reihe seiner Mitmenschen rückwärts verfolgen, und in der Geschichte einen Plan erkennen, in dem es sich als ein Glied betrachten muss. Dies Alles ist fast unmöglich aus der alleinigen Existenz des Ich, leicht aber bei Existenz Einer für alle Ich's gemeinsamen Aussenwelt zu erklären, welche die auf einander wirkenden Leiber dieser Ich's in sich schliesst. Da andere Ich's nur durch ihre Leiber auf mich wirken können, so ist jeder Schluss auf die transcendente Realität anderer Ich's **falsch**, wenn er nicht durch den Schluss auf die transcendente Realität meines und anderer Leiber vermittelt, und auf diesen gegründet ist.

η) Die inneren Vorstellungen können durch den bewussten Willen beliebig hervorgerufen, festgehalten und wiederholt werden, die Sinneseindrücke sind bei geöffnetem Sinnesorgane vom bewussten Willen völlig unabhängig. Dies ist leicht durch Einwirkung einer Aussenwelt zu erklären, schwer aus dem Ich allein; es müsste eben ein unbewusster Wille sie schaffen und dem in der weiten Welt mit sich einsamen Bewusstsein des Ich den Schein einer Aussenwelt vorspiegeln; ein Gaukelspiel, in dem gar kein Sinn und Vernunft wäre und, wie die vorigen Nummern darthun, die tollste Laune und Willkür mit der strengsten Gesetzmässigkeit sich auf unbegreifliche Weise vereinen müsste und die höchste Weisheit auf eine Seifenblase, einen wahnwitzigen Traum, verwendet wäre. —

Man sieht nach dem Angeführten, dass die Wahrscheinlichkeit für die Existenz eines dem Ich gegenüber selbstständig existirenden und das Ich causal beeinflussenden Nichtich so gross ist, wie nur möglich, und dass auch hier wieder der natürliche Instinct von der wissenschaftlichen Betrachtung gerechtfertigt wird. Dieser Nothwendigkeit, zur Entstehung der Sinneseindrücke eine äussere transcendente Causalität zu haben, konnten sich auch Kant und Fichte nicht entziehen, obwohl sie dieselbe mit Worten leugnen; denn bei Kant ist der **Inhalt der Anschauung schlechthin gegeben**, und obwohl er dadurch seinen eigenen Lehren von der bloss immanenten Bedeutung der Causalität widerspricht, so sagt er doch wiederholentlich und ausdrücklich, dass dasjenige, **wodurch** dieser Inhalt gegeben sei, das Ding an sich sei (vgl. „das Ding an sich" Abschn. IV. „Die transcendente Ursache" und V. „Transcendente und immanente Causalität"). Fichte wiederum kommt nach allen missglückten Versuchen, das Nichtich ganz aus dem Ich herauszuspinnen, nicht darüber hinweg, eines **äusseren Anstosses** für diese Thätigkeit des Ich zu bedürfen, und dieser Anstoss repräsentirt bei Fichte erst das wahre Nichtich. Auch Berkeley supponirt für jede Wahrnehmung eine transcendente Ursache, nur dass er alle diese (mit Ueberspringung der Welt der Dinge an sich) unterschiedslos unmittelbar in das Absolute verlegt, d. h. auf jeden Erklärungsversuch der Wahrnehmungen und jeden Orientirungsversuch über die realen Zusammenhänge ihrer speciellen Entstehungsursachen verzichtet.

Wenn es nun feststeht, dass selbst die consequentesten Idealisten nicht den Muth gehabt haben, ihre Consequenz bis zur Leugnung eines selbstständigen Nichtich zu treiben, wenn das Gefühl nicht los zu werden ist, dass die Wahrnehmung im Ganzen etwas wider den eigenen Willen von Aussen Aufgezwungenes ist, das nur durch Annahme eines realen Nichtich verständlich wird, so geht aus dem Angeführten mit derselben Gewissheit hervor, dass auch die **Unterschiede in den sinnlichen Wahrnehmungen** nicht vom Ich erzeugt, sondern diesem vom Nichtich **aufgezwungen** sind. Denn die Einsicht wäre um gar nichts gefördert, wenn das Nichtich immer ein und dasselbe wäre und folglich immer auf ein und dieselbe Weise wirkte, indem es bloss einen äusseren Anstoss lieferte. Denn dann bliebe es dem Ich wiederum überlassen, dem ewig gleichen Impuls des Nichtich in sonderbarer Caprice bald diese, bald jene räumliche oder zeitliche Bestimmung oder Kategorie des Denkens wie einen gleichgültigen Mantel umzuhängen, und sich so das ganze

Wie und Was der Aussenwelt selber zu erbauen, während ihm der Impuls nur das Dass derselben garantirt. Hierbei würden sich alle angeführten Schwierigkeiten unverändert wiederholen. So lässt auch Schopenhauer die Unterschiede in den Anschauungen der Vorstellungswelt durchweg bedingt sein durch entsprechende Modificationen in dem Willenswesen der Dinge an sich, welche durch sie für die Vorstellung repräsentirt werden (Parerga § 103 b); hiermit räumt er aber thatsächlich doch wieder die mit Worten ausdrücklich perhorrescirte transcendente Causalität ein, denn wie sollen die Dinge an sich dieses Pferdes oder dieser Rose es anfangen, meine Vorstellungen beider den Modificationen ihrer Natur gemäss zu bestimmen, es sei denn durch eine transcendente Causalität, welche sich unmittelbar als bestimmte Afficirung meiner Sinnesorgane darstellt?

Es muss also jede einzelne Bestimmung in der Wahrnehmung als Wirkung des Nichtich aufgefasst werden, und da verschiedene Wirkungen verschiedene Ursachen voraussetzen, so erhalten wir ein System so vieler Verschiedenheiten im Nichtich, als Unterschiede in der Wahrnehmung bestehen. Nun könnten allerdings diese Verschiedenheiten im Nichtich unräumlicher und unzeitlicher Natur sein, und Raum und Zeit dem Denken allein angehörige Formen; dann müssten sich aber diese Verschiedenheiten in zwei anderen objectiven Formen bewegen, welche den subjectiven Formen von Raum und Zeit parallel laufen müssten, da ohne andere Seinsformen, welche im Nichtich Raum und Zeit ersetzten, in demselben überhaupt keine entsprechenden Unterschiede statt haben könnten. Diese Annahme anderer, aber correspondirender Formen im Nichtich, welche schon Reinhold und später Herbart bei seinem intelligiblen Raum und Zeit vorgeschwebt zu haben scheint, würde, ganz abgesehen davon, dass sie die Möglichkeit jeder objectiven Erkenntniss der Dinge ausschliesst, ohne dafür irgend einen Nutzen zu gewähren, dem allgemein beobachteten Gesetze widersprechen, dass die Natur zu ihren Zwecken stets die einfachsten Mittel wählt; warum sollte sie vier Formen anwenden, wo sie mit zweien eben so gut und noch besser auskommt? Das Parallellaufen je zweier von diesen Formen in Dasein und Denken und ihre Wechselwirkung, welche factisch beim Wahrnehmen und beim Handeln besteht, erforderte eine prästabilirte Harmonie, die sich bei unserer Annahme in die Identität der Formen auflöst. Auch Hegel sagt (grosse Logik Einleit. S. VIII): „Wenn sie (die Formen des Verstandes) nicht Bestimmungen des Dinges an sich sein können, so können sie noch weniger Bestimmungen des Verstandes sein, dem wenigstens die Würde eines Dinges an sich zugestanden werden sollte." —

b) Die Mathematik ist die Wissenschaft von den Raum- und Zeitvorstellungen, wie unser Denken sie bildet, und nicht anders bilden kann. Wenn wir nun ein nicht durch Denken, sondern durch successive Wahrnehmung gegebenes reales Dreieck, das für simultane Anschauung zu gross sein mag, ausmessen, und finden bei allen ähnlichen Messversuchen dasselbe Gesetz bestätigt, was uns das reine Denken gab, dass die Winkelsumme $= 2$ R. ist, wenn wir ferner berücksichtigen, dass die Bestimmungen der Wahrnehmung etwas durch das System der Verschiedenheiten im Nichtich der Seele mit Nothwendigkeit Aufgezwungenes sind, also in Verschiedenheiten des Nichtichs ihre Ursachen haben, so geht aus der ausnahmslosen empirischen Bestätigung der mathematischen Gesetze hervor, dass die Verschiedenheiten im Nichtich Gesetzen folgen, welche zwar den Formen jenes entsprechen müssen, aber so völlig mit den Denkgesetzen des Raumes und der Zeit parallel gehen, dass hier wiederum die Annahme einer prästabilirten Harmonie unvermeidlich ist, während eine mit der Identität der Formen zusammenhängende Identität der Gesetze keine solche gewaltsame Annahme erfordert.

c) Gesichtssinn und Tastsinn erhalten ihre Eindrücke aus ganz verschiedenen Eigenschaften der Körper, durch ganz verschiedene Medien und ganz verschiedene physiologische Processe; trotzdem erhalten wir aus ihnen räumliche Wahrnehmungen, welche eine möglichst grosse Uebereinstimmung zeigen und sich gegenseitig bestätigen. Wären nun die Objecte nicht selbst räumlich, sondern existirten in irgend einer anderen Form des Daseins, so wäre es höchst wunderbar, dass sie auf so verschiedenen Wegen so übereinstimmende räumliche Gestalten in der Seele erzeugen können, dass uns z. B. die gesehene Kugel niemals als gefühlter Würfel oder sonst Etwas erscheint, sondern als gefühlte Kugel. Bei der Annahme des Raumes als realer Form des Daseins verschwindet dies Räthsel.

d) Nur Gesicht und Tastsinn, aber keiner von den übrigen Sinnen, ist im Stande, die Seele zum räumlichen Wahrnehmen zu veranlassen. (Denn wenn wir hören, wo ein Ton herkommt, so giebt uns die Vergleichung der Stärke des Tones in beiden Ohren hierzu den hauptsächlichen Anhalt; vgl. S. 291). Dies hat Kant gar nicht bemerkt, sonst hätte er nicht seine Eintheilung des äusseren (Raumsinnes) und inneren (Zeit-) Sinnes aufstellen können. Für den subjectiven Idealismus ist diese Caprice der Seele schlechterdings unbegreiflich, welche gleichwohl mit dem Scheine der äusseren Nothwendigkeit auftritt, aber eben so unbegreiflich, wenn man dem Sein andere correspondirende Formen unterlegt; nur die physiologische Betrachtung der räumlichen Construction der verschiedenen Sinnesorgane kann hier eine Erklärung an die Hand geben; aber wenn der Leib und die Sinne nicht räumlich existiren, so ist auch hier jede Möglichkeit des Verständnisses abgeschnitten.

Diese vier Gesichtspuncte zusammen lassen es höchst wahrscheinlich werden, dass der gemeine Menschenverstand Recht hat, dass Raum und Zeit ebensowohl objective Formen des Daseins, als subjective Formen des Denkens sind. Diese formelle Identität von Denken und Sein ist fast selbstverständlich für denjenigen, der ihre wesentliche Identität annimmt (vgl. Cap. C. XIV.).

Ad 2. Da wir die diesem Capitel vorangestellte Behauptung Kant's nicht bestreiten, sondern annehmen wollen, so liegt kein Grund vor, hier zu zeigen, weshalb die Kant'sche Begründung keine Begründung sei, und die Frage völlig offen lasse (vgl. „Das Ding an sich" VIII. „Kritik der transcendentalen Aesthetik"); wohl aber haben wir andere Gründe an deren Stelle zu setzen.

Eine kindlich unmittelbare Anschauungsweise betrachtete die Sinneseindrücke als Bilder der Dinge, die diesen völlig entsprächen, wie das Spiegelbild seinem Gegenstande. Als Locke und die moderne Naturwissenschaft die völlige Heterogenität der Empfindung und der Eigenschaft des Objectes zum wissenschaftlichen Gemeingute gemacht hatten, sollte das Retinabild, welches man an Augen fremder Wesen erblickte, die frühere Stelle des Dinges vertreten, und die Empfindung ihrem Inhalte nach jetzt so identisch mit dem Retinabilde als früher mit dem Dinge sein, eine Ansicht, die noch jetzt eine gewöhnliche ist. Man vergass aber dabei, dass es etwas ganz Anderes ist, ein objectives Bild in der Grösse eines Auges auf einem fremden Auge mit seinen eigenen Augen wahrzunehmen, oder selbst die nur nach Winkelgraden bestimmbare Gesichtsempfindung ohne absolute Flächengrösse zu haben; man vergass, dass die Seele nicht als ein zweites Auge hinter der Retina sitzt, und sich dieses Bild beguckt, man bemerkte nicht, dass man denselben Fehler wie bisher mit den Dingen, nur in versteckterer Weise beging; denn was einem fremden Auge auf der Retina als Bild erscheint, ist in diesem Auge selbst nichts als moleculare Schwingungszustände, gerade so gut wie das, was an den Dingen dem Beschauer als Farbe, Helligkeit u. s. w. erscheint, in den Objecten nur moleculare Schwingungszustände sind. Man liess sich also von der Freude, im Auge eine *Camera obscura* entdeckt zu haben, dupiren, und hielt das frühere Problem für gelöst, indem man es um eine äusserliche Instanz verschob. Die Physiologie des Auges hat seitdem begriffen, dass das Auge nicht eine Camera ist, um der Seele Bilderchen auf dem Grunde der Retina zu zeigen, sondern ein photographischer Apparat, der die molecularen Schwingungszustände der Retina chemisch-dynamisch so verändert, dass Schwingungsarten, welche mit den Lichtschwingungen im Aether kaum noch eine Aehnlichkeit haben, dem Sehnerven zur Fortpflanzung übergeben werden, so dass z. B. diejenigen Modificationen des Lichts, welche als Farbe empfunden werden, im Nerven Combinationen verschieden starker Functionen dreierlei verschiedener Arten von Endorganen in der Netzhaut sind, während die entsprechenden Modificationen des physicalischen Lichtstrahls sich nur durch die Wellenlänge der Schwingungen unterscheiden. Ferner hat das Licht eine Geschwindigkeit von etwa vierzig tausend Meilen in der Secunde, der Process im Sehnerven nur eine von etwa hundert Fuss.

So viel steht fest, dass die qualitative Umwandlung der Lichtschwingungen beim Eingehen in die Retina von der grössten Bedeutung ist, und der Ansicht, welche dem von anderen Augen zufällig zu beobachtenden Bilde auf der Retina eine Bedeutung beimisst, den letzten Todesstoss giebt, wenn nicht die Vorstellung an sich schon zu absurd wäre, dass der Sehnerv wie ein zweites Auge dieses Bild besieht, — und dann? Doch vermuthlich das Centralorgan des Gesichtssinnes (die Vierhügel) als ein drittes Auge das Bild des Sehnerven, und dann das Centralorgan des Denkens (die Grosshirnhemisphären) als viertes Auge das Bild der Vierhügel, und dann etwa gar eine bestimmte Centralzelle als Centralissimum des Bewusstseins als fünftes Auge das Bild des Grosshirns, um nicht gleich die Sache bis zu dem sechsten Auge einer punctuellen an irgend einer Gehirnstelle ihren Sitz habenden Centralmonade zu treiben! Denn soviel ist als physiologisch feststehend zu betrachten, dass frühestens in dem Centraltheil, in den der Sehnerv mündet, in den Vierhügeln, die Empfindung des Sehens zu Stande kommen kann, aber nicht im Laufe des Sehnerven selbst. Beim Eintritt des Nerven in den Centraltheil aber müssen wir eine abermalige Umwandlung der Schwingungsweisen annehmen, schon wegen des veränderten Baues der Nervenmasse, und weil die Bedeutung der Centraltheile für die Wahrnehmung aufhörte, wenn die Schwingungsform unverändert bliebe, weil dann die Seele schon auf die Schwingungen des Sehnerven mit der Empfindung reagiren müsste. In den Vierhügeln können aber wiederum nicht jene ausgedehnten Denkprocesse vor sich gehen, in welchen die Raumanschauung sich stets als integrirender Bestandtheil befindet. Da solche in den Grosshirnhemisphären ihren Sitz haben, so müssen auch die Gesichts-Empfindungen, welche der Raumanschauung zu Grunde liegen, ebenso wie die wiederum an anderer Stelle des Gehirns sich entwickelnden Tastempfindungen, erst zum Grosshirn geleitet werden, um dort mit Hülfe des Denkens sich zur Raumanschauung zu extendiren.

Wenn man nun auch noch das Objectbild auf der Netzhaut mit einem Mosaikbilde vergleichen kann, das dem Dinge selbst in seinen Proportionen ähnelt, so sind doch die isolirten Nervenprimitivfasern schon viel zu sehr verschlungen, als dass ein idealer Durchschnitt des Sehnerven bei seinem Eintritt in die Vierhügel noch eine dem Netzhautbilde entsprechende Anordnung und Lage der Fasern zeigen könnte, und noch viel weniger Boden würde die Annahme haben, dass im Centralorgan selbst eine räumlich so vertheilte Affection der Zellen stattfände, dass zwischen ihr und Retinabild eine ähnliche Proportionalität der extensiven Verhältnisse wie zwischen Retinaaffection und Ding stattfände. Da aber diese afficirten Zellen im Centralorgan selbst dann noch relativ selbstständig wären, und nur durch Leitung mit einander communicirten, so wäre selbst bei solcher unmotivirten Annahme immer noch nicht ersichtlich, wie das als Summationsphänomen aus den Zellenbewusstseinen resultirende Bewusstsein zu einer extensiven Anordnung der Empfindungen kommen sollte, welche den Lagenverhältnissen der afficirten Zellen entspräche. Es giebt keine Brücke zwischen realräumlicher Lage der empfindungserzeugenden materiellen Theile und idealräumlicher Lage der in extensive Anschauung geordneten bewussten Empfindungen, denn der Raum als reale Daseinsform und der Raum als bewusstideale Anschauungsform sind so incommensurabel wie der reelle und der imaginäre Theil einer complexen Zahl, wenngleich beide in sich denselben formellen Gesetzen unterworfen sind. Dies ist auch der Grund, warum selbst die physiologisch ganz unhaltbaren Theorien von einer einzigen letzten Centralzelle (wie schnell müsste dieselbe ermüden!) oder gar einer punctuellen Centralmonade durchaus unfähig sind, diese Brücke zu schlagen. Sind reale und bewusstideale

Räumlichkeit heterogene Gebiete, von denen keins am andern Theil haben kann, so können realräumliche Verhältnisse der empfindungserzeugenden materiellen Theile auf die Empfindung überhaupt nicht von Einfluss sein, so ist die Lage der empfindenden Hirntheile gleichgültig, und nur die theils von der Beschaffenheit der Centraltheile, theils von der Intensität und Qualität der zugeleiteten Bewegung abhängige Art der Schwingungen von Einfluss für die Beschaffenheit der entstehenden Anschauung.

Dieses Gesetz, das für jeden Philosophen *a priori* selbstevident sein muss, ist übrigens von physiologischer Seite schon früher formulirt und wohl kaum ernstlich angefochten worden. Lotze drückt dasselbe so aus: **identische Schwingungen verschiedener Centralmolecüle bringen ununterscheidbare Empfindungen hervor**, so dass mehrere gleichzeitig schwingende Molecüle von identischer Schwingungsform eine Empfindung hervorbringen, welche jeder durch ein Einzelnes dieser Molecüle erregten Empfindung **qualitativ** gleich ist, **quantitativ** aber den Stärkegrad der **Summe** aller einzelnen Empfindungen besitzt. Wenn man mit Einem Nasenloch riecht, so hat man dieselbe Empfindung, nur schwächer, als wenn man mit beiden riecht, und wenn nicht die Tastnerven der Nase den durchziehenden Luftstrom fühlten, würde der Riechnerv allein im normalen Zustande den Geruch des linken und rechten Nasenloches nicht als verschieden wahrnehmen. Dasselbe gilt für den Geschmack, wenn er einen kleineren oder grösseren Theil der Zunge und des Gaumens afficirt; nur die gleichzeitigen Tastgefühle der Berührung, des Zusammenziehens der Haut u. s. w. unterscheiden die Berührungsstelle, der Geschmack selbst wird nur stärker oder schwächer. Ob ein Ton das linke oder rechte Ohr trifft, wird nur durch die gleichzeitig im Ohre theils direct, theils reflectorisch erregten Spannungsgefühle erkannt; es ist auch hier gar nicht der Hörnerv, sondern Tastnerven vorzugsweise in dem reich durchsetzten Trommelfelle, welche das Localisationsgefühl bedingen, wie deutlich daraus hervorgeht, dass man nach Ed. Weber's Versuchen dieses Localgefühl beim Untertauchen unter Wasser nur behält, so lange die Gehörgänge mit Luft gefüllt bleiben, aber verliert, wenn durch Anfüllung der Gehörgänge mit Wasser die Trommelfelle ausser Wirksamkeit gesetzt sind. Beim Sehen hat man von demselben Lichtpuncte zwar verschiedene Eindrücke, wenn sein Bild verschieden gelegene Stellen eines oder beider Augen trifft, aber nicht zu unterscheiden sind die Eindrücke, wenn sie auf correspondirende

Stellen beider Augen fallen. Man weiss bei einem geschickt hergerichteten Arrangement des Versuches schlechterdings nicht, ob man ein Licht mit dem rechten, oder mit dem linken, oder mit beiden Augen zugleich sieht, wenn man sich nicht durch anderweitige Hülfsmittel darüber orientiren kann. Die Gesichtseindrücke correspondirender Stellen beider Augen combiniren sich zu einem einfachen verstärkten Eindrucke.

Nach Lotze's Ansicht würden wir geradezu nicht zu unterscheiden im Stande sein, ob ein Schmerz, Gefühl, Berührung u. s. w. unsere rechte oder linke Körperhälfte trifft, wenn nicht durch die bis in's Kleinste gehenden Asymmetrien beider Körperhälften mit der nämlichen Empfindung in der rechten Körperhälfte andere begleitende Empfindungen der Spannung, Dehnung, des Druckes u. s. w. vorhanden wären, als in der linken, so dass wir durch diese qualitative Incongruenz der Empfindungen mit Hülfe der Uebung in Stand gesetzt werden, rechts und links an unserem eigenen Leibe zu unterscheiden. Auch bei Gehör, Geschmack und Geruch sind, wie erwähnt, solche begleitende Umstände vorhanden, welche eine gewisse Unterscheidung congruenter Empfindungen, je nach dem Orte der Einwirkung möglich machen, doch ist es wichtig, dass hier die Nervenstämme, welche die eigentliche Sinnesempfindung, und die, welche die begleitenden Differenzen vermitteln, verschieden sind, woraus sich die Folgerung ergiebt, dass, wenn man durch Zerschneiden der letzteren oder anderweitige geschickte Elimination der begleitenden Differenzen aus dem Versuche die reinen Sinneswahrnehmungen ausscheidet, diese nicht mehr im Stande sind, Unterschiede des Ortes zum Bewusstsein zu bringen, also überhaupt un fähig, räumliche Anschauungen zu erzeugen. — Anders ist dies beim Tast- und Gesichtssinne. Jede gleiche Tastempfindung an verschiedenen Hautstellen ist mit ganz verschiedenen begleitenden Unterschieden verbunden, welche in der beim Drucke auf die Haut je nach der Weichheit oder Härte, je nach der Gestalt des Gliedes, der Beschaffenheit der darunter liegenden Theile, der Dichtigkeit der empfindenden Tastwärzchen u. s. w. ganz verschieden ausfallenden Verschiebung, Spannung, Dehnung und Mitbetheiligung neben- und unterliegender empfindender Theile begründet sind, und welche fast alle durch dieselben Nervenstämme dem Gehirne zugeleitet werden. Ebenso erhält eine gleiche Farben- oder Helligkeitsempfindung ganz verschiedene begleitende Unterschiede, je nach dem Puncte der Netzhaut, von dem sie ausgeht, welche begründet sind: 1) in der vom Centrum nach der Peripherie abnehmenden Deutlichkeit der Perception gleicher Eindrücke, 2) in den in den benachbarten Fasern inducirten Strömen, welche wieder, je nach der Lage der letzteren zum Puncte des deutlichsten Sehens, verschieden ausfallen, 3) in dem reflectorischen Bewegungsimpulse der Augapfeldrehung, welcher bei jeder Affection einer Netzhautstelle in dem Sinne eintritt, dass der Punct des deutlichsten Sehens die Stelle des afficirten Netzhautpunctes zu ersetzen strebt.

Diese drei Momente in Verbindung geben der gleichen Empfindung jeder Netzhautfaser ein verschiedenes Gepräge, welchem Lotze, der Erfinder dieser Theorie, den Namen Localzeichen giebt. Auch diese Unterschiede werden theils durch den Sehnerv dem Gehirne zugeleitet, theils im Gehirne selbst durch den Widerstand empfunden, welchen der Wille dem reflectorischen Bestreben der Drehung des Auges entgegensetzen muss, um diese zu verhindern. Es ist jetzt im Gegensatze zu den Geruchs-, Geschmacks- und Gehörsempfindungen verständlich, wie gerade die Gesichts- und Tastempfindungen die Seele zur räumlichen Anschauung anregen können, weil nämlich bei diesen der von jeder einzelnen Nervenprimitivfaser zugeleitete Reiz seine qualitative Bestimmtheit durch ein wohlorganisirtes System begleitender Unterschiede hat, so dass die von gleichen äusseren Reizen in verschiedenen Nervenfasern erregten Schwingungszustände in soweit verschieden ausfallen, dass sie in der Seele nicht in eine einzige verstärkte Empfindung zusammenfallen können, aber doch noch so ähnlich sind, dass das qualitativ gleiche Stück in den durch sie hervorgerufenen Empfindungen von der Seele mit Leichtigkeit erkannt werden kann. — Hiernach können wir auch durch die scheinbaren Ausnahmen das allgemeine Gesetz nur bestätigt finden, dass identische Schwingungen verschiedener Hirntheile zu Einer nur dem Grade nach verstärkten Empfindung zusammenfliessen; ein Gesetz, welches sowohl apriorisch höchst plausibel erscheint, als auch empirisch nicht nur keine Thatsache gegen sich hat, sondern ohne welches die erwähnten Erscheinungen der niederen Sinne geradezu unerklärlich wären. Im Sinne dieses Gesetzes ist das schwingende Molecüle der Seele völlig gleichgültig, nur seine Schwingungsart hat einen Einfluss auf die Seele, und wenn wir gewisse Theile des Leibes (die Nerven), gewisse Theile des Nervensystems (die graue Substanz), gewisse Theile des Gehirnes besonders zu höheren Einwirkungen bestimmter Art befähigt sehen, so können wir dies nur dem Umstande zuschreiben, dass diese Theile sich wegen ihrer molecularen Beschaffenheit gerade ausschliesslich oder vorzugsweise zur Hervorbringung der Art von Schwingungen eignen, welche allein oder vorzugsweise dieser Einwirkungen auf die Seele fähig sind. Betrachten wir nun dies Gesetz als feststehend und Lotze's Theorie der Localzeichen (abgesehen davon, ob die von ihm hauptsächlich benutzten gerade die richtigen sind) für gesichert, so sind wir immer erst zu dem Resultate gelangt, dass beim Sehen oder Tasten die Seele durch Vermittelung des Gehirns von jeder Nervenprimitivfaser eine besondere Empfindung erhält, welche durch ihr individuelles Gepräge verhindert wird, mit anderen zusammenzufliessen, aber doch den anderen so ähnlich ist, dass es der Seele ein Leichtes ist, die in allen enthaltene gleiche Grundlage als solche zu erkennen. Auf keine Weise aber kommen wir von dieser Summe **gleichzeitiger qualitativ ähnlicher und doch verschiedener Empfindungen zu einer räumlichen Ausbreitung** derselben, wie sie im Sehfelde und im Tastfelde der Haut vorliegt, wir bleiben immer bei **qualitativen und intensiv quantitativen** oder **graduellen** Unterschieden der einzelnen Empfindungen stehen und können auf keine Weise die Möglichkeit absehen, wie das extensiv Quantitative oder räumlich Ausgedehnte aus den Schwingungen der Gehirnmolecüle in die Empfindung hineingetragen werden soll, da nicht die Lage des einzelnen Molecüls im Gehirn, sondern nur die Dauer, Gestalt u. s. w. seiner Schwingungen auf die Empfindung von Einfluss ist, und diese Momente nichts extensiv Quantitatives enthalten, was mit dem extensiv Quantitativen des Retinabildes noch irgend in Beziehung stände. Dagegen ist vermöge des Systemes der Localzeichen die extensive Nähe und Entfernung der Puncte des Retinabildes von einander, resp. ihre Berührung, in **grössere oder kleinere qualitative Unterschiede der entsprechenden** Empfindungen, resp. **Minimaldifferenz** derselben, umgewandelt, und ist somit der Seele ein **Material** geliefert, welches, wenn sie einmal **selbstthätig** dieses System qualitativer Unterschiede in ein System räumlicher Lagenverhältnisse **zurückverwandelt**, nunmehr die Seele mit **Nothwendigkeit zwingt**, jeder Empfindung im räumlichen Bilde einen solchen Platz anzuweisen, welcher ihrer qualitativen Bestimmtheit entspricht, so dass der Seele in Betreff der räumlichen Bestimmungen einer durch eine Summe qualitativ verschiedener Empfindungselemente gegebenen Gestalt **keine Willkür** bleibt, sondern sie dieselbe nothwendig in den

Verhältnissen reconstruiren muss, wie sich das Retinabild einem fremden Auge darstellt, wie es der Erfahrung entspricht. Wundt drückt die hier dargelegten Gedanken folgendermassen aus: „Die durch die Colligation" (Aggregation, Zusammenfassung) „gelieferte Verbindung ist eine rein äusserliche, bei der die verknüpften Empfindungen als Einzelempfindungen erhalten bleiben. Aber indem die Synthese diese durch den Vorbereitungsprocess der Colligation innig verknüpften Empfindungen zur Verschmelzung bringt, erzeugt sie ein Drittes, was in den Einzelempfindungen als solchen noch nicht enthalten war. Die Synthese ist daher das eigentlich Constructive bei der Wahrnehmung; sie bringt erst aus den beziehungslos dastehenden Empfindungen etwas Neues hervor, das zwar die Empfindungen" (aber nun nicht mehr wie die blosse Colligation als verbundene Einzelempfindungen) „in sich enthält, aber doch etwas ganz von den Empfindungen Verschiedenes ist" (Beitr. z. Theorie d. Sinneswahrn. S. 443). Diese ganz allgemein gültigen Sätze präcisirt er auf der folgenden Seite genauer in Bezug auf die in der Entstehung der räumlichen Gesichtswahrnehmung Platz greifende Synthese: „So ist die Synthese in der Wahrnehmung eine schöpferische Thätigkeit, indem sie den Raum construirt; aber diese schöpferische Thätigkeit ist keineswegs eine freie, sondern die Empfindungseindrücke und die bei der Synthese mitwirkenden äussern Anstösse zwingen mit Nothwendigkeit, dass der Raum in voller Treue reconstruirt werde."

Diejenige Richtung der empiristischen Physiologie, welche eine zu den gegebenen Empfindungseindrücken neuhinzutretende Construction (oder in Bezug auf das Retinabild: Reconstruction) des Raumes durch eine schöpferische synthetische Function der Seele als entbehrlich darzustellen bemüht ist, braucht zunächst den Kunstgriff, die Räumlichkeit der Gesichtswahrnehmung mit Hülfe des Tastsinnes, und umgekehrt, entstehen zu lassen. Nun ist es zwar richtig, dass beide Sinne in der feineren Ausbildung ihrer räumlichen Wahrnehmungen sich wesentlich unterstützen; indessen wäre es unmöglich, dass beide zusammen den Raum zu Stande bringen sollten, wenn er nicht schon in jeder einzelnen drinsteckte. So zeigt denn auch die Erfahrung, dass Blindgeborene die räumlichen Wahrnehmungen des Tastsinns ohne Hülfe des Gesichts gewinnen und sogar feiner als Sehende ausbilden können, und dass andrerseits operirte Blindgeborene vor jeder Orientirung zwischen den neuen Gesichtswahrnehmungen im Verhältniss zu den ihnen bekannten Tastwahrnehmungen doch die ersteren sofort räumlich extendirt (wenigstens nach zwei Dimensionen) im Bewusstsein haben. — In zweiter Reihe suchen die Gegner der schöpferischen Raumproduction dasselbe Sophisma innerhalb jedes der beiden Sinne in den Beziehungen zwischen dem r u h e n d e n Sehfeld (resp. Tastfeld) einerseits und den B e w e g u n g s gefühlen des Augapfels (resp. der tastenden Glieder) andrerseits zur Geltung zu bringen. Nun ist aber auch hier sofort klar, dass, wenn sowohl das ruhende Sehfeld oder Tastfeld als auch das Muskelbewegungsgefühl jedes für sich die Räumlichkeit noch nicht besitzt, auch keine noch so künstliche Combination dieser beiderseits unräumlichen Empfindungen ohne das Hinzutreten einer schöpferischen constructiven Synthese die räumliche Extension aus sich hervorspringen lassen kann. Selbst hier haben diese „Empiriker" die Empirie gegen sich, denn wenn auch in Bezug auf den Tastsinn die experimentelle Trennung von Tastempfindung und Bewegungsgefühl bisher nicht zu erreichen war, so steht doch die Thatsache fest, dass bei operirten Blindgeborenen die flächenhafte Extension der Gesichtseindrücke vom ersten Moment des Sehens an gegeben ist, und keineswegs erst allmählich durch zahlreiche Versuchsreihen von Combinationen der Empfindung des Sehnervs mit den Bewegungsgefühlen des Augapfels erworben wird. Aber gesetzt selbst den Fall, jene hätten darin Recht, dass erst die Verbindung von ruhender Empfindung und Bewegungsgefühl der Seele hinreichendes Material (an Localzeichen) darböte, um die Raumconstruction vorzunehmen, so wäre auch dann noch immer eine schöpferische Synthese dazu erforderlich, weil eben Empfindungen von bloss qualitativen und extensiven Unterschieden niemals ohne diese zur extensiven Ausbreitung in eine einheitliche Wahrnehmung gelangen können. Da die von den schwingenden Hirnmolecülen angeregten Empfindungen aber nur qualitativ und intensiv unterschieden sein können (vgl. S. 293) und keinenfalls irgend welche Beziehungen zwischen der Räumlichkeit ihrer Lage und Bewegung mit der Räumlichkeit des Wahrnehmungsbildes bestehen können (vgl. 289—290), so muss die schöpferische synthetische Function eine rein-geistige Function des Unbewussten sein.

Ganz im Gegensatz zu Schopenhauer kann man daher sagen, der einzige Grund für die Annahme der Apriorität der Raumanschauung ist die Unmöglichkeit, dieselbe durch blosse Hirnfunction entstanden zu denken. Hätte Schopenhauer Recht, dass die Räumlichkeit als Anschauungsform bloss eine in der Organisation des Gehirns gelegene Prädisposition wäre, welche auf den Reiz der Gesichts- oder Tastempfindungen hin in der ihr eigenthümlichen Weise functionirt, so könnte diese Hirnprädisposition nach der biologischen Descendenztheorie durch eine von Generation zu Generation sich befestigende und vervollkommnende Vererbung erklärt werden, bei welcher nur das erste Entstehen der Raumanschauung in den niedrigsten Thieren und Pflanzenthieren (welche überhaupt ein noch weit grösseres Wunder als die im menschlichen Bewusstsein ist) und die allmähliche Steigerung dieses ersten Keims dem Unbewussten als directe Aufgabe vorbehalten bliebe. Eine durch Vererbung gesteigerte Prädisposition für die vielseitigere und verfeinertere Durchbildung der raumerzeugenden Empfindung nehme auch ich im Gehirn an; aber diese betrifft eben nur das Material, welches die unbewusste Seele zur Raumsetzung anregt, und das Wie der Raumanschauung im Einzelnen bestimmt, — keinesfalls kann dieselbe der Seele den spontanen Act der räumlichen Extension des qualitativ geordneten Materials, d. h. die selbstthätige Reconstruction der Räumlichkeit **ersparen**, sondern nur **erleichtern** und deren **Inhalt bereichern**. Wir haben wohl begreifen können, wie es kommt, dass nur Gesichts- und Tastsinn, aber nicht die übrigen Sinne Raumanschauung in der Seele hervorrufen, wir haben auch den Causalzusammenhang begriffen, warum die Seele gerade diejenigen räumlichen Verhältnisse zu reconstruiren gezwungen ist, welche den objectiven Raumverhältnissen auf der Retina, resp. Tastnervenhaut, entsprechen, aber warum die Seele **überhaupt** die Summe qualitativ verschiedener Empfindungen in ein extensiv räumliches Bild verwandelt, dazu können wir in dem physiologischen Processe nicht nur keinen Grund sehen, wir müssen sogar bestreiten, dass einer da ist, und können nur einen teleologischen Grund erkennen, weil eben erst durch diesen wunderbaren Process die Seele sich die Grundlage zur Erkenntniss einer Aussenwelt schafft, während sie ohne Raumanschauung nie aus sich heraus könnte.

Ad 3. Wenn wir diesen Zweck als einzigen Grund erkennen, so müssen wir den fraglichen Process selbst als eine Instincthandlung, als eine Zweckthätigkeit ohne Zweckbewusstsein ansprechen. Wir sind hiermit wiederum auf dem Gebiete des Unbewussten angelangt, und müssen das Raumsetzen in der Anschauung des Individualbewusstseins (ganz ebenso wie die Raumsetzung bei Erschaffung der realen Welt), als eine Thätigkeit des **Unbewussten** anerkennen, da dieser Process so sehr der Möglichkeit jedes Bewusstseins vorhergeht, dass er nimmermehr als etwas Bewusstes betrachtet werden kann. Dies hat aber Kant nirgends ausgesprochen, und bei der sonstigen Klarheit und Furchtlosigkeit dieses grossen Denkers muss daraus geschlossen werden, dass er sich die völlige Unbewusstheit dieses Processes selbst niemals zum Bewusstsein gebracht habe. Aus diesem Mangel seiner Darstellung entstand aber die Opposition des gesunden natürlichen Verstandes gegen seine Lehre, der den Raum als eine von seinem Bewusstsein unabhängige Thatsache demselben gegeben wusste, und zwar in den räumlichen Beziehungen, aus denen erst eine lange fortgesetzte Abstraction den Begriff des Raumes ausschied, welchen ganz zuletzt die Negation der Grenze als ein Unendliches bestimmte, während nach Kant der einige unendliche Raum das ursprüngliche Product des Denkens sein soll, vermöge dessen erst die räumlichen Beziehungen möglich würden. In allem Diesem hatte der natürliche Verstand Recht und Kant Unrecht, aber in dem Einen, und das war die Hauptsache, hatte Kant Recht, dass die Form des Raumes nicht durch physiologische Processe in die Seele von aussen hineinspaziert, sondern durch dieselbe selbstthätig erzeugt wird. Während aber Kant die Räumlichkeit noch als eine gleichsam zufällige durch die Organisation unsrer Natur in uns gelegte Form der Sinnlichkeit ansieht, welche auch ganz anders sein könnte, und zu der jedes jenseits der Subjectivität gelegene Vorbild fehlt, ist uns nunmehr dieses Vorbild in der Räumlichkeit als realer Daseinsform gegeben, so dass das Unbewusste formell ein und dieselbe Function vollzieht, indem es dort die Vielheit der zu schaffenden Individuen in der unbewussten Vorstellung in räumlich unterschiedenen Verhältnissen concipirt, um an ihnen dem Willen einen zu räumlichem Dasein zu realisirenden Inhalt zu geben, oder indem es hier die in qualitativ geordneten Reihen (mathematischen Dimensionen) gegebenen Empfindungen zur räumlichen Anschauung extendirt. Die Zufälligkeit und Laune wäre nun bloss noch in einer etwaigen Abweichung von der einmal eingeschlagenen Bahn zu suchen, nicht in der beiderseits gleichmässigen Durchführung der für diese Welt einmal (gleichviel ob aus logischer Nothwendigkeit oder aus Wahl) adoptirten Individuationsform der Räumlichkeit.

Ad 4. Die Zeit hat mit dem Raume als Form des Denkens und Seins so viel Analoges, dass man von jeher beide zusammen behandelt und Ein Denker über beide stets gleichmässige Ansichten gehabt hat. Dies hat auch Kant verleitet, bei der transcendentalen

Aesthetik beide in einen Topf zu werfen. Dennoch sind die jedem Menschen geläufigen Unterschiede zwischen Raum und Zeit bedeutend genug, um auch hierin einen Unterschied herbeizuführen. Wäre die Zeit nicht aus dem physiologischen Processe unmittelbar in die Wahrnehmung übertragbar, so würde sie ohne Zweifel von der Seele ebenso selbstständig, wie der Raum erzeugt werden, dies hat sie aber beim Wahrnehmen nicht nöthig. Denn wenn wir angenommen haben, dass auf Gehirnschwingungen von bestimmter Form die Seele mit einer bestimmten Empfindung reagirt, so liegt hierin schon ausgesprochen, dass, wenn der Reiz sich wiederholt, auch die Reaction sich wiederholt, gleichviel ob die Reize sich in stetiger, ununterbrochener Reihe, oder intermittirend folgen; hieraus folgt weiter, dass die Empfindung so lange dauern muss, als diese Formen der Schwingungen dauern, und erst mit Aenderung der Schwingungsweise eine andere Empfindung folgt, die abermals nach einer bestimmten Dauer durch eine andere abgelöst wird. Damit ist aber die Zeitfolge ungleicher oder verschiedener Empfindungen unmittelbar gegeben, ohne dass man, wie beim Raume, zu einem selbstthätigen instinctiven Schaffen der Seele seine Zuflucht zu nehmen braucht, gleichviel, ob man die Sache materialistisch oder spiritualistisch auffasst, denn beidesfalls ist die objective Zeitfolge von Schwingungszuständen in eine subjective Zeitfolge von Empfindungen übertragen.

Man könnte hiergegen die Behauptung, dass die Zeit nicht unmittelbar aus den Hirnschwingungen in die Wahrnehmung hineingetragen werde, dadurch aufrecht erhalten zu dürfen glauben, dass man jede einzelne Empfindung als eine momentane, also zeitlose Seelenreaction betrachtet; dann würde allerdings aus einer Reihe solcher momentaner zeitloser Seelenacte unmittelbar keine zeitliche Wahrnehmung entstehen können, da die Distancen zwischen diesen Momenten absolut leer wären und folglich auch nicht beurtheilt werden könnten. Bei näherer Betrachtung zeigt sich sogleich die Unmöglichkeit. Denn zwei Fälle sind nur möglich, wenn die Empfindung etwas Momentanes sein soll: entweder sie entspringt dem momentanen Zustande des Gehirnes, oder sie tritt erst am Abschlusse einer gewissen Zeit der Hirnbewegung ein. Ersteres ist an sich unmöglich, denn der M o m e n t enthält k e i n e B e w e g u n g, also Nichts, was auf die Seele wirken kann; Letzteres aber ist ebenfalls leicht *ad absurdum* zu führen, weil nicht abzusehen ist, wo der Grund liegen sollte, dass gerade nach einer b e s t i m m t e n Zeitdauer die Seele mit Empfindung reagirt, und nicht vorher und nicht nachher, wo doch die Bewegung ruhig in derselben Weise fortgeht. Wollte man eine vollständige Oscillations-Dauer als diese Zeit willkürlich annehmen, so ist nicht einzusehen, wo die Oscillation anfängt und aufhört, da der Anfangspunct etwas von uns willkürlich Gewähltes ist; oder es ist nicht einzusehen, warum nicht eine halbe Oscillation Dasselbe leisten sollte, oder eine Viertel-, oder ein noch kleineres Stück, da ja in dem kleinsten Stücke der Schwingung das **Gesetz der ganzen Schwingung** vollständig enthalten ist. Dies führt uns auf den rechten Weg zurück. Da das **denkbar kleinste Stück** schon das Gesetz der ganzen Schwingung enthält, muss es auch zu dieser seinen **Beitrag** liefern, und so kommen wir wieder zur **Stetigkeit** der Empfindung. Dass diese, so zu sagen, Differenziale der Empfindungen nicht bewusst werden, dass vielmehr ein nicht unbeträchtlicher Bruchtheil einer Secunde erforderlich ist, ehe eine Empfindung einzeln für sich als bestimmtes Integral dieser Differentialwirkungen vom Bewusstsein percipirt werden kann, möchte wohl darin liegen, erstens, dass eine die Aenderung der Empfindung herbeiführende Aenderung der Schwingungsform nicht nach dem Bruchtheile einer Schwingung, auch noch nicht nach einer einzigen ganzen Schwingung, sondern nach mehreren Schwingungen durch allmählichen Uebergang einer Schwingungsform in die andere physikalisch zu begreifen ist, und zweitens, dass, wie bei einer durch einen klingenden Ton in Mitbewegung versetzten Saite, jede einzelne Schwingung allein zu wenig ausrichtet, und dass erst die sich nach und nach addirenden Wirkungen vieler gleichen Schwingungen einen merklichen Einfluss gewinnen können, welcher die Reizschwelle übersteigt (s. Einleitendes I. c. S. 29 ff.). Diese zeitliche Addition in Verbindung mit der räumlichen Addition der Wirkungen vieler auf dieselbe Art gleichzeitig schwingender Molecüle ist erst im Stande, uns begreiflich zu machen, wie so minutiöse Bewegungen, wie die im Gehirn sind, in der Seele so mächtige Eindrücke, wie z. B. einen Kanonenschuss oder Donnerschlag, hervorrufen. —

Wir haben nunmehr die vier oben bezeichneten Puncte durchgesprochen und hoffe ich, hiermit zu einer Verständigung zwischen Philosophie und Naturwissenschaft, zwischen welchen sich seit Kant eine weite Kluft aufgethan, nicht unwesentlich beigetragen zu haben. Unser Resultat ist dies: Raum und Zeit sind sowohl Formen des Seins, als des (bewussten) Denkens. Die Zeit wird aus dem Sein, aus den Hirnschwingungen unmittelbar in die Empfindung übertragen, weil sie in der Form der **einzelnen Hirnmolecularschwingungen** auf dieselbe Weise wie im äusseren Reize enthalten ist; der Raum muss als Form der Wahrnehmung erst durch einen Act des Unbewussten geschaffen werden, weil weder die Raumverhältnisse der einzelnen Hirnmolecularschwingung, noch die räumlichen Lagenverhältnisse der verschiedenen schwingenden Hirntheile irgend welche Aehnlichkeit oder directe Beziehung zu der räumlichen Gestalt und den räumlichen Lagenverhältnissen weder der realen Dinge, noch der Vorstellungsobjecte haben; wohl aber sind die räumlichen Bestimmungen der Wahrnehmungen durch das System der Localzeichen im Gesichts- und Tastsinn geregelt. Sowohl räumliche, als zeitliche Bestimmungen treten mithin dem Bewusstsein als etwas Fertiges, Gegebenes entgegen, werden also auch, da das Bewusstsein von den erzeugenden Processen derselben keine Ahnung hat, mit Recht als empirische Facta aufgenommen. Aus diesen gegebenen concreten Raum- und Zeitbestimmungen werden später allgemeinere abstrahirt, und als letzte Abstraction die Begriffe Raum und Zeit gewonnen, welchen als subjectiven Vorstellungen mit Recht die Unendlichkeit als negatives Prädicat zugesprochen wird, weil im Subjecte keine Bedingungen liegen, welche der beliebigen Ausdehnung dieser Vorstellungen eine Grenze setzten.

Haben wir uns auf diese Weise den Ursprung der räumlichen und zeitlichen Bestimmungen als Fundament aller Wahrnehmungen gesichert, so müssen wir auf die Frage nach dem Zusammenhange von Gehirnschwingung und Empfindung zurückkommen, auf die Frage, warum die Seele auf diese Form der Schwingung gerade mit dieser Empfindung reagirt. Dass hierin eine völlige Constanz herrscht, dürfen wir bei der allgemeinen Gesetzmässigkeit der Natur nicht bezweifeln. Wir sehen bei demselben Individuum auf dieselben äusseren Reize stets dieselben Empfindungen erfolgen, wenn nicht eine nachweisbare Veränderung der körperlichen Disposition stattfindet, welche sich natürlich in modificirten Gehirnschwingungen kund geben muss. Dass auch bei verschiedenen Individuen, soweit körperliche Uebereinstimmung stattfindet, dieselben Reize gleiche Empfindungen hervorrufen, können wir zwar niemals direct constatiren; da aber alle nachweisbaren Abweichungen sicher auf abweichendem Bau der Sinnesorgane und Nerven beruhen, so haben wir keinen Grund, in diesem Puncte von der allgemeinen Gesetzmässigkeit der Natur eine Ausnahme zu supponiren, und nehmen demzufolge an, dass gleiche Gehirnschwingungen bei allen Individuen gleiche Empfindungen hervorrufen. Da diese gesetzmässige Causalverbindung zwischen dieser Schwingungsform und dieser Empfindung an sich nicht wunderbarer ist, wie jede andere uns unverständliche gesetzmässige Causalverbindung im Reiche der Materie unter sich, z. B. von Electricität und Wärme, liegt wohl auf der Hand. Andererseits aber werden wir unbedenklich zu der Ansicht hinneigen, dass hier wie dort causale Zwischenglieder vorhanden seien, welche die bis jetzt vorhandene Complication dieser Vorgänge auf einfache Gesetze zurückführen, deren mannigfaltiges Ineinanderwirken die Vielheit der beobachteten Erscheinungen zu Stande bringt. Wenn wir uns mithin nicht entschliessen können, bei dem gewonnenen Resultate als einem letzten stehen zu bleiben, sondern in diesen Processen verschiedene, sich an einander schliessende Glieder vermuthen müssen, so ist doch so viel klar, dass dieselben, insoweit sie auf psychisches Gebiet fallen, ausschliesslich dem Bereiche des Unbewussten angehören müssen. Es ist also ein unbewusster Process, dass uns die Säure sauer, der Zucker süss, dieses Licht roth, jenes blau, diese Luftschwingungen als der Ton A, jene als $\bar{c}$ erscheinen. Dies ist, was sich über die Entstehung der Qualität der Empfindung nach dem jetzigen Stande unserer Kenntnisse sagen liesse.

Mit allen diesen qualitativen, intensiv und extensiv quantitativen Bestimmungen der Empfindung kommen wir aber nie über die Sphäre des Subjectes hinaus. Denn der Gesichtssinn stellt räumlich ausgedehnte Bilder in Flächengestalt, aber ohne irgend eine Bestimmung über die dritte Dimension dar, so dass der Flächenraum bis jetzt rein **innerhalb** der Seele liegt, rein subjectiv ist, so dass die Seele das Auge als Organ des Sehens gar nicht kennt, also das Gesichtsbild weder vor dem Auge, noch in dem Auge weiss, sondern bloss in sich selber hat, gerade wie eine matte Erinnerungsvorstellung nur in dem subjectiven Raum der Seele und ohne Beziehung zum äusseren Raume gedacht werden kann. Aehnlich ist es mit den Wahrnehmungen des Tastsinnes. Auch hier ist nur Flächenausdehnung, die der Körperoberfläche entspricht, nur viel unbestimmter, als beim Gesicht. Erst durch die Gleichzeitigkeit derselben Wahrnehmung an mehreren Stellen, verbunden mit gewissen Muskelbewegungsgefühlen, treten hier Erfahrungen ein, mit deren Hülfe die Seele durch anderweitige Processe die Fixirung der Tastwahrnehmungen auf die Oberhaut bewerkstelligen kann, so dass diese nun gleichsam in Hinsicht der dritten Dimension fixirt sind. Manche Physiologen behaupten zwar, dass dies nach dem Gesetz der excentrischen Erscheinung sofort der Fall sei, und will ich hierum nicht streiten; soviel steht fest, dass, wenn dieser Punct erreicht ist, wo die inneren Empfindungen in Hinsicht der dritten Dimension so fixirt sind, dass sie objectiv mit der Oberhaut des Körpers und meinetwegen beim Auge mit der Retina zusammenfallen, dass dann immer noch nicht abzusehen ist, wie der Schritt aus dem Subjectiven heraus vermöge der Wahrnehmung oder des bewussten Denkens gemacht werden solle. Denn die Wahrnehmung weist besten Falles nie über die Grenze des eigenen Körpers hinaus, meiner Ansicht nach bleibt sie sogar rein innerhalb der Seele, ohne irgend auf den eigenen Körper hinzudeuten. Auch kein an den bisherigen Erfahrungen sich entwickelnder bewusster Denkprocess leitet auf die Vermuthung eines äusseren Objectes, es muss hier wiederum der Instinct oder das Unbewusste helfend eingreifen, um den Zweck der Wahrnehmung, die Erkenntniss der Aussenwelt zu erfüllen. Darum projicirt das Thier und das Kind instinctiv seine Sinneswahrnehmungen als Objecte nach Aussen, und darum glaubt noch heute jeder unbefangene Mensch die Dinge selbst wahrzunehmen, weil ihm seine Wahrnehmungen mit der Bestimmung, draussen zu sein, instinctiv zu Objecten werden. So nur ist es möglich, dass die Welt der Objecte für ein Wesen fertig dasteht, ohne dass ihm die Ahnung des Subjectes aufgegangen ist, während im bewussten Denken Subject und Object nothwendig gleichzeitig aus dem Vorstellungsprocesse herausspringen müssen. Deshalb ist es falsch, den Causalitätsbegriff als Vermittler für eine bewusste Ausscheidung des Objectes zu setzen, denn die Objecte sind lange vorher da, ehe der Causalitätsbegriff aufgegangen ist; und wäre dies auch nicht der Fall, so müsste auch dann das Subject gleichzeitig mit dem Objecte gewonnen werden. Allerdings ist für den philosophischen Standpunct die Causalität das einzige Mittel, um über den blossen Vorstellungsprocess hinaus zum Subjecte und Objecte zu gelangen; allerdings ist für das Bewusstsein des gebildeten Verstandes das Object in der Wahrnehmung nur als deren äussere Ursache enthalten; allerdings mag der unbewusste Process, welcher dem ersten Bewusstwerden des Objectes zu Grunde liegt, diesem philosophischen bewussten Processe analog sein, — so viel ist gewiss, dass der Process, als dessen Resultat das äussere Object dem Bewusstsein fertig entgegentritt, ein durchaus unbewusster ist, und mithin, wenn die Causalität in ihm eine Rolle spielt, was wir übrigens nie direct constatiren können, darum doch keinesfalls gesagt werden kann, wie Schopenhauer thut, dass der apriorisch gegebene

Causalitätsbegriff das äussere Object schaffe, weil man in dieser Ausdrucksweise den Begriff als einen bewussten auffassen müsste, was er entschieden nicht sein kann, weil er viel, viel später gebildet wird, und zwar zuerst aus Beziehungen der bereits fertigen Objecte untereinander.

Sind wir nun auf diese Weise dazu gelangt, in den Wahrnehmungen äussere Objecte zu sehen, so handelt es sich um die Ausbildung der Wahrnehmungen, z. B. beim Sehen um das Sehen von Entfernungen vom Auge ab gerechnet, um das einfache Sehen mit zwei Augen, um das Sehen der dritten Dimension an Körpern u. s. w., und dem entsprechend bei anderen Sinnen, wie es in so vielen Lehrbüchern der Physiologie, Psychologie u. s. w. weitläufig ausgeführt ist. Die Processe, welche dieses nähere Verständniss herbeiführen, gehören zwar theilweise dem Bewusstsein an, zum grösseren Theile aber fallen sie in's Bereich des Unbewussten (vgl. Wundt „Beiträge zur Theorie der Sinneswahrnehmung", so wie die oben S. 33 daraus citirten Stellen). „Wie schon die Bildung der Wahrnehmung des einzelnen Auges auf einer Reihe psychischer Processe unbewusster Art beruhte, so ist auch die Bildung der binocularen Wahrnehmung nichts anderes als ein unbewusstes Schlussverfahren . . . . So ist es nicht bloss die eigenthümliche Tiefenwahrnehmung, zu der mit Nothwendigkeit der binoculare Sehact hinführt, sondern es ist ausserdem die Vorstellung der Spiegelung und des Glanzes, die in ganz entsprechender gesetzmässiger Weise aus demselben hervorgeht" (Wundt 373—374). „Sie" (die unbewussten Seelenprocesse) „sind es nicht bloss, die aus den beziehungslosen Empfindungen Wahrnehmungen heranbilden, sondern die auch die unmittelbareren und einfacheren Wahrnehmungen selber wieder zu zusammengesetzteren verknüpfen, und so Ordnung und System in das Besitzthum unsrer Seele hineinbringen, noch ehe mit dem Bewusstsein in dieses Besitzthum jenes Licht gebracht ist, das es uns selber erst kennen lehrt" (ebd. 375).

Man kann sich leichter über dieses Verhältniss täuschen, wenn man allein auf die Langsamkeit reflectirt, mit welcher das menschliche Kind zur vollen Beherrschung der sinnlichen Wahrnehmung gelangt. Wenn aber die genauere Betrachtung schon hier ohne Mühe erkennen lässt, wie gering die Ausbildung des bewussten Denkens bei Kindern zu der Zeit ist, wo sie dieses Verständniss der Wahrnehmung schon in vollem Maasse besitzen, so leuchtet die Unbewusstheit aller hierzu nöthigen Processe bei den Thieren auf den ersten

Blick ein. Die Sicherheit, mit welcher diese sich schon bald nach ihrer Geburt bewegen, die Angemessenheit, mit der sie sich der Aussenwelt gegenüber benehmen, wäre unmöglich, wenn sie nicht instinctiv dieses Verständniss der Sinneswahrnehmungen besässen. Wenn man, wie man wohl füglich thun muss, unter sinnlicher Wahrnehmung im weiteren Sinne dieses volle Verständniss der Sinneseindrücke mit begreift, so haben wir gesehen, dass das Zustandekommen der sinnlichen Wahrnehmung, welches die Grundlage aller bewussten Geistesthätigkeit bildet, von einer ganzen Reihe unbewusster Processe abhängig ist, ohne welche Hülfen des Instinctes Mensch wie Thier hülflos auf der Erde verkümmern müssten, weil ihnen jedes Mittel fehlen würde, die Aussenwelt zu erkennen und zu benutzen.

IX.

Das Unbewusste in der Mystik.

Das Wort „mystisch" ist in eines Jeden Munde, Jeder kennt die Namen berühmter Mystiker, Jeder kennt Beispiele des Mystischen. Und doch, wie Wenige verstehen das Wort, dessen Bedeutung selbst mystisch ist, und deshalb nur von Dem recht begriffen werden kann, der selbst eine mystische Ader in sich trägt, und sei sie noch so schwach. Wir wollen versuchen, dem Wesen der Sache näher zu kommen, indem wir die verschiedenen in der Mystik verschiedener Zeiten und Individuen vorkommenden hauptsächlichen Erscheinungen betrachten.

Wir finden bei dem grössten Theile der Mystiker eine Abwendung vom thätigen Leben und Zurückziehung auf quietistische Beschaulichkeit, sogar Streben nach geistigem und körperlichem Nihilismus; das kann aber das Wesen der Mystik nicht ausdrücken, denn der grösste Mystiker der Welt, Jacob Böhme, führte seinen Hausstand ordnungsmässig, arbeitete und erzog seine Kinder wacker; andere Mystiker haben sich so sehr in's Practische gestürzt, dass sie als Weltreformatoren auftraten, noch andere übten Theurgie und Magie, oder practische Medicin und naturwissenschaftliche Reisen. — Eine andere Reihe von Erscheinungen bei höheren Graden der Mystik sind körperliche Zufälle, wie Krämpfe, Epilepsien, Ekstasen, Einbildungen und fixe Ideen hysterischer Frauenzimmer und hypochondrischer Männer, Visionen ekstatischer oder spontan-somnambüler Personen. Diese alle tragen so sehr den Charakter der körperlichen Krankheit an sich, dass in ihnen das Wesen des Mysticismus gewiss nicht bestehen kann, wenn sie auch grossentheils durch freiwilliges Fasten, Askese und beständige Concentration der Phantasie auf Einen Punct absichtlich hervorgerufen sind. Sie sind es, die in der Geschichte der Mystik jene widerlichen Erscheinungen hervorrufen, die wir heute noch in Irrenhäusern bemitleiden, die aber zu ihrer Zeit als Propheten vergöttert und als Märtyrer verfolgt und getödtet wurden, solche Unglückliche z. B., die sich für Christus hielten (Esaias Stiefel um 1600) oder für Gott Vater selbst. Gleichwohl, könnte man sagen, gehen die Visionen und Ekstasen stufenweise in jene reineren und höheren Formen über, denen die Geschichte so viel verdankt; gewiss zugegeben, — nur wird man dies Wandelbare nicht für das Wesen des Mysticismus ansprechen dürfen. — Als Drittes tritt uns die Askese entgegen; sie ist ein hirnloser Wahnsinn oder eine krankhafte Wollust, wenn sie nicht als ethisches System gefasst wird, was aber auch sowohl bei indischen als neupersischen, als christlichen Büssern stattfindet. Auch hierin liegt an sich keine Mystik, da uns einerseits Schopenhauer den Beweis geliefert hat, dass man ein ganz klarer Denker sein und doch die Askese für das einzig richtige System halten kann, und da andererseits die Mystik sich ebensowohl mit der zügellosesten Genusssucht und Ausschweifung, als mit der strengsten Askese verträgt. Eine vierte Reihe von Erscheinungen in der Geschichte der Mystik sind die sich durch alle Zeiten hinziehenden Wunder der Propheten, Heiligen und Magier. Das Einzige, was nach mässig strenger Kritik von diesen Sagen übrig bleibt, reducirt sich auf Heilwirkungen, die sich theils einfach medicinisch, theils durch bewusstes oder unbewusstes Magnetisiren, theils durch sympathetische Wirkung begreifen und in die Reihe der Naturgesetze einfügen lassen, wenn man eben die magisch-sympathetische Wirkung durch den blossen Willen als Naturgesetz gelten lässt. So lange man dies nicht thut, bleibt freilich letzteres an sich mystisch, sobald man sich aber dazu bequemt, ist es nicht mystischer als die Wirkung jedes anderen Naturgesetzes, von denen allen wir keines begreifen, und darum doch keines mystisch nennen.

Bisher sprachen wir davon, wie Mystiker gehandelt und gelebt haben, jetzt haben wir noch zu erwähnen, auf welche Art sie gesprochen und geschrieben haben. Wir begegnen hier zunächst einer überwiegend bildlichen Ausdrucksweise, die theils schlicht und einfach, öfter aber schwülstig-bombastisch ist, und häufig einer phantastischen Ueberschwenglichkeit des Inhaltes wie der Form. Dies liegt theils an den Nationen und Zeiten, denen die betreffenden Mystiker angehören, theils finden wir dieselbe Erscheinung bei Dichtern und anderen Schriftstellern wieder, können also darin nicht den

Charakter des Mystischen finden. Ferner sehen wir in den mystischen Schriften einestheils eine Masse von allegorisirenden, willkürlich spielenden Deuteleien mit Worten (der Bibel, des Korans, anderer Schriften oder Sagen) oder Formalien (des jüdischen, muhamedanischen, christlichen Gottesdienstes), anderntheils einen phantastisch gebärenden und formalistisch parallelisirenden Schematismus einer unwissenschaftlichen Naturphilosophie (Albertus Magnus, Paracelsus u. A. im Mittelalter; Schelling, Oken, Steffens, Hegel in der neuesten Zeit). Auch in diesen beiden dem Wesen nach gleichen und nur im Gegenstande verschiedenen Erscheinungen können wir den Charakter des Mystischen nicht finden; wir sehen darin nur das dem Menschengeiste eigenthümliche Bestreben, zu systematisiren, durch Unkenntniss oder Ignorirung des Materials und der Principien der Naturwissenschaften irregeleitet, sich spielend Kartenhäuser bauen, die sich oft der andere Kartenhäuser bauende Nachfolger nicht einmal die Mühe giebt umzublasen, die vielmehr von selbst einfallen, obwohl nicht ohne vorher manchem anderen Kinde imponirt zu haben. Ein Merkmal, an das man oft geglaubt hat, sich halten zu dürfen, ist die Unverständlichkeit und Dunkelheit der Sprache, weil sie ziemlich allen mystischen Schriften gemein ist. Jedoch ist nicht zu vergessen, erstens, dass die allerwenigsten Mystiker geschrieben, viele auch nicht einmal gesprochen haben, oder doch nichts weiter als die Erzählung der gehabten Visionen, und zweitens, dass noch sehr viele andere Schriften unverständlich und dunkel sind, welchen weder ihre Verfasser, noch andere Leute das Prädicat mystisch geben möchten; denn Unklarheit des Ausdruckes kann von Unklarheit des Denkens, mangelhafter Beherrschung des Materials, Ungeschicklichkeit der Schreibweise und vielen anderen Gründen herrühren.

Mithin sind alle bisher betrachteten Erscheinungen nicht geeignet, das Wesen des Mystischen zu ergründen, sondern es kann wohl jede derselben zum Ausdrucke eines mystischen Hintergrundes werden, ist aber dann nur ein von der Mystik zufällig angezogenes Kleid, und kann ebensogut ein andermal mit Mystik gar nichts zu thun haben. Es handelt sich also nunmehr um den gemeinsamen Kern und Mittelpunct aller dieser Erscheinungen in den Fällen, wo wir sie als Gewand eines mystischen Hintergrundes betrachten. Man würde sehr irren, wenn man die Religion als diesen gemeinsamen Kern betrachtete; die Religion als unbefangener Glaube an die Offenbarung ist durchaus nicht mystisch, denn was mir durch eine von mir als vollgültig anerkannte Autorität offenbar geworden ist, was sollte daran für mich noch mystisch sein, so lange ich mich schlechterdings mit dieser äusseren Offenbarung begnüge? Und mehr verlangt keine Religion. Ferner ist aber auch leicht zu sehen, dass es eine Mystik des irreligiösen Aberglaubens giebt (z. B. schwarze Magie), oder eine Mystik der Selbstvergötterung, welche allen guten und bösen Göttern Trotz bietet, oder eine Mystik der irreligiösen Philosophie, obwohl die Erfahrung zeigt, dass letztere dann wenigstens gern ein äusseres Bündniss mit einer positiven Religion schliesst (z. B. Neuplatonismus). Bei alledem wollen wir nicht verkennen, dass die Religion derjenige Grund und Boden ist, auf dem die Mystik am leichtesten und üppigsten emporwuchert, aber sie ist keinesweges deren **einzige** Pflanzstätte. Die Mystik ist vielmehr eine Schlingpflanze, die an jedem Stabe emporwuchert, und sich mit den extremsten Gegensätzen gleich gut abzufinden weiss: Hochmuth und Demuth, Herrschsucht und Duldung, Egoismus und Selbstverleugnung, Enthaltsamkeit und sinnliche Ausschweifung, Selbstkasteiung und Genusssucht, Einsamkeit und Geselligkeit, Weltverachtung und Eitelkeit, Quietismus und thätiges Leben, Nihilismus und Weltreformation, Frömmigkeit und Gottlosigkeit, Aufklärung und Aberglauben, Genialität und viehische Bornirtheit, Alles verträgt sich gleich gut mit der Mystik.

Somit sind wir dazu gelangt, in allen solchen Extremen, in allen den oben angeführten historisch an den Mystikern sich darbietenden Erscheinungen nicht das **Wesen** der Mystik, sondern **Auswüchse** zu sehen, die herbeigeführt waren theils durch den Zeitgeist und Nationalcharakter, theils durch individuell krankhafte Anlage, theils durch verkehrte religiöse, moralische und practische Grundsätze, theils durch das ansteckende Beispiel der geistigen Verirrung, theils durch die Unzufriedenheit mit dem Drucke rauher Zeiten, welche dem höher Strebenden im weltlichen Leben so gar nichts Verlockendes zu bieten hatten, sondern nur abschrecken konnten, theils durch eine später zu betrachtende, im letzten Ziele der Mystik selbst liegende Gefahr des Ueberfliegens, theils durch eine Verkettung von allerlei aus dem Angeführten und anderen Umständen sich ergebenden Ursachen.

Es schien mir diese negative Betrachtung unerlässlich, um die Vorstellungen über das Mystische zu läutern, welche sich bei den meisten Menschen nur aus einer **Summe dieser krankhaften Auswüchse** der Mystik zusammensetzen, und dadurch verhindern dürften, die Mystik in ihren reineren Erscheinungsformen wiederzuerkennen. Kehren wir nun abermals zu dem Kerne aller jener Erscheinungen, zu der wahren Mystik zurück, so wird zunächst so viel einleuchten, dass sie tief im innersten Wesen des Menschen begründet sein muss (wenn sie auch, wie künstlerische Anlagen, sich nicht in jedem entwickelt, am wenigsten in jedem gleichmässig oder nach gleichen Richtungen hin); denn sie zieht sich ohne Unterbrechung nur mit mehr oder weniger grosser Verbreitung von den ältesten vorhistorischen Zeiten bis auf die Gegenwart durch die Culturgeschichte hindurch. Sie hat wohl mit dem Zeitgeiste ihren Charakter geändert, aber kein Culturfortschritt ist je im Stande gewesen, sie zu verdrängen, sie hat ebenso unbesiegbar gegen den Unglauben des Materialismus, wie gegen die Schrecken der Inquisition Stand gehalten. Die Mystik hat aber auch dem Menschengeschlechte unschätzbare culturhistorische Dienste geleistet. Ohne die Mystik des Neupythagoräismus wäre nie das Johanneische Christenthum entstanden, ohne die Mystik des Mittelalters wäre der Geist des Christenthumes in katholischem Götzendienste und scholastischem Formalismus untergegangen, ohne die Mystik der verfolgten Ketzergemeinden seit dem Anfange des 11. Jahrhunderts, die trotz aller Unterdrückungen immer wieder mit erhöhter Kraft unter anderem Namen neu erstanden, hätten nie die Segnungen der Reformation die finsteren Schatten des Mittelalters verjagt und der neuen Zeit die Thore geöffnet; ohne die Mystik in dem Gemüthe des deutschen Volkes und in den Heroen der neueren deutschen Dichtung und Philosophie wären wir von dem seichten Triebsande des französischen Materialismus schon im vorigen Jahrhunderte so vollständig überschwemmt worden, dass wir, wer weiss wie lange, noch die Köpfe nicht wieder frei bekommen hätten. Wie für das Menschengeschlecht im Ganzen, so ist auch für das Individuum, so lange es sich von krankhaften Auswüchsen und einer überwuchernden Einseitigkeit frei hält, die Mystik von unschätzbarem Werthe. Denn wir sehen ja in der That, dass alle Mystiker sich in der Ausübung ihrer mystischen Anlagen überaus glücklich gefühlt und freudig alle Entbehrungen und Opfer getragen haben, um ihrer Richtung getreu zu bleiben; man denke nur an Jacob Böhme und seine namenlose Freudigkeit, die ihn durch alle Prüfungen begleitete, die doch gewiss aus lauterer Quelle stammte, und ihn weder von seinen bürgerlichen Pflichten abzog, noch durch unkluge Selbstquälereien getrübt war; man denke an die mystischen Heiligen des Alterthumes, einen Pythagoras, Plotin, Porphyrius u. s. w., welche zwar hohe Müssigkeit und Enthaltsamkeit, aber keine Selbstquälereien übten. Die wahre Mystik ist also etwas tief im innersten Wesen des Menschen Begründetes, an sich Gesundes, wenn auch leicht zu krankhaften Auswüchsen Hinneigendes, und sowohl für das Individuum, als für die Menschheit von hohem Werthe.

Was ist sie aber endlich? Wenn wir immer das Schlechte in der Erscheinung hinwegdenken, so wird uns Gefühl, Gedanke und Wille übrig bleiben, und zwar wird der Inhalt jedes der Drei auch aussermystisch vorkommen können, nämlich des Gedankens und Gefühles in Philosophie und Religion, des Willens als bewusste magische Willenswirkung (nur ein einziger Gefühlsinhalt macht eine Ausnahme, weil er immer nur mystisch erzeugt werden kann, wie wir sogleich sehen werden). Wenn nun aber in allen anderen Fällen nicht der Inhalt es ist, der das specifisch Mystische enthält, so muss es die Art und Weise sein, wie dieser Inhalt zum Bewusstsein kommt und im Bewusstsein ist, und hierüber wollen wir zunächst einige Mystiker hören, wo man sich nun aber nach obigen Erklärungen schon nicht mehr wundern möge, Namen zu finden, die man sonst nicht unter die Mystiker rechnet, weil diese gerade die Mystik am reinsten von störendem Beiwerke repräsentiren.

Alle Religionsstifter und Propheten erklärten, theils ihre Weisheit von Gott persönlich erhalten zu haben, theils bei Abfassung ihrer Werke, beim Halten ihrer Reden und Thun ihrer Wunder vom göttlichen Geiste inspirirt zu sein, woraus die meisten der höher stehenden Religionen Glaubensartikel gemacht haben. Auch von den späteren Heiligen, die irgend eine neue Lehre oder Lebens- und Bussweise einführten, glaubte man, dass nicht der Mensch, sondern der göttliche Geist aus ihnen rede, und sie glaubten es selbst. Näheren Aufschluss giebt uns Jacob Böhme: „Ich sage vor Gott — — dass ich selber nicht weiss, wie mir damit geschiehet, ohne dass ich den treibenden willen habe, weiss ich auch nichts was ich schreiben soll Denn so ich schreibe, dictiret es mir der geist in grosser, wunderlicher erkäntniss, dass ich offte nicht weiss, ob ich nach meinem geist in dieser Welt bin, und mich des hoch erfreue, da mir denn die stäte und gewisse erkäntniss wird mitgegeben, und je mehr ich suche, je mehr finde ich, und immer tiefer, dass ich auch offte meine sündige Person zu wenig und unwürdig achte, solche geheimniss anzutasten, da mir denn der Geist mein Panier aufschlägt und sagt: Sihe, du solt ewig darinnen leben, und gekrönet werden, was entsetzest du dich?" Ebenso giebt er seinem Leser den Rath in der Aurora: „dass er Gott um seinen Heiligen Geist bitten solte. Denn ohne erleuchtung desselben wirst du diese geheimnisse nicht verstehen, denn es ist des menschen geist ein fest schloss dafür, das muss von ehe aufgeschlossen werden. Und das kann kein mensch thun, denn der Heilige Geist ist allein der schlüssel dazu." Ebenso wenig, wie er es von einem anderen Leser für möglich hält, konnte er selbst seine Schriften verstehen, wenn der Geist ihn verlassen hatte. — Wir gehen weiter und finden, dass die Quäker den Grundsatz aufstellten, Schulsatzung, Menschenweisheit und geschriebenes Wort hintenan zu setzen, und allein dem eigenen inneren Lichte zu vertrauen. — Bernhard von Clairveaux sagt: „Der Glaube ist eine mit dem Willen ergriffene sichere Vorempfindung einer noch nicht ganz enthüllten Wahrheit, und gründet sich auf Autorität oder Offenbarung, dahingegen die (innere) Anschauung (*contemplatio*) die gewisse und zugleich offenbare Erkenntniss des Unsichtbaren ist." Weiter ausgeführt wird dies in seiner Schule (Richard und Hugo von St. Victor), von welcher die innere Offenbarung bezeichnet wird als die tiefere mystische Erkenntniss, welche nur den Auserwählten zu Theil wird, als Vernunft-Erleuchtung durch den Geist, als übernatürliche Erkenntnisskraft, als innere unmittelbare Anschauung, welche über die Vernunft erhaben ist. —

Der Vorkämpfer des modernen Mysticismus gegen die rationalistische Aufklärerei ist Hamann; derselbe will den Inhalt der äusseren göttlichen Offenbarung lebendig aus dem Boden des eigenen Geistes wiedererzeugt wissen, und die Lösung aller Widersprüche in dem an sich selbst gewissen Glauben finden, der ihm aus dem Gefühle, aus der unmittelbaren Offenbarung der Wahrheit hervorgeht. Was er angedeutet, hat Jacobi ausgeführt. Er sagt (an verschiedenen Stellen): „Die Ueberzeugung durch Beweise ist eine Gewissheit aus der zweiten Hand, beruht auf Vergleichung und kann nie recht sicher und vollkommen sein. Wenn nun jedes Fürwahrhalten, welches nicht aus Vernunftgründen entspringt, Glaube ist, so muss die Ueberzeugung aus Vernunftgründen selbst aus dem Glauben kommen und ihre Kraft allein von ihm empfangen. — Wer weiss, muss sich am Ende auf Sinnesempfindung oder auf Geistesgefühl berufen. — Wie es eine sinnliche Anschauung giebt durch den Sinn, so giebt es auch eine rationale durch die Vernunft. Beide sind in ihrem Gebiete das Letzte unbedingt Geltende. — Die Vernunft, als das Vermögen der Gefühle, ist das unkörperliche Organ für die Wahrnehmungen des Uebersinnlichen. Die Vernunftanschauung, obgleich in überschwenglichen Gefühlen gegeben, ist doch wahrhaft objectiv. — Ohne das positive Vernunftgefühl eines Höheren, als die Sinnenwelt, wäre der Verstand nie aus dem Kreise des Bedingten getreten."

Fichte und Schelling haben diese Ansichten aufgenommen, während Kant in seinem kategorischen Imperativ nur einen hinter formellem Verstandeswissen versteckten Gebrauch davon machte. Fichte sagt in den Einleitungsvorlesungen zur Wissenschaftslehre: „Diese Lehre setzt voraus ein ganz neues inneres Sinnenwerkzeug, durch welches eine neue Welt gegeben wird, die für den gewöhnlichen Menschen gar nicht vorhanden ist. Sie ist nicht etwa Erdenken und Schaffen eines Neuen, nicht Gegebenen, sondern Zusammenstellung und Erfassung in Einheit eines durch einen neu zu entwickelnden Sinn Gegebenen." Dieser „Vernunftglaube" Jacobi's erhält bei Schelling seinen treffendsten Namen: intellectuelle Anschauung, welche derselbe als das unentbehrliche Organ alles transcendentalen Philosophirens hinstellt, als das Princip aller Demonstration, und als den unbeweisbaren, in sich selbst evidenten Grund aller Evidenz, mit einem Wort als den absoluten Erkenntnissact, — als eine Art der Erkenntniss, welche für den bewussten empirischen Standpunct stets unbegreiflich bleiben muss, weil sie nicht wie dieser ein **Object** hat, weil sie **gar nicht im Bewusstsein vorkommen kann**, sondern ausserhalb desselben fällt (vgl. Schelling I. 1, S. 181—182). — So haben wir diese Art des in's Bewusstseingelangens eines Inhaltes von dem rohen bildlichen Ausdrucke einer persönlichen göttlichen Mittheilung bis zu Schellings intellectualer Anschauung verfolgt, und haben hierin Dasjenige gefunden, was ein Gefühl oder einen Gedanken der Form nach mystisch macht.

Fragen wir, wie wir uns dieses unmittelbare Wissen durch intellectuale Anschauung zu denken haben, so geben auch hierauf Fichte und Schelling uns Antwort. Fichte sagt in den „Thatsachen des Bewusstseins": „Der Mensch hat überhaupt nichts denn die Erfahrung, und er kommt zu Allem, wozu er kommt, nur durch die Erfahrung, durch das Leben selbst. Auch in der Wissenschaftslehre als der absolut höchsten Potenz, über welche kein Bewusstsein sich erheben kann, kann durchaus nichts vorkommen, was nicht im wirklichen Bewusstsein oder in der Erfahrung, der höchsten Bedeutung des Wortes nach liegt." Und Schelling bestätigt (Werke II. Bd. 1. S. 326): „Denn allerdings giebt es auch solche, die von dem Denken, wie einem Gegensatz aller Erfahrung reden, als ob **das Denken selber nicht eben auch Erfahrung wäre**!" Das unmittelbare oder mystische Wissen wird hier sehr gut unter den Begriff Erfahrung gefasst, weil es sich „im wirklichen Bewusstsein" als Gegebenes vorfindet, ohne dass der Wille etwas daran ändern könnte. Gleichviel, ob dies Gegebene von Innen oder von Aussen gegeben ist, der bewusste Wille hat in beiden Fällen nichts damit zu schaffen, und das Bewusstsein, welchem sein unbewusster Hintergrund eben unbewusst ist, muss mithin dessen Eingebungen ebenso, wie etwas Fremdes aufnehmen, woher der Glaube an göttliche oder dämonische Eingebung der intellectualen Anschauung in früheren Zeiten und bei philosophisch Ungebildeten stammt. Da das Bewusstsein weiss, dass es aus Sinnenwahrnehmung direct oder indirect sein Wissen nicht geschöpft hat, weshalb es ihm eben als **unmittelbares Wissen** gegenübertritt, so kann es nur durch Eingebung aus dem Unbewussten entstanden sein, und wir haben somit das Wesen des Mystischen begriffen: **als Erfüllung des Bewusstseins mit einem Inhalte (Gefühl, Gedanke, Begehrung) durch unwillkürliches Auftauchen desselben aus dem Unbewussten.**

Wir müssen demnach das Hellsehen und Ahnen als etwas Mystisches ansprechen, — als Unterabtheilung der Mystik, insofern sie sich auf den Gedanken bezieht, — und werden nicht umhin können, auch in jedem Instincte etwas Mystisches zu finden, insoweit nämlich das unbewusste Hellsehen des Instinctes als Ahnung, Glaube oder Gewissheit in's Bewusstsein tritt. Man wird mir ferner nach diesen Betrachtungen und denen der früheren Capitel beistimmen, wenn ich auch bei den gewöhnlichsten psychologischen Processen alle diejenigen Gedanken und Gefühle als der Form nach mystisch bezeichne, welche einem unmittelbaren Eingreifen des Unbewussten ihre Entstehung verdanken, also vor allem das ästhetische Gefühl in der Betrachtung und Production, die Entstehung der sinnlichen Wahrnehmung und die unbewussten Vorgänge beim Denken, Fühlen und Wollen überhaupt. Gegen diese völlig gerechtfertigte Anwendung sträubt sich nur das gemeine Vorurtheil, welches das Wunder und das Mysterium nur im Ausserordentlichen sucht, am Tagtäglichen aber nichts Unklares oder Wunderbares findet — nur deshalb, weil eben nichts Seltenes und Ungewöhnliches daran ist. Freilich nennt man einen Menschen, der eben nur diese überall wiederkehrenden psychologischen Mysterien in sich trägt, noch keinen My-stiker; denn wenn dies Wort mehr als Mensch bedeuten soll, so muss es eben für die Menschen aufgespart werden, welchen die selteneren Erscheinungen der Mystik zu Theil werden, nämlich solche Eingebungen des Unbewussten, welche über das gemeine Bedürfniss des Individuums oder der Gattung hinausgehen, z. B. Hellsehende aus spontanem Somnambulismus oder natürlicher Disposition, oder Personen mit dunklerem, aber häufig fungirendem Ahnungsvermögen (Socrates' Daimonion); auch würde ich nicht Anstand nehmen, alle eminenten Genies der Kunst, welche ihre Leistungen überwiegend den Eingebungen ihres Genius und nicht der Arbeit ihres Bewusstseins verdanken, sie mögen in allen anderen Richtungen des Lebens so klare Köpfe sein, wie sie wollen (z. B. Phidias, Aeschylos, Raphael, Beethoven), im Gebiete ihrer Kunst als Mystiker zu bezeichnen, — und nur derjenige möchte hieran Anstoss nehmen, der selbst so wenig mystische Ader in sich trägt, dass ihm die Incommensurabilität des wahrhaften Kunstwerks mit allem rationalistischem Maassstab, so wie die Unendlichkeit seines Inhalts allen Definitionsversuchen gegenüber noch gar nicht zum Bewusstsein gekommen ist.

In der Philosophie möchte ich den Begriff noch weiter ausdehnen, und jeden originellen Philosophen einen Mystiker nennen, in soweit er wahrhaft originell ist; denn eine neue Richtung in der Geschichte der Philosophie ist niemals durch mühsames bewusstes Probiren und Induciren erquält worden, sondern stets durch einen genialen Blick erfasst und dann mit dem Verstande weiter ausgeführt worden. Dazu kommt, dass die Philosophie wesentlich ein Thema behandelt, welches mit dem Einen nur mystisch zu erfassenden Gefühle auf's Engste zusammenhängt, nämlich das Verhältniss des Individuums zum Absoluten. Alles Bisherige betraf nur solchen Bewusstseinsinhalt, der auch auf andere Weise entstehen kann oder könnte, also hier nur deshalb mystisch heisst, weil die Form seiner Entstehung mystisch ist, jetzt aber kommen wir zu einem Bewusstseinsinhalte, der in seiner Innerlichkeit nur mystisch zu erfassen ist, der also auch als Inhalt mystisch genannt werden kann; und ein Mensch, der diesen mystischen Inhalt produciren kann, wird ganz vorzugsweise Mystiker genannt werden müssen.

Der bewusste Gedanke kann nämlich die Einheit des Individuums mit dem Absoluten mit rationeller Methode begreifen, wie auch wir uns in unserer Untersuchung auf dem Wege zu diesem Ziele befinden, aber das Ich und das Absolute und ihre Einheit stehen ihm als drei Abstractionen da, deren Verbindung zum Urtheil durch die vorangehenden Beweise zwar wahrscheinlich gemacht wird, — jedoch ein unmittelbares Gefühl dieser Einheit erlangt er nicht. Der Autoritätsglaube an eine äussere Offenbarung kann den Lehrsatz einer solchen Einheit gläubig nachsprechen, — das lebendige Gefühl derselben kann nicht von Aussen eingepflanzt oder aufgepfropft, es kann nur aus dem eigenen Geiste selbst herausgeboren werden, mit einem Worte, es ist weder durch Philosophie noch durch Offenbarung von Aussen her, sondern nur mystisch dazu zu gelangen, wenn auch bei gleicher mystischer Anlage um so leichter, je vollkommenere und reinere philosophische Begriffe oder religiöse Vorstellungen man mitbringt. Darum ist dieses Gefühl der Inhalt der Mystik κατ' ἐξοχήν, weil er nur in ihr seine Existenz findet und zugleich das höchste und letzte, wenn auch, wie wir früher gesehen haben, keineswegs das einzige Ziel aller derer, die ihr Leben der Mystik geweiht haben. Ja wir können sogar so weit gehen, zu behaupten, dass die Erzeugung eines gewissen Grades von diesem mystischen Gefühl und des in demselben liegenden Genusses das einzige innere Ziel aller Religion ist, und dass es deshalb nicht unrichtig, wenn auch weniger bezeichnend ist, den Namen religiöses Gefühl für dasselbe anzuwenden.

Wenn ferner in diesem Gefühl für den, der es hat, die höchste Seligkeit liegt, wie die Erfahrung an allen Mystikern bestätigt, so liegt offenbar der Uebergang zu dem Bestreben nahe, dies Gefühl dem Grade nach zu steigern dadurch, dass man die Vereinigung zwischen dem Ich und dem Absoluten immer enger und inniger zu machen sucht. Es ist aber auch unschwer zu sehen, dass wir hier an den schon vorhin angedeuteten Punct gekommen sind, wo die Mystik von selbst in etwas Krankhaftes umschlägt, indem sie ihr Ziel überfliegt; freilich müssen wir uns dazu ein wenig über den in unseren Untersuchungen bis jetzt erreichten Standpunct erheben. Es ist nämlich die Einheit des Absoluten und des Individuums, dessen Individualität oder Ichheit durch das Bewusstsein gegeben ist, also mit anderen Worten die Einheit des Unbewussten und Bewussten ein für alle Mal gegeben, untrennbar und unzerstörbar, ausser durch Zerstörung des Individuums; darum ist aber auch jeder Versuch, diese Einheit inniger zu machen, als sie ist, so widersinnig und nutzlos. Der Weg, der historisch fast immer dazu eingeschlagen wird, ist der der Vernichtung des Bewusstseins, das Streben, das Individuum im Absoluten aufgehen zu lassen; derselbe enthält aber den grossen Irrthum, als ob, wenn das Ziel der Vernichtung des Bewusstseins erreicht wäre, das Individuum noch bestünde; das Ich will sich zugleich vernichten, und zugleich bestehen bleiben, um diese Vernichtung zu geniessen. Es wird mithin dies Ziel nach beiden Seiten hin immer nur unvollständig erreicht, obgleich uns die Berichte der Mystiker erkennen lassen, dass manche es auf diesem Wege bis zu einer bewunderungswürdigen Höhe oder vielmehr Tiefe gebracht haben, so dass ich Einiges davon anführen will (die wahre Selbstvernichtung ist natürlich nur der Selbstmord, aber hier liegt der Widerspruch zu klar zu Tage, als dass er oft das Resultat der Mystik geworden wäre).

Michael Molinos, der Vater des Quietismus, sagt unter den achtundsechzig von Innocenz VI. verdammten Sätzen seines berühmten „geistlichen Wegweisers": „Der Mensch muss seine Kräfte vernichten, und die Seele vernichtet sich, indem sie nichts wirkt. Und ist es mit der Seele bis zum mystischen Tode gekommen, so kann sie — indem sie nun zu ihrer Grundursache, zu Gott, zurückgekehrt ist, weiter nichts wollen, als was Gott will." Die Mystiker des früheren Mittelalters unterschieden auf verschiedene Art eine grössere oder geringere Anzahl Stufen; die letzte ist immer die Absorption, derselbe Zustand, den wir schon bei den buddhistischen Gymnosophisten, bei den neupersischen Ssufi's und den Hesychasten oder Quietisten oder Nabelbeschauern auf dem Berge Athos beschrieben finden. Es wird gesagt, dass in der Absorption der Mensch nichts mehr von seinem Leibe fühlt, überhaupt nichts Aeusseres, ja nicht einmal mehr sein Inneres wahrnimmt. „An die Absorption nur denken, heisst schon aus der Absorption herausfallen." Der Eigenheit absterben, die Persönlichkeit völlig vernichten und im göttlichen Wesen aufgehen lassen, wird ausdrücklich gefordert. Ja sogar die wesentlichen Formen des Bewusstseins, Raum und Zeit, müssen verschwinden, wie wir aus einem Gespräche des Propheten mit Ssaid entnehmen, wo Letzterer sagt: „Tag und Nacht sind mir wie ein Blitz verschwunden, ich umfasste zumal die Ewigkeit vor und nach der Welt, so dass in solchem Zustande hundert Jahre oder eine Stunde dasselbe sind." Alles dies bestätigt uns das Streben nach Identificirung mit dem Absoluten durch Vernichtung des individuellen Bewusstseins.

Der andere ebenfalls denkbare Weg zur Steigerung der Einheit wäre das Bestreben, das Absolute im Ich aufgehen zu lassen; auch dieser Weg ist von hochfahrenden Gemüthern versucht worden, aber er ist so vermessen, und das Ziel und die dem Individuum zu Gebote stehende Macht und Mittel dazu so unverhältnissmässig, dass wir ihn nicht weiter zu berücksichtigen brauchen.

Von Mystikern gingen die religiösen Offenbarungen aus, von Mystikern die Philosophie; die Mystik ist die gemeinschaftliche Quelle beider. Es ist wahr, dass die Furcht zuerst auf Erden Götter geschaffen, insoweit die Furcht es war, welche zuerst die Phantasie der mystischen Köpfe in Bewegung setzte, aber was sie schufen, war ihr eigen, und die Furcht hatte keinen Theil daran. Als aber die ersten Götter einmal da waren, da zeugten sie unter einander weiter, und die Furcht war ausser Dienst gesetzt. Darum ist die alte, von den Theologen so hoch gehaltene Behauptung von dem im Menschen wohnenden Gottesbewusstsein keine Fabel, wenn es auch völlig gottlose Individuen und Völker gäbe, in denen es nicht zum Durchbruch gekommen; die Mystik ist ein Erbtheil von Adam her und ihre Kinder sind die Vorstellungen der Götter und ihres Verhältnisses zum Menschen. Wie erhaben und rein diese Vorstellungen schon in ganz frühen Zeiten in den esoterischen Lehren mancher Völker gewesen seien, zeigen uns die Inder, die eigentlich die ganze Geschichte der Philosophie implicite besessen haben, aber in bildlicher und unentwickelter Form, was wir nur allzu abstract in allzu viel Schriftstellern und Bänden.

So erkenne ich in der ganzen Geschichte der Philosophie nichts Anderes als die Umsetzung eines mystisch erzeugten Inhaltes aus der Form des Bildes oder der unbewiesenen Behauptung in die des rationellen Systems, wozu allerdings häufig eine mystische Neuproduction einzelner Theile erfordert wird, die man dann später erst in den alten Schriften wieder erkennt. — Es ist natürlich kein Wunder, dass von dem Augenblicke an, wo Philosophie und Religion sich trennen, sie beide ihren menschlich-mystischen Ursprung verleugnen; erstere sucht ihre Resultate als rationell erworbene darzustellen, letztere als äussere göttliche Offenbarungen. Denn so lange der Mystiker bei seinen Resultaten stehen bleibt, ohne eine rationelle Begründung derselben zu versuchen, ist er noch nicht Philosoph, und wird dies erst dadurch, dass er die bewusste Vernunft in ihre Rechte einsetzt; dies wird er aber nicht eher thun, als bis er dieser vor der Mystik den Vorzug giebt, und dann wird er gern den mystischen Ursprung seiner Resultate verleugnen und vergessen, was ihm bei der Unklarheit ihrer Entstehungsweise nicht schwer wird. Wenn dagegen der Mystiker von der bewussten Vernunft gering denkt, oder von der Natur zur phantasievollen Darstellung hinneigt, so wird er einen bildlich-symbolischen Ausdruck für seine Resultate suchen, der natürlich immer nur ein zufälliger und unvollkommener sein kann; sobald nun er selbst oder seine Nachfolger unfähig werden, die hinter den Symbolen steckende Idee zu erfassen, und jene selbst als das Wahre nehmen, so hören sie wiederum auf, Mystiker zu sein und werden religiös; da sie ihre Symbole weder mystisch selbst wieder erzeugen können, noch dieselben rationell begreiflich sind, so müssen sie sich auf die Autorität des Stifters für die Wahrheit derselben berufen, und da menschliche Autorität für so wichtige Sachen zu gering erscheint, auch wohl der Stifter selbst schon göttliche Mittheilungen behauptet hat, so wird ihre Wahrheit auf die göttliche Autorität selbst zurückgeführt. So entstehen die Gebilde, welche den dogmatischen Inhalt der Religion bilden. Je adäquater die Symbole der mystischen Idee sind, desto reiner und erhabener ist die Religion, desto abstracter und philosophischer müssen aber auch die Symbole sein, je inadäquater und sinnlicher sie sind, desto mehr versinkt die Religion in abergläubischen Götzendienst und priesterliches Formelwesen. Wer nun also die Symbole der Religion wieder bloss als Symbole versteht und die hinter ihnen wohnende Idee ergreifen will, der tritt aus der Religion als solcher heraus, welche Buchstabenglauben an die Symbole verlangt und verlangen muss, und wird wieder Mystiker; und dies ist der gewöhnliche Weg, auf welchem der Mysticismus sich bildet, indem hellere Köpfe an der historisch gegebenen Religion ein Ungenüge finden und die tieferen Ideen erfassen wollen, die hinter den Symbolen derselben wohnen. Man sieht jetzt, wie nahe verwandt Religion und Mysticismus sind und wie sie doch etwas principiell Verschiedenes sind; man sieht auch, warum eine fertige Kirche der Mystik immer feindlich sein muss.

Fragen wir nun, woher es kam, dass die Mystik, welche den Menschen die ersten Offenbarungen des Uebersinnlichen brachte, nicht bei sich stehen blieb, sondern in Philosophie und Religion umschlug, so zeigt sich der Grund hiervon in der Formlosigkeit des rein mystischen Resultates, welches nothwendig streben muss, eine Form zu gewinnen: so wenig das Mystische an sich mittheilbar an einen Anderen ist, so wenig ist es fassbar für das Bewusstsein des Denkers selbst; es ist eben wie alles Unbewusste erst dann dem Bewusstsein ein bestimmter Inhalt, wenn es in die Formen der Sinnlichkeit eingegangen, als Licht, Klarheit, Vision, Bild, Symbol oder abstracter Gedanke; vorher ist es nur absolut unbestimmtes Gefühl, d. h. das Bewusstsein erfährt nichts als Seligkeit oder Unseligkeit schlechthin. Wird nun das Gefühl erst durch Bilder oder

Gedanken der Art nach bestimmt, so ruht in diesem Bild oder Gedanken allein für das Bewusstsein der Inhalt des mystischen Resultates und es ist mithin kein Wunder, dass, wenn bei Abschwächung der mystischen Kraft neue Eingebungen ausbleiben, das Bewusstsein sich an diese sinnlichen Residuen hält, — am wenigsten, wenn Andere dies thun, denen nur jene Residuen und nicht die damit verknüpften Gefühle mitgetheilt werden können, nicht jenes unbestimmte Etwas, welches dem productiven Mystiker sagt, dass seine Bilder und Gedanken immer noch ein unvollkommener Ausdruck der übersinnlichen Idee sind. Die Mittheilung verlangt aber noch mehr, der Andere will nicht bloss das Was der mystischen Resultate haben, sondern auch das Warum, denn der productive Mystiker erhält zwar durch die Art, wie er dazu kommt, eine unmittelbare Gewissheit, aber woher soll ein Dritter die Ueberzeugung nehmen? Die Religion hilft sich hier eben mit dem das selbstständige Urtheil vernichtenden Surrogat des Autoritätsglaubens, die Philosophie aber versucht, das, was sie mystisch empfangen, rationell zu beweisen, und dadurch das Alleingut des Mystikers zum Gemeingut der denkenden Menschheit zu machen. Nur zu häufig sind, wie es bei der Schwierigkeit des Gegenstandes nicht anders sein konnte, diese rationellen Beweise verunglückt, indem sie, abgesehen von dem, was an ihnen wirklich unrichtig ist, selbst wieder auf Voraussetzungen beruhen, von deren Wahrheit nur mystisch die Ueberzeugung gewonnen werden kann; und so kommt es, dass die verschiedenen philosophischen Systeme, so Vielen sie auch imponiren, doch nur für den Verfasser und für einige Wenige volle Beweiskraft haben, welche im Stande sind, die zu Grunde liegenden Voraussetzungen (z. B. Spinoza's Substanz, Fichte's Ich, Schelling's Subject-Object, Schopenhauer's Wille) mystisch in sich zu reproduciren, und dass diejenigen philosophischen Systeme, welche sich der meisten Anhänger erfreuen, gerade die allerärmsten und unphilosophischsten sind (z. B. der Materialismus und der rationalistische Theismus).

Sollte ich nun den Mann nennen, den ich für die Blume des philosophischen Mysticismus halte, so sage ich Spinoza: als Ausgangspunct die mystische Substanz, als Endpunct die mystische[*]

---

[*] Durch seine dritte Erkenntnissgattung (der intellectuellen Anschauung, vgl. oben S. 19 Anm.), durch welche allein jene Grundideen seines Systems in adäquater Weise und mit voller Ueberzeugung der Gewissheit erfasst werden können (vgl. Ethik Theil V Satz 25, Satz 36 Anmerkg., Satz 42 Beweis), gesteht Spinoza selbst die mystische Natur dieser Conceptionen zu.

Liebe Gottes, in der Gott sich selber liebt, und alles Uebrige sonnenklar — nach mathematischer Methode. Gewiss hat Spinoza nicht geglaubt, Mystiker zu sein, sondern vielmehr vermeint, Alles so sicher bewiesen zu haben, dass Jeder es einsehen müsse, und doch hat sein System, so sehr es imponirt, gar nichts Ueberzeugendes und so Wenige überzeugt, weil man zunächst von der Substanz in Spinoza's Sinne überzeugt sein muss, was nur ein Mystiker kann, oder ein Philosoph, der zum Schlusse seines Systemes dieselbe auf andere Weise erreicht hat, und dann den Spinozismus nicht mehr braucht. Aehnlich ist es aber mit allen anderen Systemen, ausgenommen die wenigen, die von unten anfangen, wie Leibniz und die Engländer, dann aber auch nicht weit kommen, und eigentlich nicht mehr Systeme zu nennen sind. Der vollständige rationelle Beweis für die mystischen Resultate kann erst am Schlusse der Geschichte der Philosophie fertig sein, denn letztere besteht, wie gesagt, ganz und gar in dem Suchen dieses Beweises.

Endlich dürfen wir nicht unterlassen, auf die Gefahr des Irrthums aufmerksam zu machen, welche in der Mystik liegt, und welche in dieser darum so viel schlimmer ist, als im rationellen Denken, weil letzteres in sich selbst und in der Mitwirkung Anderer die Controle und Hoffnung der Verbesserung hat, der in mystischer Gestalt eingeschlichene Irrthum aber unaustilgbar fest eingewurzelt sitzt. Dabei darf man aber nicht daran denken, als ob das Unbewusste falsche Eingebungen ertheilte, sondern es ertheilt dann gar keine, und das Bewusstsein nimmt die Bilder seiner uninspirirten Phantasie dennoch für Inspirationen des Unbewussten, weil es sich nach diesen sehnt.

Es ist ebenso schwer, eine wahrhafte Eingebung des Unbewussten im wachen Zustande bei mystischer Stimmung von blossen Einfällen der Phantasie zu unterscheiden, als einen hellsehenden Traum von einem gemeinen; wie hier nur der Erfolg, so kann dort nur die Reinheit und der innere Werth des Resultates diese Frage entscheiden. Da aber die wahren Inspirationen immerhin seltene Zustände sind, so ist leicht einzusehen, dass bei Allen, die solche mystische Eingebungen herbeisehnen, sehr viele Selbsttäuschungen auf Eine wahre Eingebung kommen müssen, es ist also nicht zu verwundern, wie viel Unsinn die Mystik zu Tage gefördert hat, und dass sie deshalb jedem rationellen Kopfe zunächst heftig widerstehen muss.

X.

Das Unbewusste in der Geschichte.

Natur und Geschichte oder die Entstehung der Organismen und die Entwickelung des Menschengeschlechtes sind zwei parallele Probleme. Die Frage heisst in beiden Fällen: particuläre Zufälligkeit oder allgemeine Nothwendigkeit der Resultate, todte Causalität oder lebendige Zweckmässigkeit, blosses Spiel der Atome und Individuen oder einheitlicher Plan und Leitung des Ganzen? Es wird dem, welcher die Frage für die Natur zu Gunsten der Zweckmässigkeit entschieden hat, nicht schwer werden, dies auch für die Geschichte zu thun. Was dabei täuschen kann, ist der Schein der Freiheit der Individuen. Zunächst glaube ich mich darauf berufen zu können, dass die neuere Philosophie einstimmig die Frage der Willensfreiheit dahin entschieden hat, dass von einer empirischen Freiheit des einzelnen Willensactes im Sinne der Unbedingtheit keine Rede sein könne, da dieser wie jede andere Naturerscheinung unter dem Gesetze der Causalität steht und aus dem augenblicklich gegebenen geistigen Zustande des Menschen und den auf ihn wirkenden Motiven mit Nothwendigkeit folgt, dass vielmehr, wenn von einer ausserhalb der naturgesetzlichen Causalität stehenden Willensfreiheit die Rede sein kann, diese höchstens noch in dem übersinnlichen Gebiet (*mundus noumenon*), in Kant's intelligibelm Charakter, gesucht (ich sage nicht: gefunden) werden kann, aber keinenfalls im einzelnen Willensacte wohnen kann, da jeder solche in die Zeit fällt, also in das Gebiet der Erscheinungswelt gehört und damit dem Causalitätsgesetze, d. h. der Nothwendigkeit, unterworfen ist. Dies und die Gründe, warum wir dem Schein einer Willensfreiheit unterworfen sind, ist nachzulesen in Schopenhauer's Schrift: „Ueber die Freiheit des Willens."

Aber gesetzt den Fall, wir liessen sogar die empirische Willensfreiheit gelten, so würde, wenn wir überhaupt einen planvollen Entwickelungsgang in der Geschichte anerkennen, dieser doch nur dann das Resultat der Freiheit der Individuen sein können, wenn das Bewusstsein des nächsten zu thuenden Schrittes mit seiner ganzen Bedeutung und seinen Folgen in jedem mit Freiheit an der Geschichte Mitwirkenden vorhanden wäre, ehe er thätig eingreift.

Allerdings nähern wir uns seit dem letzten Jahrhundert jenem idealen Zustande, wo das Menschengeschlecht seine Geschichte mit Bewusstsein macht, aber doch nur sehr von Weitem und in hervorragenden Köpfen, und Niemand wird behaupten wollen, dass der bei Weitem grössere schon zurückgelegte Theil des ganzen Weges auf diese Weise überwunden sei. Denn die Zwecke des Einzelnen sind immer selbstsüchtig, Jeder sucht nur sein Wohl zu fördern, und wenn dies zum Wohle des Ganzen ausschlägt, so ist das sicher nicht sein Verdienst; die Ausnahmen von dieser Regel sind so selten, dass sie für das grosse Ganze gar nicht in Betracht kommen. Das Wunderbare ist aber dabei, dass auch der Geist, der das Böse will, das Gute schafft, dass die Resultate durch Combination der vielen verschiedenen selbstsüchtigen Absichten ganz andere werden, als jeder Einzelne gedacht hatte, und dass sie letzten Endes doch immer zum Wohle des Ganzen ausschlagen, wenn auch oft der Nutzen etwas weitaussehend ist, und Jahrhunderte des Rückschrittes dem zu widersprechen scheinen; aber dieser Widerspruch ist nur scheinbar, denn sie dienen nur dazu, die Kraft eines alten Gebäudes zu brechen, damit ein neues, besseres Platz findet, oder eine Vegetation verwesen zu lassen, damit sie den Dünger zu einer neuen, schöneren giebt. Auch Jahrtausende des Stillstandes auf einer Stelle der Erde dürfen uns nicht beirren, wenn nur diese Culturstufe zu irgend einer Zeit einen bestimmten ihr eigenthümlichen Beruf erfüllt hat, und wenn nur zu derselben Zeit an einer anderen Stelle der Entwickelungsprocess vorwärts geht.

Ebensowenig darf man, wie so häufig unbilliger Weise geschieht, verlangen, dass an ein und derselben Stelle alle verschiedenen Zweige oder Richtungen gleichzeitig einen ungehemmten Fortgang nehmen, und sich über Stillstand oder Rückschritt beklagen, wenn irgend ein bestimmter Zweig, dem man vielleicht gerade seine persönliche Vorliebe zugewandt hat, in Verfall gerathen ist. Die Entwickelung im Grossen und Ganzen geht fort, wenn auch nur immer Ein oder wenige Momente im Fortschritte begriffen sind und die Felder der übrigen brach liegen; denn diese übrigen werden zu gelegener Stunde neu in Angriff genommen, und zwar so, dass der früher erreichte Gipfel in die neue Entwickelungsphase mit eingeschlossen ist (man denke an Raphael und Phidias, Göthe und Euripides). Was manchen Beobachter gegen die allgemeine Entwickelung der Menschheit zu verblenden vermag, ist wesentlich eine zu enge Beschränkung des Umblicks, welche das Auge verdriesslich auf gewisse sich ihnen schmerzlich fühlbar machende und doch unheilbar scheinende politische oder sociale Schäden oder auf die augenblickliche Verkommenheit ihrer intellectuellen Lieblingsrichtungen geheftet hält, anstatt dasselbe zu grossen historischen Prospectiven zu öffnen, welche ihm nicht nur die hohen culturhistorischen Vorgänge der Gegenwart anschaulich vergegenwärtigen, sondern ihn auch auf die Mannichfaltigkeit der Wege der Geschichte und auf die Möglichkeit und Wahrscheinlichkeit einer Besserung der ihm schmerzlichen Zustände auf einem von ihm nicht vermutheten, vielleicht sogar vorurtheilsvoll verschmähten Wege hinweisen würden. Aber auch noch in einem andern Sinne kann zu enge Beschränkung des historischen Gesichtskreises gegen die grosse Wahrheit der Entwickelung blind machen, wenn man nämlich aus der langen Entwickelungszeit der Menschheit ein allzukleines Stück, z. B. die letzten (im engeren Sinne „historisch" genannten) Jahrtausende herausschneidet, und etwa die Blüthe des Perikleischen oder Augustischen Zeitalters mit der Gegenwart vergleicht. Hier kann die Natürlichkeit, Richtigkeit und Feinfühligkeit der damaligen Geschmacksbildung einen Augenblick lang über die Ueberlegenheit der unsrigen täuschen; diese Täuschung schwindet aber sofort, sobald man erwägt, dass das Perikleïsche Zeitalter diese Vorzüge durchaus nur in instinctiver, unbewusster Weise besass, wie die Thatsache beweist, dass selbst ein so tiefer und sinniger Denker wie Plato bei solchen Vorbildern nur eine so erbärmliche Aesthetik und ein der Wirklichkeit so entrücktes Staatsideal zu schaffen vermochte. Nicht das flache Raisonnement der Römer, sondern erst die Deutschen des letzten Jahrhunderts haben zum bewussten und nunmehr unverlierbaren Besitz der Menschheit erhoben, was die Griechen nur instinctiv ausübten, und was wir gar nicht mehr so ausüben können, weil wir von der plastischen Empfindungsweise auf allen Kunstgebieten zur malerischen fortgeschritten sind. Die naive Feinfühligkeit des Geschmacks, in der das Alterthum nach allen Richtungen sich auszeichnete, ist natürlich auch weit leichter zerstörbar durch rauhe äussere Einwirkungen oder durch inneren

Verfall, als die mehr substantielle Geistesbildung der heutigen Zeit mit ihrem reichen materiellen Wissen und selbstbewussten Können, das durch tausendfältige Mittel vor dem Zurücksinken in Vergessenheit geschützt ist. Weitere Unterschiede bestehen noch darin, dass im Alterthum der cultivirte Erdenfleck ein sehr kleiner war im Verhältniss zur Gegenwart, wo die Cultur sich mehr oder minder über alle lebenskräftigen Racen und Völker verbreitet hat, und neue Welttheile von den Culturvölkern Europa's in Besitz genommen sind; gleichzeitig hat sich aber auch innerhalb der Culturvölker die Bildung auf immer grössere Kreise und Schichten der Bevölkerung ausgedehnt, so dass die heutige gebildete und geistig hochstehende Gesellschaft aus doppeltem Grunde eine sehr viel grössere Quote der gesammten Erdbevölkerung ausmacht als je zuvor, und gerade jetzt in reissendem Wachsthum begriffen ist. Da es sich nun nicht um Entwickelung des Menschen, sondern der Menschheit handelt, so ist diese extensive Zunahme nicht minder wichtig wie die intensive Steigerung, — abgesehen davon, dass sie mit einer in beschleunigter Progression wachsenden Wahrscheinlichkeit die Unverlierbarkeit des einmal Gewonnenen verbürgt.

Es ist wahr, dass uns heute der freie Besitz unserer Culturgüter noch durch den Kampf gegen die drohend in unsere Zeit hereinragenden Schatten des Mittelalters verkümmert und verbittert wird, aber wir dürfen uns durch den Kampf gegen diese nunmehr historisch rechtlos gewordenen Existenzen nicht verblenden lassen gegen die historische Berechtigung derselben für die Vergangenheit und ihre bleibende Bedeutung für die Entwickelung der Menschheit. Die völlig rohen germanischen Stämme der Völkerwanderung bedurften während ihrer Kindheit einer strengen Lehrzeit, innerhalb deren zugleich die physiologischen Umwandlungs- und Verschmelzungsprocesse stattfanden, als deren Resultat gegenwärtig die Nationalitäten Europas dastehn. Wenn die Antike vorzugsweise die schöne Sinnlichkeit und die Phantasie entwickelten, wenn die Verstandesbildung uns heute das Recht giebt, die Formen mittelalterlichen Lebens für relative Barbarei zu erklären, so war es die Aufgabe des Germanenthums, die Vertiefung des Gemüths in einer natürlich zunächst einseitigen Weise zu vollenden, und dies konnte es an keiner andern treibenden Culturidee wirksamer vollbringen als an den transcendenten Idealen der christlichen. Es wäre ungerecht, zu verkennen, dass die Ausbildung und Entwickelung der tiefsten Kräfte des deutschen Gemüths, welche der Menschheit auch nach Abstossung jenes Mutterbodens für immer unverloren bleiben wird, wesentlich, wo nicht ausschliesslich, der schwärmerischen Verinnerlichung des Mittelalters zu verdanken ist. Wer die für die Gegenwart culturfeindlichen Elemente des heutigen Christenthums überwunden hat, der ist für immer sicher davor, in culturfeindliche Elemente vergangener Entwickelungsperioden der Menschheit zurückzufallen, während der höchstgebildete Grieche oder Römer die christliche Entwickelungsphase noch vor sich hatte.

Einer solchen Ungerechtigkeit gegen das Mittelalter macht sich Buckle und seine Schule schuldig, indem er den bewussten Verstand, der allerdings über Sinnlichkeit, Phantasie und Gemüth steht und diese beherrschen soll, als einzigen Maassstab für die Culturentwickelung betrachtet, was er keineswegs ist, da zu dieser die harmonische Ausbildung aller Geisteskräfte gehört, und da der Verstand allein ohne die Grundlage von kräftig entfalteter Sinnlichkeit, Phantasie und Gemüth nur vertrocknete Schatten erzeugen würde, aber nicht mehr Menschen, die irgend einer ernsten Aufgabe gewachsen sind. Es rührt dieser Irrthum daher, dass die Engländer sich noch heute wesentlich auf dem rationalistischen Standpunct befinden, den wir im vorigen Jahrhundert einnahmen, und dass diese Culturhistoriker, anstatt nach den treibenden unbewussten Ideen der Geschichte zu suchen, dieselbe als ein Product bewusster Reflexionsarbeit erklären zu können wähnen. Die unbewusste Vernunft entfaltet sich nämlich, wie wir eben gesehen haben, ebensowohl in Sinnlichkeit, Phantasie und Gemüth, wie in der Reflexion des bewussten Verstandes, und es beweist wiederum nur für zu engen Blick, wenn man das im modernen Leben maassgebende Element als das zu allen Zeiten wichtigste und als einen für alle Zeiten brauchbaren Maassstab der Cultur ansieht. Gegenüber einer solchen Verengung der Culturgeschichte zur „Geschichte der Aufklärung" behalten Hegels Anläufe zu einer Philosophie der Geschichte ihren vollen Werth, da es sich in ihnen immer nur um die den Epochen zu Grunde liegenden (unbewussten) Ideen handelt.

Schopenhauer's entgegengesetzte Ansicht über die Geschichte beruht auf seiner Auffassung der Zeit als rein subjectiver Erscheinungsform, wonach alles Geschehen ein exclusiv subjectiver Schein, also die Geschichte ein wahrheitsloses subjectives Vorstellungsgespinnst ist. Den handgreiflichen Widerspruch dieser Ansicht gegen den grossartigen Organismus der Entwickelungsgeschichte der Menschheit verhüllt er sich dadurch, dass er einerseits nur auf den gleichgültigen und zufälligen Rahmen von Thatsachen (Regentenfolgen, Schlachten u. s. w.) anstatt auf den von ihm völlig unbeachteten culturgeschichtlichen Inhalt dieses Rahmens reflectirt, und dass er andererseits die Forderung einer Steigerung des individuellen Behagens mit der Forderung eines culturgeschichtlichen Fortschreitens der Menschheit als eines Ganzen verwechselt. Das Glück wächst freilich nicht bei den Fortschritten der Menschheit, aber dies beweist nichts gegen die Wahrheit, dass diese Fortschritte sowohl auf innerem geistigen Gebiete als in den Formen des menschlichen Zusammenlebens wirklich vorhanden sind und zu immer höherer Entwickelung führen.

Wenn irgend etwas geeignet ist, den grossen Fortschritt in geistiger Beziehung von den Griechen zur Gegenwart zu beweisen, so sind es die Fortschritte der Philosophie und namentlich die der deutschen und englischen Philosophie der letzten 200 Jahre. Die Philosophie als der letzte Summenzieher der eine Culturperiode tragenden Ideen und als die Blüthe des historischen Selbstbewusstseins der unbewussten Idee kann als der treueste Repräsentant des geistigen Horizonts eines Zeitabschnitts im engsten und handlichsten Rahmen gelten; die Fortschritte der Ideenentwickelung, welche wir in der Geschichte der Philosophie erkennen, zeigen uns wie durch ein Verkleinerungsglas die Quintessenz des geistigen Besitzes der entsprechenden Zeitalter in ihren verschiedenen Entwickelungsstadien. Dass in den verschiedenen Philosophien wirklich eine Entwickelung besteht, hat uns erst Hegel gelehrt, welcher die früher einzeln beschriebenen Gedankentorsos zu einer organisch zusammenhängenden und harmonisch sich gipfelnden Giebelfeldgruppe aufbaute. Freilich haben die einzelnen Mitarbeiter von dieser Zusammengehörigkeit entweder gar keine Ahnung gehabt, oder doch nur eine oft höchst mangelhafte Kenntniss von einem beschränkten Theil ihrer Vorgänger besessen, und so instinctiv, wie die geniale Conception ihres Grundprincips ihnen aus dem Quell des Unbewussten entsprang, so instinctiv trafen sie das Richtige in Bezug auf den Platz, den sie in der von ihnen selbst nicht überschauten Entwickelungsreihe einzunehmen hatten, so dass die moderne Geschichtsschreibung der Philosophie bezeichnet werden muss als das zum Bewusstsein Bringen der unbewusst zwischen den verschiedenen Philosophien obwaltenden Beziehungen, in Folge deren sie unbewusst eine grosse Entwickelungsreihe bilden. Bedenkt man nun aber dabei, dass gleichzeitig jede dieser Philosophien nur der bewussteste Ausdruck der so eben ihren Gipfel überschritten habenden Culturperiode ist, also nur der letzte Blüthenzweig, der aus der gemeinsamen dunklen Wurzel entsprossen ist, aus welcher alle die in den verschiedensten Richtungen vollbrachten Leistungen dieses Zeitabschnitts harmonisch hervorgewachsen sind, — dann leuchtet ein, dass die Culturepochen als Ganze genommen ganz ebenso sich als Phasen einer aufsteigenden Entwickelungsreihe verhalten müssen, wie jene gemeinsamen Wurzeln der charakteristischen Leistungen einer jeden von ihnen (d. h. ihre unbewusst treibenden Ideen) oder wie deren bewussteste Ausdrucksformen (die maassgebenden Philosophien). Welches die unbewusste treibende Culturidee in einem bestimmten Zeitabschnitt sein solle, kann nur durch das Unbewusste selbst in Beziehung auf die gerade dann ideell erforderliche Entwickelungsphase bestimmt werden; denn die menschlichen Individuen selbst, welche die dieser Phase entsprechenden Leistungen vollziehen, ehe sie nur einigermaassen zum Bewusstsein der unbewussten Idee gelangen, von welcher sie getrieben werden, können unmöglich die Ursache dieser Phase der Idee sein, da vielmehr die Menschheit von der Einführung derselben in den Gesammtorganismus der Culturentwickelung und von der Nothwendigkeit gerade dieser Entwickelungsphasen in diesem Zeitabschnitt erst lange nach Abschluss der betreffenden Periode ein Bewusstsein erlangt.

Die Mittel, durch welche eine bestimmte Phase der Idee sich in einer gewissen Periode verwirklicht, sind nun zweierlei Art, nämlich einerseits Einpflanzung eines instinctiven Dranges in die Massen, und andererseits Production von wegweisenden und bahnbrechenden Genies. Dieser dunkle Drang, der in Völkerwanderungen, Massenauswanderungen, Kreuzzügen, religiösen, politischen und socialen Volksrevolutionen von Zeit zu Zeit in die Massen führt, und dieselben mit wahrhaft dämonischer Gewalt zu einem ihnen unbewussten Ziele lenkt, ist sich doch stets „des rechten Weges wohl bewusst", wenn er auch meistens glaubt, dass dieser Weg zu einem ganz andern Ziele führe, als er wirklich thut. Denn in den Fällen, wo die Massen nicht überhaupt blindwüthig und ohne bewusstes Ziel darauf los wirthschaften, sondern ein Ziel im Auge haben, ist dieses bewusste Ziel in der Regel ein werthloses oder verkehrtes, während die wahre Absicht der Geschichte bei diesen Umwälzungen sich erst später enthüllt. — In ähnlicher Weise erreicht die Geschichte auch ohne eigentliche Entflammung der Massen durch die Initiative einzelner hervorragender Männer Resultate, die von den bewussten

Absichten derselben weit entfernt waren. (Man denke besonders an die fruchtbare Vermählung verschiedener Nationalculturen, wie sie bei der nationalen Abgeschlossenheit in früheren Zeiten ganz allein durch grossartige Eroberungszüge hervorgebracht werden konnten, wie z. B. die Alexanders, Cäsars, die Römerzüge der deutschen Kaiser, ja selbst die durch Napoleon hervorgerufenen europäischen Umwälzungen. Nur ein unhistorischer Sinn kann die Leichenfelder dieser vom Unbewussten dupirten Helden schmähen, aus denen so fruchtbare und segensvolle Ernten hervorgesprosst sind.) Andere Ziele erreicht das Unbewusste auf friedlicherem Wege, indem es im rechten Augenblick das rechte Genie erweckt, das befähigt ist, gerade diese Aufgabe zu lösen, deren Lösung seine Zeit dringend bedarf.*) Kein unheilvolleres Geschenk für das Individuum als Genialität, denn die Genies sind selbst bei scheinbarem äusserem Glücke, doch stets diejenigen Menschen, welche das Elend des Daseins am tiefsten und unheilbarsten empfinden. Aber die Genies sind eben auch nicht für sich selber da, sondern für die Menschheit, und für die Menschheit ist es ganz gleichgültig, ob dieselben nach Erfüllung ihrer Aufgabe sich elend fühlen, oder auch in Noth verkommen. Der rechten Zeit hat noch nie der rechte Mann gefehlt, und das mitunter gehörte Geschrei, dass es an Männern für gewisse dringende Aufgaben fehle, beweist eben nur, dass diese Aufgaben von menschlichen Bewusstseinen irrthümlich gestellt sind, dass sie gar nicht (oder wenigstens jetzt nicht) im Plan der Geschichte liegen, und dass in Folge dessen auch die genialsten Männer an d i e s e Aufgaben (wenigstens zu dieser Zeit) ihre Geisteskräfte vergeblich verschwenden würden. (Solch' eine s c h l e c h t e r d i n g s unlösbare Aufgabe ist z. B. die Verjüngung und Kräftigung zum Verfall und zur Auflösung bestimmter Staaten; z e i t w e i l i g unlösbare Aufgabe hingegen ist hervorragende und verjüngende Production auf einem Specialgebiet geistiger Leistungen, das, augenblicklich im Epigonenthum befindlich, erst eine längere Brache durchmachen muss, ehe unter dem Einfluss einer neuen treibenden Culturidee eine neue Entwickelungsphase für dasselbe beginnt.) Diese so zu sagen prästabilirte Harmonie zwischen historischen Aufgaben und Individuen mit

---

*) Als das naturgemässeste und leichteste Mittel hierzu erscheint das Zusammenführen zweier zur Hervorbringung der geforderten Individualität geeigneten Persönlichkeiten durch eine zu dem unbewussten Zweck der Erzeugung dieses hervorragenden Menschen in ihnen entflammte Liebe (vgl. Dr. Carl Freiherr du Prel: „Die Metaphysik der Geschlechtsliebe in ihrem Verhältniss zur Geschichte" in der „Oestr. Wochenschrift f. Wiss. u. Kunst" 1872 Nr. 34).

der Specialbefähigung, dieselben zu lösen, geht so weit, dass selbst technische Erfindungen (in practisch verwendbarer Gestalt) immer erst dann, aber dann auch stets, gemacht werden, wenn die Vorbedingungen zu einer für die Cultur fruchtbaren Ausnutzung derselben, so wie das Bedürfniss nach derartigen Culturhülfsmitteln gegeben sind.

Fassen wir nun die gesammte innere geistige Entwickelung der Menschheit zusammen, so bildet diese den eigentlichen Inhalt der Menschheitsgeschichte, während Staat, Kirche und Gesellschaft, unbeschadet ihres organischen Charakters und ihrer organischen Eigenentwickelung, für die innere geistige Entwickelung doch nur den Werth eines stützenden Rahmens haben, welcher, durch unbewusste Geistesthätigkeit der Individuen producirt, nun seinerseits wieder die Ausbildung des bewussten Geistes trägt und fördert, indem er sie nicht nur schützt und sichert, sondern auch als Hülfsmechanismus einen grossen Theil der geistigen Arbeit erspart und einen andern Theil erleichtert.

Wie jeder Körpertheil wird auch das grosse Gehirn durch den Gebrauch und die Uebung gestärkt und zu neuen ähnlichen Leistungen geschickter gemacht; wie bei jedem Körpertheil ist aber auch beim grossen Gehirn die von den Eltern erworbene Kräftigung und materielle Vervollkommnung durch Vererbung auf das Kind übertragbar. Diese Vererbung ist nicht in jedem einzelnen Falle direct nachweisbar, aber als Durchschnitt von einer Generation auf die folgende genommen ist sie Thatsache, und ebenso ist es Thatsache, dass es eine latente Vererbung giebt, welche erst in der zweiten oder dritten Generation ihre Früchte offenbart (z. B. wenn jemand von seinem Grossvater mütterlicherseits starken rothen Bartwuchs und schöne Bassstimme geerbt hat). Da jede Generation ihren bewussten Intellect weiter ausbildet, also auch dessen materielles Organ weiter vervollkommnet, so summiren sich im Laufe der Generationen diese für Eine Generation immerhin unmerklich kleinen Zuwachse zu deutlich sichtbar werdenden Grössen. Es ist keine blosse Redensart, dass die Kinder jetzt klüger geboren werden, und dass sie, minder kindlich als sonst, schon in der Kindheit Neigung zeigen, vorzeitig altklug zu werden. Wie die Jungen dressirter Thiere zu der gleichen Dressur geeigneter sind als wildeingefangene Junge, so sind auch die Kinder einer menschlichen Generation um so geschickter zur Erlernung bestimmter Könnens- und Wissensgebiete, je weiter jene es darin bereits gebracht hatte. Ich bezweifle

z. B., dass ein Hellenenknabe jemals ein tüchtiger productiver Musiker im modernen Sinne geworden wäre, weil sein Gehirn derjenigen ererbten Prädispositionen für das weite Gebiet der musikalischen Harmonie entbehrte, welche erst die moderne westeuropäische Menschheit sich durch eine historische Entwickelungsreihe von mehr als fünfzehn Generationen erworben hat. Ein Archimedes oder Euklid möchte trotz seines relativen mathematischen Genies sich recht unbeholfen als Schüler eines Unterrichts in der höheren Mathematik erwiesen haben.

So erzeugt jeder geistige Fortschritt eine Steigerung der Leistungsfähigkeit des materiellen Organs des Intellects, und diese wird durch Vererbung (im Durchschnitt) dauernder Besitz der Menschheit, — eine erklommene Stufe, welche das Weiteraufsteigen zur nächsten erleichtert. D. h. die Fortschritte des geistigen Besitzes der Menschheit gehen Hand in Hand mit der anthropologischen Entwickelung der Race, und stehen in Wechselwirkung mit derselben; jeder Fortschritt der einen Seite kommt der andern zu Gute; es muss also auch eine anthropologische Veredelung der Race, die aus andern Ursachen als aus geistigen Fortschritten entspringt, die intellectuelle Entwickelung fördern. Von letzterer Art ist z. B. die Veredelung der Race durch geschlechtliche Auswahl (Cap. B. II.), welche unaufhörlich ihre unbeachteten aber mächtigen Wirkungen übt, oder die Concurrenz der Racen und Nationen im Kampf um's Dasein, welcher sich unter den Menschen nach ebenso unerbittlichen Naturgesetzen vollzieht wie unter Thieren und Pflanzen. Keine Macht der Erde ist im Stande, die Ausrottung der inferioren Menschenracen, welche als stehen gebliebene Reste früherer, dereinst auch von uns durchgemachter Entwickelungsstufen bis heut fortvegetirt haben, aufzuhalten. So wenig dem Hunde, dem der Schwanz abgeschnitten werden soll, ein Gefallen damit geschieht, wenn man ihn allmählich Zoll für Zoll abschneidet, so wenig Menschlichkeit liegt darin, den Todeskampf der aussterbenden Wilden künstlich zu verlängern. Der wahre Philanthrop kann, wenn er das Naturgesetz der anthropologischen Entwickelung erst einmal begriffen hat, nicht umhin, eine Beschleunigung dieser letzten Zuckungen zu wünschen und auf dieselbe hinzuwirken. Eins der besten Mittel hierzu ist Unterstützung der Missionen, die (nach einer wahrhaft göttlichen Ironie des Unbewussten) mehr für diesen Naturzweck gethan haben, als alle directen Vernichtungsarbeiten der weissen Race gegen die Wilden. Je schneller diese Ausrottung der zu jeder Concurrenz mit der weissen Race unfähigen Naturvölker betrieben, und je rascher die ganze Erde ausschliesslich von den bis jetzt am höchsten entwickelten Racen occupirt wird, um so schneller wird der Kampf der verschiedenen Stämme innerhalb der hochstehendsten Race in grossartigen Dimensionen entbrennen, desto früher wird das Schauspiel der Absorption der niederen Race durch die höhere sich unter den Stämmen und Völkern wiederholen. Aber der Unterschied ist, dass diese Völker weit ebenbürtiger, also weit concurrenzfähiger sind, als sich die niederen Racen (mit Ausnahme der mongolischen) bisher der kaukasischen Race gegenüber erwiesen haben. Hieraus folgt, dass der Kampf um's Dasein zwischen Völkern, weil er mit ebenbürtigeren Kräften geführt wird, viel furchtbarer, erbitterter, anhaltender, und opferreicher sein muss, als der zwischen Racen, wie wir denn später (Cap. C. X.) sehen werden, dass der Kampf um's Dasein überhaupt um so erbitterter und unbarmherziger, zugleich aber auch für die fortschreitende Entwickelung der Gattung um so förderlicher ist, je näher sich die mit einander concurrirenden Arten oder Varietäten stehen.

Es ist relativ gleichgültig, ob dieser Kampf um's Dasein zwischen Völkern und Racen die Form des physischen Kampfes mit Waffen annimmt, oder ob er sich in anderen scheinbar friedlicheren Formen der Concurrenz bewegt; man würde sich sehr irren, wenn man glaubte, dass der Krieg die grausamste oder auch nur die wirksamste Form der Vernichtung eines Concurrenten sei; es ist nur die am nächsten liegende, weil roheste, — zugleich aber auch eben deshalb die *ultima ratio* für ein Volk, das sich von seinem Concurrenten im sogenannten friedlichen Wettstreit der Interessen überholt sieht. Die Opfer auch des grössten Krieges sind unbedeutend gegen die Vernichtung von Millionen und abermals Millionen Menschen, die zu Grunde gehen, wenn z. B ein Volk von einem industriell höher entwickelten vermittelst des Handels ausgesaugt und eines Theils seiner bisherigen Erwerbsquellen beraubt wird (vgl. Carey's Lehrbuch der Volkswirthschaft über die Wirkungen des englischen Aussaugungssystems in Indien, Portugal und anderwärts). Indem durch diesen Kampf um's Dasein die Erde immer zur ausschliesslichen Beute der höchstentwickelten Völker wird, wird nicht nur die gesammte Erdbevölkerung immer cultivirter, sondern es werden auch durch die von Bodengestaltung und Klima bedingten Differenzirungen innerhalb des zur Herrschaft gelangten Volkes immer neue Entwickelungskeime geschaffen, welche freilich immer wieder nur vermittelst des grausamen Kampfes um's Dasein zur Entfaltung gelangen können.

So schauderhaft die Perspective dieses perpetuirlichen Kampfes vom eudämonologischen Standpunct ist, so grossartig erscheint sie vom teleologischen im Hinblick auf das Endziel einer möglichst hohen intellectuellen Entwickelung, Man muss sich nur an den Gedanken gewöhnen, dass das Unbewusste durch den Jammer von Milliarden menschlicher Individuen nicht mehr und nicht weniger als von dem ebensovieler thierischer Individuen sich beirren lässt, sobald diese Qualen nur der Entwickelung und damit seinem Endzweck zu Gute kommen.

Ich sagte oben, dass man die Thatsache einer Entwickelung der Menschheit allenfalls anzweifeln könne, wenn man zu engbegrenzte Abschnitte der Geschichte betrachtet; wir werden jetzt sagen können, dass man nur dann an der Entwickelung zweifeln kann, nicht aber wenn man die gesammte Lebensdauer der Menschheit von ihrem ersten Auftreten auf der Erde bis in die so eben angedeutete Zukunftsperspective mit einem Blicke umfasst. Die Zeit ist vorüber, wo Creuzer und Schelling ein mit aller Weisheit begabtes Urvolk annahmen, aus dessen Verfall erst die Menschenracen sich entwickelt hätten; heute weisen uns vergleichende Sprachforschung und vergleichende Mythologie, Ethnologie, Anthropologie und Archäologie übereinstimmend darauf hin, dass die Culturzustände unserer Vorfahren um so roher und primitiver waren, je weiter wir in die Jahrtausende zurücksteigen. Als vor 3—4000 Jahren die Arier in einzelnen Absätzen jene Völkerwanderung begannen, deren gegenwärtiges Resultat die Herrschaft der indogermanischen Stämme vom indischen Ocean bis zum stillen Meer ist, da besassen sie bereits eine bedeutende Cultur, welche nur das Resultat der vorhergehenden Zehntausende von Jahren gewesen sein kann. Mit dem bereits bis zur Flexion ausgebildeten Sprachsystem, mit fruchtbaren und tiefsinnigen naturphilosophischen Mythen, mit technischen Instrumenten für Ackerbau, Wohnungs- und Kleidungsverfertigung versehen, traten sie in die Geschichte ein; wie viel wir auch seitdem an Cultur hinzuerworben haben, so gilt doch hier noch mehr wie überall, dass aller Anfang schwer ist, und unzweifelhaft war es eine weit grössere und daher auch zeitraubendere Aufgabe, sich von den primitiven Zuständen sprachloser Menschenthiere zu dieser Höhe emporzuarbeiten, als, einmal in den Besitz solcher Culturmittel, namentlich einer so unvergleichlichen Sprache, gelangt, die Natur immer weiter zu unterwerfen und die zurückgebliebenen Racen in immer steigender Progression zu überholen.

Wenn Sprache, Mythologie und Technologie den geistigen Inhalt jener vorgeschichtlichen Culturperiode ausmachen, so bildet die zum Stamme erweiterte Familie die Form, in welche dieser Inhalt gefasst ist. Indem der geschlechtliche Instinct Mann und Weib zur Gründung der Familie zusammenführte, war es einerseits der instinctive Geselligkeitstrieb (Grotius), was das atomistische Auseinanderfallen der Blutsverwandten ersten und zweiten Grades verhinderte und andrerseits der Kampf um's Dasein, der Krieg aller gegen alle (Hobbes), die Feindseligkeit fremder Nachbarn gegen einander, was die Steigerung der Angriffs- und Widerstandskraft durch engste Solidarität der Familie und des Geschlechts nothwendig erscheinen liess. So erhöht sich das Familienhaupt zum Geschlechts-Aeltesten oder Patriarchen, und — bei fortschreitender Erweiterung des Geschlechts zum Stamme — zum Stammeshäuptling oder patriarchalischen König. In dieser Verfassung befanden sich die Arier, als sie Hindostan eroberten, die Griechen noch im trojanischen Krieg, die Germanen in der Völkerwanderung. Die Thiere gründen zwar auch Familien, auch sie führen Kämpfe unter einander, aber sie fallen sofort in die unorganische Masse der **Heerde** zurück, so wie mehr als die Familie im engeren Sinne beisammen bleibt, während das **Geschlecht** organisch nach Familien gegliedert ist, und deshalb wirklich die höhere Einheit derselben darstellt. Darum ist die Verbindung der drei Instincte (Geschlechtstrieb, Geselligkeitstrieb und Feindschaftstrieb aller gegen alle) beim Menschen in der That etwas Neues und Höheres als beim Thiere, und macht ihn zum ζῶον πολιτικὸν des Aristoteles.

Am deutlichsten zeigt sich der höhere unbewusste Inhalt jener Instincte beim Menschen darin, dass ihre nächsten Producte, die Familie, das Geschlecht und der Stamm, als Keimbläschen und Embryo für alle späteren politischen, kirchlichen und socialen Formen angesehen werden müssen. Das Familienhaupt ist erstens **König** (Führer im Kampf, ausschliesslicher Repräsentant der Familie nach aussen, und Richter mit Gewalt über Leben und Tod), zweitens **Priester** (bei dem noch ausschliesslichen Familiengottesdienst) und drittens **Lehrer und Arbeitsherr** der Seinen. Diese drei Gebiete sind hier noch in ungetrennter Einheit verbunden, oder richtiger: sie haben sich noch gar nicht aus ihrem Indifferenzpunct hervorgearbeitet. Dieses Hervortreten geschieht nicht plötzlich, sondern nach und nach; jedes der drei Gebiete hat die Tendenz, sich zu einem **formalen Organismus** zu entwickeln, welcher nach Möglichkeit über die anderen Lebenssphären dominirt. Dasjenige der drei Gebiete nun, auf dessen Ausbildung in einer Geschichtsperiode die meiste Volkskraft verwendet wird, dominirt in der That innerhalb dieser Periode. Da aber die Gebiete erst eines nach dem andern bearbeitet werden können, so liegt es in der Natur der Sache, dass die zuerst hervortretenden Seiten die noch nicht explicirten implicite mit in sich enthalten müssen, so weit letztere nicht dem primitiven Schoosse der Familie noch verblieben sind.

Die Entwickelung des **Staats** ist überall das erste und dringendste Erforderniss, er muss aber die kirchlichen und socialen Functionen, so weit sie aus dem Kreise der Familie herausgetreten sind, mit versehen (so z. B. in der griechisch-römischen Staatenbildung, wo die Könige Oberpriester, und auch in der republikanischen Phase die kirchlichen Institutionen integrirende Theile des Staats waren). In Hindostan vollzog sich wenige Jahrhunderte nach der Eroberung durch die Arier die gewaltige Revolution, durch welche der Kriegsadel fast ausgerottet und die Herrschaft des Priesterthums bis auf die Gegenwart dauernd befestigt wurde. Im Occident trat diese (in Indien alle Fortschrittskeime erstickende) Umwälzung glücklicherweise erst nach vollständigem Ablauf der politischen Entwickelung des Alterthums ein, ein Umstand, der nach Verfluss der mittelalterlich-kirchlichen Entwickelungsphase die Wiedergeburt des germanischen Lebens auch in politischer und geistiger Beziehung durch die Renaissance der Antike ermöglichte.

Da die **Kirche** erst als das zweite Element auftrat, konnte sie den bereits vorgefundenen Staat nicht mehr in der Weise resorbiren, wie im antiken Leben der Staat die noch unentwickelte Kirche, sondern sie konnte ihn nur in die zweite Reihe zurückdrängen und für sich selbst die erste Stelle occupiren. Während im letzten Jahrhundert das weltliche Leben wieder über das geistliche die Oberhand gewann, war es nur scheinbar der Staat als solcher, der den Sieg über die Kirche gewann; in Wahrheit sind es die **socialen** Interessen, welche die kirchlichen zurückgedrängt haben, und nur weil die Gesellschaft als solche erst im Begriff ist, sich einen eigenen Organismus zu schaffen, ist es vorläufig der Staat gewesen, der die Kirche in Wahrnehmung und Vertretung gewisser socialer und namentlich wirthschaftlicher Interessen überholte und ihr so überhaupt den Vorrang ablief, während andrerseits auch die bisherige Kirche ihre beste Beharrungskraft aus gewissen noch jetzt von ihr vicarirend vertretenen socialen Functionen schöpft. Diese Phase ist deshalb so besonders interessant, weil sie wahrhaft etwas Neues unter der Sonne bietet.

Die beginnende Entwickelung der **Gesellschaft** als solche zu einem selbstständigen Organismus **neben** Staat und Kirche ist eben etwas so Neues, dass es nur erst Wenige giebt, welche überhaupt etwas davon merken. Die Meisten glauben, weil der Staatsorganismus gegenwärtig vicarirend sociale Functionen vollziehen muss (z. B. Jugendunterricht, Armenpflege, Zinsgarantien für industrielle Unternehmungen), diese Dinge seien wirklich Staatsaufgaben, und ziehen dann wohl gar wie Lassalle die Consequenz, ihm die Errichtung von Productivassociationen zuzumuthen, anstatt vielmehr an der Organisation der Gesellschaft und der Uebertragung der bisher vom Staate versehenen socialen Functionen auf letztere mitzuwirken. Wo aber ausnahmsweise die begriffliche Getrenntheit von Staat und Gesellschaft und die Nothwendigkeit, allmählich eine reale Trennung zu vollziehen, erkannt wird, da wird wohl gar statt der Harmonie der politischen und socialen Interessen, von einem nothwendigen und unversöhnlichen Widerstreit beider gefabelt (Gneist). Die Gesellschaft umfasst, negativ ausgedrückt, das weite Gebiet der Lebensbeziehungen und Verkehrsformen, die nicht mit den Begriffen Staat und Kirche gegeben sind, sie ist positiv ausgedrückt, die **Organisation der Arbeit** im weitesten Sinne. Die Organisation der Arbeit bedeutet zunächst die Ordnung und Regelung der Arbeitstheilung unter Geschlechtern und Individuen, ausserdem aber auch die Vorbereitung der Jugend zur Arbeitsfähigkeit und die Sorge für die arbeitsunfähig Gewordenen. Der Begriff der Vertheilung der Arbeit schliesst natürlich das Höchste wie das Niedrigste, die unqualificirte Körperarbeit wie die Geistesarbeit des Forschers und Künstlers, und nicht minder die Arbeit der Erziehung und der socialen Selbstverwaltung in sich. Man sieht, dass die „Gesellschaft" in diesem Sinne in der That alle Formen des Culturlebens ausser Staat und Kirche in sich befasst, eine Bedeutung, in welcher sie bisher wohl nur von Lorenz Stein aufgefasst worden ist. Die Tendenz dieser Herausarbeitung eines socialen Organismus (Socialismus) geht dahin, die Freiheit der Concurrenz, welche es den überlebten Schranken gegenüber soeben noch erst völlig zu **entfesseln** galt, zu Gunsten einer systematischen Arbeitstheilung zu **beschränken**, und zu verhindern, dass der Gewinn des Einen (wie bei der freien Concurrenz) nur zu oft durch unverhältnissmässige Verluste des Andern erkauft werde. Aber diese Phase liegt, wie gesagt, noch so sehr in den allerersten Anfängen, dass das Wie solcher künftig unfehlbar Platz greifenden Organisationen bisher noch in keiner Weise zu bestimmen ist. Wir wollen nunmehr noch einen flüchtigen Blick auf die Entwickelung der Formen des Staates, der Kirche, und der (wenn auch bisher nur implicite gegebenen) Gesellschaft werfen.

Ich will zunächst versuchen, mit wenig Strichen das Skelett der Entwickelung der Staatsidee zu zeichnen, wie ich sie mir denke. Die Geschichte zeigt drei Hauptgegensätze im Staatsleben, Grossstaat und Kleinstaat, Republik und Monarchie, indirecte und directe Verwaltung. Die Aufgabe ist, Grossstaat und Republik als die vorzüglicheren Formen mit einander zu verbinden, das Mittel dazu die indirecte Verwaltung. — Die patriarchalischen Stammhäuptlingschaften und Königthümer zeigen uns die Verbindung von Kleinstaat und Monarchie, die asiatischen Despotien die von Grossstaat und Monarchie. Hier hat nur Einer bürgerliche Freiheit, alle Anderen sind unfreie Sclaven oder Leibeigene des Herrschers. Die griechischen Städte- und Landschaftsrepubliken sind das erste Beispiel der Republik; von ihrem zerrissenen Ländchen begünstigt, konnten die Griechen selbst in ihren kleinen Kleinstaaten die Republik erst als Aristokratie der freien Bürger darstellen, welche über die doppelte Anzahl Sclaven herrschen. Das römische Weltreich verbindet die griechische Stadtrepublik mit dem asiatischen Grossstaatsdespotismus; an die Stelle des Despoten tritt die römische Bürgerschaft, und alle unterworfenen Länder enthalten nur Sclaven. Als daher die republikanische Kraft der römischen Bürger erschlaffte, fiel es ebenfalls in die Grossstaatsmonarchie zurück. — Das Germanenthum bringt durch das Lehenswesen ein neues Princip in die Staatsidee, das der indirecten Verwaltung oder des pyramidalen Stufenbaues der Herrschaft, während das Alterthum nur directe Verwaltung gekannt hatte. Die Alten hatten nur Freie und Sclaven, jetzt tritt aber vom Könige bis zum leibeigenen Bauer herunter eine Abstufung der Freiheit ein, indem Jeder der Herr seiner Lehnsmannen ist. Ich möchte deshalb den Staat des Mittelalters die Monarchienpyramide nennen. — Die Neuzeit endlich spricht mit dem Postulat der allgemeinen Menschenfreiheit das entscheidende Wort, sie strebt nach Grossstaaten, die an den Nationalitäten ihre natürlichen Grenzen haben, sie führt die griechische Städterepublik in der Selbstverwaltung der Städte und Gemeinden zurück, und findet in dem

Princip der Vertretung durch gewählte Abgeordnete das Mittel zum Aufbau einer Republikenpyramide, von der bis jetzt das beste, keineswegs vollkommene Beispiel in Nordamerika besteht, welche aber dereinst nach allgemeiner Verbreitung der Cultur alle Länder der Erde in sich fassen muss und wird, da die Souveränetät der Nationalstaaten ebensosehr aufzuhebendes Moment ist wie die der Territorialstaaten. — Die Constitution als Mittelding von Monarchie und Republik ist nichts als eine ungeheure offene Lüge, und hat eine historische Berechtigung eben nur als Uebergangsformation und politische Schule der Völker. — In der Staatenrepublik, welche freilich erst zu Stande kommen wird, wenn die einzelnen Staaten Republiken geworden sind, wird der Naturzustand der Staaten unter einander in den Rechtszustand, und der Selbstschutz durch den Krieg in den Rechtsschutz durch die Staatenrepublik übergehen, wie der Naturzustand und Selbstschutz des Einzelnen in den Rechtszustand und Rechtsschutz bei Entstehung des Staates übergeht. (Hier eröffnet sich die Möglichkeit einer Beendigung des auf S. 343 angedeuteten Kampfes um's Dasein, wenn nämlich die ziemlich gleichmässigen Klimate je von demselben, universalstaatlich organisirten, Volke besetzt sind, und die Concurrenz zwischen den verschiedene Klimate bewohnenden Völkern durch die Grenzen ihrer klimatischen Accommodationsfähigkeit ausgeschlossen ist, welche sie auf verschiedene geographische Verbreitungsbezirke anweist.)

Die zweite der zu betrachtenden Formen, die Kirche, hat eine beschränktere und einseitigere Aufgabe, als Staat und Gesellschaft; denn während letztere vielen Interessen zugleich dienen, und vielerlei Bedürfnisse befriedigen, dient die Kirche ausschliesslich dem Bedürfniss der Religiosität, und zwar nicht einmal jeder Religiosität, sondern nur derjenigen, welche entweder einen gemeinsam ausgeübten Cultus zu ihrer vollen Befriedigung verlangt, oder gar sich zu schwach fühlt, um im Bewusstsein und Gefühl des eignen Ich eine genügende Grundlage für sich zu erkennen, und nun an dem äusserlichen Institut der sichtbaren Kirche einen greifbaren äusserlichen Halt als Ersatz des innerlichen sucht. Es liegt schon hierin, dass mit dem Wachsthum der Solidität der inneren geistigen Substanz des Menschen die sichtbare Kirche an Wichtigkeit verlieren muss. Gleichwohl ist bei dem gegenwärtigen Standpuncte der Culturvölker die Kirche noch ein Moment von höchster Wichtigkeit, und wird es, wenn auch erst die dritte Stelle (hinter Gesellschaft und Staat) einnehmend, noch lange bleiben. Wie schon erwähnt, ist der Staat die erste der drei Formen, welche sich explicirt, und die Kirche zunächst in ihm befangen. Selbst da, wo ausnahmsweise (wie im Judenthum) der Staat von Anfang an ein Kirchenstaat oder Theokratie ist, kommt er doch nicht über die nationalstaatliche Beschränkung der Theokratie hinaus. Die Idee einer kosmopolitischen Kirche oder Theokratie kann immer nur das Resultat einer religiösen Revolution sein; so zerbrach in Indien der Buddhismus, am Mittelmeer das Christenthum die frühere nationale Beschränktheit der kirchlichen Institutionen, und inaugurirte dadurch ein orientalisches und ein occidentalisches Mittelalter. Dieser Kosmopolitismus der mittelalterlichen Kirche ist von der grossartigsten und folgenreichsten politischen und socialen Bedeutung, denn es giebt zum ersten Male den Angehörigen verschiedener Völker und Staaten ein solidarisches Bewusstsein, erweitert dadurch extensiv und intensiv den friedlichen Verkehr verschiedener Völker unter einander, und bereitet das kosmopolitische Bewusstsein der modernen Zeit vor, welches sich auf dem socialen Humanitätsprincip erhebt, und ebenso die Schranken **kirchlicher** Gegensätze überwindet, wie der Kosmopolitismus der mittelalterlichen Kirche die Schranken der von ihr umfassten staatlichen Gegensätze überwunden hatte. So führt uns die Kirche ungesucht zu der **dritten Form, der Gesellschaft,** hinüber.

Die sociale Entwickelung zeigt vier Hauptphasen, deren erste drei als Vorbereitungsstufen für die vierte zu betrachten sind, in welcher erst die Gesellschaft als **selbstständige,** coordinirte Form sich explicirt.

Die erste Phase ist der **freie Naturzustand,** wo Jedermann nur für sich und seine Familie arbeitet, wie z. B. bei den indianischen Jägerstämmen. Aus diesem Zustande ist ein Aufschwung zu grösserer Wohlhabenheit, und dadurch zu grösserer Cultur unmöglich, weil es bei der atomistischen Freiheit der Einzelnen kein Motiv giebt, welches sie zur **Arbeitstheilung** bringen könnte, durch welche allein diejenige **Arbeitsersparniss** möglich wird, welche zu einer Mehrproduction über die augenblicklichen Lebensbedürfnisse hinaus, d. h. zu einer Erhöhung des Nationalwohlstandes durch Capitalansammlung, unentbehrlich ist.

Die zweite Phase ist die der **persönlichen Herrschaft,** wo der Herr der Eigenthümer der Personen oder doch der Arbeitskräfte seiner Sclaven, resp. Leibeigenen ist. Hier findet der Herr es sehr bald in seinem Interesse, eine Arbeitstheilung unter seinen Sclaven einzuführen, deren Arbeit nun einen Ueberschuss über ihre und seine Lebensbedürfnisse abwirft, welcher zur Herstellung productiver Anlagen (Capital) verwerthet wird. So wächst der Nationalreichthum durch Capitalaufhäufung, kommt aber freilich nur den Herren, nicht den Knechten zu Gute. Ein Beispiel dieser Stufe giebt das römische Reich und das Mittelalter.

Die dritte Phase, welche erst durch längere Wirksamkeit der zweiten möglich gemacht wird, ist die der Capitalsherrschaft. In dieser Periode wird das, bisher allein wichtige immobile Capital durch das mobile überholt, und gezwungen, sich selbst mehr und mehr zu mobilisiren, wenn es nicht unverhältnissmässig an Werth verlieren will. Dieser Process vollzieht sich gleichzeitig und in Wechselwirkung mit der allmählichen Milderung und Aufhebung der Leibeigenschaft, durch welche die Arbeitskraft zur freien Waare wird, und den allgemeinen Gesetzen des Preises (der sich durch Nachfrage und Angebot bestimmt) verfällt. Da das Capital die Arbeitstheilung in weit grossartigerem Maassstabe organisiren kann, so wird nun auch eine weit grössere Quote der Gesammtarbeit für die Gegenwart entbehrlich und für die Zukunft, d. h. zu productiven Anlagen, verwendbar, also muss auch die Capitalvermehrung und das Wachsen der nationalen Wohlhabenheit in weit schnellerer Progression als in der vorigen Phase vor sich gehen. Aber auch hier kommt diese Vermehrung des Nationalreichthums wesentlich nur den Capitalbesitzern zu Gute, da derjenige Theil davon, welcher auf den Arbeiterstand entfällt, sofort eine Vermehrung der Kopfzahl des Arbeiterstandes zur Folge hat, welche den bei der Repartirung auf den Einzelnen entfallenden Antheil stets auf der Höhe des gewohnheitsmässig erforderlichen Minimums des Lebensunterhaltes erhält. Dies bestätigt die Erfahrung wenigstens für die dem Weltmarkt zugänglichen industriellen Arbeitskräfte. — Aber auch das mobile Capital ist eine Idee, die sich entwickelt und zur Blüthe gelangt, um nach erfüllter Aufgabe abzusterben und anderen Gebilden Platz zu machen; auch seine historische Aufgabe ist eine vorübergehende und besteht nur darin, der folgenden Stufe die Stätte zu bereiten, sowie die Aufgabe der Sclaverei nur darin bestand, die Capitalsherrschaft vorzubereiten und möglich zu machen.

Diese vierte und letzte Phase ist die der freien Association. Wenn nämlich der Werth der Sclaverei und Capitalsherrschaft nur danach zu bemessen war, in wieweit sie eine Arbeitstheilung, und dadurch Arbeitsersparniss, ermöglichten und herbeiführten, so müssen diese immerhin noch höchst unvollkommenen Zwangsmittel der Geschichte, die nebenher unsägliches Elend im Geleite führen, überflüssig werden, sobald Charakter und Verstand des Arbeiters bis zu dem Grade der Bildung entwickelt sind, um durch freies, bewusstes Uebereinkommen einen ihm angemessenen Theil der Arbeit in der allgemeinen Arbeitstheilung zu übernehmen. Wie es vorher die Schwierigkeit war, den freigelassenen Sclaven zur freiwilligen Arbeit überhaupt zu erziehen, so ist jetzt die Schwierigkeit die, den Arbeiter zu der Reife zu erziehen, um aus dem Joche der Capitalsherrschaft freigelassen, in der Association den ihm zukommenden Platz angemessen auszufüllen. Diese Erziehung zu üben (durch Schultze-Delitzsch'sche Vereine, bessere Schulbildung, Arbeiterbildungsvereine u. s. w.), das ist die wichtigste sociale Aufgabe der Gegenwart. Die freie Association wird die Zukunft von selbst hervorbringen, wenn man auch noch nicht genau sagen kann, mit welchen Mitteln und Wegen, ob durch irgend eine Art der friedlichen Entwickelung, oder durch Katastrophen, die an Furchtbarkeit alles bisher in der Geschichte Dagewesene übertreffen werden. — In dieser letzten Phase wird die wirkliche Auszahlung von Geld (mit Ausnahme von Scheidemünze) durch die allgemeine Einführung der Buchwirthschaft ebenso überflüssig gemacht werden, als in den vorhergehenden der Naturalientausch durch die Geldwirthschaft überflüssig gemacht wurde.

Wenn schon die Capitalherrschaft in der Arbeitstheilung viel mehr leistete, als die Sclaverei, so wird die freie Association die erstere noch in ungleich höherem Grade übertreffen (man denke an eine einheitliche Organisation von Production und Absatz auf der ganzen Erde, analog der einheitlichen politischen Organisation auf der ganzen Erde); dem entsprechend wird aber auch das Wachsthum des Erdenreichthums in so viel schnellerer Progression stattfinden, als gegenwärtig, vorausgesetzt, dass derselbe nicht auch hier durch Vermehrung der Bevölkerungszahl paralysirt oder gar überboten wird, welcher freilich durch das Maximum der von der gesammten Erde hervorzubringenden Nähr- und Futterpflanzen und der vom Wasser zu liefernden Fische, oder, wenn man unorganische Darstellung der Nahrungsmittel mit berücksichtigt, durch den beschränkten Wohnraum der Erdoberfläche, ihr Maximum gesetzt wird.

Das Endziel dieser socialen Entwickelung würde das sein, dass Jeder bei einer Arbeitszeit, die ihm für seine intellectuelle Ausbildung genügende Musse lässt, ein comfortables, oder wie man mit einem volltönenderen Ausdrucke zu sagen beliebt, ein menschen-

würdiges Dasein führe. So würde, wie der politische Endzustand die **äussere, formelle,** der sociale Endzustand dem Menschen die **materielle** Möglichkeit gewähren, nunmehr endlich seine positive, eigentliche Aufgabe zu erfüllen, zu deren Erfüllung die **inneren** Bedingungen nothwendig in der zuvor betrachteten geistigen oder **intellectuellen** Entwickelung gesucht werden müssen. —
Wenn wir in diesem Ganzen der Entwickelung einen einheitlichen Plan, ein klar vorgeschriebenes Ziel, welchem alle Entwickelungsstufen zustreben, nicht verkennen können, wenn wir andererseits zugeben müssen, dass die einzelnen Handlungen, welche diese Stufen vorbereiteten oder herbeiführten, keineswegs dieses Ziel im Bewusstsein hatten, sondern dass die Menschen fast immer ein Anderes erstrebten, ein Anderes bewirkten, so müssen wir auch anerkennen, dass noch etwas Anderes als die bewusste Absicht der Einzelnen, oder die zufällige Combination der einzelnen Handlungen in der Geschichte verborgen wirkt, jener „weitreichende Blick, der schon von ferne entdeckt, wo diese regellos schweifende Freiheit am Bande der Nothwendigkeit geleitet wird, und die selbstsüchtigen Zwecke des Einzelnen bewusstlos zur Vollführung des Ganzen ausschlagen." (Schiller, Bd. VII. S. 29—30.) Schelling drückt dies im System des transcendentalen Idealismus (Werke I. 3. S. 594) so aus: „In der Freiheit soll wieder Nothwendigkeit sein, heisst also ebensoviel als: durch die Freiheit selbst, und indem ich frei zu handeln glaube, soll bewusstlos, d. h. ohne mein Zuthun, entstehen, was ich nicht beabsichtigte; oder anders ausgedrückt: der bewussten, also jener freibestimmenden Thätigkeit, die wir früher abgeleitet haben, soll eine bewusstlose entgegenstehen, durch welche der uneingeschränktesten Aeusserung der Freiheit unerachtet Etwas ganz unwillkürlich, und vielleicht selbst wider den Willen des Handelnden, entsteht, was er selbst durch sein Wollen nie hätte realisiren können. Dieser Satz, so paradox er auch scheinen möchte, ist doch nichts Anderes als der transcendentale Ausdruck des allgemein angenommenen und vorausgesetzten Verhältnisses der Freiheit zu einer verborgenen Nothwendigkeit, die bald Schicksal, bald Vorsehung genannt wird, ohne dass bei dem einen oder dem anderen etwas Deutliches gedacht würde, jenes Verhältnisses, kraft dessen Menschen durch ihr freies Handeln selbst, und doch wider ihren Willen, Ursache von Etwas werden müssen, was sie nie gewollt, oder kraft dessen umgekehrt Etwas misslingen und zu Schanden werden muss, was sie durch Freiheit und mit Anstrengung aller ihrer Kräfte ge-

wollt haben." (Ebd. S. 598): „Diese Nothwendigkeit selbst aber kann nur gedacht werden durch eine absolute Synthesis aller Handlungen, aus welcher Alles, was geschieht, also auch die ganze Geschichte, sich entwickelt, und in welcher, weil sie absolut ist, Alles zum Voraus so abgewogen und berechnet ist, dass Alles, was auch geschehen mag, so widersprechend und disharmonisch es scheinen mag, doch in ihr seinen Vereinigungspunct habe und finde. Diese absolute Synthesis selbst aber muss in das Absolute gesetzt werden, was das Anschauende und ewig und allgemein Objective in allem freien Handeln ist." Wer diese Stelle, von der man wohl sagen kann, dass sie die Ansicht aller Philosophen seit Kant repräsentirt, und deren Inhalt von Hegel in der Einleitung zu seinen „Vorlesungen über Philosophie der Geschichte" ausführlich reproducirt worden ist, recht verstanden hat, für den habe ich nichts hinzuzufügen. — Wer bei den Begriffen Schicksal oder Vorsehung stehen bleiben will, dem kann man eben nur entgegenhalten, dass er sich dabei nichts Deutliches zu denken vermag, wie m e i n e That, sie sei nun das Werk meiner Freiheit, oder das Product meines Charakters und der wirkenden Motive, wie diese m e i n e That einen anderen als m e i n e n Willen zur Verwirklichung bringen solle, etwa den eines im Himmel thronenden Gottes. Nur einen Weg giebt es, auf dem diese Forderung erfüllbar ist, wenn dieser Gott in meinen Busen hinabsteigt, und m e i n Wille mir unbewusster Weise zugleich Gottes Wille ist, d. h. wenn ich unbewusst noch ganz etwas Anderes will, als was mein Bewusstsein ausschliesslich zu wollen glaubt, wenn ferner das Bewusstsein sich in der Wahl der Mittel zu seinem Zwecke i r r t, der unbewusste Wille aber dieses selbe Mittel für seinen Zweck angemessen erwählt. Anders als so ist dieser psychische Process schlechterdings nicht denkbar, und dasselbe ist auch in der ersten Hälfte der Schelling'schen Stelle gesagt. — Wenn wir nun aber ohne einen unbewussten Willen neben dem bewussten Willen nicht auskommen, wenn wir andererseits das uns längst bekannte Hellsehen der unbewussten Vorstellung hinzunehmen, wozu dann noch einen transcendenten Gott in's Spiel bringen, wo das Individuum mit den uns bekannten Fähigkeiten allein fertig werden kann? Was ist dies Schicksal oder Vorsehung denn weiter, als das Walten des Unbewussten, des historischen Instinctes bei den Handlungen der Menschen, so lange eben ihr bewusster Verstand noch nicht reif genug ist, die Ziele der Geschichte zu den seinigen zu machen? Was ist der Staatenbildungstrieb sonst als ein Masseninstinct wie der

Sprachbildungstrieb, oder der Staatenbildungstrieb der Insecten, nur mit mehr Eingriffen des bewussten Verstandes gemischt?

Wenn beim Thiere, wie wir gesehen haben, der Instinct immer gerade dann eintritt, wenn ein auf andere Weise nicht zu befriedigendes Bedürfniss vorhanden ist, was Wunder, wenn auch in allen Zweigen der geschichtlichen Entwickelung der rechten Zeit stets der rechte Mann geboren wird, dessen inspirirter Genius die unbewussten Bedürfnisse seiner Zeit erkennt und befriedigt? Hier ist das Sprüchwort Wahrheit: wenn die Noth am höchsten, ist die Hülfe am nächsten.

Warum sollen wir beim historischen Instincte des Menschen einen draussen stehenden und von aussen schiebenden und lenkenden Gott bemühen, wenn wir ihn bei den anderen Instincten allen nicht für nöthig befunden haben? Nur dann, wenn sich im Fortgange der Untersuchung zeigen sollte, dass das Unbewusste des Individuums ausser der Beziehung dieser seiner Thätigkeit auf dieses bestimmte Individuum nichts Individuelles mehr an sich hat, dann wird Schelling auch im zweiten Theil der angeführten Stelle Recht behalten, dass das Absolute das Anschauende (Hellsehende) in allem solchen Handeln und dessen absolute Synthesis (Ineinfassung) ist, oder wie Kant es einmal ausdrückt (Werke VII. 367), dass „der Instinct die Stimme Gottes ist," aber nunmehr des Gottes in der eignen Brust des imanenten Gottes.

Wenn wir das Stehenbleiben bei der Vorstellung eines Fatums oder einer Vorsehung für unzulässig befunden hatten, so ist damit nicht gesagt, dass diese Anschauungsweisen, ebenso wie die der ausschliesslichen Selbstthätigkeit der Individuen in der Geschichte, an sich unberechtigt, sondern nur, dass sie einseitig seien. Die Griechen, Römer und Muhamedaner haben mit der Vorstellung der $\varepsilon i\mu\alpha\varrho\mu\acute{\varepsilon}\nu\eta$ oder des Fatums ganz recht, insofern dies die absolute Nothwendigkeit alles Geschehenden am Faden der Causalität bedeutet, so dass jedes Glied der Reihe durch das vorhergehende, also die ganze Reihe durch das Anfangsglied bestimmt und vorausbestimmt ist. Das Christenthum hat mit der Vorstellung der Vorsehung Recht, denn Alles, was geschieht, geschieht mit absoluter Weisheit absolut zweckmässig, d. h. als Mittel zu dem vorgesehenen Zweck, von dem nie irrenden Unbewussten, welches das absolut Logische selbst ist. In jedem Moment kann nur Eines logisch sein, und darum kann immer nur das Eine und muss dies Eine logisch Geforderte geschehen, ebenso zweckmässig als nothwendig (vgl. später Cap. C. XV 3). Die moderne rationalistisch empirische Auffassung endlich hat Recht, dass die Geschichte das ausschliessliche Resultat der Selbstthätigkeit der nach psychologischen Gesetzen sich selbst bestimmenden Individuen ohne jedes Wunder eines Eingriffes höherer Mächte ist. Aber die Anhänger der beiden ersten Ansichten haben Unrecht, die Selbstthätigkeit, die der letzten Unrecht, Fatum und Vorsehung zu negiren, denn die Vereinigung aller drei Standpuncte ist erst die Wahrheit. Gerade diese Vereinigung war aber sich selbst widersprechend, so lange man bloss bewusste Seelenthätigkeit des Individuums annahm; erst die Erkenntniss des Unbewussten macht dieselbe möglich und erhebt sie zugleich zur Evidenz, indem sie die bisher nur mystisch postulirte Einheit des Individuums mit dem Absoluten zur wissenschaftlichen Klarheit bringt, ohne doch ihren Unterschied zu verwischen, der kein geringerer ist als der des metaphysischen Wesens und des phänomenalen Daseins (vgl. Cap. C. VI—VIII und XI).

XI.

Das Unbewusste und das Bewusstsein in ihrem Werth für das menschliche Leben.

Den Werth des Unbewussten habe ich bisher genug hervorgehoben, so dass es scheinen könnte, als wollte ich mich einer Parteilichkeit für dasselbe dem Bewusstsein gegenüber schuldig machen. Diesen Vorwurf zurückzuweisen, den Werth des bewussten Denkens in Erinnerung zu bringen, und den Werth des Bewussten und Unbewussten und ihre verschiedene Stellung zum Leben mit einander zu vergleichen, ist die Aufgabe dieses Capitels.

Betrachten wir zunächst den Werth des Bewussten, also der bewussten Ueberlegung und der Anwendung der erworbenen bewussten Erkenntniss für den Menschen.

Die Grundfrage würde die sein: „kann Ueberlegung und Erkenntniss auf das Handeln und auf den Charakter bestimmend einwirken, und auf welche Weise?" Die bejahende Antwort, mit welcher der gemeine Menschenverstand nicht zögern würde, könnte durch die Erwägung in Zweifel gestellt werden, erstens, dass der bestimmte Wille, aus welchem die Handlung hervorgeht, aus einer Reaction des Charakters auf das Motiv entspringt, ein Process, der dem Bewusstsein ewig verschlossen bleibt, und zweitens, dass Wollen und Vorstellen incommensurable Dinge sind, weil sie ganz verschiedenen Sphären der Geistesthätigkeit angehören. Die Heterogenität und Incommensurabilität beider findet aber daran ihre Grenze, dass eine Vorstellung den Inhalt des Willens bildet, und eine Vorstellung sein Motiv oder Erregungsgrund, und die ewige Unbewusstheit des den Willen erzeugenden Processes würde nur dann jede Erkenntniss der Zusammengehörigkeit von Motiv und Begehrung völlig unmöglich machen, wenn entweder der Charakter an sich schnell veränderlich wäre, oder keine nothwendige Gesetzmässigkeit in dem Processe der Motivation, sondern eine Freiheit des Willens im Sinne der Indeterministen bestände. Da beide Bedingungen nicht zutreffen, so steht Jedem die Möglichkeit offen, sich wie der Arzt von denjenigen Arzneien, deren physiologische Wirkung ihm unbegreiflich ist, eine empirische Kenntniss zu sammeln, welche Begehrung durch jedes Motiv hervorgerufen werde und in welchem Grade. So weit die menschlichen Charaktere sich im Allgemeinen gleichen, wird diese Erkenntniss allgemeine empirische Psychologie sein, insofern aber die Charaktere verschieden sind, wird sie specielle Selbst- und Menschenkenntniss (Charakterologie) sein. Verbindet man hiermit die Kenntniss derjenigen psychologischen Gesetze, nach welchen die Erregbarkeit der verschiedenen Arten von Begehrungen zeitweise sich ändert, als z. B. das Gesetz der Stimmung, das der Leidenschaft, das der Gewohnheit u. s. w., und stellt man sich auf bald zu betrachtende Weise vor den Täuschungen des Intellectes sicher, die durch Affecte herbeigeführt werden, so wird man, alle diese Bedingungen in idealem Maasse erfüllt, für jedes Motiv die Art und den Grad des aus demselben folgenden Begehrens in jedem Augenblicke vorherwissen, und werden alsdann die in Capitel III. und IV. erwähnten Irrthümer über den Ausfall des unbewussten willenerzeugenden Processes von selbst fortfallen.

Da nun jedes Motiv nur die Form der Vorstellung haben kann, und das Auftauchen von Vorstellungen dem Einfluss des bewussten Willens unterworfen ist, so folgt aus dem Gesagten die Möglichkeit, durch willkürliche Erzeugung einer Vorstellung, die man als Motiv einer gewissen Begehrung kennt, mittelbar diese Begehrung zu erwecken. Da ferner der Wille nichts ist als die Resultante aller gleichzeitigen Begehrungen, und da die Vereinigung aller Componenten zu der einen Resultante die einfache Form einer algebraischen Summe hat, weil ja alle Componenten in Hinsicht auf eine zu thuende oder zu unterlassende Handlung nur die zwei Richtungen, positive oder negative, haben können, so folgt weiter die Möglichkeit, den Ausfall der Resultante dadurch zu beeinflussen, dass man durch willkürliches Sichvorhalten der geeigneten Motive eine oder mehrere neue Begehrungen in sich erweckt, oder bereits vorhandene verstärkt. Dasselbe Mittel gilt auch, um solche Begehrungen zu unterdrücken, welche zwar zu einer Aeusserung im Handeln aus äusserlichen Gründen doch so bald nicht gelangen würden, welche aber durch Störung der Stimmung, Beirrung des Intellects, Erzeugung nutzloser Unlustempfindungen u. s w. nachtheilig wirken. Niemals aber kann die bewusste Ueberlegung unmittelbar eine vorhandene Begierde beeinflussen, sondern nur durch mittelbare Erregung einer entgegengesetzten. — Dass die angeführte Art und Weise der Beeinflussung des Willens durch den Intellect in der That die einzig mögliche und überall practisch vorkommende ist, wird Jeder leicht zugeben, der dieses Gebiet der Psychologie ein wenig zum Gegenstande seines Nachdenkens macht; dies, sowie dass der Gegenstand unserem eigentlichen Thema schon ferner liegt, hält mich von weiterer Ausführung desselben ab. Ich will nur noch anführen, dass sich allein von diesem Standpuncte aus eine Charakterveränderung aus bewusster Ueberlegung erklären lässt. Wir haben nämlich die Möglichkeit gesehen, in jedem einzelnen Falle den Ausfall der Resultante anders zu bestimmen, als es beim blossen Ueberlassen an das Wirken der sich von selbst darbietenden Motive geschehen würde, und dadurch die Möglichkeit, in jedem einzelnen Falle erfolgreich gegen die Affecte anzukämpfen, welche in Folge des einmal bestehenden Charakters am leichtesten erregbar sind und daher am häufigsten auftauchen. Wenn nun diese Unterdrückung bei jeder Gelegenheit regelmässig eine längere Zeit hindurch eintritt, so wird sich nach dem Gesetze der Gewohnheit durch die dauernde Unthätigkeit und Nichtbefriedigung des betreffenden Triebes seine Erregungsfähigkeit schwächen, dagegen werden die häufig und stark erregten Anlagen sich verstärken, d. h. der Charakter wird sich ändern. So haben wir auch die Möglichkeit einer Charakterveränderung durch bewusste Ueberlegung, freilich nur mit Hülfe langer Gewohnheit, begriffen (vgl. Phil. Monatshefte Bd. IV Hft. 5 über Bahnsen's Charakterologie).

Hiermit ist die oben gestellte Grundfrage in ihren beiden Theilen bejahend beantwortet und wir können nun einen kurzen Ueberblick nehmen über das, was bewusste Ueberlegung und Erkenntniss dem Menschen in practischer Beziehung zu bieten vermag.

1. **Verhinderung von Täuschungen der Erkenntniss durch den Einfluss von Affecten.** Schon früher haben wir gesehen, wie das Auftauchen der Vorstellungen wesentlich vom augenblicklichen Interesse abhängig ist. Daher kommt es, dass bei vorwaltendem einseitigen Interesse, z. B. Affecten, vorzugsweise immer Wahrscheinlichkeitsgründe für den dem Interesse zusagenden Fall vor das Bewusstsein treten, und weniger Gegengründe, dass Scheingründe *pro* zu gern angenommen werden, um als falsch erkannt zu werden, dass aber Scheingründe *contra*, wenn sie überhaupt auftauchen, sogleich entlarvt, und selbst wahre Gründe *contra* unterschätzt,

oder durch Scheingründe widerlegt werden, und so entsteht der Irrthum. Kein Wunder also, dass uns Schreck, Jähzorn, sinnliche Begierde so die Besinnung rauben können, dass wir nicht mehr wissen, was wir sagen oder thun, dass der Hass uns an den Feinden lauter Fehler, die Liebe lauter Vorzüge an den Geliebten sehen lässt, dass Furcht in düsterem, Hoffnung in rosigem Lichte malt, dass erstere uns oft die auf der Hand liegenden Rettungsmittel nicht mehr erkennen lässt, letztere uns das Unwahrscheinlichste wahrscheinlich macht, wenn es nur unseren Wünschen entspricht, dass wir uns meist zu unserem Vortheil, selten zu unserem Nachtheil irren, und nur zu häufig das für billig und gerecht halten, was für uns vortheilhaft ist.

Selbst in die reine Wissenschaft schleicht sich das Interesse ein, denn eine Lieblingshypothese schärft den Blick für Alles, was sie bestätigt, und lässt das Naheliegendste, was ihr zuwiderläuft, übersehen, oder zu einem Ohr herein, zum anderen hinausgehen.

Hiergegen giebt es zwei Mittel; das erste ist, dass man sich ein- für allemal einen vom Grade des Affects oder Interesses abhängigen empirischen Reductionscoefficienten bildet, und mit diesem in jedem einzelnen Falle den gewonnenen Wahrscheinlichkeitscoefficienten des Urtheils multiplicirt, das zweite, dass man keinen Affect in sich bis zu dem Grade aufkommen lässt, wo er das Urtheil in merklicher Weise zu trüben anfängt. Letzteres Mittel ist allein stichhaltig, aber in der Welt missliebig, weil unbequem und nur durch lange andauernde Gewöhnung an Selbstbeherrschung zu erreichen; ersteres versagt bei starken Affecten und Leidenschaften, wo alle Geisteskräfte sich auf einen Punct concentriren, völlig den Dienst; auch ist die Grösse des Reductionscoefficienten schwer zu bestimmen, noch schwieriger die jedesmalige Schätzung des Grades des eigenen Affects. — Der Werth der Klarheit des Intellects ($\sigma\omega\varphi\rho\sigma\sigma\acute{\nu}\eta$) ist sehr hübsch bei einem Wortstreit zu beobachten, wo der Eine sich vom Affecte hinreissen lässt, der Andere nicht. Bei Weibern geht fast jeder sachliche Streit in einen persönlichen über, gleichviel ob in feinste Ironie oder in Hökerschimpfworte gekleidet. Noch eclatanter ist der Werth der Besonnenheit und des Niederhaltens von Affecten bei Gefahren.

2. **Verhinderung der Unbedachtsamkeit und Unschlüssigkeit.** Der grösste Theil aller Reue in der Welt entsteht aus unbedachtsamem Handeln, bei welchem die möglichen Folgen der That nicht nach allen Richtungen hin überlegt waren, so

dass man alsdann von ihrem Eintritt schmerzlich überrascht wird. Fallen die übeln Folgen auf den Thäter selbst zurück, so wird die Unbedachtsamkeit zum Leichtsinn. Alle diese Reue wäre also durch Ueberlegung beim Handeln zu verhindern. — Die Unschlüssigkeit andererseits geht theils aus Mangel an Muth zum Handeln, theils aus Mangel an Vertrauen zur eigenen Ueberlegung hervor. Die Charaktereigenschaft des Muthes lässt sich aber auch durch bewusste Vernunft ersetzen, da Muth das Riskiren eines Uebels zur Vermeidung eines zweiten, oder zur Erlangung eines Vortheils ist, unter der Voraussetzung, dass die Chancen für den Versuch günstig sind, sei es in Folge des Verhältnisses der Grösse der beiden Uebel, oder der Wahrscheinlichkeiten ihres Eintretens. Den Mangel an Vertrauen zur eigenen Ueberlegung corrigirt ebenfalls die Ueberlegung selbst, indem sie sich sagt, dass Niemand mehr thun kann, als in seinen Kräften steht, dass er daher, wenn er dieses Mögliche gethan hat, den Erfolg der Handlung ruhig abwarten muss, dass aber das zu lange Ueberlegen nicht bloss in der Regel nicht weiter führt, als ein kurzes, sondern durch die Verzögerung der Handlung viel mehr schadet, als eine etwaige Verbesserung des Resultates nutzen kann.

3. **Angemessene Auswahl der Mittel zum Zweck.** Wenn ein Zweck unvernünftig ist, so ist er selbst ein zweckwidriges Mittel zu dem Endzweck jedes Wesens, grösstmöglichem Gesammtglück des Lebens, der, wenn er nicht Jedem klar bewusst ist, doch als dumpf durchklingender Orgelpunct allen Accorden des Lebens zu Grunde liegt. Aber auch wo die Zwecke vernünftig sind, oder ihre Wahl und Beurtheilung dem Einzelnen gar nicht anheimsteht, sondern ihm nur die Wahl der Mittel ganz oder theilweise überlassen ist, wird durch unvernünftige Wahl der Mittel unsäglich viel übel gemacht, was nie wieder gut gemacht werden kann. Bei wichtigen Sachen fällt dies genügend auf, aber weit grösser ist der Einfluss bei den tausend kleinen Sorgen, Plackereien, Bequemlichkeiten und Unbequemlichkeiten, Annehmlichkeiten und Unannehmlichkeiten des Tages, in dem Verkehr des Geschäftes, des Dienstes, der Berufsthätigkeit, der Geselligkeit, des Familienlebens, der Herrschaft und Dienerschaft; hier ist es besonders, wo die vorliegenden Zwecke theils durch unpassende Mittel verfehlt, theils mit einem unverhältnissmässigen Aufwand erreicht werden, und wo auf solche Weise die Leute sich und Anderen durch allerlei Noth, Plage, Schererei, Aerger und Verdruss das Leben noch schwerer und

bitterer machen, als es ohnehin schon ist. Und weit mehr von allem diesen kommt auf die bornirte Mittelmässigkeit der Normalmenschen und ihre unpassende Wahl der Mittel zu den vorliegenden Zwecken als von bösem Willen, so dass man manches Mal versucht sein könnte, auszurufen: „wenn die Menschen lieber schlechter wären, wenn sie bloss nicht so dumm wären!"

4. **Die Bestimmung des Willens nicht** nach dem **augenblicklichen Affect, sondern nach dem Princip des grösstmöglichsten eigenen Gesammtglückes.** Das Thier ist mit den wenigen Ausnahmen der höchststehenden, vom Menschen geschulten Thiere in seiner Willensbestimmung wesentlich vom augenblicklichen, sinnlich und instinctiv erregten Affect abhängig; wo der Instinct nicht die Zukunft mit in Berechnung bringt, befasst sich auch das Bewusstsein des Thieres nicht leicht mit derselben, und nur zu oft muss es unter den Folgen seines absoluten Leichtsinnes leiden. Der Mensch geniesst durch sein höher entwickeltes Bewusstsein den Vorzug, den Affecten der sinnlichen Gegenwart Begehrungen gegenüberstellen zu können, welche durch Vorstellungen der Zukunft willkürlich erzeugt sind, und hat hierin ein Mittel, dem Ich der Zukunft seine ideelle Gleichberechtigung mit dem Ich der Gegenwart zu sichern. Nun ist aber durch die geringere Lebhaftigkeit der willkürlichen Vorstellungen der Stärkegrad der gegenüber zu stellenden Begehrungen erheblich beschränkt, und einem einigermassen starken, durch sinnliche Gegenwart erzeugten Affect sind sie nicht mehr erfolgreich Trotz zu bieten im Stande, vielmehr führt ein solcher den Menschen auf den Standpunct der Thierheit zurück, und wenn er mit mässigem Schaden und Reue davon kommt, so hat er es dann nur noch seinem guten Glück zu danken: wenn also das Recht der zukünftigen Ich's und das Princip des grösstmöglichsten eigenen Gesammtglückes gewahrt werden soll, so bleibt nichts übrig, als das Aufkommen der Affecte bis zu einem solchen nicht mehr zu bewältigenden Grade zu verhindern, d. h. sie früher zu unterdrücken, am sichersten und leichtesten im Entstehen. Hier haben wir den zweiten Grund zur Unterdrückung der Affecte gefunden. — Eine wichtige Aufgabe der Ueberlegung ist ferner die, zu entscheiden, welcher von den vielen gleichzeitigen, in einem Menschen sich kreuzenden Zwecken des Lebens in jedem Augenblicke am besten gefördert werde, um in jedem Augenblicke möglichst viel für das Gesammtglück beizutragen; denn die sich fortwährend ändernden Verhältnisse verlangen auch, dass man die Zwecke, an deren Er-

reichung man gerade arbeitet, fortwährend ändert, theils ganz fallen lässt, theils zu günstigerer Zeit wieder aufnimmt.

5. **Werth der bewussten Vernunft für die Sittlichkeit.** Die allermeisten unsittlichen Handlungen werden durch einen klugen Egoismus, der nach dem Princip des grösstmöglichsten eigenen Gesammtglückes verfährt, vollkommen verhindert, namentlich in einem Staat mit geordneter Rechtspflege und einer Gesellschaft, welche solche Unsittlichkeiten, die der Staat nicht strafen kann, mit ihrer Verachtung bestraft. Dass nicht viele Fälle übrig bleiben, in denen das Gebot der Sittlichkeit sich nicht auf egoistische Weise begründen liesse, wird schon dadurch bewiesen, dass so viel Ethiken offen oder versteckt auf dem Egoismus und dem Princip des grösstmöglichsten eigenen Gesammtglückes basiren, z. B. die Epikurische, Stoische, Spinozistische. Für alle solche Fälle sieht man ein, dass die bisher besprochene Vernunftanwendung für die Sittlichkeit ausreichen muss, und in der That ist nächst der Gewohnheit durch Zwang diese Zurückführung auf den Egoismus fast die einzig erfolgreiche Art, Moral zu lehren, und zu bessern; was durch sie nicht erreicht wird, dürfte für den Standpunct der Individualethik wohl schwerlich überhaupt erreicht werden.

Wenn man aber von dem practisch lebendigen Wirken der Sittenlehre absieht, und den theoretischen Werth der ethischen Systeme in's Auge fasst, so möchte wohl kein Zweifel obwalten, dass, welche theoretischen Grundlagen der Ethik man auch für die wahren halte, es nur solche sein können, die in Grundsätzen der bewussten Vernunft bestehen, wenn dieselben irgend welchen wissenschaftlichen Halt besitzen und fähig sein sollen, ein System zu tragen; weiter will ich mich hier nicht aussprechen, um nicht zu weit vom Thema abzukommen.

6. **Richtige Wahl des Berufes, der Mussebeschäftigung, des Umganges und der Freunde.** „Wer mit einem Talent geboren ist, findet in demselben sein schönstes Dasein" (Göthe), darum ist es sehr wichtig, einerseits das Talent in sich zu erkennen, das schon recht bedeutend sein und Einem dennoch völlig entgehen kann, und andererseits sich nicht in jugendlicher Begeisterung für eine Sache ein Talent einzubilden, das man nicht hat. Wäre nicht Beides häufig der Fall, so würden nicht so viele Menschen ihren Beruf verfehlen, dessen Wahl trotz aller Beschränkungen doch dem Individuum noch ziemlich viel Spielraum lässt. Noch schwerer ist es, von mehreren Talenten das grösste herauszufinden, leichter da-

gegen die ebenfalls wichtige Wahl der dilettantischen Mussebeschäftigung, weil von ihrem Wechsel nicht so viel abhängt, und man dadurch Zeit zum Versuchen gewinnt. Wie die Wahl des Berufes eine grosse Selbstkenntniss, so erfordert die Wahl des Umganges und der Freunde eine grosse Welt- und Menschenkenntniss. Es ist dies einmal ein menschliches Bedürfniss, und nicht ob, sondern mit wem man umgehen will, hat man zu wählen. Die Bedeutung der Sache ermisst man, wenn man erwägt, wie der Besitz eines einzigen, völlig harmonirenden und wahren Freundes über die grössten Unglücksfälle zu trösten vermag, wie bittere Enttäuschungen aber die Wahl ungeeigneter Personen bereiten kann. Trotzdem sieht man oft Freundschaften schliessen und lange Zeit bestehen, die so gar nicht zusammenpassen, dass man denken sollte, die Leute müssten mit Blindheit geschlagen sein; in der That aber, betrachteten die Menschen im Stillen sich nicht wirklich als so unvernünftig, wie sie sind, so wäre auch das nicht möglich, dass so gewöhnlich Versöhnungen nach Vorfällen stattfinden, die auf Charakterfehler bezogen nie vergeben werden könnten und nur durch Unvernunft zu entschuldigen sind, daher auch die Menschen ihre schlechten Streiche gern als Verirrungen bezeichnen. — Am bittersten rächt sich die unverständige Freundeswahl in der Ehe, weil hier die Lösung des Verhältnisses am schwersten ist, und doch sieht man hier gerade auf alle anderen Rücksichten (Schönheit, Geld, Familie) mehr als auf die Harmonie der Charaktere. Wären die Leute nicht hernach so geistig indifferent, sich wohl oder übel in einander zu schicken, wenn sie sehen, dass sie sich in einander geirrt haben, so würde es noch viel mehr schlechte Ehen in der Welt geben, als es so schon giebt.

7. **Unterdrückung nutzloser Unlustempfindungen.** Lust und Unlust besteht in Befriedigung und Nichtbefriedigung des Begehrens, welche von Aussen gegeben werden, und welche der Mensch nur dadurch beeinflussen kann, dass er in die äusseren Umstände entsprechend eingreift, was der Zweck alles Handelns ist. Wenn seine Macht dazu nicht ausreicht, die Befriedigung seiner Begehrungen herbeizuführen, so muss er eben die Unlust tragen, und kann dann diese nur dadurch vermindern oder vernichten, dass er die Begehrung vermindert oder vernichtet, in deren Nichtbefriedigung die Unlust besteht. Wenn man dies consequent bei jeder Unlust durchführt, so stumpft man nach dem Gesetz der Gewohnheit die Erregungsfähigkeit der Begehrungen ab, vermindert mithin ebenso die

zukünftigen Lustempfindungen als die zukünftigen Unlustempfindungen. Wer mit mir der Ansicht ist, dass im Menschenleben durchschnittlich die Summe der Unlustempfindungen die Summe der Lustempfindungen bei Weitem überwiegt, wird dieses allgemeine Princip der Abstumpfung als logische Consequenz dieser Ansicht zugeben müssen; wer aber dieser Ansicht nicht oder nur bedingungsweise beitritt, den verweise ich auf die nicht unbeträchtliche Anzahl derjenigen Unlustempfindungen, denen gar keine Lustempfindung gegenübersteht, d. h. bei denen die Befriedigung der zu Grunde liegenden Begehrung ausser dem Bereich der Möglichkeit liegt, als z. B. bei Schmerz über vergangene, nicht mehr ungeschehn zu machende Ereignisse, Aerger, Ungeduld, Neid, Missgunst, diejenige Reue, welche keinen sittlichen Nutzen bringen kann, ferner übermässige Empfindlichkeit, grundlose Eifersucht, übermässige Aengstlichkeit und Besorglichkeit für die Zukunft, zu hoch verstiegene Ansprüche im Leben u. s. w. — Man erwäge nur, wie viel das Leben der Menschheit gewinnen würde, wenn man jeden einzelnen dieser Feinde des Seelenfriedens aus der Welt streichen könnte, — der Vortheil wäre unberechenbar; und doch steht einem Jeden frei, durch Anwendung der bewussten Vernunft sein Leben von diesen Störenfrieden zu reinigen, wenn er nur bei einigen misslungenen Versuchen nicht gleich den Muth zum Kampfe verliert. — So haben wir hier einen dritten Grund zur Unterdrückung der Affecte gefunden.

8. **Gewährung des höchsten und dauerndsten menschlichen Genusses im Forschen nach Wahrheit.** Je concentrirter und heftiger ein Genuss ist, desto kürzere Zeit kann er nur dauern, bis die Reaction eintritt, und desto länger muss man bis zu seiner Wiederholung warten; man denke an die Tafelfreuden und besonders den Geschlechtsgenuss. Je ruhiger, klarer und reiner ein Genuss ist, desto dauernder kann er anhalten, desto geringere Pausen zur Erholung erfordert er; man vergleiche den musikalischen, poetischen und wissenschaftlichen Genuss. So kommt es, dass die stärksten Genüsse wegen der Kürze ihrer Dauer und ihrer nothwendigen Seltenheit nicht die summarisch grössten sind, dass vielmehr die geistigsten, vor allen der wissenschaftliche, wegen ihrer Dauer eine viel grössere Summe von Lust in derselben Zeit geben. Die anderen Gründe, dass der im Streben nach Wahrheit liegende Genuss der höchste sei, sind so bekannt, dass ich meine Leser damit verschonen will. Auch wird Niemand zweifelhaft sein, dass wir die Hauptmasse der Wissenschaft, namentlich die Fülle ihres

Materials und die Verarbeitung desselben, der bewussten Vernunft verdanken.

9. **Die Unterstützung der künstlerischen Production durch bewusste Arbeit und Kritik.** Ich kann mich hier wesentlich auf das in Cap. B. V. Gesagte berufen. Wenn auch das Unbewusste die Erfindung zu liefern hat, so muss doch erstens die Kritik hinzutreten, das Schwache gar nicht ausführen und das Gute von Ausschweifungen der Phantasie reinigen, und zweitens die bewusste Arbeit die Pausen ausfüllen, wo die Eingebungen des Unbewussten schweigen, und die bewusste Concentration des Willens mit eisernem Fleiss das Werk zu Ende führen, wenn nicht die Begeisterung für dasselbe bei halbfertiger Arbeit an Ueberdruss ersterben soll. —

Das bisher über den Werth der bewussten Vernunft und Erkenntniss Gesagte konnte in Ansehung unseres Hauptzweckes nur in skizzenhaften Andeutungen bestehen, die leicht Allzubekanntes gebracht haben mögen; die Gelegenheiten zu interessanten psychologischen Bemerkungen mussten unbenutzt vorübergelassen werden, und dem Leser die lebendige Bekleidung der dürren Abstractionen anheimgestellt bleiben, und doch konnte eine solche Zusammenstellung nicht unterlassen werden, um dem Werth des Unbewussten, welcher in allen früheren Capiteln hervorgehoben wurde, ein Gegengewicht zu bieten.

Auch diesen noch einmal ganz kurz zusammenzufassen, sei mir hier vergönnt.

1. Das Unbewusste bildet und erhält den Organismus, stellt innere und äussere Schäden wieder her, leitet seine Bewegungen zweckmässig, und vermittelt seinen Gebrauch für den bewussten Willen.

2. Das Unbewusste giebt im Instincte jedem Wesen das, was es zu seiner Erhaltung nöthig braucht, und wozu sein bewusstes Denken nicht ausreicht, z. B. dem Menschen die Instincte zum Verständniss der Sinneswahrnehmung, zur Sprach- und Staatenbildung und viele andere.

3. Das Unbewusste erhält die Gattungen durch Geschlechtstrieb und Mutterliebe, veredelt sie durch die Auswahl in der Geschlechtsliebe, und führt die Menschengattung in der Geschichte unverrückt dem Ziele ihrer möglichsten Vollkommenheit zu.

4. Das Unbewusste leitet die Menschen beim Handeln oft durch Ahnungen und Gefühle, wo sie sich durch bewusstes Denken nicht zu rathen wüssten.

5. Das Unbewusste fördert den bewussten Denkprocess durch seine Eingebungen im Kleinen wie im Grossen, und führt die Menschen in der Mystik zur Ahnung höherer, übersinnlicher Einheiten.
6. Es beglückt die Menschen durch das Gefühl für's Schöne und die künstlerische Production. — Vergleichen wir nun Bewusstes und Unbewusstes mit einander, so springt zunächst in die Augen, dass es eine Sphäre giebt, welche überall dem Unbewussten allein überlassen bleibt, weil sie dem Bewusstsein ewig unzugänglich ist; wir finden zweitens eine Sphäre, welche bei gewissen Wesen nur dem Unbewussten gehört, bei anderen aber auch dem Bewusstsein zugänglich ist; sowohl die Stufenleiter der Organismen, als der Gang der Weltgeschichte kann uns belehren, dass aller Fortschritt in Vergrösserung und Vertiefung der dem Bewusstsein aufgeschlossenen Sphäre besteht, dass also das Bewusstsein in gewissem Sinne das Höhere von beiden sein muss. Betrachten wir ferner im Menschen die sowohl dem Unbewussten, als dem Bewusstsein angehörige Sphäre, so ist soviel gewiss, dass Alles, was irgend das Bewusstsein zu leisten vermag, vom Unbewussten ebenfalls geleistet werden kann, und zwar immer noch treffender, und dabei schneller und für das Individuum bequemer, da man sich für die bewusste Leistung anstrengen muss, während die unbewusste von selbst und mühelos kommt. Diese Bequemlichkeit, sich dem Unbewussten, seinen Gefühlen und Eingebungen zu überlassen, kennen auch die Menschen recht wohl, und darum ist bei allen faulen Köpfen die bewusste Vernunftanwendung in Allem und Jedem so verschrieen. Dass das Unbewusste wirklich alle Leistungen der bewussten Vernunft überbieten kann, das lässt sich nicht nur von vornherein aus dem Hellsehen des Unbewussten erwarten, sondern wir sehen es auch realisirt in jenen glücklichen Naturen, die Alles besitzen, was andere mühsam erwerben müssen, die nie einen Kampf des Gewissens haben, weil sie immer von selbst ihrem Gefühle nach richtig und sittlich handeln, sich nie anders als tactvoll benehmen können, Alles spielend lernen, Alles, was sie anfangen, mit glücklichem Griffe vollenden, und in ewiger Harmonie mit sich leben, ohne je viel zu überlegen, was sie thun, oder überhaupt im Leben Schwierigkeiten und mühevolle Arbeit kennen zu lernen. In Bezug auf Handeln und Benehmen sieht man die schönsten Blüthen dieser instinctiven Naturen nur bei Frauen, die dann aber auch an bezaubernder Weiblichkeit Alles überbieten. —

Was liegt nun aber für ein Nachtheil in dem sich Ueberlassen an das Unbewusste? Der, dass man niemals weiss woran man ist und was man hat, dass man im Finstern tappt, während man die Laterne des Bewusstseins in der Tasche trägt; dass es dem Zufall überlassen ist, ob denn auch die Eingebung des Unbewussten kommen wird, wenn man sie braucht; dass man kein Kriterium als den Erfolg hat, was eine Eingebung des Unbewussten und was ein querköpfiger Einfall der launischen Phantasie sei, auf welches Gefühl man sich verlassen könne, und auf welches nicht; endlich, dass man das bewusste Urtheil und Ueberlegung, welche man nie ganz entbehren kann, nicht übt, und dass man sich dann vorkommenden Falles mit elenden Analogien statt vernünftiger Schlüsse und allseitiger Uebersicht begnügen muss Nur das Bewusste weiss man als sein Eigen, das Unbewusste steht Einem als etwas Unbegreifliches, Fremdes gegenüber, von dessen Gnade man abhängig ist; das Bewusste hat man als alle Zeit fertigen Diener, dessen Gehorsam man stets erzwingen kann, — das Unbewusste schirmt Einen wie eine Fee und hat immer etwas unheimlich Dämonisches; auf die Leistung des Bewusstseins kann ich stolz sein, als auf meine That, die Frucht meines Schweisses, — die Leistung des Unbewussten ist gleichsam ein Geschenk der Götter, und der Mensch nur ihr begünstigter Bote, sie kann ihn also nur Demuth lehren; das Unbewusste ist, sobald es da ist, fix und fertig, hat über sich selber kein Urtheil und muss daher so genommen werden, wie es einmal ist, — das Bewusste ist sein eigenes Maass, es beurtheilt sich selbst und verbessert sich selbst, es ist jeden Augenblick zu verändern, sobald eine neu gewonnene Erkenntniss oder veränderte Umstände es verlangen; ich weiss, was an meinem bewusst erworbenen Resultat Gutes ist, und was ihm zur Vollkommenheit fehlt, darum giebt es mir das Gefühl der Sicherheit, weil ich weiss, was ich habe, aber auch das der Bescheidenheit, weil ich weiss, dass es noch unvollkommen ist; das Unbewusste lässt den Menschen fertig dastehen, er kann sich nie in den Leistungen des Unbewussten vervollkommnen, weil seine erste, wie seine letzte als unwillkürliche Eingebungen auftauchen, — das Bewusstsein enthält die unendliche Perfectibilität im Individuum und in der Gattung in sich, und erfüllt deshalb den Menschen mit dem beseligenden unendlichen Streben nach Vervollkommnung. Das Unbewusste ist unabhängig vom bewussten Willen jedes Momentes, aber sein Functioniren ist ganz abhängig vom unbewussten Willen, den zu Grunde liegenden Affecten, Leidenschaften und Grundinteressen des Menschen, — das Bewusste ist dem bewussten Willen jedes Momentes unterthan und kann sich vom Interesse und den Affecten und Leidenschaften völlig emancipiren; das Handeln nach den Eingebungen des Unbewussten hängt mithin ausschliesslich von dem angeborenen und anerzogenen Charakter ab, und ist je nach diesem gut oder schlecht, — das Handeln aus dem Bewusstsein lässt sich nach Grundsätzen regeln, welche die Vernunft dictirt.

Man wird nach diesem Vergleich nicht zweifelhaft sein, das Bewusstsein **für uns** als das Wichtigere anzuerkennen und hiermit unseren obigen Schluss aus der organischen Stufenordnung und dem Fortschritt der Geschichte zu bestätigen. Ueberall, wo das Bewusstsein das Unbewusste zu ersetzen im Stande ist, **soll** es dasselbe ersetzen, eben weil es dem Individuum das Höhere ist und alle Einwände hiergegen, als ob die stete Anwendung bewusster Vernunft pedantisch mache, zu viel Zeit koste u. s. w., sind falsch, denn Pedanterie entsteht erst aus **unvollkommenem** Vernunftgebrauch, wenn man bei Anwendung der allgemeinen Regel den **Unterschieden des Besonderen** nicht Rechnung trägt, und zu viel Zeit kostet die Ueberlegung nur bei mangelndem Erkenntnissmaterial und ungenügender theoretischer Vorbereitung für die Praxis, oder bei Unschlüssigkeit, welche nur durch den Vernunftgebrauch selber beseitigt werden kann. Man soll also die Sphäre der bewussten Vernunft möglichst zu erweitern suchen, denn darin besteht aller Fortschritt des Weltprocesses, alles Heil der Zukunft. Dass man diese Sphäre nicht positiv überschreite, dafür ist schon durch die Unmöglichkeit gesorgt; aber eine andere Gefahr liegt bei diesem Bestreben allerdings nahe, und vor ihr zu warnen, ist hier der Ort. Die bewusste Vernunft ist nämlich nur negirend, kritisirend, controlirend, corrigirend, messend, vergleichend, combinirend, ein- und unterordnend, Allgemeines aus Besonderem inducirend, den besonderen Fall nach der allgemeinen Regel einrichtend, aber niemals ist sie schöpferisch productiv, niemals erfinderisch; hierin hängt der Mensch ganz vom Unbewussten ab, wie wir früher gesehen haben, und wenn er die Fähigkeit einbüsst, die Eingebungen des Unbewussten zu vernehmen, so verliert er den Quell seines Lebens, ohne den er im trockenen Schematismus des Allgemeinen und Besonderen sein Dasein einförmig weiter schleppen würde. Darum ist ihm das Unbewusste **unentbehrlich**, und wehe dem Zeitalter, das seine Stimme gewaltsam unterdrückt, weil es in einseitiger Ueberschätzung des Bewusst-Vernünftigen ausschliesslich dieses gelten lassen will; dann fällt es unrettbar in einen wässerigen, seichten Rationalismus, der sich in kindisch greisenhafter Altklugheit brüstend überhebt, ohne für seine Kinder irgend etwas Positives thun zu können, wie die jetzt von uns belächelte Zeit der Wolff-Mendelssohn-Nicolai'schen Aufklärerei. Nicht mit roher Faust zerdrücken darf man die zarten Keime der unbewussten Eingebungen, wenn sie wieder kommen sollen, sondern kindlich andächtig ihnen lauschen, und mit liebevoller Phantasie sie erfassen und gross nähren. Und dies ist die Gefahr, der sich Jeder aussetzt, welcher einseitig ganz von bewusster Vernunft sein Dasein abhängig zu machen sucht, wenn er sie auf Kunst und Gefühl und Alles übertragen will, und das Walten des Unbewussten sich zu verläugnen sucht, wo es ihm nur immer möglich scheint. Darum ist gegen die verstandesmässige Erziehung unserer Zeit die Beschäftigung mit den Künsten ein so nöthiges Gegengewicht, als in welchen das Unbewusste seinen unmittelbarsten Ausdruck findet, freilich nicht ein solches technisches Kunstexercitium, wie es heutzutage aus Mode und Eitelkeit getrieben wird, sondern Einführung in das Gefühl für's Schöne, in das Verständniss und den wahren Geist der Kunst. Ebenso ist es wichtig, die Jugend mit dem Thierleben als dem unverfälschten Born reiner Natur mehr bekannt zu machen, damit sie in ihm ihr eigenes Wesen in vereinfachter Gestalt verstehen lerne, und an ihm sich von der Unnatur und Verzerrung unserer gesellschaftlichen Zustände erquicke und erhole. Ferner sollte man sich ganz besonders hüten, das weibliche Geschlecht zu vernünftig machen zu wollen, denn da, wo das Unbewusste erst zum Schweigen gebracht werden muss, gelingt dies doch nur in widerlichen Zerrbildern; wo aber die unbewusste Anlage mit den Forderungen des Bewusstseins übereinstimmt, ist es eine unnütze und für das Allgemeine schädliche Arbeit. Das Weib verhält sich nämlich zum Manne, wie instinctives oder unbewusstes zum verständigen oder bewussten Handeln; darum ist das echte Weib ein Stück Natur, an dessen Busen der dem Unbewussten entfremdete Mann sich erquicken und erholen und vor dem tiefinnersten lauteren Quell alles Lebens wieder Achtung bekommen kann; und um diesen Schatz des ewig Weiblichen zu wahren, soll auch das Weib vom Manne vor jeder Berührung mit dem rauhen Kampfe des Lebens, wo es die bewusste Kraft zu entfalten gilt, möglichst bewahrt werden, und den süssen Naturbanden der Familie aufbehalten bleiben. Freilich liegt auch der hohe Werth des Weibes für den Mann nur in der Uebergangsperiode, wo die Spaltung zwischen Bewusstem und Unbewusstem schon erfolgt, aber die Wiederversöhnung beider noch nicht vollzogen ist. Dieses Uebergangsstadium, in dem sich heute noch die gesammten Culturnationen befinden, wird auch für alle Zukunft dem Individuum in seiner Entwickelungsperiode nicht erspart bleiben, und deshalb wird das ewig Weibliche für alle Zeit ein unersetzliches Ergänzungs- und Bildungsmoment für die Jugendzeit des männlichen Geschlechts bleiben. Es ist nicht zu viel gesagt, dass für einen jungen Mann edler weiblicher Umgang weit fördernder ist als männlicher, und in um so höherem Maasse, je philosophischer der Mann veranlagt ist; denn weiblicher Umgang verhält sich zu männlichem ähnlich, wie die Umschau im Leben zur Umschau in Büchern; der männliche Umgang kann durch Bücher ersetzt werden, der weibliche niemals. — Endlich sollte man Alles, was wir dem Unbewussten verdanken, als Gegengewicht gegen die Vorzüge der bewussten Vernunft beständig sich und Anderen vor Augen halten, damit der schon halb versiegte Quell alles Wahren und Schönen nicht vollends eintrockene, und die Menschheit in ein vorzeitiges Greisenalter eintrete; und auf dieses Bedürfniss hinzuweisen, war ein mächtiger Impuls mehr, mich zur schriftlichen Ausführung der in diesem Werke vorliegenden Gedankenarbeit zu bestimmen.

Anhang

zur

Phänomenologie des Unbewussten.

Zur Physiologie der Nervencentra.

1. Einleitung.

Die tiefe Dunkelheit, in welche die Functionen der Centralorgane des Nervensystems bis vor wenigen Menschenaltern gehüllt waren, ist im Laufe dieses Jahrhunderts durch mannichfache Lichtpunkte erhellt worden, und in dem letzten Jahrzehnt haben sich diese vom Licht der Erkenntniss bestrahlten Punkte derartig vermehrt, dass ein gewisses Verständniss für den Zusammenhang des Ganzen angebahnt ist. Wie sehr diese Erkenntniss auch ihrer Lückenhaftigkeit und Oberflächlichkeit sich noch bewusst ist, so darf sie doch als erste Grundlage für die Physiologie der Centralorgane freudig begrüsst werden, und ist schon jetzt im Stande, nach verschiedenen Richtungen Fingerzeige zu geben, welche theils für die psychologische, theils für die naturphilosophische Verarbeitung der Erfahrung von Werth sind.

Leider fehlte es bis vor Kurzem an einem Werk, welches die in fachwissenschaftlichen Büchern und Zeitschriften verstreuten Mittheilungen über die einschlägigen Fortschritte der Physiologie zu einem übersichtlichen Gesammtbilde zusammengefasst und dadurch weiteren Kreisen zugänglich gemacht hätte. Am meisten hatte sich dieser Aufgabe vielleicht Maudsley in dem ersten, physiologischen Theil seiner „Physiologie und Pathologie der Seele" genähert; indessen datirt die zweite Auflage dieses Werkes bereits vom Jahre 1868 (die deutsche Uebersetzung von Böhm ist 1870 in Würzburg bei Stuber erschienen), und kann deshalb die neuesten Fortschritte der Wissenschaft noch nicht berücksichtigen. Dagegen erfüllen die „Grundzüge der physiologischen Psychologie" von Prof. Wilhelm Wundt (Leipzig, bei Engelmann, 1873 und 74) die Aufgabe eines Compendiums in ausgezeichneter Weise, und bieten neben einer Physiologie der Sinneswahrnehmungen (im II. und III. Abschnitt) wesentlich eine Physiologie des Nervensystems und speciell seiner Centralorgane (im I., IV. und V. Abschnitt). Freilich ist dieses Compendium grade wegen des Reichthums und der Concentration seines Inhalts mehr ein Buch zum Studium und zum Nachschlagen als zur Lectüre, und die Nüchternheit der Verarbeitung des massenhaften Stoffes wird dadurch fast zur Trockenheit, dass der Verfasser mit Aengstlichkeit jeden Aufschwung des Gedankens über das empirische Material vermeidet. Von ungünstigem Einfluss in dieser Richtung war ersichtlich der Einfluss der trockenen und unfruchtbaren Herbart'schen Philosophie, unter welchem Wundt trotz seiner mehrfachen Kritik der Herbart'schen Grundansichten unverkennbar steht; die Lehre von den Affecten und Trieben (im Cap. XX) verliert fast allen Werth durch diese Abhängigkeit von Herbart und durch das Festhalten seines Irrthums, „dass nicht die Affecte es sind, welche hierbei die Vorstellungen regieren, sondern dass vielmehr aus den Vorstellungen selbst die Affecte entspringen" (S. 818), oder dass „alle Willensäusserungen von Vorstellungen" (und zwar bewussten) „ausgehen" (622). Diese verkehrte Auffassung raubt ihm natürlich jedes Verständniss für das unbewusste Leben der Gefühle und Triebe, für dessen Zusammenhang mit dem innersten Kern der Individualität, dem Charakter und für die durchgängige Abhängigkeit des intellectuellen Lebens sowohl im gesunden wie im kranken Zustande von der Sphäre des Willens. Grade dies aber, was bei Wundt fehlt, ist für Maudsley maassgebende Grundidee für seine Auffassung des gesunden und kranken Seelenlebens, und er erzielt vermittelst derselben die überraschendsten Resultate.

So ergänzen sich Wundt und Maudsley gegenseitig; zu dem reicheren und genaueren Material des ersteren bringt der letztere den feinen psychologischen Beobachtungssinn eines erprobten Seelenarztes und bietet durch seine oft ingeniösen Seitenbemerkungen eine Fülle werthvoller Anregung zum Denken. Die grundlegende Bedeutung des unbewussten Seelenlebens für das bewusste, die durchgängige Bedingtheit des letzteren durch das erstere ist ebenso wie der Primat des Willens für Maudsley eine feststehende Ueberzeugung; als Vorgänger in Bezug auf die Erkenntniss des unbewussten Seelenlebens citirt er bei seiner Unkenntniss der deutschen Philosophie fast nur Hamilton, Carlyle und Jean Paul Friedrich Richter.

Für Wundt, der bei seinen früheren Studien über die Genesis der Sinneswahrnehmung selbständig auf die Theorie der unbewussten

Schlüsse gekommen war, wurde die Herbart'sche Annahme, dass der Wille aus der Dynamik der Vorstellungen hervorgehe, auch in der Richtung verhängnissvoll, dass er seine eigne frühere Lehre restringiren zu müssen glaubte. Und freilich muss die Lehre von unbewussten Schlüssen als eine sehr gewagte und bedenkliche Hypothese erscheinen, wenn sie durch Leugnung des unbewussten Seelenlebens nach allen andern Richtungen völlig isolirt und zusammenhangslos hingestellt wird. Gleichwohl besteht doch die ganze Restriction Wundt's an der Lehre von den unbewussten Schlüssen (welche nach seiner eigenen Angabe auf S. 708 von der neueren Psychologie, soweit sie nicht der nativistischen Richtung huldigt, durchweg acceptirt ist) darin, dass der unbewusste Zusammenhang derjenigen Momente, welchen wir in discursiv-logischer Form reproduciren, nicht als ein discursiver zu betrachten sei (was ich selbst immer und überall betont habe), und nur weil Wundt nicht bemerkt, dass die Form des Logischen an und für sich nichts weniger als discursiv ist, sondern es erst durch das Eingehen in die Form des Bewusstseins wird, nur darum erscheint ihm das Anerkenntniss eines logischen Zusammenhangs in der unbewussten Genesis der Wahrnehmung bedenklich (vgl. S. 424, 460—461, 637, 708—711). Der Irrthum Wundt's, das Wesen des Logischen ausschliesslich in der discursiven Form der Reflexion anerkennen zu wollen, scheint in engem Zusammenhang zu stehen mit seiner andern irrigen Ansicht, dass auch das Bewusstsein nur in der Form der discursiven Reflexion, d. h. in dem durch Erinnerung und Reflexion vermittelten Zusammenhang zwischen zeitlich getrennten Vorstellungen bestehe (vgl. S. 825—827, 829, 837). Es ist aber nicht einzusehn, warum nicht ein Bewusstseinscentrum sollte gedacht werden können, welches ein einziges Mal in seinem Leben, und dann nie wieder, eine Perception erhält, und diese doch in voller Bewusstseinsklarheit erhält. Ob diese Perception eine Gedächtnissspur hinterlässt, ob diese Spur hinreicht, um bei erneuter Anregung zur Reproduction zu führen, und ob die Intelligenz des Organs hinreicht, um diese Reproduction als solche (d. h. als Erinnerung) zu recognosciren, das alles ist für die Bewusstheit der ersten Perception ganz gleichgültig und ohne Einfluss. — Wundt verkennt also nach zwei Richtungen hin den abgeleiteten und secundären Charakter der bewussten Reflexion; er verkennt erstens, dass alle Discursivität des bewussten Vorstellens sich aus einzelnen Bewusstseinsacten zusammensetzt, deren jeder sinnliche Anschaulichkeit besitzt, und zweitens, dass alles Logische des discursiven Fortgangs auf dem impliciten logischen Zusammenhang der Momente der unbewussten Intuition beruht. Indem Wundt sein Grosshirnbewusstsein in der ihm geläufigsten Form der discursiven Reflexion ohne Rückgang auf deren genetische Elemente als den Typus des Bewusstseins überhaupt nimmt, verfällt er nach zwei Seiten in falsche Consequenzen: er leugnet den Charakter des Logischen wie des Bewusstseins, wo ihm das Merkmal der discursiven Reflexion fehlt.

Diese Vorbemerkungen dürften genügen, um darzuthun, dass auch die beiden besten Bücher, welche wir zur Orientirung über die Physiologie der Centralorgane des Nervensystems besitzen, einzeln genommen dem Bedürfniss des Laien nicht genügen, während sie zu ihrer gegenseitigen Ergänzung ein ziemliches Maass von Arbeit und selbstständiger Kritik erfordern. Ich glaube deshalb, dass der nachstehende Versuch, in aller Kürze und mit Beiseitelassung alles anatomischen und physiologischen Details die wichtigsten Hauptpunkte unserer gegenwärtigen Kenntnisse in dieser Hinsicht zu erörtern, den weiteren Kreisen des wissenschaftlich gebildeten Publikums nicht unwillkommen sein möchte.

2. Nervenfaser und Ganglienzelle.

Alle Nervenelemente des Organismus zerfallen in zwei deutlich unterscheidbare Arten: Leitungsfasern und Ganglienzellen. Die Leitungsfasern sind im Zusammenhang des Organismus nicht zu isolirter, selbständiger Action bestimmt, sondern dienen bloss zur Vermittelung oder Uebertragung einer Erregung 1) von den peripherischen Sinneswerkzeugen zu Ganglienzellen, 2) von Ganglienzellen zu Muskelfaserbündeln oder secernirenden Häuten, 3) von einer Ganglienzelle zur andern. Sie dienen also zur Verbindung zwischen Peripherie und Centrum oder zur Verbindung mehrerer Centra. Die Ganglienzellen üben dagegen die centralen Functionen aus; sie nehmen die von der Peripherie zugeleiteten Erregungen auf, verarbeiten dieselben selbständig und zehren dieselben entweder durch ihren inneren Widerstand auf, oder lassen sich durch dieselben zur theilweisen Entbindung der in ihnen aufgespeicherten Kraftvorräthe bestimmen, welche dann mit kürzeren oder weiteren Umwegen durch centrifugale Leitungen zu peripherischen Actionen führen. Ausserdem wirken die Ganglienzellen auf die Ernährung der von ihnen ausgehenden Nervenfasern ein; Nerven, die von ihren Innervationscentren abgetrennt sind, werden atrophisch (Wundt S. 107).

Nun wäre es aber nicht richtig, die gemachte Unterscheidung so aufzufassen, als ob die Leitungsfasern nur passive Uebertrager, die Ganglienzellen nur active Organe wären; auch die Leitungsfasern besitzen eigne Activität, und auch die aus Ganglienzellen zusammengesetzte graue Nervensubstanz kann zur leitenden Uebertragung von Reizen dienen. Nur weil der Leitungswiderstand in der Nervenfaser relativ viel geringer ist, als in der Ganglienzelle, ist sie zur Leitung geeigneter als diese; und nur weil in der Ganglienzelle der aufgespeicherte Kraftvorrath viel grösser ist als in der Nervenfaser, ist sie zu activen Leistungen befähigter als letztere. Bis dahin, wo die übertragene Erregung durch den Leitungswiderstand ausgelöscht ist, wird auch in der grauen Nervenmasse jeder Reiz fortgeleitet, es sei denn, dass die in demselben enthaltene Energie sich nach einer andern Richtung, wo der Leitungswiderstand geringer ist, entladen kann. So zeigt z. B. die graue Substanz des Rückenmarks nach Zerschneidung der aus Leitungsfasern bestehenden weissen Stränge desselben ganz deutliche Fortpflanzung nicht zu schwacher Reize, und der Umstand, dass bei öfters wiederholter Leitung in einer bestimmten Richtung die Nervensubstanz sich dieser Function anpasst, also der Leitungswiderstand sich durch Gewöhnung vermindert, ermöglicht die für den Bestand des Organismus so wichtige Erscheinung des spontanen Ausgleichs von Leitungsstörungen durch stellvertretende Function nicht nur anderer Fasernetze, sondern auch sogar der grauen Substanz (Wundt 271).

Die moleculare Accommodation der Nervenmasse an die ihr am häufigsten aufgenöthigte Leistung macht es auch erklärlich, dass die mit Sinnesorganen in Verbindung stehenden Nervenfasern am meisten auf centripetale, die in Muskelbündeln endigenden Fasern hingegen am meisten auf centrifugale Leitung eingeübt sind, und in der entsprechenden Richtung den geringeren Leitungswiderstand haben. Dass sie in umgekehrter Richtung unter normalen Umständen gar nicht leiten, ist jedenfalls nicht zu erweisen, da wir kein Mittel haben, den Effect wahrnehmbar zu machen, wenn eine solche Leitung stattfindet; es spricht aber für das Vorhandensein solcher entgegengesetzter Nervenströmungen in motorischen Nerven die schon erwähnte Abhängigkeit des Ernährungszustandes von den entsprechenden Ganglienzellen, in sensiblen Nerven der centrifugale Innervationsstrom der Aufmerksamkeit und die centrale Entstehungsweise von Sinnestäuschungen. Indessen sind diese umgekehrt gerichteten Nervenströme jedenfalls von anderer Beschaffenheit und Form ihrer Schwingungen, wie die normalen, und da die Anpassung und gewohnheitsmässige Verminderung des Leitungswiderstandes sich immer nur auf eine bestimmte Art von Reiz bezieht, so kann sehr wohl derselbe Nerv auf die centrifugale Leitung d i e s e r Schwingungsform und auf die centripetale Fortpflanzung j e n e r eingeübt sein, während er der beziehungsweisen Leitung im umgekehrten Sinne beträchtlichen Widerstand entgegensetzt. Dass übrigens auch dieser Widerstand nicht unüberwindlich ist, haben die Versuche von Philipeaux und Vulpian gezeigt, in welchen es gelang, die Schnittenden benachbarter motorischer und sensibler Nerven über's Kreuz zu verheilen und dadurch eine streckenweise Umkehrung der Functionsrichtung zu erzielen (Wundt 227). Der Versuch beweist ohne Zweifel, dass das Wichtigste für den Nervenprocess die Schwingungsform ist, welche durch die peripherischen und centralen Endorgane bestimmt und der Faser überliefert wird, und dass von „specifischen Energien" der Nerven im Sinne einer absoluten Unabänderlichkeit hinfort nicht mehr die Rede sein kann. Wenn andererseits Wundt zugibt (S. 361 ff.), dass die Uebung in Processen von bestimmter Schwingungsform und Fortpflanzungsrichtung im Stande ist, die Nervenmasse mit einer solchen molecularen Disposition zu imprägniren, „dass jede eintretende Erschütterung des Moleculargleichgewichts grade diese Form der Bewegung hervorruft", — wenn er ferner einräumen muss, dass diese Anpassung nur zum Theil eine individuell erworbene ist, in der Hauptsache aber schon auf einer angeborenen, ererbten Prädisposition beruht, so ist nicht ersichtlich, weshalb der ältere Ausdruck „specifische Energie" in dem erläuterten relativen Sinne nicht auch ferner beibehalten werden solle, — höchstens könnte man ihn in den andern: „specifische Disposition" umwandeln.

Diese „specifische Disposition" wird dadurch zu einer wirklichen „Energie", dass sie n i c h t b l o s s eine Verminderung des Leitungswiderstandes gegen eine bestimmte Schwingungsform, sondern zugleich eine gewisse Spannkraft oder potentielle Energie repräsentirt, welche auf gegebene Reize zu lebendiger Kraft oder Bewegungsenergie entbunden wird. Es ist also die Leistung, welche z. B. die galvanisch gereizte motorische Nervenfaser bei der Inscenirung einer Muskelzuckung vollzieht, keineswegs eine blosse Fortpflanzung der empfangenen Energie in umgewandelter Form, sondern es ist eine Leistung aus eigenem Kraftvorrath, zu deren Auslösung der Reiz nur den äusseren Impuls gibt. Ohne eine innere Regulation würde nun aber jeder die Schwelle überschreitende Reiz genügen, um die gesammte in der Nervenfaser aufgespeicherte Kraft zu entbinden; die Reaction würde stürmisch sein, und der Nerv würde auf lange Zeit zur Wiederholung einer ähnlichen Leistung unfähig werden. Es müssen also in dem Mechanismus des Nerven neben den erregenden Potenzen auch hemmende eingeschaltet sein, welche den Schwellenwerth des Reizes normiren helfen, und die Entladung der Nervenkraft nach Intensität und Dauer begrenzen. Lässt man von einem gereizten Froschschenkel die Zuckungscurve auf einem schwingenden Pendel graphisch darstellen, welche den Verlauf der Reaction versinnbildlicht, so zeigt sich zunächst eine starke Schwellung, welche das wachsende Uebergewicht der erregenden Potenzen veranschaulicht, dann aber ein schneller Abfall, der bis zu einer Depression unter das Niveau des Nullpunktes führt. Nach diesem vorübergehenden Uebergewicht der hemmenden Potenzen klingt die Erregung in schwächeren Wellen aus (Wundt 247—253). Je leistungsfähiger der Nerv ist, desto grösser sind nicht nur seine erregenden, sondern auch seine hemmenden Potenzen; die Erschöpfung zeigt sich in noch höherem Grade an der Verminderung der hemmenden Einflüsse (wodurch namentlich die Dauer der Reaction verlängert wird), als an verminderter Stärke der Reaction. Der Unterschied der Reaction auf schwache und starke Reize ist beim erschöpften Nerven kleiner als beim leistungsfähigen. — Eine Steigerung der Reizbarkeit ergibt sich bei rasch auf einander folgender Wiederholung des gleichen Reizes, wo sich gewissermaassen die Eindrücke summiren.

Ganz analog, nur in veränderten Stärkeverhältnissen stellen sich die Processe in der Ganglienzelle; man gewinnt den Vergleich beider, indem man dieselbe Scala von Reizen das eine Mal direct auf den motorischen Nerven, das andere Mal auf den in gleicher Höhe des Rückenmarks mündenden sensiblen Nerven derselben Körperhälfte wirken lässt. Ganglienzelle und Nervenfaser verhalten sich etwa wie ein Dampfkessel mit schwer beweglichem zu einem mit leicht beweglichem Ventil; aus letzterem entweicht der Dampf leichter, weil schon bei geringerer Spannung, während bei ersterem das Ventil erst durch stärker gespannte, also auch mit grösserer Kraft ausströmende Dämpfe geöffnet wird (Wundt 268). Weil die

Ganglienzelle einen weit grösseren Leitungswiderstand als der Nerv bietet, absorbirt sie noch Reize, welche bei unmittelbarer Application auf den Nerven schon beträchtliche Reactionen hervorrufen; die Reizschwelle ist also erhöht. Ebenso ist auch oberhalb der Reizschwelle das Stadium der latenten Reizung länger, weil grössere Widerstände, stärkere hemmende Potenzen überwunden werden müssen. Ist dagegen die Reaction einmal eingetreten, so entbindet der grössere Kraftvorrath der Ganglienzelle auch eine grössere Energie; d. h. die Reaction ist bei gleichen Reizen stärker, und ausserdem ist sie selbst bei solcher Wahl der Reize, dass die Zuckungshöhen gleich werden, von längerer Dauer (Wundt 261 ff.). Die Summation schnell aufeinanderfolgender gleicher Reize ist in der Ganglienzelle noch deutlicher erkennbar und von noch grösserer Wichtigkeit, als im Nerven; die sich summirende Wirksamkeit rhythmisch wiederkehrender Reize, welche einzeln genommen unterhalb der Reizschwelle liegen, ist der Schlüssel zum Verständniss der Genesis der meisten Sinnesempfindungen von mässiger Stärke, welche fast alle sich aus Einzelreizen combiniren, deren jeder für sich (wie z. B. eine isolirte Schallwelle aus einem Ton) wirkungslos wären. Auch der Zustand der Erschöpfung äussert sich ganz gänzlich wie im Nerven; eine besondere Form der Erschöpfung ist aber die durch Nervengifte (z. B. für die Ganglienzellen des Rückenmarks durch Strychnin). Obwohl die Dauer der latenten Reizung sich bei der Strychninvergiftung erhöht, ist doch die Reizbarkeit in hohem Grade gesteigert (sogar über die Reizbarkeit des motorischen Nerven hinaus), und jeder Reiz wirkt ähnlich, wie bei der gesunden Ganglienzelle eine ganze Serie gleicher Reize; alle Reactionen werden stärker und anhaltender, stürmisch bis zu Krämpfen; kleine und grosse Reize rufen bald Reactionen von gleicher Stärke hervor, und zuletzt reagirt das Rückenmark auf jeden Reiz mit Krämpfen (Wundt 263—264).

Pathologisch wird dieser Zustand als „reizbare Schwäche" bezeichnet; sein Verständniss ist, wie Maudsley nachweist, die Grundlage für das richtige Verständniss der gesammten Erkrankungen der Centralorgane des Nervensystems. Der Verlust der normalen Proportion von Reiz und Reaction ist das Zeichen einer krankhaften Zerrüttung, es ist die einfachste Form für das „Irrsein" der Ganglienzelle. Die „irre" Ganglienzelle hat nicht mehr Kraft zur Verfügung, als die gesunde, aber sie verschleudert dieselbe auf viel zu kleine Reize, sie vergeudet sie im Tetanus.

Das Irrsein der kleinen Kinder und der Thiere (mit Ausnahme der dem Menschen am nächsten stehenden) besteht wesentlich in einem Irrsinn der Ganglienzellen des verlängerten Marks und Rückenmarks, in einer gestörten Gruppirung der Nervenelemente in jeder Zelle und in Folge dessen auch in einer gestörten Coordination der einzelnen centralen Zellengruppen. Dieselben functioniren hier nicht mehr in zweckvollem physiologischem Zusammenhang, sondern jede Gruppe reagirt tetanisch auf die sie treffenden kleinen Organreize, welche im gesunden Leben unbeachtet bleiben, und wird dadurch unfähig, mit ihren Nachbargruppen Fühlung zu behalten. Das Resultat sind unzusammenhängende, veitstanzähnliche Krämpfe. — Die Convulsionen können aber auch von höheren Centralpunkten ausgehen, welche die Reflexe auf Sinneswahrnehmungen vermitteln; dann stehen sie zu wirklichen oder eingebildeten Sinneswahrnehmungen in Beziehung und äussern sich als Kampf-, Zerstörungs- oder Mordtrieb. Derart ist die Tobsucht eines irrsinnigen Elephanten, oder das Delirium eines Maniakus, der Schwefelgeruch in der Nase spürt, seine vermeintlichen Verfolger als Teufelsgestalten mit feurigen Flammen umgeben sieht, und mit ihnen oder einem eingebildeten Löwen um sein Leben zu kämpfen glaubt. — Das Irrsein in der Sphäre des bewussten Wollens und Vorstellens endlich ist ein Irrsein der Ganglienzellen der Grosshirnhemisphären; der Wahnsinn besteht in Vorstellungs- und Gefühlskrämpfen, wie der Veitstanz in motorischen Reflexkrämpfen besteht.

Es wäre ganz verkehrt, wenn man in der molecularen Zerrüttung der Ganglienzelle, welche ihren Kraftvorrath in einer den Reizen unproportionalen Weise vergeudet, einen Zustand **erhöhter** Kraft und Leistungsfähigkeit sehen wollte; die krankhaft ausgeartete Reizbarkeit kann trotz ihrer äusserlich zerstörenden Wirkungen nur als ein Symptom der **Schwäche** gedeutet werden. Auch die Explosion einer Dampfmaschine beweisst nichts für die Tüchtigkeit und solide Stärke der Maschine, sondern eher dafür, dass sie eine schwache Stelle hatte. Das gehobene Selbstgefühl und die exaltirte Lustigkeit eines beginnenden Maniakus, oder das Delirium eines Tobsüchtigen sind für die Stärke und Leistungsfähigkeit seiner grauen Hirnsubstanz ebenso wenig ein Beweis, als die motorischen Reflexkrämpfe für diejenige eines strychninvergifteten Rückenmarks; in beiden Fällen offenbart sich nur der krankhaft gesteigerte **Kraftverbrauch**, und darum muss die reizbare Schwäche in allen Fällen **torpide** Schwäche nach sich ziehen. Alle Manie endet in gedankenloser Verrücktheit oder Blödsinn, alle Krämpfe in völliger Erschöpfung der betheiligten Organe, beziehungsweise des gesammten Organismus. Die spontan im Organismus auftretende reizbare Schwäche von Ganglienzellen ist nur die erste Stufe eines Degenerationsprocesses, welcher durch die Reizbarkeit um so mehr beschleunigt wird, als der vermehrte Kraftverbrauch mit einer bereits verminderten potentiellen Energie zusammentrifft.

Erwägen wir zusammenfassend, worin der Unterschied zwischen der Nervenmasse in der Ganglienzelle und in dem (allein activen) Axencylinder der Nervenfaser besteht, so lässt sich derselbe dahin zusammenfassen, dass in letzterer die chemische Decomposition, in ersterer während der Functionsruhe die Recomposition überwiegt (Wundt 266). Ersteres wird dadurch erwiesen, dass die sich selbst überlassene, d. h. von ihrem Ressort getrennte Nervenfaser sich nicht zu erhalten vermag, sondern degenerirt; letzteres folgt daraus, dass die Gangliensubstanz während der Functionsruhe nicht nur ihre eigenen bei der Function erlittenen Ausgaben wieder ersetzt, sondern auch noch die von ihr ressortirenden Nervenfasern mit Kraft zur Bestreitung ihrer Ausgaben versieht. In der Faser ist also unter normalen Umständen der Kraftverbrauch, in der Zelle die Kraftproduction überwiegend. Tritt nun aber in der Zelle der Zustand reizbarer Schwäche ein, so wird nicht nur bei jedem Functioniren weit mehr Kraft verbraucht, sondern auch in Folge des häufigeren Functionirens die Gesammtdauer der Functionsruhe vermindert, wo nicht gar (wie bei den manchmal wochenlang des Schlafs entbehrenden Maniakalischen) annähernd auf Null reducirt, und dies noch dazu in einem Zustande, in welchem wahrscheinlich ohnehin die Fähigkeit zur chemischen Recomposition vermindert ist. Da ist denn der Eintritt totaler Erschöpfung des Organismus, und bei längerer Dauer oder häufiger Wiederkehr der Anfälle die morphologische und chemische Rückbildung der Nervencentra, der nothwendige Ausgang.

Der angegebene fundamentale Unterschied zwischen der Nervensubstanz in der Ganglienzelle und der im Axencylinder der Nervenfaser ist mithin, wie schon das Vorkommen pathologischer Degeneration auch in der grauen Nervensubstanz zeigt, kein specifischer, sondern nur ein gradueller. Sowohl in der Zelle findet Arbeitsverbrauch durch Decomposition, als auch in der Faser Arbeitsaufspeicherung durch Recomposition statt, und nur im normalen physiologischen Zustande des Organismus ist in jeder von beiden die entgegengesetzte Richtung überwiegend. Es kann demnach in diesem graduellen Unterschiede kein Grund gesucht werden für eine Heterogenität der Substanz in Zelle und Faser; die Leistungen sind im Ganzen in beiden gleichartig, und der Unterschied reicht nicht weiter, als ihn die Differenzirung eines physiologischen Organs in mehrere Unterabtheilungen zur besseren Erfüllung modificirter Zwecke durch vollkommenere Arbeitstheilung überall erkennen lässt. Dieses Resultat ist wichtig für das Verständniss der Wahrheit, dass das psychische Leben nicht einmal mit der Ganglienzelle abschneidet, sondern sich auch auf die Nervenfaser und weiter erstreckt.

3. Das Rückenmark.

Sehen wir von den im sympathischen Nervengeflecht vereinigten und in Organen verstreuten Ganglienzellen ab, so sind alle übrigen in der grauen Masse des Rückenmarks und Gehirns vereinigt. Im ersteren bildet die graue Masse vier mit einander verbundene Säulen, von denen die rechts und links gelegenen den seitlichen Körperhälften entsprechen, während die beiden vorderen sich von den beiden hinteren dadurch unterscheiden, dass aus den ersteren die motorischen, aus den letzteren die sensiblen Nerven entspringen. Diese vier Säulen sind nun von einer Hülle weisser Nervenmasse umgeben, in welcher die nach aufwärts leitenden sensiblen und die nach abwärts leitenden motorischen Fasern zusammengefasst sind.

Hieraus ergibt sich zunächst, dass es **keine directe** Leitung nach den höheren Nervencentren für die aus dem Rückenmark entspringenden Körpernerven gibt, sondern dass bei der centrifugalen und centripetalen Leitung immer diejenige Stelle der grauen Rückenmarkssubstanz passirt werden muss, aus welcher der betreffende Nerv entspringt. Mit andern Worten, die Leitungsfasern im Rückenmark sind mit den Körpernerven **nicht direct**, sondern nur durch Vermittelung von Ganglienzellen verbunden, und bei jeder Leitung vom Gehirn zu den Muskeln oder umgekehrt wirken Rückenmarksganglienzellen als active Zwischenglieder mit, welche den Reiz, sofern er für sie über der Schwelle liegt, reflectorisch weiter befördern.

Es ergibt sich weiter aus der genannten Anordnung, dass aus einer und derselben Ganglienzelle des Rückenmarks niemals gleichzeitig sensible und motorische Fasern entspringen, dass also ein Reflex von einem sensiblen auf einen motorischen Nerven sich aus mehreren Einzelreflexen in mindestens zwei Ganglienzellen (einer im Hinterhorn und einer im Vorderhorn) zusammengesetzt. Der einfache Reflex in einer einzigen Ganglienzelle des Rückenmarks kann immer nur eine Art von Körpernerven in sich schliessen und das andere Glied müssen Verbindungsfasern nach andern Ganglienzellen sein, — sei es nun nach benachbarten und nebengeordneten, sei es nach höher gelegenen und übergeordneten oder tiefer gelegenen und subordinirten Zellen, — sei es ein mit Nachbarzellen verbindendes Primitivfasernetz, sei es eine nach oben oder unten führende Nervenfaser. Es ist wichtig, sich dieses Zusammenwirken mehrerer Ganglienzellen von verschiedener functioneller Bedeutung schon beim Zustandekommen des einfachsten Rückenmarksreflexes klar zu machen, um sich dadurch ein besseres Verständniss der verwickelten Cooperation und Subordination zwischen den verschiedenen Centralorganen zu erschliessen.

Würden die in der weissen Substanz des Rückenmarks verlaufenden Leitungsfasern immer auf derselben Seite bleiben, wo sie entspringen, so würden die beiden Körperhälften für schwache Empfindungs- und Bewegungsreize, welche durch den Leitungswiderstand der grauen Substanz ausgelöscht werden, gar keine Communication mit einander haben; es findet deshalb ein theilweises Hinübertreten von Nervenfasern aus der einen seitlichen Hälfte des Rückenmarks in die andere statt. Da eine Cooperation beider Körperhälften erst bei stärkeren Bewegungsreizen erforderlich scheint, welche ohnehin durch die graue Substanz geleitet werden, so erstreckt sich bei den motorischen Fasern diese Kreuzung nur auf einen kleinen Bruchtheil, wie daraus hervorgeht, dass bei halbseitiger Durchschneidung des Rückenmarks nur schwache Bewegungsstörungen auf der unverletzten Körperhälfte sichtbar werden; bei den Empfindungsreizen dagegen ist schon für schwache Reize ein genauer Connex beider Körperhälften erforderlich, und darum ist die Kreuzung der sensiblen Leitungsfasern eine weit beträchtlichere (Wundt 114—115). Auch bei den höheren Centralorganen kehrt überall diese Anordnung wieder, dass die Vermittlung zwischen beiden Körperhälften theils durch Brücken grauer Substanz oder durch besondere Commissuren (d. h. leitende Verbindungsstränge), theils durch Kreuzung der Leitungswege hergestellt ist.

Von besonderem Interesse ist dies Verhältniss bei dem Chiasma der Sehnerven, welches man früher für die Kreuzungsstelle beider Sehnerven hielt. Dies ist aber nur richtig für Thiere mit auswärts gestellten Augen, die kein gemeinschaftliches Sehfeld für beide Augen haben, wogegen beim Menschen und den Thieren mit binocularem Sehfeld nur die Hälfte der Fasern jedes Nerven, und zwar die nach innen gelegene, auf die andere Seite übertritt, während die äusseren Hälften ungekreuzt bleiben. Hierdurch wird das Resultat erzielt, dass die linken Hälften beider Retinas sich im linken, die rechten Hälften beider Retinas sich im rechten Vierhügel vereinigen. Bei Thieren mit auswärts gestellten Augen zieht Verletzung eines Vierhügels Blindheit des entgegengesetzten Auges nach sich, bei Menschen aber bewirkt Erkrankung eines Vierhügels Hemiopie, d. h. Erblindung oder Sehstörung der linken oder rechten Hälfte beider Retinas (Wundt 146). Es liegt auf der Hand, dass erst durch diese Verschmelzung der gleichseitigen Hälften zweier peripherischer Organe in eine Hälfte des Centralorgans das Verschmelzen correspondirender Eindrücke auf beiden Netzhäuten erklärt, d. h. das Räthsel des Einfachsehens mit zwei Augen gelöst wird, und ich habe dieses Beispiel darum genauer erörtert, weil wir nach Analogie desselben uns die gesammte Einrichtung unseres Nervensystems vorzustellen haben, welche trotz der Zweiseitigkeit sowohl der centralen als auch der peripherischen Organe der Empfindung doch zu einer einheitlichen Empfindung unseres Körpers selbst für die schwächsten Reize führt. Nur die Verbindung von centralen Brücken oder Commissuren mit theilweisen peripherischen Leitungskreuzungen macht dieses Resultat möglich, und erhebt uns über einen Zustand, in welchem wir unsere Körperhälften gleichsam als zwei getrennte Körper empfinden würden, und es erst dem denkenden Bewusstsein überlassen bliebe, diese getrennten Empfindungen zur Einheit zusammenzufassen, wie etwa ein Gutsbesitzer auch zwei ganz von einander getrennt liegende Güter mit Hilfe Eines Hauptbuchs verwalten kann. Allerdings gilt die Nothwendigkeit der Verbindung von Commissuren mit partieller Leitungskreuzung nur für das Rückenmark und die hinteren und mittleren Theile des Gehirns, aber nicht für das Vorderhirn oder Grosshirn, und zwar aus dem doppelten Grunde, weil erstens die Verbindung der Grosshirnhemisphären durch Commissuren und Bogenfaserzüge zu einem einheitlich functionirenden Organ eine weit innigere ist, als bei den vorgenannten Centren, und zweitens, weil die motorischen Impulse des Grosshirns immer erst durch Mittelglieder (mindestens durch die motorischen Ganglien des Hirnschenkelfusses) hindurchgehen müssen, in welchen die fragliche Verschmelzung durch partielle Leitungskreuzung bereits vollzogen ist, so dass eine Wiederholung dieses Mittels überflüssig wäre. Die Grosshirnhemisphären sind daher im Menschen das einzige Organ, bei welchem die Kreuzung der zuführenden halbseitigen Leitungen nicht eine partielle, sondern eine totale ist.

Dass das Rückenmark in seiner grauen Substanz ein Centralorgan niederer Ordnung von einer gewissen elativen Selbstständigkeit ist, kann gegenwärtig wohl als allgemein anerkannt gelten. Maudsley sagt: „Wir können nicht in Abrede stellen, dass das Rückenmark ein selbstständiges Centralorgan für gewisse zweckmässige Bewegungen darstellt, die ohne jede Betheiligung des Bewusstseins" (d. h. des Hirnbewusstseins) „erfolgen. Es ist nicht bloss das Centralorgan für solche coordinirte Bewegungen, zu welchen es gemäss seiner angeborenen Constitution die Fähigkeit besitzt, sondern auch für solche, die es allmählich durch individuelle Erfahrung auszuführen erlernt hat. Das Rückenmark hat ebensogut wie das Gehirn ein Gedächtniss, das ausgebildet werden muss" (S. 68). „In der That, wenn sich einer die Mühe geben wollte, die Bewegungen durchzugehen, die er während eines Tages ausgeführt hat, er würde staunen, wie wenige davon er mit bewusstem Willen vollbrachte, und wie viele dagegen aus jener oben auseinandergesetzten automatischen Bewegungssphäre entsprungen sind" (70). „Von diesen unbewussten oder unwillkürlichen Bewegungen entspringt ein grosser Theil einzig und allein aus der selbstständigen Reactionsfähigkeit der Ganglienzellen des Rückenmarkes" (64). „Acephale Missgeburten, bei denen die Abwesenheit des Gehirns nothwendig die des Bewusstseins in sich schliesst, führen nicht blos Bewegungen mit den Beinen aus, sondern sind auch im Stande, die zusammengesetzten Acte des Saugens und Schreiens zu vollbringen" (64). „Wenn man einen Frosch, der während der Brunstzeit auf einem Weibchen sitzt, enthauptet, so hält er dessen ungeachtet sein Weibchen fest; ja wenn man ihm die Pfoten abschneidet, so klammert er sich noch mit den blutigen Stümpfen fest. Das Rückenmark ist demnach nicht bloss ein Centralorgan für gewisse unregelmässige Reflexe, sondern auch für **coordinirte zweckmässige Bewegungen**" (65). „Pflüger*) wurde von dieser wunderbaren Zweckmässigkeit so sehr bestochen, dass er nicht anstand, dem Rückenmark wie dem Gehirn sensorielle Functionen zuzuerkennen.

---

*) Pflüger, „Die sensorischen Functionen des Rückenmarks" (Berlin 1853).

Andere, die die Uebertragung dieser Annahme auf den Menschen nicht für zulässig erachteten, glaubten, dass sie nur bei den niederen Thieren Geltung habe. Anstatt ihrem Urtheil von den complicirten Verhältnissen beim Menschen **durch die Erfahrung an diesen einfacheren Beispielen bei den niederen Thieren eine richtige Grundlage zu verschaffen**, wandten sie ihre **subjectiven Missdeutungen** der complicirten Erscheinungen beim Menschen auf die niederen Thiere an" (65).

Maudsley spricht hier einen wichtigen methodologischen Grundsatz für die vergleichende Physiologie und Psychologie aus, den auch ich oben im Abschn. A Cap. I befolgt habe, und dessen Befolgung mir von naturwissenschaftlicher Seite mehrfach zum Vorwurf gemacht ist. Gleichwohl sollte dieser Grundsatz grade für jeden Naturforscher selbstverständlich sein, und es ist nur das psychologische Vorurtheil: dass in meinem Organismus kein Bewusstsein stecken könne, welches nicht in **meinem** Bewusstsein, d. h. in dem Bewusstsein meiner Grosshirnhemisphären gegenwärtig sein müsste, — welches selbst einem Wundt das Verständniss für die **Grundthatsache** der physiologischen Psychologie, nämlich für die Bewusstseinsfähigkeit **jeder** Ganglienzelle, verschlossen hat.

4. Die psychische Innerlichkeit des Reflexvorganges.

Der Begriff des Reflexes kann im engeren und im weiteren Sinne genommen werden; ersteren Falls bedeutet er das unmittelbare Ueberspringen eines Empfindungsreizes auf den im nämlichen Centrum mündenden Bewegungsnerven, letzteren Falls bedeutet er jede Reaction eines Centrums auf einen von irgend woher zugeführten Reiz. Wir sahen schon oben, dass auch der anscheinend einfache Reflex eines Rückenmarkscentrums eine complicirte Erscheinung ist, welche sich aus Einzelactionen von mehreren Ganglienzellen der Hinter- und Vorderhörner zusammensetzt, deren jede nur noch unter den Begriff des Reflexes im weiteren Sinne zu subsumiren ist. Ebenso geht aber auch der anscheinend unmittelbare Reflex stufenweis in immer verwickeltere Formen über, wie ich bereits oben im Abschn. A Cap. V gezeigt habe, so dass die gesammten Geistesfunctionen des Menschen unter den Begriff des Reflexes im weiteren Sinne fallen. Denn letzterer besagt weiter nichts, als dass keine Ganglienzelle fungirt ohne einen Reiz; er sagt aber nichts aus über die Art des Reizes oder über die Art der Function. Wie der auf einen sensiblen Nerven wirkende Reiz von einer mechanischen, chemischen, thermischen oder elektrischen Quelle herrühren kann, so kann der eine Ganglienzelle zur Function sollicitirende Reiz von einer sensiblen Nervenfaser, von einer benachbarten Ganglienzelle, von einer Leitungsfaser nach einem neben-, über- oder untergeordneten Centrum, oder vielleicht gar von einer motorischen Nervenfaser*) herrühren, und die Reaction braucht keineswegs sofort eine Innervation eines motorischen Nerven zu sein, sondern kann in einem Weitergeben des activ modificirten Reizes an Nachbarzellen oder an Leitungsfasern, die zu neben-, über- oder untergeordneten Centren führen, bestehen. Es wäre dann z. B. jede Function einer Gehirnzelle, welche subjectiv als abstracte Vorstellung erscheint, ein Reflex auf einen von einer andern Zelle oder von einem Sinnesnerven empfangenen Reiz, was sich subjectiv als Erregung der Vorstellung durch Ideenassociation oder durch Sinneswahrnehmungen darstellen würde.

Bleibt man andrerseits dabei stehen, unter „Reflex" die ganze Gruppe von Einzelreactionen zusammenzufassen, welche zwischen der Reizung sensibler Nerven als Anfangsglied und der Function motorischer Nerven als Endglied in der Mitte liegen, so entgeht man auch hierdurch nicht der Thatsache, dass die höchsten Geistesfunctionen unter den Begriff des Reflexes fallen. Denn wenn der Reiz überhaupt über der Reflex-Schwelle liegt, d. h. wenn er nicht auf seinem Wege in den Centralorganen durch den Leitungswiderstand absorbirt und ausgelöscht wird, so muss er auch unter allen Umständen schliesslich einmal zu motorischer Reaction führen, wie lange er auch in der Zwischenzeit innerhalb der Centralorgane von einer Ganglienzelle zur andern herumwandern mag, oder psychologisch ausgedrückt, wie viel Reflexionen und Begehrungsconflicte sich auch zwischen Wahrnehmung und Willensentschluss einschalten mögen. Es handelt sich also auch bei dieser Auffassung nur um einen graduellen Unterschied in der Zahl der Bindeglieder zwischen Empfindungsreiz und Bewegungsreaction, und diese Zahl steigt stufenweise von den einfachsten Reflexzuckungen bis zu den

---

*) für den Fall nämlich, dass die directen Empfindungen der Muskelbewegungen (welche nicht durch Tastempfindungen der benachbarten Gewebe vermittelt sind) von den motorischen Nerven selbst zu den Centralorganen geleitet werden sollten, was jedenfalls eine nicht unbedenkliche Hypothese ist.

complicirtesten Maassregeln zur Beherrschung und Leitung der Aussenwelt.

„Denn mässige Reizung einer beschränkten Hautstelle zieht bei einem gewissen mittleren Grad der Erregbarkeit eine Reflexzuckung nur in derjenigen Muskelgruppe nach sich, welche von motorischen Wurzeln versorgt wird, die in der gleichen Höhe und auf derselben Seite wie die gereizten sensiblen Fasern entspringen. Steigert sich der Reiz oder die Reizbarkeit, so geht zunächst die Erregung auch auf die in gleicher Höhe abgehenden motorischen Wurzelfasern der andern Körperhälfte über; endlich bei noch weiterer Steigerung verbreitet sie sich mit wachsender Intensität zuerst nach oben und dann nach unten" (ersteres auf den sensiblen, letzteres auf den motorischen Leitungsbahnen des Rückenmarks), „so dass schliesslich die Muskulatur aller Körpertheile, die aus dem Rückenmark und verlängerten Mark ihre Nerven beziehen, in Mitleidenschaft gezogen wird. Jede sensible Faser steht demnach durch eine Zweigleitung erster Ordnung mit den gleichseitig und in gleicher Höhe entspringenden motorischen Fasern durch eine solche zweiter Ordnung mit den auf der entgegengesetzten Seite in gleicher Höhe austretenden, durch Zweigleitungen dritter Ordnung mit den höher oben abgehenden Fasern, und endlich durch solche vierter Ordnung auch mit den weiter unten entspringenden in Verbindung" (Wundt 116—117). Indem mit steigender Reizstärke grössere Widerstände überwunden (oder bei steigender Reizbarkeit alle Widerstände herabgesetzt) werden, müssen die Zweigleitungen der höheren Ordnungen Schritt vor Schritt mit ergriffen werden, und in demselben Verhältniss wächst auch die Zahl der bei der gesammten motorischen Reaction betheiligten centralen Zwischenglieder. Dieses Wachsen vollzieht sich nun in noch weit schnellerer Progression, wenn man vom Rückenmark zu der Mitwirkung der höheren Centra hinaufsteigt; die Reflexe nehmen dann an Complication in rascher Progression zu, ohne deshalb ihren reflectorischen Charakter einzubüssen.

Wie man also auch die Sache betrachten mag, es ist nicht dagegen anzukämpfen, dass alle Functionen des centralen Nervensystems, und damit alle unsre Lebensäusserungen und Geistesthätigkeit, unter den Begriff des Reflexes fallen. Wir müssen uns diesen Gedanken nur völlig zu eigen machen, dann verliert er alles Paradoxe. Er besagt am Ende doch nichts weiter, als der Satz vom zureichendem Grunde in der Metaphysik; übersetzt man letzteren in die Sprache der Nervenphysiologie, so lautet er: „keine Ganglienzelle functionirt ohne einen zureichenden Grund, welcher Reiz genannt wird", und in die Sprache der Psychologie übertragen lautet er: „kein Wollen ohne Motiv". Beides sind altbekannte, als selbstverständlich geltende Wahrheiten, die aber vielleicht eine fruchtbare Perspective eröffnen, wenn wir sie mit Hilfe des Begriffes „Reflex" unter dem Gesichtspunkt der physiologischen Psychologie in Verbindung setzen. Wir haben nämlich die Aufgabe vor uns, die innere Erfahrung durch die äussere, und umgekehrt, verständlicher zu machen.

Der Physiolog lässt seinen geköpften und vergifteten Frosch zucken und gewinnt dabei die zweifellose Anschauung, dass die beobachtete verhältnissmässig einfache Reflexaction auf einem Mechanismus beruht; der Psycholog erkennt den Motivationsact als Reflex, und gewinnt die ebenso zweifellose Ueberzeugung, dass der Reflex ein psychischer Vorgang ist, in welchem auf eine Empfindung aus der innersten Natur des Charakters heraus ein gesetzmässiges Wollen folgt; der physiologische Psycholog, sobald er erkennt, dass das Wesen des Reflexes in beiden Vorgängen gleichartig sein muss, hat zu der Schlussfolgerung fortzugehen: „also ist die Reflexzuckung ein durch Empfindung in dem betreffenden Centrum ausgelöstes Wollen, und die Genesis des Wollens ist ein gesetzmässiger Mechanismus." Zur letzten Hälfte dieses Schlusses lassen sich die materialistischen Physiologen nicht lange nöthigen, aber desto mehr zur ersten, obwohl sie doch einsehen müssten, dass sie logischer Weise nur entweder beide oder keinen von beiden machen dürfen. Uebrigens hat die Psychologie schon lange bevor man an eine „physiologische Psychologie" gedacht hat, von einer Statik und Dynamik der Begehrungen und Vorstellungen gesprochen, und durch die Anerkennung der Mechanik des Reflexes wird am Ende nichts ausgeschlossen, als der längst als unhaltbar erkannte Indeterminismus des Willens. Räumt man einmal ein, dass die subjectiv-psychischen Acte objectiv materiellen Functionen correspondiren, so muss selbstverständlich der subjectiven Mechanik der Begehrungen und Vorstellungen auch eine objective Mechanik der Molecularbewegungen im Nervensystem entsprechen und umgekehrt. Um so wunderlicher muss es aber erscheinen, wenn die Physiologen, welche dies von Neuem constatiren, die psychologische Kehrseite ihrer anscheinend materialistischen Medaille nicht sehen wollen, dass nämlich jeder, auch der einfachste Reflexact, ein Wollen ist, das von einer **Empfindung** motivirt wird. Die Empfindung ist nur, indem sie bewusst wird (aber freilich nur für die betreffende Ganglienzelle oder das fragliche Centrum bewusst wird); das Wollen steht **an und für sich jenseits** alles Bewusstseins, und ob es im besonderen Falle formell als intensives Innervationsgefühl oder inhaltlich als qualitative Bewegungsanschauung in's Bewusstsein hineinscheint, ist von den Umständen abhängig, und für einfachere Reflexe in untergeordneten Centren jedenfalls höchst unwahrscheinlich.

Wundt hat sich diese Einsicht sowohl durch sein oben erwähntes Vorurtheil in Betreff des Bewusstseins, wie auch durch seine schiefe Auffassung des Willens versperrt. Richtig ist seine Bemerkung: „Will man also bestimmen, wo der Mechanismus aufhört und wo der Wille anfängt, so ist die **Frage überhaupt falsch gestellt**. Denn man setzt hier Begriffe einander gegenüber, die **gar keine Gegensätze** sind (822). Aber er zieht hieraus nicht den unabweislichen Schluss, dass man alsdann entweder Empfindung und Willen der inneren Erfahrung zum Hohn selbst in den höchsten Geistesfunctionen leugnen, oder dass man sie auch in den niedersten Reflexvorgängen anerkennen muss, weil beide Seiten sich wie Inneres und Aeusseres zu einander verhalten. Wären diese Begriffe im **letzteren** Falle „eine blosse Fiction" (ebd.), so müssten sie es auch im **ersteren** sein; wäre jene innere, psychische Seite des Vorgangs und die ihn tragende metaphysische Substanz einer „unbewussten Seele" nach dem Zugeständniss des äusseren Mechanismus im einfachen Reflex „eine überflüssige und nichtssagende Zuthat" (ebd.), so wäre sie es auch bei den Leistungen des Genies und Heroen.

Maudsley steht der Wahrheit ganz nahe, und sie scheint ihm als Engländer nur zu paradox, um sie mit fester Hand zu ergreifen. Er sagt: „Wo immer ein zuführender Nerv zu einer Ganglienzelle oder einer Gruppe von Ganglienzellen in den grauen Rindenschichten der **Grosshirnhemisphären** tritt, und aus dieser Zelle oder Zellengruppe wieder ein abführender Nerv austritt, befindet sich das mögliche oder wirkliche Centrum für einen einzelnen Willensact ... **Ebenso könnte man auch** die coordinirte Thätigkeit des **Rückenmarks** oder der Medulla oblongata als deren Willen bezeichnen" (S. 163). Man „könnte" dies nicht bloss, sondern man „muss" es unweigerlich, wenn man physiologischer Psycholog im rechten Sinne des Worts sein und sich durch solche Zaghaftigkeit des Schliessens nicht auch das Recht zu Schlüssen in umgekehrter

Richtung, nämlich von der physiologischen auf die psychologische Seite der Erscheinungen, von der materiellen auf die psychische Mechanik, zerstören will. Maudsley hätte um so weniger Grund, sich der Anerkennung eines Willens in den niederen Centren zu entziehen, als er sogar die Nothwendigkeit der **Perception** des Reizes in denselben einräumt (S. 102), welche doch schon die Entstehung eines Bewusstseins verlangt, was der Wille nicht thut. Andrerseits wird der ungewohnte Schritt ihm dadurch erschwert, dass erstens die englische Sprache nicht wie die deutsche zwei verschiedene Bezeichnungen für Wille und Willkür hat, und dass er zweitens als echter englischer Empirist eine fast abergläubische Furcht hegt, mit dem abstracten Begriff des Willens in eine ideale Entität, d. h. in's metaphysische Gebiet zu gerathen. (152).*)

Auch bei dieser Frage gilt es, sich für das Verständniss der complicirten Vorgänge im menschlichen Nervensystem eine sichere Grundlage der Beurtheilung an den einfachen Verhältnissen in niederen Thieren zu gewinnen. Hierüber äussert Maudsley selbst sich folgendermaassen: „Der einfachste Modus von Nerventhätigkeit, dem vergleichbar, wie er **bei den niedersten Thieren**, die ein Nervensystem besitzen, auftritt, wird beim Menschen durch die zerstreuten Ganglien des Sympathicus vollzogen, die gewissen organischen Processen vorstehen. Die Herzbewegung z. B. ist an die durch die Substanz der Herzwände zerstreuten gangliösen Organe gebunden. Meissner hat jüngst gezeigt, dass die Bewegungen des Darms von eigenen in der Darmwand zerstreuten Ganglienzellen abhängen, und Lister hält es für wahrscheinlich, dass auch in den andern Geweben Zellen zerstreut sind, die den Contractionen der Arterien vorstehen und auch die merkwürdige Diffusion von Pigmentkörnern aus den sternförmigen Pigmentzellen der Froschhaut veranlassen. Die verschiedenen Gewebselemente werden durch die Nervenzellen coordinirt, und diese Coordinationscentren stehen dann wiederum unter

---

*) Ich möchte nur wissen, was ein solcher Empirist sich eigentlich unter „Erklärung" und „Erklärungsprincipien" denkt, und ob er sich einbildet, ohne das Hinaufsteigen zu „allgemeinen Principien" irgend welche, und sei es auch nur die Erklärung der einfachsten physikalischen Erscheinung geben zu können Concrete Realität hat natürlich nur die Anziehung des Atoms A und des Atoms B; wenn aber Newton die gleiche Gespensterfurcht vor dem „abstracten Begriff" der Anziehung gehabt hätte, wie Maudsley vor dem des Willens, so hätte er niemals die Gravitation als allgemeines Princip der Materie aufstellen können.

der Controle der Cerebrospiralcentren. Im Rückenmark sind all' diese gangliösen Apparate mit einander verbunden und so vereinigt, dass sie zu unabhängigen Centren für combinirte Bewegungen werden, die durch äussere Reize ausgelöst werden. Diese Entwickelung entspricht dem Gesammtnervensystem derjenigen Thiere, bei denen wir noch keine Sinnesorgane vorfinden" (S.′ 52—53).

Nur diejenigen, welche „ihre subjectiven Missdeutungen der complicirten Erscheinungen beim Menschen auf die niederen Thiere anwenden" (M. S. 65), werden bestreiten wollen, dass diese niederen Thiere Empfindung und Willen haben; denn der gewöhnliche Einwand, dass bei diesen Organismen alle Lebensäusserungen nur Reflexe sind, verfängt nicht mehr, seit wir dasselbe von den höchsten menschlichen Geistesfunctionen erkannt haben. Im Gegentheil sind grade die niedersten Thiere geeignet, uns gleichsam ad oculos zu demonstriren, dass jeder Reflex auch der einfachsten Ganglienzelle ebensowohl eine subjective, psychische, wie eine objective, physische Seite hat, und dass die erstere wieder in einen bewussten und einen unbewusst-psychischen Theil zerfällt. Der Reiz oder das Motiv muss als Empfindung in der Ganglienzelle bewusst werden, wenn er oberhalb der Schwelle liegt; die Willensreaction oder das Resultat des von innen gesehenen Reflexvorganges wird erst auf höheren Stufen der Intelligenz durch vergleichende Reflexion bewusst; die Ueberleitung vom Reiz zur Reaction, vom Motiv zum Willen, der eigentliche springende Punkt im Reflex, bleibt ewig dem Lichte des Bewusstseins verhüllt. Und doch liegt in ihm grade das räthselhafte Problem; denn warum wirkt diese Empfindung als Motiv zu solchem Wollen?

Die materialistische Auffassung macht sich die Antwort sehr leicht, indem sie den Grund einfach in der objectiven physischen Mechanik der Bewegungen sucht. Das heisst aber die Doppelseitigkeit eines psychischen und physischen Charakters nur dem Anfangs- und Endglied des Processes zugestehen, und ihn der Mitte, dem überspringenden Funken von einem zum andern versagen; das heisst mit andern Worten das psychische Moment im Reflex zur todten Passivität einer blossen Wiederspiegelung gewisser Glieder des alsdann allein wirklichen äusserlichen Processes degradiren, oder das Psychische aus seiner coordinirten und superioren Stellung zum Physischen zu einem gleichsam zufälligen Appendix des äusserlichen Geschehens herabdrücken, das in gewissen Momenten desselben in unerklärlicher Weise auftaucht.

Einer solchen äusserlichen Auffassung gegenüber ist daran zu erinnern, dass das objective materielle Geschehen doch ebenso wie die inneren Vorgänge des Bewusstseins nur zwei parallele und polar entgegengesetzte Erscheinungsformen eines in beiden sich offenbarenden Wesens sind, das immer noch durchsichtiger für den Anblick von der subjectiven als für den von der objectiven Seite her daliegt, weil ersterer Anblick wenigstens ein unmittelbarer, letzterer aber ein erst durch die subjective Erscheinung der objectiven Erscheinung vermittelter ist. Ob es einen objectiv-realen physischen Process abgesehen von einem ihn auffassenden Bewusstsein gibt, ist mindestens eine Streitfrage, welche sogar vom erkenntnisstheoretischen Idealismus verneint wird; wenn aber auch der sie bejahende Realismus im Rechte ist, so ist er es doch nur auf Grund der für Idealisten wie Realisten gleich unbestreitbaren inneren subjectiv-phänomenalen Erfahrung. Letzterer kommt mithin ein für allemal die höhere Gewissheit zu; nur auf sie kann der realistische Glaube an eine äussere materielle Wirklichkeit sich stützen, und jede Schlussfolgerung des letzteren, welche zu einer Verneinung der Gewissheit der unmittelbaren inneren Erfahrung führt, entzieht sich selbst den Boden, auf dem sie steht. Darum muss die psychologische Erfahrung für immer der unverrückbar feste Maassstab bleiben, an dem die vermeintliche äussere Erfahrung und die Schlussfolgerungen aus derselben sich zu bewähren haben.

Das der Erscheinung zu Grunde liegende Wesen beginnt für das innere psychologische Geschehen genau da, wo das Bewusstsein aufhört, und die unbewusst-psychische Grundlage des Bewusstwerdens der Empfindung ist selbst das Nämliche, was gegen andere seines gleichen gerichtet die objective Erscheinung constituirt. Diese unbewusst-psychische Grundlage des Reflexvorganges in der Ganglienzelle ist aber am schärfsten zu definiren als ein Wille, der solchem Gesetz unterworfen ist, dass solches Motiv ihn zu solchem Wollen bestimmt. (Es bleibt hierbei zunächst ganz dahingestellt, ob dieser Wille ein Combinationsresultat bloss aus den Molecularwillen der Zelle ist, oder ob in ihn ausserdem noch andere Willensmomente eingehen.) Keinenfalls ist es gerechtfertigt, diese unbewusst-psychische Grundlage zu ignoriren, und die subjective Innerlichkeit als zufälligen Appendix gewissen Momenten des äusserlichen physischen Processes aufzuheften, der selbst nur objective Erscheinung ist. Das Wollen ist ein psychischer Act nicht bloss in seinem bewussten oder unbewussten Dasein (als Resultat materieller Mechanik, wie der Materialismus meint), sondern auch in der ganzen Geschichte seines Entstehens aus dem psychischen Motiv und dem Gesetz seiner psychischen Reaction.

5. Der teleologische Charakter der Reflexfunction.

Der sicherste Beweis für die psychische innerliche Seite des Reflexvorganges ist der teleologische Charakter dieser Reaction, der sich in der durchgängigen Zweckmässigkeit der physiologischen (nicht pathologischen) Reflexe ausdrückt. — Selbstverständlich kann diese Zweckmässigkeit nicht bei einer nach oben und unten unbegrenzten Reizskala stattfinden. Wie unser Ohr bei den tiefsten Tönen zunächst nicht einen Ton, sondern ein dröhnendes Geräusch hört, bei den höchsten nicht mehr einen Ton, sondern einen schrillenden Schmerz empfindet, wie unser Auge die Gegenstände bei einer allzumatten Beleuchtung nicht unterscheidet, und von einem allzuhellen Lichtglanz geblendet und zerstört wird, ohne dass man deshalb die Zweckmässigkeit dieser Organe bemängelt, so können auch die zweckmässigen Reflexe nur innerhalb gewisser endlicher Grenzen der Reizskala gesucht werden, aber diese Grenzen werden selbst wieder teleologisch bestimmt sein. Würden die Centra auf allzuschwache Reize reagiren, so würden sie, wie ein erkranktes Centrum es wirklich thut, ihren Kraftvorrath auf Grund der sie unaufhörlich umspielenden schwachen Reize vergeuden, statt ihn für die Fälle aufzusparen, wo seine Verwendung für das Leben des Organismus von Werth ist; sollten andrerseits die Centra so solide und robust constituirt sein, dass auch die allerheftigsten Eingriffe keine Desorganisation in ihnen hervorbringen könnten, so müssten sie eine Beschaffenheit haben, welche sie für ihre feineren Aufgaben weniger geeignet machen würde, ohne doch der an und für sich sinnlosen Forderung einer absoluten Unzerstörbarkeit jemals genugzuthun. Die Thatsache, dass abnorm starke Reize krampferzeugend und desorganisirend auf die Centra wirken, ist also ebenso wenig wie die andere, dass die zweckmässige Reaction erst bei einer gewissen Reizstärke beginnt, geeignet, den teleologischen Charakter der Reflexe in Frage zu stellen, sondern dient vielmehr dazu, ihn erst in das rechte Licht zu setzen.

Ferner ist zu beachten, dass, wie wir oben sahen, mit steigender Reizstärke immer mehr und immer höhere Centra in die Action mit hereingezogen werden; hieraus ergibt sich, dass der

Charakter der Reaction sich mit der Reizstärke ändern muss. Aber auch dies spricht nicht **gegen**, sondern **für die Zweckmässigkeit** der Reflexe; denn es ist eben **zweckmässig** für den Organismus, dass er auf schwache Reize nicht bloss mit **schwächeren**, sondern auch mit **anderen** motorischen Reactionen antworte, als auf starke Reize, welche an dem nämlichen Angriffspunkt wirken. Diese zweckmässigen Unterschiede werden nun dadurch erreicht, dass für die Reflexaction der verschiedenen Centra die Reizschwelle verschieden ist. Beim schwächsten Reiz wird nur das Centrum, in welchem der betroffene sensible Nerv unmittelbar mündet, zum Reflex sollicitirt, und der Erfolg ist eine einfache Zuckung, welche z. B. genügt, um dem Rind eine Fliege von der Haut zu verscheuchen, oder dem Menschen eine drückende Kleiderfalte zu verschieben, oder ein unbequem liegendes Bein im Schlafe umzulegen.

Zwecklos kann man daher die Reflexe auch auf die schwächsten oberhalb der Schwelle liegenden Reize nicht nennen (wie Wundt S. 823 thut); nur ist die motorische Innervationssphäre für das bei den schwächsten Reizen allein reagirende Centrum eine beschränkte und daher auch die von ihm aus zu erzielende Aenderung der äusseren Umstände eine sehr eng begrenzte. In dem Maasse, als **mehr** und **höhere** Centra von dem weiter fortgeleiteten Reiz erreicht werden, erweitert sich die motorische Innervationssphäre der gesammten bei dem Reflex betheiligten Centra, und damit die Möglichkeit combinirter Muskelbewegungen zur Aenderung der durch den Reiz gemeldeten äusseren Situation. Der von einer Centralstelle beherrschten Sphäre der motorischen Innervation müssen natürlich die von ihr ausgehenden Innervationsimpulse entsprechen, wenn sie nicht von vornherein inadäquat und darum unzweckmässig genannt werden sollen, und darum ist in der That für eine einzelne Ganglienzelle diejenige Reflexaction, welche in ihr teleologisch gefordert ist, **eine ganz andere**, als für eine grössere Gruppe von gemeinsam agirenden Ganglienzellen, für eine Zelle im untern Theil des Rückenmarks eine ganz andere, als für eine solche im oberen, und für diese wieder eine andere, als für eine solche im verlängerten Mark. Die Reaction kann an jedem Punkte nur dann zweckmässig heissen, wenn sie auf das Maximum des von diesem Punkte aus Erreichbaren Rücksicht nimmt. Dies wird von Wundt nicht hinlänglich gewürdigt, während er für mittlere Reizstärken sich der Anerkennung der allzu eclatant hervortretenden Zweckmässigkeit natürlich nicht entziehen kann.

„Ein enthaupteter Frosch bewegt das Bein gegen die Pincette, mit der man ihn reizt, oder er wischt den Tropfen Säure, den man auf seine Haut bringt, mit dem Fusse ab. Einer mechanischen oder elektrischen Reizung sucht er sich zuweilen durch einen Sprung zu entziehen. In eine ungewöhnliche Lage gebracht, z. B. auf den Rücken gelegt, kehrt er wohl auch in seine vorherige Körperlage zurück. Hier führt also der Reiz nicht bloss im Allgemeinen eine Bewegung herbei, die sich mit zunehmender Reizstärke und wachsender Reizbarkeit von dem gereizten Körpertheil ausbreitet, sondern die Bewegung ist angepasst dem äusseren Eindruck. Im einen Fall ist sie eine Abwehrbewegung, in einem zweiten ist sie auf Beseitigung des Reizes, in einem dritten auf Entfernung des Körpers aus dem Bereich des Reizes, in einem vierten endlich auf Wiederherstellung der vorigen Körperlage gerichtet. Noch deutlicher tritt diese zweckmässige Anpassung an den Reiz in den von Pflüger und Auerbach ausgedachten Versuchen hervor, in denen man die gewöhnlichen Bedingungen der Bewegung irgendwie abändert. Ein Frosch z. B., dem auf der Seite, auf welcher er mit Säure gereizt wird, das Bein abgeschnitten wurde, machte zuerst einige fruchtlose Versuche mit dem amputirten Stumpf, wählt dann aber ziemlich regelmässig das andere Bein, welches beim unverstümmelten Thier in Ruhe zu bleiben pflegt*). Befestigt man den geköpften Frosch auf dem Rücken, und benetzt die innere Seite des einen Schenkels mit Säure, so sucht er die letztere zu entfernen, indem er die beiden Schenkel an einander reibt; zieht man nun aber den bewegten Schenkel weit vom andern ab, so streckt er diesen nach einigen vergeblichen Versuchen plötzlich herüber, und erreicht ziemlich sicher den Punkt, welcher gereizt wurde**). Zerbricht man endlich geköpften Fröschen die Oberschenkel und ätzt man, während sie sich in der Bauchlage befinden, die Kreuzgegend, so treffen sie trotz dieses störenden Eingriffs mit den Füssen der zerbrochenen Gliedmaassen die geätzte Stelle. Diese Beobachtungen, die noch mannigfach variirt werden können, zeigen, dass das seines ganzen Gehirns beraubte Thier seine Bewegungen den veränderten Bedingungen in einer Weise anpassen kann, die, wenn Bewusstsein und Wille dabei im Spiele sein sollten, offenbar eine vollständige Kenntniss der Lage des ganzen Körpers und seiner einzelnen Theile voraussetzen würde" (824).

---

*) Pflüger, Die sensorischen Functionen des Rückenmarks, S. 125.
**) Auerbach in Günsburg's Zeitschrift f. klin. Med. IV. S. 487.

Dass Wundt mit letzterer Schlussfolgerung, insoweit sie sich auf eine **bewusste** Kenntniss des eigenen Körpers bezieht, über das Ziel hinausschiesst, gibt er selbst durch die Bemerkung zu, dass auch der Mensch **bei hellstem Bewusstsein und als vollständiger Herr seines Willens dieselbe nicht besitzt**; hieraus hätte er umgekehrt zurückschliessen sollen, dass auch in jenen Rückenmarksactionen **Bewusstsein und Wille vorhanden sein kann, ohne dass** von einer **bewussten** Kenntniss der Lage der eigenen Körpertheile die Rede zu sein braucht. Hätte er diesen Schluss nicht unterlassen, so würde er auch in der **mechanischen** Auffassung der Reflexvorgänge keinen Grund mehr gefunden haben, an dem Vorhandensein von Bewusstsein und Willen bei denselben zu zweifeln, da ja dieselbe mechanische Auffassung bei den Functionen der Grosshirnhemisphären ihm keinen Zweifel zu bieten scheint.

Er sagt: „Es ist zwar zuzugeben, dass die Selbstregulirungen, welche vorausgesetzt werden müssen, um die mannigfachen Modificationen bewusstloser thierischer Bewegungen zu erklären, theilweise **ausserordentlich verwickelter Art** sind; aber wo ist, wenn man einmal das Princip des Mechanismus zulässt, die Grenze, von der an die thierische Maschine nicht mehr zureicht?" (822). Indessen dieselbe Bemerkung würde Wundt auch auf die Mechanik der Grosshirnhemisphären anwenden müssen, also durch sein Argument zur Leugnung des Bewusstseins und Willens überhaupt gelangen; ist das Argument in diesem letzteren Falle untriftig, **so hat es überhaupt kein Gewicht,** — und das kommt daher, weil dasselbe lediglich auf der von ihm selbst für **falsch** erklärten **Entgegensetzung** von Mechanismus und Willen beruht. — Die Cartesianische Lehre, dass die Thiere wandelnde Automaten seien, welche uns bloss mit dem Schein eines Seelenlebens äffen, wird heute von jedem fühlenden Menschen als eine gradezu empörende Verirrung angesehen; wie lange wird es noch dauern, bis unsere modernen Physiologen sich endgiltig von dem principiell nicht geringeren Irrthum befreien, dass die organischen Lebensäusserungen der niederen Centralorgane des Nervensystems blosse Maschinenverrichtungen ohne jeden Funken inneren Lebens seien?

Grade die physiologische Psychologie müsste sich gedrängt fühlen, in umgekehrter Richtung zu schliessen und zu sagen: „wenn das ganze Leben der Centralorgane äusserlich betrachtet in einer molecularen Mechanik besteht, und doch in unserm Bewusstsein dieser Mechanik ein zweckmässiges Denken und Wollen entspricht, so muss diese im Grosshirn auch für das Bewusstsein als solche zu Tage tretende Zweckmässigkeit schon von Anfang an in allem Functioniren von Ganglienzellen drinstecken, wenn sie auch nicht überall als solche bewusst wird: denn es kann in höchster Instanz nichts herauskommen, als wozu schon den niederen Phasen der Entwickelung die Anlage gegeben ist." Grade der materialistisch gesinnte Physiologe, der das bewusste Denken und Wollen als einen blos passiven Reflex des äusseren Geschehens, als einen zeitweilig auftretenden zufälligen Appendix bei gewissen Phasen der molecularen Nervenmechanik ansieht, besitzt gar keine Möglichkeit, dem Bewusstsein selbstständige Activität zuzuschreiben, und hat folglich gar keine Wahl, die unleugbar im bewussten Denken und Wollen zu Tage tretende Zweckmässigkeit anders als durch eine Zweckmässigkeit der molecularen Nervenmechanik zu erklären, d. h. grade der Materialismus kann nicht umhin, die Zweckmässigkeit in der Function der Ganglienzelle anzuerkennen, wenn er sich nicht jede Erklärung der Zweckmässigkeit im Bewusstsein, in seinen Reflexionen und Entschliessungen abschneiden will.

Die thatsächlich gegebene Zweckmässigkeit anerkennen kann der Materialismus natürlich nur mit Hilfe des Darwinismus, welcher die zweckmässigen molecularen Dispositionen in den Ganglienzellen durch natürliche Zuchtwahl entstehen lassen will. Wenn dieser Erklärungsversuch ohne die Grundlage metaphysischer teleologischer Principien sich schon ganz im Allgemeinen als unzulänglich erweist[*], so insbesondere in diesem speciellen Falle; denn es ist nicht wohl ersichtlich, wie neben so vielen anderen bei weitem wichtigeren individuellen Abweichungen ein ganz geringes Mehr oder Minder von Reflexdispositionen in der grauen Substanz des Rückenmarks für die Concurrenzfähigkeit eines Thieres entscheidend werden soll. Das Lamarck'sche Princip der allmählichen Vervollkommnung durch Uebung hilft hier ebenso wenig; denn mag man nun die zweckmässigen Modificationen der Function, welche durch Uebung befestigt werden sollen, vom Rückenmark oder von höheren Centren ausgehend denken[**], so kann doch das passive Bewusstsein

---
[*] Vgl. meine Schrift: „Wahrheit und Irrthum im Darwinismus. Eine kritische Darstellung der organischen Entwickelungstheorie." Berlin, C. Duncker, 1875.

[**] Die Rückenmarksfunctionen der höheren Thiere machen etwa den Eindruck, wie die Leistungen eines Menschen, der unter der Knechtschaft eines strengen Herrn an der Ausbildung seiner allseitigen Anlagen verhindert worden ist, und

die **Zweckmässigkeit** dieser Modificationen deshalb nicht erklären, weil die Zweckmässigkeit seiner Vorstellungsverknüpfungen nach materialistischer Ansicht **selbst erst wieder** aus der Zweckmässigkeit der mocularen **Mechanik** erklärt werden soll. Darum ist auch Wundt vollständig im Recht, wenn er daran festzuhalten ermahnt, dass die Annahme eines **Rückenmarksbewusstseins** und -Willens zur Aufhellung des Problems der **Zweckmässigkeit** in den Bewegungen **gar nichts beiträgt** (829); nur sollte er consequent weiter denken und zugestehen, dass ein höherer Grad von Bewusstsein ebenso wenig dazu beitragen kann, wie ein niederer, dass ein **Hirnbewusstsein** für die Erklärung der Zweckmässigkeit der Körperbewegungen **ebenso sehr** fünftes Rad am Wagen ist, wie ein Rückenmarksbewusstsein, dass am allerwenigsten das Hirnbewusstsein etwas leisten kann zur Erklärung der Zweckmässigkeit der Rückenmarksreflexe, und dass deshalb auch das Lamarck'sche Princip, so lange bloss die bewusste Ueberlegung als Ursache der zweckmässigen Modification der Function angesehen wird, sich in einem **Cirkelschluss** bewegt*).

---

sich beständig nur ganz bestimmten Verrichtungen hat widmen dürfen. Das Rückenmark der höheren Thiere ist durch seine beständige Nöthigung zu Handlangerdiensten für das Gehirn gleichsam versimpelt; aber daraus ist immer noch nicht zu schliessen, dass es Bewusstsein und Willen (die es bei den niederen Thieren offenbar besitzt) verloren habe, da es ja in der ihm übrig gelassenen Sphäre der Bethätigung deutliche Intelligenz entfaltet, und in abnormen pathologischen Fällen sich bald auch an die vicarirende Erfüllung selbstständigerer Aufgaben gewöhnt.

*) **Maudsley**, der die Unlösbarkeit des nicht abzuleugnenden teleologischen Problems von seinem **materialistischen** Standpunkt aus sehr wohl empfindet, findet sich in echt englischer Manier mit der Schwierigkeit durch Berufung auf den **unerforschlichen göttlichen Rathschluss** ab. Die Stelle ist zu charakteristisch für die englische Wissenschaft, als dass ich der Versuchung widerstehen könnte, sie hierherzusetzen. „Auf den Einwurf, den man uns hierauf machen könnte, dass die allmähliche Ausbildung dieser angeborenen Zweckmässigkeit in den Central-Organen des Nervensystems auf dem Wege der Erziehung **an und für sich schon eine Zweckmässigkeit bekunde, können wir nur erwidern**, dass dies nur, wenn auch in andern Worten, eine Bestätigung der Thatsache ist, dass die Dinge **eben existiren, wie sie existiren**" (d. h. also hier in teleologischer Beschaffenheit und Wirkungsweise existiren), „**und unsere Ueberzeugung hinzufügen, dass die Wissenschaft nie im Stande sein wird, in den Rathschluss der Schöpfung einzudringen**" (S. 72). Wo nur solch' ein englischer Naturforscher noch den Muth hernimmt, weiter zu forschen? Und dabei gehört ein Maudsley noch zum grünen Holz!

Diesem fehlerhaften Drehen im Kreise entgeht man nur, wenn man annimmt, dass jene zweckmässigen Modificationen der Function, welche bei öfterer Wiederholung durch Einprägung molecularer Dispositionen mit immer geringerem Widerstand von Statten gehen, aus einem unbewussten teleologischen Princip hervorgehen, dessen Wirksamkeit bei dieser Vervollkommnung der Nervencentra nur ein Specialfall seiner allgemeinen teleologischen Wirksamkeit als organisirendes Princip ist. Wie die äussere Mechanik der materiellen Processe und die innere Mechanik der bewussten Vorstellungen und Begehrungen coordinirte Erscheinungen einer und derselben metaphysischen Substanz sind, so ist auch die Gesetzmässigkeit dieser äusseren und inneren Mechanik (nicht etwa eine in prästabilirter Harmonie parallel-laufende, sondern) ein zusammenhängender Ausfluss aus dem einheitlichen Wesen dieser metaphysischen Substanz. Auch auf diesem Standpunkt bleibt die Passivität des Bewusstseins bestehen, aber dasselbe erscheint nun nicht mehr als Accidenz der Materie, sondern als das einer immateriellen Substanz, deren anderes Accidenz die materielle Kraftäusserung ist; so beschränkt sich hier das Psychische nicht auf die Sphäre des Bewusstseins, sondern reicht tiefer als dieses, nämlich in das metaphysische Wesen selbst hinein. Dann ist auch die bewusste Zweckmässigkeit im Denken und Beschliessen nicht mehr als eine passive Abspiegelung aus der Sphäre der zweckmässigen Molecularmechanik zu betrachten, sondern sie ist wie diese eine unmittelbare Manifestation der teleologischen Natur der metaphysischen Substanz selbst (des unbewussten Geistes); was dort todte Aeusserlichkeit ist, deren geistiger Stempel erst von einem denkenden Geiste herausgefunden wird, das ist hier unmittelbares Innewerden der innersten Natur des Geistes selbst in ihm selber.

Ohne Verständniss für die Parallelität beider Probleme bleiben beide unlösbar, d. h. sowohl der teleologische Charakter der äusserlichen Mechanismen und ihrer Entstehung als auch die bewusste Zweckthätigkeit des menschlichen Geistes müssen in ihrer Isolirung von einander als transcendente Fragen erscheinen, in welche einzudringen ein hoffnungsloses Unternehmen ist. Von dem Augenblick an dagegen, wo man Inneres und Aeusseres als doppelseitige Erscheinung des einen Wesens erkennt, und die Einheit des teleologischen Problems in beiden Formen der Erscheinung begreift, kann der einheitliche Grund für den teleologischen Charakter sowohl der äusserlichen materiellen Mechanik wie der bewussten Geistesfunction nur noch in **ein und derselben** Beschaffenheit der metaphysischen Substanz gesucht werden, an welcher **beide** Seiten der Erscheinung nur Accidenzen sind, und nun ist es die uns **unmittelbar bekannte** Zweckmässigkeit unseres Geistes, welche uns zum Verständniss jener fraglichen Beschaffenheit der metaphysischen Substanz den **Schlüssel** liefert, nämlich sie als das **unbewusst Logische** erkennen lässt, das als Inhalt eines Willens oder einer Kraft sich **teleologisch** bethätigen muss. Darum ist es auch so wichtig, sich klar zu machen, dass die psychische Innerlichkeit des zwischen Reiz und Reaction spielenden Processes und die bewusste Perception **allen**, auch den niedersten Nervencentren zukommt, — nicht als ob das Bewusstsein in denselben unmittelbar etwas zur Erklärung der Zweckmässigkeit der Functionen beitragen könne (was ich nie behauptet habe), sondern weil es darauf ankommt, sich überall der Doppelseitigkeit der Erscheinung bewusst zu bleiben, und den Schlüssel, welcher die teleologische Natur der metaphysischen Substanz am unmittelbarsten erschliesst, niemals aus der Hand fallen zu lassen.

Wie die hier behauptete höhere Einheit von Causalität und Teleologie zu denken sei, darauf kann hier nicht näher eingegangen werden*); nur soviel will ich hier bemerken, dass die Zeit mit Riesenschritten naht, wo unsere Naturwissenschaft aufhören wird, von „todter Materie" zu sprechen. Schon jetzt erkennen die namhaftesten Naturforscher die innerliche, psychische Seite der Atome an**) und es beginnt bereits die Ahnung zu dämmern, dass der Schlüssel für die Beschaffenheit der einfachsten Gesetze der Mechanik des Atoms, welche man bisher eben nur als schlechthin **gegeben** hingenommen hat, in dieser psychischen Seite der Atome gesucht werden muss, und aus den Analogien unserer eigenen Psyche gefunden werden wird***).

---

*) Vgl. meine Schriften: „Wahrheit und Irrthum im Darwinismus" Abschn. VII („Mechanismus und Teleologie"), und „J. H. v. Kirchmann's erkenntnisstheoretischer Realismus". No. 15—22.

**) Vgl. u. A. Zöllner „Ueber die Natur der Kometen" (Leipzig 1872) S. 320—327.

***) Zöllner sagt a. a. O. (S. 326—327): „Wie man sieht, würden durch die gemachte Annahme **alle** Ortsveränderungen der Materie, gleichgültig ob sie an unorganischen oder organischen Naturkörpern vor sich gehen, dem folgenden Gesetze unterworfen sein, welches im Wesentlichen bereits oben (S. 217) ausgesprochen war: „Alle Arbeitsleistungen der Naturwesen werden durch die **Empfindungen**

Das Gesetz der Erhaltung der Kraft bedeutet metaphysisch gesprochen nur die Unveränderlichkeit des actuellen Weltwillens nach der Seite seiner Intensität; dieses Gesetz ist aber ganz formell und lehrt uns nur: wenn dieses Quantum mechanische Kraft sich in eine andere Gestalt, z. B. in Wärme umwandelt, dann wird es ein so und so grosses Quantum Wärme liefern. Aber ob diese mechanische Kraft sich in dem gegebenen Falle in Wärme oder irgend eine andere Gestalt umwandelt, oder ob sie sich z. B. durch Entfernung von ihrem Centralkörper in Spannkraft umsetzt, oder ob sie sich vorläufig gar nicht umwandelt, davon lehrt das abstract formelle Gesetz der Erhaltung der Kraft gar nichts. In dem Entscheid dieser Fragen in jedem Einzelfall liegt aber der ganze Inhalt des Weltprocesses ohne Rest; also alles das, was den Inhalt des Weltprocesses bestimmt, d. h. die ganze Sphäre der logischen Idee, wird vom Gesetz der Erhaltung der Kraft nicht berührt. Somit erweist sich das Gesetz der Erhaltung der Kraft erst als der abstract formelle Rahmen, innerhalb dessen erst die logische Nothwendigkeit der Inhaltsbestimmung beginnt, und die qualitative Bestimmtheit durch Causalität und Teleologie erst den Raum zu ihrer Entfaltung gewinnt. Das Gesetz der Unveränderlichkeit des absoluten Kraftquantums bedarf demnach anderer Naturgesetze zu seiner Ergänzung, welche das „Wie" der Kraft an jedem Punkte der unveränderlichen Totalsumme bestimmen, und in diesen letzteren Gesetzen kann erst, muss aber auch, der teleologische Charakter der metaphysischen Substanz der Atome zum Ausdruck kommen: ihr Drang nach Befriedigung ihres Specialwillens und ihre instinctive Abwehr der Unlust (welche aus Repression dieses Willens entspringt). Wie sich, metaphysisch gesprochen, der Weltprocess aus Willen und unbewusst-logischer Idee zusammensetzt, von welchen beiden Momenten ersteres das „Dass", letzteres das „Was und Wie" jedes Augenblicks im Processe bestimmt, so setzt sich, naturwissenschaftlich gesprochen, der Weltprocess aus dem unveränderlichen kosmischen Kraftquantum und aus den die Umwandlung der Kraft für die besonderen Umstände bestimmenden Gesetzen zusammen, und diese genaue Parallelität beider Anschauungsweisen des Weltprocesses kann als ein neuer Beweis dafür gelten, dass die meta-

---

der Lust und Unlust bestimmt, und zwar so, dass die Bewegungen innerhalb eines abgeschlossenen Gebiets von Erscheinungen sich so verhalten, als ob sie den unbewussten Zweck verfolgten, die Summe der Unlustempfindungen auf ein Minimum zu reduciren."

physische Unterscheidung der Momente des Willens und der Idee nichts weniger als willkürlich genannt werden kann, sondern tief im Wesen der Dinge begründet, und geradezu geeignet ist, die Naturwissenschaft über die tiefere Bedeutung ihrer letzten Principien aufzuklären.

Es wird sich dann weiter fragen, ob die inhaltlich die Kraftumwandlung bestimmenden teleologischen Naturgesetze für die Mechanik des Atoms auch dafür ausreichend sind, das gesetzmässige teleologische Verhalten der Ganglienzelle zu erklären, oder ob bei dieser Vereinigung von Atomen und Moleculen zu einem organischpsychischen Individuum höherer Ordnung neue Gesetze als hinzutretend angenommen werden müssen, welche auf einen specifischen Unterschied zwischen dem unbewussten Individualzweck einer Ganglienzelle und den combinirten unbewussten Zwecken der sie constituirenden Atome und Molecule hinweisen. Aus einem solchen abweichenden unbewussten Zweck, der mit einem abweichend veranlagten Individualwillen oder Individualcharakter zusammenfällt, würden dann sofort abweichende Motivationsgesetze folgen, insofern ein anders bestimmter unbewusster Individualwille auch durch anderartige äussere Umstände in die Empfindungszustände der Unlust und Lust versetzt wird. — Ein unvollkommenes Beispiel möge dies erläutern. In der Chemie gilt das Gesetz, dass wenn mehrere Stoffe in reactionsfähigem Zustande zusammengebracht werden, diejenigen molecularen Umlagerungen stattfinden, dass die algebraische Summe der dabei entwickelten positiven und negativen Wärmemengen ein Maximum wird. Diesem Gesetz scheint das Verhalten in der mit Strychnin vergifteten Rückenmarkszelle, oder in der Gehirnzelle des Maniacus zu entsprechen, wo die chemischen Processe auf Vergeudung der aufgespeicherten potentiellen Energie abzielen; die dieser Umwandlung entgegenwirkenden Einflüsse in der gesunden Ganglienzelle dagegen, welche wir die hemmenden Potenzen genannt haben, und in denen sich erst die specifische Zweckmässigkeit der Ganglienfunction offenbart, scheint auf ein hinzukommendes Gesetz höherer Ordnung hinzudeuten, welches das Spiel der chemischen Moleculargesetze einschränkt. Indessen soll dies blos ein verdeutlichendes Beispiel ohne eigenen Anspruch auf Gültigkeit sein.

Wenn sich nun herausstellen würde, dass die teleologischgesetzmässige Mechanik der Ganglienzelle auf Naturgesetzen beruht, welche sich nicht aus der blossen Combination der Gesetze der

Mechanik des Atoms ergeben, so würden auch die Atome nicht mehr als die Träger solcher Gesetze höherer Ordnung angesehen werden können, weil ein und dasselbe individuelle Subject nicht Träger entgegengesetzter, einander einschränkender Naturgesetze sein kann. Es müsste dann also für die hinzutretenden Gesetze höherer Ordnung auch ein metaphysischer Träger derselben herangezogen werden, welcher mit den die Zelle zusammensetzenden materiellen Atomen im Verein erst das ganze Individuum dieser Ganglienzelle constituiren würde.

Von der Seite her, wo wir hier in diese Untersuchung eingetreten sind, möchte es vielleicht verfrüht scheinen, über diese Frage eine definitive Entscheidung treffen zu wollen: da wir aber bereits gesehen haben, dass dieser eventuelle Träger zusammenfallen würde mit dem organisirenden Princip, welches die teleologische Vervollkommnung der Ganglienzelle als eines integrirenden Bestandtheils der Vervollkommnung des organischen Gesammttypus leitet, und da dieses organisirende Princip als metaphysischer Träger des allgemeinen organischen Entwickelungsgesetzes nothwendig als etwas zu den materiellen Atomen Hinzukommendes gedacht werden muss, so werden wir von dieser Seite her unsere obige Alternative gleichfalls zu Gunsten eines hinzukommenden metaphysischen Agens entscheiden dürfen, welches die Vielheit der äusseren und inneren Atomfunctionen in der Ganglienzelle sowohl zur äusserlich-teleologischen wie zur innerlichen psychischen Einheit verknüpft, und so erst die Zelle zu einem innerlich wie äusserlich einheitlichen organisch-psychischen Individuum macht.

Wer freilich den teleologischen Charakter der molecularen Mechanik in der Ganglienzelle entweder leugnet (wie der ältere Materialismus) oder als ein die Wissenschaft nicht tangirendes, an und für sich unlösliches transcendentes Problem ignorirt (wie Maudsley), oder endlich zwar als Thatsache einräumt, aber aus blind-nothwendigen und zufälligen Ursachen erklären zu können glaubt (wie der Darwinismus und Wundt mit ihm), der wird nur consequent verfahren, wenn er von vornherein jedes zu den Atomen hinzukommende metaphysische oder unbewusst-psychische Princip ablehnt, und die bewussten wie die unbewussten psychischen Erscheinungen in der Ganglienzelle als Combinationsphänomene lediglich aus den psychischen Functionen der betheiligten Atome auffasst*). Wer dagegen

---

*) Vgl. die anonyme Schrift: „Das Unbewusste vom Standpunkt der Physiologie und Descendenztheorie (Berlin 1872) Cap. IV u. V.

die Teleologie der materiellen Mechanik wie des Bewusstseins als parallele Ausflüsse der unbewusst-logischen und teleologischen Natur der (beiden Seiten der Erscheinung zu Grunde liegenden) metaphysischen Substanz betrachtet, der wird (auch abgesehen von der Nothwendigkeit eines organisirenden Princips als Trägers des organischen Entwickelungsgesetzes) eher nach der anderen Seite der Alternative hinneigen, und erwarten, dass die höheren Bethätigungsformen der Teleologie, welche in der Ganglienzelle im Vergleich mit den Gesetzen der Mechanik des Atoms zu Tage treten, und die innere und äussere Einheit, welche die Ganglienzelle zur Individualität erhebt, von hinzutretenden Functionen der metaphysischen Substanz herrühren, welche erst die isolirten Atomfunctionen dem einheitlichen unbewussten Individualzweck höherer Ordnung unterordnen.

Ein Spiel der Atome, über deren gleichgültiger Vielheit die Eine, sie seiende Substanz thront, muss der demokratischen, gleichmacherischen, desorganisirenden Tendenz der Romanen mehr zusagen, welche freilich den über der identischen Vielheit waltenden, Einen, allmächtigen Cäsar nicht entbehren kann, wenn nicht alles sich in Anarchie auflösen soll; ein organischer Aufbau des Kosmos, in welchem die Atomkräfte oder Individuen erster Ordnung nur die Rolle der einfachsten und niedersten Bausteine spielen, und in jedem Individuum höherer Ordnung durch einigende Functionen zu concretem Zwecke zusammengehalten werden, um so ihrerseits wiederum höheren Individualzwecken als Baumaterial zu dienen, ein solcher stufenweiser Aufbau wird den germanischen Geist mehr ansprechen, welcher weiss, dass man überall, wo ein lebendiges architektonisches Kunstwerk zu Stande kommen soll, auf Gleichmacherei verzichten und sich willig dem höheren Zwecke fügen muss.

6. Die vier Hauptstufen von Nervencentren.

„Wenn wir das menschliche Nervensystem näher betrachten, müssen wir zuvörderst verschiedene Nervencentren unterscheiden und zwar:

1) Die primären oder **Vorstellungscentren**, gebildet von der grauen Substanz der Hemisphärenwindungen.
2) Die secundären oder **Sinnescentren**, gebildet von den Anhäufungen von grauer Substanz zwischen der Decussation der Pyramiden und dem Boden der Seitenventrikel.

3) Die tertiären oder Centren für die Reflexthätigkeit, hauptsächlich von der grauen Substanz des Rückenmarks gebildet.

4) Die organischen (vegetativen) Nervencentren, die zum sympathischen Nervensystem gehören. Diese bestehen aus einer grossen Anzahl gangliöser Gebilde, die vorzüglich durch die Eingeweide verbreitet sind, und unter einander und mit dem Rückenmark durch leitende Fasern in Verbindung stehen."

„Jedes einzelne dieser Centren ist dem unmittelbar über ihm stehenden höheren untergeordnet, zugleich aber auch fähig, gewisse Bewegungen selbst zu veranlassen und auszuführen, ohne Vermittelung der über ihm stehenden höheren Centren. Die Organisation ist eine solche, dass eine vollständig unabhängige locale Thätigkeit vereinbar ist mit der Herrschaft einer höheren Autorität. Eine Ganglienzelle des Sympathicus coordinirt die Leistungen der verschiedenen Gewebselemente des Organes, in dem sie liegt, und stellt so die einfachste Form des Princips der Individuation dar. Durch die Ganglien des Rückenmarks werden die Leistungen der verschiedenen organischen (vegetativen) Centren so coordinirt, dass sie einen untergeordneten, aber doch wesentlichen Platz unter den Bewegungen des animalen Lebens einnehmen, und hierin gibt sich eine weitere und höhere Individuation kund. In analoger Weise stehen die Rückenmarkscentren unter der Aufsicht der Sinnescentren, und diese sind wiederum der controlirenden Thätigkeit der Hemisphären und speciell dem Willen untergeordnet, welcher die höchste Entfaltung des Princips der Individuation darstellt" (Maudsley S. 53—54).

An obiger Eintheilung wäre zweierlei zu erinnern: erstens, dass die Reihenfolge besser eine umgekehrte wäre, und die Benennung der „primären Centren" vielmehr den vegetativen Ganglien zukäme, und zweitens, dass die Bezeichnung der Rückenmarkscentra als Reflexcentra irreleitend ist, da auch die vegetativen und Sinnes- und Vorstellungscentra nur reflectorisch thätig sind, wie bereits erörtert. Ausserdem ist festzuhalten, dass die Differenzen zwischen den Ganglienzellen der verschiedenen Centra nur graduelle sind, welche sich durch Differenzirung aus den allgemeinen Anlagen der Ganglienzelle in der Stufenreihe des Thierreichs erst herausgebildet haben, und dass diese allgemeine Anlage jeder einzelnen Ganglienzelle — trotz noch so einseitiger Ausbildung nach einer bestimmten Richtung — erhalten geblieben ist. Es gibt in den Ganglienzellen ebenso wie in den Nervenfasern specifische Energien im Sinne imprägnirter Dispositionen zu bestimmten Functionen; aber hier wie dort ist diese Specification nur relativ, nicht absolut, und überall bewegt sie sich in dem durch die allgemeine Natur der Ganglienzelle vorgezeichneten Rahmen: Reiz und Reaction, Perception und Wille.

Der Relativität der specifischen Energien der Ganglienzellen entsprechend ist auch der Uebergang von den Centren der einen Gattung zu denen der anderen ein mehr stufenweiser als plötzlicher. Wenn die Ganglien eines ausgeschnittenen Froschherzens dasselbe noch stundenlang zum Schlagen anregen, und auf einen Reiz mit einer rhythmischen Contraction reagiren, so scheint in der That mehr die verschiedene Lage im Körper, als die specifische Reflexenergie den Unterschied dieser Ganglien von den niedriger gelegenen Centren des Rückenmarks auszumachen. Zwischen dem Rückenmark und den Sinnesganglien des Gehirns bildet eine Art Uebergangsstufe das verlängerte Mark, welches nach seiner Entwickelungsgeschichte zwar zum Gehirn gehört, functionell aber dem Rückenmark bei weitem näher steht. Der mit dem Aufwärtssteigen im Rückenmark zunehmende Umfang der motorischen Innervationssphäre wird beim verlängerten Mark besonders auffällig; dasselbe zeichnet sich ausserdem vor den übrigen Rückenmarksreflexen durch künstlichere Combination zahlreicher Bewegungen zur Erzielung bestimmter Effecte aus, „wobei die Art der Combination oft durch eine Selbstregulirung zu Stande kommt, die in der wechselseitigen Beziehung mehrerer Reflexmechanismen begründet liegt" (Wundt 178). Im Rückenmark sind die Ganglienzellen der verschiedenen Höhenlagen ziemlich gleichmässig in den vier Säulen des grauen Marks geordnet; erst im verlängerten Mark wird diese gleichmässige Vertheilung unterbrochen, indem sich grössere Gruppen von Ganglienzellen zu in sich geschlossenen, nach aussen gegen ihre unmittelbare Nachbarschaft deutlicher isolirten Kernen zusammenschliessen, welche sowohl unter sich, wie nach oben und unten hin durch Leitungsfasern verbunden sind. Solche Kerne dienen dann bestimmten Gruppen von complicirteren Bewegungsvorgängen, die z. Th., wie die Regulirung des Herzschlags und der Athmung, dauernde rhythmische Functionen sind, welche denjenigen der vegetativen Ganglien (z. B. Darmbewegung, Tonus der Gefässe) nahe stehen. Durch die Verbindung zweier oder mehrerer Reflexcentra unter einander wird eine alternirende Wirksamkeit ermöglicht, z. B. zwischen einem Centrum der Inspiration, und einem anderen der Exspiration (181);

ersteres wird (wie die meisten der sogenannten automatischen Functionen niederer Centra) durch den Reiz mangelhaft gelüfteten Blutes, letzteres durch die von den sensiblen Nerven übermittelte Empfindung des Aufgeblähtseins der Lunge angeregt (W. 177). Aehnlich nimmt Wundt im verlängerten Mark besondere Centra an für die Beschleunigung des Herzschlags und für seine Verlangsamung und Hemmung, für die Erweiterung der Gefässe und für ihre Verengerung (185), für das Erbrechen, für den Schluckakt, und endlich für Husten und Niesen, welche schon zu den mimischen Reflexen des Lachens, Weinens, Schluchzens u. s. w. hinüberführen (176 u. 178). Bei letzteren wirken bereits Reflexe der Sinnesganglien mit denen des verlängerten Marks zu einer combinirten einheitlichen Aktion zusammen.

Diejenigen Centra, welche Maudsley unter dem Namen der Sinnescentra zusammenfasst (obschon dieser Name auf das mit darunter befasste Kleinhirn nicht vollständig passen will), bilden bei vielen niederen Thieren, bei denen das Vorderhirn (oder Grosshirn) wesentlich nur als Geruchsganglion fungirt, die höchste Entwickelungsstufe des centralen Nervensystems, welche ihren Lebenszwecken vollkommen genügt. Diese Thiere bewegen sich ungefähr mit derselben Sicherheit und accommodiren ihre Verrichtungen mit derselben Zweckmässigkeit den sinnlich wahrnehmbaren äusseren Umständen wie ein menschlicher Nachtwandler, dessen Grosshirnfunctionen völlig suspendirt sind (M. 281). „Trousseau erzählt von einem jungen Musiker, der mit vertigo epileptica behaftet war und oft während des Violinspielens einen 10 bis 15 Minuten dauernden Anfall bekam. Obgleich er während dieser Zeit vollständig bewusstlos war, und den, der ihn accompagnirte, weder sah noch hörte, so fuhr er doch während des ganzen Anfalls zu spielen fort" (M. 69). Aehnlich verhält es sich mit der Fähigkeit gewisser Idioten, durch langanhaltende Dressur schwierige Fertigkeiten zu erwerben, die sie zuletzt mit erstaunlicher Gewandtheit ausführen (M. 79). Trägt man einer Ratte die Grosshirnhemisphären nebst den Streifen- und Sehhügeln ab, so macht sie bei jeder Wiederholung eines lauten und kurzen Geräusches, wie es Katzen zu machen pflegen, einen Sprung zur Flucht (M. 93). Säugethiere oder Vögel, bei denen alle oberhalb der Vierhügel gelegenen Hirntheile entfernt sind, folgen den Bewegungen einer brennenden Kerze mit dem Kopf, percipiren also noch den Lichteindruck, und ebenso operirte „Frösche, welche durch Hautreize zu Fluchtbewegungen gezwungen werden, weichen einem in den Weg gestellten Hinderniss aus" (W. 194).

Dies alles beweist, dass es ausser der Perception der Sinneseindrücke durch das Bewusstsein der Grosshirnhemisphären noch eine Perception durch ein von diesem ersteren nicht mit umfasstes besonderes Bewusstsein der Sinnesganglien geben muss, was Maudsley ausdrücklich anerkennt und mit grosser Entschiedenheit hervorhebt, — man müsse nur unterscheiden zwischen einer Perception in der Sphäre der selbstbewussten Intelligenz und einer solchen in der Sphäre der (bloss) bewussten Sinnesthätigkeit (M. 102). Ganz ebenso muss man aber auch einen Willen in der sensumotorischen Sphäre annehmen, der übrigens nicht so wie die Perception des ihn motivirenden Sinneseindrucks ein bewusster zu sein braucht. Wenn Maudsley ein durch Erkrankung der Sinnesganglien entstehendes „sensorielles Irrsein" annimmt (277), bei welchem Sinneshallucinationen oder krankhafte Reaction zu pathologischem Verhalten, sei es unter aufgehobenem, sei es unter fortbestehendem, aber gegen den sensumotorischen Willen widerstandsunfähigem Grosshirnbewusstsein führen, so muss doch die durch sinnliche Perception motivirte, mit dem Grosshirnwillen in Conflict tretende und siegreich aus diesem Kampf hervorgehende*) Ganglienaction nothwendig selbst als Wille bezeichnet werden.

Zu derselben Folgerung gelangen wir, wenn wir diese sensumotorische Sphäre beim Menschen und den höheren Thieren mit dem psychischen Leben derjenigen Thiere vergleichen, deren Nervensystem über die Stufe von Sinnescentren überhaupt noch nicht hinausgekommen ist; so wenig wir diesen Thieren einen Willen absprechen können, ebenso wenig den Functionen der menschlichen Sinnesganglien. Das Nämliche gilt für die Zweckmässigkeit der sensumotorischen Reflexe. Bei jenen Thieren, wo bewusste Perception und Willen nicht bestritten werden kann, ist die Zweckmässigkeit in ihrem Verhalten zur Aussenwelt zu evident, um an

---

*) In solchem Falle kann man oft sagen, dass sich der Irre des Unterschiedes zwischen gut und böse und der Tragweite seiner Handlungen sehr wohl bewusst war, dass er aber trotzdem ausser Stande war, seinen erkrankten Willen von pathologischen Excessen zurückzuhalten, also auch nicht für die auf diese Weise begangenen Handlungen verantwortlich gemacht werden kann. Die Gesetzgebung verschiedener Staaten bedürfte deshalb hinsichtlich der Fragestellung auf Unzurechnungsfähigkeit einer Rectification.

dem Vorhandensein einer **Intelligenz** in denselben zweifeln zu können, welche zwar noch nicht bis zur Bildung abstracter Vorstellungen oder gar bis zum Selbstbewusstsein gelangt ist, aber doch schon Vorstufe zu dieser Grosshirnintelligenz der höheren Thiere ist. Auch hier bildet die Parallele mit den bekannten, theilweise von hochentwickelter Intelligenz zeugenden Leistungen der Nachtwandler eine gute Erläuterung. Bei beiden findet wohl ein Haften der Eindrücke, d. h. ein **Gedächtniss** statt; aber es fehlt bei beiden diejenige Stufe der Reflexion, welche zu einer Recognition, d. h. zu einer bewussten **Erinnerung** erforderlich ist, und das Gedächtniss documentirt sich deshalb nicht sowohl nach der Seite der Vorstellung als nach derjenigen des Wollens, d. h. es besteht wesentlich nur in der Erleichterung der Verknüpfung zwischen Perception und Willensreaction. Es befördert daher dieses Gedächtniss die Ausbildung der instinctiven Leichtigkeit und Sicherheit, mit welcher die häufigsten und wichtigsten Lebensverrichtungen von Thieren und Menschen vollzogen werden. Auch bei Nachtwandlern, welche zu wiederkehrenden Zeiten in ihren spontan somnambulen Zustand verfallen, ist ein gewisses Gedächtniss unverkennbar; sie setzen z. B. Arbeiten, die im letzten Anfall von ihnen unvollendet gelassen wurden, am rechten Punkte weiter fort, und zeigen durch die Vollendung, dass ihnen der gedankliche Zusammenhang mit dem Vorhergehenden gegenwärtig war. Dabei kann aber ihr Grosshirnhemisphären-Bewusstsein selbstverständlich keine Erinnerung von demjenigen haben, was die Intelligenz ihrer Hirnganglien im somnambulen Zustande vollbracht, weil es eben während jenes Thuns **unterdrückt** war, also auch keine Gedächtnisseindrücke in sich aufnehmen konnte.

Auch in den psychischen Functionen der Sinnescentra zeigt sich ebenso wie in denen der Rückenmarkscentra das Ineinander bewusster und unbewusster Seelenthätigkeit. Ich brauche nur daran zu erinnern, dass die meisten der thierischen Instincte in das Gebiet der sensumotorischen Action fallen, z. B. alle Bautriebe. Wem möchte nicht bei dem Singvogel, der eintönig die melodisch-rhythmische Periode seiner Species wiederholt, der Vergleich mit dem epileptischen Violinspieler einfallen, der das eingelernte Stück während des Anfalls weiter spielt? Nur dass der Singvogel zugleich mit seinem Grosshirnbewusstsein seinen Gesang percipirt und geniesst, was der Epileptiker nicht konnte.

Es wird nicht nöthig sein, an dieser Stelle die Argumentationen des vorigen Abschnitts zu wiederholen, welche hier nur noch grössere Evidenz gewinnen. Auch die Ganglienzellen der Sinnescentren wirken reflectorisch und mechanisch, aber darum nicht minder zweckmässig, sondern nur in um so höherem Grade, als ihre motorische Innervationssphäre und ihre innere Verarbeitungsfähigkeit der Perceptionen grösser ist, als bei denen des Rückenmarks. Auch in den Sinnescentren geht die psychische Innerlichkeit mit der äusseren Mechanik der Molecularbewegungen Hand in Hand, und ihr Bewusstsein ist um so viel reicher und deutlicher, als die von den höheren Sinnesnerven zugeleiteten Eindrücke mannigfaltiger und präciser sind, als diejenigen, welche die Rückenmarkscentra von den sensiblen Körpernerven empfangen, und als ihre Verarbeitungsfähigkeit der Perceptionen grösser ist, als die der letzteren. Diese höhere Entfaltung der zweckmässigen äusseren Mechanik und der Intelligenz ist aber bloss, der doppelseitige Erscheinungsausdruck eines höheren (unbewussten) Zwecks, der das Individualleben des betreffenden Organs bestimmt. Hier wie dort vollzieht sich die Reaction des Willens auf das Motiv, die geistige Verarbeitung der Eindrücke durch Zusammenwirken vieler Zellen, und die zweckmässige Modification der Function, durch deren Wiederholung die zweckmässige Disposition des Organs sich vervollkommnet, durchaus unbewusst. Diese drei höchsten Leistungen des organischpsychischen Individuums, welche im Grunde genommen nur eine und dieselbe, bloss von verschiedenen Seiten betrachtete Function sind, machen aber den innersten Kern der Individualität des Organs aus; man könnte sie die Actualität seines Individualzwecks nennen, was dasselbe ist, wie die teleologische Function der metaphysischen Substanz, deren Accidenzen oder Modi die innere psychische und äussere materielle Erscheinung des individualisirten Organs sind.

Es wäre ein grosser Irrthum, wenn man in dieser überwiegenden Bedeutung der unbewussten psychischen Function in den Sinnescentren einen specifischen Unterschied derselben von den Functionen des Grosshirns sehen wollte. Was im Grosshirn zunimmt, ist wesentlich nur der Grad der Verarbeitung der Perceptionen, oder physiologisch gesprochen: der Weg innerhalb des Organs, den der Reiz von seinem ersten Eintritt bis zur Entladung in motorische Reaction zurücklegt. Indem dieser Reiz bei seinem Ueberspringen von einer Zelle auf die andere in jeder von Neuem einen Reflex (Perception und Reaction) auslöst, entfaltet er sich zu einer aufeinander folgenden Kette bewusster Vorstellungen, welche die discursive Reflexion bildet, die sich zwischen Sinneswahrnehmung und reactive Handlung einschaltet und die Beschaffenheit der letzteren bestimmt. Aber bei dieser Vermehrung der **absoluten** Zahl bewusster Momente wird keineswegs das **Verhältniss** dieser Zahl zu derjenigen der mitwirkenden unbewussten Akte vermehrt; denn **jedes** Weitergeben eines Reizes von einer Zelle an eine andere ist ein Reflexakt, der sich an und für sich unbewusst vollzieht, und dasselbe gilt von dem Aufnehmen des Reizes durch die betroffene Zelle und seine Umsetzung in bewusste Perception. Alles **Schreiten** bei der discursiven Reflexion ist unbewusst, und gleichsam nur die Fusstapfen dieses Schreitens sind es, die zum Bewusstsein kommen. Selten aber stehen auch nur mehrere solche Fusstapfen so nahe bei einander, dass man die einzelnen Schritte verfolgen kann; meistens weist ihr Verhältniss zu einander auf mehr oder minder grosse **Sprünge** der unbewussten psychischen Function hin, in welchen die Mittelglieder der logischen Verknüpfung zwischen den bewussten Endpunkten nur **implicite** enthalten sind.

Die Ausführung, welche diesen Gedanken oben im Abschnitte B zu Theil geworden, ist von naturwissenschaftlicher Seite so vielfach als speculative Mystik missgedeutet worden, dass es mir zu besonderer Genugthuung gereicht, die Ansichten, welche der englische Empirist Maudsley aus seiner eigenen psychiatrischen Praxis und psychologischen Beobachtung sich gebildet hat, zur Bestätigung anführen zu können. Das Zeugniss wird auch den Naturforschern für um so unverfänglicher gelten können, als M. selbst zum Materialismus hinneigt, und soviel als möglich mit einer materialistischen Deutung seiner psychologischen Beobachtungen auszukommen sucht. Dies gelingt ihm freilich nach seiner eigenen Meinung nicht überall, und am wenigsten an den entscheidenden Punkten, wie wir schon oben an einem Beispiele gesehen haben.

Die Existenz eines „unbewussten Seelenlebens" erklärt M. für zweifellos feststehend und sagt: „Es ist eine Wahrheit, die man nicht nachdrücklich genug hervorheben kann, dass Bewusstsein und Seele nicht Begriffe von gleicher Ausdehnung sind" (15), und fügt hinzu, „dass der **wichtigste** Theil der Seelenthätigkeit, der wesentliche Process, von dem das **Denken** abhängt, in einer **unbewussten** Thätigkeit der Seele besteht" (19). „Ein Mensch, dessen Gehirn ihm zum Bewusstsein bringt, dass er ein Gehirn hat, ist nicht gesund, und ein Denken, das sich seiner selbst bewusst ist, ist kein gesundes Denken" (21). „Ein thätiges Bewusstsein ist dem besten und erfolgreichsten Denken immer na‚chtheilig. Der Denker, der auf die Reihenfolge seiner Gedanken aufmerksam ist, wird mit wenig Erfolg denken. Der ächte Denker ist sich nur der Worte bewusst, die er spricht oder schreibt, während die Gedanken, die das Elaborat der unbewussten organischen Gehirnaktion sind, von einer unerforschlichen Tiefe aus in das Bewusstsein dringen. Reflexion beruht also in der That auf der Reflexthätigkeit der Cerebralganglienzellen in ihren Beziehungen zu einander; sie ist eine Reaktion einer Zelle auf einen von einer benachbarten Zelle ausgehenden Reiz, und die Uebertragung seiner Energie auf eine andere Zelle — seine Reflexion" (126). „Das Gehirn empfängt nicht nur unbewusst*) Eindrücke, es registrirt dieselben ohne die Mitwirkung des Bewusstseins, verarbeitet unbewusst dieses Material, ruft ohne das Bewusstsein die latenten Residua wieder wach, es reagirt auch als ein mit organischem Leben begabtes Organ auf die inneren stimuli, die es von anderen Organen des Körpers unbewusst erhält" (19). „Der Hergang bei der Ideenassociation vollzieht sich nicht nur unabhängig vom Bewusstsein, sondern diese Assimilation oder Vermischung ähnlicher, oder des Gleichartigen von verschiedenen Vorstellungen, wodurch allgemeine Vorstellungen entstehen, geschieht auch, ohne dass dem Bewusstsein eine Controle darüber, oder eine Kenntniss davon zukäme" (17). „Des Schriftstellers Bewusstsein ist hauptsächlich mit seiner Feder und mit der Gestaltung der Sätze beschäftigt, während die Früchte der unbewussten Seelenthätigkeit, unbewusst herangereift, aus unbekannten Tiefen in das Bewusstsein emporsteigen und mit seiner Hülfe in passende Worte eingekleidet werden" (16). „Wenn die Gehirnthätigkeit eines Individuums eine wohlgeordnete ist, und die gehörige Bildung erfahren hat, erscheinen die Resultate dieser verborgenen Thätigkeit, indem sie plötzlich im Bewusstsein auftauchen, oft wie Intuitionen; sie sind fremd und staunenerregend, wie es oft Träume sind, auch für den Geist, welcher sie hervorgebracht hat" (17). „Die besten Gedanken

---

*) Dies bedeutet hier nur, dass solche Eindrücke unterhalb der Schwelle des Gesammtbewusstseins der Grosshirnhemisphären liegen können; wenn sie aber etwas wirken sollen, so müssen sie über der Schwelle des betreffenden Zellenbewusstseins liegen. Diese Unterscheidung fehlt bei M. deshalb, weil er nicht scharf daran festhält, dass ein Reiz gar nicht percipirt werde kann, ohne entweder von einem Bewusstsein percipirt zu werden, oder ein solches zu erzeugen.

eines Autors sind gewöhnlich die ungewollten, die ihn selbst überraschen, und der Dichter ist, wenn er unter der Inspiration schöpferischer Thätigkeit steht, was das Bewusstsein betrifft, nur ihr Werkzeug. Wenn wir hierüber nachdenken, werden wir sehen, dass es so sein muss. Die Produkte schöpferischer Thätigkeit sind, insoweit sie seine früheren Erfahrungen überschreiten, ihrem Schöpfer selbst unbekannt, bevor er sie hervorbringt, und können deshalb nicht Resultate eines bestimmten (bewussten) Willensaktes sein, denn zu einem Willensakt ist es nothwendig, eine Vorstellung von dem zu haben, was man will" (18). „So kommt es zuweilen, dass, wenn sich ein solcher Verstand an die Erforschung einer neuen Reihe von Ereignissen macht, die Gesetzmässigkeit derselben sich plötzlich, wie durch einen Blitz von Intuition, dem Geiste erschliesst, obgleich nur verhältnissmässig wenige Beobachtungen vorausgegangen sind: die Phantasie*) greift mit glücklichem Erfolg den langsamen Resultaten beharrlicher systematischer Forschung vor, giesst das Licht wahrer Aufklärung über die Finsterniss aus und verbreitet es über dunkle Beziehungen und verwickelte Connexionen. So offenbart ein gut begabter und gut gebildeter Geist seine unbewusste Harmonie mit der Natur. Die bedeutendsten Meteore des Genies erscheinen unbewusst und ohne Anstrengung. Wachsthum ist kein willkürlicher Akt, wohl aber die Zufuhr der Nahrung" (197). „Wie das Kind kein Bewusstsein seines „Ich" hat, scheint auch der Mensch in seiner höchsten Entwickelung, wie diese unsere grössten Männer repräsentiren, zu einer ähnlichen Unbewusstheit seines Ich's gelangt zu sein, und in inniger und angeborener Sympathie fährt er in seiner Entwickelung fort mit kindlicher Unbewusstheit und mit kindlichem Erfolg" (32). „Regeln und Systeme sind für die gewöhnlichen Sterblichen nothwendig, deren Geschäft es ist, mit einander Material zu sammeln und zu ordnen. Der Genius als Architekt hat wie die Natur sein eigenes unbewusstes System. Es ist ihr natürliches Loos und nicht ihre Schuld, dass die Raupe kriechen muss: ebenso ist es das Loos des Schmetterlings, dass er fliegt, und nicht sein Verdienst" (33). „Nicht durch ängstliches Quälen, nicht durch introspectives Durchforschen und Peinigen seines eigenen Be-

---

*) „Wie nun aber die Phantasie einen Entwickelungsvorgang der geistigen Organisation darstellt, so ist auch die wohlbegründete Phantasie des Philosophen und Dichters die höchste Blüthe organischer Entwickelung, und ihr Schaffen, wie das der Natur, ein Unbewusstes" (194).

wusstseins ist der Mensch im Stand, das Genie zu erwecken. Als die reife Frucht unbewusster Entwickelung taucht es zur rechten Zeit und zur angenehmen Ueberraschung im Bewusstsein auf und erweckt von Zeit zu Zeit das schlafende Jahrhundert" (33).*)

Wenn ein solches Genie plötzlich zu rechter Zeit als Frucht einer mit der gesammten Natur in unbewusster Harmonie stehenden unbewussten Entwickelung auftaucht, welche sich aus einem von Anderen blindlings vorbereiteten Material genährt hat, so wird man einen solchen unbewusst psychischen Process wohl im höchsten Sinne als einen **teleologischen** Vorgang betrachten müssen, für dessen Erklärung Maudsley vermuthlich auch nur auf den unerforschlichen Rathschluss des Schöpfers zu verweisen wüsste. Anders ausgedrückt, leuchtet bei den unbewusst-psychischen Processen in um so höherem Grade die Unzulänglichkeit aller materialistischen Erklärungsversuche ein, zu einem je höher organisirten Centrum (sei es innerhalb eines und desselben Organismus, sei es unter den vielen verschieden veranlagten Individuen der Menschheit) wir emporsteigen. Da aber die Unterschiede nicht principieller Natur sind, sondern nur auf Verschiedenheit der Entwickelungsstufe der gemeinsamen Uranlagen der Ganglienzelle beruhen, so muss dieses Resultat auch auf die Auffassung der einfachsten Reflexvorgänge in der Ganglienzelle sein Licht zurückwerfen.

7. Die morphologische Bedeutung der Gehirntheile.

Die morphologische Deutung der verschiedenen Theile des Gehirns hat erst durch das Zusammenwirken der Embryologie mit der vergleichenden Anatomie eine sichere Grundlage erhalten und ist zuerst von Baer klarer erkannt worden. Bei niederen Würmern, z. B. Strudelwürmern, besteht das ganze centrale Nervensystem aus

---

*) „Es ist amüsant, doch zugleich traurig, die schmerzliche Ueberraschung des Forschers, seine eifersüchtige Indignation, seine Schmerzensrufe zu beobachten, wenn das grosse Endresultat, an dem er und seine Arbeitsgenossen so lange geduldig, wenn auch blindlings, gearbeitet haben, wenn das Genie des Jahrhunderts, das er selbst mit erschaffen half, plötzlich auftaucht und den grossen allgemeinen Umschwung mit einem Male in's Werk setzt; amüsant, weil der geduldige Arbeiter, den Erfolg, den er mit vorbereitete, nicht voraussah, traurig, weil er persönlich vernichtet ist, und alle die Mühe, die er auf seine Kraft verwendete, hinweggeschwemmt wird von dem Gesammtprodukt, das alle die verschiedenen Data der Forschung und alle Gedanken in sich vereinigt, und indem es für diese eine einheitliche Entwickelung nachweist, sich durch die einfache Epigenese ergibt" (34).

dem oberen Schlundganglien-Paar, von welchem Nervenfäden an die verschiedenen Körpertheile ausstrahlen. Bei den Ringelwürmern und Gliederthieren hat sich dieser obere Schlundknoten zu einem Schlundring erweitert, und dieser zu einem Bauchmark verlängert; bei den Larven der Ascidien, beim Amphioxus und den Wirbelthieren hat sich dagegen der obere Schlundknoten zum Rückenmark verlängert. Bei der Ascidienlarve und dem Amphioxus ist das Rückenmark noch ein einfacher, gleichförmiger Strang, der vorn ebenso zu enden scheint, wie hinten, und nur bei genauerer Beobachtung vorn eine schwache, blasenförmige Auftreibung erkennen lässt. Bei den Cyclostomen (Myxine und Petromyzon) schwillt bei der weiteren Entwickelung des Embryo's diese Blase birnförmig an, und bildet so die Uranlage des Wirbelthiergehirns; dann aber differenzirt sie sich durch quere Einschnürungen in mehrere in grader Linie hinter einander liegende Blasen, und dieser Einschnürungsprocess kehrt in der embryonischen Entwickelung aller Wirbelthiere ohne Ausnahme wieder.

Zunächst bilden sich drei Abschnitte: Vorderhirn, Mittelhirn und Hinterhirn; das erste ist als das Geruchsganglion, das zweite als das Gesichtsganglion, das dritte als das Gehörsganglion zu bezeichnen. Aber bald tritt eine weitere Differenzirung ein, indem vom Vorderhirn das Zwischenhirn, und vom Hinterhirn das Nachhirn abgeschnürt wird; ersteres würde als das feinere Organ für die Wahrnehmungen des Tastsinns, letzteres als das Centrum für die automatische Regulirung complicirterer organischer Functionen, die zum Leben nothwendig sind, angesprochen werden dürfen. Bei den Cyclostomen erhalten sich diese fünf gradlinig hintereinander liegenden und ziemlich gleichwerthigen Abschnitte ohne wesentliche Formveränderung; bei den Knorpelfischen entwickeln sich überwiegend Mittelhirn und Nachhirn, bei den höheren Wirbelthieren dagegen Vorderhirn und Hinterhirn, so dass ersteres das Zwischen- und Mittelhirn, letzteres das Nachhirn überdeckt. Ein Unterschied ähnlicher Art findet wieder zwischen den Reptilien und Vögeln einerseits und den Säugethieren andrerseits statt; bei ersteren erfährt das Mittelhirn und der mittlere Theil des Kleinhirns eine relativ starke Ausbildung, bei letzteren überwuchert mehr und mehr das Vorderhirn alle übrigen Theile, so dass es zuletzt bei Affen und Menschen selbst das Hinterhirn überdeckt.[*]

---

[*] Vgl. Haeckels Anthropogenie S. 514–529.

Im menschlichen Gehirn gehören zum Vorderhirn die beiden **Grosshirnhemisphären**, Streifenhügel, Balken und Gewölbe; zum Zwischenhirn die **Sehhügel** und die übrigen Theile, welche die sogenannte dritte Hirnhöhle umgeben, nebst Trichter und Zirbel; zum Mittelhirn die **Vierhügel** und die Sylvische Wasserleitung, zum Hinterhirn die **Kleinhirnhemisphären** und der mittlere Wurm, zum Nachhirn das **verlängerte Mark** nebst der Rautengrube, den Pyramiden, Oliven u. s. w. Die ursprünglichen Functionen der fünf Theile haben sich für das Zwischenhirn, Mittelhirn und Nachhirn unverändert erhalten; dagegen hat das Hinterhirn oder Kleinhirn schon bei den Amphibien und niederen Säugethieren seinen Functionsbereich beträchtlich erweitert, und das Vorderhirn oder Grosshirn ist bei den höheren Säugethieren zu einer so universellen Bedeutung für alle Wahrnehmungsfunctionen gelangt, dass seine ursprüngliche Bestimmung als Geruchscentrum auf einen verschwindend kleinen Raum zurückgedrängt ist.

Nach Versuchen von Gudden blieb das Gehirn neugeborener Vögel, denen er die Augen exstirpirt hatte, unentwickelt, während bei Kaninchen die Gehirnentwickelung nicht dadurch gehemmt wurde (Wundt, 194); dies beweist, eine wie viel wichtigere Rolle, die durch den Gesichtssinn angeregte Function der Vierhügel im geistigen Leben der Vögel als in dem der Säugethiere spielt. Wenn man dagegen neugeborenen Hunden den Geruchsnerv durchschneidet, so sind sie keiner intellectuellen und gemüthlichen Entwickelung mehr fähig und machen den Eindruck theilnahmloser und schwachsinniger Individuen; dies beweist, wie sehr das geistige Leben dieser Säugethiere vom Geruchssinn abhängt.

Erwägen wir nun, dass die vom Mittelhirn und Vorderhirn entfaltete Intelligenz, wie wir im vorhergehenden Abschnitt sahen, nur eine graduell verschiedene ist, so könnte es gewissermaassen als zufällig erscheinen, dass grade das Vorderhirn oder das Geruchsganglion, und nicht das Tast-, Gesichts- oder Gehörsganglion bei den höheren Wirbelthieren einen so überwiegenden Grad von Ausbildung erlangt hat, dass die zu dem ursprünglichen Geruchsganglion hinzugetretenen Gruppen von Ganglienzellen zugleich zu einer Art von universellem Centrum geworden sind, in welchem ausser dem Geruchsorgan auch die übrigen Sinnesorgane, ja sogar alle Körpertheile und die niederen Centra eine centrale Vertretung finden. Die Wichtigkeit des Geruchsorgans für das Leben würde allein genommen hierfür kaum ein genügender Erklärungsgrund sein; belangreicher scheint die Erwägung, dass das Vorderhirn eine dem Rückenmark und verlängerten Mark polar entgegengesetzte Lage hat, dass es in Bezug auf den Mittelpunkt oder Schwerpunkt des centralen Nervensystems geradezu peripherisch liegt. Dies klingt vielleicht paradox, hat aber einen um so tieferen Sinn. Wie das ganze Nervensystem phylogenetisch und embryologisch aus dem Hautsinnesblatt, d. h. aus der äussersten Peripherie des Organismus abstammt, so muss auch derjenige Theil des centralen Nervensystems, welcher in das geistige Centrum des Selbstbewusstseins einführt, für den Organismus als solchen und sein organisches Leben eine peripherische Bedeutung haben.

Für den Organismus als solchen liegt der Schwerpunkt des centralen Nervensystems weder in dem zu wenig leistungsfähigen Rückenmark, noch in den Grosshirnhemisphären, in welchen die hervorbrechende bewusstgeistige Zweckthätigkeit bereits als ein über die unmittelbaren Zwecke des organischen Lebens Hinausführendes sich enthüllt, sondern in den zwischen Vorderhirn und Rückenmark gelegenen Theilen, welche die universellen Reflexvorgänge des Organismus leiten und die Lebensverrichtungen desselben den durch die Sinneswahrnehmungen abgespiegelten äusseren Umständen anpassen. Dieses Verhältniss findet auch darin einen anatomischen Ausdruck, dass in dem Hirnstamm und dem Rückenmark die Ganglienzellengruppen sich zu centralen Markmassen zusammenlagern, welche in peripherischer Richtung Leitungsfasern ausstrahlen; in den Hemisphären aber bildet die graue Masse eine äussere Rindenschicht, zu welcher die Leitungsbahnen von dem Hirnstamm in divergirender Richtung hinführen. Dieser Gegensatz ist an dem mehr soliden oder wenig ausgehöhlten Grosshirn der Fische und Amphibien noch nicht klar entwickelt; hier ist noch die ganze Masse der Hemisphären von grauer Substanz in unregelmässig vertheilter Weise durchsetzt, so dass man eine Uebergangsstufe von der Kern- zur Rindenformation vor sich hat. Die Kleinhirnhemisphären zeigen dagegen schon bei Fischen eine deutlichere Sonderung der Rindenschicht vom Kern (vgl. W. 55—56 Anm.), und diese das Grosshirn übersteigende Entwickelung des Kleinhirns beweist, dass letzteres bei diesen Thieren auch Functionen von höherer Ordnung als ersteres zu verrichten hat.

Nachdem wir die Functionen des Nachhirns oder verlängerten Marks schon im vorigen Abschnitt in aller Kürze erörtert, gehen wir nunmehr zu der Besprechung der übrigen vier Hirntheile im Einzelnen über.

8. Die Centra der räumlichen Sinne.

Am längsten und sichersten bekannt von allen Hirntheilen ist die Function des Mittelhirns oder der Vierhügel (bei niederen Wirbelthieren Zweihügel genannt). Schon die Parallelität der Ausbildung der Vierhügel mit der Schärfe des Gesichtssinns im Thierreich lässt darauf schliessen, dass dieses Centrum die Aufgabe hat, die Gesichtseindrücke zu verarbeiten, und diejenigen Bewegungen reflectorisch hervorzurufen, welche mit den Gesichtseindrücken in Beziehung stehen. Zerstörung der Vierhügel bewirkt nicht nur Blindheit, sondern auch Lähmung der Augenbewegung und Accommodation; man muss also annehmen, dass die Grosshirnhemisphären die Gesichtswahrnehmungen erst in der durch die Vierhügel vorbereiteten Form der Bearbeitung empfangen, und dass nur diejenigen Bewegungen, welche durch ein Zusammenwirken von Gesichts- und anderen Sinneseindrücken motivirt werden, von den Hemisphären ausgehen, dass aber solche Bewegungen oder Modificationen an dauernden Bewegungsvorgängen, welche ausschliesslich durch Gesichtseindrücke bestimmt werden, in der Hauptsache von den Vierhügeln selbstständig besorgt werden. Die Accommodation der Augen wird von den hinteren Vierhügeln geleitet, die Augenbewegungen von den vorderen, und zwar soll nach Adamük Reizung des rechten vorderen Vierhügels Linkswendung, des linken Rechtswendung beider Augen bewirken. Die Reizung des vorderen Umfangs stellt die Blicklinien horizontal, die des mittleren Theils nach oben und convergirend, die des hintersten Theils nach unten noch stärker convergirend (W. 147).

Nicht ganz so sicher constatirt ist die Bedeutung der (unpassend mit diesem Namen belegten) Sehhügel oder des Zwischenhirns. Wundt (198) betrachtet dieselben wohl mit Recht als das Tastcentrum nach Analogie des eben besprochenen Gesichtscentrums, d. h. als das Organ, welches „die functionelle Verbindung der Ortsbewegungen mit den Tastempfindungen" (vielleicht auch mit dem Muskelsinn oder specifischen Muskelbewegungsgefühl) vermittelt. Auch die Sehhügel functioniren unabhängig vom Grosshirnhemisphärenwillen als selbstständige Regulatoren, wodurch freilich nicht ausgeschlossen ist, dass nicht auch der Hemisphärenwille sich ihrer bedienen könne, um auf gegebenen Befehl complicirtere Bewegungen von ihnen ausführen zu lassen. Jedenfalls müssen dieselben bei allen auch durch anderweitige Vermittelung vom Hemisphärenwillen angeregten Körperbewegungen als Regulatoren mitwirken, ohne welche der Bewegung das Maass im Ganzen und in ihren sie zusammensetzenden Theilbewegungen fehlt. Wir müssen nämlich das Maass unserer einzelnen Muskelcontractionen immer nach der Lage richten, welche die betreffenden Muskeln in jedem Augenblick zu den übrigen Körpertheilen einnehmen, diese Lage aber wird uns durch den Tastsinn vermittelt. Ist diese Vermittelung unterbrochen, so kann höchstens noch der Gesichtssinn für den Tastsinn vicarirend eintreten, wie bei einem an Rückenmarkschwindsucht Leidenden, dem das Tastgefühl der unteren Gliedmassen verloren gegangen ist, oder bei einer Frau mit Anästhesie eines Armes, welche ihr Kind aus dem Arm verlor, wenn sie den Blick davon abwendete. Der Ersatz durch den Gesichtssinn ist hier immer unvollkommen und erreicht nie die unmittelbare reflectorische Sicherheit wie die Regulirung durch den Tastsinn, welche die Sehhügel ausführen. Verletzt man den Sehhügel einer Seite, so wird diese reflectorische Regulirung vorwiegend für eine Körperhälfte zerstört; während nun die Muskeln der einen Körperhälfte richtig agiren, sind die der andern von einer plötzlichen Unbehülflichkeit befallen, welche einer Lähmung täuschend ähnlich sieht, ohne doch Lähmung zu sein, und das Resultat ist eine unsymmetrische Locomotion, welche man wegen ihrer Tendenz zur Körperdrehung „Reitbahnbewegung" genannt hat (W. 196—199). Dass eine wirkliche Lähmung nicht vorliegt, ergibt sich daraus, dass mit der Zeit die Störung sich dadurch ausgleicht, dass der Hemisphärenwille die falschen Bewegungen corrigiren lernt. Die zweckmässigen Fluchtbewegungen, welche Kaninchen oder Frösche nach Fortnahme der Hemisphären und Streifenhügel auf Hautreize ausführen, dürften auf die Sehhügel als Centrum zurückzuführen sein; eine Bestätigung für diese Annahme liegt darin, dass ein solcher Frosch nach Verletzung eines Sehhügels die betreffenden Fluchtversuche in Reitbahnbewegung ausführt.

Die enge Aneinanderlagerung der Vierhügel und Sehhügel, die nachweislichen Leitungswege zwischen beiden, und der Umstand, dass bei niederen Wirbelthieren (z. B. Fröschen) die Sehhügel unbedeutend entwickelt sind, und ihre Functionen theilweise von den Vierhügeln mitversehen werden, scheint auf eine nähere Zusammengehörigkeit beider Centra hinzudeuten, welche der nahen Verwandtschaft des Gesichts- und Tastsinns entsprechen würde. Beide sind die einzigen räumlichen, d. h. ihre Empfindungen räumlich ausbreitenden Sinne, welche wir besitzen, und es scheint mir die Vermuthung nicht unbegründet, dass die ideelle Verschmelzung von

Tastraum und Gesichtsraum zum einheitlichen Wahrnehmungsraum, welche wir unbewusst vorzunehmen gewohnt sind, hier eine ähnliche physiologische Grundlage haben dürfte, wie die Verschmelzung des Gesichtsraums des rechten Auges mit dem des linken Auges zu einem einheitlichen Gesichtsraum sie in dem Chiasma der Sehnerven besitzt. Ebenso ist es nicht unwahrscheinlich, dass die Vereinigung der Vierhügel mit den Sehhügeln gewisse Bewegungen selbstständig einzuleiten vermag, die sich als Reflexe auf solche räumliche Wahrnehmungen bezeichnen lassen, welche aus Gesichts- und Tastempfindungen combinirt sind.

Diese Annahmen werden kaum noch Anstoss erregen können, sobald man sich daran erinnert, dass die linke Hälfte der Vierhügel nur die linke Hälfte des binocularen Gesichtsbildes, und die rechte Hälfte nur die entsprechende rechte enthält, so dass beide Hälften des Bildes erst durch Cooperation beider Hälften des Organes zur Verschmelzung in ein einheitliches und ganzes Bild gebracht werden können. Endlich werden diese Vermuthungen auch dadurch unterstützt, dass für die Regulirung der Lage der einzelnen Körpertheile im Raum noch ein zweites Organ, das Hinterhirn oder Kleinhirn, vorhanden ist, welches zwar auch von den anderen Sinnesorganen (besonders Gehörs- und Gleichgewichtssinn und Gesichtssinn) beeinflusst wird, vorzugsweise aber gleichfalls durch den Tastsinn in seinen Functionen bestimmt wird. Es begreift sich aus dieser über den ursprünglichen Zweck als Gehörsganglion hinausgreifenden Entwickelung des Hinterhirns, dass das Zwischenhirn oder die Sehhügel ohne Nachtheil für den Organismus in ihrer Entwickelung bei den meisten Thieren zurückbleiben durften; es würde aber unseren Ansichten über die zweckvolle Oekonomie des Organismus nicht entsprechen, wenn zwei Organe zur Erfüllung eines Zweckes vorhanden wären. Wir werden vielmehr annehmen dürfen, dass die Perceptionen des Tastsinnes, welche in den Sehhügeln, und diejenigen, welche in dem Kleinhirn zu Stande kommen, in ganz verschiedener Weise verwendet werden. Während im Kleinhirn die Tasteindrücke vor Allem mit denen des Gleichgewichtssinns combinirt werden, um so eine möglichst vollständige Gesammtperception der Lage des ganzen Körpers und seiner einzelnen Theile im Raume zu gewinnen, scheint in den Sehhügeln die Anschauung des Tastraumes für die Perception der Grosshirnhemisphären — in ähnlicher Weise, wie in den Vierhügeln die des Gesichtsraums — vorbereitet, und noch vor dem Eintritt in die Hemisphären zu dem einheitlichen Tast-Gesichtsraum verschmolzen zu werden. Wenn diese Auffassung richtig ist, so erklärt sie auch, warum das Hemisphärenbewusstsein sich ausser Stande fühlt, die Verschmelzung von Tastraum und Gesichtsraum wieder aufzulösen, obwohl es in der abstracten Reflexion die Heterogenität und Zweiheit beider Räume als zweifellos erkennt: wäre diese Verschmelzung ein Produkt erst der Hemisphärenthätigkeit, so würde es wahrscheinlich keine besonderen Schwierigkeiten haben, die beiden Elemente derselben auch für die Anschauung wieder zu sondern. Das Gleiche gilt für die Unmöglichkeit, die Flächenausbreitung der Gesichtswahrnehmung in ihre unräumlichen Empfindungselemente zurück zu zerlegen, wohingegen die Möglichkeit dieses Processes bei der dritten oder Tiefendimension des Raumes dafür spricht, dass der Haupttheil der Genesis der Tiefenanschauung erst in den Hemisphären zu Stande kommt.

9. Das Kleinhirn.

Die Auffassung der Functionen des Kleinhirns lässt noch immer manchen Zweifeln Raum. Dass die Meinung Gall's von einer näheren Beziehung desselben zu den Geschlechtsfunctionen unrichtig ist, steht fest; das Centrum für letztere ist vielmehr noch im verlängerten Mark zu suchen [*]. Dagegen zeigt der durch das ganze Wirbelthierreich zu verfolgende Parallelismus in der Entwickelung der Körpermuskulatur und des Kleinhirns, dass dieses Organ für eine energische Innervation der Muskeln von Bedeutung sein muss, und dass die Muskeln unter normalen Verhältnissen einen beträchtlichen Theil ihrer Innervationsimpulse aus dem Kleinhirn beziehen. Dies berechtigt aber nicht, das Kleinhirn mit Luys als die **Kraftquelle aller** motorischen Innervation zu bezeichnen, da auch nach Zerstörung des Kleinhirns noch ganz energische Bewegungen von allen übrigen Centren aus hervorgebracht werden, und diese letzteren den Verlust des Kleinhirns bis zu einem gewissen Grade ausgleichen können.

Was wir am sichersten vom Kleinhirn wissen, weil wir es nicht durch Vivisectionen, sondern auch durch die mannigfachsten Experimente am lebenden Menschen demonstriren können, ist die Thatsache, dass es das Organ des **Schwindels** in allen seinen Gestalten ist. Der Schwindel kann durch einseitige Verletzungen des Organs, durch einseitigen Druck auf dasselbe, durch quere Durch-

---

[*] **Longet**, Anatomie und Physiologie des Nervensystems, I. S. 615.

leitung eines galvanischen Stromes, endlich durch bewegte Gesichtswahrnehmungen, ja sogar durch blosse Phantasievorstellungen möglicher Bewegungen, welche an gewisse Gesichtswahrnehmungen anknüpfen, hervorgerufen werden. Der Schwindel ist bekanntlich eine der Willkür, d. h. dem Grosshirnhemisphärenwillen, nicht unterworfene Erscheinung, welche sich als Störung der unwillkürlichen Regulation der Körperbewegungen darstellt. Indem die einseitige Störung der Kleinhirnfunction einseitige Empfindungsstörungen in beiden Augen hervorbringt (auch hier ist die Leitungskreuzung eine partielle in demselben Sinne wie bei den Vierhügeln), erzeugt sie eine veränderte Vorstellung von der Lage des Auges, und dadurch eine Scheinbewegung der Objecte, zu welcher bei höheren Graden des Schwindels Verdunkelung des Gesichtsfelds hinzutritt. Da das Organ weiter functionirt und sich bemüht, die Körperhaltung den Empfindungen anzupassen, so muss, wenn die Empfindungen pathologisch gefälscht sind, auch diese Anpassung zu objectiv verkehrten Muskelbewegungen führen, und dies sind die Drehbewegungen, welche das Gefolge jedes Schwindels bilden, wenn auch bei den schwächsten Schwindelgraden die betreffenden Innervationsimpulse des Kleinhirns durch entgegengesetzte des Grosshirns paralysirt werden können (W. 207—221).

Fragen wir nun, wie grade das Gehörsganglion dazu gekommen ist, von allen Centralorganen, welche der Regulation der Körperbewegungen nach ihrer Lage im Raume dienen, das wichtigste zu werden, so dürfte der Schlüssel zu diesem Räthsel darin liegen, dass der specifische Gleichgewichtssinn mit dem Gehörsorgan in engster Verbindung steht, und deshalb auch für seine centrale Vertretung in erster Reihe auf dasselbe Ganglion, wie der Gehörssinn, angewiesen war. Dieser Gleichgewichtssinn besteht in den drei halbcirkelförmigen Kanälen, welche als ein Manometer für den inneren hydrostatischen Druck nach den drei aufeinander senkrechten Axen bezeichnet werden müssen, und deren Verletzung die nämlichen Schwindelerscheinungen und Drehbewegungen hervorruft, wie diejenige des Kleinhirns selbst. Dieses Gleichgewichtsorgan orientirt zunächst über die Haltung des Kopfes zur Richtung der Schwere, und da die Körperhaltung im Verhältniss zum Kopfe durch Tastempfindungen bestimmt ist, indirect über die Gesammtlage des Körpers. Es ist klar, dass dieser Gleichgewichtssinn sich nur Hand in Hand mit der Entwickelung des correspondirenden Centrums ausbilden konnte, und dass diese correlative Entwickelung des

Kleinhirns in der Entfaltung von Reflexdispositionen behufs Regulirung der Körperhaltung nach der Gleichgewichtsempfindung bestehen musste. So überwucherte die Entfaltung des Centrums für den Gleichgewichtssinn bald die des Centrums für den Gehörssinn im Hinterhirn, und während der Gehörssinn wahrscheinlich schon ziemlich frühzeitig eine zweite centrale Vertretung im Vorderhirn fand, setzte sich das Gleichgewichtscentrum mit anderweitigen unterstützenden Hülfsmitteln zur Erfüllung seiner Aufgabe, also in erster Reihe mit dem Leitungsstrange der Nerven des Tastsinns aus dem ganzen Körper, in zweiter Reihe mit dem Gesichstsinn in Verbindung.

Aus diesem Zusammenhang ergibt sich auch eine Erklärung dafür, dass bei den im Wasser und in der Luft lebenden Wirbelthieren die Entwickelung des Kleinhirns im Ganzen bedeutender ist, als bei den auf dem Erdboden lebenden Landthieren; denn beim Kriechen und Gehen bietet der Tastsinn im Anschluss an die horizontale Bodenfläche allein schon einen ziemlichen Anhalt, welcher die Regulirung nach dem Gleichgewichtssinn minder dringlich erscheinen lässt, aber beim Fliegen und ganz besonders beim Schwimmen in der Tiefe liefert der Gleichgewichtssinn die hauptsächliche, wo nicht alleinige Grundlage der Regulation.

Beim Menschen zeigt sich der ursprüngliche Zusammenhang von Kleinhirn und Gehörssinn eigentlich nur noch in zwei Punkten: erstens darin, dass die nervöse Anlage des Gehörsorgans sich im Embryo aus dem Hinterhirnbläschen entwickelt, und zweitens darin, dass der durch das Ohr aufgenommene musikalische Rhythmus unwillkürlich zu rhythmischen Bewegungen drängt. Man wird nicht fehlgreifen, wenn man das Kleinhirn als das Centrum des Tanzes bezeichnet, und die Thatsache, dass eine ermüdete Truppe beim Einsetzen der Militärmusik mit neuer Elasticität weitermarschirt, erklärt sich daraus, dass an Stelle des ermüdeten Grosshirns, der Streifenhügel und Sehhügel, nunmehr vorzugsweise das Kleinhirn als frisches Organ die Innervation der Muskeln übernimmt. Obwohl fast alle Sinne eine ziemlich vollständige centrale Vertretung im Kleinhirn zu besitzen scheinen, wird doch durch Zerstörung desselben die Sinneswahrnehmung der Grosshirnhemisphären nicht alterirt; es beweist dies, dass letztere keine Gattung von Sinneswahrnehmungen (auch nicht die des Gehörs) durch die Vermittelung des Kleinhirns in dem Sinne beziehen, wie sie die Gesichtswahrnehmungen durch die Vermittelung der Vierhügel beziehen.

Die Kleinhirnhemisphären sind ausser den Grosshirnhemisphären das einzige Centrum, welches eine Rindenschicht von grauer Substanz entwickelt hat, und dieser Umstand deutet darauf hin, dass der Uebergang von der compakten Kernformation zu der einer flächenförmigen Ausbreitung in beiden Fällen dem gleichen Zwecke dient. Dieser Zweck kann nur die Abspiegelung der Körperprovinzen in Provinzen der grauen Rindenschicht sein. Ein compakter Kern ist mehr zur einheitlichen Zusammenfassung peripherisch einströmender Eindrücke geeignet; wo es sich aber darum handelt, die isolirte Action auf jede einzelne Provinz des ganzen Körpers vorzubereiten, da wird eine flächenförmige Ausbreitung der agirenden Schicht für das gesonderte Auseinanderhalten der motorischen Innervation verschiedener Bezirke für eine geeignetere Formation gelten müssen, als die gedrungene und die Sonderung der einzelnen Theile erschwerende Gestalt eines Kernes. Obwohl es bisher nicht gelungen ist, die Abspiegelung der Körperprovinzen in der Kleinhirnrinde nachzuweisen, werden wir dieselbe doch annehmen müssen, gestützt auf die Analogie der Grosshirnrinde, wo dieser Nachweis für einzelne Theile kürzlich stattgefunden hat.

Ob mit den besprochenen Leistungen des Kleinhirns die Functionen desselben wirklich erschöpft sind, muss mindestens dahingestellt bleiben. Jedenfalls ist es im Wirbelthierreich das am frühesten entwickelte, und selbst beim Menschen nächst dem Vorderhirn das am höchsten entwickelte Centrum, und es wäre gewiss voreilig, zu behaupten, dass unsere Kenntnisse schon gegenwärtig den Zweck dieses Organs erschöpft hätten.

10. Das Vorderhirn.

In der grauen Rindenschicht der Grosshirnhemisphären sind durch Versuche von Fritzsch und Hitzig bestimmte centrale Innervationsheerde für bestimmte Muskelgruppen (z. B. für die Strecker des Vorderbeins, die Beuger des Vorderbeins, die Nackenmuskeln, die Muskeln des Hinterbeins u. s. w.) nachgewiesen worden, welche in einem begrenzten Theil der vorderen und seitlichen Fläche zusammenliegen (W. 168). Die betreffenden Stellen haben schon auf schwache galvanische Ströme reagirt, und wenn es bei Reizung anderer Stellen bisher nicht gelungen ist, motorische oder sensible Wirkungen zu erzielen, so liegt das vielleicht zum Theil an einer ungeeigneten Intensität und Qualität der angewandten Reize, zum Theil an der rasch eintretenden Abstumpfung der Reizbarkeit in Folge der Entblössung des Gehirns. Exstirpation der genannten motorischen Centralheerde, erzeugt für längere Zeit Störung der betreffenden Bewegungen, die sich indessen mit der Zeit wieder ausgleicht. Eine andere Stelle der vorderen Hirnlappen ist durch pathologische Beobachtungen schon früher als Centrum der Sprache erkannt worden. Die Sprachlosigkeit oder Aphasie sondert sich in eine **ataktische** und eine **amnemonische** Art; in ersterer will es nicht gelingen, dem vorschwebenden Begriff sein sprachliches Zeichen zu geben, in letzterer werden verschiedene Wörter mit einander verwechselt. Vielleicht deutet dieser Unterschied auf zwei verschiedene Centra, welche bei der Sprachfunction zusammenwirken müssen (W. 230). — Weitere Anhaltspunkte zu exakten Bestimmungen über die Vertheilung der Centralheerde der Perception und Innervation fehlen noch gänzlich, und die einschlägigen Behauptungen der Phrenologie stehen auf schwachen Füssen.

Mehr als in irgend einem anderen Hirntheil können in den grossen Hemisphären die einzelnen Gangliengruppen vicarirend für einander eintreten, und deshalb gleichen sich Verletzungen und Störungen, welche nicht die Streifenhügel oder den Hirnschenkelfuss mit berühren, hier leichter und vollständiger als in irgend welchen anderen Centren aus. Beträchtliche Substanzverluste von beiden Hemisphären, oder einseitiger Verlust einer ganzen Hemisphäre werden von Tauben ohne dauernde Veränderung des Benehmens, von Kaninchen und Hunden unter Zurücklassung eines gewissen Grades von Stumpfsinn ertragen. Selbst beim Menschen ist totale Zerstörung eines Grosshirnlappens ohne nachweisbare Störung mehrmals beobachtet, wenngleich hier ausgebreitetere Verletzungen beider Seiten immer von motorischen Störungen, seltener von solchen der Sinne oder der psychischen Functionen gefolgt zu sein pflegen (W. 222).

Diese Thatsachen beweisen, dass, wenn auch in der Grosshirnrinde an bestimmten Stellen specifische Dispositionen zu bestimmten Functionen vorgefunden werden, diese specifischen Energien doch auch hier nur eine relative, keine absolute Bedeutung haben, dass sie auch hier nur Folge der generationenlangen Gewöhnung an eine gewisse Art von Leistungen sind, deren Beschaffenheit wieder durch die Art der Verbindungen und der von diesen zugeleiteten Reizen bedingt ist (W. 231). Aendern sich diese Verbindungen und die von ihnen abhängigen Beziehungen zum übrigen Nervensystem, so werden trotz der (theils angeborenen, theils individuell erworbenen)

Dispositionen in kurzer Frist andere specifische Functionen von den betroffenen Theilen eingeübt, so dass den psychischen und organischen Gesammtfunctionen kein Abbruch geschieht.

Diese Stellvertretung wird theils durch die anatomisch gleichmässige Beschaffenheit der grauen Rindensubstanz in allen Theilen der Hemisphären, theils durch die ausserordentlich reichen und mannigfachen Verbindungen der einzelnen Partien unter einander begünstigt. Diese Verbindungen sind, wenn wir von den die Fortsetzung der aufsteigenden Leitungsbahn bildenden Stabkranzfasern absehen, von dreierlei Art: 1) die Balkenfasern, welche Commissuren zwischen gleichgelegenen Partien beider Hemisphären bilden, 2) die bogenförmigen Faserbündel, welche die Rindenoberfläche benachbarter Windungen verbinden, und 3) die längeren, leitenden Faserbündel, welche entferntere Partien jeder einzelnen Hemisphäre in Communication mit einander setzen (W. 157).

Die Häufigkeit und Güte dieser leitenden Verbindungen allein ist es, welche eine so bequeme psychische Communication der sämmtlichen Ganglienzellen des Vorderhirns mit einander ermöglicht, dass ihre lebhafteren Perceptionen durch den Akt der Mittheilung und des Vergleichs zu einem einzigen Bewusstsein zusammenfliessen, was z. B. zwischen den Perceptionen des Kleinhirns und denen des Vorderhirns nicht der Fall ist. Da nun dasjenige Bewusstsein, welches philosophirt und Bücher schreibt, das Grosshirnhemisphärenbewusstsein ist, so ist es selbstverständlich, dass dasselbe von einem Kleinhirnbewusstsein unmittelbar nichts wissen kann; es ist nur ein Verkennen der Unmöglichkeit, mit dem philosophirenden Bewusstsein unmittelbar in das Kleinhirnbewusstsein hineinzugucken, wenn Wundt und Andere aus dieser Thatsache heraus ein Bewusstsein des Kleinhirns und der Sinnescentra ohne Weiteres leugnen zu können wähnen (W. 713—715). Allerdings bestehen leitende Verbindungen auch zwischen allen übrigen Nervencentren und den Grosshirnhemisphären, so dass in ihnen nicht bloss alle peripherischen Körperprovinzen, sondern auch alle untergeordneten Centralorgane ihre Vertretung finden; aber diese Verbindungen müssen schon aus teleologischen Rücksichten erschwert sein, damit nicht der ganze Vortheil der Arbeitsvertheilung an selbstständige Centra und die dadurch bewirkte Entlastung von gemeiner Arbeit und die Concentration auf geistige Interessen für das Vorderhirn wieder verloren gehe. Es werden also entweder die vorhandenen Leitungswege nur zur Uebermittelung von Befehlen an die ausführenden Unterbeamten, oder (wie von Seiten der Vierhügel) zur Zuleitung von synthetisch vorbereitetem Empfindungsmaterial dienen, oder es werden nur besonders mächtige und starke Eindrücke zum Vorderhirn telegraphirt werden. Auf alle Fälle aber werden die grossen Hemisphären sich der von anderen Centren zugeleiteten Reize (ebenso wie der von Sinnesorganen direkt erhaltenen) nur als ihrer eigenen Erregungen bewusst werden, denn was percipirt wird, ist nur die Modification des eigenen Zustandes durch den Reiz. Es fehlt die Wechselwirkung im gleichen Sinne, wie sie unter Ganglienzellen der Hemisphären stattfindet, und aus der erst durch den Vergleich beider Perceptionen in beiden Zellen das Combinationsphänomen eines Bewusstseins von höherer Individualitätsstufe resultirt. Bei niederen Thieren, z. B. den Cyclostomen (Myxine und Petromyzon), wo noch keiner der fünf Hirntheile eine entschieden dominirende Stellung erlangt hat, sondern alle fünf in der durch die leitende Aneinanderlagerung bewirkten Coordination ihre Angelegenheiten einzeln, obschon nicht ohne organischen Zusammenhang, regeln, kann mithin von einem einheitlichen Bewusstsein als Repräsentant der organischen Einheit des Individuums ebenso wenig die Rede sein, wie bei einem Bandwurm, einem Korallenstock oder einem Eichbaum, wenngleich in diesen Beispielen die Beziehungen zwischen den verschiedenen Bewusstseinen immer lockerer werden. Die Myxine hat eben nicht Ein, sondern fünf Hirnbewusstseine, welche erst in ihrer Gesammtheit mit den vielfachen Rückenmarks- und sonstigen Zellenbewusstseinen das ganze psychische Leben des Thieres repräsentiren. Der Mensch ist ganz in demselben Falle, aber das eine jener fünf, sein Grosshirnhemisphärenbewusstsein, hat sich so einzigartig vor allen anderen entwickelt, und letzteren gegenüber so sehr eine herrschende Stellung erobert, dass es nicht nur qualitativ wie quantitativ den Haupttheil des psychischen Lebens im menschlichen Individuum in sich schliesst, sondern auch durch sein Principat in der Herrschaft über die Bewegungsmuskeln zu dem psychischen Gegenbild der organischen Einheit der menschlichen Individualität geworden ist. Diese Verhältnisse verkennt Wundt vollständig, wenn er den falschen Satz aufstellt, dass das Bewusstsein eines zusammenhängenden Nervensystems allemal ein einheitliches sein müsse, und dass deshalb innerhalb eines Nervensystems verschiedene einander co- oder subordinirte Arten von Bewusstsein unmöglich angenommen werden könnten (714 oben, 715 unten).

Es wurde schon oben erwähnt, dass das Vorderhirn ursprünglich

Geruchsganglion ist; noch beim menschlichen Embryo geht die Entwickelung der nervösen Anlage des Geruchsorgans von dem vordersten Hirnbläschen aus. Schon bei den Knorpelfischen ist das Geruchsorgan mächtig entwickelt, und sendet das Vorderhirn zwei „Riechlappen" nach vorn als Verlängerung aus, welche sich bei vielen höheren Wirbelthieren zu einem „Riechkolben" zusammenschliessen. Beim Menschen, wo nicht nur die Hemisphären als Organ der Vorstellungsthätigkeit eine alles überwuchernde Grösse erlangt haben, sondern auch der Geruchssinn an und für sich gegen die anderen Sinne zurücktritt, ist auch das Riechcentrum von bescheidener Grösse, und liegt ziemlich versteckt im basalen Theil des Streifenhügelkopfes. Der Umstand, dass hier sowohl Faserzüge des Riechnerven als auch motorische Faserbündel des Hirnschenkelfusses münden, lässt darauf schliessen, dass von dieser Stelle aus diejenigen Reflexe vermittelt werden, welche auf Geruchseindrücke ausgelöst werden (W. 202).

Die übrige Masse der Streifenhügel sammt dem Linsenkern sind als Durchgangspunkte für die Leitung der Willensimpulse von den Hemisphärenlappen zu den Muskeln zu betrachten (W. 203.) Dies wird sowohl durch Vivisectionen, wie durch pathologische Befunde am Menschen wie auch durch die Parallelität der Entwickelung der Hemisphären und Streifenhügel im Thierreich bestätigt. Die lähmungsartigen Bewegungsstörungen nach Schlaganfällen rühren sehr häufig von apoplektischen Functionshemmungen in den Streifenhügeln her, und ist beim Menschen das Resultat bei Erkrankung der Streifenhügel und der motorischen Partien der Hemisphären ziemlich das Gleiche, nur dass letztere leichter ausgeglichen wird. Die Streifenhügel werden mithin (abgesehen von dem Riechcentrum) als Coordinationscentra für die (von den Hemisphären veranlassten) willkürlichen Bewegungen zu bezeichnen sein; sie führen auf einen einfachen Willensimpuls combinirte Bewegungen aus, deren Combinationsmodus theils angeboren, theils durch Uebung erworben sein kann, die aber immer noch als willkürliche Bewegungen empfunden werden, insofern die Hemisphären sich ihres Innervationsimpulses bewusst, und bloss der vermittelnden Functionen zur Ausführung des Befehls nicht bewusst sind.

11. Die Cooperation und Subordination der Nervencentra.

Nachdem wir in den vorhergehenden Abschnitten die Functionen der verschiedenen Theile des Nervensystems in's Auge gefasst haben, sind wir im Stande, uns über den planvollen Zusammenhang des Ganzen Rechenschaft zu geben. Wer mit der vorgefassten Meinung an den Organismus der höheren Wirbelthiere heranträte, dass in demselben wie in der Pflanze alles durch demokratisches Zusammenwirken gleichberechtigter Zellenindividuen geleistet werde, der würde gegenüber der intensiven Concentration der Herrschaft des Höheren über das Niedere und der Grosshirnhemisphären über das Ganze sich überzeugen müssen, dass er sich in einem Vorurtheil befand. Wer dagegen von dem Standpunkt einer einseitigen Psychologie die entgegengesetzte Meinung herzubrächte, dass ein einziges Centralorgan alles leitet und regiert, dass nichts ohne dessen Anordnung geschieht und alles nur so geschieht, wie es bis in das kleinste Detail der Ausführung vorgeschrieben hat, der würde wiederum sich von den Thatsachen belehren lassen müssen, dass trotz einer straffen Centralisation für die gemeinsamen Angelegenheiten des Gesammtorganismus und trotz einer gewissen Oberhoheit der obersten Regierungsbehörde diese doch von jeder kleinkrämerischen Vielregiererei entlastet ist, weil das Princip der Selbstverwaltung untergeordneter Verwaltungssphären in glänzender Weise zur Durchführung gebracht ist. Der ganze Organismus wird nur durch die unausgesetzte Selbstthätigkeit aller einzelnen Zellenindividuen entwickelt und erhalten, wie der Staat nur durch die Selbstthätigkeit aller Bürger; aber die sociale Bethätigung dieser Individuen ist nicht, wie in der einfachen Form einer kleinen demokratischen Gemeinderepublik, eine gleichmässig vertheilte, sondern eine mannigfach abgestufte.

Die Individuen ordnen sich zu Gruppen oder Familien verschiedenster Gestaltung, deren jede eine höhere Stufe der Individualität repräsentirt und einen höheren Individualzweck zu erfüllen bestrebt ist, die Gruppen schliessen sich ebenso zu Kreisen und diese zu Provinzen zusammen, und die Provinzen gewinnen ihre Provinzialregierung bereits in besonderen Regierungsbehörden. Unter einer solchen Provinz können wir die Summa derjenigen Theile des Organismus verstehen, welche von einem und demselben Nerven durchzogen und innervirt werden; die Provinzial-Regierungsbehörde einer solchen Provinz würde die erste Centralstelle im Rückenmark (beziehungsweise im Gehirn) sein, mit welcher der betreffende Nerv in Berührung kommt, d. h., in welche er mündet, oder aus welcher er entspringt. Diese Provinzialregierungen haben nun weitere vorgesetzte Behörden, welche sich aber nur noch theilweise durch die locale Abgrenzung der von ihnen ressortirenden Unterbehörden, zum andern Theil durch qualitative Sonderung ihrer Ressorts unterscheiden, wie die verschiedenen Ministerien innerhalb derselben Centralregierung. Ueber diesen verschiedenen Ressorts thront endlich der Chef der Executive, der aber zugleich sich ein eigenes Ressort zur selbstständigen Bearbeitung vorbehalten hat. Die verschiedenen Ministerien bilden indessen hier kein berathendes Collegium, sondern jedes verwaltet selbstständig seine Sphäre, und wenn auch wohl zwischen verwandten Ressorts zur Erleichterung der gemeinsamen Aufgaben directe Communication stattfindet, so bleibt doch die Herstellung der vollen Einheitlichkeit nicht ihrer collegialischen Uebereinkunft überlassen, sondern wird durch die Directive gesichert, welche sie sämmtlich von der obersten Staatsleitung erhalten.

Dieser höchste Regent nimmt also ungefähr die Stellung ein, wie ein genialer Monarch, der seinen eigenen Ministerpräsidenten spielt, ohne dabei die selbstthätige Wirksamkeit jedes Ministers in seinem Fache zu beschränken, oder wie ein Präsident der Republik, der es verschmäht, gleich einem constitutionellen Fürsten bloss das Tüpfel auf dem i zu sein, und nicht nur herrscht, sondern auch wirklich regiert. So hält der Organismus als Muster einer kunstreichen Verbindung von leitender Spitze, selbstständiger Ressortregierung, localer Selbstverwaltung und individueller Selbstthätigkeit die rechte Mitte ein zwischen demokratischer Anarchie und centralisirter Präfectenwirthschaft.*) Womit diese Organisation der Natur am wenigsten Aehnlichkeit zeigt, das ist das constitutionelle System mit seiner parlamentarischen Maschinerie und der ideellen Brutalität seiner Majoritätsregierung. Indessen wäre es vielleicht gewagt, der Natur darüber Vorwürfe zu machen, dass sie nicht auch diese doctrinäre Schablone befolgt hat, welche bis vor kurzem ziemlich allgemein als das Ideal politischer Organisation galt. Eher wäre zu erwägen, ob nicht umgekehrt unsere moderne Staatsweisheit aus dem Studium der Einrichtung des natürlichen Organismus Anregung zur erneuten Revision ihrer Doctrinen schöpfen könnte.

Dadurch, dass die Ressorts zum grossen Theil nicht durch

---

*) „Die Zellen sind Individuen, und auch hier gibt es wie im Staate höhere und niedere Individuen; doch ist die Wohlfahrt und Macht der Höhergestellten ganz und gar abhängig von der Wohlfarth und Zufriedenheit der niederen Arbeitskräfte im Rückenmark, die einen so wesentlichen Theil der alltäglichen Arbeit des gewöhnlichen Lebens verrichten." (M. 86.)

Localisirung des Herrschaftsgebiets, sondern durch die qualitative Verschiedenheit der Aufgaben von einander abgegrenzt sind, ergiebt sich die eigenthümliche Erscheinung, dass jede Körperprovinz in mehr als einem Gehirncentrum vertreten ist, und je nach der Beschaffenheit des Reizes oder Motivs bald von diesem, bald von jenem Centrum her ihre Innervationsimpulse erhalten kann. Dieses Resultat ist eine der wichtigsten Errungenschaften der neueren Nervenphysiologie, und räumt gründlich mit dem Vorurtheil auf, als ob man für jede Körperprovinz ein einziges correspondirendes Centrum im Gehirn zu suchen hätte. Allerdings bildet das Gehirn in gewissem Sinne ein Spiegelbild des gesammten Körpers nach seinen Innervationsprovinzen; auch ist es richtig, dass dieses Spiegelbild in einer Hinsicht einfacher ist als das Urbild, nämlich insofern ein physiologisches Element im Centrum einem motorischen Innervationsgebiet von relativ beträchtlicher Ausdehnung correspondirt, welches von jenem aus durch einen einfachen Impuls in gemeinsame Action versetzt wird. In einer andern Richtung aber ist das Spiegelbild complicirter als das Urbild, weil es nicht eine einmalige, sondern (wie das Bild eines Facettenspiegels) eine mehrmalige Abspiegelung darbietet (W. 227—228). Es finden sich also z. B. alle Körperprovinzen sowohl in der Grosshirnrinde wie in der Kleinhirnrinde vertreten, ausserdem aber auch noch in den Sehhügeln, und in den Streifenhügeln, und endlich der bei weitem grösste Theil noch einmal im Rückenmark einschliesslich des verlängerten Marks. Ein und dieselbe Bewegung einer Körperprovinz kann nämlich durch einen Reflex aus dem Rückenmark oder verlängertem Mark innervirt sein, oder auf Anlass von Tastempfindungen von den Sehhügeln aus angeregt sein, oder Behufs Wahrung des Gleichgewichts vom Kleinhirn hervorgerufen sein, oder aus den Streifenhügeln entspringen, welche von den Grosshirnhemisphären den Impuls dazu erhalten haben, oder endlich vielleicht auch von letzteren unmittelbar (mit Umgehung aller andern Centren ausser dem Rückenmark) bewirkt sein.

Jedes einzelne der genannten Centren (mit Ausnahme der Grosshirnhemisphären) kann nun wieder auf zweifachen Anlass denselben Bewegungsimpuls nach abwärts senden, oder in jedem dieser Centra kann die aufgespeicherte Kraft in einer der durch die vorhandenen Dispositionen vorgezeichneten Richtungen durch Reize von zwei verschiedenen Arten freigemacht werden, erstens durch solche, die von unten her, und zweitens auf solche, die von einem übergeordneten Centrum her zugeleitet werden. Ersteres sind die durch sensible Nerven zugeführten Perceptionen, letzteres sind die Directive der höheren Verwaltungsbehörden; in beiden Fällen reagirt das fragliche Centrum selbstständig, seinem Individualzweck entsprechend auf die empfangene Anregung, in beiden Fällen hat man es also mit einem Reflexact zu thun, der die innere Teleologie der selbstständigen Wirkungsweise des Centrums offenbart (W. 830; M. 103—104 und 188).

Marshall, Hall hatte seiner Reflextheorie noch die Annahme getrennter Leitungsbahnen für die Reflexe einerseits und für die zum Hirn führenden und von dort herkommenden sensiblen und motorischen Erregungen andererseits zu Grunde gelegt. Diese Annahme lässt sich aber weder physiologisch noch anatomisch begründen; im Gegentheil spricht alles für die Identität beider Leitungsbahnen in dem soeben dargelegten Sinne. In dem einfacher gebauten Rückenmark der Fische macht die anatomische Untersuchung es direct wahrscheinlich, „dass die nämlichen Ganglienzellen, welche motorische Fasern an die Nervenwurzeln abgeben, durch aufsteigende Fortsätze eine Verbindung mit den höher gelegenen motorischen Centren und durch rückwärts gerichtete eine solche mit den sensiblen Leitungsbahnen vermitteln" (W. 121—122).

Es ist klar, dass der wiederholten Abspiegelung aller oder sehr vieler Körperprovinzen durch die verschiedenen Centra auch eine Anordnung der sensiblen und motorischen Leitungswege entsprechen muss, welche die dargelegte Wirkungsweise ermöglicht. Wir können hierbei an das anknüpfen, was über die Leitung im Rückenmark bereits oben im 3. Abschnitt bemerkt wurde. Dort hatten wir gesehen, wie die Möglichkeit der Rückenmarksreflexe mit der Fortleitung der Empfindungsreize zu höheren Centren vereinigt war. Im obersten Theil des Rückenmarks oder im verlängerten Mark vereinigen sich alle motorischen und alle sensiblen Nervenfasern zu einer motorischen und einer sensiblen Hauptbahn, deren jede sich schon im verlängerten Mark wieder in mehrere Zweige spaltet. Die motorische Hauptbahn zerfällt zunächst in zwei Hauptzweige, deren einer durch den Hirnschenkelfuss zum Vorderhirn, und deren anderer zu den mittleren Hirntheilen führt. Ersterer bleibt rein motorisch, letzterer tritt in den Centren, wo er mündet, mit Theilen der sensiblen Bahn in mittelbaren Connex. Ersterer theilt sich in zwei Unterabtheilungen, deren eine direct zu den motorischen Rindenpartien der Grosshirnhemisphären führt, während die andere im Streifenhügel und Linsenkern mündet; letzterer Hauptzweig dagegen theilt sich in drei Unterabtheilungen. Von diesen führt die eine durch die Schleife zu den Vierhügeln, die andern durch die Hirnschenkelhaube zu den Sehhügeln und die dritte endlich zum Kleinhirn (W. 165). So sieht man, wie jedes der verschiedenen Centra seinen Antheil an der Hauptleitung hat, welche zu den Körperprovinzen hinabführt. Dass übrigens jede dieser Abzweigungen nicht bloss einen Theil der Körperprovinzen, sondern alle zusammen repräsentirt, wird nur dadurch ermöglicht, dass alle Leitungsfasern sowohl bei der Insertion in das Rückenmark als auch weiter oben noch durch Ganglienzellen unterbrochen werden, so dass wiederholentlich eine Zusammenfassung vieler von unten kommenden Leitungsfasern durch die graue Substanz und eine Weiterführung der Leitung nach oben durch mehrere coordinirte Fasern stattfindet, deren jede nunmehr die gleiche Bedeutung für alle weiter unten mit ihr in Verbindung stehenden Leitungsfasern hat.

Der Verlauf der sensiblen Hauptleitungsbahn unterscheidet sich von dem der motorischen dadurch, dass nur ein kleiner Theil derselben direct zur Grosshirnrinde führt; ein zweiter Zweig wendet sich auch hier zur Kleinhirnrinde und ein dritter in mehreren Unterabtheilungen zu den vorderen und mittleren Hirnganglien (W. 165—166). Der letztere Zweig bietet hier jedenfalls einen theilweisen Ersatz für die geringere Mächtigkeit des direct zur Grosshirnrinde führenden Zweiges, weil anzunehmen ist, dass das Hemisphärenbewusstsein den Haupttheil seiner Sinneswahrnehmungen (vielleicht mit alleiniger Ausnahme der Gehörswahrnehmungen) erst durch die Vermittelung der Sinnesganglien empfängt, welche die Reize der Sinnesnerven erst selbstständig zu geordneten und geschlossenen Wahrnehmungen verarbeiten. Die unmittelbar oder durch die Sinnesganglien vermittelten sensorischen Leitungen zu den grossen Hemisphären scheinen in solchen Rindengebieten ihre centrale Endigung zu finden, welche hinter der Sylvischen Spalte liegen, so dass also im Allgemeinen die vorderen Theile der Hirnrinde mehr als motorische, die hinteren mehr als sensible Centralstellen zu betrachten sein würden (W. 167) und in einem ähnlichen Verhältniss zu einander stehen würden, wie die vorderen und hinteren Säulen der grauen Rückenmarkssubstanz.

Die mannigfaltige Art und Weise, durch welche ein und dieselbe Bewegung angeregt werden kann, und die Verschiedenartigkeit der Vermittelungen, welche ein von den Grosshirnhemisphären ausgegangener Bewegungsimpuls durchlaufen kann, geben einen deutlicheren Einblick in die relative Leichtigkeit, mit welcher bei Functionsstörungen eines Centrums ein Ausgleich durch vicarirendes Eintreten anderer Centra als Mittelglieder stattfinden kann. Man darf hierbei natürlich nicht ausser Acht lassen, dass pathologische Processe meistens mit der Zeit eine weitere Ausbreitung erlangen, und dadurch häufig die bereits eingetretene Ausgleichung wieder zerstören. Dass aber auch in solchen Fällen, wo nur ein einzelnes Centrum ausser Function gesetzt wird, augenblicklich eine starke Störung aller Bewegungserscheinungen sich einstellt, das spricht dafür, dass unter normalen Umständen für jeden von den Hemisphären innervirten Bewegungscomplex eine bestimmte Vermittelungsbahn die am besten eingeübte und gewöhnlich gebrauchte ist.

Vollständige Bewegungslähmung oder Paralyse wird daher erst durch Functionshemmung mehrerer Hauptcentra oder durch Unterbrechung der motorischen Hauptleitungsbahn vom Gehirn zum Körper herbeigeführt. Eine unvollständige Lähmung aber bietet ein ganz verschiedenes Bild dar, je nachdem die Functionsstörung oder Leitungshemmung sich auf das Vorderhirn oder auf das Zwischen-, Mittel- und Hinterhirn bezieht. In beiden Fällen bleibt die Ausführung aller Bewegungen möglich; doch kommt sie im ersteren Falle nur noch als unwillkürliche Reflex- oder Regulationsbewegung, im letzteren Falle nur noch als willkürliche Bewegung zu Stande. Betrifft die Functionshemmung das Vorderhirn oder den Hirnschenkelfuss, so ist der Einfluss des bewussten Willens (der Hemisphären-Innervation) beeinträchtigt, aber die unwillkürlichen Bewegungen bleiben hiervon unberührt (Parese); betrifft die Functionshemmung hingegen die mittleren Hirntheile oder die zu demselben führenden Leitungen (Schleife und Haube), so behält zwar der bewusste Wille (nach Ueberwindung der ersten Störung) seine Herrschaft über jedes einzelne Innervationsgebiet, aber den Bewegungen fehlt die Regulation und unwillkürliche Coordination (Ataxie). Im ersteren Falle braucht der Kranke grosse Anstrengungen, um die Functionshemmung durch die Hemisphären-Innervation zu überwinden, und seine Bewegungen werden dadurch mühselig und schwerfällig, sein Gang schleppend; im letzteren Falle muss der Hemisphärenwille alle Details der Bewegung besorgen, welche sonst die untergeordneten Centra weit besser besorgten, und die Bewegungen werden dadurch unsicher (auch wohl zitternd), der Gang schwankend (W. 205 – 206).

Eine Frage, welche nicht unerörtert bleiben kann, ist die folgende: wovon hängt es ab, ob ein die Peripherie des Körpers treffender Reiz schon in dem betreffenden Rückenmarkscentrum oder erst in irgend einem der höher gelegenen Centra zur Auslösung einer reflectorischen Reaction gelangt? Die blosse Stärke des Reizes allein kann hier nicht massgebend sein; denn es ist zwar richtig, dass ein Reiz mit Sicherheit um so höher hinauf seine Erregung fortpflanzt, je stärker er ist, und dass den stärksten Reizen kein Centrum verschlossen bleibt, aber auf der andern Seite wissen wir auch, dass die allerschwächsten Reize im Stande sind, bis zu den Grosshirnhemisphären zu gelangen, und dass im normalen Zustande des wachen Lebens nur auf einen relativ sehr kleinen Theil aller den Organismus treffenden Reize Reflexe der untergeordneten Centra ausgelöst werden. Dieses Verhältniss erklärt sich durch das allgemeine Gesetz, dass, wie die Ganglienzelle auf die Nervenfaser, so jedes höhere Centrum auf die ihm untergebenen einen Einfluss ausübt, welcher gleichzeitig die Reflexreizbarkeit der niederen Centra herabsetzt und den Leitungswiderstand nach dem höheren Centrum vermindert. Dieser für die Selbstthätigkeit der niederen Centra hemmende, für die Perception des höheren Centrums aber befördernde centrifugale Innervationsstrom besteht erstens als dauernder Tonus im ganzen Nervensystem, zweitens wird er in verstärktem Maasse reflectorisch hervorgerufen durch die präliminarische Meldung eintretender Reize, und drittens kann er in Folge eines bewussten Reflexionsprocesses von den Grosshirnhemisphären willkürlich ausgesandt werden. Der letztere Fall giebt uns das psychologische Verständniss für das innere Wesen dieses Innervationsstroms, der sich nunmehr nach seiner negativen Seite als hemmender Wille, nach seiner positiven Seite als Aufmerksamkeit herausstellt.

Es ist bekannt, dass die unwillkürliche Neigung zu Reflexbewegungen (z. B. zum Zucken bei kitzelnden Hautreizen, oder zum Tanzen bei charakteristischer Tanzmusik) durch den bewussten Willen unterdrückt werden kann, der je nach der Stärke der Reflextendenz verschiedene Energiegrade haben muss. Dies bedeutet aber, physiologisch gesprochen, dass die Grosshirnhemisphären die fraglichen Reflexcentra derart innerviren können, dass ihre Reflexreizbarkeit momentan herabgesetzt wird, oder dass ihre Reflextendenz durch negative Impulse paralysirt wird. Zu derselben Reihe von Erscheinungen gehört es, dass der bewusste Wille im gesunden wachen Leben die in niederen Centralorganen wurzelnden instinctiven Triebe (z. B. Nahrungs- und Geschlechtstrieb) im Zaume hält, dass aber im Traum, wo die Thätigkeit der Grosshirnhemisphären geschwächt ist, oder bei krankhafter Störung derselben diese Triebe sich in rücksichtsloser und schaamloser Weise hervordrängen und z. B. bei Irren oft genug ungenirt in der rohesten Weise ihre Befriedigung suchen (M. 99). Es ist teleologisch von der höchsten Bedeutung, dass die Reflexactionen der niederen Centra gerade dann erst ihre ungehinderte Wirksamkeit entfalten, wenn dass Grosshirn durch den Schlaf depotenzirt, oder durch eine anderweitige Richtung der Aufmerksamkeit in Anspruch genommen ist; es ist das analog wie im politischen Leben, wo der Statthalter einer Provinz erst dann rückhaltlos aus eigener Initiative handelt, wenn der Fürst nicht gerade zugegen ist, um seine allerhöchsten Entschliessungen zu treffen, oder wenn derselbe anderweitig in Anspruch genommen ist und sich deshalb augenblicklich nicht mit Provinzialangelegenheiten befassen kann.

Die Aufmerksamkeit habe ich (vgl. oben S. 112—113, 150—151, 238—239 und S. 53—56 des folgenden Bandes) als einen die Leitung erleichternden centrifugalen Innervationsstrom dargestellt, der theils durch Vorstellungsreflexion, theils durch zugeführte Reize angeregt sein kann, und wird diese vielfach angefochtene Auffassung in allen Hauptpunkten durch die eingehenden Untersuchungen Wundt's bestätigt. (W. 717—725.)

Nehmen wir an, es lese Jemand ein Buch, und ein im Zimmer Anwesender richte eine Frage an ihn, so wird zwar nicht gleich der Inhalt der Frage in sein Hemisphärenbewusstsein fallen, aber doch ein Reiz auf dasselbe geübt. Es ist gleichsam ein Weckersignal, wie der Telegraphist es der Aufgabe einer Depesche vorausschickt. Dieser Reiz genügt, um reflectorisch den Innervationsstrom der Aufmerksamkeit nach dieser Seite hinzulenken, und das Resultat ist, dass das Hemisphärenbewusstsein nachträglich die im Gehörscentrum percipirte und dort noch nicht verklungene Frage percipirt. Hier ergiebt sich die Wichtigkeit hochentwickelter, selbstständiger Sinnesganglien, welche die Eindrücke als geordnete Wahrnehmungen percipiren, ehe noch das Hemisphärenbewusstsein etwas von dem Stattgefundenhaben einer Wahrnehmung merkt.

In derselben Weise, wie die Grosshirnhemisphären den Innervationsstrom der Aufmerksamkeit und des Hemmungswillens nach den Sinnesganglien und sensumotorischen Centren als Reflex auf den präliminarisch zugeführten Reiz entsenden, in derselben Weise muss man sich von den mittleren Hirntheilen solche Ströme nach den Sinnesnerven und nach dem verlängerten Mark und Rückenmark, und von jedem höhergelegenen Theil des verlängerten Markes und Rückenmarkes nach jedem tiefer gelegenen Theile derselben ausstrahlend denken, theils als dauernden Tonus, theils als momentane reflectorische Verstärkungen dieses Tonus. Von dem dauernden Tonus dieses Hemmungsstromes ist das Gleichgewicht der chemischen Composition und Decomposition in den niederen Centren, d. h. die Ernährung derselben abhängig (M. 84—85), in gleicher Weise, wie die der Nervenfaser es von dem Hemmungsstrom der Ganglienzelle ist, aus welcher sie entspringt (vergl. oben den 2. Abschnitt). „Die gesteigerte, aber" (im Vergleich zu der durch höhere Centra bewirkten Coordination) „regellose Thätigkeit der niederen Centralorgane lässt mit Sicherheit auf eine herannahende Degeneration schliessen: wie das stürmische zwecklose Treiben einer Volksherrschaft ohne ein leitendes Haupt" (M. 85). Dies darf man bei der Betrachtung der Zweckmässigkeit der Reflexe der niederen Nervencentra nie vergessen, dass sie nur unter der Voraussetzung des Vorhandenseins höherer Führer, deren Anordnungen sie sich willig unterwerfen, ihre normale, eigentliche und am häufigsten zu lösende Aufgabe erfüllen, dass die Reflexaction auf von oben kommende Befehle der gewöhnliche Fall, und der Reflex auf einen peripherischen Reiz bei ausbleibender höherer Weisung nur die seltenere Ausnahme ist.

Der Einfluss des von oben kommenden Hemmungsstromes ist experimentell nachzuweisen und zwar in doppelter Art. Trennt man nämlich einen Theil des Nervensystems von seinen oberen Centren ab, so unterbricht man den Hemmungsstrom, und diese Unterbrechung kommt sofort in einer beträchtlich gesteigerten Reizbarkeit des nach oben hin isolirten Theiles zur Erscheinung. Lässt man dagegen den Zusammenhang der Theile unberührt, erregt aber höher gelegene Centra (z. B. die oberen Theile des Rückenmarkes) durch zugeführte Reize, so macht sich die erhöhte Activität derselben auch in einer Verstärkung des Hemmungsstroms geltend, d. h. man findet nun die Reizbarkeit der tiefer gelegenen Centra unter den normalen Stand herabgesetzt (W. 174 und 118). Die Steigerung der Reizbarkeit der niederen Centra im ersten Fall ist auch dadurch nachzuweisen, dass man von oben her die Hemisphären und anliegenden Theile abträgt. Diese Experimente sind im Zusammenhang mit den vorangestellten psychischen Beobachtungen ganz schlagend, und beweisen unzweideutig die kunstreiche und planvolle Organisation des Nervensystems, in welchem die niederen Kräfte zwar vorbereitet und jederzeit schlagfertig gehalten werden, aber zugleich von den oberen Instanzen im Zaume gehalten werden, wie eine Schwadron geschickter Reiter und schnaubender Rosse durch den Willen des Führers, bis ihm der Augenblick zur Entfesselung dieser Kräfte durch seinen Wink gekommen scheint.

12. Organismus und Seele.

Es wird nach dem ganzen Inhalt der vorhergehenden Darlegungen kaum noch des Hinweises darauf bedürfen, dass durch den gegenwärtigen Stand der Nervenphysiologie der alten Frage nach „dem Sitz der Seele", welche philosophisch betrachtet immer nur aus einer irrthümlichen metaphysischen Grundanschauung hervorgehen konnte, nunmehr auch von physiologischer Seite aller Boden entzogen ist.

Die ältere Philosophie konnte diese Frage nur stellen, so lange sie die Seele erstens als ein auch abgesehen von dem zugehörigen Organismus an und für sich seiendes metaphysisches Individuum (Monade), und zweitens als objectiv-räumlichen Bestimmungen unterworfen, z. B. als von punctueller Grösse und örtlich fixirt ansah. Nun kann man zwar die Seele als an und für sich seiende psychische Substanz betrachten, als solche ist sie aber nicht individuell (nicht Monade); man kann sie auch als psychisches Individuum betrachten, als solches aber ist sie von dem Körper nicht losgelöst zu denken, an welchem erst sie sich individuiren kann. Man kann sie ferner wohl in objectiv-räumlichen Beziehungen denken, aber nur in und durch den Organismus, in der Einheit, mit welchem sie erst Individuum ist; abstrahirt vom Körper ist sie unräumlich in Bezug auf den objectiv realen Raum, und kann bloss noch in ihrer **Vorstellung** einen subjectiv-idealen Raum jenem nachbilden. Die Seele in ihrer **Trennung vom Körper** gefasst, ist also nicht individuell und **unräumlich**, und kann von einem Ort oder **Sitz** derselben keine Rede sein; die Seele als organisch-psychisches **Individuum** verstanden, ist gerade so lang, dick und breit, **wie der Körper** als lebendiger Organismus und kann keinen Sitz mehr **in** demselben haben.

Die Physiologie und physiologische Psychologie lehrt uns nämlich, dass wir Perception und Wille (und als Vermittelung zwischen beiden die unbewusstteleologische Gesetzmässigkeit der metaphysischen

Substanz) überall da anzunehmen haben, wo ein Reflex sich vollzieht. Dies geschieht aber nicht nur in jeder Ganglienzelle, sondern sogar in dem Axencylinder jeder gereizten Nervenfaser; denn wir haben oben im 2. Abschnitt gesehen, dass auch bei der Leitungsfaser der Reiz auf hemmende Potenzen trifft, die ihn ganz oder theilweise absorbiren und auf aufgespeicherte Spannkraft, welche in Folge dieser Absorption (psychisch: Perception) des Reizes frei wird (psychisch: Wille). Dasselbe Verhältniss kehrt aber bei dem protoplasmatischen Inhalt jeder lebenden Zelle im Körper wieder (vgl. später Cap. C. IV, 2). Da nun der Organismus als solcher nur soweit reicht, wie das Leben seiner Theile, da dieses Leben in Reflexen besteht, denen die innere psychische Seite nicht gänzlich fehlen kann, so reicht auch die individuelle Seele so weit, wie der Organismus im engeren Sinne, und beide enden erst da, wo der lebendige Organismus von abgestorbenen Excretionen seiner früheren Lebensprozesse begrenzt wird.

Insofern mithin die Seele als eine einheitliche, individuelle gefasst wird, fällt ihre objectiv räumliche Bestimmung mit der des Organismus zusammen; dies hindert aber nicht, die innere Gliederung und die verschiedene Werthigkeit der Glieder ebensowohl auf der psychischen, wie auf der materiellen Seite der Erscheinung anzuerkennen. Psychische Functionen knüpfen sich an alle organischen Lebensfunctionen der Zellen im Körper, aber in der Oekonomie der psychischen Individualität haben die psychischen Functionen der verschieden gearteten Zellen eine mindestens ebenso verschiedene Bedeutung, wie ihre organischen Functionen für die Oekonomie der organischen Individualität, ja sogar der Unterschied ist auf der psychischen Seite noch weit grösser.

Wir haben gesehen, wie in allmählicher Stufenfolge sich die psychischen Functionen von der Muskelfaser zur Nervenfaser, von dieser zur vegetativen Ganglienzelle und von dieser endlich zu den Zellen des Rückenmarks, des verlängerten Markes, der Sinnescentren und der Grosshirnhemisphären steigern; die Allmählichkeit dieser schrittweisen Steigerung der Functionen, welche noch durch die parallele Stufenreihe des Thierreichs eine unzweideutige Erläuterung findet, lässt keinen Zweifel darüber bestehen, dass das nämliche Princip auf allen Stufen vertreten ist, und dass es ein schwerer Irrthum ist, die Seele erst in dem höchsten Endglied dieser langen Reihe, nämlich ausschliesslich in den Grosshirnhemisphären des Menschen (und allenfalls noch der höchsten Säugethiere) suchen zu wollen. Diese ältere Auffassung, in welcher Wundt in der Hauptsache noch befangen ist, während Mandsley sie positiv überwunden hat, fällt in den alten Fehler der Localisirung der Seele zurück, indem sie einen Theil des Vorderhirns (die Grosshirnhemisphären) als alleinigen „Sitz" der Seele bezeichnet. Mit diesem Irrthum muss definitiv gebrochen werden. Nur b e s t i m m t e psychische Functionen sind auf bestimmte Theile des Nervensystems angewiesen. Seele im Allgemeinen ist ü b e r a l l u n d n i r g e n d s, je nachdem man den Sinn des Wortes deutet. Die Individualseele aber (als unbewusst-einheitliche Totalität der psychischen Functionen des organisch-psychischen Individuums) ist an und für sich nirgends, und auf die äussere Erscheinungsseite des organisch-psychischen Individuums bezogen, reicht sie soweit, wie der Organismus.

Was das Verhältniss zwischen der inneren und äusseren Erscheinung betrifft, so ist daran festzuhalten, dass der unmittelbare Bewusstseinsinhalt niemals im Stande ist, die Vorgänge der materiellen Erscheinung im Organismus zu erklären, dass aber g a n z dasselbe auch u m g e k e h r t gilt, wie wohl nachgerade von allen besonnenen Naturforschern zugegeben sein dürfte. Will man nicht auf alles Erklären schlechthin verzichten und sich zu dem Du Bois-Reymond'schen ignorabimus bekennen, so muss man eingestehen, dass überhaupt nur noch E i n Weg offen bleibt, auf welchem eine Erklärung wenigstens nicht unmöglich genannt werden kann. Dieser Weg aber besteht darin, dass man die innere Gesetzmässigkeit der bewusstgeistigen Functionen und die äussere Gesetzmässigkeit des Widerspiels der materiellen Kräfte aus einer g e m e i n s a m e n Q u e l l e ableitet, und zwar nicht aus einer solchen, die ehemals durch einen einmaligen Act die Uebereinstimmung der beiden Gesetzmässigkeiten für alle Zeit (durch prästabilirte Harmonie) angeordnet hätte, sondern aus einer solchen Quelle, welche aller inneren und äusseren Erscheinung mit ihrem Wesen i n m a m e n t ist, und in lebendiger Thätigkeit beständig ihr W e s e n zur doppelseitigen E r s c h e i n u n g bringt (vgl. oben den 5. Abschnitt). Diese Quelle der inneren und äusseren Gesetzmässigkeit kann mithin keine andere sein, als die Natur der metaphysischen Substanz selbst, welche das einheitliche Wesen beider Seiten der Erscheinung sowohl für jedes einzelne Individuum höherer oder niederer Ordnung als auch für das Individuum höchster und letzter Instanz, d. h. für die Welt als Ganzes ist.

Zur Physiologie der Nervencentra. 433

Ohne auf das geheimnissvolle Band zurückzugehen, welches die äussere organische Individualität mit der inneren psychischen zusammenschliesst, ist es unmöglich, die organisch-psychische Individualität als reale lebendige und concrete Einheit zu erfassen, ist es mit andern Worten unmöglich, physiologische Psychologie zu treiben. Dieses Band aber kann schlechterdings nicht mehr auf dem Gebiete der Erscheinung, sei es der äusseren materiellen, oder der inneren bewusstgeistigen gesucht werden, da wir eben von der Einsicht ausgegangen sind, dass jede Seite der Erscheinung, auch in ihrer Gesammtheit genommen, unfähig ist, die andere Seite zu erklären. Folglich kann dieses Band nur jenseits der Materie, wie jenseits des Bewusstseins gesucht werden, d. h. die physiologische Psychologie ist durch ihren eigenen Begriff gezwungen, in das Gebiet der Metaphysik überzugreifen. Wenn diese unumstössliche Wahrheit erst allgemein und klar erkannt sein wird, dann wird der Tag der Versöhnung zwischen Naturwissenschaft und Philosophie, die sich so lange (und nicht ohne teleologische Berechtigung) geflohen haben, in strahlendem Glanze anbrechen, und eine neue Aera der Wissenschaft anheben.

Das Band aber, welches Organismus und Bewusstsein zur einheitlichen organisch-psychischen Individualität zusammenschliesst, — die lebendige Quelle, aus der die Gesetzmässigkeit des materiellen und bewusstgeistigen Geschehens in ewig neu gesetzter harmonischer Uebereinstimmung entströmt, — das Wesen, welches in beiden Seiten der Erscheinung sich offenbart, das ist das Unbewusste oder der unbewusste Geist in seiner Doppelnatur von kraftvollem Willen und logischer (also auch zweckthätiger) Idee und dieses All-Eine Unbewusste ist es, welches in seiner functionellen Individuation als „unbewusste Seele" bezeichnet wird.

Nachträge

zur

Phänomenologie des Unbewussten.

* S. 5 Anm. letzte Z. Vgl. auch meine Schrift „Neukantianismus, Schopenhauerianismus und Hegelianismus" 2. Aufl. S. 261—265; „Philosophische Fragen der Gegenwart" Nr. XII („Bahnsen's Realdialektik") und „Krit. Wanderungen durch die Phil. der Gegenwart" Nr. VI.

S. 17 Z. 24. Die zweite und dritte Auflage von „Das Ding an sich" erschienen unter dem Titel: „Kritische Grundlegung des transcendentalen Realismus".

S. 20 Z. 3. Eine eingehende Untersuchung der Rolle, welche das Unbewusste im Sinne einer unbewusst-logischen Geistesfunction in der ganzen Kantischen Philosophie, ganz besonders aber in der Kritik der Urtheilskraft und demnächst in der Kritik der reinen Vernunft spielt, hat Johannes Volkelt geliefert in seiner Abhandlung: „Kant's Stellung zum unbewusst Logischen" (Phil. Monatshefte 1873 Bd. IX Heft 2 u. 3) und in seinem Werk „Das Unbewusste und der Pessimismus" (Berlin, bei F. Henschel 1873) S. 44—62. Er zeigt an beiden Orten, „dass jede Vertiefung der Kantischen Philosophie mit Nothwendigkeit immer weiter in das Reich des Unbewussten führen musste", da sich auf allen Gebieten der Kantischen Untersuchung Widersprüche in den von Kant gegebenen Lösungen herausstellen, welche zu ihrer Beseitigung auffordern, und sich nur eliminiren lassen durch Einführung des Begriffes des Unbewussten. Kant hat daher auch in dieser Beziehung wie in so vielen andern weniger durch seine Lösung als durch seine Stellung von Problemen für den Fortschritt der Philosophie gearbeitet und geleistet, aber hiermit doch zugleich auch dem Unbewussten nachdrücklicher den Weg gebahnt, als mancher, der in einem isolirten Aperçu das Unbewusste weit deutlicher erfasst hatte.

S. 24 Z. 15. Auch für die Hegel'sche Philosophie giebt J. Volkelt in seinem Buch „Das Unbewusste und der Pessimismus" (S. 62—78) eine treffliche Darlegung, aus welcher erhellt, „dass das unbewusst

Logische ihr Lebenselement bilden müsse" (S. 62), und dass „grade der Hegelianismus die Tendenz in sich trägt, das Princip des Unbewussten in seiner ganzen Fülle auszubilden" (S. 76). Wenn das Unbewusste bei Kant noch mehr als ungeahnte Voraussetzung zu Grunde liegt, an welche er noch nicht recht zu rühren wagt, so bildet die Unbewusstheit der Idee in ihrem Ansichsein bei Hegel eine selbstverständliche Voraussetzung, die er eben um ihrer Selbstverständlichkeit willen nicht weiter erörtert, während doch gerade dieser Punkt, als der den meisten Missverständnissen und Anfeindungen ausgesetzte, der unzweideutigsten Aussprache und der eingehendsten Begründung bedurfte. Somit erscheint das Unbewusste auch bei Hegel noch als ein seiner eigentlichen Bedeutung nach nicht zum klaren Bewusstsein Gelangtes, obwohl es an sich und substantiell genommen den ganzen Inhalt seiner Philosophie durchdringt und bestimmt. Uebrigens finden sich doch in Hegel's Werken immerhin Stellen genug, durch welche man den Ungläubigen beweisen kann, dass die angedeutete Auffassung des Hegelianismus wirklich die des Meisters selbst war, und sind dieselben von Volkelt geschickt zusammengestellt worden. Den Ausdruck „objectiver Gedanke" findet Hegel „unbequem, weil Gedanke zu gewöhnlich nur als dem Geiste, dem Bewusstsein angehörig gebraucht wird" (Encyclop. § 24). Wenn das Innere der Welt als Gedanke bezeichnet werde, so werde demselben dadurch Nichts von Bewusstsein ertheilt. Das Logische in der Welt bilde vielmehr ein System des bewusstlosen Gedankens (ebd. Zusatz S. 45 ff.). Hegel setzt das Geschäft der Logik darein, die zunächst nur instinktmässig als Triebe wirksamen Kategorien in das Bewusstsein des Geistes zu erheben (Werke III, S. 18—19); den Instinkt aber nennt er die auf bewusstlose Weise wirkende Zweckthätigkeit (Encyclop. § 360). In der Aesthetik sagt er (2. Aufl. I, S. 53): „Die Phantasie hat eine Weise zugleich instinktartiger Production, indem die wesentliche Bildlichkeit und Sinnlichkeit des Kunstwerks subjektiv im Künstler als Naturanlage und Naturtrieb vorhanden sein, und als bewusstloses Wirken auch der Naturseite des Menschen angehören muss."

* **S. 24 Z. 20.** Ferner meinen Aufsatz: „Mein Verhältniss zu Hegel" in den „Krit. Wanderungen" Nr. III.

S. 25 Z. 18. Ganz unbestimmt bleibt das Wesen des Unbewussten in der nachstehenden Bemerkung, welche übrigens beweist, dass Schopenhauer von der Bedeutung, welche eine tiefer eindringende Analyse des Unbewussten mindestens für die Psychologie und Aesthetik gewinnen musste, eine richtige Ahnung hatte. „Alles Ursprüngliche, und daher alles Aechte im Menschen, wirkt, als solches, wie die Naturkräfte, unbewusst. Was durch das Bewusstsein hindurchgegangen ist, wurde eben damit zu einer Vorstellung. Demnach nun sind alle ächten und probehaltigen Eigenschaften des Charakters und des Geistes ursprünglich unbewusste, und nur als solche machen sie tiefen Eindruck. Alles Bewusste der Art ist schon nachgebessert und ist absichtlich, geht daher schon über in Affektation, d. i. Trug. Was der Mensch unbewusst leistet, kostet ihm keine Mühe, lässt aber auch durch keine Mühe sich ersetzen: Dieser Art ist das Entstehen ursprünglicher Conceptionen, wie sie allen ächten Leistungen zum Grunde liegen und den Kern derselben ausmachen. Darum ist nur das Angeborene ächt und stichhaltig, und Jeder, der etwas leisten will, muss in jeder Sache, im Handeln, im Schreiben, im Bilden, die Regeln befolgen, ohne sie zu kennen". (Parerga Bd. II, § 352.)

* **S. 26 Z. 8 v. u.** Während es in Bezug auf den Hegelianismus noch kaum von irgendwem anerkannt ist, dass derselbe eine „unbewusste Philosophie des Unbewussten" sei, ist es in Bezug auf den Schopenhauerianismus neuerdings mehrfach ausgesprochen worden, dass derselbe eine noch „unvollkommene" oder „mangelhafte Philosophie des Unbewussten" sei (vgl. Plümacher: „Der Kampf um's Unbewusste", Berlin 1881, I 5: „Der Schopenhauerianismus als unvollkommene Philosophie des Unbewussten" S. 13—16). In Folge dieser Einsicht hat z. B. Prof. L. Rabus in seinem „Grundriss der Geschichte der Philosophie" (Erlangen 1887) die Philosophie Schopenhauer's unter dem Gesammttitel „Philosophie des Unbewussten" als einen Vorläufer der meinigen behandelt, aber den Irrthum begangen, meine Philosophie dem Hegelianismus entgegenzusetzen, während sie in mindestens demselben Maasse die Vollendung und Erfüllung der Hegel'schen wie der Schopenhauer'schen Philosophie zu sein beanspruchen darf.

S. 27 Z. 6 v. u. Nach Herder „denkt die Natur dem Menschen vor". Haym giebt an (Preuss. Jahrb. Bd. XXXI 1873, Heft 1 S. 43), dass er von dem irrthumsfreien Unbewussten spreche, das „eine Art Allwissenheit und Allmacht in sich schliesst, von dem ‚Einen organischen Principium der Natur', von der überall verbreiteten, das Leben haltenden oder erstattenden organischen Allmacht", aus welcher er ebenso das Wachsen der Krystalle wie die Instincte der Thiere, wie endlich Leben, Streben und Schicksal der Menschen ableiten möchte. Auf der Seite vorher citirt Haym einen Satz aus einem Briefe Jacobi's an die Fürstin von Galizin: „Unser Bewusstsein entwickelt sich aus etwas, das noch kein Bewusstsein hatte, unser Denken aus etwas, das noch nicht dachte, unsere Ueberlegung aus etwas, das noch nicht überlegte, unser Wille aus etwas, das noch nicht wollte; unsere vernünftige Seele aus etwas, das noch keine vernünftige Seele war. Ein mechanischer Hebel — der darum nicht ganz sinnlos zu sein braucht — war überall das Erste."

* **S. 28 Z. 2.** Vgl. auch die Darstellung des abstracten Monismus der indischen Religionen in meiner Religionsphilosophie. 2. Aufl. Theil I S. 271—365.

S. 33 Z. 5. Eine treffliche Darstellung der Verdienste dieses philosophischen Physiologen findet man bei Volkelt: „Das Unbewusste und der Pessimismus" S. 78—86. Weshalb Carus nicht der Bannerträger einer neuen Richtung, einer um die Fahne des Unbewussten geschaarten Anhängerschaft werden konnte, ist ebenda auf S. 83—86 gezeigt (vergl. auch E. Kapp „Philosophie der Technik", Braunschweig 1877, S. 155—159 und A. Taubert „Der Pessimismus und seine Gegner" S. 160).

S. 34 Z. 7. Die etwas modificirte Stellung, welche Wundt in seiner physiologischen Psychologie zum Begriff des Unbewussten einnimmt, findet in dem Anhang dieses Bandes: „Zur Physiologie der Nervencentra" Berücksichtigung (vgl. oben S. 364—366).

S. 35 Z. 2. Der angeführte Ausspruch hat übrigens einen Vorgänger an Georg Christoph Lichtenberg, bei dem sich folgende Stelle findet: „Wir werden uns gewisser Vorstellungen bewusst, die nicht von uns abhängen; andere, glauben wir wenigstens, hingen von uns ab: wo ist die Grenze? Wir kennen nur allein die Existenz unserer Empfindungen, Vorstellungen und Gedanken. Es denkt; soll man sagen, so wie man sagt, es blitzt. Zu sagen *cogito* ist schon zu viel, sobald man es durch ich denke übersetzt. Das Ich anzunehmen, zu postuliren, ist praktisches Bedürfniss."

S. 35 Z. 11 v. u. „Ges. Studien und Aufsätze" Absch. C Nr. V.

* **S. 35 Z. 4 v. u.** In einer, wie es scheint, von der continentalen Entwickelung unabhängigen Weise hat sich der Begriff des Unbewussten in den letzten Jahrzehnten in der englischen Literatur einen gewissen Platz erobert; es ist ein Philosoph, ein Historiker und ein Mediciner, bei denen er seinen deutlichsten Ausdruck gefunden. Hamilton hat die Existenz unbewusster Vorstellungen hauptsächlich daraus gefolgert (vgl. Lect. on Metaph. I, p. 352 ff.), dass bei der Erneuerung eines früheren Gedankenzuges in der Erinnerung zuweilen eine ganze Reihe von Mittelgliedern übersprungen erscheint, — ein in dieser Gestalt allerdings wenig brauchbares Argument. Ueber Carlyle's Stellung zum Begriff des Unbewussten giebt am besten ein Essay von ihm Aufschluss, betitelt „Characteristics" (zuerst erschienen in der Edinburgh Review CVIII, und später in seinen gesammelten Essay's wieder abgedruckt). Am entschiedensten und vielseitigsten von allen englischen Autoren hat Maudsley den Begriff des Unbewussten erfasst und vertreten, nur dass er das Unbewusste nach Möglichkeit materialistisch zu deuten sucht. Der Anhang dieses Bandes beschäftigt sich eingehend genug mit Maudsley's Ansichten (vgl. oben S. 403—406), um hier auf eine Kennzeichnung derselben verzichten zu können. Schliesslich wäre auch noch Lewes als einer unter den englischen Autoren anzuführen, welche den Begriff des Unbewussten nach einer gewissen Richtung anerkannt haben.

S. 35 letzte Z. So lückenhaft und unvollständig die hier zusammengestellten Notizen auch sein mögen, so dürften dieselben doch schon zu dem Zweck ausreichen, zu zeigen, dass das Princip des Unbewussten wie alles geschichtlich Bedeutende durch einen allmählichen historischen Entstehungs- und Wachsthumsprocess sich herausgebildet hat, dass alle Richtungen und Schulen der Philosophie von den ältesten Zeiten bis auf die Gegenwart mehr oder minder auf dieses Princip hinstreben (vgl. in Volkelt's „Das Unbew. u. d. Pess." den ersten Theil „Geschichte des Unbewussten"), und dass ich in dem vorliegenden Werk dieses Princip nur am schärfsten hervorgekehrt, in der ganzen Grösse seiner Bedeutung dargethan und am umfassendsten begründet, aber keineswegs als funkelnagelneue Entdeckung (oder wie man es malitiöser genannt hat „Erfindung") aus der Luft gegriffen habe. * Alle früheren Philosophen haben, wenn sie einmal das monistische Princip ergriffen hatten, mehr oder weniger das Bestreben gehabt, vom abstracten zum concreten Monismus anzudringen, und dieses Bestreben wird um so deutlicher, je mehr man sich der Gegenwart nähert. Wenn es trotzdem bisher keinem gelungen ist, sich zum concreten Monismus vollständig hindurchzuringen, und denselben als einen Gegensatz des abstracten Monismus hinzustellen, so liegt der Grund dieses Misslingens ausschliesslich darin, dass der concrete Monismus im Gegensatz zum abstracten nur mit Hilfe des Begriffs des Unbewussten durchführbar ist, und dass dieser Begriff noch keinem früheren Philosophen in hinlänglicher Klarheit und deutlicher Durcharbeitung zu Gebote stand. Nur diese Ermangelung des Begriffs des Unbewussten in einer hinlänglich herausgebildeten Form ist die Ursache davon, dass alle früheren monistischen Philosophen trotz aller Anläufe zum concreten Monismus doch entweder im abstracten Monismus stecken blieben, oder aber in relativ unphilosophische Standpunkte zurückfielen oder sich seitab in ebenso unphilosophische Standpunkte verirrten, nämlich einerseits in den Theismus, andererseits in den Materialismus und Hylozoismus (Vgl. auch Theil II den Zusatz zu S. 457 Z. 2 v. u. in den Nachträgen.)

S. 89, Anmerk. letzte Z. Dass es überhaupt statthaft, ja sogar geboten ist, den Begriff der Wahrscheinlichkeit, welcher in der modernen Naturforschung bereits als alleinige Grundlage alles menschlichen Erkennens allgemein anerkannt ist, auch in philosophische Untersuchungen einzuführen, und dass man sich auch in der Philosophie bei Discussion von Problemen, welche mehrere Möglichkeiten offen lassen, bestreben muss, die Wahrscheinlichkeit der Annahme der verschiedenen möglichen Hypothesen, soweit es angänglich scheint, nach ihrem Grössenwerth festzustellen, das kann nur von zwei Seiten bestritten werden, nämlich einerseits von derjenigen Richtung, welche die Aufgabe der Philosophie ausschliesslich in der Vermittelung einer absoluten Gewissheit sieht und jedes andere Wissen ausser einem vermeintlich absoluten von vornherein für unphilosophisch erklärt, und andererseits von der entgegengesetzten Richtung eines absoluten Skepticismus, welcher die Möglichkeit jeder Erkenntnis, nicht nur einer absoluten, sondern auch einer relativen, in Frage stellt, und dem Menschen die Fähigkeit abspricht, irgendwelchen Unterschied zwischen Wahrheit und Unwahrheit zu constatiren.

Zwischen beiden Extremen hat fast die ganze bisherige Philosophie sich bewegt; wenn die Prätension des absoluten Wissens wieder einmal von Rechtswegen für eine Weile zum Gespött geworden ist, so bekommt der Skepticismus von Neuem die Oberhand, und es wird dann als alleinige Aufgabe der Philosophie hingestellt, zu beweisen, dass Philosophiren Unsinn sei. In der That ist es schwer begreiflich, wie sich heute, nach so viel Fehlschlägen der sich für absolute Wahrheit ausgebenden Systeme, nach so klarer Enthüllung des allmählichen Werdens der Wahrheit aus dem Irrthum, nach so deutlicher Einsicht in die Unzulänglichkeit der Hilfsmittel des menschlichen Erkennens gegenüber der erdrückenden extensiven oder intensiven Grösse der Welt, immer noch naive Leute finden können, welche die Aufgabe der Philosophie in ein absolutes Erkennen setzen, und jedes Wissen, das auf den Anspruch absoluter Gewissheit verzichtet, für unphilosophisch zu erklären wagen. Dass das gewisse Wissen das Ideal unseres Erkenntnissstrebens ist und bleiben muss, soll ja nicht bestritten werden; aber man könnte doch heutzutage zur Genüge wissen, dass Ideale eben nicht in der Wirklichkeit zu finden sind, dass sie vielmehr nur die Asymptote bilden, welcher die Curve der geschichtlichen Entwickelung sich mehr und mehr annähert, ohne sie jemals zu erreichen. Aber ebenso verkehrt ist es auf der andern Seite, wenn man die Unmöglichkeit erkannt hat, das Ideal als solches zu verwirklichen, nun gleich das Ideal als ein Trugbild ohne alle Bedeutung für die Wirklichkeit zu verwerfen, oder den Abstand der Wirklichkeit vom Ideal für unendlich und darum beide für incommensurabel zu erklären. Hätte der Skeptiscismus Recht, so wäre all' unser vermeintliches Wissen gleich weit von der Wahrheit entfernt, denn wenn es sie zufällig einmal berührte, so könnten wir ja doch von diesem Zufall nichts wissen); es wäre damit jede Möglichkeit einer geschichtlichen Entwickelung des Wissens, jede Möglichkeit einer Wissenschaft, jeder erkennbare und angebbare Unterschied zwischen Wissen, Glauben und verrückter Einbildung aufgehoben. Man braucht sich nur dieser Consequenzen des streng durchgeführten skeptischen Princips bewusst zu werden, um dessen Unerträglichkeit für den Menschengeist einzusehen, und daher kommt es, dass die Menschheit noch immer wieder aus dem Skepticismus in das Dogma der Erreichbarkeit des absoluten Wissens zurückgefallen ist, um nach einiger Zeit dieses Dogma von Neuem in seiner Unhaltbarkeit skeptisch zu zerstören.

Aus diesem unfruchtbaren Cirkel rettet nur die offene Anerkennung der relativen Wahrheit und relativen Unwahrheit beider Extreme. Das Dogma des absoluten Wissens hat Recht in der Aufstellung seines Ideals und in dem Glauben, dass das Streben nach diesem Ideal nicht fruchtlos sei; der Skepticismus hat Recht, indem er die volle Erreichbarkeit dieses Ideals für immer als menschenmöglich leugnet. Aber das erstere hat Unrecht, wenn es den Unterschied zwischen Ideal und Wirklichkeit verkennt und Allem unbesehen die Geltung abspricht, was nicht ungetrübte Realisirung des Ideals zu sein beansprucht mag:

der letztere hat Unrecht, indem er die Möglichkeit aufhebt, in dem menschlichen Wissen verschiedene Grade der Annäherung an das Ideal oder der Entfernung von demselben zu unterscheiden. Es muss durchaus festgehalten werden, dass den verschiedenen Stufen des Erkennens verschiedene Dignität zukommt, weil ohne dies selbst das praktische Leben zum sinnlosen Draufloswirthschaften wird. Will man aber dem wissenschaftlichen Erkennen eine höhere Dignität zuschreiben als dem unwissenschaftlichen Vorstellen und Meinen, dem sich seiner sachlichen Begründung bewussten Wissen eine höhere als der grundlosen Ueberzeugung eines Glaubens, der bloss auf Gemüthspostulaten, oder auf der persönlichen Autorität des ihn Ueberliefernden oder gar auf pathologischen fixen Ideen beruht, dann giebt es dazu kein anderes Mittel, als dass man die Grade der Annäherung des Wissens an das Erkenntnissideal der Gewissheit quantitativ bestimmt, mag nun diese Bestimmung in numerischer Form oder in der undeutlicheren Gestalt einer gefühlsartigen Grössenschätzung ohne Zahlenausdruck vollzogen werden. Wenn Leibniz Recht hat, dass es keine noch so falsche Behauptung giebt, in der nicht ein Funken Wahrheit läge, und keine noch so erhabene Wahrheit, der sich nicht schon durch den sprachlichen Ausdruck etwas Unwahrheit beimischte, dann giebt es auch kein Meinen, Glauben oder Wissen, bei dem nicht ein unklares Gefühl auf die Mischung aus wahren und unwahren Elementen hinwiese. Dieses Gefühl gilt es, wissenschaftlich zu läutern, und das Verhältniss der wahren und unwahren Elemente zu bestimmen, um den Grad der Annäherung des Wissens an die Gewissheit zu präcisiren.

Wollte man die Dignität des Wissens durch das Verhältniss seiner wahren und unwahren Elemente ausdrücken, wie es sich bei einer Wette um die Wahrheit einer Behauptung darstellt, so hätte man ein Verhältniss zwischen zwei variablen Grössen, was den Vergleich zwischen mehreren solchen Verhältnissen erschweren würde. Man drückt daher die Dignität des Wissens lieber durch das Verhältniss zwischen den in ihm enthaltenen wahren Elementen und der als wahr supponirten Gesammtheit seiner Elemente aus, oder mit andern Worten, man nimmt das constante Erkenntnissideal der Gewissheit als Maasseinheit der Dignität, als 1, und drückt den Grad der Annäherung des Wissens an die Gewissheit durch den Grad der Annäherung eines echten Bruches an die Eins aus. Wer sich mit dieser mathematischen Ausdrucksweise einmal vertraut gemacht hat, wird bald deren natürliche Angemessenheit empfinden, und sich leicht daran gewöhnen, seine unbestimmte gefühlsmässige Schätzung der Dignität eines Wissens als Wahrscheinlichkeitscoefficienten zu fixiren, dessen Grösse immerhin noch als schwankend zwischen einer Minimalgrenze und einer Maximalgrenze und demnach als mit einem wahrscheinlichen Fehler behaftet gedacht werden mag.

S. 43 Z. 9 v. u. Es sind von verschiedenen Seiten gegen diese Argumentation mittelst Wahrscheinlichkeitsrechnung Bedenken erhoben worden, welche jedoch meistens einen zu grossen Mangel an Verständniss verrathen, als dass es lohnen könnte, sich mit denselben näher zu beschäftigen, und welche sämmtlich nicht auf denjenigen Punkt eingehen, welchen ich schon oben (S. 40 Anm.) als denjenigen bezeichnet habe, an welchem die concrete Anwendbarkeit des fraglichen Argumentationsverfahrens am leichtesten scheitern kann. Nur einen Gegner will ich hier erwähnen, theils weil seine falschen Einwände eine gewisse Plausibilität besitzen, theils weil er mich auf die Nothwendigkeit einer Ergänzung meiner Argumentation für schwer begreifende oder übelwollende Leser aufmerksam gemacht hat, welche ich als überflüssig dem Verständniss des Lesers selbst überlassen zu können geglaubt hatte. Albert Lange bestreitet in seiner „Geschichte des Materialismus" (2. Aufl. Bd. II, S. 280—283 u. 307—309) die Anwendbarkeit des ganzen Schlussverfahrens auf Probleme der Natur, insofern es sich um Rückschlüsse aus den Erscheinungen auf ihre Ursachen handelt und zwar aus dem Grunde, weil die Wirklichkeit, als ein Specialfall aus sehr vielen Möglichkeiten *a priori* stets als äusserst unwahrscheinlich erscheinen müsse, was aber ihrer Wirklichkeit keinen Abbruch thue, da der Wahrscheinlichkeitsbruch gar nichts als den Grad unsrer subjectiven Ungewissheit bedeute (S. 282 Z. 15—11 v. u., 283 Z. 3—6 v. o.). Er stützt diese Ablehnung darauf, dass die ganze Wahrscheinlichkeitslehre eine Abstraction von den wirkenden Ursachen sei, die wir eben nicht kennen, während uns gewisse allgemeine Bedingungen bekannt seien, die wir unserer Rechnung zu Grunde legen (282 Z. 11—7 v. u.). Wäre die letztere Behauptung richtig, so wäre gegen die vorangestellte Folgerung aus derselben nichts einzuwenden; in der That bedarf dieselbe aber einer bedeutenden Modification. Wären nämlich die mitwirkenden Ursachen, von denen man abstrahirt, schlechthin unbekannt in jeder Beziehung, so würde von der Aufstellung einer Wahrscheinlichkeit überhaupt gar nicht die Rede sein können; die Wahrscheinlichkeitsrechnung wird vielmehr erst möglich unter der Voraussetzung, dass die mitwirkenden Ursachen, von denen abstrahirt wird, zufällige Ursachen seien. Unter zufälligen Ursachen im Sinne der Wahrscheinlichkeitsrechnung sind aber solche zu verstehen, welche zu dem Zustandekommen der fraglichen Erscheinung nicht in dieser Gestalt unerlässlich sind, daher auch nicht constant bei demselben angetroffen werden, sondern derartig wechseln, dass ihr Einfluss sich in um so höherem Grade compensirt, je öfter der Vorgang sich wiederholt. Der Ansatz, den die Wahrscheinlichkeitsrechnung macht, beruht auf der Voraussetzung einer vollständigen Compensation der zufälligen mitwirkenden Ursachen in unendlich vielen Wiederholungen. Solche zufällige Ursachen sind z. B. in der unorganischen Natur die Ursachen, welche das Fallen des Würfels auf diese oder jene Seite bedingen, in der organischen Natur diejenigen, welche die monströsen und gehemmten Bildungsgänge veranlassen.

Nur indem Lange diese Grundvoraussetzung der Wahrscheinlichkeitsrechnung ausser Acht lässt, kann er die Zulässigkeit eines Rückschlusses von wahrgenommenen Wirkungen auf die Beschaffenheit der Ursachen leugnen. Wenn ich z. B. an ein rouge et noir-Spiel herantrete, in welchem ich 20 Mal hintereinander rouge fallen sehe, so ist freilich kein Zweifel, dass dieses Ereigniss durch blosse Combination zufälliger Ursachen hervorgerufen sein kann; aber so wenig diese Möglichkeit zu bezweifeln ist, so wird doch die ausserordentlich geringe Wahrscheinlichkeit derselben mir das Recht geben, auch die andere Möglichkeit in's Auge zu fassen, dass eine constante Ursache vorhanden sei, welche das rouge begünstigt. Lange wird gewiss denjenigen keines falschen Schlusses zeihen, welcher Bedenken trägt, sein Geld an ein solches Spiel zu riskiren, weil der Verdacht (d. h. der Wahrscheinlichkeitsschluss) nahe gelegt ist, dass das Spiel betrügerisch eingerichtet sei, obwohl immer die Möglichkeit zugestanden bleibt, dass dieser Verdacht irrthümlich sein könne. Wenn aber Lange die Berechtigung eines solchen Rückschlusses einräumt, so kann er dieselbe für meine Beispiele nicht versagen, er müsste denn *a priori* zu beweisen im Stande sein, dass die Classe von constanten Ursachen, welche ich supponire, unmöglich sei. Auf letztere, freilich jedes Beweises entbehrende Behauptung läuft in der That sein Einwand heraus; nicht das Schlussverfahren kann er von Rechtswegen antasten, sondern nur die Zulässigkeit des hypothetischen Zieles, auf welches dasselbe Anwendung findet, sucht er von dem vorurtheilsvollen Standpunkt einer materialistisch-mechanischen Weltanschauung aus zu bestreiten. Aus dem Gesichtspunkt der Wahrscheinlichkeitsrechnung wäre ein solches Verfahren nur dann statthaft, wenn der mechanischen Weltanschauung, welche die Zuflucht zu metaphysischen Principien (nicht etwa bloss zu mythologischen persönlichen Geistern) verbietet, von vornherein eine so ungeheure Wahrscheinlichkeit gesichert wäre, dass auch die Gegeninstanzen von grösster Wahrscheinlichkeit jene Wahrscheinlichkeit nicht zu erschüttern vermöchten. Wäre dies der Fall, so wäre freilich, wie Lange meint, alle Philosophie und Metaphysik unmöglich; ob dem aber so sei, soll eben durch meine Untersuchung erst ausgemacht werden und gilt mir vorläufig als ein unwissenschaftliches Vorurtheil, als eine blosse *petitio principii*, deren Unwahrheit sich je länger je mehr herausstellen wird.

Lange sucht seinen Protest gegen das Zurückgreifen auf metaphysische Principien durch ein Gleichniss zu bekräftigen, indem er behauptet, nach der gleichen Methode könne man bei häufiger Wiederkehr der günstigen Chance im Glücksspiel die Mitwirkung einer Fortuna oder eines *spiritus familiaris* mit gleicher Wahrscheinlichkeit beweisen. Zunächst fehlt hier die von mir in meiner Erörterung vorausgesetzte Elimination constanter materieller Ursachen; d. h. es müsste vor solchem Rückschluss auf eine Fortuna eine genaue Untersuchung vorhergehen, ob die Würfel oder die Einrichtung des rouge et noir-Spiels nicht mit Fehlern behaftet ist, welche als constante Ursache wirken. Gesetzt aber, diese Untersuchung wäre mit der höchsten Genauigkeit vollzogen und hätte ein negatives Resultat ergeben, so wäre in der That gegen den Rückschluss auf eine Fortuna als constante Ursache nichts mehr einzuwenden, es sei denn der Umstand, dass die Nichtexistenz einer solchen mythologischen Persönlichkeit aus anderweitigen Gründen eine bedeutend grössere Wahrscheinlichkeit für sich hat, als ihre Existenz durch das Spiel wahrscheinlich gemacht werden kann. Dass dies wirklich der Fall ist, wird nicht nöthig sein auszuführen; aber eben deshalb kann das Beispiel nichts gegen die Heranziehung unpersönlicher metaphysischer Principien für die Erklärung der organischen Bildungsprocesse beweisen, da für die Nichtexistenz dieser eine solche überwältigende Wahrscheinlichkeit keineswegs feststeht. Lange hat also keineswegs, wie er beabsichtigte, in meiner Erörterung einen methodologischen Fehler aufgezeigt, sondern er hat nur die verblendende Macht des materialistischen Vorurtheils, in dem er befangen ist, enthüllt.

Nun ist aber weiter zu beachten, dass die Parallelisirung des zehnmal hintereinander Gewinnenden mit der Entstehung der organischen Zweckmässigkeit in der Natur noch aus einem ganz andern Grunde nichts beweist, nämlich deshalb, weil Lange nur von Einem Menschen spricht, der in einem einzelnen Falle zehnmal hintereinander gewinnt, während die wunderbare Zusammenfügung der Bedingungen organischer Zweckmässigkeit sich in zahllosen Fällen neben- und nacheinander wiederholt. Dass dieser bestimmte Mensch von der Fortuna begünstigt sei, würde erst dann ein Schluss analog dem bei der organischen Zweckmässigkeit sein, wenn dieser Mensch nicht nur das eine Mal bei dem einen Spiel zehn oder zwanzig Mal beim Dubliren gewönne, sondern sein ganzes Leben lang auf allen Spieltischen der Welt dieses unerhörte Glück hätte, und wenn ein Ausbleiben dieses unerhörten Glückes bei ihm so sehr zu den Ausnahmen gehörte, wie die Missgeburten zu den Ausnahmen des zweckmässigen organischen Bildens. Umgekehrt würde Lange nur dann Recht haben, dass die Wirklichkeit des *a priori* Unwahrscheinlichen in der organischen Natur noch nicht ohne Weiteres zum Rückschluss auf eine constante Ursache zwingt, wenn das Zustandekommen dieser *a priori* unwahrscheinlichen harmonischen Zweckmässigkeit ein ebenso seltener Ausnahmefall unter zahllosen verunglückten Missbildungen und Missgeburten aller Art wäre, wie das zehn oder zwanzig Mal hinter einander Gewinnen ein seltener (in dem Grade seiner Seltenheit durchaus der apriorischen Theorie der Wahrscheinlichkeit entsprechender) Ausnahmefall im Glücksspiel ist. Dieser colossale Unterschied lag wohl nahe genug, um das Uebersehen desselben durch Lange auffallend zu finden; er würde allein schon hinreichen, um die ganzen Angriffe Lange's gegen meine Auseinandersetzung hinfällig zu machen.

* Wäre die Wahrscheinlichkeitsrechnung nur deductiv verwendbar, wie Lange behauptet, so ginge ihr Werth über den einer mathematischen Spielerei ebenso wenig hinaus, wie die formale Logik der Schlussfiguren eine werthlose Spielerei des Geistes wäre, wenn es nur ein deductives Denken gäbe. Wie die deductive Logik erst dadurch

einen Werth erhält, dass man sie kennen muss, um sich in der inductiven Logik mit klarem Bewusstsein und Sicherheit zu bewegen, so gewinnt auch die deductive Wahrscheinlichkeitsrechnung erst dadurch einen Werth, dass auf ihrer Umkehrung die inductive Wahrscheinlichkeitsrechnung errichtet wird. Wenn die deductive Wahrscheinlichkeitsrechnung von gegebenen oder vorausgesetzten Bedingungen als hypothetischen Ursachen auf die Chancen gewisser eventueller Wirkungen schliesst, so schliesst die inductive Wahrscheinlichkeitsrechnung aus gegebenen oder vorausgesetzten Beobachtungsreihen als Wirkungen auf die Chancen der sie hervorbringenden Ursachen. Während die ältere Logik vor Erscheinen der ersten Auflage dieses Buches gar keine Fühlung mit der mathematischen Wahrscheinlichkeitstheorie hatte, ist es als einer der Hauptfortschritte der neueren Logik zu begrüssen, dass dieselbe sich bemüht hat, diese Fühlung zu gewinnen (z. B. bei Lotze, Lange, Siegwart, Wundt). Leider ist aber bisher der Unterschied der deductiven und inductiven Wahrscheinlichkeitstheorie fast ganz unbeachtet geblieben, und selbst da, wo derselbe eine theoretische Erwähnung findet (z. B. bei Siegwart), fehlt doch noch jede Ahnung davon, dass die deductive Wahrscheinlichkeitsrechnung nur als Durchgangsstufe zum Verständniss der inductiven eine gewisse Bedeutung hat, und dass der praktische Werth der Wahrscheinlichkeitstheorie für die Logik und Methodologie fast ganz, wenn nicht ausschliesslich in der inductiven Wahrscheinlichkeitsrechnung liegt.

* **S. 54 Z. 3 v. u.** (Vgl. die drei letzten Seiten im dritten Theile dieses Werkes.)

* **S. 59 Z. 21.** Genauere Darlegungen über die selbstständigen Functionen der niederen Nervencentra findet man in dem Anhang „Zur Physiologie der Nervencentra"; die Betrachtung beschränkt sich in diesem Anhang nicht auf das Rückenmark, sondern erstreckt sich auch auf die relative Selbstständigkeit der niederen und mittleren Hirntheile gegenüber den Grosshirnhemisphären. In jedem dieser Hirntheile bestehen Empfindungen, Anschauungen, vorbereitete Associationen und Prädispositionen zu bestimmten Reflexactionen; jeder dieser Hirntheile hat einen eigenen Willen, ein eigenes Vorstellungsleben und eigenes Gedächtniss. Unsre geistige Persönlichkeit ist in demselben Sinne ein kunstvoller organischer Stufenbau von übergeordneten und untergeordneten Bewusstseinssphären und Willenssphären, wie unser leiblicher Organismus ein Stufenbau von höheren und niederen Centralorganen des Nervensystems ist. Schon im Traume des normalen Schlafes treten andere Hirntheile für die ruhebedürftigen Theile des Grosshirns ein, und unser Ich oder Selbstbewusstsein, welches immer an dem höchsten, jeweilig in Thätigkeit befindlichen Centrum haftet, wandert oder steigt von diesen zu anderen Hirntheilen hinab. In noch höherem Maasse ist dies der Fall in den verschiedenen somnambulen Bewusstseinszuständen, dem des gewöhnlichen Somnambulismus und dem des (neuerdings von Pierre Janet bestätigten) Hochschlafs oder Tiefschlafs; es treten dann die für gewöhnlich latenten subordinirten Bewusstseinssphären für andere Beobachter zu Tage, indem die Reflexhemmungen des Grosshirns aufhören und die mittleren Hirntheile über die Sinneswerkzeuge, das Sprachorgan und die willkürlichen Muskeln freie Verfügung und damit die Möglichkeit selbstständiger Kundgebungen bekommen. (Vgl. Dessoir „Das Doppel-Ich" Leipzig, Günther 1889.)

S. 61 letzte Z. Diese Bemerkungen dürften hinreichen, um es zu rechtfertigen, dass für die Bezeichnung des allen Kundgebungen des Willensgebietes unzweifelhaft zu Grunde liegenden einheitlichen Princips kein anderer Ausdruck gewählt worden ist als „Wille". Diese schon von Schopenhauer richtig getroffene Bezeichnung konnte nur deshalb so lange Zeit auf so heftige Abneigung bei der Schulphilosophie stossen, weil die Psychologie derselben ganz auf das Gebiet bewusster Seelenthätigkeit beschränkt war, und dieses als etwas specifisch Höheres und Anderes von seinem unbewussten Naturgrunde loszulösen bemüht war, so dass die Erweiterung einer zunächst aus dem bewussten Seelenleben entlehnten Bezeichnung auf unbewusst psychische Functionen ihr als ein Verbrechen an der Majestät des künstlich von der Natur lospräparirten Geistes erschien. Je mehr die Lehre von der Wesensgleichheit des bewussten Geistes mit der unbewussten Natur neuerdings um sich gegriffen hat, desto mehr Anhänger und Nachfolger hat auch Schopenhauer's Gebrauch des Ausdrucks Wille gefunden (vgl. Göring: „System der kritischen Philosophie", Leipzig, bei Voit & Co., 1874, Theil I Cap. III, besonders S. 68—71, wo verschiedene Einwände gegen den Begriff des unbewussten Willens widerlegt werden). * Insbesondere mehren sich neuerdings die Fälle, dass Philosophen, die sich im Ganzen ablehnend gegen Schopenhauer verhalten, sich dennoch seine Verallgemeinerung des Willensbegriffes aneignen (z. B. Wundt, Stricker).

S. 64 Z. 28. Wenn schon neuere Untersuchungen gezeigt haben, dass auch in gewissen Theilen der Grosshirnhemisphären motorische Nervenendigungen liegen, so werden dadurch doch die folgenden, für sich allein schwer genug wiegenden Argumente nicht alterirt.

S. 66 Z. 25. Damit eine Bewegung correct, d. h. in dem richtigen Intensitätsverhältniss aller ihrer Componenten erfolgen könne, muss eine deutliche Empfindung von der Lage der betreffenden Körpertheile nicht nur beim Beginn der Bewegung, sondern auch während der auf einander folgenden Momente der Ausführung vorhanden sein; hierzu ist aber erforderlich, dass sowohl der Tastsinn als auch der Muskelsinn (oder das Muskelbewegungsgefühl) correct functioniren. Erst wenn die richtige Empfindung von der jeweiligen Lage der Theile gegeben ist (diese Empfindung braucht übrigens nicht im Grosshirn stattzufinden, sondern wird gewöhnlich nur im Kleinhirn, den Sehhügeln oder Streifenhügeln ihr materielles Substrat haben), erst dann kann der Grad der motorischen Innervation richtig bemessen, und durch Vergleich des wahrgenommenen Muskelbewegungsgefühls während der nahezu vollendeten Bewegung mit dem durch die Vorstellung anticipirten Muskelgefühl controlirt, d. h. während der Action verstärkt oder gehemmt oder modificirt werden. So kann allerdings das durch die Vorstellung anticipirte Muskelgefühl (aber nur durch den controlirenden Vergleich mit dem vor und während der Bewegung wahrgenommenen Muskelgefühl) als Regulator der Bewegung dienen, aber der Regulator ist etwas anderes als das erzeugende oder treibende Moment, und als dasjenige, was den Innervationsimpuls auf bestimmte Nervenendigungen lenkt, also die Qualität der Bewegung bestimmt. Maudsley nennt letzteres Moment „Bewegungsanschauung", unterscheidet dieselbe (Physiologie und Pathologie der Seele, deutsch von Böhm, S. 183) ebensowohl von der bewussten Vorstellung der beabsichtigten Bewegung als von dem Muskelgefühl, und nimmt an, dass das receptive Muskelgefühl zwar zu ihrer Entstehung und Ausbildung nothwendig sei (beim Menschen vielleicht, bei Thieren gewiss nicht), dass es aber weder für die latente Existenz noch für die active Function der Bewegungsanschauung nothwendig sei, insofern die nothwendige Regulation an Stelle des Muskelsinns durch einen anderen Sinn, z. B. den Gesichtssinn, besorgt wird (vgl. oben im „Anhang" S. 410—411). Maudsley hält das Dazwischentreten der Bewegungsanschauungen für ebenso unerlässlich bei der auf eine Sinneswahrnehmung erfolgenden Reflexaction wie bei der willkürlichen Bewegung nach einer bewussten Vorstellung und betrachtet es als selbstverständlich, dass diese Bewegungsanschauungen unbewusste seien (Phys. u. Path. d. Seele S. 177 u. 187), er versteht aber unter den letzteren nur moleculare Prädispositionen, die ohne Bewusstein functioniren, wenigstens ohne in das Bewusstsein der Grosshirnhemisphären zu fallen (S. 187). Dass solche Prädispositionen bei dem Zustandekommen der willkürlichen Bewegung an den verschiedensten Stellen der Centralorgane des Nervensystems mitwirken, ist natürlich nicht zu bestreiten; entfaltet doch bei der so complicirten Action einer Fingerhebung jede Nervenfaser und jede Ganglienzelle, welche von dem vom Grosshirn ausgehenden Innervationsstrom durchflossen wird, ihre eigenthümlichen ererbten oder erworbenen Molecularprädispositionen, — und erst durch solche Betheiligung der untergeordneten Nervencentra auch bei den willkürlichen Bewegungen wird es möglich, dass ein vom Grosshirn ausgehender einfacher Innervationsimpuls ein so complicirtes Resultat zweckmässig zusammengesetzter Muskelactionen auslösen kann. Die Hauptschwierigkeit bleibt nur immer die, wie die Vorstellungszellen in den grossen Hemisphären es anfangen, je nach dem idealen Inhalt der betreffenden Vorstellungen Innervationsimpulse auszusenden, welche nicht nur durch die Intensität und Qualität der Innervation, sondern auch durch die verschiedene Richtung der Aussendung sich unterscheiden, insofern nämlich die Endigungen der in jedem Fall zu treffenden Faserzüge an verschiedenen Stellen des Grosshirns zu suchen sind. Es ist der Umsatz des idealen Vorstellungsinhalts (der Worte: „kleiner Finger" oder „Zeigefinger") in die mechanische Action, an der alle mechanistische Erklärung ewig scheitern wird.

* S. 67 Z. 16 v. u. Vgl. hierzu oben S. 387—391 und Theil III. S. 184—185, 190—191 (Anm. Nr. 95—99) und S. 504. Vgl. auch oben S. 119—120 und den Zusatz zu S. 120 Z. 12, S. 448—449.

* S. 67 letzte Z. Die Bedeutung dieses kleinen Capitels ist vielfach überschätzt worden, weil es zufällig nahe am Anfang steht. So wenig ich die Einwendungen der Gegner stichhaltig finden kann, so geringfügig scheint mir seine Beweiskraft. Bei dem Grade unserer Unkenntniss über die fraglichen Zusammenhänge wäre es offenbar das Einfachste gewesen, dieses kleine Capitel in den späteren Auflagen einfach zu streichen, wenn ich dadurch nicht dem im Vorwort zur siebenten Auflage entwickelten Grundsatz widersprochen hätte, nur Zusätze, aber keine Aenderungen vorzunehmen, damit der Leser jeder Auflage das ganze Material zur Hand hat. Am wenigsten hat dieses Capitel die Aufgabe, für sich allein die Existenz von absolut unbewussten Vorstellungen grundlegend zu beweisen, wenngleich ich die hier in Betracht kommenden Vorstellungen als das erste zufällig aufgestossene Beispiel von absolut unbewussten Vorstellungen gekennzeichnet habe. Die Nothwendigkeit der Hypothese von absolut unbewusster Geistesthätigkeit hinter der relativ unbewussten entspringt nicht aus einem einzelnen Beispiel, sondern aus dem ganzen Gange der Untersuchung. Sie verdunkelt sich am leichtesten in jenen mittleren Gebieten, wo das Individualbewusstsein schon eine gewisse Entfaltung erlangt hat; sie tritt dagegen am deutlichsten hervor einerseits auf den untersten Stufen des Seelenlebens (Protoplasma und Atom), wo das Bewusstsein noch zu unentwickelt ist, um ihm teleologische Leistungen zutrauen zu können, und andererseits auf der höchsten Stufe des absoluten Geistes, oder der Thätigkeit des all-einen Weltwesens.

S. 69. Z. 7. In einer geringschätzigen Kritik im „Ausland", 1872, Nr. 40. in welcher von J. H. Klein vom Standpunkt der Naturwissenschaft über die Phil. d. Unb. der Stab gebrochen wird, wird gerade die vorhergehende Stelle als Hauptbeweismittel für die leichtsinnige Oberflächlichkeit und Werthlosigkeit meiner Arbeit benutzt (S. 939), und mir Darwin's exacte Forschungsmethode als Muster vorgehalten (S. 943). Dabei ist Herrn Klein nur das kleine Malheur passirt, zu übersehen, dass gerade in dem angegriffenen Punkte nicht nur Darwin mit mir völlig übereinstimmt, sondern auch die wichtigsten der von mir angeführten Beispiele (ebenso wie die auf S. 69 unten bis 70 oben) direct aus Darwin's „Entstehung der Arten" (4. deutsche Auflage S. 204—205) entlehnt sind. Herr Klein warnt ferner jedermann vor einem Philosophen, der so sehr sich selbst widerspricht, dass er im Anfang eines Capitels behauptet, es kämen bei gleicher Körperbeschaffenheit in **verschiedenen** Specien verschiedene Instincte vor, und am Schlusse desselben beweisen will, warum innerhalb **derselben** Species aus gleicher Körperbeschaffenheit gleiche Instincte folgen müssten (S. 941). „Gott möge die exacte Wissenschaft vor solcher Oberflächlichkeit bewahren!" (S. 939.)

S. 88 Z. 6. Die Kreuzspinne geht schon einen Tag vor dem Wetterumschlag in den Regenwinkel ihres Netzes, und beginnt einen Tag vor dem Wiedereintritt schönen Wetters, vielleicht schon mitten im Regen, ihr Netz zu untersuchen. „Das gute Wetter aber dauert dann nicht lange. Zuweilen reisst die Spinne ihr Netz ein und baut dann ein ganz neues. Dies ist nun ein sicheres Zeichen von schönem Wetter. Bei genauerem Hinsehen entdeckt man, dass das Netz nicht immer gleich ist; bald sind seine Maschen weiter, bald enger. Sind dieselben weit, so ist dies ein Zeichen, dass das schöne Wetter höchstens fünf Tage anhält, sind sie aber eng, kann man sicher auf acht schöne Tage rechnen" („Ausland", 1875, Nr. 18, S. 360). Man sieht leicht, dass für den Fliegenfang zwar das engere Netz das vortheilhaftere ist, dass aber in Anbetracht der Zerstörung des Netzes durch Regen und Wind eine gewisse berechnete Sparsamkeit mit der Productionskraft ihrer Spinndrüse für die Spinne nothwendig ist, welche nach der zukünftigen Witterung bemessen wird.

* **S. 103 Anm. letzte Z.** Vgl. „Neukantianismus, Schopenhauerianismus und Hegelianismus". 2. Aufl. S. 121—174.

* **S. 104 Z. 4.** Ebenda S. 175—257 und „Phil. Fragen der Gegenwart" Nr. XII.

* **S. 105 Z. 11 v. u.** „Kritische Grundlegung des transcendentalen Realismus" 3. Aufl., speciell S. 90—94.

S. 113 Z. 10. Die Empfindung des Schwarzen ist nämlich die Empfindung desjenigen chemischen Restitutions- oder Recompositionsprocesses der Nervenmasse, welcher dem Consumtions- oder Decompositionsprocess entgegengesetzt ist, wie er als Empfindung des Weissen zum Bewusstsein kommt (nach der physiologischen Licht- und Farbentheorie von Hering, vgl. Naturforscher 1875, Nr. 9); die chemische Recomposition aller Nervenmasse (und besonders der Leitungsfasern) wird aber durch centrifugale Innervationsströme von den bezüglichen Centren aus angeregt und geleitet, und dieser Innervationsstrom gelangt in Sinnesnerven dem Grosshirn theilweise als Aufmerksamkeit zum Bewusstsein (vgl. oben S. 427—430). Es ist also ein und dasselbe, ob man sagt: in den Nervenfasern ohne Endorgane der Gesichtswahrnehmung oder in den von keinen Nervenprimitivfasern repräsentirten Stellen des Netzhautbildes fehlt die entsprechende Recomposition, weil die äusseren Anlässe zur Decomposition fehlen; oder ob man sagt: wo niemals centripetale Empfindungsreize zugeleitet werden, kann auch kein centrifugaler Innervationsstrom zu Stande kommen, der doch zunächst reflectorisch entstehen muss.

S. 120 Z. 12. Ich kann das angeführte Beispiel heute nicht mehr als stringenten Beweis dessen ansehen, was es an dieser Stelle beweisen soll; denn in der That sind auch im normalen Zustande ausser der einen Hauptleitung des Reflexes (welche von der Insertionsstelle des sensiblen zu der des motorischen Nerven in der grauen Masse des Rückenmarks auf kürzestem Wege führt) noch eine Menge Nebenleitungen von grösserem oder geringerem Leitungswiderstande vorhanden, welche je nach der wechselnden Grösse des Reizes und der Reizbarkeit mit in Anspruch genommen werden. Ist nun die Hauptleitung zerstört, so werden die Zweigleitungen in Function treten, wenn entweder der angewandte Reiz gross genug, oder die Reizbarkeit des Rückenmarks hinlänglich gesteigert ist (letzteres geschieht theils durch Strychnin, theils durch die Abtrennung des Rückenmarks vom Gehirn und seinen reflexhemmenden Einflüssen). Aber es ist wohl zu beachten, dass die Nebenleitungen um so mehr Centralstellen von grauer Substanz passiren, je weitere Umwege sie einschlagen, und dass jeder Durchgang der Erregung durch graue Substanz (wegen der in den Ganglienzellen der letzteren enthaltenen hemmenden Einflüsse und zur Auslösung bereiten specifischen Kraftvorräthe) keine einfache Leitung mehr ist, sondern selbst wieder ein Reflex. Je grössere Umwege also ein Reiz einschlägt, ehe er als motorische Reaction wieder austritt, um so complicirter wird die Zusammensetzung des Gesammtreflexes aus einer ganzen Reihe von Einzelreflexen, bei deren jedem sich das Problem der psychischen Innerlichkeit und Zweckmässigkeit des Reflexes wiederholt. Wenn mithin obiges Beispiel unmittelbar nicht beweist, was es beweisen soll, so spricht es noch weit weniger für die entgegengesetzte, rein mechanische Auffassung, sondern lässt das in jedem Moment wiederkehrende Problem zunächst offen. Entschieden aber wird dieses Problem dadurch, dass die Zweckmässigkeit der Reflexmechanismen selbst eine allmählich gewordene und teleologisch modificirbare ist, dass die vorhandenen Dispositionen oder Hilfsmechanismen selbst erst durch eine Summe von zweckmässigen Functionen entstanden sind, welche ohne diese Mechanismen möglich waren, und dass sie ihre Zweckmässigkeit noch immer modificiren durch zweckmässige Abänderung der Functionen, welche nach öfterer Wiederholung eine Abänderung in den vorhandenen Moleculardispositionen hervorbringen.

S. 122 letzte Z. Vergl. zu diesem Cap. den Anhang, besonders Abschnitt 3, 4, 5, 6 u. 11.

S. 135 Z. 6. Die vorstehenden Angaben sind aus Burdach's Physiologie entnommen. Wenn dieselben in der gegebenen Gestalt vor dem Forum der heutigen Physiologie sich nicht durchweg als haltbar herausstellen, so ändert dies doch nichts an der allgemeinen Thatsache, um welche es sich dabei handelt; vielmehr sieht sich gerade die moderne Physiologie mehr und mehr zur Anerkennung vicarirender Functionen hingedrängt, und die Biologie findet in der Descendenztheorie und der von jener gelehrten allmählichen Differenzirung der verschiedenen Organe aus ursprünglich gleichartigen Geweben den Schlüssel für die Möglichkeit solcher Vorgänge, welche aus diesem Gesichtspunkt als eine Art von atavistischer Reminiscenz der Gewebe an eine phylogenetische Entwickelungsperiode erscheinen, wo die Arbeitstheilung im Organismus noch nicht so weit vorgeschritten war.

S. 138 Z. 15. Diese Stelle des Textes, welche bereits in der ersten Aufl. dieses Werkes steht, ist der deutlichste Beweis, wie wenig diejenigen den Sinn meiner Lehre verstanden haben, welche sich einbilden, ich wolle irgendwo die physikalisch-chemische Erklärung aus wirkenden materiellen Ursachen durch metaphysische Erklärungen ersetzen oder gar verdrängen. Nichts liegt mir ferner, als ein so sinnloses und mit dem Geist der modernen Wissenschaft im Widerspruch stehendes Unterfangen. Im Gegentheil hat noch niemals ein speculativer Philosoph das selbstständige Recht der Naturwissenschaft so willig anerkannt und ihren Werth so hoch gestellt wie ich, der ich es für die zweifellose und hoffnungsvolle Aufgabe der Naturwissenschaft halte, nach den wirkenden materiellen Ursachen der materiellen Erscheinungen zu forschen, und der ich es für die „Schuldigkeit" des Naturforschers als solchen erachte, sich in diesem Forschen nach den wirkenden materiellen Ursachen nicht durch Einmischung metaphysischer, teleologischer oder anderweitiger Erklärungsprincipien irre machen zu lassen. Diese Anerkennung der Naturwissenschaft auf dem Gebiete der materiellen Erscheinungen und ihres Causalzusammenhanges kann mich aber nicht (wie einige „moderne" Philosophen) gegen die Einsicht blind machen, dass weder die materiellen Erscheinungen die Erscheinung des Weltwesens überhaupt, noch auch der Causalzusammenhang als solcher die Erkenntniss der materiellen Erscheinungen in ihrer gesetzmässigen Eigenthümlichkeit zu erschöpfen vermag, dass also hinter der Naturwissenschaft und ihren Lösungen noch ganz andre Probleme stehen (vgl. im dritten Theile dieses Werkes die „Allgemeinen Vorbemerkungen" zur zweiten Auflage von „Das Unbewusste vom Standpunkt der Physiologie und Descendenztheorie" und Nr. 2 der Zusätze zu Cap. II ebenda). Insofern nun ein Naturforscher zugleich den Anspruch erhebt, „homo sapiens", d. h. ein gebildeter und denkender Mensch zu sein, so muss man von ihm verlangen, dass er sich dieser Grenzen seiner Specialwissenschaft und ihres Nichtzusammenfallens mit den Grenzen der menschlichen Erkenntniss überhaupt bewusst sei und für allgemeinere philosophische Bestrebungen sogar ein gewisses allgemeinmenschliches Interesse hege. Dagegen ist von keinem Menschen, der nicht den Anspruch erhebt, Naturforscher von Fach zu sein, zu verlangen, dass er bei der Beschäftigung mit den Problemen zunächst damit anfange, den gegenwärtigen Stand der naturwissenschaftlichen Kenntnisse zu erweitern, d. h. nach einer causalen Erklärung der materiellen Erscheinungen durch materielle Ursachen über das Maass der von der Naturwissenschaft zeitweilig schon gelieferten Aufschlüsse hinaus zu forschen; er wird diese Seite der wissenschaftlichen Aufgabe der Menschheit eben den Naturforschern von Fach überlassen, und durch diesen Verzicht keineswegs behindert, sondern vielmehr erst in den Stand gesetzt sein, der andern, ebenso wenig eine Vernachlässigung gestattenden Seite der Aufgabe seine vollen Kräfte in fruchtbarer Weise zu widmen. Wenn aber Naturforscher diese Sachlage so sehr verkennen, dass sie dem Philosophen jede Anwendung philosophischer Erklärungsprincipien und jeden persönlichen Verzicht auf selbstthätige Forschung in naturwissenschaftlicher Richtung als eine Art von Verbrechen gegen den heiligen Geist anrechnen, so kann man eine solche fachwissenschaftliche Beschränktheit des Gesichtskreises nur ebenso sehr bedauern, wie den Terrorismus, den viele Wortführer dieser Richtung auf die öffentliche Meinung ausüben, nicht ohne einen gewissen Erfolg in Bezug auf Verwirrung der Ansichten über das Wesen echter „Wissenschaftlichkeit". Es scheint die höchste Zeit, gegen diesen Terrorismus offen aufzutreten, und die gläubigen Opferlämmer der populären naturwissenschaftlichen Vorlesungen und Zeitschriften mit Ernst und Nachdruck darauf hinzuweisen, dass der Begriff der Naturwissenschaft und ihrer Forschungsrichtung auf die materiellen Ursachen doch immer nur eine (und zwar eine den Geisteswissenschaften untergeordnete) Seite der Wissenschaft überhaupt ist. Es liegt sonst die Gefahr nahe, dass die Naturwissenschaft in unserer Zeit nach einer ebenso ungerechtfertigten und womöglich noch gefährlicheren Alleinherrschaft ringe, wie die Theologie sie im Mittelalter thatsächlich besessen hat.

* S. 140 Z. 21. Die neueren Untersuchungen haben inzwischen festgestellt, dass bei den auf S. 139 unten genannten und vielen anderen Krankheiten (z. B. Lungenentzündung, Tuberculose, Wundstarrkrampf, Rose, Rückfallfieber, Rotz der Pferde, Milzbrand der Rinder u. s. w.) die Infection durch organische Keime als die äussere Ursache der Erkrankung anzusehen ist; aber sie haben die Thatsache noch nicht erklärt, dass nur ein Theil der Menschen für die Ansteckung empfänglich, d. h. für das Fortwuchern der Keime ein geeigneter Nährboden ist. Warum sind vorzugsweise die Kinder der Infection durch Kinderkrankheiten ausgesetzt? Warum erkrankt nur der dritte Theil der von tollen Hunden gebissenen Menschen an Hundswuth? Warum gewährt bei vielen Krankheiten das einmalige Ueberstehen der Krankheit, beziehungsweise die Einimpfung eines abgeschwächten Ansteckungsstoffes für kürzere oder längere Frist Schutz gegen neue Ansteckung? Wir wissen jetzt, dass wir beständig von Keimen mancher Krankheitsarten umgeben sind und dieselben einzuathmen nicht vermeiden können (z. B. die Mikroben der Lungenentzündung und Tuberculose), d. h. dass die äussere Ursache dieser Krankheiten stets, diejenigen anderer Krankheiten bei Epidemien überall, gegeben ist; muss da nicht die innere Ursache der Erkrankung, d. h. die für das Fortwuchern der aufgenommenen Keime geeignete Beschaffenheit des Organismus, seiner Gewebe und Säfte als die allein entscheidende Ursache wieder in den Vordergrund treten? Die heutige Medicin feiert ihre Triumphe in der Entdeckung der äusseren Krankheitserreger, in den hygienischen Vorbeugungsmaassregeln gegen Infection und in der chemischen und chirurgischen Bekämpfung der Krankheitserreger bei localen offenen Schäden; aber sie ist in dieser Richtung einseitig geworden und hat allzusehr verlernt, die Bedeutung der inneren Diathesen und constitutionellen Anlagen als wesentliche Ursache der Inficirbarkeit zu würdigen, welche von der älteren Humoralpathologie in ebenso einseitiger Weise ausschliesslich berücksichtigt wurde. Die für die Krankheitsentstehung prädisponirende Blut- und Körperbeschaffenheit kann nun selbst wieder individuell erworben oder ererbt sein, und so erklärt es sich, dass auch die Anlage zu infectiösen Krankheiten (wie Tuberculose) oft erblich erscheint.

* **S. 143 Z. 12. v. u.** Unter Umständen kann auch die Schädlichkeit so gross sein, dass die Anstrengungen des Organismus zu ihrer Ueberwindung nicht ausreichen und derselbe nun gerade an diesen Anstrengungen zu Grunde geht, d. h. noch früher zu Grunde geht, als wenn er jede Anstrengung zur Selbsthilfe unterlassen hätte. Man kann aber das Verhalten in solchen Fällen nicht unzweckmässig nennen, da der Organismus bei Unterlassung jeder Reaction ja doch auch zu Grunde gegangen wäre, und der Versuch zur Gegenwehr jedenfalls angezeigt und berechtigt war. Hierher gehört z. B. der Tod durch die Höhe der Fiebertemperatur in solchen Fällen, wo das Fieber als eine zweckmässige Reaction des Organismus gegen giftige Ptomaine im Blut aufzufassen ist, deren giftige Wirkung durch die Temperaturerhöhung des Blutes aufgehoben oder gemildert werden soll.

* **S. 143 Z. 1 v. u.** Gerade der Besitz von zweckmässigen Mechanismen wird nur zu häufig für den Organismus Ursache eines unzweckmässigen Verhaltens, insofern die zweckmässigen Mechanismen nur der Regel nach, d. h. für gewisse häufig eintretende Voraussetzungen zweckmässig angepasst sind, für Ausnahmefälle aber nicht passen und durch ihr Functioniren schädlich wirken. So ist es z. B. ein zweckmässiger Mechanismus, dass auf die meisten thierischen Gewebe ein constanter Druck als Wachsthumsreiz wirkt; dieser Mechanismus wird aber unzweckmässig, wenn sich aus noch unbekannten Ursachen der Dorn eines Hühnerauges im Zehen gebildet hat und der Wachsthumsreiz zu Epithelialwucherungen führt, welche den schmerzenden Druck des Dorns immer mehr verstärken. So ist es ferner ein zweckmässiger Mechanismus, dass bei der Extrauterinalschwangerschaft, welche phylogenetisch älter ist als die Uterinalschwangerschaft, das Ei durch seine saugende Kraft einen Säftestrom auf sich lenkt, welcher den mütterlichen Organismus zur Ausbildung eines ernährenden Gefässsystems reizt; unzweckmässig aber wird dieser Mechanismus, wenn das Saugende und Saftverbrauchende nicht ein selbstproducirtes Ei, sondern ein eingewanderter Parasit, z. B. ein Echinococcus oder Blasenwurm ist.

* **S. 148 Z. 6.** Es geht aus dieser Darstellung von S. 146—148 deutlich hervor, erstens dass das Gesetz der Erhaltung der Kraft durchaus respectirt werden soll, insofern alle aus dem Organismus zum Vorschein kommende mechanische Kraft nur freigewordene Spannkraft der Aufspeicherungsreservoire sein soll, zweitens dass die Kraft, durch welche der Wille den Umsatz der Spannkraft in lebendige Kraft bewirkt, als eine verschwindend kleine dynamische Leistung im Vergleich zu der erfolgenden Kraftentladung, als eine Art Kraftdifferential angesehen werden soll, welches den umgesetzten Kräften gegenüber bei der Summirung ohne Fehler vernachlässigt werden kann, und drittens, dass die wirkliche Leistung des Willens nicht in einem Hinzufügen eines Kraftzusatzes, sondern in der Bestimmung der Richtung zu suchen ist, in welcher der Kraftumsatz erfolgt, und in der Vorzeichnung der Formen, welche die ihrer Intensität nach unveränderliche Kraft bei dieser Umwandlung annimmt. Bei der organisirenden Thätigkeit erfolgt der Umsatz in der Richtung, dass lebendige Kraft in Spannkraft umgewandelt wird, bei der Kraftentladung oder Kraftentfaltung der Nervenmasse und Muskeln in der Richtung, dass Spannkraft in lebendige Kraft zurückverwandelt wird. Im ersteren Falle ist die Tendenz der unorganischen Kraftverbindungen zur Stabilität zu überwinden, indem stabilere Gleichgewichtslagen der Molecüle in labilere übergeführt werden; im letzteren Falle ist die Tendenz zur Stabilität so lange hintanzuhalten, dass erst der Willensimpuls die Zurückführung der labileren Gleichgewichtslagen in stabilere gestattet und auslöst. (Vgl. hierzu im dritten Theile dieses Werkes: „Wahrheit und Irrthum im Darwinismus", Cap. VII, S. 466—468.) Ob die beiläufig von mir geäusserte Hilfshypothese, dass der unmittelbare Angriffspunkt für die Einwirkung des Willens in einer Drehung gewisser Molecüle zu suchen sein möchte, richtig und haltbar ist oder nicht, darauf lege ich kein Gewicht, da der Bestand der vorangestellten Behauptungen davon ganz unabhängig ist.

Meine anderweitige Behauptung, dass der Wille zu mechanischen Kraftleistungen in irgend welchem Grade befähigt sein müsse, um in die Umwandelungsvorgänge der unorganischen Kräfte bestimmend eingreifen zu können, wird nur demjenigen Bedenken erregen können, welcher den Begriff der mechanischen Kraftleistung in einem engeren Sinne annimmt, als ich ihn an dieser Stelle gemeint habe. Unter mechanischer Kraftleistung im weiteren Sinne des Wortes ist hier das Bewirken irgend welcher räumlicher Lagenveränderung in der räumlichen Anordnung von Kraftcentris verstanden, im Gegensatz zu welcher eine nicht-mechanische Kraftleistung des Willens in der Zurückdrängung oder Hemmung anderer Willensactionen ohne räumlichen Vorstellungsinhalt bestehen würde (wie z. B. in rein geistigen Kämpfen innerhalb eines Menschen oder zwischen mehreren). Unter mechanischer Kraftleistung im engeren Sinne dagegen würde das räumliche Wirken einer Kraft zu verstehen sein, deren sämmtliche Wirkungsrichtungen die Eigenthümlichkeit haben, geradlinig zu sein und sich bei rückwärtiger Verlängerung in einem imaginären mathematischen Punkte zu schneiden, welcher der Sitz oder Ort der Kraft genannt wird und selbst gesetzmässig beweglich ist (vgl. Bd. II S. 220 bis 221). Durch solche Eigenthümlichkeit bekommt eine solche Kraft eine räumliche Beziehung zu den übrigen, durch welche sie nicht nur beweglich gegen die Summe der übrigen wird, sondern auch Beharrungsvermögen in Bezug auf ihren räumlich-zeitlichen Bewegungszustand gewinnt; durch dieses Beharrungsvermögen wiederum aber gewinnt eine solche Kraft im Zustande der Bewegung ein mechanisches Moment, welches sich mit dem mechanischen Moment anderer in gleichem Bewegungszustand befindlicher Kräfte addiren kann. Es ist klar, dass dem nicht in unorganische Atomkräfte eingegangenen Willen die Möglichkeit eines punktuellen Kraftsitzes und mit ihr das mechanische Moment im Bewegungszustand fehlen muss; im Vergleich zu diesem engeren Sinne der mechanischen Kraftleistung wären demnach alle Kraftleistungen des Willens nichtmechanisch zu nennen, welche nicht von unorganischen Atomkräften ausgehen, gleichviel ob dieselben eine anderweitige Beziehung zu räumlichen Lagenveränderungen von Atomen haben oder nicht. Es würde dann beispielsweise die Drehung eines Molecules, die durch unmittelbaren Willenseinfluss hervorgebracht ist, nicht mechanisch heissen dürfen, obwohl die gleiche Wirkung unter Umständen auch durch mechanische Kraftleistungen hervorgebracht werden kann. Es ist klar, dass die Art und Weise der Umwandlung der physikalischen Kräfte bei Ausschluss der Annahme eines Willenseinflusses auf die räumlichen Lagenverhältnisse der Atome überhaupt nicht durch den Willen bestimmt und regulirt werden könnte und es wird gestattet sein, einen solchen Einfluss eine mechanische Kraftleistung im weiteren Sinne des Worts nach Maassgabe der vorangeschickten Erklärungen zu nennen, unbeschadet dessen, dass derselbe keine mechanische Kraftleistung im engeren Sinne des Wortes ist. Da nun offenbar das physikalische Gesetz der Erhaltung der Kraft sich ausschliesslich auf mechanische Kraftleistungen im engeren Sinne des Wortes bezieht, so liegt es auf der Hand, dass durch meine Annahme die Geltungssphäre des Gesetzes der Erhaltung der Kraft gar nicht berührt wird. (Vgl. Theil III S. 141—145, Anm. Nr. 51, 58 u. 62—65 und S. 463—474.)

Eine andere Frage ist es, ob nicht das Gesetz der Erhaltung der Kraft vermuthungsweise einer Ausdehnung über seiner physikalischen Geltungssphäre hinaus und einer Erweiterung im philosophischen Sinne fähig wäre. Es würde sich dann neben der physikalischen Geltungssphäre dieses Gesetzes (für mechanische Kraftleistungen im engeren Sinne des Wortes) eine zweite Geltungssphäre für nicht mechanische Kraftleistungen in dem gleichen Wortsinn, d. h. für nicht atomistische Willensaktionen mit räumlichem und unräumlichem Verstellungsinhalt aufthun, oder anders ausgedrückt ein Gesetz der Erhaltung der Kraft im Reiche der geistigen Motivation und Willenskämpfe aufzustellen sein. Dass ich einer solchen Hypothese, zu deren empirischer Begründung uns bis jetzt alle Mittel fehlen, nicht abgeneigt bin, habe ich schon i. J. 1869 ausgesprochen (vgl. „Neukantianismus, Schopenhauerianismus und Hegelianismus" 2. Aufl. S. 205—208).

* **S. 151 Z. 13.** Das unmittelbare Centrum der Gesichtswahrnehmung sind die Vierhügel, und diese Einschaltung der Vierhügel zwischen Grosshirn und Sehnerv macht es so schwierig, durch den

bewussten Willen des Grosshirns, d. h. nach Willkür, Gesichtsbilder hervorzurufen, welche den Wahrnehmungsbildern an Lebhaftigkeit nahekommen. Das Grosshirn kann nur autosuggestiv auf den Willen der Vierhügel wirken und somit diesen zur Erzeugung der betreffenden Gesichtsbilder anregen; dies gelingt nur wenigen Menschen, um so wenigeren, als eine auf solche Bilder gerichtete Übung für das practische Leben unzweckmässig wäre. Für gewöhnlich hat vielmehr das Grosshirn die Aufgabe, der spontanen Bildererregung der Vierhügel hemmend entgegen zu treten. In Zuständen, wo das Grosshirn seine Herrschaft, d. h. seine hemmende und zügelnde Macht über die mittleren Nervencentra einbüsst, z. B. im Rausch, im Fieber, im Irrsinn, in den spontanen Träumen des natürlichen Schlafes und in den suggerirten oder autosuggestiven Träumen des offenen oder larvirten Somnambulismus, hat der Wille der Vierhügel freies Feld und bethätigt sich in Phantasien, Illusionen, Hallucinationen und Traumbildern, welche an sinnlicher Lebhaftigkeit den Wahrnehmungsbildern gleichkommen und deshalb trotz aller Zweifel und Einsprüche des Verstandes mit solchen verwechselt werden. Oft sind solche Visionen nur die Folgen krankhafter Organreize (z. B. im Fieber oder im delirium tremens), noch öfter aber weisen sie durch ihren Zusammenhang mit den Wünschen, Befürchtungen und Interessen des Individuums auf den Ursprung aus seinem unbewussten Willen hin. Der experimentelle Beweis dafür ist in der künstlichen Hypnose zu führen, während welcher die suggerirten Interessen an Stelle der suspendirten eigenen Interessen und die suggerirten Hallucinationen an Stelle spontaner Traumbilder treten.

* **S. 153 Z. 23 v. u.** Die Ursachen der Hypnotisirung eines Menschen oder Thieres sind so mannichfach (z. B. Ermüdung der Sinne, Ermüdung der Vorstellungsthätigkeit, Schreck, Angst, psychische Suggestion durch Worte, dass es kein Wunder ist, wenn die heutigen Experimentatoren auf dem Gebiete des Hypnotismus sich zunächst an diese bekannten Ursachen halten und die weniger bekannte des magnetischen Nervenstroms (Mesmerismus) zurückweisen. Indessen sind die unbefangensten Aerzte zur Anerkennung dieses Agens neben anderen hingedrängt worden durch die Thatsache eines physischen Rapports neben dem psychischen, durch das Mesmerisiren von schlafenden Menschen und Thieren und von Pflanzen, durch die sichtbare Vertiefung der bereits bestehenden Hypnose vermittelst heimlicher mesmerischer Striche hinter dem Rücken der Versuchsperson, durch die rein mesmerische Anknüpfung eines gleichzeitigen mehrfachen Rapports mit mehreren Magnetiseuren u. A. m. Ausserdem ist die Hypnotisirung nur eine unter den vielen Wirkungsarten des magnetischen Nervenstroms, welcher ausser durch diese physiologische Wirkung auch noch durch eine Menge physikalischer Wirkungen zu constatiren ist. (Vgl. meine Schrift „Der Spiritismus" Cap. 2 „die physikalischen Erscheinungen".) Diese physikalischen Wirkungsarten sind nur den hypnotischen Experimentatoren bis jetzt noch ebenso unbekannt, wie es bis vor kurzem das ganze Gebiet des Hypnotismus in medicinischen Kreisen war.

* S. 152 Z. 2. Gegenüber den Zweifeln, welche man in die Genauigkeit und Zuverlässigkeit meiner Beobachtungen und in die Richtigkeit ihrer Deutung gesetzt hat, bemerke ich noch, dass ich wiederholentlich meinen Kopf in eine zufällige Annäherung an die eiserne Kopflehne des Bettgestells brachte und dabei das Ueberspringen von ziemlich kräftigen Funken spürte, wie bei der Entladung einer schwach geladenen Leidener Flasche. Es bedurfte der genauesten Prüfung einschliesslich der Stiefel und Strümpfe des frei im Zimmer stehenden Magnetiseurs, um meinen Verdacht zu überwinden, dass derselbe in betrügerischer Weise mit einer Electrisirmaschine leitend verbunden sei.

S. 155 Z. 3 v. u. Maudsley sagt in seiner „Phys. u. Path. der Seele" (deutsch v. Böhm) S. 117: „Die Vorstellung eines bevorstehenden Brechactes bei Ueblichkeitsgefühl wird sicherlich das Eintreten des Brechens beschleunigen. Die Vorstellung eines nervösen Mannes, dass er den Coïtus nicht ausführen könne, macht ihn in der That oft unfähig dazu, und in den *Philosophical Transactions* ist ein sehr merkwürdiger Fall von einem Mann erwähnt, der für eine Zeit lang seine Herzbewegungen zum Stillstand bringen konnte." S. 118: „Es giebt Leute, die durch lebhafte Vorstellung von Schauder oder von einem auf ihrer Haut kriechenden Thiere eine Gänsehaut bekommen." S. 123: „Die Vorstellung von einem Gefühl von Jucken an einer bestimmten Körperstelle verursacht das Jucken selbst, und die lebhafte Vorstellung, dass ein Substanzverlust durch eine Operation gehoben werden wird, beeinflusst zuweilen die organische Thätigkeit des betreffenden Theiles in einem solchen Grade, dass die spontane Heilung eintritt." S. 118: „Jede Stunde unsres täglichen Lebenslaufes hat Beispiele genug von der Wirkung von Vorstellungen auf unsre willkürlichen Muskeln aufzuweisen. Wenige nur von den gewöhnlichen Tagesverrichtungen versetzen den Willen" (d. h. den bewussten Willen) „in Thätigkeit; wenn sie nicht sensumotorisch" (d. h. als Reflex auf Sinneswahrnehmungen) „erfolgen, so werden sie durch Vorstellungen ausgelöst." — Recht deutlich offenbart sich auch bei solchen Personen, die im wachen Zustande nicht nervös genug sind, um entschiedene Erfahrungen in dieser Hinsicht an sich zu sammeln, der unbewusste Einfluss der Phantasie im Traume, wo z. B. die Traumvorstellung, an bestimmten Körperstellen verletzt oder verwundet zu werden, deutliche locale Schmerzempfindung hervorrufen kann, die beim Erwachen verschwindet.

* Noch entschiedener und augenfälliger wird der Einfluss der Vorstellung durch die Suggestion bei Hypnotisirten bewiesen (vgl. zur bequemen Uebersicht über dies Erscheinungsgebiet die Schrift von Dr. med. Albert Moll: „Der Hypnotismus" 2. Aufl. Berlin 1890). Jede Art von halbseitiger oder systematisirter Lähmung ist hier durch die blosse Zufuhr der Vorstellung einer solchen nach Belieben schon während der Hypnose oder nach dem Erwachen herbeizuführen, desgleichen jede Art von Neuralgie. Die Lähmungen können sich auch auf Sinneswerkzeuge erstrecken, also posthynotische Blindheit oder Taubheit, oder Geruchlosigkeit etc. hervorbringen, oder derart systematisirt sein, dass sie nur die Gesichts-, Gehörs- und Tastwahrnehmungen von bestimmten Gegenständen oder Personen umfassen. Erröthen, Erblassen, Schweissausbruch, Uebelkeit, Verlangsamung des Herzschlages, localisirte und systematisirte Krämpfe sind auf dieselbe Weise zu erzielen. Andrerseits sind alle solche Krankheitszustände, die nicht auf anatomischen Veränderungen, sondern auf hysterischer Autosuggestion beruhen, durch posthypnotische Suggestion zu beseitigen, insofern der Einfluss des psychischen Rapports mit dem Experimentator stärker ist als der Einfluss der hysterischen Einbildung oder Autosuggestion, und für so lange, bis die letztere wieder die Oberhand gewinnt über die erstere. Suggerirbare Individuen sind auch im wachen Zustande für gewisse Suggestionen empfänglich, besonders von Seiten solcher Personen, von denen sie öfters hypnotisirt worden sind.

* **S. 156 Z. 6.** Das Grosshirn als Organ der Willkür hat allerdings keinen unmittelbaren Einfluss auf die capillaren Blutgefässe, wohl aber kann von untergeordneten Nervencentren ein solcher Einfluss ausgehen, und das Grosshirn kann durch die in ihm sich regenden Interessen, Wünsche und Erwartungen den betreffenden untergeordneten Centren die nöthigen Impulse geben, um auf eine bestimmte Gruppe von capillaren Blutgefässen verengernd oder erweiternd zu wirken. Es ist der Medicin bekannt, dass es einen Grad der Hautreizbarkeit giebt, bei welchem die Haut auf jeden Reiz reflectorisch mit nesselartigem Auflaufen an der Reizstelle reagirt, z. B. die mit dem Fingernagel gezeichneten Buchstaben als Auflauf hervortreten lässt; die spiritistische Literatur ist reich an Berichten, nach welchen derartige Nesselaufläufe in Form von Anfangsbuchstaben oder kurzen Worten ohne äusseren Reiz durch Anregung der unbewussten Phantasie hervortreten und die vorherrschende Interessenrichtung bezeichnen oder auch auf Fragen Antwort geben. Die neuerlichen Versuche französischer Aerzte haben festgestellt, dass man Hypnotisirten befehlen kann, eine bestimmte Zeit nach dem Erwachen an bestimmten Körperstellen Hautröthung, Blasenziehen, capillaren Bluterguss in das Unterhautgewebe, Brandwunden, Nasenbluten, Hautblutungen u. s. w., hervortreten zu lassen, und dass man auf diese Weise sehr wohl die Phänomene der Stigmatisation künstlich erzielen kann. (Vgl. Moll's „Hypnotismus" 1. Aufl. S. 79—85 und v. Kraft-Ebing „Eine experimentelle Studie auf dem Gebiete des Hypnotismus." Stuttgart, Enke, 1888). Was bei dem künstlichen Somnambulismus die posthypnotische Suggestion des Experimentators oder Magnetiseurs vermag, das vermag bei spontanen Somnambulen die Autosuggestion des lebhaften Wunsches und der gläubigen Erwartung des Wunderzeichens. Der spontane Somnambulismus solcher Individuen kann sich übrigens ungeübten Beobachtern leicht entziehen, weil er nicht gerade als offener Somnambulismus aufzutreten braucht, sondern lavirte Gestalten annehmen kann, die als Uebergangszustände oder Mischformen zwischen normalem und hynotischem Zustand, zwischen wachem und somnambulem Bewusstsein aufzufassen sind.

Uebrigens ist nach meinen genaueren Informationen bisher kein Fall constatirt, wo die Erscheinungen bei einer Stigmatisirten von vorurtheilsfreien (d. h. katholischem Priestereinfluss unzugänglichen) und auf der Höhe ihrer Wissenschaft stehenden Aerzten mit allen Vorsichtsmaassregeln exacter Beobachtung geprüft und als spontane Blutung bestätigt worden wären. Dagegen sind mehrere Fälle veröffentlicht, wo eine solche Untersuchung den Gegenstand religiösen Aberglaubens als Resultat einer Täuschung constatirt hat (vgl. „Deutsche Klinik" 1875 Nr. 1—3: „Louise Lateau's drei Vorgängerinnen in Westphalen" vom Geh. San.-Rath Dr. Brück). Es ist dabei keineswegs nöthig, an Betrug im gewöhnlichen Sinne zu denken, obwohl auch dessen Möglichkeit nicht ausgeschlossen ist. Die Personen, von welchen derartige Blutungen berichtet werden, sind fast ausnahmslos hysterische Frauenzimmer mit tief zerrüttetem Nervensystem und mehr oder minder gestörter Gemüthsverfassung, die von perversen Trieben beherrscht werden und in Betreff der moralischen Bedeutung ihrer Handlungen nichts weniger als zurechnungsfähig genannt werden können. Die instinctive List und Verstellungssucht des weiblichen Charakters, welche bei solchen Individuen meist schon vor ihrer Erkrankung abnorm entwickelt ist, wendet sich dann im Zustande der Hysterie auf scheinbar ganz sinnlose Ziele, und bietet oft einen erstaunlichen Scharfsinn auf, um selbst die Nächststehenden in völlig zweckloser Weise zu täuschen. Es ist sehr gewöhnlich, dass die natürliche weibliche Eitelkeit sich in solchen Fällen auf den Krankheitszustand selbst wirft, um durch die Ungewöhnlichkeit seiner Erscheinungen Interesse zu erwecken, und nicht selten vereinigt sich hiermit der perverse Trieb der Selbstbeschädigung und physischen Selbstquälerei, um wollüstig in der Einbildung eines auferlegten Martyriums zu schwärmen und zu schwelgen. Selbst die ernsteste und ruhigste Umgebung ist in der Regel solcher hysterischen Verrücktheit gegenüber ziemlich ohnmächtig; man mag sich denken, wie leicht eine auf die Neigungen der Kranken eingehende Umgebung dieselbe bestärken und zu wirklichen fixen Ideen verhärten kann. Obenein findet sich in einer Familie, aus der solche Kranke entspringt, gewöhnlich eine erbliche Disposition, die in geringerem Grade auch in anderen Familienmitgliedern zum Vorschein kommt; giebt sich dann erst eine Mutter oder Schwester zur Bewunderung und Hätschelung der Verkehrtheiten der Kranken her, so befestigt sie diese nicht bloss in ihren Wahnideen, sondern leistet der Realisirung ihrer hysterischen Neigungen wohl gar Vorschub, d. h. gelangt dazu, Mitschuldige eventueller Täuschungen zu werden. Da nun das Irrsein beim weiblichen Geschlecht, sowohl das wirkliche wie das hysterische Irrsein, vorzugsweise nach zwei Richtungen gravitirt, nach der geschlechtlichen oder nach der religiösen (oder nach beiden zugleich), so liegt es nahe, dass nichts mehr geeignet sein muss, solche perversen Neigungen zu bestärken und in bestimmte Bahnen zu lenken, als eine religiöse Exaltation, und speciell die von der katholischen Kirche künstlich genährte Verquickung von geschlechtlicher Erregung, Grausamkeitswollust und religiöser Extase beim glühenden Versenken der Phantasie in die Martern des himmlischen Bräutigams. Kommt dann noch der Pfaffe hinzu, der die Unglückliche in ihrem Wahn unterstützt und wohl gar die physischen Selbstbeschädigungen, in welche die geistige Marterschwelgerei im Zustande der Ueberspannung explodirt, für symbolische Zeichen der göttlichen Gnade erklärt, dann glaubt die Kranke willig genug, durch öfteres Hervorrufen dieser symbolischen Merkmale einem unmittelbaren göttlichen Befehl Folge zu leisten, und kann sehr leicht trotz ihrer objectiven Betrügerei die feste subjective Ueberzeugung haben, ein ausgewähltes Werkzeug der göttlichen Gnade zu sein, wenn sie die religiösen Wirkungen sieht, welche sie auf die herzuströmenden Gläubigen ausübt. Ueberall, wo Pfaffen dahinter stecken, kann man von vornherein als wahrscheinlich annehmen, dass dies der Zusammenhang der Sache ist, und der Thatbestand einer objectiven Täuschung wird zur Gewissheit, wenn neben der Stigmatisation noch andere Erscheinungen berichtet werden, welche den Gesetzen des organischen Lebens widersprechen (z. B. die jahrelange Nahrungsenthaltung im wachen Zustande). Aber nicht diese Unglücklichen gehören als Betrügerinnen in's Zuchthaus, wohin mehrere von ihnen gesperrt worden sind, sondern die Pfaffen, deren schamloser Herrschgier selbst die krankhafte Umnachtung des menschlichen Geistes als ein willkommenes Mittel gilt, um die von ihnen künstlich verdummten Massen desto sicherer zu bethören.

S. 156 Z. 2 v. u. Viele Kuren sind nur vermeintlich sympathetisch, insofern Mittel dabei angewandt werden, deren medicinische Wirkung entweder bloss den Betheiligten oder auch dem heutigen Stande der Medicin nicht bekannt ist. Solche mitwirkenden Ursachen sind bei den sympathetischen Kuren durch blosses Besprechen ausgeschlossen. * Solches „Besprechen" kann theils auf Suggestion beruhen, theils auf Einflüssen des magnetischen Nervenstroms, theils auf einer Verbindung beider. Die Suggestion wirkt am meisten auf leicht hypnotisirbare Individuen, wird durch deren körperliche Schwäche, hilfsbedürftige Stimmung und gläubige Erwartung erleichtert und hängt wesentlich von der imponirenden Haltung und dem vertrauenerweckenden Benehmen des Suggerirenden ab. Die Suggestion kann eine solche durch Worte sein (gütliches Zureden, vertrauenerweckender Zuspruch, nachdrückliche Versicherung, wiederholter Befehl, Losbeten von Krankheiten, Beschwörung, Teufelaustreibung) oder eine durch blosse Gedankenübertragung und wortlosen Willenseinfluss, für deren Wirksamkeit natürlich eine weit grössere Empfänglichkeit und Sensitivität beim Aufnehmenden und ein viel engerer seelischer Rapport zwischen dem

Aufnehmenden und dem Suggerirenden erforderlich ist als bei der Verbalsuggestion. Beide Arten von Suggestion gelingen leichter, wenn der Aufnehmende sich im hypnotischen, als wenn derselbe sich im wachen Zustande befindet; die Suggestion durch blosse Gedanken und wortlose Willensconcentration pflegt aber selbst bei Hypnotisirten nur dann wirksam zu sein, wenn die Art der Herbeiführung der Hypnose einen besonders engen psychischen Rapport begünstigt (also nicht durch äussere Agentien, sondern durch magnetischen oder psychischen Einfluss des Experimentators erfolgt ist), oder schon häufig durch denselben Experimentator wiederholt ist.

Der magnetische Nervenstrom äussert eine locale Wirksamkeit auf peripherische Nerven und wirkt ähnlich wie die Electricität, d. h. beruhigend auf sensible, erregend auf motorische und nutritive Nerven, also einerseits schmerzstillend und krampfstillend, andererseits kräftigend für die Ernährung der Gewebe, unterstützend bei localen Heilungsvorgängen und beihelfend zur Ueberwindung unvollkommener Lähmungen (Paresen). Die stärkste locale Wirkung des magnetischen Nervenstroms in einem andern Organismus ist die Katalepsie eines Gliedes oder einer beschränkten Gruppe von Muskeln; dieselbe entzieht den betreffenden Körpertheil zwar der Herrschaft des Willkürorgans, aber nicht dem Einfluss der niederen Nervencentra (wie z. B. deren Reflexactionen) und bereitet dadurch sowohl dem Walten der spontanen Naturheilkraft als auch den Einflüssen der Suggestion den günstigsten Boden. Daraus wird es erklärlich, dass die Cooperation von Suggestion und magnetischem Nervenstrom Wirkungen erzielt, die jedem einzelnen von ihnen unerreichbar sind. Das wohl beglaubigte Stillen heftiger Blutungen (vermittelst Contraction der Adern und Capillaren) und die Beseitigung des Schmerzes von Brandwunden dürften wohl auf einem solchen Zusammenwirken beruhen, indem die betreffenden Körpertheile kataleptisch und anästhetisch gemacht und dem ungehemmten Einfluss der mit Suggestionen imprägnirten niederen Nervencentra ausgeliefert werden. Auch das Besprechen des Schlangenbisses durch indische Fakirs scheint nach den näheren Einzelheiten der Procedur eben dahin zu gehören. — Darüber hinaus ist aber noch der Einfluss des Willens ohne Vermittelung des Wortes oder des magnetischen Nervenstroms wenigstens ohne Handannäherung, Anhauchung und Blick zu erwähnen; dieselbe ist als Mentalsuggestion in der Willenssphäre zu bezeichnen und ist das Analogon zu der bereits oben erwähnten Mentalsuggestion in der Vorstellungssphäre. Sie setzt entweder ungewöhnliche Willenskraft und Willensconcentration des Uebertragenden oder ungewöhnliche Empfänglichkeit des Aufnehmenden voraus. Diese Willensaction ist auch in den vorhergehenden Formen das eigentlich wirksame Agens, das nur in jenen seine natürliche Uebermittelung findet; dass sie auch ohne jene Vermittelungen wirksam werden kann, liefert den Beweis dafür. Die Bezeichnung als „magische Wirkung" sollte man streng genommen auf diese letzte reine Form beschränken.

* **S. 156 Z. 10.** Ein solcher Fall setzt ein Zusammentreffen voraus von (bewusster oder unbewusster) Telepathie (oder Gefühlsübertragung ohne Sinnesvermittelung zwischen zwei entfernten Personen) und von Autosuggestion. Wem auch nur eine dieser beiden Erscheinungen unbekannt ist, muss natürlich solchen Bericht von vornherein für unglaubwürdig halten. Beide Arten von Erscheinungen sind aber durch eine Menge hinreichend beglaubigter Fälle sichergestellt. (Vgl. „Der Spiritismus" S. 61—74, 78—82.)

* **S. 163 Z. 19.** Dass es sich hierbei nicht bloss um ererbten Typus handelt, zeigt das Verhalten gebrochen gewesener und mit veränderter Winkelstellung der Bruchstücke wieder geheilter, so wie auch rachitisch verbogener und nachträglich fest und functionsfähig gewordener Knochen. In beiden Fällen passt sich der Organismus den veränderten Verhältnissen derart an, dass die alten Bälkchen verschwinden und neue an ihre Stelle treten, welche den nunmehrigen Druck- und Zuglinien entsprechen (v. Langenbeck's Archiv für Chirurgie Bd. XIV S. 270 fg.).

S. 172 Z. 14. (Vgl. Ernst Haeckel's „Anthropogenie, oder Entwickelungsgeschichte des Menschen". Leipzig, Engelmann, 1874.)

S. 173 Z. 27. („Ges. Studien u. Aufsätze" Abschn. C. Nr. IV.) Gegenüber dem kritischen Einwand, dass in diesem Capitel die von Seiten des Darwinismus über die Entstehung der organischen Zweckmässigkeit gegebenen Aufschlüsse unberücksichtigt geblieben seien, ist Folgendes zu bemerken. Der Darwinismus bietet höchstens, selbst wenn er in allen seinen Aufstellungen Recht hätte, eine Erklärung dafür, dass das befruchtete Ei eine so und so beschaffene Constitution für seinen ontogenetischen Entwickelungsgang mitbringt; diese individuelle Entwickelung selbst aber berührt er gar nicht, sondern nimmt es als eine physiologisch gegebene Thatsache an, dass aus einem solchen Keim sich ein solcher Organismus entfaltet. Hierin liegt aber nichts als ein Mangel philosophischer Verwunderung, eine Unfähigkeit, das Problem zu erkennen. Denn alle phylogenetische Entwickelung setzt sich aus einer Reihe von ontogenetischen Entwickelungen zusammen, und darum kann die erstere niemals die letztere erklären, sondern setzt sie vielmehr voraus, wenngleich es richtig ist, dass eine bestimmte Individualentwickelung in der Art und Weise ihres Ganges bedingt ist durch die phylogenetische Entwickelung, welche ihr voraufgegangen ist. Aber zuerst handelt es sich immer darum, zu begreifen, wie eine individuelle Entwickelung überhaupt möglich sei, und dieses Problem ist ganz unabhängig von der Erklärung der phylogenetischen Entwickelung, die ja erst aus Individualentwickelungen sich zusammensetzt, wie das Gebäude aus Bausteinen oder die Pflanze aus Zellen. Deshalb ist auch eine selbstständige Untersuchung des Problems der individuellen organischen Entwickelung philosophisch ebenso berechtigt als gefordert, ganz abgesehen davon, ob der Darwinismus Recht hat.

Allerdings muss diese Untersuchung vervollständigt werden durch die Prüfung der Lösung, welche der Darwinismus für das Problem der phylogenetischen Entwickelung bietet. Dies geschieht im Cap. C. X und noch eingehender im dritten Theile dieses Werkes in der Monographie: „Wahrheit und Irrthum im Darwinismus". Das Resultat ist, dass alle Erklärungsprincipien Darwin's nur auf der Grundlage eines stillschweigend vorausgesetzten, aber offen perhorrescirten „organisirenden Princips" haltbar und zu irgend welcher Erklärung der Naturerscheinungen brauchbar sind. Es ist dies im Grunde weiter nichts als die durch die Kritik von rückwärts gewonnene Bestätigung des so eben *a priori* aufgestellten und selbstevidenten Satzes, dass alle phylogenetische Entwickelung sich nur aus einer Reihe ontogenetischer Entwickelungsprocesse zusammensetzt, und dass die ontogenetische Entwickelung als solche demnach nicht aus einer phylogenetischen Entwickelung erklärbar ist, sondern nur durch ein organisirendes Princip, welches die zweckmässige (sowohl isolirte als auch correlative) Variation und die Vererbung leitet und sichert.

* Wenn sich somit die Untersuchung doch wieder auf die Ursachen der ontogenetischen Entwickelung zurückgewiesen sieht, so fragt sich nur, ob das organisirende Princip, d. h. die Ursache der organischen Entwickelung, in den materiellen Atomen allein zu suchen ist, oder in etwas zu denselben Hinzukommenden. Denn so viel ist gewiss, dass die organische Entwickelung nicht als etwas Zufälliges, sondern vielmehr als nothwendige Wirkung der gegebenen Ursachen zu betrachten ist, und dass in den Ursachen bereits das nothwendige Entstehen dieser Wirkung implicite ideell mitgesetzt war. Die Alternative spitzt sich also genauer genommen darauf hin zu, ob in den Kräften und Gesetzen der unorganischen Materie das Ergebniss einer zunächst ontogenetischen und dann auch phylogenetischen organischen Entwickelung ideell mitgesetzt sein kann, oder ob die Idee der unorganischen Kräfte und Gesetze nicht ausreichend erscheint, um die Idee der organischen Entwickelung in ihrem Schoosse zunächst implicite zu enthalten und dann explicite zu entfalten. Nur im ersteren Falle könnten die unorganischen Kräfte und Gesetze als zureichende Ursache der organischen Entwickelung anerkannt werden, im letzteren Falle dagegen nur als unvollständige Ursache oder Bedingung, welche des Hinzutretens noch einer andern Bedingung bedarf, um zur vollständigen oder zureichenden Ursache zu werden. Die Entscheidung wird sich von selbst ergeben, sobald im Abschnitt C. Cap. V das Wesen der Materie als Wille und Vorstellung mit einem auf räumliche Bewegung beschränkten Inhalt erkannt ist, so dass die höheren Objectivationsstufen der Idee unmöglich schon in dieser untersten mit enthalten und befasst sein können (Abschn. C. Cap. IX u. X). Genauer erörtert habe ich die Frage in Gestalt der obigen Alternative in meiner Schrift „Neukantianismus, Schopenhauerianismus und Hegelianismus" 2. Aufl. S. 354—359; ausserdem beschäftigt sich ein grosser Theil des dritten Theiles der Phil. d. Unb. mit diesem Problem, ob in den unorganischen Kräften und Gesetzen die zureichende Ursache der organischen Entwickelung liege oder nicht (vgl. oben S. 452—454).

S. 200 Z. 21. Es kann ohne Frage sehr anziehend sein, alle die zahlreichen Verhüllungen und Verkleidungen, in welche die Sehnsucht nach geschlechtlicher Vereinigung sich je nach den Charakteren und Verhältnissen versteckt, psychologisch zu analysiren, zu classificiren und in ihren causalen Beziehungen zu untersuchen (wie dies auch mehrfach, namentlich von Franzosen und Italienern, versucht worden ist); aber selbst wenn es solch' einer Psychologie der Liebe gelänge, die ganze unerschöpfliche Mannichfaltigkeit der Gestaltungen, welche die Liebe annehmen kann, begreifend zu umspannen, so würde doch damit für das Verständniss der Liebe noch gar nichts gewonnen sein, so lange nicht das Grundproblem derselben in voller Schärfe präcisirt und befriedigend gelöst wäre. Dieses Grundproblem der Liebe muss sich aber natürlich um dasjenige drehen, was an den zahllosen empirischen Erscheinungsformen der Liebe nicht Verschiedenes, sondern Gemeinsames ist, und dieses Gemeinsame an den anscheinend so ganz heterogenen Ausprägungen der Einen Leidenschaft ist offenbar nichts anderes als die Sehnsucht nach geschlechtlicher Vereinigung. Das Problematische an diesem Punkte ist aber das, wie das leibliche oder geistige, ästhetische oder gemüthliche Gefallen, das man an einer Person findet, zu dem ganz heterogenen Wunsch einer geschlechtlichen Vereinigung mit derselben führen und diesen Wunsch zur Leidenschaft steigern kann. Dies und nichts anderes ist das Grundproblem der Liebe, und wer dieses Problem nicht erkennt, oder wer gar nichts Wunderbares oder Problematisches daran findet, der wird am allerwenigsten dazu befähigt sein es zu lösen, und alle psychologischen Studien eines solchen über die Liebe können nur ein mehr oder minder geistreiches Geschwätz über Nebensachen sein. Auf eine Lösung des Problems darf man nur hoffen, wenn man das Wesen der Geschlechtsliebe richtig erkannt hat als die von mehr oder minder Beiwerk umhüllte Sehnsucht nach Geschlechtsbefriedigung mit einem bestimmten Individuum.

* S. 202 Z. 19. („Ges. Stud. u. Aufs." S. 161—163; ferner „Phil. Fragen der Gegenwart" S. 166—167, und „Die deutsche Aesthetik seit Kant" S. 146—148).

* S. 209 letzte Z. Die ethische Bedeutung der Liebe wird durch die Ergründung der metaphysischen Wurzeln der natürlichen Seite der Geschlechtsliebe in keiner Weise zurückgesetzt, doch gehört die Erörterung derselben in einen andern Zusammenhang, nämlich dahin, wo überhaupt von den Triebfedern der Sittlichkeit und den moralischen Instincten des Menschen die Rede ist („Das sittliche Bewusstsein" 2. Aufl. A II 9, „Das Moralprincip der Liebe" S. 223—247). In Betreff der Wiedereinsetzung der Instincte aus teleologischem Gesichtspunkt, welche aus egoistischem Gesichtspunkt betrachtet illusorisch sind, vgl. „Phil. Fragen der Gegenwart" S. 161—163 und zu dem ganzen Capitel A. Taubert, „Der Pessimismus und seine Gegner", Berlin bei C. Duncker, 1873, Nr. IV. „Die Liebe".

S. 215 Z. 15 v. u. Die übliche Trennung zwischen sinnlichen und geistigen Gefühlen und Trieben ist wohl berechtigt, wenn damit die verschiedene Beschaffenheit und der verschiedene Werth der Gebiete bezeichnet werden soll, auf welche die betreffenden Gefühle und Triebe sich durch die Vorstellungen, mit denen sie verbunden sind, beziehen; aber sie wird zu einer unberechtigten Unterstellung, wenn sie über diese qualitative Verschiedenheit der betreffenden Vorstellungsgebiete übergreift, und die Gleichartigkeit des Willens an sich und seiner Befriedigung oder Nichtbefriedigung anzutasten versucht (vergl. hierzu Göring, System der krit. Phil. Theil I, Cap. VI „Die Trennung der Triebe und Gefühle in sinnliche und geistige" S. 107 ff., auch Cap. IV „Die Falschheit der Unterscheidung zwischen niederem und höherem Willen" S. 78—87).

S. 215 Z. 13 v. u. Je mehr Anfechtungen dieser Satz, der so einfach ist, aber für ein an die Abstraction von den begleitenden und erzeugenden Vorstellungen der Gefühle nicht gewöhntes Denken so überraschend und beinahe paradox erscheint, erfahren hat, desto mehr freut es mich, dass ich mich in diesem Punkte auf die Uebereinstimmung mit keinem Geringeren als Kant berufen kann. Derselbe sagt in der Krit. d. prakt. Vern. (Werke VIII. 131): „Die Vorstellungen der Gegenstände mögen noch so ungleichartig, sie mögen Verstandes-, selbst Vernunftsvorstellungen im Gegensatze der Vorstellungen der Sinne sein, so ist doch das Gefühl der Lust, wodurch jene doch eigentlich den Bestimmungsgrund des Willens ausmachen (die Annehmlichkeit, das Vergnügen, das man davon erwartet, welches die Thätigkeit zur Hervorbringung des Objekts antreibt), nicht allein so ferne von einerlei Art, dass es jederzeit bloss empirisch erkannt werden kann, sondern auch so ferne, als es eine und dieselbe Lebenskraft, die sich im Begehrungsvermögen äussert, afficirt, und in dieser Beziehung von jedem andern Bestimmungsgrunde" (soll heissen: von jedem durch einen andern Bestimmungsgrund hervorgerufenen Gefühl) „in nichts als dem Grade verschieden sein kann. Wie würde man sonst zwischen zwei der Vorstellungsart nach gänzlich verschiedenen Bestimmungsgründen eine Vergleichung der Grösse nach anstellen können, um den, der am meisten das Begehrungsvermögen afficirt, vorzuziehen?" (Vgl. „Phil. Fragen der Gegenwart" S. 92—94.)

S. 216 Anmerk., letzte Z. Dass das Begehren ursprünglicher ist, als der Gefühlszustand, dessen Herstellung begehrt wird, zeigt sich in zahlreichen Fällen, wo das heftige Begehren bereits seiner Existenz nach als quälende Unruhe in's Bewusstsein fällt, während sein Inhalt oder sein Ziel noch völlig unbewusst ist. Maudsley sagt in seiner Phys. u. Path. d. Seele (deutsch von Böhm) S. 137—138: „Bei dem Kind oder bei Idioten beobachten wir oft eine allgemeine Unruhe, die auf irgend ein unbestimmtes Bedürfniss oder Verlangen nach einem Etwas hinweist, was dem Individuum ganz unbewusst ist, das aber, sobald es erreicht ist, sofort Ruhe und Befriedigung erzeugt. Das organische Leben spricht hier noch mit ganz unarticulirten Ausdrücken. Aeusserst schlagend zeigt sich die Evolution des organischen Lebens bis zum Bewusstsein zur Zeit der Pubertät, wo neue Organe in Function versetzt werden. Hier bringt ein vages, fremdartiges Verlangen dunkle Triebe hervor, die noch keinen bestimmten" (soll heissen: bewussten) „Endzweck haben, und das Individuum in eine Unruhe versetzen, die, wenn sie in der verkehrten Richtung zum Handeln führt, oft verderbliche Folgen hat. Auf diese Weise äussert sich die geschlechtliche Liebe" (soll heissen: der Geschlechtstrieb) „in ihrem ersten Auftreten. Wie wenig dies jedoch, als einfache Folge der naturgemässen Entwickelung, mit dem Bewusstsein zu thun hat, erkennen wir, wenn wir bedenken, dass gerade beim Menschen während des Träumens das Verlangen zuweilen bis zum Erkennen seines Endzwecks und zu einer Art von Befriedigung gelangt, bevor dies im wirklichen wachen Leben der Fall war. Diese einfache Reflexion könnte hinreichen, den Psychologen zu zeigen, von wie viel grösserer, fundamentaler Bedeutung das unbewusste Leben der Seele oder des Gehirns ist als irgend welche bewusste Seelenthätigkeit." — Das Verhältniss von Wille und Gefühl und die Gründe für die Annahme, dass das letztere als Folge des ersteren zu denken sei und nicht umgekehrt, ist unter Widerlegung der entgegenstehenden Ansichten erörtert von Göring in seinem „System der krit. Phil." Bd. I. S. 50, 60—65 und 89—95 (vergl. auch daselbst Cap. V: „Die Absonderung des Gefühlsvermögens"). Vgl. auch meine näheren Ausführungen über die Priorität des Willens vor dem Gefühl im Gegensatz zu der entgegengesetzten Auffassung A. Döring's in meinen „Krit. Wanderungen durch die Phil. der Gegenwart" Nr. V S. 107—115.

* **S. 221 Z. 4 v. u.** Die Abhängigkeit der Stimmungen und Gefühle von den Vorgängen in mittleren und niederen Nervencentren ist um so grösser, je schwächer die Herrschaft der Grosshirnhemisphären und ihre reflexhemmende, d. h. centralisirende Thätigkeit, und je grösser die relative Selbstständigkeit der mittleren und niederen Centra, d. h. die Decentralisation und Desorganisation des Nervensystems ist. Da im weiblichen Geschlecht im Durchschnitt das Uebergewicht des Grosshirns und die Centralisation schwächer ist, so ist dasselbe in seinem Gefühlsleben auch mehr dem unberechenbaren und uncontrollirbaren Einfluss der mittleren und niederen Centra ausgesetzt, und in um so höherem Grade, je sensitiver das Individuum ist. Zum Theil lässt die Dunkelheit dieser gefühlsbestimmenden Einflüsse sich dadurch aufhellen und controliren, dass man das fragliche Individuum in somnambülen Zustand versetzt; denn das somnambüle Bewusstsein lässt wenigstens einen Theil dessen, was in's wache Bewusstsein nur als unklare Stimmung oder Gefühlsführung hineinscheint, als bewusste Vorstellungen oder Empfindungen oder Begehrungen erkennen und macht sogar in mancher Hinsicht den Motivationsprocess dieser Begehrungen durchsichtig, die im wachen Bewusstsein nur als unbegreiflicher Trieb oder Neigung auftreten und zur Erklärung und Rechtfertigung oft genug vom wachen Bewusstsein mit falschen Scheingründen versehen werden. Andererseits ist aber auch zu beachten, dass die theilweise Unterdrückung der Grosshirnfunction im Somnambulismus viele dunkle Triebe und Gefühlsursachen mit unterdrückt und dadurch den Charakter des Individuums oft sehr verändert, wenn nicht gar verwandelt, erscheinen lässt. Ausserdem verhält sich das somnambüle Bewusstsein zu den Einflüssen der noch tiefer unter ihm stehenden Centra ähnlich, wie das wache Bewustsein zu ihm selbst; d. h. es ist auch noch von unten her von zahlreichen relativ unbewussten Einflüssen in seinen Gefühlen bestimmt, wenngleich es denselben um eine Stufe näher steht als das wache Bewusstsein. Insbesondere ist die Klarheit der Aggreception im somnambulen Bewusstsein um so viel geringer, als die Schwelle für somsitive Empfindungen nach unten verschoben ist, und die Folge davon ist, dass die Eindrücke meist nicht eigentlich sondern uneigentlich, symbolisch oder personificirend, aufgefasst und verarbeitet werden.

S. 224 letzte Z. (Vgl. zu diesem Capitel mein Werk: „Das sittliche Bewusstsein" 2. Aufl. und „Krit. Wanderungen" Nr. V: „Die Motivation des sittlichen Willens".

* **S. 235 Z. 18 v. u.** Diesen Standpunkt eines von der Erfahrung ausgehenden concreten Idealismus, der die Versöhnung des abstracten Idealismus und ideenlosen Empirismus bildet, habe ich in meiner „Aesthetik" sowohl historisch-kritisch als auch systematisch durchzuführen versucht (vgl. in beiden Theilen das alphabetische Register unter „Idealismus, abstracter und concreter"). Es sei hier nur noch bemerkt, dass der Empirismus in der Aesthetik, wo es sich nur um innere, subjective, psychologische Erfahrungsthatsachen handeln kann, in der Regel als Formalismus auftritt.

S. 239 Z. 12. Im Traum ist uns allen diese schöpferische Thätigkeit der unbewussten Phantasie wohl bekannt; wir besitzen sie alle, wie unsre Träume beweisen, und nur ihr Grad reicht bei den meisten Personen nicht aus, um im wachen Zustande sich gegen die doppelte Concurrenz der Wahrnehmungseindrücke und der abstracten Gedankenassociationen zu behaupten. Zum Verständniss der Schöpfungen der künstlerischen Phantasie bietet demnach das Studium der Schöpfungen der Traumphantasien eine dienliche Vorbereitung und gute Beihilfe, wenngleich der Unterschied einer gedankenlos träumenden und einer besonnen schaffenden Phantasie nicht übersehen werden darf. Ich verweise für diese Dinge auf die Schrift von Johannes Volkelt „Die Traum-Phantasie" (Stuttgart 1875), welche ein gleiches Maass von kritischer Besonnenheit und speculativer Durchdringung in sich vereinigt, und alles bisher auf diesem Gebiete Geleistete in sich verarbeitet. (Vgl. insbesondere Nr. 15 „Das Unbewusste in der Traumphantasie".)

S. 242 Anmerk., Z. 3 v. u. Wie Schiller über das Unbewusste in der künstlerischen Production in wissenschaftlicher Form dachte erhellt aus seinem Brief an Goethe vom 27. März 1801. Er sagt daselbst: „Erst vor einigen Tagen habe ich Schelling den Krieg gemacht wegen einer Behauptung in seiner Transcendentalphilosophie, dass ‚in der Natur von dem Bewusstlosen angefangen werde, um es zum Bewussten zu erheben, in der Kunst hingegen man vom Bewusstsein ausgehe zum Bewusstlosen'. Ihm ist zwar hier nur um den Gegensatz zwischen dem Natur- und dem Kunstproduct zu thun und insofern hat er ganz recht. Ich fürchte aber, dass diese Herren Idealisten ihrer Ideen wegen allzuwenig Notiz von der Erfahrung nehmen, und in der Erfahrung fängt auch der Dichter mit dem Bewusstlosen an, ja er hat sich glücklich zu schätzen, wenn er durch das klarste Bewusstsein seiner Operationen nur so weit kommt, um die erste dunkle Totalidee seines Werks in der vollendeten Arbeit ungeschwächt wiederzufinden. Ohne eine solche dunkle, aber mächtige Totalidee, die allem Technischen vorhergeht, kann kein poetisches Werk entstehen, und die Poesie, däucht mir, besteht eben darin, jenes Bewusstlose aussprechen und mittheilen zu können, d. h. es in ein Object zu übertragen. Der Nichtpoet kann so gut als der Dichter von einer poetischen Idee gerührt sein, aber er kann sie in kein Object legen, er kann sie nicht mit einem Anspruch auf Nothwendigkeit darstellen. Ebenso kann der Nichtpoet so gut als der Dichter ein Product mit Bewusstsein und mit Nothwendigkeit hervorbringen, aber ein solches Werk fängt nicht aus dem Bewusstlosen an und endigt nicht in demselben. Es bleibt nur ein Werk der Besonnenheit. Das Bewusstlose mit dem Besonnenen vereinigt, macht den poetischen Künstler." Die „dunkle Totalidee" ist nicht mit der unbewussten Idee zu verwechseln, sondern schon ein Bewusstseinsreflex der letzteren, und selbst nicht einmal das erste, was im Bewusstsein auftaucht, sondern durch eine unbestimmte stimmungsartige Empfindung vermittelt. Dies weiss Schiller auch recht gut, und spricht es in seinem Brief an Goethe vom 18. März 1796 aus: „Bei mir ist die Empfindung anfangs ohne bestimmten und klaren Gegenstand; dieser bildet sich erst später. Eine gewisse musikalische Gemüthsstimmung geht vorher, und auf diese folgt bei mir erst die poetische Idee." An Körner schreibt er am 1. December 1788: „Ihr Herren Kritiker, und wie ihr euch sonst nennt, schämt oder fürchtet euch vor dem augenblicklichen, vorübergehenden Wahnwitze, der sich bei allen eigenen Schöpfern findet, und dessen längere oder kürzere Dauer den denkenden Künstler vom Träumer unterscheidet. Daher eure Klagen über Unfruchtbarkeit, weil ihr (*scil.* von den *pêle-mêle* hereinstürzenden Ideen) zu früh verwerft und zu strenge sondert." Aber nicht bloss der Beginn, sondern auch der Fortgang des künstlerischen Schaffens gilt ihm als aus dem Unbewussten bedingt, und am Schluss des zwanzigsten seiner Briefe über die ästhetische Erziehung des Menschen erklärt er,

„dass das Gemüth im ästhetischen Zustande zwar frei, und im höchsten Grade frei von allem Zwang, aber keineswegs frei von Gesetzen handelt, und dass diese ästhetische Freiheit sich von der logischen Nothwendigkeit beim Denken und von der moralischen Nothwendigkeit beim Wollen nur dadurch unterscheidet, dass die Gesetze, nach denen das Gemüth dabei verfährt, nicht vorgestellt werden, und, weil sie keinen Widerstand finden, nicht als Nöthigung erscheinen." Wer so aus der unbewussten Inspiration seine poetischen Ideen schöpft, und sie nach unbewusst in ihm wirkenden Gesetzen künstlerisch gestaltet, ist ein Genie. „Wenn das Genie durch seine Producte die Regel gegeben hat, so kann die Wissenschaft diese Regeln sammeln, vergleichen und versuchen, ob sie unter eine noch allgemeinere und endlich unter einen einzigen Grundsatz zu bringen sind. Da sie aber von der Erfahrung ausgeht, so hat sie auch nur die eingeschränkte Autorität empirischer Wissenschaften. Sie kann bloss zu einer verständigen Nachahmung gegebener Fälle, aber niemals zu einer positiven Erweiterung führen. Alle Erweiterung in der Kunst muss von dem Genie kommen; die Kritik führt bloss zur Fehlerlosigkeit" (Brief an Körner vom 3. Februar 1794). Diese unzweideutigen Zeugnisse für die Wahrheit des Unbewussten sind um so werthvoller, als sie aus der Selbstbeobachtung eines grossen Dichters stammen, der nicht etwa wie Goethe mühelos aus dem Born des Unbewussten schöpfte, sondern eifrig nach Klarheit und Besonnenheit strebte, und in ernster kritischer Arbeit mit der künstlerischen Gestaltung rang, also eher zur Ueberschätzung seines denkenden Fleisses hätte geneigt sein sollen.

* **S. 245 Z. 15.** Die hier gegebenen Andeutungen sind im Zusammenhang ausgeführt in meiner „Aesthetik" Theil II, Buch II, Cap. VIII „Die Entstehung des Kunstschönen". Vgl. insbesondre 3e „Die Phantasie" S. 568—586. Ueber das „Unbewusste" in der ästhetischen Auffassung und Production vgl. die im alphabetischen Register beider Bände angeführten Stellen.

* **S. 253 Z. 16.** (Vgl. „Aesthetik" Theil II, S. 463—471.)

* **S. 260 letzte Z.** (Vgl. zu diesem Capitel meine Abhandlung: „Die Ergebnisse der modernen Sprachphilosophie" in den „Krit. Wanderungen durch die Phil. der Gegenwart" Nr. IX.)

* **S. 268 Z. 12.** („Krit. Grundlegung des transcendentalen Realismus" 3. Aufl. S. 99—106, 85—90.)

S. 273 Z. 2. Es ist in völkerpsychologischer Hinsicht höchst charakteristisch, dass die Behandlung der Geometrie bei den Hellenen nach möglichst scharfer discursiver Beweisführung strebt, und die naheliegendsten intuitiven Demonstrationen geflissentlich ignorirt, während diejenige bei den Indern trotz ihrer den Hellenen weit überlegenen Begabung für Arithmetik doch ganz auf unmittelbare Anschauung gestützt ist, und sich gewöhnlich mit einer die Intuition unterstützenden Hilfsconstruction begnügt, der das einzige Wort: „siehe!" beigefügt wird. Die Griechen sind stets darauf aus, den kleinsten Gedankenschritt streng zu beweisen, und reihen oft zum Beweise der einfachsten Sätze künstliche discursive Schlussketten an einander, um nur nicht auf die ihnen nicht als Begründung geltende unmittelbare Anschauung sich stützen zu müssen; dafür haben sie aber auch ein imponirendes System der Geometrie zu Stande gebracht, welches zugleich in sich die methodische Anleitung zur Lösung aller nicht direct behandelten Probleme enthält. Bei den Indern hingegen ist jeder Beweis eines geometrischen Satzes ein glücklicher Einfall, und die verschiedenen Sätze stehen zusammenhangslos neben einander; darum sind sie auch, trotz ihrer grossen Phantasie und Intuitionskraft und trotz ihrer die griechischen weit überflügelnden Leistungen in der Arithmetik und Algebra, in der Geometrie nicht weit gekommen und haben nur eine sehr unvollständige Einsicht in die Elemente derselben erlangt. Wunderbar aber muss es genannt werden, dass Schopenhauer, der von diesen geschichtlichen Thatsachen keine Kenntniss hatte, durch seine eigenthümliche Wahlverwandtschaft mit dem indischen Geist auch in Bezug auf die Behandlung der Geometrie zu Forderungen geführt wurde, die als eine Wiedererweckung der indischen Denkweise bezeichnet werden müssen. Wie unsere gesammte moderne Mathematik aus einer Synthese der Euklidischen Geometrie mit der von den Indern entlehnten arabischen Algebra erwachsen ist, so wird gegenwärtig auch die Nothwendigkeit, dem indischen Element der Intuition innerhalb der Geometrie Rechnung zu tragen, immer mehr von Seiten der Pädagogik anerkannt. Aber wenn auch damit manche Vereinfachung, Erleichterung und Verdeutlichung zu erzielen ist, so ist doch der Vorschlag Schopenhauer's, die Geometrie ganz auf Anschauung zu basiren, seiner Natur nach unausführbar, und wird die discursive Begründung als Controle der Anschauung immer mit dieser Hand in Hand gehen müssen.

S. 273 Z. 25. Als Beispiel des über die indische Behandlungsweise der Geometrie Gesagten diene die Anführung des indischen Beweises für den pythagoräischen Lehrsatz, von welchem die Figur Schopenhauer's nur ein Specialfall ist. Derselbe beruht darauf, dass sowohl

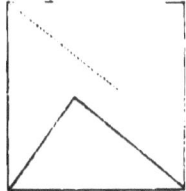
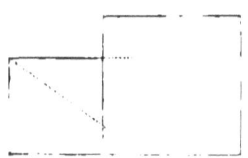

das Hypothenusenquadrat als auch die Summe der Kathetenquadrate einer dritten Grösse gleich ist, nämlich dem vierfachen Dreieck plus dem Quadrat aus dem Unterschied der Katheten. Indem letzteres beim gleichschenkligen Dreieck gleich Null wird, verwandelt sich der allgemeine Beweis in den für das gleichschenklige Dreieck. (Vergl. Hankel „Zur Geschichte der Mathematik im Alterthum und Mittelalter", Leipzig 1874, S. 209.) Ohne Zweifel ist dieser älteste Beweis von allen den zahllosen, die nach ihm aufgestellt sind, bei weitem der beste, weil er der anschaulichste, einfachste und instructivste ist. Dass er aber auf unmittelbarer Anschauung beruhe, wird man streng genommen kaum sagen können, da die zu beweisende Gleichheit der zwei fraglichen Grössen doch immerhin erst erschlossen wird aus ihrer angeschauten Gleichheit mit einer dritten, welche letztere noch dazu sich der Anschauung in beiden Figuren verschieden präsentirt, und nur im Begriff identisch ist.

*S. 282 Z. 17. „Kritische Grundlegung des transcendentalen Realismus" 3. Aufl. S. 107—138; „Das Grundproblem der Erkenntnisstheorie" S. 103—110; „Lotze's Philosophie" Abschn. II Cap. 5 u. 6: „Die Räumlichkeit" und „Die Zeitlichkeit". In den beiden letzteren wird die Frage ausführlich behandelt, ob in der objectiv-realen Welt anders beschaffene, aber analoge und parallele Formen des Daseins und der Veränderung an Stelle der subjectiv-idealen Anschauungsformen der Räumlichkeit und Zeitlichkeit anzunehmen seien.

S. 286. Z. 14. Allerdings bequemt sich Schopenhauer zu diesen realistischen Concessionen erst in seiner späteren Zeit; in der früheren Periode seines Schaffens, wo er einem consequenteren Idealismus huldigt, leugnet er auf das Entschiedenste jeden causalen Einfluss der Dinge an sich auf unser Vorstellen (W. a. W. u. V. 3. Aufl. I. 516, 581), und gelangt dadurch folgerichtig zu einer Auffassung der subjectiven Erscheinungswelt des wachen Lebens, die sich von derjenigen des Traumes durch kein wesentliches Merkmal mehr unterscheidet, sondern nur noch durch das zufällige, dass zwischen den Tagesabschnitten des wachen Lebens eine Continuität verknüpfender Erinnerung besteht, die zwischen den nächtlichen Abschnitten des Traumlebens gewöhnlich fehlt (ebd. I 21, und Volkelt's „Traum-Phantasie" S. 194—203). In der That, wenn die transcendente Causalität der Dinge an sich auf unser Vorstellen geleugnet wird, hört jeder angebbare Unterschied zwischen den Objecten des Traumes und denen des wachen Wahrnehmens auf; denn nur darin besteht der Unterschied beider Arten der subjectiven Erscheinung, dass die instinctive Nöthigung zur transcendentalen Beziehung des Bewusstseinsinhalts auf ein unabhängig vom Bewusstsein Seiendes im Traume eine trügerische Illusion, im Wachen aber eine instinctiv ergriffene Wahrheit ist, welche an der transcendenten Causalität des an sich Seienden auf die Wahrnehmung ihr reales Correlat hat, insofern die Qualität der Wahrnehmungsobjecte durch die Beschaffenheit des an sich Seienden bedingt ist (vgl. „Das Grundproblem der Erkenntnisstheorie" S. 58—69).

S. 287 Z. 3. Die moderne Naturwissenschaft bekennt sich mit voller Entschiedenheit zu einer Weltanschauung, in welcher die Formen des Daseins und der Bewegung, Raum und Zeit, transcendente Gültigkeit haben. Sie nimmt (ganz wie Kant und Schopenhauer in seiner späteren Zeit) an, dass unsre Sinneswahrnehmung zwar im Allgemeinen subjectiv bedingt sei, im besonderen concreten Falle aber deren Eintreten und Beschaffenheit durch die causale Einwirkung von Dingen bestimmt werde, deren Existenz als von unserem Vorstellen derselben unabhängig vorausgesetzt wird, d. h. von Dingen an sich im Kant'schen Sinne. Die Naturwissenschaft weiss, dass alle unsre Sinnesqualitäten (Licht, Farbe, Ton, Wärme, Duft, Süssigkeit u. s. w.) erst durch das Zusammenwirken dieser auf uns einwirkenden Dinge und unsrer Subjectivität zu Stande kommen, dass dieselben also der Welt der an sich seienden Dinge nicht zukommen können; gleichwohl behauptet sie, dass die Art und Weise unsrer concreten Sinnesempfindung abhängig sei von der Art und Weise der Anordnung der constituirenden Elemente der Dinge an sich und den Formen ihrer Bewegung. Diese Hypothese, die der Naturwissenschaft gar nicht als Hypothese, sondern als Gewissheit gilt, involvirt aber die Annahme, dass Raum und Zeit die Daseinsformen dieser bewusstseins-transcendenten Welt der Dinge an sich seien; denn eine bestimmte Anordnung oder Gruppirung der Atome setzt die Daseinsform des Raums: causale Einwirkung auf das Sinnesorgan in einem bestimmten Zeitpunkt des subjectiven Vorstellungsablaufs die Form der Zeit als transcendente reale des Wirkens der Dinge an sich voraus, und die Formen der (mechanischen und molecularen) Bewegung, aus der die Gruppirung der Atome in jedem Zeitpunkt entspringt, und von welchen die Art und Weise der Einwirkung der Atomcomplexe auf unsre Sinnesorgane abhängt, können offenbar nur dann als bewusstseins-transcendente reale Processe gedacht werden, wenn die Formen, aus denen sie sich zusammensetzen, d. h. Raum und Zeit transcendente Gültigkeit haben. So ist in der That die naturwissenschaftliche Welt der sich bewegenden Atome einerseits eine Welt der Dinge an sich im Kant'chen Sinne, und andererseits eine Welt in den Formen des Raumes und der Zeit. Sie ist nicht eine subjective Erscheinungswelt, denn noch niemals sind einem Naturforscher Atome erschienen; sie ist intelligibel im Kant'schen Sinne, insofern sie jenseits der Möglichkeit aller Erfahrung liegt, und ist eine an und für sich bestehende Welt, deren Dasein und innerer Bewegungsprocess als durchaus unabhängig von jeder Vorstellung eines Bewusstseins angenommen wird. Sie ist also in jeder Hinsicht nur als eine Welt von Dingen an sich zu bezeichnen, und sie kann ja auch nur als eine solche supponirt werden, wenn der Zweck ihrer Supposition in der Aufgabe liegt, die transcendentale Objectivität unsrer Erscheinungsobjecte und die transcendente Bedingtheit unsrer Wahrnehmung zu erklären. Trotzdem aber ist sie eine raumzeitliche Welt, und kann nur eine solche sein, wenn überhaupt durch ihre Annahme noch irgend etwas erklärt werden soll. Mag immerhin das Atom der Stofflichkeit entkleidet und der Ausdehnung beraubt, also zur immateriellen Monade vergeistigt werden, so behält es doch immer seinen punctuellen

Ort im Verhältniss zu den andern Atomen, seine Entfernung von ihnen, seine Richtung und Geschwindigkeit bei der Annäherung und Entfernung von ihnen, also lauter räumliche und zeitliche Bestimmungen; wollte die Naturwissenschaft den Versuch machen, die Atome auch dieser Bestimmungen zu entkleiden, so würde damit jede Möglichkeit einer Erklärung der subjectiven Erscheinungen **abgeschnitten**, also der Hypothese einer realen Welt von Atomen **aller wissenschaftliche Boden unter den Füssen weggezogen sein**. Eine raum- und zeitlose Welt geistiger Monaden würde die Möglichkeit jeder Naturwissenschaft im Keim vernichten, und alle auf die entgegengesetzte Annahme gebauten naturwissenschaftlichen Erklärungen wären dann nicht nur werthlos, sondern sogar **principiell verkehrt**. In der That ist auch eine Welt geistiger Monaden ohne Raum und Zeit (oder stellvertretende Formen des Daseins und der Bewegung) metaphysisch unmöglich, da der absolute Geist vor seinem raumzeitlichen sich **Auswirken weder wirklich noch zur Vielheit** entfaltet ist; Raum und Zeit sind die Formen, in welchen sich der Allgeist aus seinem einheitlichen Wesen und seiner Idealität zum vielheitlichen Dasein **realisirt**, es sind die Formen seiner sich individualisirenden Manifestation, in welchen sein Wesen sich offenbart oder erscheint.

Es ist hiernach kein Wunder, dass die Naturforscher selber bei ihrer mangelnden Klarheit über die erkenntnisstheoretischen Probleme die naturwissenschaftliche Weltanschauung bald mehr im realistischen, bald mehr im idealistischen Sinne betrachten. Geht man davon aus, dass die transcendent reale Welt lichtlos, farblos, tonlos u. s. w., ja sogar stofflos ist, und bloss in einem magischen Spiel imaginärer Punkte gegeneinander besteht, so kann man wohl mit Kant geneigt sein, die Realität in der empirischen Wahrnehmung als subjectiver Erscheinung zu suchen, und die Dinge an sich als ein transcendentes Gebiet intelligibler Gedankendinge für eigentlich unnahbar zu halten. Geht man umgekehrt davon aus, dass das Prädicat der Realität nur einem an und für sich, d. h. unabhängig von jedem es vorstellenden Bewusstsein existirenden Dinge ertheilt werden kann, so unterliegt es keinem Zweifel, dass **nicht** die im Bewusstsein schillernde **subjective Erscheinungswelt**, sondern die Welt der an sich seienden Atomcomplexe oder die Welt der **objectiven Erscheinung des Weltwesens** als die reale zu bezeichnen ist, um so mehr als sie (ebenso wie die subjective Erscheinungswelt) sich in den Formen von Raum und Zeit bewegt, und die Erscheinungsobjecte des Bewusstseins nur dadurch eine wirkliche Objectivität erhalten, dass sie auf die unmittelbar realen Dinge an sich transcendental bezogen werden und lediglich als Repräsentanten dieser letzteren für das Bewusstsein eine praktische und erkenntnisstheoretische Bedeutung haben. So stellt sich die naturwissenschaftliche Weltanschauung genauer betrachtet doch als ein transcendentaler Realismus heraus, welcher ebenso gut den **subjectiven Idealismus** (der strenggenommen das Ding an sich für einen blossen negativen Grenzbegriff, für eine unzerstörbare Illusion unseres wachen wie unseres träumenden Bewusstseins erklärt) wie den naiven Realismus (der die Objecte der subjectiven Erscheinungswelt unkritisch zu Dingen an sich hypostasirt) überwunden hat. Dasselbe Resultat eines transcendentalen Realismus ergiebt sich aus einer kritischen Fortbildung der philosophischen Erkenntnisstheorie, wie ich in meinen Schriften: „Das Grundproblem der Erkenntnisstheorie", „Krit. Grundlegung des transcend. Realismus", „Kirchmann's erkenntnisstheoret. Realismus" und „Lotze's Philosophie" gezeigt habe, so dass auch auf diesem Gebiete die volle Uebereinstimmung und Vereinigung der auch hierin längere Zeit divergirenden Philosophie und Naturwissenschaft nunmehr wiederhergestellt ist.

* S. 316 Z. 14. Es ist hier zu unterscheiden die in formeller Hinsicht mystische Beschaffenheit der Entstehung irgend welchen Bewusstseinsinhalts und dasjenige inhaltlich Mystische, was nur auf formell mystische Weise und auf keine andere gewonnen oder reproducirt werden kann. Formell mystisch ist jeder unwillkürlich aus dem Unbewussten auftauchende Buwusstseinsinhalt; inhaltlich mystisch ist nur die formell-mystische Production des Einheitsgefühls mit dem All-Einen, die intuitive Zerreissung des Schleiers der Maya oder die gefühlsmässige Uebersprigung der Schranken der Individuation. Als zur inhaltlichen Mystik gehörig, wenn auch nur indirect oder in abgeleitetem Sinne, gelten die Bemühungen, welche zur Herbeiführung dieser *unio mystica* dienen, oder dieselbe erleichtern sollen, oder als eine unvollkommene Annäherung an dieselbe gelten wollen. Auch die Magie hat insofern einen inhaltlich mystischen Charakter, als sie aus einer Uebersprigung der Schranken der Individuation entspringt, nicht aber, sofern sie auf der Entfaltung und Verwerthung noch unerforschter Kräfte des Individuums als solchen beruht. Die Versuche, Beziehungen mit Verstorbenen oder Elementargeistern anzuknüpfen, gehören unmittelbar genommen wesentlich den nichtmystischen Bestrebungen der Magie an, und gewinnen nur insofern einen indirect mystischen Anstrich, als die Schranken der Individuation sich bei denselben zu lockern scheinen und Hindeutungen auf die wurzelhafte Einheit aller Wesen im Unbewussten dabei zu Tage treten. Ebenso hat die gefühlsmässige Beziehung des empirischen Ich zu einem hinter dessen Bewusstsein verborgenen „transcendentalen Subject" nur in dem Maasse einen mystischen Charakter, wie das „transcendentale Subject" dem absoluten Subject näher stehend und enger verbunden gedacht wird im Vergleich zu dem empirischen Ich des normalen Selbstbewusstseins, während ohne den Gedanken an eine solche Lockerung der Individuationsschranken in der fraglichen Sphäre auch von Mystik keine Rede sein kann.

* S. 317 letzte Z. Sowohl bei der Selbstvernichtung in's Absolute als auch bei der Selbstverabsolutirung bewegt sich die inhaltliche Mystik in einem Widerspruch, indem sie den Gegensatz zwischen dem Ich und dem Absoluten gleichzeitig aufheben und festhalten will. Die ontologische Wesenseinheit mit dem Absoluten besitzt das Ich immer, auch wenn es dieselbe verkennt oder leugnet, und die teleologische Willenseinheit mit dem Absoluten erreicht es nur durch seine religiös-sittliche Bethätigung im Sinne der objectiven Zwecke, also durch praktische Hingabe und thätige Bewährung seines Individualwillens im Dienste des absoluten Willens. Die ontologische Wesenseinheit kann das Ich jederzeit wissen, die teleologische Willenseinheit kann und soll es jederzeit vollbringen. Das Streben der inhaltlichen Mystik geht nun aber über diese beiden Ziele hinaus und ist auf eine gefühlsmässige *unio mystica* gerichtet. Sofern damit bloss eine vorübergehende gefühlsmässige, intuitive Vergewisserung des *in abstracto* Gewussten und Gewollten gemeint ist, kann eine solche Vervollständigung des Einheitsbewusstseins nur zum Heile gereichen, indem sie die religiös-sittliche Gesinnung stärkt und kräftigt. Aber die Mystik begnügt sich nicht mit dieser Ausdehnung des Einheitsbewusstseins auf den ganzen Menschen einschliesslich des gefühlsmässigen Innewerdens, sondern verlangt nach egoistischem Geniessen einer vollen und unbeschränkten Einheit. Hier tritt nun der Widerspruch zu Tage, dass mit Beseitigung der Individualitätsschranke und für die Dauer derselben *eo ipso* auch das Bewusstsein der Individualität und mit dieser die Möglichkeit des individuellen Geniessens ebensosehr aufgehoben ist wie die individuelle Leistungsfähigkeit. Der Widerspruch der Mystik führt bei längerer mystischer Uebung nothwendig zu Quietismus, Bewusstseinsabtödtung, Verdummung, Erschlaffung aller Geisteskräfte und schliesslich zum Selbstmord, wenn nicht abergläubische Dogmen (wie die buddhistische Karmalehre) das Ziehen dieser letzten Consequenz verhindern. Das Streben nach unbeschränkter Einheit ist das Gegentheil der teleologischen Willenseinheit, nämlich das Gegentheil dessen, was das All-Eine Unbewusste mit der Individuation gewollt und bezweckt hat; es entzieht die Kräfte des Individuums dem Dienste des Ganzen, dem sie gewidmet sein sollten, ohne ihm den Genuss verschaffen zu können, um dessen willen seine Selbstsucht seinen Pflichten untreu wurde. (Vgl. hierzu: „Das sittliche Bewusstsein", 2. Aufl. Theil II C. II; „Das religiöse Moralprincip oder das Moralprincip der Wesensidentität mit dem Absoluten", S. 633—659; „Die Religion des Geistes" S. 44—55, 227—233, 291—294; „Phil. Fragen der Gegenwart" S. 202—203, „Krit. Wanderungen" S. 173—181.)

* **S. 318 Z. 2.** Mit der Religion steht die inhaltliche Mystik in engster Verwandtschaft, weil das religiöse Verhältniss zwischen Menschen und Gott, Ich und Absolutem, der Mittelpunkt aller Religion ist, und proportional mit deren Vertiefung auf eine *unio mystica* in irgendwelcher Gestalt abzielt; mit der Philosophie hat sie die engste Berührung, weil alle Philosophie auf Metaphysik und alle Metaphysik auf Monismus hinausweist.

* **S. 338 Z. 10.** Unter „Constitution" ist hier nicht jede beliebige

„Verfassung", sondern diejenige des pseudomonarchischen Constitutionalismus mit parlamentarischer Regierungsform zu verstehen.

* S. 345 Z. 16. Gegen die in diesem Capitel aufgestellte und in dem ganzen Werke verfochtene Entwickelungslehre (vgl. Abschn. C Cap. X, XII und XIV) hat Julius Bahnsen in einer besonderen Schrift eine Reihe von Einwendungen erhoben, gegen welche ich den teleologischen Evolutionismus vertheidigt habe in meiner Schrift „Neukantianismus, Schopenhauerianismus und Hegelianismus. 2. Auflage S. 211—257.

* S. 417 Z. 15. Es ist neuerdings auf dem Gebiete der Physiologie der Grosshirnrinde sehr viel experimentirt worden, aber die Ergebnisse dieser Arbeiten sind keineswegs so zweifellos, wie sie von manchen Seiten hingestellt werden. Erstens sind die Störungen des Gesammtbefindens der Versuchsthiere meistens so gross, dass dieselben bei den Versuchen unter ganz abnormen Verhältnissen stehen, und zweitens gehen alle Eingriffe in ihren indirecten Wirkungen tiefer als auf die graue Rinde, so dass man nicht wissen kann, welche Folgen aus der Affection der grauen Rindensubstanz, und welche aus der Mitleidenschaft der tiefer liegenden Theile entspringen, insbesondere aus derjenigen der in der Nähe liegenden Nerveninsertionsstellen. Die Möglichkeit bleibt auch jetzt noch offen, dass alle Theile der Grosshirnrinde zu allen Hirnfunctionen gleich brauchbar und verwendbar sind, und dass die Langsamkeit des vicarirenden Füreinandereintretens nach localen Verletzungen nur durch die experimentell hervorgerufenen Gesundheitsstörungen und Schädigungen von Nerveneinsätzen hervorgerufen ist. (Vgl. F. Goltz „Ueber die moderne Phrenologie" in der „deutschen Rundschau" Jahrgang XII, Heft 2—3, November und December 1885.) Andererseits ist es *a priori* nicht unwahrscheinlich, dass diejenigen Theile der Grosshirnrinde, welche bestimmten Nerveneinsätzen zunächst liegen, sich auch auf die diesen Nerven entsprechenden Functionen vorzugsweise eingeübt haben.

* S. 430 Z. 7. Eine werthvolle Ergänzung zu den physiologischen Thieruntersuchungen bieten die Erscheinungen des abnormen Seelenlebens; wie dort durch das Messer oder die sonstigen Eingriffe des Anatomen, so wird hier durch Veränderungen der Blutcirculation eine Lähmung oder Ausschaltung oberer Hirntheile herbeigeführt und das selbstständige Spiel der mittleren blossgelegt. Der Thierversuch bietet den Vortheil, besser übersehen zu können, welche Theile functionsunfähig gemacht sind; aber er hat den Nachtheil, dass seine Eingriffe zugleich schwere Störungen des Allgemeinbefindens einschliessen und dass die Thiere der Sprache ermangeln, um über ihre Bewusstseinszustände Rechenschaft zu geben. Die Beobachtungen der abnormen Geisteszustände an Menschen haben dagegen den Vortheil, dass man es mit höheren und reicheren Versuchsobjecten zu thun hat, und dass theilweise eine Controle der Beobachtungen Anderer durch die Erinnerung der Versuchsperson möglich ist; sie haben dagegen den Nachtheil, dass die zeitweilig ausser Function gesetzten Hirntheile auch nicht annähernd zu bestimmen sind, sondern höchstens vermuthet werden können (z. B. aus den Stellen des Kopfschmerzes beim magnetischen Transfert aus einer Hirnhälfte in die andere). Von den abnormen Zuständen ist der Traum des gewöhnlichen Schlafes aus der eigenen Erinnerung zugänglich, während die Herrschaft des Traumbewusstseins über die willkürlichen Muskeln und damit die Möglichkeit zu äusseren Kundgebungen fehlt; den Zuständen des Irrsinns fehlt wiederum, von Fällen der nachherigen Genesung abgesehen, einerseits die Möglichkeit der Selbstcontrole des abnormen Zustandes durch die Erinnerung des wachen Bewusstseins und andererseits die Fügsamkeit gegen die Maassnahmen des Experimentators. Die beste Gelegenheit bietet der Sonnambulismus, d. h. derjenige Grad der Hypnose, bei welchem die Sinne, wenn auch sonst gegen die Aussenwelt seelisch verschlossen, doch gegen den Experimentator geöffnet sind und das Traumbewusstsein die nöthige Herrschaft über die willkürlichen Muskeln und insbebesondere über diejenigen des Sprachorgans hat. Die neueren französischen Untersuchungen auf diesem Gebiete haben bereits werthvolles psychologisches Material zu Tage gefördert (vgl. M. Dessoir „Bibliographie des modernen Hypnotismus", Berlin, Carl Duncker's Verlag 1888), sind aber noch keineswegs als abgeschlossen zu betrachten.

Ich nehme an, dass das somnambule Bewusstsein dieser mittleren Hirntheile permanent thätig ist und fortdauernd Eindrücke in sich aufnimmt, welche sein Gedächtniss bereichern; aber wie das Bewusstsein des Grosshirns nach dem Erwachen für gewöhnlich keine Erinnerung von dem Inhalt des offenen sonnambülen Bewusstseins hat, so hat es auch als waches Bewusstsein in der Hauptsache keinen Einblick in die Vorgänge des gleichzeitig bestehenden latenten sonnambülen Bewusstseins. Insoweit es aber einen solchen Einblick erlangt, d. h. insoweit Vorstellungen des sonnambülen Bewusstseins über die Wahrnehmungsschwelle des wachen Bewusstseins treten und diesem durch Leitung zugeführt werden, insoweit fasst eben das wache Bewusstsein diese Vorstellungen als seinen Inhalt und nicht als den eines anderen Bewusstseins auf; dagegen fasst das sonnambüle Bewusstsein das Thun und Erleben des wachen Bewusstseins als das Thun und Erleben eines Anderen auf, weil es sich dramatisch spaltet. Die Sensitivität besteht in einem erleichterten Emporsteigen des sonnambülen Bewusstseinsinhalts über die Schwelle des Grosshirnbewusstseins; denn vom sonnambülen Bewusstsein werden eine Menge Sensationen des Nervensystems percipirt, welche dem wachen Bewusstsein unmittelbar nicht bemerkbar werden. Im normalen wachen Zustande des Organismus ist es allein das wache Bewusstsein des Grosshirns, welches die willkürlichen Muskeln beherrscht und durch seine reflexhemmende Thätigkeit die Sondergelüste der mittleren und niederen Centra bis auf unbedeutende Reflexactionen im Zaume hält; im offenen Sonnambulismus, wo die Function des wachen Bewusstseins völlig erloschen ist, geht die Herrschaft über den Körper ganz und ungehindert auf das somnambüle Bewusstsein über; in den gemischten Zuständen, welche ich als „larvirten Sonnambulismus" bezeichne, theilt sich das wache Bewusstsein mit dem sonnambülen Bewusstsein in die Herrschaft über den Körper, pflegt aber von den durch das sonnambüle Bewusstsein beschlossenen und ausgelösten Bewegungen auch während ihrer Ausführung nichts zu wissen.

Bei dem durch einen Experimentator künstlich hervorgerufenen Sonnambulismus pflegt das sonnambüle Bewusstsein an und für sich ganz leer und völlig passiv zu sein, und erst durch die Suggestionen des mit ihm in Rapport stehenden Experimentators eine Erfüllung und Willensziele zu bekommen; bei dem spontanen oder unwillkürlich auftretenden und bei dem willkürlich selbst herbeigeführten Autosonnambulismus dagegen ist das sonnambüle Bewusstsein keineswegs inhaltsleer, passiv und willenlos, sondern geht eigensinnig und launisch seine eigenen Wege. Allerdings kann auch der Autosonnambule durch Einleitung eines Rapports einem überlegenen fremden Willen und dessen Suggestionen unterthan gemacht werden; umgekehrt kann aber auch das sonnambüle Bewusstsein eines künstlich Hypnotisirten den Zügel des Experimentators abwerfen und auf eigene Hand Unfug treiben. Die hypnotische Erziehung einer Versuchsperson geht auf die Unterdrückung jeder selbstständigen Regung aus, damit der Experimentator sie ganz in der Hand behält; die Erziehung zum „Medium" hingegen lässt den selbstständigen Regungen freien Spielraum, begünstigt ihren Eintritt und benutzt die Fremdsuggestion nur als Vorstufe zur Weckung der Autosuggestion, ebenso wie die künstliche Hypnotisirung nur als Verbreitung zur Erleichterung der willkürlichen Selbstversenkung in Autosonnambulismus. Je fester in einem Individuum das Subordinationsverhältniss der Hirntheile gefügt und je stärker dir Herrschaft des Grosshirns über die niederen Centra begründet ist, desto schwerer ist er zu hypnotisiren und desto ferner steht er allen autosonnambulen und mediumistischen Anwandlungen. Leichte Hypnotisirbarkeit ist immer ein Zeichen von Schwäche der Grosshirnherrschaft, oder des Grosshirnwillens und von einer relativen Lockerheit des Subordinationsverhältnisses der niederen Centra. Neigung zum Autosonnambulismus und Anlage zur Mediumschaft ist ein Beweis von einer beginnenden Desorganisation des Nervensystems, da es nicht einmal mehr eines äusseren Einflusses bedarf, um die Centralgewalt des Grosshirns zeitweilig zu suspendiren.

Beim blossen Autosonnambulismus ist die Desorganisation zunächst bloss noch negativ, insofern bloss die Herrschaft des Grosshirns zeitweilig ausser Kraft gesetzt und durch eine inhaltlose Ekstase oder durch ein passives willenloses Spiel phantastischer Traumbilder ersetzt wird; sie kann aber auch positiv und activ werden, insofern der Wille der niederen Centra auf die Phantasiebilder mit Traumhandlungen reagirt. Beim Mediumismus erreicht diese active Desorganisation ihre höchste Stufe, indem der Inhalt der Traumbilder durch Autosuggestionen mehr oder weniger geleitet wird, und abnorme physikalische Leistungen der niederen Nervencentra zum objectiven Beweise für die Wahrheit der symbolischen Traumpersonificationen und Spaltungen des Ich dienen sollen. Die mediumistische Veranlagung ist fast immer mit sexuellen Anomalien (Ueberreizung, Impotenz, Vereinigung beider, perversen Instincten und dergl.) verbunden, welche ein blosses Symptom von der bestehenden Desorganisation des Nervensystems sind. (Vgl. hierzu meine Schrift „Der Spiritismus" und meinen Aufsatz „Der Sonnambulismus in den „Modernen Problemen" 2. Aufl. Nr. XV.)

www.ingramcontent.com/pod-product-compliance
Lightning Source LLC
Chambersburg PA
CBHW031949290426
44108CB00011B/732